D1722514

Ilse Fischer, Helga Rabl-Stadler (Hg.)

FESTSPIEL-DIALOGE

Unter Mitarbeit
von Margarethe Lasinger
und Ingeborg Schrems

VERLAG ANTON PUSTET

In sehr dankbarem Erinnern
an Universitätsprofessor DDr. Michael Fischer
(1945–2014)

Ilse Fischer, Helga Rabl-Stadler (Hg.)

FESTSPIEL DIALOGE

VERLAG ANTON PUSTET

Impressum

Die Deutsche Nationalbibliothek verzeichnet diese Publikation
in der Deutschen Nationalbibliografie; detaillierte bibliografische
Daten sind im Internet über http://dnb.d-nb.de abrufbar.

© 2020 Verlag Anton Pustet
5020 Salzburg, Bergstraße 12
Sämtliche Rechte vorbehalten.

Coversujet
Man Ray, Series III Wood Chess Set Design,
Drawing, 1946 © Man Ray 2015 Trust/Bildrecht, Wien 2019
Foto Michael Fischer: © LEO/Andreas Kolarik Fotografie

Lektorat: Maria-Christine Leitgeb
Layout und Produktion: Tanja Kühnel
Druck: Těšínská tiskárna, a.s.
Gedruckt in Tschechien

ISBN 978-3-7025-0974-3

www.pustet.at

Inhaltsverzeichnis

Vorwort

Ilse Fischer

„Für die Salzburger Festspiele ergibt sich eine doppelte Verpflichtung: erstens als *europäisches Gedächtnis* zu agieren und die Mythen, die Europa prägten und prägen, zu erzählen, zu interpretieren und zu verdeutlichen. Und zweitens gilt es, europäische Festspiele zu leben und zur Identitätsstiftung für ein Europa des 21. Jahrhunderts beizutragen."

Dieses Zitat meines Mannes, Universitätsprofessor DDr. Michael Fischer, stammt aus dem Jahr 2012 und ist aktueller denn je. Er war ein glühender Europäer, ein leidenschaftlicher „Kunstmensch", und sein Engagement für die Festspiele war integraler Bestandteil seines, unseres Lebens. Als wahrer Genussmensch verband er Wissenschaft, Kochkunst, Oper, Kunst und interessante Menschen zu einem spannenden Lebensbogen. Helga Rabl-Stadler nannte ihn in ihrer berührenden Rede beim Requiem im Jahr 2014 einen „Menschensammler". Mit leidenschaftlichem Engagement und Kennerschaft führte er Menschen zusammen und ließ Visionen aufblitzen, die dann immer zu spannenden Unternehmungen wurden: *Festspiel-Dialoge*, Seminare, Symposien oder einfach inspirierende Abende an unserem Esstisch in Anif. Hier entstand auch im Frühling 1993 gemeinsam mit Gerard Mortier die Idee zu den *Festspiel-Dialogen*, aus denen im vorliegenden Band eine Auswahl an Beiträgen versammelt ist. Zwanzig Jahre lang waren sie wissenschaftliche Auseinandersetzung und Inspirationsquelle für hunderte ZuhörerInnen während der Salzburger Festspiele. Sein Wunsch war es immer, einen Band daraus zu machen. Die Regie des Lebens erlaubte das nicht mehr, und so bin ich glücklich und dankbar, das für ihn und Gerard Mortier tun zu dürfen. Mein Dank gilt Festspielpräsidentin Dr. Helga Rabl-Stadler für die Mitherausgabe des Bandes. Dank an Margarethe Lasinger, die mein Mann so sehr schätzte, sie hat für dieses Buch die wunderbarste Illustration gefunden, und für all ihre kluge Ideen. Und mein Dank gilt Inge Schrems, die viele Jahre an der Universität, bei den *Festspiel-Dialogen* und Symposien mit ihm gearbeitet hat und die nun mit mir mit diesem Band diese Arbeit fortsetzt. Danken möchte ich auch Andreas Kaufmann, der so vieles ermöglicht.

Die Unfassbarkeit seiner Abwesenheit ist für mich, aber auch für viele andere immer noch spürbar. Wenn aber die Menschen, die wir verloren haben, präsent im Geiste bleiben sollen, dann ist so ein Band der richtige Weg, mit einem solchen Verlust umzugehen. – Du wirst mir immer fehlen, aber ich bin dankbar für den wunderbar-einzigartigen gemeinsamen Weg.

Vorwort

Helga Rabl-Stadler

„Einen der wichtigsten Bausteine des neuen Salzburgs", nannte Intendant Gerard Mortier die *Festspiel-Dialoge*. 1994 stellten Michael Fischer und er im Rahmen der ersten *Festspiel-Dialoge* die provokante Frage „Warum brauchen wir Utopien, die scheitern?". Und sie gaben mit dem herrlichen von Pestalozzi geborgten Ausspruch – „Schon das Festhalten an der Utopie verändert etwas" – auch gleich die passende Antwort darauf. Bereits diese Auftaktveranstaltung zeichnete aus, was die Relevanz und den Erfolg der *Dialoge* in den folgenden Jahren ausmachen sollte: Themen, die die künstlerischen Darbietungen der Festspiele im Diskurs vertiefen.

Gerard Mortier selbst fragte immer wieder „Festspiele – Trendsetter oder Traditionshüter?". Eine Frage, die bis heute, ich würde sagen selbstverständlich, jedes Festspielsymposium beschäftigt, und auf die wir ebenso selbstverständlich mit Traditionshüter und Trendsetter antworten. Und noch zwei Themenkomplexe wurden immer aufs Neue von Michael Fischer beleuchtet: Die „Festspiele als Spiegel von Denkströmungen, Kunstentwicklungen, Gesellschaftstrends und durchaus auch Moden" (M. Fischer) sowie die „Rolle der Kunst als spirituelle Erlebnisvermittlerin, als Sinn-Substitut, wenn nicht gar als Religionsersatz". „Hier wird über Inhalte geredet und nicht bloß über Verpackungen", kommentierte Daniel Barenboim 2007 mit ehrlicher Bewunderung. Die *Festspiel-Dialoge* eben nicht als Begleitveranstaltung am Rande, sondern als Kommunikationsangebot in der Mitte der Festspiele.

Kunst war für Michael Fischer Aufforderung zum Dialog, Dialog in Form von Meinungsaustausch, Diskussion, Auseinandersetzung, Streitgespräch, Bewegung. Jeder Dialog setzt Interesse voraus, Leute, die etwas zu sagen haben, Leute, die etwas zu fragen haben. Zwanzig Jahre haben Künstler, Philosophen, Musikwissenschafter, Soziologen, Kulturjournalisten, Naturwissenschafter mit unserem Publikum diesen Dialog geführt: als Gesamtkunstwerk, als Gemeinschaftserlebnis, als Konzentrationsprogramm, als Kompass, als Beziehungswunder, als Leuchtfeuer auf der Suche nach der eigenen Identität, nach dem Sinn des Lebens, als Zivilisationsagentur und immer wieder Festspiele als europäisches Gedächtnis. Das alles und noch viel mehr fiel Michael Fischer und den von ihm zur Diskussion Geladenen zum Thema Festspiele ein. Er hat mit den *Festspiel-Dialoge*n ein gutes Stück Festspielgeschichte geschrieben. Daher freut es mich besonders, dass zum 100-Jahr-Jubiläum durch dieses Buch eine wunderbare Sammlung spannender Beiträge aus zwanzig Jahren *Festspiel-Dialoge*n vorliegt.

Liebe und Tod in Shakespeares Tragödien[1]

Aleida Assmann

Ich möchte über zwei von Shakespeares Liebestragödien sprechen und das Leitthema ›Liebe und Tod‹ auf paradigmatische Weise variieren: *Romeo and Juliet* und *Othello*.

1. Romeo und Juliet
Shakespeares Liebesmythos

Romeo und Juliet sind in der Rezeption in den Rang eines modernen mythischen Liebespaars aufgestiegen. Dieses Paar verkörpert in Reinkultur den Mythos der romantischen Liebe, der immer wieder inszeniert und ins Bild gesetzt wurde. Die theatralische Balkonszene schälte sich dabei als prägnante Pathosformel heraus, die diesen Mythos zur Ikone verfestigte und zu einem *lieu de mémoire* im westlichen Kulturgedächtnis machte. Vom 18. bis zum 20. Jahrhundert wurde die Handlung des Dramas auf den visuellen Stereotyp dieser Szene zu einem visuellen Stereotyp konzentriert, der mit den Sehnsüchten der jeweiligen Epoche beladen wurde. Wie kommt es zu diesem Liebesmythos? Aus welchen Elementen hat Shakespeare ihn geschaffen? Um diese Frage zu beantworten, müssen wir zunächst einmal unterscheiden zwischen dem romantischen Liebesmythos des 19. Jahrhunderts und dem der Shakespeare-Zeit. Der Liebesmythos der Elizabethaner ist keineswegs identisch mit dem Liebesmythos der Viktorianer.

Beginnen wir also mit dem elizabethanischen Liebesmythos. Um 1595, als Shakespeare seine Tragödie schrieb, hatte die Tradition der höfischen Liebe Hochkonjunktur. Das Konzept der ›höfischen Liebe‹ geht auf Andreas Capellanus zurück, der in seiner Schrift *De Amore* vom Ende des 12. Jahrhunderts dieses Liebessystem in 31 Regeln zusammengefasst hat. Es handelt sich dabei um eine im Milieu der Ritterwelt angesiedelte Form der verbotenen und geheim zu haltenden Liebe, die auf sinnliche Gratifikation ausgerichtet und mit schweren emotionalen Prüfungen und Belastungen verbunden ist. Petrarca hat im 14. Jahrhundert dieses System in seinen Liebessonetten neu formuliert. Dabei fügte er dem Liebeskonzept eine elaborierte Bildersprache hinzu, die artifizielle Übertreibungen und Oxymora bevorzugt. Der petrarkistische Liebescode wurde von den Dichtern des elizabethanischen England begierig aufgegriffen. Auch Shakespeare bediente sich aus dem Arsenal dieser Tradition.[2]

Der petrarkistische Liebescode wird von Romeo in das Stück eingeführt, noch bevor die erste Begegnung der Liebenden stattgefunden hat. Der Held wird den Zuschauern als ein unheilbarer Liebeskranker vorgestellt, der dem Tode verfallen ist. Er verzehrt sich nach einem Mädchen namens Rosaline, die nichts von ihm wissen will: She'll not be hit With Cupid's arrow. Der Romeo der ersten Szenen verkörpert die düstere, melancholische Seite der unerfüllten Liebe, die sich wie Blei auf alle vitalen Regungen legt. Er spricht von Galle (I i 200), von Selbstverlust (»I have lost myself; I am not here«; I i 203), von lebendem Tod, von Kerker und Folter und einer bleiernen Sohle / Seele (I iv 15–16). So erstarrt und unbeweglich lernen wir den liebeskranken Romeo kennen, der bereits dem Tode verfallen ist: »She hath forsworn to love, and in that vow do I live dead that live to tell it now« (I i 229–230).

Diese Koppelung von Liebe und Tod hält im Stück jedoch nur bis zur fünften Szene des ersten Akts an. Die jähe Wende, die Romeo in der ersten Begegnung mit Juliet widerfährt, ist also nicht die zur Liebe, sondern die zur erwiderten Liebe. Er, der Verbündete von Melancholie und Dunkelheit, erlebt diese neue Liebe deshalb konsequenterweise als Licht in der Finsternis. Juliets Antlitz leuchtet heller als alle Fackeln:

It seems she hangs upon the cheek of night
Like a rich jewel in an Ethiop's ear (I v 49–50)

Auch in der Liebesrhetorik der Balkonszene variiert er das Motiv vom Licht, das im Dunkeln leuchtet:

But soft! What light through yonder window breaks?
It is the east, and Juliet is the sun!
Arise, fair sun, and kill the envious moon (II ii 2–4)

Wenig später werden Juliets Augen mit leuchtenden Sternen verglichen. Künstlicher und preziöser kann man seine Liebe nicht ausdrücken; Romeo erweist sich als Experte des petrarkistischen Liebescodes. Juliet als Sonne, die den Mond aussticht, hat allerdings auch einen engeren dramatischen Bezug. Seine erste Angebetete, die schöne Rosaline, hatte sich der Keuschheit verschworen; sie stand somit im Gefolge der Diana, der blassen Mondgöttin, von der nur ein kaltes Licht ausgeht; Juliet dagegen wird mit dem warmen und fruchtbaren Licht verglichen, das allein von der Sonne ausgeht.

Shakespeare steigert in seinem Drama den petrarkistischen Liebescode und erfüllt ihn mit neuem Leben, indem er *die Wechselseitigkeit* der Liebe zum Thema macht, die in den großen Liebesdialogen ihren Ausdruck findet. Die erste Begegnung der Liebenden auf dem Maskenball der Capulets ist zugleich der erste

Höhepunkt von Shakespeares Liebesrhetorik, der die Worte der Liebenden in einem einzigartigen dialogischen Sonett verschmelzen lässt.

If I profane with my unworthiest hand This holy shrine, the gentle sin is this, My lips, two blushing pilgrims, ready stand To smooth that rough touch with a tender kiss.	Entweihet meine Hand verwegen dich, O Heilg'enbild, so will ich's lieblich büßen. Zwei Pilger, neigen meine Lippen sich, Den herben Druck im Kusse zu versüßen.
Good pilgrim, you do wrong your hand too much, Which mannerly devotion shows in this; For saints have hands that pilgrims' hands do touch, And palm to palm is holy palmers' kiss. Have not saints lips, and holy palmers too? Ay, pilgrim, lips that they must use in prayer. O! then, dear saint, let lips do what hands do; They pray, grant thou, lest faith turn to despair.	Nein, Pilger, lege nichts der Hand zu Schulden für ihren sittsam-andachtsvollen Gruß. Der Heil'gen Rechte darf Berührung dulden, Und Hand in Hand ist frommer Waller Kuß. Hat nicht der Heil'ge Lippen wie der Waller? Ja; doch Gebet ist die Bestimmung aller. O, so vergönne, teure Heil'ge nun, Daß auch die Lippen wie die Hände tun. Voll Inbrunst beten sie zu dir: erhöre, Daß Glaube nicht sich in Verzweiflung kehre.
Saints do not move, though grant for Prayers' sake.	Du weißt, ein Heil'ger pflegt sich nicht zu regen, Auch wenn er eine Bitte zugesteht.
Then move not, while my prayer's effect I take.	So reg dich, Holde, nicht, wie Heil'ge pflegen
Thus from my lips, by thine, my sin is purg'd.	Dieweil mein Mund dir nimmt, was er erfleht.

(I v 98–111)

Dieses Sonett, das Romeo in der Maske eines Pilgers spricht, baut eine konsequente Parallele zwischen körperlicher Liebe und religiöser Symbolik auf. Es ist von der Profanisierung eines heiligen Schreins die Rede, von Sünde, von Pilgern und ihrer Andacht, ihren Gebeten und ihrem Glauben, von Gnade, Verzweiflung und Vergebung. Neu an dieser Form sind weniger die Bilder als ihr dramatisch dialogischer Charakter; Romeos Werben wird unmittelbar beantwortet von der Gegenstimme Juliets, die ihre eigene Position und Tonlage durchhält. Bei dieser sensiblen Verschränkung zweier Stimmen, von denen die eine fordernd und ungestüm ist, und die andere beschwichtigend, aber liebevoll einverständig respondiert, haben wir ein sprachlich auskomponiertes Duett vor uns, das zu musikalischer Ausgestaltung geradezu herausfordert.

Im zweiten großen Liebesduett, der Balkonszene, sind die Stimmen ebenfalls deutlich gegeneinander gesetzt: Romeo, der sich nur im hoch elaborierten Liebescode artikulieren kann und in den Wolken der Imagination schwebt, und Juliet, die

Aleida Assmann

bei aller Affiziertheit durch die Liebe in schlichten Worten auf die Inhalte achtet und mit ihren Wünschen auf der Erde bleibt.

Zum petrarkistischen Liebesmythos gehört die außereheliche Beziehung, die in der Welt, wie sie ist, keine Verwirklichung finden kann. Dieser Widerstand gegen ihre Verwirklichung trägt wesentlich zur Idealisierung und mythischen Überhöhung der Liebe bei. Die tragische Unerfülltheit der petrarkistischen Liebe wird von Shakespeare umgebogen in die Unmöglichkeit, sie in der Welt, wie sie ist, zu verwirklichen. Die Liebe von Romeo und Juliet ist zwar ehelich sanktioniert und körperlich erfüllt, sie existiert jedoch nur als eine geheime. Sie ist als eine radikale Enklave dramatisiert, als eine Folie à deux, die ohne bestätigendes Umfeld und externe Stützen auskommen muss. Mehr noch: Alle Gebote und Institutionen werden verhindernd gegen diese Liebe aufgeboten. Die Liebe, die von den sozialen Regeln ausgeschlossen ist, ist aber nicht nur eine geheime, sondern auch eine autonome und souveräne, sich über alle Bedingungen und Bedingtheiten hinwegsetzende ›reine‹ Liebe.

Der ›reinen‹ Liebe stehen im Drama ›unreine‹ Formen der Liebe gegenüber, von denen diese sich umgeben sieht. Der Liebesmythos wird von Shakespeare mit derbem Realismus konfrontiert und kontrastiert. Es wird in sehr unterschiedlichen Registern über Liebe gesprochen: Es gibt die zynische, sexistische und pornografische Rede über Liebe seitens der Straßengang des Romeo (Mercutio), es gibt die volkstümlich heitere, unzensiert indezente, karnevaleske Rede über Liebe seitens der Amme, und es gibt die routinisiert pragmatische und engstirnig zweckbestimmte Rede der Eltern Capulet über die Liebe. Durch diese Vielstimmigkeit wird der Liebesmythos zugleich gesteigert und erträglich. Das Destillat des hochstilisierten Liebesmythos ist nämlich immer nur in kleinen Dosen verträglich und muss durch provozierende Kontakte mit der Realität unterbrochen werden.

Liebe und Tod

Von Anfang an wird in dem Drama kein Zweifel darüber gelassen, dass diese Geschichte nicht gut ausgehen kann. Der Prolog, der die Handlung zusammenfasst, legt bereits das Gewicht auf das tragische Ende. Die Dramenhandlung reduziert sich damit auf eine Schicksalstragödie, in deren unabwendbaren Ablauf das Publikum von Anfang an eingeweiht ist:

The fearful passage of their death-marked love (Prologue 9).[3]

Der Tod grundiert das gesamte Drama, er ist sein Ursprung und Telos. Diese Tragödie ist vom Tode gerahmt: Sie entfaltet sich im engsten Grenzgebiet zwischen

Leben und Tod, und es ist diese liminale Spannung, die nicht nur die Außergewöhnlichkeit und mythische Qualität der Liebesgeschichte besiegelt, sondern auch das gesamte Geschehen unter allergrößten Zeitdruck setzt.[4]

Wie verschränken sich bei Shakespeare die beiden zentralen Themen von Liebe und Tod? Um das besser zu verstehen, lohnt es sich, einen Blick auf seine Vorlage zu werfen. Ihm lag die englische Übersetzung eines italienischen Textes vor, der folgenden Titel trug:

THE TRAGICALL HISTORYE
OF ROMEUS AND JULIET,
written first in Italian by Bandell,
and nowe in Englishe by
Arthur Brooke Imprinted at London ... 1562[5]

Der Begriff ›Tragicall Historye‹ ist eng an die mittelalterliche Vorstellung des Tragischen angelehnt. Geschichten mit fatalem Ausgang wurden so erzählt, dass die menschliche Schuld an der Katastrophe deutlich hervortrat und die Zuhörer und Leser dem abschreckenden Exempel eine klare moralische Botschaft entnehmen konnten. Der Übersetzer stellte seinem Text folgende Botschaft voran:

»Zu diesem Zweck, verehrter Leser, wurde diese tragische Geschichte niedergeschrieben, um Dir ein Paar unglücklich Liebender vor Augen zu stellen, die sich einer unehrenhaften Begierde verschreiben, die Autorität und Rat ihrer Eltern und Freunde ausschlagen, sich hauptsächlich mit betrunkenen Schwadroneuren und abergläubischen (und unkeuschen) Mönchen abgeben und keine Gefahr scheuen, um ihre Begierde zu befriedigen, die sich der Ohrenbeichte (dieses Instrument der Hurerei und des Verrats) bedienen, um ihre Zwecke zu erreichen und den ehrenvollen Namen der rechtmäßigen Ehe zu beschmutzen, indem sie mit falschen Verträgen hantieren und so schließlich nach einem durch und durch verlogenen Leben einem unglücklichen Tode entgegeneilen. Dieses Schicksal soll in Dir, verehrter Leser [...] eine tiefe Abscheu vor dieser schmutzigen und tierischen Lust (filthy beastlynes) erwecken. Wenn Du diese Lehre annimmst, wird meine Mühe gerechtfertigt und Dir der Nutzen sicher sein.«

Erst vor diesem Hintergrund können wir ermessen, was Shakespeare aus der Geschichte von Romeus und Juliet gemacht hat: Er hat ein moralisches Exempel schmutziger Liebe in einen neuzeitlichen Liebesmythos verwandelt, der die Epochen überdauert hat. Der Tod, der in seiner Vorlage die Konsequenz und Strafe für die vielen Untaten des jugendlichen Paares ist, wird bei Shakespeare umgedeutet zum Mittel für die Transzendenz der Liebe und die Apotheose der Liebenden.

Die Symbolik des Todes ist im Stück allgegenwärtig, das erfüllt ist mit düsteren Vorausdeutungen. Romeo, der von seiner melancholischen Liebespathologie[6] durch Juliet geheilt wird, liefert sich dem Tode damit nur auf andere Weise aus, durch die Absolutheit und Unbedingtheit seiner neuen Liebe.

Gesetz und Souveränität

Diese Liebe von Romeo und Juliet gibt sich ihr eigenes Gesetz. Im revolutionären Pathos der jugendlichen Liebe steckt für die Gesellschaft eine gefährliche antinomische Kraft, aber diese Antinomie kann auch als ein Urakt der Autonomie und Souveränität bewertet werden. Hier haben wir es tatsächlich mit einem revolutionär ›romantischen‹ Potential zu tun, das von Shakespeare bis in unsere Zeit nachwirkt. Die romantische Liebe ist verbunden mit einer modernen Dynamik der Selbstbestimmung. Sie ist damit die Kraft, die die Eltern von ihren Kindern trennt. Das wird deutlich im ersten Akt des *Sommernachtstraums*, in dem Hermia sich dem Willen ihres Vaters verweigert. Sie ist bereit zu sterben:

Ere I will yield my virgin patent up
Unto his lordship, whose unwished yoke
My soul consents not to give sovereingty, (I i 80–82)

Da diese Konfrontation innerhalb einer Komödie stattfindet, gibt es glücklicherweise statt der Logik des Todes Auswege, Vermittlung und Versöhnung. Aber das gefährliche Stichwort, um das es hier geht, ist bereits gefallen: die Souveränität der romantischen Liebe, ein Vorschein der modernen Souveränität des Individuums. Die Literatur hat sich dieses Motivs der selbstbestimmten Liebeswahl ausgiebig angenommen und damit den Prozess der sozialen Modernisierung beschleunigt. Juliet ist in der Situation der Hermia; sie soll dem Wunsch der Eltern folgen und sich mit dem für sie ausgesuchten Paris abfinden. Juliet setzt sich über ein doppeltes Gesetz hinweg: das der Fehde zwischen den Familien und das patriarchalische Gesetz, das den Töchtern eine eigene Stimme bei der Wahl ihrer Gatten abspricht. Anders als Hermia muss Juliet ihre Souveränität mit dem Preis ihres Lebens bezahlen.

Autonomie und Souveränität gewinnen die Liebenden dank ihrer jugendlichen impulsiven Kraft. Sie beugen sich nicht den Gesetzen und Tabus der Welt, die sie umgibt, sie sind auch gewillt, die ehernen Gesetze des Fatalismus zu überwinden und ihr Schicksal selbst in die Hand nehmen.[7] Es ist diese nicht-resignative, selbstbestimmte Form ihres Scheiterns, die Shakespeares Paar zu einem paradigmatisch modernen macht. Fortuna ist für sie nicht mehr die mittelalterliche Gestalt des

Glückswandels, sondern die Göttin der Chance und Gelegenheit, mit der man gemeinsame Sache machen muss, will man seines Glückes Schmied sein. Nicht, dass sie mit ihren Strategien und Maßnahmen scheitern, ist letztlich entscheidend, sondern dass sie ihr Schicksal selbst in die Hand nehmen und es unter extremen Risikobedingungen selbst gestalten.[8]

Mit den Widerständen der sozialen Umwelt und den Hürden der unglücklichen Zufälle wächst ihre Liebe, aber erst mit der letzten Hürde, die der Tod selber darstellt, wird sie ins Mythische transfiguriert. Deshalb darf der Tod selbst nicht mehr als eine Hürde und ein Widerstand aufgefasst werden, sondern er muss als konsequentes letztes Ziel ihres Lebens angenommen werden: So selbstbestimmt wie die Liebe muss auch der Tod sein. Dann ermöglicht er die Überhöhung ins Absolute, die letzte Transfiguration. Ähnlich wie Märtyrer besiegeln die Liebenden durch die ekstatische Selbstauslöschung ihren spirituellen Triumph. In der religiösen Semantik nimmt der Opfertod der Unschuldigen die Qualität einer kollektiven Erlösung an: Die reinen Stellvertreter der Gemeinschaft sühnen die Schuld aller anderen und ermöglichen – wie der Tod Christi – einen Neubeginn. Die Eltern versprechen, ihren Kindern ein Denkmal zu setzen: »poor sacrifices of our enmity« (V iii 304). Die durchgängige profan-religiöse Orchestrierung des Stücks mündet am Schluss in einen Akkord, in den sich blasphemische Töne mischen: Die körperliche Liebe von Romeo und Juliet wird in Shakespeares Tragödie dem Sühneopfer Christi gleichgestellt.

2. Othello

Der Fremde

Auch in *Othello* beginnt die Liebestragödie mit der selbstbestimmten Entscheidung der Tochter, die sich über den Willen ihres Vaters hinwegsetzt. Die Souveränität, die sie in diesem Akt gegenüber ihrem Vater bekundet, wird in der Unterwerfung unter den Willen ihres Ehemannes allerdings sofort wieder zurückgenommen; Desdemona bleibt durch das Stück hindurch eine passive und geradezu unterwürfige Gestalt.[9] Im Gegensatz zu Juliet erhält Desdemona die Gelegenheit, ihren Bruch mit dem Vater in aller Öffentlichkeit erfolgreich zu verteidigen. Das Problem, das in der einen Tragödie das Unheil auslöst, wird in der anderen also gleich zu Beginn aus dem Wege geräumt. Anders als in Verona, wo eine Familienfehde die soziale Welt in zwei tödliche Lager spaltet, stehen in Venedig die Stadt und der Senat geschlossen hinter dem neuen Bund des Liebespaars. Damit sind aber noch nicht alle Widerstände überwunden. An die Stelle der offenen Fehde tritt in *Othello* der unterschwellige Rassismus, der tief in der Gesellschaft verankert ist und sich oben-

Aleida Assmann

drein auf die Zuschauer des Dramas ausdehnt. Die uralten traditionellen Vorurteile gegen den schwarzen General werden in der ersten Szene von Iago und Rodrigo auf die denkbar obszönste Weise ausgesprochen. Obwohl sie im ersten Akt der Dramenhandlung überwunden werden, leben sie doch auf unterschwellige Weise nicht zuletzt in der Erwartungshaltung der Zuschauer fort, die sich hier mit ihren eigenen impliziten Reaktionen auseinandersetzen müssen.

Doch auch nach ihrer öffentlichen Beglaubigung bleibt das hohe Pathos dieser Liebe problematisch. Brabantio und Rodrigo können nicht an die freie Übereinkunft und Wechselseitigkeit dieser Liebe glauben und gehen davon aus, dass die Natur die verblendete Desdemona bald eines Besseren belehren wird. Dieser Meinung ist auch Iago, der Rodrigo erklärt:

It cannot be that Desdemona should long continue her love to the Moor [...] She must change for youth: when she is sated with his body she will find the error of her choice. (I iii 338–9, 345–7)[10]

Her delicate tenderness will find itself abused, begin to [...] disrelish and abhor the Moor. Very nature will instruct her in it and compel her to some second choice. (II i 224–8)

Die Liebe der beiden ist also von Anfang an ein Mysterium, das für die Ungläubigen eine Provokation darstellt. Während sich die grenzüberschreitende Liebe von Romeo und Juliet in einer von Hass gespaltenen Umwelt durchsetzen muss, muss sich die grenzüberschreitende Liebe von Othello und Desdemona gegen unser aller Skepsis und Vorurteile durchsetzen. Es ist ein Stück über die Verführung zum Zweifel, und dieser nagt nicht nur an Othello, sondern auch an den Zuschauern.

Das Bild, das von Othello präsentiert wird, ist von Anfang an radikal gespalten in Monstrum und Held. Im Licht der Verleumdungen erscheint er als ein Gegenstand der Abscheu, im Licht der Politik erscheint er als ein begnadeter General und Hoffnungsträger der *Communitas*. Er ist der ›valiant Moor‹, von dem man sich den befreienden Schlag im Kampf gegen die Türken verspricht. In dieser bedrohten Situation vergisst man gerne, dass Othello selbst ein Fremder ist. An dessen rassische und kulturelle Fremdheit erinnert die andern jedoch Brabantio, in dessen Familie dieser Fremde eingebrochen ist:

If such actions may have passage free,
Bondslaves and pagans shall our statesmen be. (I ii 99)

Der Sieg Othellos über seine Verleumder im ersten Akt ist ein pragmatischer und kein moralischer. Er beruht nicht auf dem Respekt seiner Person, der durch seine Integration in die Familie und Gesellschaft besiegelt wird, sondern ist allein dem

Druck der Umstände geschuldet und beruht auf der opportunistischen Entscheidung für den fähigen General. Mit den Augen der Liebe sieht ihn allein Desdemona, und auf diesen Blick müssen wir im Folgenden näher eingehen.

Liebeszauber

In beiden Dramen ist die Sprache das Medium, das Liebe erzeugt, und das Bindemittel, das die Liebenden zusammenführt. An die Stelle des petrarkistischen Liebesmythos in *Romeo and Juliet* tritt in *Othello* der Liebeszauber. Was im einen Fall die poetisch stilisierte Sprache aus hyperbolischen Bildern und Figuren leistet, leistet im anderen Fall Othellos Erzählung. Es gilt als plausibel, dass sich Othello auf den ersten Blick in Desdemona verliebt hat, die ein allgemein begehrtes Liebesobjekt ist. Desdemona aber verliebt sich in Othello keineswegs auf den ersten Blick. Dieses Schema der höfischen Liebe kommt für die Angehörigen unterschiedlicher Rassen und Kulturen nicht infrage. Im Gegenteil: Die Gegenseitigkeit dieser Liebe ist (im Gegensatz zu der von Romeo und Juliet) ein Wunder. Wie kann Desdemona lieben, wovor sie sich fürchten müsste? («To fall in love with what sie fear'd to look on?», I iii 98)

Desdemonas Vater klagt deshalb Othello an, sich unlauterer Methoden wie Zwang oder Magie bedient zu haben.

Damned as thou art, thou hast enchanted her:
… thou hast practised on her with foul charms
Abused her delicate youth with drugs or minerals
That weaken motion. (I ii 63, 73–5)

Othello wird als ein teuflischer Verführer beschrieben, der sich mit Zauberkraft und Drogen Desdemona willfährig gemacht hat.[11] Desdemona, deren hervorstechender Wesenszug im Stück ja ihre Passivität ist, wird von ihrem Vater bereits als entmündigt und hypnotisiert eingeführt. In Wirklichkeit hat Othello sie aber keineswegs still gestellt, sondern durchaus bewegt, und zwar in ihrer Fantasie. Diese ist ebenso erregbar durch die Erzählungen des Othello wie die Fantasie des Othello durch die Lügen des Iago. Beide leiden offensichtlich an einem Übermaß an Imagination. Mit der Schilderung seiner Abenteuer, seiner Leiden, Prüfungen und Heldentaten entwirft er das wortgewaltige Bild eines Helden, dem die mit Hingabe und Empathie lauschende Desdemona rückhaltlos verfällt.

She loved me for the dangers I had pass'd,
And I lov'd her that she did pity them. (I iii 167–8)

Aleida Assmann

Ihre Liebe gilt also zunächst der romantischen Figur der Erzählung. Sie verliebt sich zuerst in den Othello als das Bild ihrer stimulierten Fantasie, bevor sie sich in den wirklichen Othello verliebt.

I saw Othello's visage in his mind,
And to his honours, and his valiant parts
Did I my soul and fortunes consecrate. (I iii 252–4)[12]

Auch Desdemonas Othello ist also gespalten; er zerfällt in einen fiktionalen und einen realen Geliebten. Desdemona ist der Prototyp jener weiblichen Leserin, die mit dem Druckzeitalter entsteht und Gegenstand andauernder männlicher Sorge und Pädagogik geworden ist: Ihr wurde vorgeworfen, ihre Hausarbeiten liegen zu lassen und die einfühlende Imagination anhand weltferner Romanzen so weit zu treiben, dass sie darüber den Zugang zur Realität verlor.

Die Magie, die hier im Spiel ist, ist also die sentimentale Fiktion im Sinne der packenden und aufwühlenden Erzählung von staunenswerten Abenteuern, die außerhalb der Reichweite alltäglicher Erfahrung liegen. Nachdem Othello im ersten Akt vom Vorwurf der Magie freigesprochen wurde, kehrt sie im dritten Akt im Zusammenhang mit dem Taschentuch, das Othello Desdemona als einen Talisman zum Schutz ihrer ehelichen Treue übergibt, wieder auf. «'Tis true«, betont Othello, «there's magic in the web of it« (III iv 68). In dieser Szene beruft sich Othello auf seine Herkunft und gewährt einen Einblick in seine eigene Familiengeschichte, der keine sentimentalen Abenteuer enthüllt, sondern die abstoßenden magischen Praktiken einer fremden Kultur. Othello wird – symbolisch gesprochen – immer schwärzer. Er ›regrediert‹ und macht eine dramatische Verwandlung durch vom exotischen Abenteuerhelden zum abstoßenden Fremden.

Wie *Romeo and Juliet* handelt auch die Tragödie von *Othello* vom Pathos einer absoluten Liebe. Dieses Pathos beruht auf wechselseitigen Idealbildern. Der Glaube an diese Ideale ist äußerst fragil; er wird fortschreitend durch das Gift des Misstrauens und der Skepsis zersetzt. Iagos Funktion in der Tragödie ist es, als Katalysator des Schicksals die Fäden zu verknüpfen und das Netz zusammenzuziehen, das alles erstickt. Iago injiziert dieses Gift, auf das seine Zuhörer nur allzu bereit ansprechen, und bringt damit das erhabene Konstrukt dieser Liebe zu Fall. Er ist nicht der traditionelle Villain und Urheber des Bösen, sondern nur der höchst effektive Agent des latenten, in den Menschen angelegten Misstrauens, der an ihre negativen Stereotypen appelliert, um Kommunikation zu vergiften und Sozialität zu zerstören.[13] In dieser Funktion ist er auch der interne Regisseur des Dramas, der den Figuren ihre Rollen und ihr Skript vorschreibt. Was der Fall ist und was nicht (ocular proof), wird für die internen Zuschauer durch seine Inszenierungen festgelegt.[14] Die tragische

Konsequenz, die sich in *Romeo and Juliet* durch eine überstürzende Verkettung unglücklicher Umstände verdichtet, ist in *Othello* die Sache von Iagos Intrige.

Schein und Sein

Was Iago tut, ist letztlich nichts anderes, als den Figuren des Stücks seine Sicht der Dinge plausibel zu machen. Das kann er mit so großem Erfolg tun, weil in der Welt des Dramas eine grundsätzliche Unsicherheit darüber herrscht, was denn etwas ist. Es tut sich ein beunruhigender Hiat auf zwischen Schein und Sein, zwischen der äußeren Gestalt einer Person und ihrem Handeln einerseits und ihrem Wesen und geheimen Absichten andererseits. »Men should be that they seem« (III iii 130), sagt Iago einmal, aber weil es keine Kongruenz zwischen Schein und Sein gibt, hat er viel Spielraum in der Manipulation menschlicher Beziehungen. »Show me thy thought« (III iii 120), fordert der ungeduldige Othello von Iago und wünscht sich einen gläsernen Menschen.[15] Wie das Theater Shakespeares ist auch die Welt, die es umgibt, eine Bühne des Spiels, der Selbstinszenierungen und der Verstellungen, in der die Arglosen und Aufrichtigen wie Desdemona keine Chance haben. Iago, der sich in der Tradition der Negativfigur des ›Vice‹ als Meister der Verstellungen darstellt (»I am not what I am«, I i 65), hat im Stück den Beinamen ›honest Iago‹, was auf die Verblendung der anderen Figuren verweist. Alle Figuren leiden an einem ›false gaze‹ (I iii 19). Die arglose Desdemona, die sich eine Verschiebung zwischen Schein und Sein nicht vorstellen kann, bringt das epistemologische Dilemma der Tragödie auf den Punkt:

For if he be not one that truly loves you,
That errs in ignorance, and not in cunning,
I have no judgement in an honest face. (III iii 49–51)

Shakespeare inszeniert diese Tragödie als ein modernes Drama der vielfältigen und ungesicherten Perspektiven. Jedes Sehen ist mit seiner eigenen Art von Blindheit geschlagen. Die Tragödie baut sich als eine Serie von Täuschungen, Selbsttäuschungen, Fehleinschätzungen auf. Mit Nachhilfe von Iago verkennen und verfehlen alle Figuren einander. Das Thema von Schein und Sein manifestiert sich im Drama in seiner ganzen Breite in der Differenz von Fiktion und Realität, Verzauberung und Ernüchterung, Täuschung und Aufklärung, Verblendung und Erkenntnis, Phantasma und Wirklichkeit. Das Gift des bösen Blicks[16] geht hier zwar nur von einer einzigen Quelle, genannt Iago, aus, aber kraft der leichten Manipulierbarkeit der anderen Personen kann es epidemisch werden und alle menschlichen Beziehungen zerstören.

Aleida Assmann

Die Semantik von Ehre und Schande

Desdemonas Liebe ist, wie wir gehört haben, auf das Idealbild eines Romanzenhelden gegründet. Sie hat sich diesem überlebensgroßen heroischen Bild verschrieben: »to his honours, and his valiant parts did I my soul and fortunes consecrate« (I iii 252–4). Deshalb will sie später auch von Othellos Eifersucht nichts wissen und verteidigt ihr idealisiertes Bild gegen Emilias Hinweise. Auch Othellos Welt und Weltsicht ist durch die Semantik von Ehre und ihrem Gegenbegriff, der Schande, definiert. In dieser Semantik gibt es keine Grautöne und Schattierungen, sondern ausschließlich die Werte rein und unrein, gut und böse, schwarz und weiß. Bevor Othello mit seinem hohen Ehrenkodex im Drama selbst zu Wort kommen darf, wird die Gestalt des Mohren in der Semantik der Schande in obszöner Sprache eingeführt. Der Vater Desdemonas wird in der Nacht alarmiert:

An old black ram
Is tupping your white ewe (I i 88ff.)

Diese Liebestragödie beginnt also am äußersten Gegenpol des Liebescodes: mit einer derben Beschreibung des Geschlechtsakts, die alle Formen gesellschaftlichen Anstands und kultureller Tabus verletzt. Durch systematische Verwischung der Grenze von Mensch und Tier wird der animalische Charakter dieser Liebe betont und als eine obszöne und beschmutzende Untat verunglimpft. Othello, der mit dieser plumpen Attacke in das Drama eingeführt wird, übersteht erstaunlicherweise den Rufmord und erreicht bereits am Ende des ersten Akts (der von Verdis Librettisten gestrichen wurde) seine volle Rehabilitation. Nach einer Prüfung der Verhältnisse durch den Senat der Stadt wird der Bund der Liebenden öffentlich besiegelt und die Ehre des Generals wiederhergestellt.

Schande und Ehre sind die Pole, die Othellos Denken und Handeln ihre verpflichtende Wertorientierung geben. Diese korrespondierenden Begriffe kreisen um Ruhm, Anerkennung und die Unbeflecktheit eines unbescholtenen Namens. Selbst aus königlichem Geblüt stammend, trägt er das denkbar höchste Selbstbild in sich. Seine Werte heißen Stolz und Ehre, und mit diesen hofft der Warlord Othello auch seine häuslichen Probleme bewältigen zu können. Dabei ist er sich allerdings bewusst, dass er sich in der Welt von Stein und Stahl besser auskennt als in der Welt von Gefühlen und Daunenbetten (»Hath made the flinty and steel couch of war My thrice-driven bed of down«; I iii 230–1).[17] Just diese Daunen verwandelt er am Schluss in eine Mordwaffe. So besonnen und verantwortlich er in der öffentlichen Welt agiert, so schwach und hilflos bewegt er sich in seiner Privatsphäre.

Zum Wert der Ehre gehört der Unwert der Schande, zur Reinheit des Namens die Gefahr seiner Besudelung. Othello, der Desdemona als seine Trophäe ansieht, muss eifersüchtig über den makellosen Status dieses Ehrenabzeichens wachen. Othellos Liebesmythos der Reinheit ist untrennbar verkoppelt mit der Gegenseite der Unreinheit. Iagos Provokation am Anfang des Stücks kehrt diese Gegenseite des Mythos und damit zugleich die unterschwellige Angst des Othello hervor, der er schutzlos ausgeliefert ist: Desdemonas Promiskuität beziehungsweise die Ambivalenz des martialisch männlichen Frauenbildes von Engel und Hure. In dieser Ambivalenz kann sich Iago mit seinen Sticheleien einnisten. Othellos heroische idealisierte Liebe macht ihn verletzlich; die Sorge um die Beschmutzung seiner Ehre – in diesem Fall durch die Beschmutzung der Reinheit seiner Geliebten – macht ihn zum Opfer seines eigenen Phantasmas.

Liebe und Tod

Auch diese Liebestragödie steht von Anfang an im Zeichen des Todes. Desdemona zum Beispiel wird bereits im ersten Akt als ›tot‹ gemeldet:

Brabantio: My daughter, O my daughter
All: Dead?
Brabantio: Ay, to me. (I iii 59)

Gestorben ist sie ihrem Vater, den sie aus Liebe zu einem anderen verlassen hat. Doch eben diese Liebe führt in den Tod. In *Othello* werden Liebe und Tod auf die denkbar drastischste Weise miteinander verknüpft: Der Geliebte wird selbst zum Mörder. Indem das Band zwischen den Liebenden zerreißt, tut sich ein Abgrund auf zwischen passivem Opfer mit grenzenloser Fähigkeit ›to be harmed‹ und aktivem Täter mit grenzenloser Gewalt ›to harm‹. Diese Wendung des Helden mutet den Zuschauern einen Empathiewechsel von der Bewunderung über das Mitleid bis hin zum nackten Schrecken zu.[18] Othello muss sich vor allem erst selbst in die Verfassung bringen, in der er in der Lage ist, das Leben der Geliebten auszulöschen wie das Licht einer Lampe. Liebe und Hass gehen in seiner tiefen psychischen Konfusion eine untrennbare Verbindung ein. In perverser Beharrlichkeit dringt Othello auf ein Schuldgeständnis Desdemonas, bevor er zur Tat schreitet. Er, der selbst nur die Semantik von Ehre und Schande kennt, verlangt von der reinen weißen Gestalt Desdemona ein Bekenntnis von Schuld und Reue. Da dieses ausbleibt, wird in seinen Augen aus dem Opfer seiner Liebe (sacrifice) der Mord (murder) an seiner Feindin. Nach dem Mord bricht für ihn die Welt zusammen, der Tod Desdemonas stürzt ihn in eine kosmische Umnachtung. Am Schluss ist der Kontrast zwischen schwarz und weiß, der in der ersten Szene ausbuchstabiert worden war (black ram, white ewe), wiederhergestellt:

Emilia: O, the more the angel she,
And you the blacker devil! (V ii 132–3)[19]

In seiner Schlussrede verweist Othello auf sich selbst als einen ›honourable murderer‹ (»For nought did I in hate, but all in honour«, V ii 295–6). Mit dem Wort ›honour‹ rettet er sich aus dem Leben in den Tod. Denn an der Schwelle des Todes, unmittelbar vor seinem Selbstmord, ist er nur um eines besorgt: um seine eigene Ehre und Reputation. Er spricht sich selbst ein Epitaph, rühmt seine Verdienste und erklärt sein Vergehen als Verirrung, womit er bis zum Schluss der Erzähler seiner eigenen Geschichte ist und Herr bleibt über die heroische Deutung seines Lebens und Sterbens. Die letzten Worte deuten seinen eigenen Selbstmord im Lichte eines ehrenvollen Schlags, mit dem er einst einen Venezianer gegen einen gottlosen Türken gerächt hatte. Othello, dessen Bild von Anfang an gespalten war, spaltet sich am Ende selber auf und richtet in sich den feindlichen Fremden, gegen den er ausgezogen war, und den er am Ende auf tragische Weise selbst verkörpert. Seinen Selbstmord fantasiert er als eine letzte patriotische Tat, mit der er sich seine letzte Ehre und das Anrecht auf Zugehörigkeit zu einer Gruppe erwirbt, die ihn nie wirklich aufgenommen und soeben aus ihrer Gemeinschaft wieder ausgeschlossen hat.

3. Schlussbetrachtung: Der Liebestod

Kommen wir noch einmal zurück auf die Verbindung von Liebe und Tod, die das Thema dieser Reihe ist. Ein Vergleich der besprochenen Shakespeare-Dramen und ihren Vorlagen zeigt, dass Liebe und Tod auf sehr unterschiedliche Weisen miteinander verknüpft werden können. In der *Tragical History of Romeus and Juliet* ist der Tod die Strafe für eine sündige Liebe. Von dieser schlichten moralischen Grundlage entfernen sich Shakespeares Liebestragödien meilenweit. In beiden werden die Bildfelder von Eros und Thanatos in der poetischen Sprache und Dramaturgie konsequent gekreuzt und verschmolzen. Die Tragik der Liebe wird durch die symbolische Untermalung mit Todesbildern wesentlich gesteigert und ist durch Formen der Vorausdeutung mit einer Aura der Unheimlichkeit und Ausweglosigkeit umgeben. Shakespeares Kunst besteht darin, die gegensätzlichen Themen von Liebe und Tod so eng zu führen, dass sie sich schließlich gänzlich überlagern. In *Romeo and Juliet* wird der Tod zur letzten Hürde und damit zum letzten Test und absoluten Beweis ihrer Liebe. Mit ihm verwandelt sich ihre Liebe in körperlose reine Essenz. Die Liebenden gehen nicht unter, sondern erstehen als Statuen wieder auf, die ihre

Eltern ihnen setzen. Shakespeare tut in seinem Stück nichts anderes: Er transfiguriert eine vorgefundene Geschichte in einen Liebesmythos. Aus zwei literarischen Figuren hat er ein Liebespaar geschaffen, das die irdischen Sphären übersteigt und zu den Heiligen einer neuen Liebesreligion geworden ist.

In beiden Liebestragödien sind die Liebenden in eine feindliche Welt der Widerstände eingeschlossen. Während in *Romeo and Juliet* diese Widerstände zur Heroisierung der Liebe beitragen, führen sie in *Othello* zur Entheroisierung und Demontage der Liebe. Die Liebe Othellos ist tragisch weniger im Sinne eines von außen auferlegten Geschicks, als im Sinne eines in der Liebe selbst angelegten Mangels. Seine Liebe birgt in Form einer übersteigerten Imagination und eines übersteigerten Ehrbegriffs ihren tödlichen Keim in sich. Die Formel ›Liebe stark wie der Tod‹ verwandelt Othello in eine andere, die lautet: ›Ehre, stark wie der Tod‹. An Desdemona, die er auf dem Altar seines Stolzes opfert, begeht er einen ›Ehrenmord‹; er selbst stirbt keinen ›Liebestod‹ sondern einen ›Ehrentod‹.

Das unterscheidet ihn von den drei anderen Hauptfiguren der beiden Tragödien. Ihre Sterbeszenen werden durchgängig von der Eros-Thanatos-Symbolik orchestriert, der wir uns abschließend noch zuwenden müssen. Das Motiv des Liebestods hat eine weiche und eine harte Variante, je nachdem, ob der Tod zur Metapher des orgiastischen Liebesakts wird oder ob der Liebesakt zur symbolischen Untermalung des wirklichen Todes eingesetzt wird, ob wir es, kurz gesagt, mit einer *Thanatosierung der Liebe* oder einer *Erotisierung des Todes* zu tun haben. Bleiben wir zunächst bei der Thanatosierung der Liebe. Dabei handelt es sich um einen Liebestod im Modus des Als-ob. Im Kuss beziehungsweise im sexuellen Akt vollzieht sich eine Parallele zwischen Liebe und Tod durch den Orgasmus, der die Differenz der Liebenden aufhebt und ihre Zweiheit in eine Einheit verschmelzen lässt. Der Tod ist in der elizabethanischen Bildersprache deshalb das Standardsymbol lustvoller Verschmelzung. »To die with thee again in sweetest sympathy«, heißt es in einem Lied von John Dowland, in dem keineswegs die Endgültigkeit, sondern gerade die Wiederholbarkeit des lustvollen ›Todes‹ unterstrichen wird.[20]

Von einer Kreuzung von Liebe und Tod im Modus können wir auch dort sprechen, wo der Tod von den Liebenden auf der Höhe ihres Liebesglücks herbeigesehnt wird. Der Todeswunsch steigert dann den ekstatischen Augenblick und signalisiert die Bereitschaft, von einem Leben Abschied zu nehmen, das nach dem erfüllten Höhepunkt des Liebesglücks nichts Höheres oder Größeres mehr bieten kann. Ganz in diesem Sinne ist Romeo bereit, den erfüllten Augenblick seiner Eheschließung mit dem Tode zu bezahlen: »Then love-devouring death do what he dare« (II vi 6). Entsprechend zeigt sich im höchsten Augenblick seines Glücks Othello bei der Wiederbegegnung mit Desdemona in Zypern nach ihrem Kuss zum Sterben bereit:

If it were now to die,
't were now to be most happy (II i 196)

Neben Todesmetaphern und Todeswünschen geht es in den Tragödien jedoch um den wirklichen Tod, der dem Leben seine irreversible Grenze setzt. Dabei erweist sich die Erotisierung des Todes von einer ganz anderen Qualität als die Thanatosierung der Liebe. Noch stärker als bei der Todesmetaphorik der Liebe spielen bei der Liebessymbolik des Todes die historisch spezifische und die gender-spezifische Kodierung eine wesentliche Rolle. Shakespeare inszeniert bereits das Motiv der schönen weiblichen Leiche, das die Kunstepochen unbeschadet überstanden hat.[21] Die toten Körper von Juliet und Desdemona sind noch nicht entstellt; in ihrer Stille und reinen Passivität wird ihre Schönheit für den männlichen Blick noch gesteigert. Othello wollte bei seinem Mord kein Blut vergießen, um die Schönheit der Geliebten nicht anzutasten, sondern wie im »monumentalen Alabaster« einer Grabplastik zu erhalten, und er fantasiert sogar etwas von einer (nekrophilen?) Liebe nach dem Tode:

Be thus when thou art dead, and I will kill thee,
And love thee after. (V ii 18–19)

Die tote Geliebte wird ästhetisch transfiguriert in ein Bild, eine Statue, ein Monument.

Neben diese Sublimierung und Ästhetisierung des Todes in der Gestalt der schönen Leiche tritt bei Shakespeare die Gestalt des Todes als eines Liebhabers. Diese andere Seite der Erotik des Todes weist nicht voraus ins 19. Jahrhundert, sondern zurück zur mittelalterlichen Verbildlichung des Todes und der Vorstellung vom Totentanz. Im Mittelalter konnte man dem abstoßenden Tod mit seinen traumatischen Verwüstungen unerschrocken ins Auge sehen, weil die christliche Religion ein Gegenmittel dafür aufbot: die Gnade der Liebe Christi, die stärker ist als der Tod. In Shakespeares Liebestragödie tritt neben die religiöse Liebe, die stärker ist als der Tod, eine neue säkulare Gegenkraft: die erotische Liebe zweier junger Menschen, die auf ihre Weise den Tod überwindet, ob er auch durch den Tod als letzte Instanz begrenzt ist. Der Tod wurde als ein Gerippe vorgestellt, das die Menschen zu sich holt. In der Begegnung mit der schönen Frau vermännlichte sich dieses Gerippe und wurde als ein Tanz beziehungsweise Liebesakt verbildlicht. Desdemona legt in Erwartung ihres Todes ihre Hochzeitskleider an und vermählt sich damit dem Tod als ihrem Liebhaber. Der Tod erscheint selbst als ein Liebender und Rivale der Liebenden, er ist der Buhler und Nebenbuhler schlechthin. Er nimmt sich, was dem Liebhaber vorenthalten wurde: die Jungfräulichkeit. Wenn es der Geliebte nicht tut, ist es der Tod, der die Liebe vollzieht. Er taucht für die Frauen als ein dunkler Schatten und ›Ersatzmann‹ hinter dem menschlichen Geliebten auf. Nach ihrer ersten Begegnung mit Romeo macht sich Juliet bereits Sorgen: Falls der Geliebte verheiratet ist, müsse sie sich dem Tode anverloben:

If he be marrièd
My grave shall be my marriage bed. (I v 138–9)

Und nach Romeos Verbannung fürchtet sie, dass ihre Liebe, die nicht mehr vollzogen werden kann, vom Tode vollzogen wird:

But I, a maid, die maiden-widowed.
Come, cords, come nurse; I'll to my wedding bed:
And death, not Romeo, take my maidenhead! (III ii 136)

Auch Romeo erfährt den Tod als einen Rivalen, der sich die schöne Juliet für seine eigene Lust und Begierde aufgebahrt/bewahrt hat.

Ah! Dear Juliet,
Why art thou yet so fair? Shall I believe
That unsubstantial Death is amorous
And that the lean abhorred monster keeps
Thee here in dark to be his paramour? (V iii 101–5)

Romeo, der sich vom Schrecken des Todes nicht überwältigen lässt, will bei Juliet ewigliche Wache halten. Juliet, die kurz darauf von den Wachen aufgescheucht wird, hat für ihren Abschied von Romeo nicht viel Zeit übrig.

Yea, noise? Then I'll be brief. O happy dagger!
This is thy sheath; there rest, and let me die. (V iii 168–170)

Da sie Romeo das Gift nicht von den Lippen küssen kann, nimmt sie ihm seinen Dolch ab und macht sich selbst zu dessen Scheide. Die sexuelle Symbolik dieser Szene ist ebenso knapp wie offenkundig. Ihre letzte mystische Vereinigung ist die *mit dem Tode* und nicht, wie wir (einschließlich des Librettisten von Gounods Oper *Roméo et Juliette*) uns wünschen, mit ihrem Geliebten *im Tode*.[22]

Desdemona und Othello sterben ebenso getrennt voneinander wie Romeo und Juliet. Der reale gemeinsame Liebestod als Medium der letzten und absoluten Vereinigung der Liebenden ist Shakespeare unbekannt. Der Grund wird hier deutlich: Weil sich der Tod – im wahrsten Sinne – im letzten Augenblick *zwischen die Liebenden* drängt. Er selbst ist es, der zum letzten, schauerlichen Liebhaber wird und seine Opfer in einem perversen Liebesakt zu sich holt. Dieser Tod ist stärker als die Liebe, weil er die Liebe selbst zu seinen Zwecken pervertiert. Dass der Tod stärker ist als

Aleida Assmann

die Liebe, ist ein Abgrund, in den der Mensch jedoch nicht ruhigen Blickes schauen kann. Gegen diesen tiefen nihilistischen Blick muss er sich vielmehr feien durch mythische Bilder, die das Grauen des Todes verbergen oder überwinden. Liebe – stark wie der Tod – ist eine Antwort auf die vorgängige Erfahrung der Zerstörung von Liebe und Leben durch den Tod. Die Religion und die Kunst beginnen mit solchen kontra-intuitiven Bekenntnissen, auf denen die Kultur insgesamt aufruht. Religion und Kunst sind ein elementarer Widerspruch gegen die allgemeine Evidenz der Übermacht des Todes.

Shakespeare erfand in *Romeo and Juliet* einen Liebesmythos, durch den die rohe Gewalt des Todes noch an vielen Stellen hindurchschimmert. Das 19. Jahrhundert erfand einen anderen Liebesmythos, der dem Tod alle Aspekte der Perversion und Anstößigkeit nahm und ihn zu einem Akt pathetischer Verschmelzung und Entgrenzung sublimierte. Bei Gounod sterben Romeo und Juliet wie Tristan und Isolde einen gemeinsamen Liebestod. Das entspricht jedoch nicht Shakespeares Text, der die Liebenden phasenverschoben sterben lässt und dieses Sterben mit einer je anderen Bildlichkeit unterlegt. Romeos Abschied von Juliet ist der von der schönen Leiche. Es wird ihre Schönheit hervorgehoben, der der Tod (der ja nur ein tiefer Schlaf ist) nichts anhaben konnte. Juliets Abschied von Romeo vollzieht sich als Auslieferung der Juliet an den Tod als ihren letzten Geliebten. Dieser Liebestod ist ein anderer als die Steigerung des Sexualakts zur letzten und äußersten Entgrenzungserfahrung der Liebenden, denn die kulturelle Symbolik hinter Shakespeares Liebestod stammt nicht von Schopenhauer und Wagner, sondern vom mittelalterlichen Totentanz.[23]

Literatur

Borchmeyer, Dieter, Vom Kuß der Liebe und des Todes. Eros und Thanatos in der Oper, in diesem Buch, S. 66

Bronfen, Elisabeth, Nur über ihre Leiche. Tod, Weiblichkeit und Ästhetik, Darmstadt 1994

Davis, Lloyd, ›Death-marked love‹: Desire and Presence in Romeo and Juliet, in: Shakespeare Survey, vol. 49: Romeo and Juliet and its Afterlife, Cambridge 1996, S. 57–68

Die Zauberflöte, 2. Aufzug, 27. Auftritt, in: Wolfgang Amadeus Mozart – Sämtliche Opernlibretti, hg. von Rudolph Angermüller, Stuttgart 1990, S. 85–986

Fischer, Michael (Hg.), Kunst als Marke europäischer Identität, Frankfurt a.M. u.a. 2013 (= Subjekt und Kulturalität, Bd. 3)

Mason Vaughan, Virginia, Othello: A Contextual history, Cambridge 1996

Narrative and Dramatic Sources of Shakespeare, ed. by Geoffrey Bullough, vol. 1, London 1957

Reichert, Klaus, Fortuna oder die Beständigkeit des Wechsels, Frankfurt a.M. 1985

Shakespeare, William, Romeo and Juliet, in: William James Craig (Ed.), The Complete Works of William Shakespeare, London et al. 1959

Shakespeare, William, The Arden Shakespeare: Othello, ed. by E.A.J. Honigmann, London–New York 1992

Endnoten

1 Vortrag bei den Salzburger *Festspiel-Dialogen* am 18. August 2008. Erstabdruck im Band: Fischer, Michael (Hg.), *Kunst als Marke europäischer Identität,* Frankfurt a.M. u.a. 2013 (= Subjekt und Kulturalität, Bd. 3), S. 131–150.

2 Nicht ohne sich gelegentlich auch spielerisch und ironisch davon zu distanzieren. Beispiele für Oxymora aus dem Mund des Romeo vgl. Shakespeare, William, Romeo and Juliet, in: William James Craig (Ed.), *The Complete Works of William Shakespeare,* London et al. 1959, I i 181ff. Auch alle weiteren Verweise im Text in Klammer beziehen sich auf dieses Werk.

3 Vgl. Davis, Lloyd, ›Death-marked love‹: Desire and Presence in Romeo and Juliet, in: *Shakespeare Survey, vol. 49: Romeo and Juliet and its Afterlife,* Cambridge 1996, S. 57–68.

4 Man hat ausgerechnet, dass es im Stück mehr als hundert Verweise auf die Uhrzeit gibt sowie mehr als fünfzig Verweise auf Eile und Beschleunigung.

5 *Narrative and Dramatic Sources of Shakespeare,* ed. by Geoffry Bullough, vol. 1, London 1957.

6 Romeos Liebe wird von seinem Vater so beschrieben: »… to himself so secret and so close, So far from sounding and discovery, As is the bud bit with an envious worm, Ere he can spread his sweet leaves to the air…« (I i 154–157).

7 Ein eindrucksvoller Ausdruck dieser Fähigkeit zur absoluten Selbstbestimmung ist die Bereitschaft, den Namen zu ändern und sich damit von der eigenen Herkunftswelt abzulösen.

8 Vgl. Reichert, Klaus, *Fortuna oder die Beständigkeit des Wechsels,* Frankfurt a.M. 1985.

9 Emilia kann nicht ertragen, dass Desdemona alle öffentlichen Demütigungen klaglos hinnimmt: »Emilia: Hath she forsook so many noble matches, Her father, and her country, all her friends, To be call'd whore? Would it not make one weep? Desdemona: It is my wretched fortune. Emilia: Beshrew him for it!« (IV ii 127–129).

10 Alle Zitate aus Othello beziehen sich auf folgende Ausgabe: Shakespeare, William, *The Arden Shakespeare: Othello,* ed. by E.A.J. Honigmann, London–New York 1992.

11 Mit seinen Lügen bedient sich Iago tatsächlich der »witchcraft« (I iii 59).

12 In *Othello* gibt es ebenso wie in *Romeo and Juliet* einen zynisch realistischen Gegendiskurs zur hohen, sentimentalen Liebe, der u.a. von Emilia artikuliert wird: »Tis not a year or two shows us a man: / They are all but stomachs, and we all but food; / They eat us hungerly, and when they are full/ They belch us.« (III iv 103–106)

13 Wie Miltons Satan und Goethes Mephistopheles macht sich Iago daran, Gutes in Schlechtes zu verkehren. Dabei tut er nichts anderes, als auf dem

Register menschlicher Schwächen zu spielen (Rodrigos Aufstiegsehrgeiz, Cassios Liebe zum Alkohol, Othellos Unsicherheit) beziehungsweise ihre Tugenden wie im Falle des Mitleids der Desdemona für Cassio gegen sich selbst auszuspielen:
»So will I turn her goodness into pitch,
And out of her own goodness make the net
That shall enmesh 'em all.« (II iii 351–3)
Iago ist als eine ›durchlässige‹ (impervious) Figur im Drama beschrieben worden; an ihm haftet nichts, weil er als Agent des reinen Intellekts keine Gefühle kennt und sich von nichts affizieren lässt. Seine Immunität gegenüber der Liebe macht ihn unverwundbar, wie es umgekehrt die Liebe ist, die die Menschen verwundbar macht.

14 Wie Edmund in *King Lear* kann er eine Lüge so inszenieren, dass sie die Zuschauer als Wahrheit und ›ocular proof‹ wahrnehmen. (IV i 44–7)

15 Dabei setzt Othello auf Magie:
»... That Handkerchief
Did an Egyptian to my mother give,
She was a charmer, and could almost read
The thoughts of people.« (III iv 53–56)

16 An diesem Beispiel wird deutlich, dass Shakespeare das Gift des Iago in der Sprache der optischen Verzerrungen beschreibt:
»IAGO: ... though that his joy be joy,
Yet throw such changes of vexation on 't,
As it may lose some colour.« (I i 71–3)

17 Seine Worte über den zögerlichen Wechsel vom freien Junggesellen zum Ehemann.

18 Vgl. auch: Mason Vaughan, Virginia, *Othello: A Contextual history*, Cambridge 1996.

19 Mit dem Teufel, mit dem er gleichgesetzt worden ist, identifiziert er sich am Ende und fantasiert sich in die Hölle: (Ot hell o.)
»Whip me, you devils,
From the possession of this heavenly sight,
Blow me about in winds, roast me in sulphur,
Wash me in steep-down gulfs of liquid fire!«
(V ii 278–281)

20 Die ›Thanatosierung‹ der Liebe ist nicht zu verwechseln mit der Parallelführung von Grab und Mutterschoß, von ›womb‹ und ›tomb‹. Dabei handelt es sich nicht um einen Topos der Liebesrhetorik, sondern um ein neuplatonisches kosmisches Prinzip der ewigen Erneuerung des Lebens. In *Romeo and Juliet* bezieht sich der Friar Laurence auf dieses Prinzip:
»The earth that's nature's mother is her tomb
What is her burying grave, that is her womb.«
(II iii 9–10)
Das Pathos des Liebestods und das kosmische Prinzip der Erneuerung des Lebens schließen einander gegenseitig aus.

21 Vgl. dazu die grundlegende Studie von Bronfen, Elisabeth, *Nur über ihre Leiche. Tod, Weiblichkeit und Ästhetik*, Darmstadt 1994.

22 In dieser archaischen Todessemantik erotisiert noch die verzweifelte Pamina den Tod in Gestalt eines Dolchs:
»Du also bist mein Bräutigam?
Durch dich vollend' ich meinen Gram!«
»Geduld, mein Trauter, ich bin dein;
bald werden wir vermählet sein!«
Die Zauberflöte, 2. Aufzug, 27. Auftritt, in: *Wolfgang Amadeus Mozart – Sämtliche Opernlibretti*, hg. von Rudolph Angermüller, Stuttgart 1990, S. 85–986.

23 Vgl. Dieter Borchmeyers Eröffnungsvortrag in dieser Reihe der *Festspiel-Dialoge 2008* (abgedruckt in diesem Buch auf S. 66). Das Motiv des Totentanzes wurde im Spätmittelalter erfunden, als viele europäische Städte von der Pest heimgesucht wurden und die Erfahrung des Todes jedem Menschen in gleicher Weise unmittelbar vor Augen stand. Damals entstanden als eine Art Gegengift volkstümliche und künstlerische Formen im imaginativen Umgang mit dem Tod, die den Ausdruck der Lebensfreude einschlossen und den Eskapismus zum Prinzip machten. Boccaccios Novellensammlung ist dafür ein Beispiel: Hier wird am Rande des Todes fröhlich fabuliert und erzählt. In Shakespeares *Romeo and Juliet* ragt die Pestgeschichte hinein; der von Frater Laurentio geschickte Bote kann seine Botschaft nicht abliefern, weil etliche Häuser wegen der Pest amtlich verschlossen wurden.

Spiele der Macht – Macht des Spiels: Händels *Theodora*[1]

Jan Assmann

Spiele der Mächtigen lautet das Motto der diesjährigen *Salzburger Festspiele*. In der Tat: Treffender lässt sich das Thema der Oper, vor allem der barocken Opera seria nicht charakterisieren. Die Opera seria ist die Oper des Souveräns, und hier vor allem des Souveräns, der als Liebender auftritt und dabei zuallermeist seine Macht zur Erreichung auch seiner privaten Ziele einsetzt. Xerxes und Caesar, Tamerlan und Alexander, Richard Löwenherz und Kaiser Otto II. betreten die Opernbühne als Machthaber *und* Liebende, als Rollenträger und Privatpersonen, und es ist vermutlich gerade diese konflikthafte Verbindung, die das aristokratische Publikum des Ancien Régime fasziniert und in der es sich wiedererkannt hat. Im bürgerlichen Zeitalter wirkt dieser Konflikt von Macht und Liebe, Rolle und Individualität umso befremdlicher.

In *Theodora* aber tritt der Machthaber Valens nicht als Liebender auf; er ist nur Machthaber. Das Stück beginnt mit seinem Erlass, ein Opferfest für Jupiter zu Ehren des Geburtstags von Kaiser Diokletian zu veranstalten und alle, die sich diesem Opfer entziehen, als Rebellen hinzurichten; und es endet mit der Vollstreckung dieses Urteils an Theodora und Didymus, die einen Märtyrer- und Liebestod sterben. Valens will nicht anerkennen, dass auch die Bürger, die aus Treue zu einem anderen Gott Jupiter nicht opfern dürfen, dennoch loyal zu Rom und seinem Kaiser stehen. Für ihn ist Kaisertreue und römische Religion ein und dasselbe, Jupiter opfern, heißt dem Kaiser Treue bekunden, das Opfer verweigern, heißt Rebellion. Zwischen Religion und Politik gibt es für ihn keinen Unterschied. Wer nicht opfert, muss sterben, das ist das Spiel dieses Mächtigen, das er mit aller Brutalität durchzieht.

Die Formel *Spiele der Macht* lässt sich aber auch umkehren, und die Umkehrung, *Macht des Spiels*, trifft vielleicht sogar noch besser das Wesen der Barockoper. In diesem Fall ist an die Macht eines Spiels gedacht, das drei Medien verbindet: Handlung, Sprache und Musik. Deren Macht besteht darin, dass sie uns berührt, und zwar auf vielfältige und daher besonders intensive Weise. Das möchte ich am Beispiel von *Theodora* zeigen; dafür muss ich aber etwas ausholen. Die Oper, das Spiel, um dessen Macht es hier geht, hat viele Wurzeln. Aber eine bestand in einer Debatte über die Macht der Musik und des Spiels. Sie entbrannte in der zweiten Hälfte des 16. Jahrhunderts und führte zu einer im doppelten Sinne dramatischen Wende, einem *dramatic turn* der Musik. Die beiden Seiten in diesem Streit vertraten ganz unterschiedliche Vorstellungen von der Macht der Musik. Für die einen sollte die Musik durch die Schönheit des harmonischen Wohlklangs die Seele erheben, für die anderen sollte sie im Rahmen des dramatischen Spiels nach dem Vorbild der antiken Tragödie durch Furcht und Mitleid und ein ganzes Spektrum von Affekten die Seele rühren und moralisch formen. Der *dramatic turn* war daher zugleich ein *affective turn*. Der antike Musikbegriff, den man jetzt wiederentdeckte, beruht auf der Verbindung von Wort, Melodie und Tanz (Rhythmus). Damit verband sich die Theorie eines natürlichen Zusammenhangs zwischen der Musik und der menschlichen Seele einerseits, andererseits der Mathematik und damit dem Aufbau des Kosmos. Auf der Grundlage dieses Zusammenhangs galt die Musik als die mächtigste der Künste. »Die Musik«, schrieb der spätantike Philosoph Boethius, »ist mit uns von Natur aus verbunden und kann den Charakter verderben oder veredeln« und er fährt fort: »nichts ist kennzeichnender für die Natur des Menschen, als durch sanfte Tonarten besänftigt und durch deren Gegenteil erregt zu werden.«[2] Diese moralische Macht und Verantwortung kann die Musik aber nur in Verbindung mit Sprache und szenischer Aktion wahrnehmen. So ergab sich aus antiquarischen Überlegungen die Forderung nach einer völlig neuen Musik, die sich ganz dem szenischen Wort unterordnete, um ihre formende Gewalt über den menschlichen Charakter auszuüben.

Diese neue Musikästhetik beruhte auf einer Affektsemantik. Die Musik, um das vorweg klarzustellen, ist von Haus aus asemantisch, sie bedeutet nichts, bildet nichts ab, drückt nichts aus. Sie steht aber Semantisierungen offen, die verschiedene Bedeutungen mit verschiedenen musikalischen Elementen verknüpfen können. Die neue Affektsemantik, für die man sich aber auf die Antike und auf den Mythos des Orpheus berief, dessen Gesang die wilden Tiere zu zähmen und die Mächte der Unterwelt zu rühren vermochte, forderte den Solo-Gesang, da ein bestimmter Affekt nur durch *eine* Melodie, aber nicht durch ein vielstimmiges Geflecht ausgedrückt werden könne. Das Paradoxe an dieser ersten »querelle des anciens et modernes« war, dass die Vertreter des eigentlich neuen und modernen Stils, des nur von Laute und Streichbass begleiteten Solo-Gesangs, sich als die *Alten*, und die Vertreter der traditionellen Vokalpolyphonie als die *Modernen* verstanden. Die *musica moderna*, die Vokalpolyphonie à la Palestrina, strebte nach Harmonie auf der Grundlage der kosmischen Verbindungen, die *musica antica* strebte nach moralischer Bildung durch affektive Berührung auf der Grundlage der seelischen Verbindungen zwischen Tönen und Leidenschaften.

Mit der Oper verband sich also von allem Anfang an ein moralischer Wirkungs- und Bildungsauftrag. Darin sollte die Macht dieses Spiels liegen, das durch die

Einbindung der Musik die menschliche Seele tiefer und intensiver zu berühren vermochte als jede andere Kunst. Die Musik sollte durch die Verbindung mit Wort und Szene die ganze Macht über die menschliche Seele zurückgewinnen, die sie bei den Alten besessen hatte. So kommt es zu einer Allianz zwischen Musiktheorie und Psychologie, der Lehre von den »passioni dell' anima«, den passions de l'âme einerseits und den musikalischen Mitteln, diese Passionen auszudrücken und zu erregen andererseits.[3] Diese Vorstellung einer engen und natürlichen, in der Natur des Menschen und der Welt gelegenen Verbindung zwischen Musik und Leidenschaften oder, wie man damals sagte, Gemütsbewegungen, bildet die Zentralidee der Oper. Orpheus und Apollo galten als Verkörperungen dieser Idee. So ist es kein Zufall, sondern hohe Programmatik, dass die frühesten Opern um Orpheus und Eurydike sowie Apoll und Daphne kreisen. Orpheus und Apoll sind die Sänger, die mit ihrem von der Lyra oder Kithara begleiteten Gesang die seelenbewegenden Wirkungen hervorbringen, die die Alten der Musik zuschrieben. »Die erste authentische Oper«, schreibt Adorno, »Monteverdis *Orfeo*« (und gleiches gilt durchaus auch für die etwas frühere Oper von Peri, *Euridice*) »hat eben dies zum Vorwurf sich genommen, die Glucksche Reform ist auf Orpheus als auf den Archetypus der Oper zurückgegangen, und man sagt kaum zuviel mit dem Satz, alle Oper sei Orpheus.«[4] Die Macht des Spiels, das die Oper auf die Bühne bringt, ist die Macht des Orpheus. Sie beruht vor allem auf der neuen Affektsemantik, der Idee, mit Musik etwas Bestimmtes ausdrücken zu können, das der Hörer nicht nur verstehen, sondern empfindend nachvollziehen kann. So wie die Sprache den verstehenden Geist, berührt die Musik die empfindende Seele, und im Zusammenwirken beider entsteht eine im höchsten Grade gemütsbewegende Sprache und prägnant bedeutende, semantisch aufgeladene Musik, Orpheus-Klänge, die etwas bedeuten, wie nur Sprache es vermag, und Worte, die uns berühren und bewegen, wie nur Musik es vermag.

Diesem Orpheus-Prinzip hat sich Händel verschrieben. Händel schreibt eine hochsemantisierte, prägnant bedeutende und in diesem Sinne dramatische Musik. Wie kein anderer Komponist seiner Zeit hat er sich in mehreren seiner Werke mit der Macht der Musik über die menschliche Seele auseinandergesetzt. Er vertonte Drydens Gedichte zum englischen Caecilientag, an dem man die Macht der Musik feierte: *Alexander's Feast* (1736) und die *Ode for So Cecilia's day* (1739), sowie Miltons großes Gedicht *l'Allegro ed il Penseroso* (1740), in dem es um die Stimmungen der menschlichen Seele zwischen Schwermut und Heiterkeit geht.

In seinem Oratorium *Solomon* (1749) lässt er König Salomo als Kapellmeister auftreten, und der Königin von Saba die Macht der Musik demonstrieren. »Sweep, sweep the string«, so fordert er seine Musiker auf,

Jan Assmann

to sooth the royal fair
and rouse each passion
with th'alternate air.

Und es erklingt eine pastorale Musik in G-Dur auf die Worte »sweetly flow the lulling sound«, als zweites erklingt auf das Geheiß »Rouse us next to martial deeds« eine Sinfonia martiale in D-Dur mit Pauken und Trompeten. Als drittes Stück soll eine Liebesklage gespielt werden: »draw the tears from hopeless love/ lengthen out the solemn air/ full of death and wild despair« und wir hören ein Lamento in g-Moll. Zum Abschluss heißt es: »next the troubled soul release and the mind restore to peace« und es folgt in Es-Dur eine Musik des Friedens. Auch der innere Frieden gehört zu den Gefühlen, die Musik ausdrücken und erzeugen kann. Das ist Händels Vorstellung von der Macht des Spiels, und man kann in Salomo durchaus ein Selbstporträt von Händel erkennen. In seinen Opern bringt er die Spiele der Mächtigen auf die Bühne und entfesselt eine Macht des Spiels, zu deren Vervollkommnung er alle seine musikdramatischen Mittel einsetzt. Händels Musik ist *mimetisch*, sie versucht, so genau wie möglich Stimmungen, auch Naturstimmungen, abzubilden, und erreicht etwa in *Theodora* einen Höhepunkt, wenn es um die musikalische Darstellung eines Sonnenaufgangs geht (ich komme darauf zurück), sie ist *expressiv* und versteht sich als Ausdruck jener passions of the soul, vor allem aber ist sie *generativ* oder *performativ*, sie erzeugt das, was sie darstellt. Ihr geht es darum, in Händels Worten, *to rouse each passion with th'alternate air.*

Etwas davon möchte ich im Folgenden am Beispiel von Händels Oratorium *Theodora* zeigen. Was bedeutet dieser Unterschied für Händel? Da ging es vor allem um vier Faktoren:

- englische anstatt italienischer Sprache;
- konzertante anstatt szenischer Aufführung;
- Chöre anstatt homophonen Ensemblegesang;
- biblische anstatt klassisch-antiker oder mittelalterlicher Stoffe.

Alle vier haben etwas mit dem Orpheus-Prinzip der Macht des Spiels zu tun. Um diese Macht zu entfalten, kommt es auf den Sinn der Worte an; das erfordert die englische Sprache. Zweitens wird der Chor gebraucht, denn in der Antike beruhte die Macht des Spiels vor allem auf der ständigen, bald kommentierenden, bald in die Handlung eingreifenden Präsenz des Chores auf der Bühne. Die opera seria hatte den Chor so gut wie abgeschafft und die kommentierende Funktion in die Arien verlegt. Wenn ein Chor auftrat, dann setzte er sich aus allen Solisten zusammen. Vor allem war sein Gesang immer homophon. Was in einer Oper undenkbar war, das war jene Vokalpolyphonie, von der sie sich ja gerade zugunsten des Musikdramas abgewandt hatte. In seinen Oratorien bringt Händel nun nicht nur den

Chor auf die Bühne, sondern lässt ihn auch großartigste polyphone Chormusik singen. Das erforderte drittens eine konzertante Aufführung, denn damals gab es keine Chöre, die eine so komplexe Musik ohne lange Proben auswendig lernen konnten. Konzertante Aufführung ergab sich aber vor allem durch den vierten Punkt: die Verwendung geistlicher Stoffe, denn für diese war eine szenische Aufführung verboten. Andererseits durfte in der Kirche nur liturgische Musik gespielt werden. So wurden Händels Oratorien im Theater, aber konzertant aufgeführt.

Bedeutet das nicht eine Abkehr vom Orpheus-Prinzip, vom *dramatic turn* der Musik, und eine Rückkehr zur Vokalpolyphonie auf Kosten des Musikdramas? Die Antwort ist: nein. Händels Oratorien sind Choropern, die das Ziel verfolgen, auch noch die Tradition der geistlichen Vokalpolyphonie, den barocken Kirchenstil, zu dramatisieren und in das Spiel zu integrieren, um seine Macht zu steigern. Auch in seinen Oratorien schreibt Händel eine hochdramatische Musik. Und auch die geistlichen Stoffe stehen im Dienst des *dramatic turn* und der Macht des Spiels. Diese Stoffe, vor allem die alttestamentlichen, sind für das nach wie vor puritanisch geprägte Londoner Publikum, das sich mit dem alten Israel identifizierte, unendlich viel packender als die Stoffe der alten und mittelalterlichen Geschichte und Sagenwelt, und Händel wählt bis auf *Theodora* und *Messiah* alle seine Stoffe aus dem Alten Testament (wobei auch *Messiah* weitgehend auf alttestamentlichen Quellen beruht). Wie sich in den Opern, den Spielen der Macht, die Mächtigen spiegeln konnten, so konnte und sollte sich in den biblischen Choropern die Gesellschaft spiegeln, das Volk.

Händel bleibt also auch in seinen dramatischen Oratorien dem Orpheus-Prinzip treu und schreibt hier eine ebenso dramatische Musik wie in seinen Opern, eine Musik, der es auf maximale Deutlichkeit ihrer semantischen Bezüge ankommt: erstens auf die szenische Situation, zweitens auf den Charakter der Figur und drittens und vor allem auf die jeweilige Emotion, Stimmungslage, Leidenschaft, eben die *passion of the soul*. Darüber hinaus aber setzt er hier Mittel ein, die auf der Opernbühne unmöglich wären.

Händels Oratorien sind imaginäre Opern;[5] das szenische Geschehen vollzieht sich in der Einbildungskraft des Zuhörers. Und genau wie Shakespeare, bei dem sich ja auch der Zuschauer die jeweilige Szenerie vorstellen muss, die Vorstellungskraft mit kräftigen sprachlichen Mitteln stimuliert, greift auch Händel in seinen Oratorien zu besonders prägnanten, kraftvollen musikalischen Mitteln, um seinen Zuhörern die Szene auf deren innere Bühne zu bringen. *Theodora* ist dafür ein sehr gutes Beispiel. Hier werden mit rein musikalischen Mitteln stärkste Kontraste erzeugt, stärker als in den Opern, wo die Bühnenverwandlungen dem Verständnis der Handlung optisch zu Hilfe kommen. Händels Oratorien sind grandiose Musikdramen, die in manchem die Grand Opéra des 19. Jahrhunderts vorwegnehmen.

Jan Assmann

Wie *Belshazzar* erfüllt auch *Theodora* die für die Tragödie maßgeblichen aristotelischen Bedingungen der Einheit von Ort und Zeit. Der Ort ist Antiochien, die Zeit ist der Geburtstag des Kaisers Diokletian im Jahre 304, dem Höhepunkt der Christenverfolgung.

Das Stück beginnt mit einer hochoffiziellen Szene, der Verkündung des grausamen Edikts, jeden mit Feuer und Schwert zu verfolgen, der sich dem Opferfest verweigert. Der Offizier Septimius wird von Valens in einer martialischen Trompetenarie *con coro* (zunächst freilich ohne Trompeten, die erst mit dem Choreinsatz dazu treten) beauftragt, das Fest zu kontrollieren und Dissidenten festzunehmen (*Go, my faithful soldier*). Sein Freund Didymus wagt einen Einwand zugunsten der Christen, und Valens verfällt in einer zweiten martialischen Arie in einen geradezu osmin-artigen Folter- und Vernichtungsrausch (*Racks, gibbets*). Der Chor der Römer respondiert jeweils auf seine derbe, heidnische Weise (*Forever thus stands fixed the doom*).

Diese ganze Szene steht im lärmigen Zeichen von brutaler militärischer Staatsgewalt. Mit dem Abtritt von Valens und dem Chor ändert sich die musikalische Szenerie. Die beiden Freunde bleiben allein zurück und verständigen sich über ihre Abscheu gegenüber der brutalen Verfolgung, die den Christen droht. Didymus, der Christ, singt von der verzückten Seele, die dem Schwert trotzt, Septimius, der gebildete Heide, singt das Hohelied der Menschlichkeit. In dieser Arie bietet Händel die zarte und darum nur umso unwiderstehlichere Macht der Musik auf gegen das grausame Spiel der Macht. Die musikalischen Figuren bilden das Herabschweben des Mitgefühls ab, des himmlischen Gasts, der herunterkommen und jede menschliche Brust erfüllen soll, und beschwören den himmlischen Frieden in der musikalischen Sprache der Empfindsamkeit, die in manchen Motiven bereits an Mozart erinnert. Ein größerer Kontrast zum derben barocken Pomp der Eingangsszene ist nicht denkbar. Hier werden nicht Heidentum und Christentum einander gegenübergestellt, sondern brutale Macht und mitfühlende Menschlichkeit. Auch die beiden Offiziere sind ja Römer (*Descend, kind pity*).

Die Szene wechselt zu den Christen. Theodora entsagt in einer bedeutenden Arie der Welt, Irene lobt sie als Inbegriff der Tugend, der Chor singt ein mystisches Gebet, da tritt ein Bote auf und bringt die Schreckensnachricht der unmittelbar drohenden Verfolgung. Fliehen – wohin? Da hilft nur Beten, und Irene stimmt ein Gebet an, das in musikalischer Hinsicht eine neue, in den Opern nicht gehörte Dimension erschließt. Textlich geht es um die Sehnsucht aus der Nacht zum Licht: Wie der Morgen, mit rosigen Schritten sich nähernd, die Schatten der Nacht vertreibt, so möge Gott uns befreien aus standhaft ertragenen Leiden zum ewigen Licht. Händel komponiert einen Sonnenaufgang. In repetierenden Achteln, den rosigen Schritten, steigt die Melodie um eine Dezime allmählich nach oben.[6] Aber die geradezu mystische Schönheit dieser Arie liegt nicht nur im Malerischen und in ihrer meditativen Expressivität, sondern auch in ihrem weiten melodischen Atem, der das Gefühl der Sehnsucht eben nicht nur ausdrückt, sondern bei denen, die Ohren haben zu hören, diese auf eine geradezu unwiderstehliche Weise auch erzeugt (*As with rosy steps*). Das ist zweifellos geistliche Musik, aber doch voll und ganz im Bannkreis des Orpheus, der Oper, der verzaubernden Macht des Spiels.

In der folgenden Szene wird dann die absoluter Keuschheit verschworene Theodora von Septimius und seiner Truppe an einen Platz geführt, im Vergleich zu diesem ihr Folter und Scheiterhaufen als willkommene Gnade erscheinen: zur Prostitution im Venustempel. In einer Arie überantwortet sie sich himmlischem Beistand. Wieder greift die Macht des Spiels sehnsuchtsvoll hinaus in die transzendente Sphäre, so wie vorher schon mit der Arie des Septimius »*Descend, kind pity, heavenly guest*«, dann mit dem Chorgebet »*Come mighty father, mighty lord, with love our souls inspire!*«, schließlich mit Irenes Sonnenaufgangsgebet und jetzt mit Theodoras Arie. Gewiss, auch in einer Oper wird zuweilen auf diese Sphäre Bezug genommen – »eterni numi!« »Giusto ciel!« – hier aber wird dieser Bezug mit unerhörter Intensität präsent gehalten. Klar: Wir sind in einem geistlichen Werk, aber nicht in der Kirche, sondern in einem Musikdrama, dessen Thema wie in jeder Oper die Sehnsucht ist (*Angels, ever bright and fair*).

Der zweite Akt beginnt wie der erste mit einer Szene der feiernden Römer und dem Spiel der Macht. Wir sind schon mitten im Fest, die allgemeine Trunkenheit scheint schon weit vorgeschritten, und die beiden Chöre sowie die von ihnen gerahmte Arie des Valens sind reine Tanzmusik. Der erste Chor singt ein fröhliches, stark synkopiertes Menuett, Valens singt seine Arie auf eine *hornpipe* (*Wide spread his name*), und der zweite Chor bringt ein besonders derbes Rigaudon zu Gehör. (*Venus laughing from the skies*).

Der Kontrast zur folgenden Szene könnte nicht stärker sein. Wir sind im Venustempel, wo Theodora auf ihre Vergewaltigung wartet. Händel beschwört den Ort musikalisch als eine Kerkerszene. Eine Sinfonia erklingt wie ein Accompagnato mit leisen repetierenden Streicherakkorden, aber anstatt der Singstimme stoßen Traversflöten einzelne Klagelaute aus (»*Symphony of soft musick*«).

Wie nach einem Rezitativ stimmt Theodora ihr Lamento an, Largo e staccato, fis-Moll. Das Ritornell beginnt mit einem stockenden Rhythmus, den wir ein wenig später auf eindrucksvollste Weise als eine Pathosformel der Klage kennen lernen werden, und geht dann pianissimo in bewegtere Figuren über, die einen langsamen Abstieg um eine Quart umspielen: a – gis – fis – eis. Die ganze Arie, eine Cavatina ohne da capo, setzt sich musikalisch zusammen aus dem stockenden Rhythmus, einem stöhnenden Nicht-weiter-Können und diesem In-sich-Zusammensinken.

Wenn nach dem kurzen Ritornell, das diese beiden Motive vorstellt, die Singstimme einsetzt, schweigen die Instrumente und lassen sie allein, um Theodoras äußerste Einsamkeit und Ausgesetztheit deutlich zu machen, und nach ihrem Ausruf »hide me« tritt eine jähe Pause ein (*With darkness deep as is my woe*). Hier erleben wir Theodora auf dem Tiefpunkt ihrer äußersten Verzweiflung. Noch einmal erklingt die Sinfonia mit den Klagetönen der Flöten, das Accompagnato ohne Worte, jetzt in e-Moll und doppelt so lang wie beim ersten Mal. Das Lamento der Theodora ist von dieser Sinfonia eingerahmt.

Im folgenden Rezitativ fasst sie sich jedoch mit den Worten des 42. Psalms »Warum betrübst du dich, meine Seele, und bist so unruhig in mir?« und träumt sich in der anschließenden Arie, gleichfalls in e-Moll, Flügel, um ihrem Kerker zu entkommen (*O that I on wings could rise*).

In dieser Verzückung verlassen wir Theodora, und die Szene wechselt zu Didymus und Septimius. Didymus offenbart sich seinem Freund als Christ, und dieser antwortet voller Verständnis: Wenn auch die Christen der Venus und Flora die Ehren verweigern, die ihnen die Römer erweisen, so kann den Göttinnen doch nichts gelegen sein an der grausamen Verfolgung der Christen. Und wieder, wie schon in der ersten Arie des Septimius, verlässt Händel hier die musikalische Sprache des Barocks und schreibt im lieblichen A-Dur, einer unverhofften Aufhellung nach dieser Sequenz düsterer Moll-Tonarten der ersten Kerkerszene – g-Moll, fis-Moll, e-Moll – eine Musik im neuesten neapolitanischen Stil, mit Synkopen und Schaukelbässen, ein Idiom, das offenbar schon Händel mit dem Begriff der Empfindsamkeit verbunden hat, um Septimius als einen modernen, empfindsamen, individuell denkenden und fühlenden Menschen zu charakterisieren. (*Though the honours, that Flora and Venus receive.*)

Wieder wechselt die Szene, und wir sind bei Irene und den Christen, die voller Sorge an Theodora denken. Irenes Arie, Larghetto e piano, wieder im unruhig-düsteren e-Moll, eine Sarabande, ist ein Gebet. Die drei oberen Streicherstimmen begleiten mit sich ständig wiederholenden absteigenden Dreiklangfiguren in paarweise gebundenen Achteln über einem in getragenen Vierteln dahinschreitenden Sarabandenbass. Hier ist vielleicht der Ort, ein Wort über Händels Orchesterbehandlung einzufügen. Meist dient die Begleitung nur der harmonischen Auffüllung. Händel gibt den Instrumentalstimmen jedoch ausdrucksvolle Figuren, die sich im gleichen Affektcode bewegen. Ich möchte dieses Prinzip »koexpressiv« nennen. Die Instrumente stimmen auf ihre Weise in die Gebetsklage der Irene ein (*Defend her, heaven*). Dies Gebet bildet das genaue Gegenstück zu Irenes Arie »As with rosy Steps the morn«; jetzt bricht die Nacht herein, und sie bittet die Engel, ihre unsichtbaren Zelte über Theodora auszuspannen. Die zwölf Tagesstunden des kaiserlichen Geburtstagsfestes spannen sich zwischen diesen beiden Gebeten voller mystischer Inbrunst. Wieder wechselt die Szene, zurück in Theodoras Kerker. Nie hätten sich bei szenischer Aufführung so rasche Szenenwechsel bewerkstelligen lassen. Didymus, der Retter, taucht auf und gewinnt nach einiger Überredung und herrlichen Arien von ihm und ihr (*Sweet rose and lily; The pilgrim's home*), auf die ich hier nicht näher eingehen kann, Theodora für seinen Rettungsplan, die Kleider zu tauschen und in seiner Uniform zu fliehen.

Das folgende Duett in f-Moll, der Tonart tiefsten Ernstes, in dem die beiden Liebenden, die aber angesichts von Theodoras Keuschheitsidealen nur in einem höheren Sinne Liebende sein dürfen, Abschied nehmen und sich ihres Wiedersehens im Himmel versichern, ist in musikalischer Hinsicht einer der großartigsten Höhepunkte des Händelschen Musikdramas überhaupt. Der Orchestersatz ist fünfstimmig, verstärkt um eine Fagottstimme und im strengsten Kontrapunkt gesetzt. Auch die beiden Singstimmen fügen sich diesem nun siebenstimmig aufgefächerten Satz ein. Nie hätte sich Händel einen so dichten Satz in einer Oper geleistet. Die Stimmen sind selbständig geführt und mit imitierenden Einsätzen, sodass sie gleichsam einander ins Wort fallen und ihre Einwürfe aufgreifen. Allein in den ersten beiden Takten erklingt das aus dem Anruf »to thee« (dir) entwickelte Motiv des Quartsprungs in den enggeführten Stimmen viermal (*To thee, thou glorious son of worth).*

Die letzte Szene des zweiten Akts wechselt wieder zu den Christen. Irene fordert auf, zu dem zu beten, *who raise'd and still can raise the dead to life and joy*, und der Chor beginnt, sich die Geschichte des Jünglings von Nain zu erzählen.[7] Die Geschichte wird bei Lukas erzählt, und Thomas Morell macht daraus:

He saw the lovely youth, Death's early prey,
Alas! Too early snatched away.
He heard his mother's funeral cries.

Rise, youth! He said:
the youth begins to rise.

Lowly the matron bow'd
And bore away the prize.

Händel gliedert den Text in drei Teile, die er musikalisch sehr unterschiedlich gestaltet. Dem ersten Teil in b-Moll, einer ganz entlegenen Tonart, gibt er die Form eines Trauerzugs. Die Orchesterbegleitung hält durchweg denselben stockenden Rhythmus, den wir schon in Theodoras Klage *With darkness deep* gehört haben und den der Chor mit dem Ruf *Alas*! semantisiert.

Jan Assmann

Dieser Teil endet mit diminuendo und pianissimo in düsterstem des-Moll, in das nun forte und a tempo ordinario in B-Dur der kurze zweite Teil mit »*Rise, youth! he said*« einbricht, der einzige Moment in diesem Oratorium, wo kurz etwas von dem Monumentalen und Triumphalen aufblitzt, das man aus *Messiah* kennt und mit Händelschen Oratorien verbindet. Eine jähe Wende von Tod zum Leben. Der Chor endet im dritten Teil, weiter in B-Dur und in beschwingtem Dreiertakt, mit einer großen Fuge.

Der Chor vollzieht einen regelrechten *rite de passage* im Medium des Erzählens, einen narrativen Durchgang von tiefster Verzweiflung zu freudiger Zuversicht. Was Händel dem Zuhörer damit vorführt, ist die verwandelnde Macht der Musik. Ähnlich wie in der *Zauberflöte* Taminos Flötenspiel seine und Paminas Seele den Schrecken des Todes standhalten lässt, so verwandelt der Gesang die verängstigte Gruppe der Christen in eine freudig hoffende Gemeinde. Händel stellte übrigens diesen Chor weit über das berühmte Halleluja des *Messias*. Mit diesem Chor endet der zweite Akt, übrigens ebenso wie im *Messias*, wo das Halleluja am Ende des zweiten und nicht, wie er heute meist aufgeführt wird, des dritten Akts steht. Zur Form des dramatischen Oratoriums, wie sie Händel, der sie ja erfunden hat, vorschwebte, gehört offenbar der starke Schluss an dieser Stelle.

Der dritte Akt beginnt mit einem Gebet der Irene, Largo, D-Dur, das in aufsteigenden Sequenzen die Inbrunst des Hoffens und Flehens ausdrückt (*Lord, to thee each night and day strong in hope we sing and prey*). Da taucht Theodora in der Rüstung des Didymus auf und erzählt in einer zart-melancholischen Sarabande in g-Moll die Geschichte ihrer Rettung. Der Chor kommentiert in einer großen Es-Dur-Fuge die Heldentat und betet für Leben und Freiheit des Retters. Da kommt der Bote und berichtet, dass Didymus vor Gericht steht. Theodora hält es nicht – und auch Irene gelingt es in einem hochdramatischen Duett in g-Moll nicht, sie umzustimmen. Der Textdichter Morell hielt es für richtig, Irene jetzt angesichts des auf Theodora als Märtyrerin wartenden Paradieses in ein Lied der Freude ausbrechen zu lassen, aber Händel komponiert gegen den Text ein Andante larghetto in c-Moll, das eher ein Lamento darstellt (*New Scenes of joy come crowding on*). Szenenwechsel: Didymus steht vor Valens, seinem Richter, als Theodora kommt, um ihn auszulösen und an seiner statt zu sterben.

Septimius singt voll Bewunderung für so viel weibliche Tapferkeit eine Arie in dem für ihn typischen modernen Stil, ein beschwingtes Menuett in D-Dur, der tragischen Situation nicht unbedingt angemessen (*From virtue springs each gen'rous deed*).

Valens verfällt in eine Wutarie, der Chor der Römer, nun erstmals in Moll, larghetto e staccato, verwundert sich ob der christlichen Opferbereitschaft, und

Valens verurteilt beide zum Tod. Wir müssen uns nun vorstellen, dass beide ans Kreuz geschlagen werden, zuerst Didymus, der eine Arie im pastoralen G-Dur anstimmt, die obzwar Largo keine Klage, sondern ganz im Gegenteil einen Lobpreis der Paradiesesfreuden darstellt – (*streams of pleasure ever flowing*) –, und dann Theodora, die sich mit ihm zu einem Duett vereint, das nun, anders als das F-Moll-Duett ihres Abschieds, ein wirkliches, in parallelen Terzen schwelgendes Liebesduett ist (*Thither let our hearts aspire*). Das ist vermutlich, 100 Jahre vor Verdi, dessen *Luisa Miller* tatsächlich genau 100 Jahre nach *Theodora* entstand, der erste Liebestod der Operngeschichte. Und wie um dieses Faktum zu besiegeln, erscheint Irene und konstatiert: *they are gone to prove that Love is stronger far than death*. Also doch: Weit stärker als der Tod ist die Liebe und nicht, wie es das Motto der letztjährigen *Salzburger Festspiele* wollte: Stark wie die Liebe ist der Tod. Den Schlusschor hat sich Morell gewiss triumphalistisch vorgestellt. Aber Händel komponiert hier in g-Moll, der Grundtonart des ganzen Oratoriums, das in g-Moll beginnt und immer wieder in diese tragische Tonart zurückfällt, eine Passionsmusik (*O Love divine thou source of fame*).

Händel vermeidet in diesem Stück überhaupt jeden christlichen Triumphalismus. Selbst das Liebesduett am Ende steht in e-Moll, wie alle Arien und Duette der Theodora mit Ausnahme von Angels, »ever bright and fair« und fast alle Chöre der Christen, denen jedes Halleluja und jedes Amen abgeht, in denen die anderen Händelschen Oratorien schwelgen. Gott wird angefleht, aber nicht gepriesen. Die Dur-Tonarten gehören den Heiden, deren Nummern sich von der melancholischen christlichen Grundstimmung stark abheben, auch die Arien des heidnischen, aber empfindsamen Septimius. *Theodora* ist die schwärzeste Tragödie, die Händel je komponiert hat. Zwar geht es um die Liebe, die alles besiegt, den Trieb und den Tod, aber die sich dennoch nur in einer Passionsgeschichte erfüllen kann. Vielleicht ist das der Grund, weshalb *Theodora* zu Händels Lebzeiten ein solcher Misserfolg war. Jedenfalls sind der tragische Charakter des Werkes und seine melancholische, intime Grundstimmung eine Eigenschaft, die dieses Werk weit über das übliche barocke Musikdrama hinausheben und in jedem Falle einen Grund dafür darstellen, es heute als eine von Händels größten Schöpfungen auf die Bühne zu bringen.

Literatur

Adorno, Theodor W., Klangfiguren. Musikalische Schriften I, Frankfurt a.M. 1978

Boethius, Anicius Manlius Severinus, De institutione musica, libri 5, aus der latein. in die dt. Sprache übertr. und mit bes. Berücks. der griech. Harmonik sachl. erklärt von Oscar Paul, 2. Nachdr. d. Ausg. Leipzig 1872, Hildesheim 1985

Descartes, René, Le Traité des passions de l'âme, Amsterdam–Paris 1649

Descartes, René, Les passions de l'âme [Amsterdam–Paris 1649], introduction et notes de Geneviève Rodis-Lewis, Paris ²1964 [1955]

Descartes, Renatus, Musicae compendium, Utrecht 1650, Neudruck: Musicae Compendium – Leitfaden der Musik. Lateinisch/Deutsch, hg. von Johannes Brockt, Darmstadt ²1992 (= Bibliothek klassischer Texte)

Descartes, René, Über die Leidenschaften der Seele, in: Ders., Philosophische Werke, Bd. 4, übers. u. erl. von Julius Hermann von Kirchmann, Heimann: Berlin 1870 (= Philosophische Bibliothek der Hauptwerke der Philosophie alter und neuer Zeit, Bd. 26,2)

Descartes, René, Über die Leidenschaften der Seele, in: Ders., Philosophische Werke, übers. u. erl. von Artur Buchenau, Leipzig ³1911 (= Philosophische Bibliothek, Bd. 29)

Luther, Martin, Gesammelte Werke. Lutherbibel + Predigten + Traktate + Briefe + Gedichte + Biografie, e-artnow 2015 [e-Book]

Tilesius, Balthasar, Traktat von den Leidenschaften der Seele, Halle 1723

Endnoten

1 Vortrag bei den Salzburger *Festspiel-Dialogen* am 19. August 2009.

2 Boethius, Anicius Manlius Severinus, *De institutione musica.* Auch Descartes sah die Verbindung von Leidenschaften und Musik als naturgesetzlich begründet an, vgl. Renatus Descartes, *Musicae compendium,* Utrecht 1650, Neudruck: *Musicae Compendium – Leitfaden der Musik.* Lateinisch/Deutsch, hg. von Johannes Brockt, Darmstadt ²1992 (= Bibliothek klassischer Texte).

3 Descartes, René, *Le Traité des passions de l'âme,* Amsterdam-Paris 1649: René Descartes, *Les passions de l'âme* [Amsterdam-Paris 1649], introduction et notes de Geneviève Rodis-Lewis, Paris ²1964 [1955]. – Übersetzungen ins Deutsche: Tilesius, Balthasar, *Traktat von den Leidenschaften der Seele,* Halle 1723; Über die Leidenschaften der Seele, in: *René Descartes, Philosophische Werke,* Bd. 4, übers. u. erl. von Julius Hermann von Kirchmann, Heimann: Berlin 1870 (= Philosophische Bibliothek der Hauptwerke der Philosophie alter und neuer Zeit, Bd. 26,2); Über die Leidenschaften der Seele, in: *René Descartes, Philosophische Werke,* übers. u. erl. von Artur Buchenau, Leipzig ³1911 (= Philosophische Bibliothek, Bd. 29). Descartes unterscheidet sechs Grundformen von Affekten, die zu zahlreichen Zwischenformen miteinander kombiniert werden können: Freude (joie), Hass (haine), Liebe (amour), Trauer (tristesse), Verlangen (désir), Bewunderung (admiration).

4 Adorno, Theodor W., *Klangfiguren. Musikalische Schriften I,* Frankfurt a.M. 1978, »Bürgerliche Oper«, S. 31.

5 »Opern im Kopf« (Silke Leopold).

6 Man denkt an Bendas Melodram *Aurora* und was Mozart in der *Zauberflöte* beim ersten Erscheinen der Königin der Nacht daraus gemacht hat.

7 So steht sie bei Lukas (*Lutherbibel,* Predigt Lukas 7, 11–16): Und es begab sich danach, daß er in eine Stadt mit Namen Nain ging; und seiner Jünger gingen viel mit ihm und viel Volks. Als er aber nahe an das Stadttor kam, da trug man einen Toten heraus, der ein einiger Sohn war seiner Mutter; und sie war eine Witwe, und viel Volks aus der Stadt ging mit ihr. Und da sie der Herr sah, jammerte ihn derselbigen und sprach zu ihr: Weine nicht. Und trat hinzu und rührte den Sarg an, und die Träger standen. Und er sprach: Jüngling, ich sage dir, stehe auf. Und der Tote richtete sich auf und fing an zu reden. Und er gab ihn seiner Mutter.

Dekadenz und Androgynie.
Hugo von Hofmannsthal und der englische Stil[1]

Daniel Binswanger

Nie war ein Dichter von der Gnade der frühen Vollendung so schwer geschlagen wie Hugo von Hofmannsthal. Dass ein zarter Jüngling von 17 Jahren schon zu den ersten Lyrikern seiner Zeit gerechnet wird, mag auch von Rimbaud oder Keats gelten, aber Hofmannsthal betritt die Bühne nicht in kometenhaftem Auflodern, das sich verzehren will, nicht als *enfant prodigue* einer neuen Zeit, sondern gemessen, altklug und mit einem Traditionsbewusstsein, das von Anfang an als übermächtige Last auf seinen Schultern zu liegen scheint. Anstatt sich nur dem Rausch seines Genies hinzugeben, leidet der junge Nietzscheaner mit verzärtelter Luzidität an der historistischen Lähmung des untergehenden 19. Jahrhunderts. Er blieb dazu verdammt, ein Erbe zu sein. Er wusste, dass er alles auf sich zu nehmen hatte, weil er ein Spätgekommener war. Damit repräsentiert Hofmannsthal die klassische deutsche Version der Décadence: den unendlich verstrickten Versuch, die Décadence zu überwinden.

Hofmannsthal wird zum herausragenden Vertreter der Wiener Moderne, jener von Karl Kraus verspotteten »Kaffeehausliteraten-Dekadenz«, die ihm von Anbeginn durch seine überzüchtete Kultiviertheit als lebensfern und blutleer erscheint und Kraus aus dem reinen Ästhetentum auszubrechen versucht. Was den fast gleichzeitig geborenen Thomas Mann ein Leben lang als der Widerspruch zwischen Künstler und Bürger beschäftigte und letztlich eine sehr bürgerliche Lösung fand, was bei Stephan George zu einer Überhöhung des Dandytums in Heiligkeit und Hohenpriestertum führen sollte, das erfährt der junge Hofmannsthal als den Gegensatz von Kunst und Leben. Dieser soll einer goetheschen Synthese zugeführt werden: weder Bürger noch Künstler, sondern Geistesaristokrat.

Allerdings ist im neurasthenischen Fin-de-siècle auch das goethesche Erbe nicht einfach anzutreten: »Man hat manchmal die Empfindung, als hätten uns unsere Väter [...] und unsere Großväter [...] nur zwei Dinge hinterlassen: hübsche Möbel und überfeine Nerven.«[2] Im Wien der Jahrhundertwende sind die Bildungsgüter zum requisitenartigen Mobiliar verkommen. Es ist die hohe Zeit der Nippes und des gehobenen Kunsthandwerks. Die zarten Nachfahren der Gründerjahrgeneration finden sich unversehens in einer Rumpelkammer wieder. Alles gerät zum reinen Dekor. In seinem bekanntesten lyrischen Drama *Der Tor und der Tod* führt

Hofmannsthal die sträfliche Sterilität einer rein ästhetischen Existenz vor, die das Leben verfehlt. Aber er benutzt dazu Verse, die unmittelbar als Goethe-Pastiche zu erkennen sind. Bei aller Sprachmacht steckt darin eine – perfekt beherrschte – Pose. In Hofmannsthals traditionsbewusstesten Werken liegt niemals die Vitalität des Tiefverwurzelten, sondern immer etwas von der Morbidezza des edlen Sammlerstücks. Das lebensbejahende Bekenntnis zur Tradition gerät immer wieder zur »kleinen Totentanzkomödie«. Es lässt sich eben das eine vom anderen nicht trennen: »Da tot mein Leben war, sei Du mein Leben Tod.«[3]

Natürlich wird Hofmannsthals schwieriges Erbe auch durch seinen sozialen und geschichtlichen Ort bestimmt, an dem die Signatur einer ganzen Epoche abzulesen ist. Er repräsentiert nicht nur die gespenstische k. u. k. Monarchie, die im fröhlichen Walzertakt der Apokalypse entgegentaumelte, jenen habsburgischen Barockstaat, der zu einem seltsamen Abstraktum verkommen war. Hofmannsthal und seine ganze Generation schienen eigentlich dazu bestimmt, als Jeunesse dorée des zu Reichtum und kulturellem Ansehen gekommenen Liberalismus zu glänzen. Gerade die von Hofmannsthals – Hugos Urgroßvater war noch als kleiner jüdischer Tuchhändler aus Prag nach Wien gezogen und hatte es zu einem Vermögen gebracht, das groß genug war, um ihm die Nobilitierung einzutragen – gehörten zu den *success stories* des bürgerlichen Aufstiegs und der jüdischen Assimilation. Nachdem 1848 die Revolution blutig niedergeschlagen wurde, musste die Monarchie schließlich von oben liberale Reformen einleiten, um sich auf die bürgerliche Wirtschaftselite stützen zu können. Aber der Liberalismus hatte sich zu Tode gesiegt. Bis zur Jahrhundertwende war er politisch vollkommen ins Abseits geraten, während die kleinbürgerlichen Massenparteien den antisemitischen Ton angaben. Wie die 68er-Jahre des 20. Jahrhunderts hatten die 48er-Jahre des 19. Jahrhunderts sozial reüssiert und politisch versagt. Ihre Söhne übernahmen ihren Rang und ihre vollkommene Verunsicherung. Als man von 1970 an das Wiener Fin-de-siècle wiederentdeckte, wurde glauben gemacht, es sei eine Angelegenheit für depressive Revolutionäre oder, wie Jean Clair es einmal sagte, Ausdruck einer skeptischen Moderne. Man täuschte sich: Sie ist Sache der noch depressiveren Söhne.

Auch bei Hofmannsthal gibt es den rauschhaften Elan der Befreiung. Während das Goethe-Wort »den Erben lass erwerben« zur Losung der deutschen Bürgerlichkeit geworden war, lässt sich Hofmannsthal auch zu solchen Dithyramben hinreißen:

Den Erben lass verschwenden
An Adler, Lamm und Pfau
Das Salböl aus den Händen
Der Toten alten Frau.[4]

Das Goethetum ist eine Maske, hinter der sich Abgründigeres auftut, hinter Goethe steht Shakespeare. Und hier kommen die Gegensätze von Kunst und Leben, Leben und Tod, Traum und Wirklichkeit ins Oszillieren. Denn es gibt noch ein weiteres Gegensatzpaar, das in seltenen Momenten Möglichkeiten schwindelnder Grenzüberschreitung eröffnet: den Gegensatz von weiblich und männlich. Das Chaos, dem es sich in starrem Festhalten an der Tradition entgegenzustellen gilt, und von dem Hofmannsthal aber auch weiß, dass es ihr geheimer Zauber ist, entspringt der Verheißung der Androgynie. Erst das changierende der sexuellen Identität, das Ineinanderfließen, das dem Reigen von Leben und Tod entspricht, eröffnet die Sprachmagie, von der Hofmannsthals frühe Dichtung lebt. So grundlegend ist das Motiv der Androgynie, dass es immer nur im Halbschatten, im Allusiven und en passant sichtbar wird. Die Androgynie kann nicht thematisch werden: Sie bezeichnet die Atmosphäre, die Hofmannsthals Sprache atmet. Mit dem ganzen Pathos, dessen er fähig ist, schreibt Hofmannsthal über Shakespeares Brutus am Vorabend der Schlacht von Philippi:

Es ist ein Gesicht, das er nie vorher hatte, ein zweites wie von innen heraus entstandenes Gesicht, ein Gesicht, in dem sich männliche mit weiblichen Zügen mischen wie in den Totenmasken von Napoleon und Beethoven [...] Dies sind die Blitze, in denen ein Herz sich ganz enthüllt [...] und bei Shakespeare sind sie überall. Sie sind die Entladungen seiner Atmosphäre.[5]

Hofmannsthal bezieht sich hier nur auf eine ganz kleine Episode des Stücks, aber, rechtfertigt er sich, »es gibt doch in einem Kunstwerk nichts Großes und Kleines«.[6] Wie die »halbwüchsigen Mädchen und Buben«, die in seiner *Reitergeschichte*[7] im Schatten stehen, während gezogenen Säbels eine Dragonereskadron durch das unbewehrte Mailand sprengt, scheint die Androgynie immer nur im Vorübergehen auf. Nicht umsonst ist Hofmannsthal der Meister einer Poetik der Anspielung. Wo Apollinaire im surrealistischen Furor die Titten des Thiresias in die Luft sprengt und T. S. Eliots melancholischer Avantgardismus klagt »I have known love from both sides«, da ist bei Hofmannsthal die Androgynie diskret wie der Abgang eines Pagen. Sie gehört der Magie der Sprache. Und die kann zum Gegenstand der Sprache nur werden als Erfahrung des Stummen: »Und wenn Goethes Shakespeare der Geist ist ..., dem alles von den Lippen fließt ..., so wird einem anderen Geschlecht ein stummer Shakespeare entgegentreten.«[8]

Hinter diesen literarhistorischen Subtilitäten stehen jedoch auch sehr handfeste Alltagsmythen, die das 19. Jahrhundert bestimmten. Mit seiner Shakespeare-Verehrung schreibt Hofmannsthal nicht nur eine romantische Tradition fort, sondern sie ist auch Ausdruck einer beileibe nicht nur literarischen Anglophilie. Nichts konnte den Glanz des »British Empire« überstrahlen; den Herren der Meere und des weltumspannenden Kolonialreichs, ihrer mächtigen Industrie und intakten Aristokratie gehörte die Bewunderung aller europäischen Oberschichten – ganz besonders der deutschen. Man saß auf Chippendale-Möbeln und spielte lawn tennis. Im Briefwechsel zwischen Hofmannsthal und seinem Jugendfreund Karg von Bebenburg, der nicht nur onomastisch an die Kameradschaft zwischen Hanno Buddenbrock und dem schneidigen Kai Graf Mölln erinnert, wimmelt es von Anglizismen wie sonst nur noch bei proustschen Kokotten. Natürlich ist Karg Marineoffizier. Und so schreibt er denn dem Dichterfreund in Wien:

Wenn wir Bombay verlassen haben, und wieder der gute indische Ocean um uns blaut, werde ich hoffentlich time und sicher die Lust haben, Dir zu schreiben. Jetzt aber muss ich enden, Dinnerclock hat schon längst gedröhnt.[9]

Es ist überaus treffend, wenn Adorno Hofmannsthal vorhält, er hätte sich der »Society« angedient. Aber dahinter steht nicht nur der Wille zur aristokratischen Selbststilisierung, sondern auch wieder die Faszination für das Androgyne. Sie wird getragen vom Mythos der englischen Frau. Die schöne Engländerin war eines der großen Phantasmen des deutschen Fin de siècle, nicht nur weil den Töchtern der Sieger der größte Sexappeal zukommt, sondern weil sie selber edle Jünglinge waren. So finden wir bei Hofmannsthal etwa den folgenden Tagebucheintrag: »St. Moritz, August. – Gladys Deacon. Sie ist jetzt etwa 25. Ist und bleibt immer in gewissem Sinn die glänzendste Person, die ich je gesehen habe […] Sie hat manchmal etwas von einem lasziven jungen Gott in Mädchenkleidern.« Es funktioniert allerdings auch in der anderen Richtung. Die jungen englischen Lords sind »kaum von ihren Zwillingsschwestern zu unterscheiden«.[10] Was in Hofmannsthals Dichtung zu den Geheimnissen der Sprachmagie gehört, das kann er ganz unbefangen ausplaudern, wenn er Feuilletons schreibt über den »Englischen Stil«. In einem Artikel dieses Titels, der von den Barrison Sisters handelt, einer Varieté-Truppe aus fünf halbwüchsigen Mädchen, die damals riesigen Erfolg hatten (und eigentlich Amerikanerinnen waren), analysiert Hofmannsthal ihren Zauber auf folgende Weise: »Das englische junge Mädchen, als Produkt halb des Lebens, halb der poetischen Tradition, hat einen sehr starken Einschlag von Knabenhaftem.«[11] Er erblickt in ihnen die späten Nachfolgerinnen der shakespearschen Frauenfiguren, ein wenig ins Puppenhafte und Schale verkümmert. Natürlich kann Hofmannsthal diese Cabaret-Mode nicht ganz ernstnehmen, aber gerade das schwebend Frivole solcher kleinen Spekulationen führt ins Zentrum seines Schaffens, und so endet das Geplänkel mit einem sehr hofmannsthalschen Bekenntnis: »Ja, es gehört wirklich nichts zusammen. Nichts umgibt uns als das Schwebende, Vielnamige, Wesenlose, und dahinter liegen die ungeheuren Abgründe des Daseins.«[12] In späteren Jahren macht sich Hofmannsthal zur ästhetischen Devise, man müsse die Tiefe an der Oberfläche verstecken, eine »Oberflächlichkeit«, die ihn zum großen Feuilltonisten macht. Hofmannsthal benutzt, wie er es einmal über Barrès gesagt hat, »die Maske zu der Nietzsche rät«.[13] Wo die Geschlechterdifferenz ins Oszillieren gerät, da verwirrt sich eben auch der Gegensatz von Oberfläche und Tiefe. Auch in dieser Hinsicht war die Psychoanalyse, die die Welt mit einem System von neuen Latenzen unterbaut hat, leider dogmatischer als die Dichter, die ihr die Impulse gaben.

Immer war für Hofmannsthal die Sprachmagie verführerisch und bedrohlich zugleich. »Glorreich aber gefährlich« sollte er diese Ambivalenz später nennen. Das zeigt sich auch in einer gewissen Asymmetrie der Geschlechterinversion: der Verführung des androgynen Mädchens steht die eigene Effeminiertheit entgegen – als Bedrohung. Wenn Hofmannsthal in reifen Mannesjahren »den Weg ins Soziale« sucht, der reinen Kunst entsagt und sich zum »Leben« bekennt, so wohl auch deshalb, weil damit die sexuelle Polarität überwunden werden soll. Denn neben der Utopie des Androgynen steht das Tabu der Homosexualität.

Zum literarischen Glanz des so bewunderten British Empire gehörte eben auch Oscar Wilde. »Starken narkotischen Zauber« attestiert Hofmannsthal den wildschen »Intentions«. Wie weit die dichterischen Affinitäten im Shakespeare-Bild, im gemeinsamen Motiv der Maske und der Sphinx im Grunde gehen, dürfte Hofmannsthal nicht ganz bewusst gewesen sein, auch wenn es einige Stellen gibt, die direkt vom Dorian Gray inspiriert scheinen. Was ihn aber zutiefst aufwühlte, war der ganz Europa in Atem haltende Skandal um den Prozess von Oscar Wilde, der bekanntlich 1895 wegen Päderastie zu zwei Jahren Zuchthaus verurteilt wurde. Der Vorfall findet Eingang in eine der wichtigen Erzählungen von Hofmannsthals Frühwerk, das *Märchen der 672ten Nacht*.[14] Wilde stürzte ins Verderben, weil er sich provozieren ließ von einem Schandbrief, den ihm der Vater seines Geliebten Lord Alfred Douglas adressierte. Dem Held des »Märchens«, einem schönen reichen Kaufmannssohn, der als orientalische Version des modernen, weltabgewandten Dandys erscheint, widerfährt ein ähnliches Schicksal: ein anonymer Drohbrief, von dem nur zu ahnen ist, er denunziere die »verbrecherische« Neigung eines Dieners, reißt den Kaufmannssohn aus seinem ästhetischen, lebensfernen Dasein. Beim Versuch, die Schande abzuwehren und sich Recht zu verschaffen, gerät er unvermittelt in alptraumhafte Wirrungen, die ebenso jäh mit seinem Tod enden. Ohne Zweifel ist dieser Kaufmannssohn ein weiterer aus der langen Reihe der hofmannsthalschen Ästheten und Décadents, die es nicht zur Mannbarkeit bringen. Hofmannsthal beschwört seinen Untergang, um ihm selber zu entgehen. Im selben Zug errichtet er eine Mauer zwischen seinem Lebensweg und dem Schicksal des faszinierenden Oscar Wilde: Der schwule Ästhet musste ins Verderben gehen, er, Hofmannsthal, geht den Weg ins Soziale.

Daniel Binswanger

Fünf Jahre nach Wildes Tod hat Hofmannsthal einen Aufsatz über dessen Biografie geschrieben. Hier wird Wilde nun endgültig zum tragischen Heros, sein Sturz zur Notwendigkeit stilisiert: »Oscar Wildes Wesen und Oscar Wildes Schicksal sind ganz und gar dasselbe [...] Der Ästhet war tragisch. Der Geck war tragisch.«[15] Die Homosexualität wird vollkommen eskamotiert; wilde Verfehlung sei es gewesen »das Leben herauszufordern«. Anstatt auf die sexuelle Überschreitung beruft sich Hofmannsthal auf die Differenz von Kunst und Leben, die miteinander zu vermengen tödlich ist. Und dennoch gerät Hofmannsthal noch sein tragischer Moralismus zu einer bewundernden Hommage an die wildesche Transgression, wenn er sie auch reduziert auf die einzige Dimension, in der er sie artikulieren kann: das Ineinandergehen von Leben und Tod:

Es gibt auf gewissen Inseln Wilde, die ihre Pfeile in den Leib ihrer Toten Verwandten stecken, um sie unfehlbar tödlich zu machen [...] Denn wirklich, die langsam tötenden Gifte und die Elixiere der sanft schwelenden Seligkeiten, alles liegt in unserem Leib beisammen [...] Alles ist im Reigen.[16]

Es verwirrt sich hier sogar die Abfolge der Geschlechter: Die Vorfahren werden zu Spendern des Todes. Hofmannsthal exaltiert eine bestimmte Form der Mannbarkeit, und dennoch wird die Generationenreihe in einen Strudel gezogen. An Felix Oppenheimer schreibt er einmal: »Wir sind Leben und Tod, wir sind unsere Vorfahren und unsere Kinder, unsere Vorfahren und Kinder im eigentlichsten Sinn des Wortes, ein einzig Fleisch und Blut mit ihnen.« Der verzärtelte, angestrengte Erbe hat seinerseits ein schwieriges Verhältnis zur Vaterschaft. Die Generationen unterstehen nicht der Ordnungsmacht des väterlichen Gesetzes, sondern der orgiastischen Vereinigung im Strudel von Leben und Tod. Aber dennoch muss das Chaos abgewehrt werden, dennoch gilt es, männlich den Daseinskampf aufzunehmen. Und hier springt nun ein gewisses Ethos von Ritterlichkeit ein, als konservative Bejahung der katholischen Ständeordnung des Habsburgerreiches einerseits, andererseits als Bewunderung für militärischen Schneid. Vor diesem Hintergrund ist es zu verstehen, dass sich Hofmannsthal so ungeheuer bereitwillig 1914 in die österreichische Propagandamaschinerie einspannen ließ. Zwar blieb er Zeit seines Lebens ein überzeugter Europäer (und das ist mehr, als man sagen kann von so manchen, die es für geboten hielten, ihre politischen Betrachtungen anzustellen), aber es war ein Europa, das im ritterlichen Duell der Völker – gewissermaßen im Kampf Mann gegen Mann – das Chaos abwenden und eine neue Ordnung der Nationen gründen sollte. Gegen die sexuellen Ambivalenzen der Moderne hilft letztlich nur der Ehrenkodex des guten Offiziers.

Karl Kraus hat Hofmannsthal ein Leben lang mit spitzer Feder verfolgt, und er hat ihm immer Unrecht getan, wenn er ihn für seinen »Aesthetizismus« geißelte. Wenn er ihn aber in seinen *Letzten Tagen der Menschheit* an die Spitze der Wiener

Literatenriege stellt, die in den geheizten Ministerien der Metropole sitzt und, ab und an der eigenen Jugend sich erinnernd und Baudelaire zitierend, das große Heldenleben an der Karpatenfront besingt, dann ist das grausam treffend. Er hat scharf gesehen, welches historische Los der modernen Androgynie und dem nietzscheanischen Rausch des Maskenspiels beschieden waren, und so lässt er am Ende seines apokalyptischen Stücks eine männliche und eine weibliche Gasmaske auftreten: »Wir haben kein Recht/auf Geschlecht und Gesicht/Gesicht und Geschlecht/verbietet die Pflicht.« In den Zwanzigerjahren gerät Hofmannsthals restaurativer Katholizismus gar in den Dunstkreis der konservativen Revolution. Auch hier mag geltend gemacht werden, dass er nie einem tumben, deutschen Nationalismus frönte und dass es andere große Geister sehr viel bunter getrieben haben. Aber letztlich erweist sich auch an Hofmannsthal der ewige Mechanismus deutscher Männerfantasien: Die sexuelle Ambivalenz ist nicht nur Verheißung, sondern auch Bedrohung. Sie muss abgewehrt werden durch schneidige Männlichkeit und paternalistische Ständeordnung. Da will es einer besonders gut machen, weil er sich besonders bedroht fühlt. Aber der Wille, Verantwortung zu übernehmen, führt zum Pakt mit dem Regressivsten. An höchst sensibler Luzidität den eigenen psychischen Verwicklungen gegenüber hat es Hofmannsthal nie gefehlt. Davon zeugt das großartige *Andreas-Fragment*, an dem er bis zu seinem Tode arbeitete. Dass er um die politische Bedrohtheit wusste, zeigt der späte *Turm*. Es fällt ihm aber nichts mehr ein. Das Bedrohungsgefühl wird übermächtig. Unendlich angestrengt wird Haltung bewahrt.

Oscar Wilde starb auf der Schwelle des Jahrhunderts, verfemt von der englischen Society in einem schäbigen Pariser Hotelzimmer. Hugo von Hofmannsthal brach 1929 tot zusammen, als er aufbrechen wollte zur Beerdigung seines Sohnes, der zwei Tage zuvor Suizid begangen hatte.

Literatur

Hofmannsthal, Hugo von: Gesammelte Werke in zehn Einzelbänden, hg. von Bernd Schoeller in Beratung mit Rudolf Hirsch, Frankfurt a.M. 1979:
Gedichte, Dramen I [1891–1898], Bd. 1:
  – Lebenslied, S. 28.
  – Der Tor und der Tod, S. 279–298
Dramen III [1893–1927], Bd. 3:
  – Der Turm (Neue Fassung 1926), S. 383–469
Erzählungen, Erfundene Gespräche und Briefe, Reisen. Bd. 7:
  – Märchen der 672ten Nacht, S. 45–63
  – Reitergeschichte, S. 121–131
  – Andreas (1907–1927), S. 198–308
Reden und Aufsätze I [1891–1913], Bd. 8:
  – Gabriele D'Annunzio (1893), S. 174–184
  – Shakespeares Könige und große Herren, S. 33–53
  – Maurice Barrés, S. 118–126
  – Sebastian Melmoth, S. 341–344
  – Englischer Stil, S. 565–572
Reden und Aufsätze II [1914–1924], Bd. 9:
  – Shakespeares und wir, S. 107–113
  – Hugo von Hofmannsthal und Edgar Kay von Bebenburg. Briefwechsel, hg. von Mary E. Gilbert, Frankfurt a.M. 1966
  – Kraus, Karl, Die letzten Tage der Menschheit, Wien–Leipzig 1922

Endnoten

1 Vortrag bei den Salzburger *Festspiel-Dialogen* am 13. August 2004.
2 Hofmannsthal, Hugo von, Gabriele d'Annunzio (1893), in: *Reden und Aufsätze I [1891–1913]*, Bd. 8, hg. von Bernd Schoeller in Beratung mit Rudolf Hirsch, Frankfurt a.M. 1979, S. 174.
3 Ders., Der Tor und der Tod, in: *Gedichte, Dramen I [1891–1898]*, S. 279.
4 Ders., Lebenslied, in: ebd., S. 28.
5 Ders., Shakespeares Könige und große Herren, in: *Reden und Aufsätze I*, S. 49.
6 Ebd.
7 Ders., Reitergeschichte, in: *Erzählungen, Erfundene Gespräche und Briefe, Reisen*, S. 123.
8 Ders., Shakespeares und wir, in: *Reden und Aufsätze II [1914–1924]*, S. 112.
9 *Hugo von Hofmannsthal und Edgar Kay von Bebenburg. Briefwechsel*, hg. von Mary E. Gilbert, Frankfurt a.M. 1966, S. 21.
10 Hofmannsthal, Englischer Stil, in: *Reden und Aufsätze I*, S. 565.
11 Ebd.
12 Ebd. S. 572.
13 Ders., Maurice Barrés, in: ebd., S. 119.
14 Ders., Märchen der 672ten Nacht, in: *Erzählungen, Erfundene Gespräche und Briefe, Reisen*, S. 45–63.
15 Ders., Sebastian Melmoth, in: *Reden und Aufsätze I*, S. 342.
16 Ebd., S. 344.

Die Flöte des Dionysos.
Über Theatralik, Verführung und Macht[1]

Karl Heinz Bohrer

Wenn Dionysos in Euripides' Tragödie *Die Bakchen* auftritt, dann vereinigt die Erscheinung des griechischen Gottes die drei Charakteristika, von denen die Rede sein soll: das Theatralische, das Verführerische und deren Begründung in der Macht: in politischer Macht und der Macht der Persona. Dionysos verführt den unglücklichen König Pentheus durch die Überredungskunst seiner Worte zu eben der Handlung, die ihm das grauenhafte Ende bringen wird, nämlich von den Bacchantinnen, namentlich der eigenen Mutter, zerfleischt zu werden. Und Dionysos vollstreckt dieses Ende als Demonstration seiner Macht. Die Zerstückelungsszene, die viele Varianten in der griechischen Mythologie hat – vor allem das schreckliche Ende des von Artemis bestraften Jägers Aktaion –, wird zu einem Zentralmotiv literarischer und bildnerischer Fantasie werden, das heißt, es wird ästhetischen Akt und Gewaltakt theoretisch und praktisch zusammenführen. Das grausame Ende von Orpheus, dem Sänger, dem die Natur zuhörte, ist der Gründungsmythos von ästhetischer Verführung und Gewalt beziehungsweise Macht geworden. Friedrich Nietzsche ist der erste und nachwirkendste Theoretiker dieses Zusammenschlusses im Namen des Dionysos.

I.

Bevor wir uns die dionysische Machtsphäre in der Theorie ansehen, ist sie in ihrer praktischen Entfaltung in einigen repräsentativen Szenen zu beobachten. Man findet sie nach der griechischen Tragödie überall, besonders im Renaissancedrama und der Renaissancemalerei, den Opern Händels und Mozarts bis hin zum Schauspiel und der Prosa Heinrich von Kleists oder dem Theater der Grausamkeit des 20. Jahrhunderts. Der Begriff des Theatralischen soll also keine Einschränkung auf nur eine Gattung der Kunst ankündigen, wenngleich das Drama aufgrund seiner Form und seines Personals den eigentümlichen Zusammenhang von ästhetischer Erscheinung und Machtdiskurs besonders begünstigt. In die Augen springen da vor allen anderen die Szenen Shakespeares. Nehmen wir *Heinrich V.*, erster Akt, zweite Szene: Der junge neue König Englands, Henry V., empfängt den Gesandten des französischen Thronfolgers Louis, der ihm als Geschenk Tennisbälle überreichen lässt: Die spielerisch anmutende Geste bezüglich der vermuteten Spielfreude des englischen Königs verbirgt eine Beleidigung. Sie spielt an auf dessen allen bekanntes Vorleben, der als Kronprinz zum Kummer seines Vaters in den Kneipen und Hurenhäusern Londons unter der Obhut seines liederlichen Freundes Falstaff eine Playboyexistenz geführt hatte. Die Tennisbälle des Dauphins wollen sagen: Wir freuen uns über deine Spielernatur, spiele nur weiter, und wir brauchen keine Sorge um unsere Macht zu haben.

Das alles sagt der französische Botschafter nicht. Aber der König versteht die Botschaft. Er sitzt ruhig auf seinem Thron – der 37jährige Lawrence Olivier hat ihm 1944 in seinem Film *Henry V* autoritativ Gestalt gegeben – und antwortet zunächst mit dem Satz:

»Wir freuen uns, dass der Dauphin mit uns scherzt. Habt Dank für Eure Müh und sein Geschenk.« Dann aber beginnt seine Rede zu etwas anderem zu werden, indem sie die Metaphorik der Spiel-Wörter umwendet zu einem Symbolismus der Machtbeschreibung. Die Antwort Henrys auf den Spott von Louis ist die Kriegserklärung an Frankreich. Die Verbindung, die hier die Demonstration von Macht eingegangen ist mit verführerischer Theatralik, wird unmittelbar evident. Die Wortspiele des Königs mit dem Wort »Spiel« des Dauphin zeigen die bedrohliche Umschlägigkeit der beiden scheinbar so entgegengesetzten Sphären, wobei in der deutschen Übersetzung der Doppelsinn von »play« und »court«, vor allem aber die Intensivierung und Veränderung des Wortes »mock« (sich lustig machen) verloren gehen.

Beschränken wir uns auf den komplexen Ausdruck von Macht, um den es schließlich nicht nur in allen Königsdramen, sondern auch im scheinbar vorrangig reflexiven *Hamlet* geht: Die Kriegerklärung Heinrichs an den französischen Thronfolger ist keineswegs nur dessen Beleidigung geschuldet. Heinrich ist schon vor der Tennisballszene zum Krieg gegen Frankreich entschlossen, angebliche Erbrechte auf den französischen Thron geltend machend. Insofern stellt die Drohrede eine Verstellung dar und könnte als Shakespeares Kritik am Zynismus der Macht verstanden werden, so sehr der englische Dichter auch die Größe Englands im Auge hatte. Tatsächlich hat der amerikanische Kulturtheoretiker und wichtigste Vertreter des New Historism, Stephen Greenblatt, die Auftritte Heinrichs als Scheinheiligkeit und Brutalität herausgestellt, die sich im ganzen Stück wiederholten. Greenblatt, von Foucaults Machtdiagnose beeinflusst, parallelisiert den generellen Machtdiskurs der elizabethanischen Renaissance mit Shakespeares Rede als deren unmittelbaren Ausdruck, beide als analoge Medien der sogenannten »Circulation of social energy« verstehend.

Nun ist nicht zu übersehen, dass die Kultur der Renaissance sowohl in ihrer englischen als auch französischen und italienischen Variante eine spezifische Affinität zum Gewalt- und Machtausdruck hatte. Das sei in einem kurzen Blick auf zwei sehr unterschiedliche Sphären erläutert. Erstens: Macchiavelli, dessen Schriften Shakespeare kannte[2], hat in seinem politische Theoriekarriere machenden Buch *Il Principe (Der Fürst)* von 1535 kluge Machtausübung von moralischen Kriterien prinzipiell abgetrennt und gleichzeitig dem Fürsten den Schein von Moral anempfohlen. Das ist in der macchiavelli-kritischen Rezeption immer als eine Dogmatik des politischen Zynismus missverstanden worden. Es handelt sich in Wahrheit um eine aus anthropologisch-psychologischer Beobachtung kommende Einsicht in die Mechanik erfolgreich ausgeübter Machterlangung und Machterhaltung, bei der Grausamkeit eine Conditio sine qua non ist. Macchiavelli zögerte nicht, in Cesare Borgia das Paradigma des zukünftigen, Italien einigenden Fürsten zu beschreiben, wurden dessen Grausamkeiten doch begleitet von einer Kühnheit des Charakters und einer politischen und militärischen Intelligenz, die alle zeitgenössischen Konkurrenten überragten. Deshalb läuft Macchiavellis Darstellung des Sturzes von Cesare Borgia auf die Evokation eines tragischen Helden hinaus: Seine Machtausübung, von Macchiavelli nicht ästhetisch, sondern strikt zweckrational kommentiert, hat den Stoff, aus dem die Fantasie eine diabolische Faszination gewinnen kann und in der Tat gewonnen hat.

Die Gewaltdarstellung in der Malerei der Renaissance zeigt den ästhetik-theoretisch zu begründenden Zusammenhang von Kunst und Macht, um den es geht, noch näher. Denn die in Gewaltdarstellungen schwelgenden Gemälde der italienischen Renaissance sind keine bloßen Abbilder von Wirklichkeit, etwa die Zweikampf- und Schlachtbeschreibungen Leonardo da Vincis (*Die Schlacht von Anghiari*, 1503) oder Tizians (*Schlacht von Cadore*, 1537) oder Giulio Romanos (*Schlacht von Constantine*, 1521). Vielmehr liegt der Darstellung von Aggression, Folter und Gewalt, abgesehen vom mythologischen oder biblischen Motiv, immer ein spezifisches Interesse an der heftigen, ungewöhnlichen Bewegung, also eine ganz interne ästhetische Ursache zugrunde. Das kann man schon an der Darstellung eines quintessenziell-pazifischen Themas, der Verkündigung Marias durch den Engel, erkennen. Tizians *Verkündigung* von 1520 oder Lorenzo Lottos *Verkündigung* von 1527/29 sind vom Interesse an einer Auftrittdramatik bestimmt, in der die gestische Bewegung die Plötzlichkeit des überraschenden Augenblicks ausnutzt. Nicht erst die Affinität des Manierismus zum Stil der Bewegtheit, sondern schon Raphael und Michelangelo zeigen ihn, sei es die *Galatea* von 1513 oder *Die Austreibung des Heliodor* von 1512 oder das *Letzte Gericht* von 1536/41, wobei allerdings die Symmetrie der einzelnen Bewegungsmomente sich grundsätzlich unterscheidet von der Bewegung der manieristischen oder exzentrischen Gewaltdarstellung, für die Tizians *Schindung des Marsyas* von 1570, Il Rossos *Moses und die Töchter von Jethro* von 1523 oder dessen *Kreuzesabnahme* von 1521, Giulio Romanos *Saal der Giganten* von 1532 und nicht zuletzt

Karl Heinz Bohrer

Tintorettos *Massaker der Unschuldigen* von 1583 genannt seien. Mit diesen Hinweisen übergehen wir nicht die zahlreichen stillen sensualistischen Gemälde der Renaissance, beispielhaft Tizians *Venus von Urbino*. Aber gerade dessen malerische Phantasmen zu mythologischen Gewaltmotiven, so *Diana und Aktäon* von 1559 und *Der Raub der Europa* von 1559/63 verweisen auf die ästhetische Motivation: die mit der Gewalt- oder Machtexplosion gegebene Chance für die Darstellung exzessiver, überraschender und exzentrischer Bewegung, der »Furia della figura serpentinata«, wie G. W. Lomazzo den Bewegungsausdruck 1584 charakterisierte.

So auch – um zu unserer ursprünglichen Thematik zurückzukommen – die Kriegserklärungsrede Heinrichs V.: Was immer Shakespeare an Machtentlarvung im Sinne hatte – wie schon angedeutet steht seine Kenntnis von Macchiavellis Machtanalyse außer Zweifel –, entscheidend bei dieser Frage ist, dass man das Charisma erkennt, das Shakespeares Rhetorik dem englischen König gerade wegen seiner Gewaltandrohung angedeihen lässt: Die furchterregende Umschlägigkeit eines höfischen Zeremionells in etwas bedrohlich anderes, etwas, das von allen Anwesenden nicht erwartet wurde, stellt buchstäblich den Eintritt der erhabenen Rede her. Buchstäblich, weil die Kategorie des Scheins, hier des königlichen Scheins oder Brillierens, aufgeboten wird: eines Scheins, so heißt es, dessen Strahl so stark sei, dass der französische Thronfolger und ganz Frankreich davon geblendet werden würden: »But I will rise there with so full a glory, / That I will dazzle all the eyes of France; / Aye, strike the Dauphin blind to look on us.« Und der Drohung die Konsequenz des Spottwortes anschließend: «And tell the pleasent prince this mock of his / hath turn'd his balls to gun-stones.« (1, 2)

Es handelt sich also nicht einfach um eine Psychologisierung des kriegslüsternen Königs, sondern um die Aufbietung einer ästhetisch vorgegebenen Semantik. Das zeigt sich auch an deren topischer Eigenschaft: Schon der homerische Achill stößt im 18. Buch der *Ilias* ähnliche Drohungen gegen die trojanischen Frauen aus: nicht sie, aber ihre Männer zu töten, sodass die Frauen »ihre Tränen abwischen und tief aufstöhnen müßten«. So auch Heinrich V., der nicht einfach die Barbarei einer Kriegsmaschinerie bewegt, sondern das Phantasma eines übermenschlichen Schreckens in menschlicher Gestalt in Worte fasst. Seine Wortspiele zwischen Lachen und Weinen überbieten die schiere Sphäre kriegerischer Macht zugunsten einer Epiphanie der königlichen Erscheinung, ja des Erscheinungscharakters selbst in seiner furchtbaren Erhabenheit. Die Rede spricht von dieser Erscheinung wie von einem Schauspieler, auf den die Augen der Zuschauer gebannt blicken. Dieser Erscheinungscharakter ist buchstäblich in Szene gesetzt. Die Drohgebärde, konzentriert in dreimaliger Wiederholung, wird identisch mit der Prophezeiung des aufscheinenden königlichen Scheins, der schon zur Redezeit des Königs eintritt.

Was ist aber, abgesehen von Foucaults und Greenblatts Machtdiagnose, vom Standpunkt einer »Kritik der Gewalt« zu sagen, wie sie Walter Benjamin formuliert hat? Bedeutet nicht die Auffassung, in Heinrichs Rede der Gewaltankündigung erscheine das Erhabene, die »mythische Gewalt in ihrer urbildlichen Form, als »bloße Manifestation der Götter« angerufen?[3] Und noch spezifischer gewendet: Impliziert die erhabene Lektüre solcher Macht nicht eine »Ästhetisierung des politischen Lebens«, die Benjamin in Referenz an das futuristische Manifest Marinettis, das den Krieg verherrlichte, als faschistisch definierte?[4] Dass in der Kunst mythische Bestände, ja Urformen des Mythos wiedererscheinen, hat Benjamin in seiner faszinierenden Lektüre von Goethes *Wahlverwandtschaften* selbst gezeigt: Dass Marinettis Ästhetisierung des faschistischen Kolonialkrieges nichts abwirft für eine Verdächtigung einer erhabenen Lektüre von Shakespeares *Heinrich V,* kann nur der verbohrt ideologiekritischen Obsession entgehen.

Umstandslos ziehe ich deshalb zwei weitere Shakespeare-Szenen zurate, in denen das Amalgam von Machtdemonstration, Theatralik und Verführung so evident wird wie wohl nirgends anders, gleichzeitig aber weniger belastend für das aufgeklärte Bewusstsein: So wenn das eklatanteste Beispiel dieser Verbindung, Richard III., im gleichnamigen Drama zum ersten Mal auftritt und – sozusagen in einer Inversion der Kriegserklärung Heinrichs V. – nunmehr aus dem Lärm des Krieges »muntere Feste«, aus furchtbaren Märschen »holde Tanzmusik« und gleichzeitig abermals den jähen Wechsel solcher Gegensätze beschwört, nämlich zwecks Machterwerb die »schlaffe« Zeit des gegenwärtigen Friedens denunziert in der Ankündigung, »ein Bösewicht zu werden« (»to prove a villain«) (1, 1). Bietet Richards Introituserklärung in ihrer unverstellten Offenheit zum Bösen schon genug an theatralischem Thrill, nämlich unsere Gefangennahme durch das ganz Unerwartete, so bietet die zweite Szene des ersten Aktes das unverhüllte, sexuell schamlose Angebot Richards gegenüber Anna, der Witwe des von ihm ermordeten Eduard, Prinzen von Wales. Es ist das unheimliche Beispiel der Verführung durch die Macht der Sprache, die aus der Macht der heroischen Existenz selbst hervorgeht. Insofern ist der Zusammenhang der drei uns leitenden Begriffe zweifellos ursprünglich gebunden an eben das dramatische Genre, in dem das feudal-aristokratische Milieu alles entscheidet. Inwieweit das bürgerliche Trauerspiel des ausgehenden 18. Jahrhunderts die Auflösung dieser Verbindung ohne ästhetische Einbuße überlebt, ist hier nicht zu diskutieren. Richards III. theatralischer Auftritt und seine Kapazität zur Verführung sind jedenfalls dem Abglanz von königlicher Macht geschuldet. Aber es handelt sich um einen Abglanz, in dem sich der Machtausdruck ästhetisch verwandelt hat. Wenn wir dafür den Begriff des Erhabenen oder des Theatralischen oder des Verführerischen wählen, dann deshalb, weil dadurch der reale Machtdiskurs imaginativ überboten wird.

So auch die Erscheinung Hamlets, des nur scheinbar pazifisch-reflexiven Helden einer Bewusstseinstragödie. Dass Hamlet nicht nur ein Denker, sondern auch ein Täter ist, wurde vor allem seit der romantischen Rezeptionstradition Goethes und Friedrich Schlegels übersehen. Aber es hat einen symbolischen Sinn, wenn Hamlets Leiche am Ende, wie Fortinbras, sein Freund, sagt, »gleich einem Krieger« (»like a soldier«) aufgebahrt wird. Das Zögern Hamlets, den richtigen Moment zu wählen, König Claudius zu töten, hat vergessen lassen, dass er dennoch tötet: nicht nur am Ende eben doch den König, und auch Laertes, den Bruder Ophelias, sondern vorher schon Polonius, den Vater beider, sodann die Hofleute Rosencrantz und Guildenstern, die er umbringen lässt, und schließlich Ophelia, die infolge der Hamletschen verbalen Grausamkeiten stirbt. Selbst die Königin, Hamlets Mutter, gerät in Gefahr, von ihrem Sohn gewalttätig angegangen zu werden, was in modernen Inszenierungen bis zum Extrem ausgespielt wird, zumal die Ermordung des Polonius und die Beseitigung seiner Leiche Beginn und Ende der Szene zwischen Mutter und Sohn darstellen.

Die Zögerlichkeit Hamlets ist nicht einfach als psychologisierende Charakteristik des passiven Typus misszuverstehen, sondern als ein spezifischer Diskurs des Zweifels der Renaissanceskepsis: So zeigt sich auch in des Königs Schuldreflexion die gleiche Struktur einer die Entscheidung zwischen zwei Möglichkeiten suchenden Abwägung. Die gleiche Unentschiedenheit findet sich in der Zentralfigur des, wenn auch getriebenen, Täters: nämlich Macbeth. Dessen langer Monolog des Zweifels vor der Ermordung Duncans, des regierenden Königs von Schottland, zeigt die gleiche Opposition einander ausschließender Motive wie Hamlets große *Sein oder Nichtsein*-Rede: Wie diese der Handlung im Namen von des »Gedankens Blässe« absagt, so bricht Macbeths »Stachel des Ehrgeizes« ob der Reflexion von dessen Folgen in sich zusammen. Nichts spricht also gegen die Auffassung von Hamlet als Täter, als einem Kämpfer um die Macht.

Zur mörderischen Faktizität kommt Hamlets mörderische Sprache entscheidend hinzu. Die zynische Behandlung seiner späteren Opfer durch eine enigmatische Form des aggressiven Witzes macht sie zu Objekten einer über sie waltenden Macht, je nach Belieben: Polonius, der seinerseits Hamlet aushorchen will, wird von diesem, ohne dass ihm dies bewusst würde, verbal behandelt. Das semantische Missverständnis, zum Prinzip erhoben, wird zum Ausdruck von Hamlets über sein Gegenüber triumphierenden verbalen Einfallsreichtum.

Dasselbe spielt sich ab in den Sophismen, mit denen Hamlet die beiden prätentiösen Höflinge Guildenstern und Rosencrantz traktiert, die ihn auf des Königs Anweisung ebenfalls aushorchen sollen. Während Polonius die metaphorische Sprache Hamlets gar nicht versteht und sie nicht anders als »Madness«, die freilich

Die Flöte des Dionysos. Über Theatralik, Verführung und Macht

55

Methode hat, auffasst, verstehen Guildenstern und Rosencrantz zwar den allegorischen Charakter von Hamlets räsonierenden Sätzen, sind aber gedanklich-logisch immer einen Schritt hinterher. Wenn Hamlet schließlich ihnen auf den Kopf zusagt, dass der König sie geschickt habe, und Guildenstern, überrumpelt, nichts anderes einfällt, als diese Unterstellung zu bestätigen, überbietet Hamlet das halbgeöffnete Geheimnis ihrer Absichten, indem er seine üble Gemütslage (»it goes so heavily with my disposition«) bekennt, dieses Bekenntnis aber ausnutzt zur Deklaration eines metaphysischen Nihilismus, der das Begriffsvermögen der beiden Hofleute übersteigt.

Ohne auf die renaissance-aktuellen Motive zwischen philosophischer Melancholie und neuem Stolz des Subjekts eingehen zu müssen, wird klar genug, wie die Macht der Sprache die Dialogpartner vor sich hertreibt. Gerade die Selbstdepravierung Hamlets – auch praktiziert gegenüber Ophelia in seiner »Geh in ein Kloster«-Rede – hat diesen Effekt. Eigentlich müsste ihre Grausamkeit gegen den Sprecher einnehmen. Nicht nur im Falle der Ophelia-Rede. Warum tut sie es nicht? Nicht nur im Falle Hamlets nicht, sondern auch nicht im Falle Heinrichs V. oder gar Richards III.! Der Grund hierfür liegt darin, dass uns die Sprache der Macht hier nicht bloß als Analytik realer Machtsituationen oder als psychologische Charakteristik von Mächtigen vorkommt, sondern dass sie darüber hinaus die autonome Sphäre verführerischer Souveränität ausstrahlt, an der wir affirmativ teilnehmen. Nicht wie der reale Zuhörer sich der Rhetorik des politischen Demagogen unterwirft, denn kein Demagoge spricht wie Heinrich V., Richard III. oder Hamlet. Sondern wie der »wahre ästhetische Zuhörer«, den Friedrich Nietzsche als den angemessenen Adressaten des »Wunders« der Bühne benannte.[5]

II.

Mit der Nennung von Friedrich Nietzsches Begriff kommen wir zu einem theoretischen Aspekt unseres Themas. Denn dieser war es, der die beiden zentralen Wörter, Dionysos und Macht, als zusammengehörende Kategorien einer modernen Kunsttheorie erfand, die gerade in unserer Gegenwart wieder relevant wurde, obwohl sie unter schärfsten Ideologieverdacht gestellt worden ist. Um die Frage nach Nietzsches dionysischer Ästhetik strikt auf ihre Aussagekraft für unsere Thematik zu beschränken, beginne ich zunächst mit dem Hinweis auf eine erste spezifische Figur seiner Tragödientheorie, die sich unmittelbar auf die Sprache der Macht in Shakespeares Drama beziehen lässt: Nietzsche sagt im achten und zehnten Kapitel von *Die Geburt der Tragödie aus dem Geist der Musik* von 1872, in jeder Persona der griechischen Tragödie stecke Dionysos als der »eigentliche Bühnenheld und Mittelpunkt der Vision«.[6] Die berühmten Figuren der griechischen Bühne, Prometheus, Ödipus und so weiter seien »nur Masken jenes ursprünglichen Helden Dionysos«.[7]

Was heißt das? Natürlich bezieht sich Nietzsche nicht auf den zu Eingang erwähnten Dionysos aus Euripides' Tragödie *Die Bakchen*. Denn dieser, so Nietzsches gewiss ungerechtes Urteil, sei durch Euripides' psychologisierenden Stil korrumpiert worden, sei eine eben nur psychologisch, nicht mehr mythisch anmutende dramatische Figur. Der Dionysos, den Nietzsche meint, ist also nicht schon als dramatische Figur vorgegeben, sondern ganz und gar Nietzsches eigene Erfindung in Referenz auf den Mythos selbst. Da es ihm aber nicht an einer archäologisch-philologisch korrekten Identifikation, sondern an einer ästhetik-theoretischen Funktionalisierung gelegen war – eben an dem, was zum Stein des Anstoßes, ja zum Skandal in der Fachwelt wurde – stellte er die Maske des Dionysos als den eigentlich anonym-tragischen, nicht subjektpsychologischen Ausdruck des Tragödien-Helden dar. Man kann dieses anonym Tragische, Nietzsches Gedanken einer Transzendierung subjektiver Ausdrucksgebärde im Begriff einer, wie es heißt, »musikalischen Stimmung« nachvollziehen. Nietzsches ursprüngliche Idee, der dionysische Augenblick sei der »Wiederschein des Urschmerzes«,[8] wird vom Begriff dieser Stimmung überholt.

Bezogen auf Shakespeares Machtfiguren erklärt Nietzsches Begriff der »Maske des Dionysos« den Überfallcharakter, das anschwellende Tempo der individuellen Reden eines Heinrich, Richard oder Hamlet als Transgression des Bekannten. Und diese Transgression ist das, was den Zuschauer verzaubert und verführt. Der Begriff »Transgression« ist nicht kulturkritisch im Sinne einer utopischen Anthropologie zu verstehen, in dem Bataille (*La Litterature et le Mal*) und Foucault (*Préface a la transgression*) ihn benutzt haben, sondern im strikt mytho-poetologischen Sinne: als Hinweis auf die die konventionelle Personencharakteristik überschreitende Faszination durch eine imaginative, die Mythologie ausnutzende Sprache. Ausdruck von königlicher Macht in der Rede ist in dieser Perspektive ausschließlich der ästhetischen Abgeschlossenheit dieser Rede zu verdanken. Deshalb lehnt Nietzsche auch die sozialhistorische Erklärung des Tragödienchors als »idealischen Zuschauer«, das heißt als realen von außen nach innen blickenden Kommentator des Geschehens, ab und schließt sich Schillers Auffassung an, der den Chor »als eine lebendige Mauer betrachtete, die die Tragödie um sich zieht, um sich von der wirklichen Welt rein abzuschließen«.[9]

Soweit zum Begriff der Maske des Dionysos und seiner Erklärung des ästhetischen Transgressionsaktes. Nun hatte Nietzsche die Worte »Dionysos« und »dionysisch« 15 Jahre lang nicht mehr in den Mund genommen, nachdem die *Tragödientheorie* von 1872 zum Desaster seiner akademischen Karriere geworden war. Er hatte aber immer an Dionysos gedacht! Und siehe da: So wenig er an dem

Die Flöte des Dionysos. Über Theatralik, Verführung und Macht

57

metaphysisch-idealistischen Ideenvorrat festhielt, den das Wort ursprünglich umgab – die Gründe werden im *Versuch einer Selbstkritik* von 1887 genannt –, umso mehr hielt er an Idee und Wort »Dionysos« fest, so in den ästhetischen und kulturtheoretischen Einlassungen der Achtzigerjahre, vor allem in den Essays *Der Fall Wagner* von 1888 und *Jenseits von Gut und Böse* von 1886, wobei die ursprüngliche Definition der Tragödienschrift ästhetisch radikalisiert und philosophisch um den Machtgedanken ergänzt wurde. Wenn wir von der ursprünglichen Definition des dionysischen Augenblicks – das ist der Augenblick ästhetischer Wahrnehmung – alle weltanschaulichen, das heißt Schopenhauer- und Wagner-bezogenen Motive – abziehen, dann bleiben in den späteren Fassungen des Dionysischen immer zwei Elemente erhalten: der Modus der Plötzlichkeit und die Erscheinungsform des Schreckens. Das überrascht nicht, sind diese beiden Charakteristika doch schon den Ästhetiken des Erhabenen im 18. Jahrhundert, bei Edmund Burke und Immanuel Kant, wesentlich, ganz abgesehen von einer noch älteren rhetorischen Tradition.[10]

Die Trümmer der *Tragödienschrift* von 1872 sind so zu Bausteinen für das erneuerte dionysische Zeichen der Achtzigerjahre im Schatten des Begriffs des Lebens und der Macht geworden: Die attische Tragödie soll nicht mehr neu erfunden werden, vor allem nicht mehr in Richard Wagners Musik, wohl aber ihr tragisches Bewusstsein. Der neue dionysische »Pessimismus« impliziert die freudige Akzeptanz des Schreckens. Das ist die Quintessenz von Nietzsches *Selbstkritik:* anstelle der ursprünglichen Tragödientheorie als kulturkritisches Projekt in nationaler Absicht nunmehr eine tragische Ästhetik, deren Öffentlichkeitsinteresse freilich ungeklärt bleibt. Jedenfalls zeigt sich eine Transformation von subjektiven Kategorien der dionysischen Intensitätserfahrungen zu objektiven Kategorien des dionysischen Kunstwerks, in dem die Schönheit über den Schrecken triumphiert, in dem ein sogenannter »großer Stil« auftritt, den Nietzsche, wie folgt, definiert: »Der große Stil entsteht, wenn das Schöne den Sieg über das Ungeheure davonträgt.«[11]

Vielleicht erkennen Sie, wie angemessen diese Formel wäre, wenn man die zitierten Shakespeare-Szenen und das in ihnen zum Ausdruck kommende Verhältnis von Macht, Gewaltfaktizität und Sprache der Gewalt beschreiben wollte. Nietzsches reformulierte dionysische Ästhetik, die er vornehmlich in dem späten Essay *Der Fall Wagner. Ein Musikantenproblem* dargestellt hat, die aber schon in den kunsttheoretischen Aphorismen von *Menschliches. Allzumenschliches*, 1. Teil von 1778 vorweggenommen wurde, spricht nunmehr von der »Flöte des Dionysos«.[12] Damit ist die Distanz zur Wagnerschen Musik angezeigt, in der Nietzsche eine Wiederkehr der Hegelschen Versöhnungskategorie im Besonderen und des deutschen Idealismus im Allgemeinen zu erkennen glaubte, also das, was er philosophisch und ästhetisch unterminierte. Die Flöte (»aulos«) bedeutete in der griechischen Mythologie das Instrument verführerischer orgiastischer Melodien, sie war ein Zubehör des Dionysos, im Unterschied zur Harfe (»kithara«), dem Instrument des Apollon. In Platons *Staat* verwarf Sokrates den Stil der Vieltönigkeit der Flöte, dem Instrument des phrygischen Silens Marsyas, dem Naturwesen aus der Sphäre des Dionysos, und gab dem Saitenspiel des athenischen Apollon den Vorzug. Der Begründer des europäischen Idealismus stand also auf Seiten des Apollon gegen Dionysos. Man kann diese Dichotomie übertragen auf den Gegensatz zwischen deutschem Idealismus und Romantik, den Nietzsche aktualisierte, selbst wenn er auch gegenüber der Romantik skeptisch blieb. Bekannt ist aus der Kunstgeschichte das schon erwähnte grausame Motiv von der Häutung des Marsyas durch Apollon, weil das dionysische Wesen gewagt hatte, mit seinem Flötenspiel die erhabene Harfe des Gottes herauszufordern. Nietzsche benutzte das Wort »Flöte« also in gezielter Ablehnung der idealistischen Tradition, allerdings eher metaphorisch denn streng begrifflich. Es meint den verführerischen Kunstausdruck, dem die Faszination des »Bösen«, des »Raffinierten« zu eigen ist, wobei das neue Paradigma, Bizets Oper *Carmen*, nur den Anlass bot. Die weitere Beschreibung dieser Musik zeigt indessen, dass die Metapher »Flöte« nicht nur dem Stil einer wilden Expression affirmiert, sondern im Gegenteil einem strikten Formbegriff huldigt, ganz im Sinne des schon zitierten Wortes vom »großen Stil«.

Einerseits enthält die dionysische Melodie also die Plötzlichkeit und das Pathos des Schreckens – das Pathos des Dramas anstelle seiner Handlung zu betonen, gehörte zur Quintessenz dieser Ästhetik! –, andererseits aber wollen Plötzlichkeit, Schrecken und Pathos gerade überführt werden in den Ausdruck absoluter Ruhe. Bizets Musik erfährt nämlich in Nietzsches Darstellung eine zweite Charakterisierung. Da heißt es: »Wie die gelben Nachmittage ihres Glücks uns wohlthun! Wir blicken dabei hinaus: sahen wir je das Meer glätter? – Und wie uns der maurische Tanz beruhigend zuredet! Wie in seiner lasziven Schwermuth selbst unsre Unersättlichkeit einmal Sattheit lernt!«[13] Die »gelben Nachmittage« stehen so als Metapher für die Seinsstimmung intensiver Gegenwart. Der Zeitmodus der Plötzlichkeit ist in die Vorstellung von intensiver Präsenz überführt.

Bevor ich den Zusammenhang der »Flöte des Dionysos« mit Nietzsches Idee der Macht näher anschaue, eine letzte ästhetik-theoretische Klärung der neuen Dionysosformel im Sinne von Nietzsches moderner Ästhetik: Das allegorische Bild vom »glatten Meer« zielt letztlich auf den spätzeitlichen Charakter der modernen Kunst als geronnenes Wissen, dargestellt in symbolischer Form. Es handelt sich sozusagen um die entgegengesetzte Antwort auf eine Diagnose, die Nietzsche mit Hegels später Ästhetik teilt. Während Hegel aber der Spätzeitkunst nur eine relative Bedeutung in der Geschichte des Geistes zuschrieb, emphatisierte Nietzsche die Möglichkeit der

Kunst unter eben dieser Bedingung. Mit Plötzlichkeit und Präsenz kehren unterschiedliche Grundimpulse des Nietzscheschen Tragödienverständnisses wieder, aber eben abgewandelt: von der subjektiven Moduskategorie zum objektiven Zeichen des ästhetischen Charakters. Nennen wir es Nietzsches Ästhetik der Oberfläche, die auch die Idee vom »Willen zur Macht« impliziert, den man entdämonisieren kann.

Willen zur Macht heißt zunächst Willen zum enthusiastischen Leben. Und so lautet denn eine erste entscheidende Klärung: »Oh diese Griechen! Sie verstanden sich darauf, zu leben: dazu thut es Noth, tapfer bei der Oberfläche, der Falte, der Haut stehen zu bleiben, den Schein anzubeten, an Formen, an Töne, an Worte, an den ganzen Olymp des Scheins zu glauben! Diese Griechen waren oberflächlich – aus Tiefe!«[14] Die Begründung des Form-, Oberflächen- und Lebensenthusiasmus deutet hier noch den metaphysischen Hintergrund der *Tragödienschrift* an: Der Mut kommt aus dem Erschrecken vor dem, was der Anblick der Tiefe zeigt. Diese Begründung hat jedoch eine nachdrücklich kunsttheoretische Variante, in der das Feuer von Dionysos I, der *Tragödienschrift* zur Kälte, von Dionysos II, nämlich der symbolisch allegorischen Kunsttheorie, umgekehrt wird. Diese Abfälschung von dionysischem Schrecken zum dionysischen »großen Stil«, formuliert im Aphorismus von *Menschliches. Allzumenschliches*. »Die Revolution in der Poesie« nimmt das Motiv der Maske des Dionysos der *Tragödienschrift* wieder auf, radikalisiert es aber zum generellen Stil-Ideal: »Nicht Individuen, sondern mehr oder weniger idealische Masken; keine Wirklichkeit, sondern eine allegorische Allgemeinheit; Zeitcharaktere, Lokalfarben zum fast Unsichtbaren abgedämpft und mythisch gemacht; das gegenwärtige Empfinden und die Probleme der gegenwärtigen Gesellschaft auf die einfachsten Formen zusammengedrängt; ihrer reizenden, spannenden, pathologischen Eigenschaften entkleidet, in jedem andern als dem artistischen Sinne wirkungslos gemacht.«[15]

Sie erkennen, wie hier die Meer- und Oberflächenmetaphorik von *Der Fall Wagner* und von *Die Fröhliche Wissenschaft* vorausgedacht ist als pure ästhetik-theoretische Deklaration gegen alle Varianten des sich schon andeutenden Naturalismus, Expressionismus, Populismus, das heißt, gegen eine schon damals sich andeutende deutsche Tendenz der Innerlichkeit auf Kosten des Stilbewusstseins als Machtbewusstsein. Nietzsche bezieht sich nicht auf die griechische Klassik, sondern auf Goethes klassizistischen Spätstil, in dem er die einzig angemessene Form der Kunst einer historisch reflektierten Spätzeit erkennt. Entscheidend an diesem Plädoyer für einen konsequenten Symbolismus ist die Auffassung vom Mythischen: Es geht um keine Rekonstruktion der archaischen Mythologie. Darum ging es schon nicht mehr in der *Tragödienschrift*, wie wir sahen. Schon dort konnte man die Betonung der entrealisierten reinen Form erkennen. Nunmehr spricht Nietzsche gar nicht mehr von Mythologie, sondern von »Mythischmachen« und meint damit nichts

Karl Heinz Bohrer

anderes als eine Transformierung der individuellen zeitalterbetonenden Expression zu einem ausschließlich artistischen Effekten gehorchenden Stilpathos. Das heißt, er argumentiert poetologisch, nicht mythologisch.

Damit ist die dionysische Ästhetik zwar vor dem Missverständnis einer archaisierenden Mythologie geschützt. Wie aber fügt sich in eine solche Oberflächendoktrin die Kategorie der Macht? Und warum verfiel Nietzsche ausgerechnet auf Bizets Oper *Carmen* als Paradigma solch einer ästhetischen Machtsphäre, anstatt etwa auf Mozarts *Don Giovanni* oder Händels *Julius Cäsar*, die seiner neuen dionysischen Formidee sehr wohl, ja vielleicht noch mehr entsprochen hätten? Zunächst: Die ästhetische Formen bezeichnenden Worte »Maske« und »Oberfläche« enthalten bei Nietzsche insofern die Vorstellung von »Macht« oder Mächtigkeit, als sie schon auf eine verborgene Energiequelle hindeuten: entweder den Gott Dionysos oder die Grausamkeit des Lebens selbst.

Dann aber hat man einzubeziehen, mit welchen besonderen Charakteristika der Terminus Dionysos in Nietzsches Nachlassschriften ausgestattet wird: einerseits als »Dionysos-Diabolus«[16], als »Betrüger«, als »Vernichter«, als »Schöpfer«[17], als begabt mit »tausendfältigster Verschlagenheit«.[18] Andererseits als Repräsentant des »großen Stils«, als »Verklärer des Daseins«, als »epicurischer Gott«.[19] Die Chiffre Dionysos bezeichnet nicht mehr nur das Orgiastische, sondern auch das Maßstabhafte, immer aber das Machtvolle, das sich Bemächtigende. Und wir sehen auch hier die Divergenz zwischen »Tiefe« und »Oberfläche« am Werk. Bei dieser komplexen Charakteristik bezieht sich Nietzsche natürlich auf die in der griechischen Mythologie vorgegebenen diversen Eigenschaften des Dionysos zwischen fantastischer Geburt und Zeugung – Semele, die Tochter des thebanischen Königs Kadmos, empfing ihn sterbend im Blitz des Zeus – und den abenteuerlichen Triumphzügen des Gottes zur Ausbreitung seiner enthusiastischen Lustbarkeit. Von den daraus entspringenden Einzelmythen sind vor allem Dionysos' schon erwähnte grausame Bestrafung des Pentheus und sein Liebesabenteuer mit Ariadne, der Tochter des Minos, König von Kreta, in der poetischen Tradition dargestellt worden. Wenn Nietzsche also vom »Betrüger«, von der »tausendfältigsten Verschlagenheit« spricht, dann ist diese Qualifikation gedeckt vor allem durch Dionysos' Verhalten gegenüber Pentheus, partiell auch gegenüber Ariadne. Die moderne Vorstellung von Dionysos als Entzünder des poetischen Einfalls hat vor Nietzsche nur Hölderlin in zwei seiner berühmtesten Gedichte, nämlich *Brot und Wein* und *Wie wenn am Feiertag ...* emphatisch formuliert, ohne dass Nietzsche davon hätte Kenntnis nehmen können. Dennoch gehört Hölderlins Antizipation des Dionysos-Themas als Metapher für den heiligen dionysischen Wahnsinn als Modus poetischer Rede zur mittelbaren Vorgeschichte von Nietzsches Wort von der »Flöte des Dionysos«.

Allerdings – und damit komme ich zur eigentlichen Antwort auf die Frage nach dem dionysischen Machtbegriff – hat Nietzsche die tragische Existenz Hölderlins, weil eine am Leben scheiternde, aus seinem ästhetischen Machtbegriff ausgeschlossen. Macht im Sinne der Dionysos-Chiffre, nicht zuletzt des Dionysos auf Naxos und seiner Rede an Ariadne, bedeutet die »Vergöttlichung des Leibes« als Medium unserer zentralen Empfindungen und Motivationen. Im Entwurf eines *Ariadne und Dionysos*-Dramas[20] lässt Nietzsche den Gott zu Ariadne sagen: »Oh Ariadne, du selbst bist das Labyrinth: Man kommt nicht aus dir wieder heraus.« Und Ariadne antwortet: »Dionysos, du schmeichelst mir, du bist göttlich [...].«[21] Dionysos' Kompliment enthält keine sexuelle Allusion, sondern meinte Ariadnes Kapazität zur Entgrenzung der menschlichen Existenz über die moralisch gesetzte Grenze hinaus: Dort würde sie, so Nietzsche, »stärker, böser und tiefer«,[22] nämlich mit jenen Machtqualitäten begabt, die Nietzsche in Bizets Oper *Carmen* entdeckte. Deren Heldin verglich er mit Ariadnes Wunsch, alle Liebhaber zugrunde zu richten,[23] also eben jenen Qualitäten, die er zu Kategorien der neuen dionysischen Ästhetik erhob.

Dass Nietzsche dabei auch eine neue Anthropologie erfand, wo der Begriff des »Willens zur Macht« präfigurierte, soll von unserer Thematik nicht ablenken, diese etwa unter Ideologieverdacht stellend. Nur so viel zu dieser erweiterten politischen Konsequenz: Die Bestimmung des Dionysischen als Ästhetica Nova, als »Rausch«, »Grausamkeit«, »Extase«, »Sieg«,[24] meint als Ästhetik ein sogenanntes Jasagen zum Leben, ohne Bedingung. Dionysisch hieße dann: »Nicht um von Schrecken und Mitleiden loszukommen, nicht um sich von einem gefährlichen Affekt durch dessen vehemente Entladung zu reinigen – so verstand es Aristoteles –, sondern um, über Schrecken und Mitleid hinaus, die ewige Lust des Werdens selbst zu sein.«[25] Also sich auch mit der Macht zu identifizieren. Nietzsche nennt eben dies den ästhetischen Zustand. Man müsste hier einhaken und fragen, wie er einen solchen ästhetischen Zustand denn vom spezifischen ästhetischen Urteil beziehungsweise von ästhetischer Erfahrung unterscheiden würde. Dessen Inanspruchnahme für eine anthropologische Utopie könnte in die Sackgasse politischer Ideologiebildung führen, auf die ich, wie zu Anfang festgestellt, nicht näher eingehe. Nietzsche ist in diese Falle geraten, wenn er, um den »Willen zur Macht« zu erläutern, diesen auf den gleichen Kategorien begründet wie die dionysische Ästhetik,[26] nämlich Ästhetik in Anthropologie überführte, eine Denkform, die bei rechtsintellektuellen Dichtern des neuen Jahrhunderts Schule machen sollte, namentlich bei Stefan George oder Ernst Jünger.

Wenn wir nun die eben gehörten Qualifikationen – trotz des Einwands gegen anthropologische Konsequenzen – auf die erwähnten Machtdramen und Bilder der Renaissance, aber auch auf Dramen und Bilder der Moderne, die in deren Nachfolge

Karl Heinz Bohrer

stehen, anwenden würden, dann ist nicht zu übersehen, dass ihre Attraktivität eben auf dem inneren Zusammenhang von Macht und Verführung beruht, den man an Shakespeares Dramen erfährt. Wenn Nietzsche Richard Wagners Oper am Ende völlig verwarf – der Charles Baudelaire immerhin eine Nietzsches Kategorien nahe kommende Faszinationskraft zubilligte – dafür aber Bizets *Carmen* erwählte, dann könnte man dieses Urteil mit Nietzsches eigener dionysischen Ästhetik zumindest korrigieren, Dionysos also zum »Richter« von Nietzsches ästhetischem Urteil machen, wie er es selbst einmal postulierte.[27] Wohl wegen seiner schon der *Tragödienschrift* von 1872 zugrunde liegenden fundamentalen Kritik an der Oper als Kunstform einer idyllischen Illusion, nämlich der Illusion einer wiedergefundenen Natur, hat Nietzsche aus seinen gleichzeitigen Einsichten in Mozarts Stilisierung der dramatischen Figur zur tragischen Maske,[28] in Mozarts intensiver Beobachtung des Lebens selbst oder in Händels heroisches Pathos[29] keine starken Beispiele für sein Paradigma gewinnen wollen, sondern sich nur auf die zeitgenössische Oper *Carmen* berufen.

Diese geschichtstheoretisch begründete Distanz zur Oper (trotz partieller Anerkennung gewisser Stilzüge) ließ Nietzsche das Faktum übersehen, wie sehr eine Oper wie Mozarts *Don Giovanni* den dionysischen Kategorien entsprach. Ivan Nagel hat das Satanische der Giovanni-Figur als ein letztes Modell des tragischen Helden ohne »Verzeihung noch Gnade« nach all den Richarden im Geschmack des Macchiavelli vorgeführt.[30] Er hat unter anderem gezeigt, inwiefern das ethische Argument, und sei es selbst das von Beethoven gegen *Don Giovanni* formulierte, nämlich die amoralische Kälte der Macht, in der Kunst nicht zuzulassen, zum öden Muckertum wird.[31] Die Einheit von Verführung und Gewalt auflösen zu wollen, so Nagel, hieße Kastration des ästhetischen Ereignisses. So können wir am Ende sogar der von Nietzsche inspirierten Machtdiagnostik Foucaults zustimmen beziehungsweise ihrer Anwendung auf das Drama Sophokles, Shakespeares, Hugo von Hofmannsthals, Jean Paul Sartres, Bertolt Brechts, Heiner Müllers und Harold Pinters. Aber eben mit der Ergänzung, dass unsere Anteilnahme nicht allein der durch das Drama ermöglichten Erkenntnis von politischen und privaten Machtverhältnissen entspringt, sondern unserer durch den theatralischen Ausdruck von Macht evozierten Emotion; ihre Ambivalenz, das heißt, ihre Unentschiedenheit bei der moralischen Identifikation kommt eben daher, dass ihr Gegenstand, die Macht auf der Bühne, ein ästhetischer ist, also nicht identifizierbar in begrifflich eindeutiger Weise wie im Falle der politischen Wirklichkeit. Wir werden – wie wir sahen – durch Shakespeare selbst darüber ins Bild gesetzt, dass Heinrich sich schon, bevor er die französischen Gesandten mit der Erklärung des Kriegs konfrontierte, für diesen Krieg entschieden hat – aufgrund von feudalen Erbschaftsansprüchen, die man anzweifeln kann. Das ist die Erkenntnis von Realpolitik.

Mit Hilfe von Nietzsches Ästhetik aber lässt sich nun noch besser sagen, wie gut der englische König auf der Flöte des Dionysos spielte, oder Richard III. und selbst Hamlet. Die Pointe dabei ist: Der zynischen Kalkulation der Macht steht die schöne Rede nicht nur als täuschendes Instrument aus der Lehre des Macchiavelli zur Verfügung. Nein, die Macht selbst bekommt in ihrem semantischen Ausdruck eine charismatische autonome Aura. Stephen Greenblatt spricht von der »Poetik elisabethanischer Macht«[32], die abhängig gewesen ist von ihrer ständigen rituellen Sichtbarkeit. Die Königin Elisabeth sah sich selbst als Spieler auf einer Bühne. Die Verherrlichung königlichen Ruhmes und theatralischer Gewalt durch höfische Machtprozessionen – und dazu könnte man auch das von Foucault beschriebene Fest der Strafe, die öffentlich-rituell vollzogene Hinrichtung[33] zählen –, diese realen Inszenierungen von Gewalt, sind aber etwas prinzipiell anderes als die Darstellung der Macht durch die Sprache des Dichters. Deren Sublimität wird von der Realshow der Macht nie erreicht und auch nicht angestrebt. Die unmittelbare Quelle der Machtdarstellung Shakespeares ist nicht die Wirklichkeit, sondern ist literarischer Natur: Nämlich die Gewaltdarstellung in Ovids *Metamorphosen*, in der *Ilias* und in Virgils *Aeneis*.

Heißt das nun aber, dass der Zuschauer, der Leser unter der Bedingung ästhetischer Transformation etwas akzeptiert, was er in Wirklichkeit ablehnen müsste? Dann wäre die »Flöte des Dionysos« tatsächlich ein Täuschungsmanöver, das Philosophen wie Sokrates und Hegel zu Recht abgelehnt haben. Die offensive, nicht defensive Antwort auf diese Frage, die sich am Ende aufzwingt, lautet: Die verführerische Version der Macht in der Sprache des antiken und modernen Dichters hat auch Anspruch auf Wirklichkeitserkenntnis, aber nicht im Sinne eines Abziehbildes. Wenn die einstige anschauliche Körperlichkeit der öffentlichen Bestrafung des Verbrechers im modernen Strafsystem einer, wie Foucault gezeigt hat, abstrakten Form Platz machte, dann ließe sich die theatralische Darstellung von Gewalt, nicht zuletzt in der Tradition des grausamen Theaters, als eine imaginative, genealogische Erinnerung an jene vergangene reale Körperlichkeit des Schmerzes verstehen: als ein Phantasma. Und auch das rationale Verständnis von politischer Macht verweist auf die ihr implizite Faszination: Max Weber hat, angeregt durch seine Nietzsche-Lektüre, bekanntlich vom »Herrschafts-Typus« vom »Charisma« in der Politik gesprochen,[34] ohne dabei einem irrationalistischen Persönlichkeitskult das Wort zu reden.[35] Wir ziehen aus diesen beiden repräsentativen Beispielen den Schluss, dass die Flöte des Dionysos, indem sie uns ästhetisch zur Machtsphäre verführt, uns gleichzeitig die Wirklichkeit der Macht in ihrer widersprüchlichen Komplexität erscheinen lässt.

Literatur

Benjamin, Walter, Das Kunstwerk im Zeitalter seiner technischen Reproduzierbarkeit, in: Ders., Gesammelte Schriften, Bd. I, 2, Frankfurt a.M. 1974

Benjamin, Walter, Zur Kritik der Gewalt, in: Ders., Schriften, hg. von Theodor W. Adorno und Gretel Adorno, Bd. 1, Frankfurt a.M. 1955

Bohrer, Karl Heinz, Plötzlichkeit. Zum Augenblick des ästhetischen Scheins, Frankfurt a.M. 1981

Foucault, Michel, Überwachen und Strafen, Frankfurt a.M. 1976

Grady, Hugh, Shakespeare, Macchiavelli and Montaigne, Oxford–New York 2002

Greenblatt, Stephen, Shakespearean Negotiations. The Circulation of social Energy in Renaissance England, Los Angeles 1988

Mommsen, Wolfgang Max Weber. Gesellschaftspolitik und Geschichte, Frankfurt a.M. 1974

Nagel, Ivan, Autonomie und Gnade. Über Mozarts Opern, München 1988

Nietzsche, Friedrich, Sämtliche Werke. Kritische Studienausgabe, hg. von Giorgio Colli und Marzzino Montinari, Bd. 1, Bd. 2, Bd. 3, Bd. 4, Bd. 6, Bd. 11, Bd. 12, Frankfurt a.M. 1980

Weber, Max, Wirtschaft und Gesellschaft. Studienausgabe, Tübigen 1972

Endnoten

1 Vortrag bei den Salzburger *Festspiel-Dialogen* am 29. Juli 2009.

2 Grady, Hugh, *Shakespeare, Macchiavelli and Montaigne,* Oxford–New York 2002.

3 Benjamin, Walter, Zur Kritik der Gewalt, in: Ders., *Schriften,* hg. von Theodor W. Adorno und Gretel Adorno, Bd. 1, Frankfurt a.M. 1955, S. 22.

4 Benjamin, Walter, Das Kunstwerk im Zeitalter seiner technischen Reproduzierbarkeit, in: Ders., *Gesammelte Schriften,* Bd. I, 2, Frankfurt a.M. 1974, S. 467ff.

5 Nietzsche, Friedrich, *Sämtliche Werke. Kritische Studienausgabe,* hg. von Giorgio Colli und Marzzino Montinari, Bd. 1, Frankfurt a.M. 1980, S. 145.

6 Ebd., S. 62.

7 Ebd., S. 71.

8 Ebd., S. 44.

9 Ebd., S. 54.

10 Vgl. hierzu Bohrer, Karl Heinz, *Plötzlichkeit. Zum Augenblick des ästhetischen Scheins,* Frankfurt a.M. 1981, S. 127f.

11 Nietzsche, Bd. 2, *Sämtliche Werke,* S. 596.

12 Nietzsche, Bd. 4, *Sämtliche Werke,* S. 357.

13 Ebd., S. 15.

14 Nietzsche, Bd. 3, *Sämtliche Werke,* S. 352.

15 Nietzsche, Bd. 2, *Sämtliche Werke,* S. 184.

16 Nietzsche, Bd. 11, *Sämtliche Werke,* S. 473.

17 Ebd., S. 504.

18 Ebd., S. 630.

19 Ebd., S. 541.

20 Ebd., S. 686 und Nietzsche, Bd. 12, *Sämtliche Werke,* S. 401.

21 Ebd., S. 510.

22 Nietzsche, Bd. 11, *Sämtliche Werke,* S. 686.

23 Nietzsche, Bd. 12, *Sämtliche Werke,* S. 402.

24 Ebd., S. 393.

25 Nietzsche, Bd. 6, *Sämtliche Werke,* S. 160.

26 Zur Genealogie der Moral, in: Nietzsche, Bd. 5, *Sämtliche Werke,* S. 275ff.

27 Nietzsche, Bd. 11, *Sämtliche Werke,* S. 681.

28 Das griechische Musikdrama, in: Nietzsche, Bd. 1, *Sämtliche Werke,* S. 527.

29 Vgl. Menschliches. Allzumenschliches, in: Nietzsche, Bd. 2, *Sämtliche Werke,* S. 450 und S. 615.

30 Nagel, Ivan, *Autonomie und Gnade.* Über Mozarts Opern, München 1988, S. 44 und 48.

31 Ebd., S. 123ff.

32 Greenblatt, Stephen, *Shakespearean Negotiations. The Circulation of social Energy in Renaissance England,* Los Angeles 1988, S. 64.

33 Foucault, Michel, *Überwachen und Strafen,* Frankfurt a.M. 1976, S. 15.

34 Weber, Max, *Wirtschaft und Gesellschaft.* Studienausgabe Tübingen 1972, S. 144ff.

35 Mommsen, Wolfgang, *Max Weber. Gesellschaft, Politik und Geschichte,* Frankfurt a.M. 1974, S. 108.

Vom Kuss der Liebe und des Todes.
Eros und Thanatos in der Oper[1]

Dieter Borchmeyer

Un bacio … ancora un bacio
Giuseppe Verdi: *Otello*

Der Liebeskuß ist die erste Empfindung des Todes …
Richard Wagner zu Cosima, 15. August 1869

»Stark wie der Tod ist die Liebe, unerbittlich wie die Unterwelt die Leidenschaft«, singt in der Bibel das *Hohelied Salomonis* (8, 6). Tod und Liebe, Eros und Hades (in der Bibel: Scheol) sind gleich mächtige Konkurrenten. Sie trotzen gegeneinander – wie in Mozarts ›Oper der Opern‹ Don Giovanni gegen den aus dem Jenseits noch einmal wiederkehrenden Komtur und wider die Hölle, die ihn zu verschlingen droht: ein gewaltiger Agon zwischen Eros und Thanatos im letzten Lebensmoment des »dissoluto punito«, des bestraften Bösewichts, wie der meist unterdrückte Haupttitel der Oper heißt.

Oder aber Liebe und Tod sind in mystischer Sympathie verbunden, wie für Wagners Tristan und Isolde – ja als Entgrenzungserfahrung sind sie heimlich eins. So, wenn der von Schopenhauer und Nietzsche inspirierte Tod in Hofmannsthals frühem Dramolett *Der Tor und der Tod* dem vor dem Sterben zurückschreckenden Claudio vor Augen führt, dass er ein heidnischer, kein christlicher Tod ist: kein »Gerippe« wie in der später von Hofmannsthal adaptierten spätmittelalterlichen Moralität des *Jedermann*, sondern »aus des Dionysos, der Venus Sippe«: ein »großer Gott der Seele«,[2] der das Ich in der Todes- wie Liebesentgrenzung mit dem Weltgrund eins werden lässt.

Die Liebe ist zumindest auf der Theaterbühne mit dem Tod nicht vorbei, triumphiert sie doch immer wieder gerade im Moment des Verlöschens des irdischen Lebens – als eine metaphysische, ins Jenseits oder ins Ursein der Dinge verweisende Macht. Der Tod vermag die »Unzerstörbarkeit unseres Wesens an sich«, mit Schopenhauer zu reden, nicht anzutasten, er richtet, nun ganz unschopenhauerisch gedacht, nichts aus gegen die Liebe als Garantin dieser Unzerstörbarkeit. Der Tod vermag die Liebenden in ihrer nun einmal hinfälligen irdischen Existenz zu vernichten, aber nicht ihre Liebe als solche, die sich gerade im Tod bewährt, ja sich durch den Tod oft erst in ihrer reinsten Form offenbart. In Schillers *Kabale und Liebe* wie in Verdis Schiller-Oper *Luisa Miller* ist es erst die Gewissheit des Todes durch das

Gift, das sie getrunken haben, die den Liebenden ihr rückhaltloses Liebesbekenntnis ermöglicht, sie über allen Zweifel an sich selbst und an der Liebe des anderen erhebt, und auch Wagners Tristan und Isolde erfahren erst im Moment, da sie vermeintlich den Tod getrunken haben, ihre eigene unauslöschliche Liebe wie die Liebe des anderen und sind bereit, sich ganz ohne gesellschaftliche Rücksichten oder Fremdbestimmung dieser Liebe hinzugeben, für sie zu sterben, weil eben rückhaltlose Liebe nur im Tod für sie möglich ist. Der Tod ist hier die Katharsis, die reinigende Macht der Liebe. Und wie oft ist sie das auch sonst zumal auf der Opernbühne.

Wie die Alten den Tod gebildet lautet Lessings berühmte archäologische Studie, die um die These kreist, in der Antike sei der Tod nicht wie in der christlichen Tradition als abschreckendes Gerippe, sondern als Genius mit einer umgestürzten Fackel dargestellt worden, als des Schlafes Bruder. »Was kann das Ende des Lebens deutlicher bezeichnen als eine verloschene, umgestürzte Fackel.«[3] Und in Schillers Nänie auf *Die Götter Griechenlands* lesen wir: »Damals trat kein gräßliches Gerippe / Vor das Bett des Sterbenden« – das weist ja auch der Tod in Hofmannsthals Dramolett von sich –, vielmehr: »Still und traurig senkt' ein Genius / Seine Fackel.«[4] Die Todesfackel: in Wagners *Tristan* wird das Bild der verlöschenden Fackel schließlich zum emphatischen Ausdruck der Todessehnsucht der Liebenden.

Die Liebe scheut den Tod nicht – zumindest nicht im Mythos, in Poesie und Musik, wie die zahllosen todesentschlossenen, »Martern aller Arten« nicht fürchtenden Liebesmärtyrer zumal auf der Opernbühne bezeugen. Eher scheut der Tod die Liebe, wie der Urmythos aller Liebestragödien ausweist: Orpheus kann durch seinen Gesang und das Spiel seiner Lyra die Macht der Unterwelt bewegen, ihm die Geliebte zurückzugeben, ein einziges Mal einen abgeschiedenen Menschen wieder ins Leben zurückkehren zu lassen. Freilich: Die Gewalt der Unterwelt erweist sich hier schließlich doch als stärker denn die Macht der Liebe, sie zieht Eurydike wieder ins Reich der Schatten zurück.

Der Orpheus-Mythos ist der musikalische Mythos schlechthin. Die erste vollständig erhaltene Oper (von Rinuccini und Peri) trägt den Titel *Euridice* (1600), und mit der *Favola d'Orfeo* begann auch Monteverdi vor 400 Jahren seine Musiktheaterlaufbahn. Auch da, wo er nicht direkt auf die Bühne gelangt, vernehmen wir diesen Mythos durch die ganze Operngeschichte hindurch – wie in Mozarts *Zauberflöte*. Tamino beschwichtigt, befriedet durch Musik – nicht mehr durch den vom Saiteninstrument begleiteten Gesang wie in der Antike, sondern durch die ›absolute‹ Musik der Moderne: das Spiel der Flöte, die das Singen unmöglich macht[5] – die Natur, seien es Tiere oder Elemente. Und er hat auch wie Orpheus die Herausforderung des Todes und der Unterwelt zu bestehen – in seinen Mysterienprüfungen, die in der Feuer- und Wasserprobe gipfeln.

Vom Kuss der Liebe und des Todes. Eros und Thanatos in der Oper

67

Die tönende Liebe besiegt die Macht des Todes. »Tod, wo ist dein Stachel?«, fragt der *1. Korintherbrief* (15, 55), und so fragt triumphierend die moderne Erlösungsmacht der mit der Musik verbündeten Liebe. In Tamino kehrt sich freilich an einer Schnittstelle der Oper der Orpheus-Mythos geradezu um. Wie Orpheus sich nicht zu Eurydike umwenden darf, bis er auf die Erde zurückkehrt, so ist Tamino bestimmt, sich von Pamina abzuwenden – bis zum Ende des Initiationsrituals, dem er sich unterwirft. Ja in Übersteigerung des antiken Mythos muss er fähig sein, den Eindruck zu erwecken, er liebe sie nicht mehr, ja sie seelisch zu foltern, wenn er sie gewinnen will. Selbst das tiefste Leid der Geliebten, die Ankündigung ihres Todes, auf die sich die Liebe in ihrer Unbedingtheit notwendig zubewegt, wenn ihr die Erfüllung im irdischen Raum versagt ist, verleitet ihn nicht, das Schweigegebot der Priester zu brechen. Pamina versteht dieses Gebot nicht. Entsagung ist ihr fremd, für sie ist Liebe das einzige Gesetz. Und da sie diese unbedingte Liebe durch Tamino verraten wähnt, kann sie sich nur noch einer anderen Unbedingtheit anvertrauen: dem Tod, der in der Gestalt des Dolches nun ihr »Bräutigam« sein soll: Thanatos als Eros.[6]

In ihrer Feindschaft wie in ihrer heimlichen Sympathie sind Tod und Liebe geradezu dialektisch aufeinander bezogen. Das weiß schon die Bibel, das weiß der antike Mythos. Das Französische vermag die Urverwandtschaft von Liebe und Tod durch die Klangverwandtschaft ihrer Bezeichnungen besonders zwingend auszudrücken: l'amour – la mort. Romain Rolland hat diese Sinn- und Klangverwandtschaft zum Titel seines Schauspiels von 1925 gemacht: *Le jeu de l'amour et de la mort*. Jedes große Liebesdrama ist ein solches Spiel von Liebe und Tod. Jede große Liebe trägt den Tod im Herzen. Die Liebe ist geradezu »Krankheit zum Tode« wie in Goethes *Leiden des jungen Werther* oder seinen *Wahlverwandtschaften*.

Warum aber wird die Affinität von Liebe und Tod so häufig gerade zum Thema der Oper, so häufig, dass man sie geradezu als eines der Lieblingsthemen dieser Gattung bezeichnen kann? Es ist müßig, über die Rangordnung der Künste zu streiten, aber in einem Punkt hat die Musik einen Vorrang vor den anderen Künsten: Erst in ihr – erst in der Oper – finden die beiden gewaltigsten Mächte des Lebens, Eros und Thanatos, ihre höchste Ausdruckserfüllung. Das hängt mit ihren einzigartigen Strukturgegebenheiten zusammen, mit der Möglichkeit, die Sukzessivität, die transitorischen Momente des Dramas in simultane Strukturen zu verwandeln. Was im Schauspiel nacheinander abläuft, vermag in der Oper nebeneinander, beieinander, ineinander, als *nunc stans* zu existieren.[7]

Die Musik allein vermag den Augenblick des Liebesglücks und den Augenblick des Todes ›anzuhalten‹, ihn zu perpetuieren.[8] Das sind die szenischen Momente, die dann von opernfremden Philistern als ridikül empfunden werden: dass jemand, der erschossen wird wie Gustav III. im *Ballo in Maschera* oder Posa im *Don Carlos* von

Dieter Borchmeyer

Verdi oder gar die als Leiche im Sack an ihren Vater Rigoletto ausgelieferte Gilda noch langen Atem zu einem Sterbegesang finden. Das verstößt ebenso gegen die ›dramatische‹ Wahrscheinlichkeit, wie auch das Liebesduett im gesprochenen Drama kaum eine Entsprechung findet. Der Liebesdialog setzt hier in der Regel eine äußere oder innere Störung voraus, zumindest eine Distanz, welche einen Diskurs, eine entwickelnde Rede motiviert. Während etwa Schillers *Don Carlos* erst in dem Moment beginnt, da die Liebe zwischen Carlos und Elisabeth bereits zur Vergeblichkeit verurteilt ist, gibt es in Elisabeths und Carlos' Liebesduett im Fontainebleau-Akt von Verdis Oper, der bezeichnenderweise der Schillerschen Dramenhandlung vorgeschaltet ist, weder Störung noch Distanz, es herrscht im wahrsten Sinne Einstimmigkeit zwischen den Liebenden, singen sie doch über mehrere Takte hinweg ihr Duett unisono. Entwicklung gibt es da nicht, die Zeit steht still.

Selbst die beiden großen Liebesdialoge im zweiten und dritten Aufzug des Liebesdramas schlechthin, in Shakespeares *Romeo und Julia*, sind Musterbeispiele für die Entwicklung des Dialogs infolge der Widerständigkeit der äußeren Umstände. Nicht die Präsenz ungestörten Liebesglücks wird von Shakespeare dargestellt, sondern die Situation vorher und nachher: Angst und Hoffnung in der Szene des Eheversprechens – das Nicht-wahr-haben-Wollen entschwindenden Glücks (»Es war die Nachtigall und nicht die Lerche«) und Abschiedsschmerz in der Tagelied-Szene des dritten Aufzugs. Wie viel schattenloser wird das Liebesglück in den Romeo und Julia-Opern von Bellini und Gounod präsent! Immer wieder aber sind der Augenblick des höchsten Liebesglücks und der Augenblick des Todes ein einziger Moment. Wie viele, zahllose Liebestode werden zumal in der Oper des 19. Jahrhunderts gestorben!

Nicht nur die Feindschaft zwischen Liebe und Tod, auch die Idee ihrer mystischen Einheit, die wir mit der Romantik und ihren Ausläufern über die Todeserotik Wagners bis zum Fin de siècle verbinden, weist über den Renaissancehumanismus bis zur Mysterienreligion der Antike zurück.[9] Auf hellenistischen und römischen Sarkophagen sind, wie bereits Schopenhauer bemerkt hat, auffallend häufig erotische Motive – etwa Leda und der Schwan – dargestellt. Immer geht es da um die Liebe eines Gottes zu einem Sterblichen: des Dionysos zu Ariadne, des Zeus zu Semele oder der Artemis zu Endymion. In den romantischen Sagen und Märchen von der Liebe zwischen Menschen und Elementarwesen oder dämonischen Geistern kehrt diese antike Konstellation wieder: ob es nun weibliche Wesen sind wie die Wasserfrauen Undine und Melusine, die Kleine Seejungfrau in Andersens Märchen und schließlich die aus diesen Stoffen gemischte Rusalka in Dvořáks Oper, von der noch die Rede sein wird – oder Helden, die aus einer außermenschlichen Sphäre zu den Menschen herabsteigen wie Lohengrin. Wagner hat die

Tragödie von Lohengrin und Elsa ausdrücklich als christlich-mittelalterliche Variante des Zeus-Semele-Mythos gedeutet.

»Sterben bedeutete, von einem Gott geliebt zu werden und durch ihn an ewiger Seligkeit teilzuhaben«, schreibt Edgar Wind in seinem berühmten Buch Heidnische Mysterien in der Renaissance.[10] Der Humanist Pierio Valeriano bemerkt, dass diejenigen, »die sich nach Gott und nach einer Vereinigung mit ihm sehnen, zum Himmel emporgetragen und durch einen Tod, der der tiefste Schlaf ist, vom Leib befreit werden. Diese Todesart wurde von den symbolischen Theologen der Kuss genannt«.[11] Dem Tod des Kusses (mors osculi, morte di bacio) haben die Renaissancephilosophen zahllose Betrachtungen gewidmet. Und von diesem Todeskuss ist wie keine andere Musik der Renaissance die Madrigalkunst von Gesualdo versehrt, deren extreme harmonische Experimente, die weit auf die Zukunft der Musik vorausweisen, ihrer todeserotischen Semantik zu entsprießen scheinen.

Mit einer ihrer metaphysischen Symbolik entkleideten »morte di bacio« endet noch Verdis *Otello*: Der Kuss der Liebe zu Beginn wird zum Kuss des Todes am Ende: »Un bacio … ancora un bacio.« Eine imitatio perversa der »mors osculi« ist der Kuss, den Oscar Wildes und Richard Strauss' Salome auf die Lippen des abgeschlagenen Hauptes von Jochanaan drückt, der ihr Liebe versagt hat. Richard Wagner kommt der Vorstellung des Todeskusses, die an den Eros funebre, das Geheimnis der erotischen Darstellungen auf den antiken Grabmälern gemahnt, am nächsten, wenn er in einem Gespräch mit Cosima am 15. August 1869 bemerkt: »Der Liebeskuß ist die erste Empfindung des Todes, das Aufhören der Individualität, darum erschrickt der Mensch dabei so sehr.«[12] In einem Gedicht von Friedrich Rückert (nach Dschelaleddin Rumi) lesen wir ganz in diesem Sinne die Strophe:

So schauert vor der Lieb ein Herz,
Als wie vom Untergang bedroht.
Denn wo die Lieb erwachet, stirbt
Das Ich, der dunkele Despot.[13]

Die mystische Einheit von Eros und Thanatos hat in der deutschen Literatur vor der Romantik ihren mächtigsten poetischen Ausdruck in der Schlussszene von Goethes Dramenfragment *Prometheus* aus dem Jahre 1773 gefunden. Prometheus, dessen titanisches Pathos aus Goethes berühmter Hymne (*Bedecke deinen Himmel, Zeus*) so deutlich hervortritt und mit dem auch das dramatische Fragment volltönend beginnt, dieser trotzende, auf sein Ich pochende Titan reift in diesem Fragment zu einem Mystiker der Entselbstung.

Erschüttert berichtet Pandora ihrem Vater Prometheus, wie sie eine ihr rätselhafte Begebenheit beobachtete – eine Liebesszene, die sie in ihrer kindlichen Naivität

Dieter Borchmeyer

nicht erfasst hat. Das Hinsinken der Liebenden, ihre Küsse, ihre Tränen sind ein ihr unbekanntes, sie zutiefst verstörendes Erlebnis. »Sag, / Was ist das alles, was sie erschüttert / Und mich?«, fragt sie den Vater. Dessen lapidare Antwort: »Der Tod!«

PROMETHEUS. Da ist ein Augenblick, der alles erfüllt.
Alles, was wir gesehnt, geträumt, gehofft,
Gefürchtet, meine Beste. Das ist der Tod.

PANDORA Der Tod?

PROMETHEUS. Wenn aus dem innerst tiefsten Grunde
Du ganz erschüttert alles fühlst,
Was Freud und Schmerzen jemals dir ergossen,
Im Sturm dein Herz erschwillt,
In Tränen sich erleichtern will und seine Glut vermehrt,
Und alles klingt an dir und bebt und zittert,
Und all die Sinne dir vergehn
Und du dir zu vergehen scheinst
Und sinkst und alles um dich her
Versinkt in Nacht, und du in inner eigenem Gefühle
Umfassest eine Welt,
Dann stirbt der Mensch.

PANDORA (ihn umhalsend) O Vater, laßt uns sterben![14]

Wer hörte aus diesen unerhörten Versen des vierundzwanzigjährigen Goethe nicht den Vorklang von Novalis' *Hymnen an die Nacht* und Wagners *Tristan und Isolde* heraus! Je weiter die Selbstwerdung fortschreitet, zu der Prometheus seine Menschen anleitet, desto größer wird die Sehnsucht nach der Aufhebung des Ich, des ›principium individuationis‹, nach jenem Zustand, in dem Tod und Liebe eins sind.

Pierio Valeriano hat in Verbindung mit dem Todeskuss und der Sehnsucht nach der Vereinigung mit Gott – welche auf die antiken Mythen von der Liebe zwischen Göttern und Sterblichen projiziert wird – das Bild der ›Assumptio‹, der Himmelfahrt gebraucht. Auch hier lässt sich eine Brücke zu Richard Wagner schlagen, der seine Isolde ja verschiedentlich mit der von ihm bewunderten *Assunta* von Tizian in Venedig verglichen hat. Wagner leugne geradezu, bemerkt Cosima im Tagebuch vom 22. Oktober 1882, »daß die Assunta die Mutter Gottes sei, das sei Isolde in der Liebes-Verklärung«.[15] Wagner hat intuitiv erfasst, dass Tizians Gemälde etwas mit jener von den Renaissanceplatonikern umkreisten Todeserotik zu tun hat: Die Auffahrt der sterblichen Maria in den Himmel ist die ekstatische Vereinigung mit Gott – wirklich Liebesverklärung.

Vom Kuss der Liebe und des Todes. Eros und Thanatos in der Oper

71

Doch Wagner glaubt nicht mehr an die Metaphysik, welche dieser Liebesverklärung zugrunde liegt. Daher bezieht er sie nun auf Isolde, auf eine Todeserotik, welche den einstigen theologischen Hintergrund ausblendet. An die Stelle der Liebe zwischen Göttern und Sterblichen tritt die Entselbstungserfahrung einer rein menschlichen Liebe, auf welche die alten religiösen Vorstellungen von Eros und Thanatos symbolisch bezogen werden. Das zeigt sich etwa im Schlussgesang Isoldes, wenn sie auf Tristan hindeutet: »Immer lichter / wie er leuchtet, / [...] / Stern-umstrahlet / hoch sich hebt: / seht ihr, Freunde, / seht ihr's nicht?« (VII, 79 f.) Der Sternenkranz ist das herkömmliche Symbol der Assumpta! Und wenn Tristan und Isolde in ihrem Hymnus auf die Liebe im zweiten Aufzug singen: »Ohne Gleiche! / Überreiche!«, gemahnen diese Verse an das Gebet Gretchens zur Mater Gloriosa in der Bergschluchten-Szene von Goethes *Faust*: »Du Ohnegleiche, / Du Strahlenreiche« (Vs. 12070 f.).[16] Bilder der Marienmystik werden in die weltimmanente Liebesmystik des Tristan übersetzt.

Dass die ›morte di bacio‹ bei Wagner die Bedeutung einer Begegnung von Gott und Mensch, des Eingehens in die ewige Seligkeit verloren hat, zeigt der Blick über Tristan hinaus auf die anderen Musikdramen Wagners. Liebe ist bei Wagner immer – sieht man vom komödiengerechten glücklichen Ende der *Meistersinger* ab – dem Tod verbunden, von radikaler Todesbereitschaft geprägt. Aber ihr Telos ist immer ein Aufgehen der Liebenden ineinander, mag auch der Himmel sanktionierend hinter solcher ›Erlösung‹ stehen (wie zumal im *Tannhäuser*). Am Ende des *Fliegenden Holländers* steigt bezeichnenderweise nicht der Mensch zu Gott auf, sondern erleben der Erlöste und die Heilsbringerin gemeinsam ihre ›Assumptio‹: »In weiter Ferne entsteigen dem Wasser der Holländer und Senta, beide in verklärter Gestalt; er hält sie umschlungen«[17] – eine ›morte di bacio‹ ohne transzendenten Bezug.

Wo aber ein göttliches und ein menschliches Wesen Liebesverbindung eingehen, da ereignet sich gerade keine ›Erlösung‹, wie im *Lohengrin*, hinter dem ja nach Wagners eigenem Hinweis der Mythos von Zeus und Semele steht. Zwischen Lohengrin und Elsa, zwischen Göttlichem und Menschlichem, waltet eine so tiefe Fremdheit, dass sie aneinander nur zugrunde gehen können. Elsa stirbt ohne jegliche metaphysische Verklärung, Lohengrin aber kehrt mit dem »Geständniß seiner Göttlichkeit [...] vernichtet in seine Einsamkeit zurück«, so ist in *Eine Mitteilung an meine Freunde* zu lesen.[18] Brünnhilde schließlich ist kein göttliches Wesen mehr, als sie von Siegfried erweckt wird. Zwischen Göttern und Menschen ist in der *Walküre* eine unheilbare Kluft aufgebrochen. Der Kuss, mit dem Wotan seine Tochter in eine Art Todesschlaf versenkt, ist kein Todeskuss, der sie zu göttlichem Leben emporführt, sondern im Gegenteil beraubt er sie ihrer Göttlichkeit, versenkt sie ganz ins Menschliche. Erst ein Mensch kann sie darum aus diesem Todesschlaf erwecken.[19]

Erst recht aber ist *Tristan und Isolde* eine Welt ohne erlösende Transzendenz – Wagners einziges Musikdrama ohne Gott und ohne Götter. In dem gewaltigen synästhetischen Hymnus, der *Tristan* abschließt, vollzieht sich gleichwohl die Unio mystica der Liebenden mit einem pantheistisch spiritualisierten Universum. Isolde fühlt sich in ihrer Todesekstase von Klängen, Lüften, Wogen und Düften umwallt und umrauscht. Das als Präposition und Präfix ständig wiederholte »um« suggeriert ein von allen Seiten einschließendes elementares Medium, in das sich Isolde mit Tristan auflöst. Diese Auflösung ist verbildlicht als ein »süß in Düften / mich verhauchen« – »ertrinken – / versinken« in »des Welt-Athems / wehendem All«, mit dem sich der »süße Athem« aus Tristans Lippen vermischt:[20] Unio mystica mit dem toten Geliebten als Eingehen in das göttliche All. »Die Liebe im *Tristan* ist nicht schopenhauerisch, sondern empedokleisch zu verstehen«, hat Nietzsche in einer nachgelassenen Aufzeichnung von 1875 geschrieben; sie sei »Anzeichen und Gewähr einer ewigen Einheit.«[21]

In der Tat: So sehr Tristan von Schopenhauer geprägt ist, dessen Pessimismus folgt er nicht; dieser weicht vielmehr einer Affirmation des Weltgrundes, die sich am Schluss des Musikdramas überwältigend manifestiert. Isoldes Liebestod hat nichts gemeinsam mit dem Erlöschen allen Begehrens im Nirwana, das nach Schopenhauer nur durch Entsagung erreicht wird. Davon hat Wagner sich in seinem Brief an Mathilde Wesendonck vom 1. Dezember 1858 und im Entwurf eines nicht abgesendeten Briefs an Schopenhauer aus der gleichen Zeit distanziert. Hier wie da beschreibt er gerade die Liebe als »Heilsweg«,[22] der zur Erhebung über den »individuellen Willenstrieb« führe.[23] Wagner interpretiert gewissermaßen Schopenhauers »Metaphysik der Geschlechtsliebe« im Geiste von dessen Philosophie des Todes um.

In der wichtigsten philosophischen Quelle des Tristan, Schopenhauers Abhandlung *Über den Tod und sein Verhältnis zur Unzerstörbarkeit unsers Wesens an sich* (1819), die einst der dem Tode nahe und dem Lebenswillen entfremdete Thomas Buddenbrook in Thomas Manns Roman als metaphysische Trostschrift lesen wird, heißt es, das Sterben sei »der Augenblick jener Befreiung von der Einseitigkeit einer Individualität, welche nicht den innersten Kern unsers Wesens ausmacht, vielmehr als eine Art Verirrung desselben zu denken ist: die wahre ursprüngliche Freiheit tritt wieder ein, in diesem Augenblick, welcher [...] als eine ›restitutio in integrum‹ betrachtet werden kann.«[24] Zu dieser ›restitutio in integrum‹ steht aber der Eros für Schopenhauer in diametralem Gegensatz. »Selbsterhaltung ist sein erstes Streben«, sein Prinzip der »Egoismus«.[25] Bei Wagner nun – die symbolische Identität von Liebes- und Todestrank im *Tristan* ist dafür das tiefgründige, aus der Tradition des Tristanstoffs nicht ableitbare Zeichen – tritt Eros aus der Dienstbarkeit des Lebens heraus, wird eins mit der Sehnsucht nach dem Tode, nach der Aufhebung des Individuums, nach dessen Einheit mit dem All (»selbst – dann / bin ich die Welt«[26]).

Der Tod ist laut Schopenhauer »die große Gelegenheit, nicht mehr Ich zu sein«.[27] Das aber ist auch das Ziel der Liebe Tristans und Isoldes, die sich nur im Tod erfüllen kann. Deshalb tauschen sie die Identität (Isolde: »Du Isolde, / Tristan ich, / nicht mehr Isolde!« Tristan: »Du Tristan, / Isolde ich, / nicht mehr Tristan!«), deshalb sehnen sie sich nach der Aufhebung des »süßen Wörtleins: und«, das ihre Namen voneinander trennt, also ausdrückt, dass sie noch nicht eins, noch Ich und Du sind.[28] Durcheinander wollen sie ihre Entselbstung erfahren. Nicht nur der Tod – auch die Liebe, der Tod in der Liebe, die Liebe im Tod ist ›die große Gelegenheit, nicht mehr Ich zu sein‹. Das ist die im Geiste Schopenhauers gegen Schopenhauer gerichtete Botschaft des *Tristan*, die eine aus antiken Mysterien stammende, vom Neuplatonismus der Renaissance und durch die Romantik wiedererweckte Todeserotik in eine Welt ohne Transzendenz überträgt.

Der Liebestrank des *Tristan* ist die Abbreviatur eines komplexen psychologischen Vorgangs. Er »habe entdeckt, was offenbar werden mußte«, sagt Brangäne in Wagners Prosaentwurf zum *Tristan*.[29] Es ist ja nicht der Liebestrank, die Droge aus der Zauberküche von Isoldes Mutter, der die Liebe Tristans und Isoldes erweckt, sondern, weil beide glauben, den Tod – das Gift, das Isolde von Brangäne aus der Apotheke der Mutter verlangt hat, aber von jener heimlich gegen den Liebestrank vertauscht wird – zu trinken, bekennen sie sich zu ihrer verdrängten Liebe, schwindet zwischen ihnen die Scheidewand illusionärer Wertvorstellungen und trotziger Selbstbewahrung. Das ist Wagners Umdeutung des mittelalterlichen Stoffes, dessen ursprüngliche Sinngestalt Frank Martin in seinem Oratorium *Le vin herbé* nach dem philologischen Roman von Joseph Bédier restituiert hat. (Im mittelalterlichen Roman, dessen Spuren Bédier wie Martin folgen, ist es allein der Zaubertrank, der die Liebe Tristans und Isoldes weckt; diese Liebe besteht keineswegs schon vorher.) Nur der vermeintliche Todestrank ermöglicht bei Wagner das rückhaltlose Bekenntnis zur Liebe. Hier waltet kein Zauber mehr, sondern, mit dem Titel von Calderóns Schauspiel zu reden, waltet *Über allem Zauber Liebe* – eine Liebe aber, die der Zauber des Todes gezeugt hat, eine Todeserotik, welche sich von ihrem einstigen religiösen Hintergrund freilich abgelöst hat. An die Stelle der Liebe zwischen Göttern und Sterblichen tritt die Entselbstungserfahrung einer rein menschlichen Liebe, auf welche die alten religiösen Vorstellungen von Eros und Thanatos symbolisch projiziert werden.[30]

Der todeserotische Sog des *Tristan* ist ein Thema, das in der so stark wagnerisierenden europäischen Décadence-Literatur der Jahrhundertwende[31] häufig wiederkehrt und immer wieder mit Wagners eigenem Tod in Venedig – wo er 1858 den

Dieter Borchmeyer

zweiten Akt des nacht- und todestrunkenen Musikdramas vollendet hat – in motivische Verbindung gebracht wird. Wagners Tod bildet geradezu einen der Mythen des Fin de siècle, so wie bei Gabriele D'Annnunzio, in dessen Roman *Il fuoco* (1900) der Kondukt mit Wagners Leichnam über den Canal Grande morbid-prunkvoll nachinszeniert wird, in Maurice Barrès' *La Mort de Venise* (1902) oder Thomas Manns *Tod in Venedig* (1912), wo er mit einer Fülle von Allusionen auf Kunst und Leben Wagners in eine fingierte Schriftstellervita hinübergespiegelt ist. In Manns *Buddenbrooks* (1901) und seiner *Tristan*-Novelle (1903) bildet Tristan gewissermaßen die Todesursache ihrer Hauptfiguren. Hanno Buddenbrooks dilettantische *Tristan*-Metamorphosen am Klavier nehmen den Tod des übersensiblen, dem Willen zum Leben absagenden Knaben vorweg, und die schwindsüchtige Gabriele Klöterjahn stirbt in der Novelle wirklich an der Exaltation durch ihr Spiel aus dem Klavierauszug des *Tristan*, ja dieser wird von dem Décadence-Literaten Spinell in diesen Tod buchstäblich hineininszeniert. Hier wird ästhetizistische Hybris und Grausamkeit, was in Wagners *Tristan* selber noch mystische Einheit von Liebe und Tod ist.

In keiner Oper der Musikgeschichte spielt das Thema des Todeskusses eine so bedeutende, so überwältigende Rolle wie in Jaroslav Kvapils und Antonín Dvořáks »lyrischem Märchen« *Rusalka* (1901), dessen Harmonik bisweilen fast zitathaft auf Wagners *Tristan* zurückweist. Hier freilich wird die Semantik der »morte di bacio« gegenüber ihrer humanistischen Tradition fast umgestülpt. Der Prinz, der die Liebe zur Wassernixe Rusalka, welche den von der Literatur der Jahrhundertwende immer wieder umkreisten Typus der ›femme enfant‹ oder ›femme frigile‹ repräsentiert, verraten hat und der Leidenschaft zu einer fremden Fürstin, der typischen ›femme fatale‹, verfallen ist, kehrt am Ende, seelisch zerrüttet, zu dem geliebten Elementarwesen zurück und ersehnt seinen befreienden, ihn von der Sünde reinigenden Todeskuss: »Küß mich, o küß mich, gönne mir Frieden! / Ich will nicht zurück in den Reigen der Welt, / küß mich, oh, küß mich zum Tode!« Der Wassermann freilich, der Regent der Elementarwelt, die christlich-märchenhafte Metamorphose Poseidons, entlarvt die Hoffnung auf die erlösende Kraft des Liebestodes als vergeblich: »Sinnlos stirbt er in deinem Arm, / vergeblich sind alle Opfer, / trostlose, bleiche Rusalka! / Wehe! Wehe! Wehe!« Rusalka hingegen, selber von der christlichen Erlösungswelt ausgeschlossen, erhofft und erglaubt durch ihr Liebesopfer die Gnade Gottes für den vergeblich Geliebten und spendet ihm den Kuss des Todes, mit dem sie ihm freilich nicht mehr wie die zu den Menschen hinabsteigenden Götter der »heidnischen Mysterien« Anteil an ihrer ewigen Seligkeit geben kann, sondern sich selbst von dieser Seligkeit ausschließt – wie Lohengrin, wie auch Wotan, der Brünnhilde in den todesähnlichen Schlaf küsst, welche sich selber zu ewiger Trauer verurteilen.

Eine der tiefgründigsten Fortsetzungen der Botschaft des Tristan stellt die Schlussszene von Hofmannsthals und Strauss' *Ariadne auf Naxos* dar, welche die Unio mystica von Eros und Thanatos wieder an ihre antiken (Mysterien-)Quellen zurückführt. Ariadne, von Theseus verlassen, der ihr von den Göttern Dionysos als Gatte bestimmt ist, erwartet nur noch den Tod. Der Tod ist hier wie immer, wo die Liebe in ihrer Unbedingtheit waltet, die einzige Macht, gegen die man die Liebe vertauschen kann. Und dieser Tausch, diese Täuschung vollzieht sich in der Begegnung mit Bacchus-Dionysos. Ariadne wähnt, der Tod hole sie auf seinem Schiff – dem Nachen des Totenschiffers – zu sich. Sie verwechselt Thanatos und Eros, so wie Goethes Prometheus und Pandora beide gleichsetzen, nimmt Dionysos wirklich – wie der Tod selber sich in Hofmannsthals frühem Dramolett identifiziert – als Thanatos und diesen als »großen Gott der Seele« wahr, der wahrhaft »des Dionysos, der Venus Sippe« entstammt. Sie vertraut sich Bacchus an, »wie man sich nur dem Tod anvertraut«, schreibt Hofmannsthal in seinem großen *Ariadne*-Brief an Richard Strauss von Mitte Juli 1911. »Sie gibt sich ihm, denn sie nimmt ihn für den Tod; er ist Tod und Leben zugleich.«[32] Das ist das Geheimnis des Dionysischen als Erfahrung der Entgrenzung des Ich. Tod und höchstes Leben, wie es sich im »Ungeheuerlichen des erotischen Erlebnisses« (Hofmannsthal)[33] offenbart, werden eins. Das ist auch das Thema von Hofmannsthals *Semiramis*-Fragment von 1909: »Semiramis und der Tod: erst da sie weiß, daß sie stirbt, vermag sie Liebe zu fühlen, […] nun erst lebt sie.« Jetzt erst kommt sie zur Einsicht, »daß nur lebt, der den Tod in sich aufgenommen hat«.[34] Und nur wer den Tod in sich aufgenommen hat, vermag wahrhaft zu lieben.

Stark wie der Tod ist die Liebe. Wir haben diese biblische Botschaft durch die Geschichte zumal der Oper verfolgt, sei es, dass diese Stärke sich in einer Gegnerschaft von Tod und Liebe bekundete, die dem Tod zwar den Sieg über die Liebenden in ihrer irdischen Existenz, der Liebe als solcher aber die metaphysische Erhebung über die Macht der Vergänglichkeit und Vernichtung gönnte – sei es, dass Tod und Liebe sich in ihrer Stärke mystisch vereinigten. Dass die Liebe so stark wie der Tod zu sein vermag, ist im *Hohelied* der Macht Gottes zu danken, die ihr diese Lebens-, Überlebens-, Übersterbenskraft verliehen hat. In der christlichen Botschaft aber gründet die Vorstellung der erlösenden Macht der Liebe. Aus Liebe zu den Menschen opfert Gott seinen eigenen Sohn, nimmt dieser den Tod auf sich, um die Menschen zu erlösen: aus Liebe – durch den Tod. In der Erlösungstat Jesu Christi werden beide eins, raubt Liebe dem Tod endgültig seinen Stachel und seine Siegesmacht.

In einer säkularisierten, glaubenslos gewordenen Welt schwindet diese metaphysische Gewissheit des Sieges göttlich-erlösender Liebe über den allesverschlingen-

Dieter Borchmeyer

den Tod. Doch sie wird auf die erotische Liebe übertragen. Dass diese Erlösung impliziert, ist die geheime Botschaft der modernen Liebesreligiosität geblieben. Der Schluss von Wagners *Tannhäuser* ist das Musterbeispiel einer erotischen Erlösungsliebe vor christlichem Hintergrund. Und noch in Massenets *Werther* tritt sie zutage. Der sterbende Werther vernimmt die Weihnachtsbotschaft, die leitmotivisch das Werk durchzieht, und deutet in ihrem Sinne die Liebe als Erlösungsmacht, die ihm Unsterblichkeit sichert. Das heidnische Elementarwesen Rusalka schließlich vermag durch seine Liebe dem untreuen Geliebten die christliche Gnade zuteil werden zu lassen, von der sie selber ausgeschlossen ist. Es bleibt die Hoffnung auch des religionslosen Menschen, dass die Liebe so stark wie der Tod ist, dass wir uns in der Liebe über unsere Hinfälligkeit erheben. Nirgends aber erfahren wir das mehr als in der Musik, die uns über die Zeitlichkeit des Daseins zu erheben vermag, in jenen Momenten des Liebesglücks, die kein anderer Komponist so überwältigend zu gestalten vermocht hat wie Mozart.

Zu den bewegendsten Zügen von Mozarts Musik gehört die Kunst, den Augenblick – der oft wahrhaft ein Augen-Blick ist – so zu vergegenwärtigen, dass die Zeit stillzustehen scheint, ja so erfüllt ist, dass man von ihrem Fortschreiten nichts mehr wissen mag. Das ist der Zustand reinen Glücks, den Pamina und Tamino nach der Feuer- und Wasserprobe singend preisen: »Ihr Götter! Welch ein Augenblick! / Gewähret ist uns Isis' Glück!«[35] Dieser Zustand des reinen Glücks aber stellt sich immer wieder dann überwältigend dar, wenn der Tod im Hintergrund steht, wie eben in jener Feuer- und Wasserprobe, der tödlichen Drohung der Elemente, oder im Zwiegesang Belmontes und Constanzes in der *Entführung*, in dem Moment, da die Liebenden der Überzeugung sind, dass ihnen der Tod bevorsteht.

Beethoven hat diese Mozartische Augenblickserfahrung im *Fidelio* in dem Moment wiederholt, da Leonore Florestan die Ketten abnimmt: »O Gott! – Welch' ein Augenblick!« Hier wie da wird der in sich gesättigte, vollkommen gegenwärtige Augenblick – als Augen-Blick der wiedervereinigten Liebenden – beschworen, in dem nichts mehr aussteht, da mit den Worten der Drei Knaben in der *Zauberflöte* wirklich »die Erd' ein Himmelreich / Und Sterbliche den Göttern gleich« sind. Den Göttern gleich, da der Mensch in diesem Moment über alle Vergänglichkeit erhoben scheint. Das aber ist die Erfahrung der Musik – das vielleicht tiefste Geheimnis der Oper.

Literatur

Assmann, Jan, Die Zauberflöte. Oper und Mysterium, München–Wien 2005

Bermbach, Udo (Hg.), Verdi-Theater, Stuttgart–Weimar 1997

Borchmeyer, Dieter, »El maestro vol cussi, e basta«! Verdi und die Struktur des Opernlibrettos, in: Verdi-Theater, hg. von Udo Bermbach, Stuttgart–Weimar 1997, S. 117–140

Borchmeyer, Dieter, Das Theater Richard Wagners, Stuttgart 1982

Borchmeyer, Dieter, Mozart oder die Entdeckung der Liebe. Frankfurt a.M.–Leipzig 2005

Borchmeyer, Dieter, Richard Wagner. Ahasvers Wandlungen, Frankfurt a.M.–Leipzig 2002

Goethe, Johann Wolfgang, Werke, Hamburger Ausgabe, München ¹⁰1981

Hofmannsthal, Hugo von, Gesammelte Werke in zehn Einzelbänden, hg. von Bernd Schoeller in Beratung mit Rudolf Hirsch, Frankfurt a.M. 1979:
– Dramen III [1893–1927], Bd. 3
– Gedichte, Dramen I [1891–1898], Bd. 1

Konold, Wulf, Der festgehaltene Augenblick. Zur Dramaturgie von Verdis Opern, in: Verdi-Theater, hg. von Udo Bermbach, Stuttgart–Weimar 1997, S. 141–164

Koppen, Erwin, Dekadenter Wagnerismus. Studien zur europäischen Literatur des Fin de siècle, Berlin–New York 1973

Lessing, Gotthold Ephraim, Werke, hg. von Georg Witkowski, Leipzig–Wien [o.J.]

Nietzsche, Friedrich, Kritische Studienausgabe, hg. von Giorgio Colli u. Mazzino Montinari, Bd. VIII, München 1980

Richard Wagner an Mathilde Wesendonk [Brief], Berlin 1904

Rolland, Romain, Le Jeu de l'amour et de la mort, Paris 1925

Schiller, Friedrich, Sämtliche Werke, hg. von Albert Meier, Bd. I, München–Wien 2004

Schopenhauer, Arthur, Sämtliche Werke, hg. von Max Frischeisen-Köhler, Bd. III/IV, Berlin [o.J.]

Strauss, Richard / Hofmannsthal, Hugo von, Briefwechsel. Gesamtausgabe, Zürich 1964

Wagner, Cosima, Die Tagebücher, Bd. I, München 1976; Bd. II, München 1977

Wagner, Richard, Gesammelte Schriften und Dichtungen, Leipzig ²1888

Wagner, Richard, Sämtliche Schriften und Dichtungen, Volksausgabe, Bd. XII, Leipzig 1911

Wind, Edgar, Heidnische Mysterien in der Renaissance, Deutsche Ausgabe, Frankfurt a.M. 1981

Endnoten

1 Erweiterte und überarbeitete Fassung des Vortrags bei den Salzburger *Festspiel-Dialogen* am 30. Juli 2008.

2 Hofmannsthal, Hugo von, in: *Gesammelte Werke in zehn Einzelbänden,* Gedichte, Dramen I. [1891–1898], Bd. 1, hg. von Bernd Schoeller in Beratung mit Rudolf Hirsch, Frankfurt a.M. 1979, S. 288.

3 *Lessings Werke,* hg. von Georg Witkowski, Bd. VI, Leipzig–Wien [o.J.], S. 80.

4 Schiller, Friedrich, *Sämtliche Werke,* hg. von Albert Meier, Bd. I, München–Wien 2004, S. 166.

5 Vgl. Assmann, Jan, *Die Zauberflöte. Oper und Mysterium,* München–Wien 2005, S. 69f.

6 Vgl. Borchmeyer, Dieter, *Mozart oder die Entdeckung der Liebe.* Frankfurt a.M.–Leipzig 2005, S. 83ff.

7 Vgl. Ders., »El maestro vol cussi, e basta«! Verdi und die Struktur des Opernlibrettos, in: *Verdi-Theater,* hg. von Udo Bermbach, Stuttgart–Weimar 1997, S. 130f.

8 Vgl. Konold, Wulf, *Der festgehaltene Augenblick. Zur Dramaturgie von Verdis Opern,* Verdi-Theater, S. 141–164.

9 Vgl. Wind, Edgar, *Heidnische Mysterien in der Renaissance,* Deutsche Ausgabe, Frankfurt a.M. 1981, S. 177–197 (»Amor als Todesgott«).

10 Ebd., S. 179.

11 Zitiert ebd., S. 179f.

12 Wagner, Cosima, *Die Tagebücher,* Bd. I, München 1976, S. 140.

13 Vgl. Borchmeyer, Dieter, *Das Theater Richard Wagners,* Stuttgart 1982, S. 270.

14 Goethe, Johann Wolfgang, *Werke,* Hamburger Ausgabe, Bd. IV, München ¹⁰1981, S. 186f.

15 Wagner, Cosima, *Die Tagebücher,* Bd. II, S. 1029.

16 Vgl. Borchmeyer, *Das Theater Richard Wagners,* S. 282f.

17 Wagner, Richard, *Gesammelte Schriften und Dichtungen,* Bd. I, Leipzig ²1888, S. 291.

18 Ebd., Bd. IV, S. 296.

19 Das Vorstehende und Folgende greift teilweise zurück auf: Borchmeyer, Dieter, *Richard Wagner. Ahasvers Wandlungen,* Frankfurt a.M.–Leipzig 2002, S. 213ff.

20 Wagner, *Gesammelte Schriften und Dichtungen,* Bd. VII, S. 80f.

21 Nietzsche, Friedrich, *Kritische Studienausgabe,* hg. von Giorgio Colli u. Mazzino Montinari, Bd. VIII, München 1980, S. 191.

22 Wagner, Richard, *Sämtliche Schriften und Dichtungen,* Volksausgabe, Bd. XII, Leipzig 1911, S. 291.

23 Richard Wagner an Mathilde Wesendonk, Berlin 1904, S. 79f.

24 Schopenhauer, Arthur, *Sämtliche Werke,* hg. von Max Frischeisen-Köhler, Bd. III/IV, Berlin [o.J.], S. 525f.

Dieter Borchmeyer

25 Ebd., Bd. II, S. 373 u. 422 (*Die Welt als Wille und Vorstellung* IV § 6 u. § 67).

26 Wagner, *Gesammelte Schriften und Dichtungen,* Bd. VII, S. 45.

27 Schopenhauer, *Sämtliche Werke,* Bd. III/IV, S. 526.

28 Wagner, *Gesammelte Schriften und Dichtungen,* Bd. VII, S. 47 u. 50.

29 Ders., *Sämtliche Schriften und Dichtungen,* Bd. XI, S. 334.

30 Vgl. Borchmeyer, *Richard Wagner. Ahasvers Wandlungen,* S. 213ff.

31 Vgl. dazu Koppen, Erwin, *Dekadenter Wagnerismus. Studien zur europäischen Literatur des Fin de siècle,* Berlin–New York 1973.

32 Strauss, Richard / Hofmannsthal, Hugo von, *Briefwechsel. Gesamtausgabe,* Zürich 1964, S. 134.

33 Ebd., S. 135.

34 Hofmannsthal, *Gesammelte Werke, Dramen III,* S. 565.

35 Vgl. dazu Borchmeyer, *Mozart oder die Entdeckung der Liebe,* S. 35ff.

»Mammonsbeutel« und »Tabernakel« – Über Geld und Gott in Hofmannsthals *Jedermann*[1]

Hans Richard Brittnacher

Am *Jedermann* arbeitete Hofmannsthal über acht Jahre. Erste Entwürfe datieren auf den April 1903, als der Autor noch mit dem Abschluss seiner Tragödie *Elektra* beschäftigt war. Unterschiedlicher können zwei Texte kaum sein – hier das mittelalterliche Mysterienspiel in geknittelter Sprache und mit Akteuren von allegorischer Blässe, dort ein prähellinisches Bacchanal mit einer mythischen und alttestamentarischen Sprache und Schauspielern, deren Performance nach den Vorgaben der Regieanweisungen an die von Betrunkenen oder Epileptikern zu erinnern habe. Der *Jedermann* sollte zu Hofmannsthals erfolgreichstem Werk werden, seine *Elektra* setzte sich hingegen nur mühsam gegen Kritik und Publikum durch. Die ersten Aufführungen hatten für Skandale gesorgt, allzu düster und blutig war dieses Griechenland geraten, ein Schlachthaus, in das sich wohl keine Iphigenie zurückträumen möchte. Und doch gehören beide Werke, die vom Opfergedanken fast besinnungslos delirierende Griechentragödie wie das Spiel vom reichen Mann, der sich zuletzt, gestärkt von den Sakramenten, willig in sein Los schickt, in den gleichen kulturellen Kontext: Auch der *Jedermann* hat Teil am Krisenbewusstsein der Jahrhundertwende, das paradoxerweise Anlass für eine nachgerade unvergleichliche ästhetische Produktivität werden sollte.

Im ersten Teil meiner folgenden Ausführungen möchte ich zunächst noch einmal die fatale Mischung aus Krisenerfahrungen rekonstruieren, wie sie für die Kultur an der Wende zum 20. Jahrhundert prägend waren, um dann darzustellen, wie mit *Elektra* und *Jedermann* zwei konträre dramatische Wege aus der Krise erprobt werden.

Beginnen wir also mit der Krisensymptomatik. Das Gefühl von Niedergeschlagenheit, das sich um 1900 auf nahezu alle Bereiche des kulturellen Lebens erstreckte, findet seine Resonanz in einigen berühmt gewordenen Diagnosen. Nietzsche verkündete bekanntlich den Tod Gottes, Max Weber sekundierte dem Gedanken von einem traumatisierenden Metaphysikverlust durch seine Parole von der Entzauberung der Welt, und Sigmund Freud, dessen Psychoanalyse gewiss nicht zufällig zum dominierenden Paradigma der Krisenstimmung um 1900 wurde, hat seine Lehre als die letzte der drei großen Kränkungen der Moderne bezeichnet: Nach der Kränkung durch das kopernikanische Weltbild, bei der die Menschen hinnehmen mussten, nicht im Zentrum des Sonnensystems zu leben, und der darwinistischen Desillusionierung, nicht die Krone der Schöpfung zu sein, lediglich Primaten wie andere auch, lehrte schließlich die Psychoanalyse, das Ich sei nicht einmal Herr im eigenen Hause, sondern reagiere auf Triebimpulse und ducke sich unter moralischen Bevormundungen.

Die Erfahrung der Krise, die sich vor diesem Hintergrund eines angeschlagenen Selbstbewusstseins epidemisch ausbreitet, betrifft zunächst die Sprache, also den Bereich des künstlerischen Ausdrucks, sodann die Geschlechterrollen, deren lange unmissverständliche Trennung und Hierarchisierung nicht mehr länger akzeptabel erscheinen, sie betrifft drittens das Ich in seiner doppelten Gestalt, zunächst als den Sprecher dieser Sprache und sodann auch als historisches Subjekt, und sie betrifft schließlich viertens auch den psychischen Zustand dieses Ichs und seiner Zeit.

1. Krise der Sprache

Im Brief, den Hofmannsthal seinen fiktiven Lord Chandos an den historisch verbürgen Lordkanzler Francis Bacon schreiben lässt, wird jene für die Jahrhundertwende so typische Skepsis formuliert, dass die bis dahin gebräuchliche Sprache untauglich geworden sei, angesichts existenzieller Erfahrungen noch angemessene Worte finden zu können:

Mein Fall ist, in Kürze dieser: Es ist mir völlig die Fähigkeit abhanden gekommen, über irgend etwas zusammenhängend zu denken oder zu sprechen. [...] die abstrakten Worte, deren sich doch die Zunge naturgemäß bedienen muß, um irgendwelches Urteil an den Tag zu geben, zerfielen mir im Munde wie modrige Pilze.[2]

Es ist schon oft bemerkt worden, dass dieses Lamento über die Sprache im Grunde ein Paradoxon ist: Auf dem höchsten Niveau der Sprache, in funkelnden Gedanken und mit erlesenen Metaphern wird die Unzulänglichkeit der Sprache behauptet. Hier geht es offenbar gar nicht um die Möglichkeiten der Sprache an sich, sondern um eine Kritik an einer bestimmten, konventionellen Sprachverwendung, gegen die ein neuer ästhetischer Ausdruck zur Geltung gebracht werden soll. Sowohl die *Elektra* wie der *Jedermann* sind solche Versuche eines neuen künstlerischen Sprechens.

2. Krise der Geschlechterrollen

Spätestens die skandinavischen Dramen von Ibsen und Strindberg haben an die Stelle des bis dahin die Bühnen dominierenden Konfliktes von Adel und Bürgertum den Konflikt der Geschlechter gesetzt. Männer und Frauen sind nicht länger

Exponenten einer romantischen Liebe, sondern liegen in einem erbitterten Kampf. Die Zeit der Jahrhundertwende ist nicht zufällig die der Reformbewegung, in der die Frauen die ihnen zugewiesenen Reservate verlassen und ein selbstbestimmtes Leben zu führen versuchen. Auf Männer wirken derartige Emanzipationen nicht selten als Drohungen, die in grausamen Szenarien ausfantasiert werden. Das Fanatischste unter ihnen ist wohl das Pamphlet *Geschlecht und Charakter* von Otto Weininger, das 1903 erschien und vielen seiner Zeitgenossen aus der Seele sprach. In ihm wurden die Sphären seelenvoller Kultur und erotisch dominierter Natur strikt und säuberlich auf Mann und Frau verteilt: Der Mann sei bestenfalls gelegentlich – Weiniger nennt dies: intermittierend – sexuell, die Frau hingegen immerzu und untergrabe mit ihrer panerotischen Unersättlichkeit jeden Versuch des Mannes, dem Abendland Geist und Kultur zu erhalten. Deshalb mutiert die Frau in so vielen Texten des Fin de siècle zu einer betörenden Femme fatale, die Männer nicht nur in den Untergang treibt, sondern ihrem Sterben auch noch lustvoll zusieht. Männer andererseits sind nicht länger entscheidungsstarke Akteure, sondern die schwächlichen Nachkömmlinge einst großer Gestalten – Spätlinge, die kaum Kraft zum Widerstand haben, oft genug, man denke an die programmatischen Texte der Zeit und an ihre Helden, die man kaum Helden zu nennen wagt, an Hofmannsthals Kaufmannssohn aus dem *Märchen der 672. Nacht*, an den Erwin in Leopold Andrians *Der Garten der Erkenntnis*, an den Hanno in Thomas Manns *Buddenbrooks* und an den Titelhelden in Rilkes *Die Aufzeichnungen des Malte Laurids Brigge* – sie alle sind die Letzten ihres Geschlechtes, keine Draufgänger und Abenteurer, sondern Nachgeborene, denen die Kraft zum Leben fehlt.

3. Krise des Ich

Hermann Bahr, der umtriebige Popularisator der Ästhetik des Jungen Wien, hat seine Lektüre von Ernst Machs *Analyse der Empfindungen* auf die Formel gebracht: Das Ich ist unrettbar. Es handelt sich bei diesem ›Ich‹ nicht länger um eine irgendwie gestalterisch tätige und perspektivierende Figur, die Entscheidungen trifft, sondern nur noch um eine unterschiedliche Sinneseindrücke synthetisierende Instanz. Doppelgängergeschichten wie Hofmannsthals *Reitergeschichte* dokumentieren, wie die Identität bröckelt und sich schließlich auflöst. Dieser deprimierende Befund des Ich-Verlustes trifft sich mit dem verbreiteten Gefühl, in einer historischen Endzeit zu leben. Die drei großen Kaiserreiche des Vorkriegseuropas, bedroht von den sich an den Rändern ihrer Reiche formierenden Nationalbewegungen, ahnen bereits das drohende Ende des dynastischen Prinzips. »Ganz erschöpfter Völker Müdigkeiten kann ich nicht abtun von meiner Seele«[3] – heißt es in Hofmannsthals Gedicht

Manche freilich, wo sich das lyrische Ich als Seismograf wahrnimmt, an dem sich das allmähliche Sterben einer großen Kultur als Lebensschicksal wiederholt. Zugleich etablieren sich mit dem in den großen Städten allmählich anwachsenden Proletariat auch Armutsmilieus, werden Erfahrungen wie soziale Not, Alkoholismus, Arbeitskampf und so fort unübersehbar. Die soziale Frage wird zur großen Herausforderung, deren Beantwortung das Träger-Ich der etablierten Ordnung in der Bewegung des ›Jungen Wien‹ hoffnungslos überfordert. »Man hat manchmal die Empfindung«, mit diesen Worten beginnt Hofmannsthals erster *D'Annunzio*-Essay, geradezu das Gründungsdokument der ästhetizistischen Bewegung um 1900, in dem sich das angeschlagene Bewusstsein von Hofmannsthals Generation ganz unverstellt ausspricht.

Man hat manchmal die Empfindung, als hätte uns unsere Väter […] und unsere Großväter […], als hätten sie uns, den Spätgeborenen, nur zwei Dinge hinterlassen: hübsche Möbel und überfeine Nerven.[4] Konfrontiert mit dem von den Vätern angehäuften Reichtum und der Erinnerung an ihre Vitalität, bleibt den Nachgeborenen mit den feinen Nerven nur das Zugeständnis der Unfähigkeit: »bei uns aber ist nichts zurückgeblieben als frierendes Leben, schale, öde Wirklichkeit, flügellahme Entsagung. […] So empfinden wir im Besitz den Verlust, im Erleben das stete Versäumen. Wir haben gleichsam keine Wurzeln im Leben und streichen, hellsichtige und tagblinde Schatten, zwischen den Kindern des Lebens umher.[5]

4. Krise der Nerven

Für diese larmoyante Generation mit den ›teuren Möbeln‹ und den »überfeinen Nerven«, die sich so überfordert fühlt von den aus der Vergangenheit auf sie gekommenen Aufgaben und Erwartungen, ist Sigmund Freud der Mann der Stunde, vermag er doch jene plötzlich epidemisch um sich greifenden Erkrankungen des Nervensystems zu diagnostizieren. Die längst als Symptom überalterter Familien bekannte Degeneration findet ihren Niederschlag zumal bei den empfindsamen Spätlingen als *dégénération supérieure*, als erhöhte und gesteigerte Sensibilität. In zahllosen Texten der Zeit entzücken sich überfeinerte Seelen mit müden Gebärden an schönen Gegenständen, sprechen anmutige Verse, aber gehen an der schnöden Wirklichkeit erbärmlich zugrunde – wie der Kaufmannssohn in Hofmannsthal oben genanntem *Märchen der 672. Nacht*, der sich in einem Garten mit den erlesensten Schönheiten dieser Welt narkotisiert, doch zuletzt auf einer schäbigen Kasernenpritsche, von dem Tritt eines Pferdes in seine Weichteile ums Leben gebracht, erbärmlich krepiert. Die Nervosität von Männern, eine bis dahin fast unbekannte Erkrankung des Nervensystems, oder die Hysterie, die vor allem Frauen der gehobenen Wiener Gesellschaft in Exaltationen versetzt, zeigen die Signatur einer Gesellschaft, deren Vitalität sich so aufgebraucht hat, dass sie den Infektionen um sich greifender Nervenleiden widerstandslos erliegen muss.

Soweit also die Krisensymptomatik der Epoche – die kulturelle und literarische Situation in Wien um 1900, einer Zeit, in der so viele hochbegabte junge Autoren wie Hofmannsthal der Belle Epoque beim Sterben zusehen. Zunächst noch können sie eine Zeit lang von diesen morbiden Erfahrungen gewissermaßen als ästhetische Krisengewinnler profitieren: »Il faut glisser la vie«,[6] schreibt Hofmannsthal an Richard Beer-Hofmann, man müsse über dieses Leben hinweg gleiten, und skizziert damit die Devise, wie sich ein Autor angesichts des Niedergangs literarisch zu behaupten vermag – die vielen lyrischen Einakter der Jahrhundertwende, *Der Tor und der Tod*, *Das Sterben Tizians*, die Gedichte des jungen Loris, als die der Gymnasiast Hofmannsthal seine Verse signierte, seine *Terzinen über die Vergänglichkeit* oder seine Erzählungen sind literarische Dokumente eines auskömmlichen Lebens mit der Krise, das sich das ›glisser‹, das anmutige Gleiten über die Dinge, ohne mit ihnen gemein zu werden, mit dem Hochmut der Jugend noch zuzutrauen vermochte – wenn auch in den Einsichten seiner Protagonisten, die wie der schöne Kaufmannssohn einen Tod voller Hässlichkeit erleben, eine Erfahrung deutlich wird, die nach einem Ende der literarischen Unverbindlichkeit verlangt. Der Schluss von Hofmannsthals bereits zitiertem *D'Annunzio*-Essay erinnert denn auch gegen alle Kunst morbider Verfeinerungen an die Pflicht des Dichters, der

mit wundervollen Rattenfängerfabeln, purpurnen Tragödien, Spiegeln, aus denen der Weltlauf gewaltig, düster und funkelnd zurückstrahlt, die Verlaufenen zurücklocken [wird], dass sie wieder dem atmenden Tage Hofdienst tun, wie es sich ziemt.[7]

Wohl keiner hat die Ambivalenz dieser Zeit am Vorabend der Jahrhundertwende, ihr Schlingern zwischen Abgesang und neuer Hoffnung, so prägnant auf den Punkt gebracht wie Robert Musil zu Beginn seines epochalen Romans *Der Mann ohne Eigenschaften*, in dem er sich mokiert über das fast farcenhafte Nebeneinander des Unverträglichen im Fin de siècle:

Es wurde der Übermensch geliebt, und es wurde der Untermensch geliebt; es wurden die Gesundheit und die Sonne angebetet, und es wurde die Zärtlichkeit brustkranker Mädchen angebetet; [...] man war gläubig und skeptisch, naturalistisch und preziös, robust und morbid; man träumte von alten Schloßalleen, herbstlichen Gärten, gläsernen Weihern, Edelsteinen, Haschisch, Krankheit, Dämonien, aber auch von Prärien, gewaltigen Horizonten [...], nackten Kämpfern [...]. Dies waren freilich Widersprüche [...] würde man jene Zeit zerlegt haben, so würde ein Unsinn herausgekommen sein wie ein eckiger Kreis, der aus hölzernem Eisen bestehen will, aber in Wirklichkeit war alles zu einem schimmernden Sinn verschmolzen.[8]

Dieser »schimmernde Sinn« ist die Zauberformel, mit der sich die Intellektuellen des Fin de siècle die Erfahrung des Unerträglichen zeitweilig verträglich zu machen vermochten. Die Aufzeichnungen Hofmannsthals verraten jedoch das zunehmend dringlicher werdende Verlangen, diesem Zustand mit seiner gefälligen Lust am Verfall, – »Dekadenz in Gänsefüßchen«, so der Spötter Karl Kraus – ein literarisches Dokument des Widerstands entgegenzusetzen, das Bekenntnis zu Werten, die sich gegen den Sog der allgemeinen Nivellierung als verlässliche Neuorientierung zu behaupten versprachen. Dies sollte sich sowohl auf der Ebene der ästhetischen Form wie auf der Ebene der durch sie vermittelten Inhalte niederschlagen. Also: weg vom Lob der Flüchtigkeit, der ätherischen Schönheit, der leisen Klage über die Vergänglichkeit der Dinge und des Lebens; weg von den anämischen Helden mit ihrem kraftlosen Schönheitsverlangen; weg von einer dramatischen Kultur, deren lyrische Sensibilität die Diagnose einer sterbenden Zeit bekräftigte, statt ihr ein Remedium zu liefern. Weg von einer Philosophie des Von-allem-Unberührtseins, des mühelosen, unverbindlichen Gleitens, weg von einem Glauben an fluidale Korrespondenzen, die zuletzt alles in einem ›schimmernden Sinn‹ verschmelzen. Stattdessen zurück zu den großen Fragen und damit auch wieder zu den großen anthropologischen Archetypen: Was ist der Mensch? Wie kann und wie soll er leben?

Wie fallen nun die dramatischen Versuche eines Auswegs aus dieser Krise aus? Zu den Dramen, die dies versuchen, zu den »purpurnen Tragödien«, wie es im *D'Annunzio*-Essay heißt, »aus denen der Weltlauf gewaltig, düster und funkelnd zurückstrahlt« und die der Aufgabe nachkommen, »dem atmenden Tage Hofdienst tun, wie es sich ziemt«, zählen *Elektra* und *Jedermann*. In *Elektra* greift Hofmannsthals über Goethes ›verteufelt humane *Iphigenie*‹ und die Tradition der Winckelmannschen Antikeaneignung hinaus in jenes Griechenland, wie es von Nietzsche und zuvor von Erwin Rohde und von Bachofen imaginiert worden war, eine mythische Welt, die Hofmannsthal selbst charakterisiert hat: »Hier eine düstere praegriechische Welt – in der man Griechenland kaum wiederentdecken wollte[,], über ihnen waltend der Fluch[,], der Blutbann.«[9] Diesem düsteren Vorhaben entsprechend, will Hofmannsthal auch nicht lediglich eine Erzählung der *chronique scandaleuse* (Adorno) der antiken Sagenwelt nacherzählen, sondern »den Schauer des Mythos neu schaffen. Aus dem Blut wieder Schatten aufsteigen lassen«.[10] Diesem Anliegen wird alles untergeordnet: eine Galerie weiblicher Gestalten, wie sie furchterregender kaum denkbar wäre, die müde, welke Matrone Klytämnestra, die ihren Mann ermordet hat und Jungfrauen opfern will, um ihre bösen Träume zu vertreiben, eine fauchende Heldin, besessen vom Rachegedanken, die im zuckenden Licht wie ein Tier auf dem Boden kauert und, wie ein Kritiker der Uraufführung entsetzt schrieb, nachdem der Bruder die ehebrecherische Mutter erschlagen habe, »als sei ihr das Blut der Mutter wie Wein zu Kopfe gestiegen, auf dem Hofe herumtanzt«.[11]

Die vier anfangs beschriebenen Krisensymptome werden hier konsequent entmachtet: Die Sprache des Stücks, zumal mit ihrer heterodoxen Anreicherung aus dem

Bereich von Körpersprache und Bühnenästhetik, hat all jene Kraft zur pathetischen Präsentation von Existenzialien, die ihr im *Chandos-Brief* noch bestritten worden war. Mit dem Mord an der Mutter als Rache für Agamemnons Tod wird auch die der Schwäche bezichtigte Vaterordnung rehabilitiert. Dass diese Rehabilitation durch Elektra, also eine Frau geschieht, sanktioniert diese *restitutio ad integrum* zusätzlich. Dass die Taten eines Einzelnen folgenreich sind, dass Elektras in der Einsamkeit gehüteter und genährter Hass schließlich sich entladen darf, restituiert auch die Idee eines handlungsmächtigen Subjekts (wenn auch, um dies in Klammern zumindest zu bedenken zu geben, die Tatsache, dass Elektra das Beil im entscheidenden Augenblick vergisst, diese Dimension handlungsmächtiger Subjektivität etwas relativiert). Immerhin aber wird durch Elektras und Orests Handeln eine unterbrochene dynastische Tradition wiederhergestellt. Und schließlich, viertens, beweist Elektras Raserei, die schon von den ersten Rezensenten mit dem Agieren einer Hysterikerin verglichen wurde, nicht etwa die Schwäche, sondern die Macht eines immer schon dem Pathologischen verschwisterten Pathos.

Diese Tragödie hat ihren ästhetischen Eindruck nicht verfehlt. Auch wer zu dem Urteil gelangte, Hofmannsthal habe am Geiste der sophokleischen Vorlage gefrevelt,[12] konnte doch die enorme ästhetische Kraft des Textes – und seiner Inszenierung – nicht übersehen. Der Rückgriff auf einen von aller modernen Zweifelsucht unberührten, kraftvollen Mythos, der archaische Gedanke einer dem Einzelnen auferlegten, in Treue zu folgenden Bestimmung, ein eigener poetischer Idiolekt, zusammengesetzt aus klassischer Bühnensprache und alttestamentarischem Pathos, die Wiederbelebung der klassischen Form, aber bereichert um die unheilvolle Ästhetik des symbolistischen Stimmungstheaters, eine furiose Lichtregie, die dämonische rote Flecken auf der Bühne tanzen ließ, eine Choreografie zuckender Gebärden und wohl nicht zuletzt auch die Performance der Titelheldin, der Gertrude Eysoldt zu eindringlichem Ausdruck verhalf – all dies verlieh dem Drama eine ästhetische Wucht, die sich radikal von der gelegentlich etwas parfümiert anmutenden Ästhetik des Frühwerks unterschied. Unbestreitbar war hier ein neuer poetischer Ton gefunden. Allerdings lassen sich auch Schwächen in der Motivation der Figuren nicht leugnen: Die Treue wird eher behauptet als demonstriert, die Fabel berauscht sich an ihrer eigenen Grausamkeit, das Dramenende erneuert jene Verkettung der Gewalt, deren Mechanismus doch Sophokles bereits bloß gelegt hatte, und über die Deutung von Elektras Tanz herrscht heute noch Dissens.[13] Bei allem Respekt für die dramatische und theatralische Innovation des Textes war der offenkundige Barbarismus doch zu befremdlich, und die mythische Fabel von Vaterliebe und Mutterhass in dieser archaischen Variante mit der psychologischen Realität im Wien der Jahrhundertwende zumindest nicht problemlos vereinbar.

Hans Richard Brittnacher

Vor diesem Hintergrund nun gewinnt das zweite große theatralische Unternehmen jener Jahre, der *Jedermann,* seine Plastizität. Auch der *Jedermann* beantwortet die Frage, die Hofmannsthal sich in den *Ad me ipsum* überschriebenen Aufzeichnungen stellte, wie wohl der Weg zum Sozialen vorzustellen und vor allem theatralisch umzusetzen sei. In der *Elektra* fällt diese Antwort so düster aus, dass ihr gewissermaßen vor sich selbst graut und sie zuletzt, im »namenlosen«[14] Tanz der Elektra, ihre eigene Ratlosigkeit einbekennt. Der *Jedermann* sucht gleichfalls sein Heil in der Vergangenheit, aber einer weniger weit entfernten, in der des christlichen Mittelalters, und findet eine Antwort im Vertrauen auf Gottes unerschöpfliche Gnade. »Christliche Restauration«, lautete daher der immer wieder erhobene Vorwurf gegen die konservative Wende des assimilierten Juden Hofmannsthal, sogar vom Ideologieschub eines heimatlos Gewordenen war die Rede.[15] Tatsächlich geht es im *Jedermann* vor allem um den Versuch, unter Rückgriff auf eine bewährte Tradition dem ästhetischen Ungenügen der zeitgenössischen Dramatik aufzuhelfen. Mag es sich beim Stoff auch, wie Hofmannsthal eher abwiegelnd bemerkt, um ein »fremdes Gebilde entlegener Herkunft«[16] handeln, so lässt sich an ihm doch zeigen, wie ein anspruchsvolles Theater auch für ein breites Publikum möglich ist, um der Forderung gerecht zu werden, ›dem atmenden Tage pflichtschuldig seinen Hofdienst zu tun‹, also: politisch wirksam zu sein.[17] Die lyrische Gefälligkeit des symbolistischen Stimmungstheaters wird zwar verabschiedet, sein Grundgedanke aber, dass Theater im Ritus wurzelt, wird beibehalten: Es geht im *Jedermann* um die Erneuerung dieses rituellen Sinns, um die szenische Vergegenwärtigung von Elementarerfahrungen, wie sie Maurice Maeterlinck, darin europaweit vorbildlich für das Drama der Jahrhundertwende, gewiss nicht zufällig an der Begegnung des Menschen mit dem Tod entwickelt hat.[18] Die Figuren eines so verstandenen Theaters sind keine plastischen Individuen, sondern allegorische Gestalten, die kein Schicksal erleiden und darstellen, sondern die »zeichenhaft Elementar- und Grenzsituationen«[19] vermitteln sollen. An die Stelle von äußerer dramatischer Aktion treten gebärdenhaft präsentierte Seelenlandschaften, holzschnittartig zugeschnittene Konflikte. Von Requisiten wird sparsam Gebrauch gemacht, fast schon wie im Brechtschen Verfremdungstheater dient der seltene Einsatz eines einzelnen Gegenstandes, etwa eines Tisches, dazu, jede Magie der Bühne und jeden dramatischen Illusionismus ostentativ zu unterminieren.

Aber während bei Maeterlinck die Wucht des Todes den Protagonisten die Sprache verschlägt, findet sie im *Jedermann* zu einem Ausdruck, der ihrem Anliegen auch phonetisch zu Nachdruck verhilft, oder, um es mit einer modernen Vokabel zu sagen: Hofmannsthal hat für sie einen eigenen, charakteristischen Sound geprägt. Es ist eine altertümelnde Sprache, die er aus Umgangston, Dialekt, Volksstück und Mittelhochdeutsch zusammengeleimt hat, in dem er archaisierende, mundartlich und eigenschöpferische Wendungen miteinander verband,[20] ein Idiom, in dem er alle seine Figuren sprechen lässt, Jedermann so gut wie den lieben Gott, den Tod und den Teufel. Die vordergründige Schlichtheit dieser Sprache stimmt zusammen mit dem Vorhaben, eine Zeit ohne metaphysischen Trost wieder an eine elementare Tradition des Religiösen heranzuführen: Was im Fall der *Elektra* der Mythos leistete, wird hier, im *Jedermann*, der christlichen Religion abverlangt beziehungsweise anvertraut. Seine Protagonisten sollen »ein Allgemeines, Menschliches, Gültiges vor Augen führen, und zwar in einer Zeit, in der gerade solche Grundwerte in den Mahlstrom der Nivellierung geraten sind«.[21] Allerdings verzichtet Hofmannsthal nun explizit auf jeden dramatischen Illusionismus und seine Vorzüge einer affektiv geladenen Handlung, der die Zuschauer, voller Anteilnahme am Schicksal der Protagonisten, gebannt folgen. Hofmannsthal hingegen kehrt zur wenig einladenden Form der Allegorie zurück – und erschrieb seinem Stück gerade mit dieser dramaturgischen Entscheidung, auf Wirkung zu verzichten, seine enorme theatralische Wirkung.

Nicht zuletzt der Unterschied zwischen der frühen, noch in Prosa gehaltenen Fassung des *Jedermann* und der schließlich endgültigen, versifizierten Form macht Hofmannsthals Absage an die frühe Bühnenästhetik sichtbar: In der Prosafassung von 1905 – also sechs Jahre vor dem ›endgültigen‹ *Jedermann* – ist noch die ganze, eigentümlich haltlose Ästhetik des Frühwerks präsent. Der Tod wird noch nicht christlich verstanden, sondern als schaurige Erfahrung der Dunkelheit und des Nichts, die zu elegischen Reflexionen über das Schicksal des Menschen einlädt, dem Sinnieren des lyrischen Ich in den *Terzinen über die Vergänglichkeit* oder den Betrachtungen Gianninos in *Der Tod des Tizians* vergleichbar. Solche Meditationen über Leben und Tod trösten sich mit einer vitalistischen All-Einheitsfantasie, wo es kein wirkliches Sterben und Vergehen gibt, auch keinen Himmel und keine Hölle, sondern wo im »Weben der Welt«, ein »unaufhaltsame[s] Hingleiten, diese[s] lautlose, süße Sichverzehren«[22] die Welt der Erscheinungen verändern mag, die Substanzen aber unverändert belässt. Wenn doch der Tod ernst genommen wird, in der Gestalt vom grausamen Schnitter, der in der Mitte des Lebens sein Opfer anfällt, wird dies hier ganz ähnlich übrigens wie in Hofmannsthals frühem Drama *Alkestis* (1893/94) zum Anlass, mit dem Tod um Stundung zu feilschen. Erst heißt es »Leben! Leben! Ein Jahr! Einen Monat! einen Monat noch!«,[23] dann, nachdem der Tod sich unerbittlich zeigt, »Einen Monat, eine Woche, einen Tag! Bis morgen abend leben!«[24] Wie in *Alkestis* ist es auch hier eine kreatürliche Daseinsnot, die das Handeln der Protagonisten bestimmt, die lähmende Erfahrung des bevorstehenden Todes, vor der die Idee des Lebens ihren Wert empfängt – mit der religiösen Dimen-

Hans Richard Brittnacher

sionierung des Stoffes in der endgültigen Fassung des *Jedermann* hat dies jedoch noch nichts zu tun.

Der *Jedermann* von 1911, obwohl in lyrische Form gebracht, steht der gesuchten Ästhetik der Prosafassung eher fern. Er ist, mag er auch im Detail vielen Traditionssträngen folgen, ein Werk aus einem Guss. Ich erspare mir hier die überall leicht nachlesbaren Informationen über die Vorgeschichte des Stücks, über Hofmannsthals produktive Anleihen am englischen *morality play*, an Hans Sachs' *Comedi von dem reichen sterbenden Menschen, der Hecastus genannt*, auch am neulateinischen Schuldrama *Hecastus* und damit auch eine Erörterung der von Hofmannsthal selbst ventilierten Frage, ob er nur ein Bearbeiter oder tatsächlich der Autor des Stückes sei – ohne jeden Zweifel ist der *Jedermann* ein Stück von Hofmannsthal. Die Handlung des *Spiel[s] vom Sterben des reichen Mannes* muss wohl kaum in Erinnerung gerufen werden, lediglich an die Abfolge der Stationen sei erinnert. Der reiche Jedermann, ein Mann in den besten Jahren, begegnet dem in Not geratenen Nachbar, den er mit einem Schilling abspeist, dann einem zur Kerkerhaft Verurteilten, an dessen Schicksal er mittelbar Mitschuld trägt, seiner besorgten Mutter, der lebenslustigen Buhlschaft, den Freunden und Verwandten auf einem Festbankett; nach einigen trüben Vorahnungen erscheint der Tod und fordert Jedermann auf, ihn vor Gottes Thron zu begleiten. Jedermann bittet um Aufschub, eine Stunde wird ihm zugestanden, die er mit der Suche nach Begleitern und Fürbittern vergeudet. Schließlich muss er erkennen, dass ihm, was bislang Sinn des Lebens war, der Mammon, der angehäufte Reichtum, wenig nützen kann; nur die gebrechliche Gestalt seiner Werke, freilich so schwach, dass sie kaum auf eigenen Beinen zu stehen vermag, ist willens, ihn zu begleiten; erst nachdem sich ihr der Glaube zur Seite stellt und Jedermann vom Sinn des christlichen Erlösungsopfers überzeugt, kann dieser, nun einigermaßen gefasst im Bewusstsein göttlicher Gnade, den Weg zum göttlichen Richter antreten.

Jedermann ist wirklich jeder Mann: *tua res agitur*, es geht um Dich, Deine Sache wird hier verhandelt, das ist dem Stück mit seinem schlichten Titel gewissermaßen als implizite Überschrift mitgegeben. Wiewohl in altertümelnder und zugleich künstlicher Sprache geschrieben (und gesprochen), enthält der *Jedermann* eine gallige Gegenwartsdiagnose. Sie gelangt zum Ausdruck in einer der originellsten Rollen des deutschen Theaters, durchaus der des Mephistopheles vergleichbar, nämlich der Figur des Mammon, jenes in der Schatztruhe lebenden Geistes, der in seinen gewitzten Repliken auf Jedermanns Vorhaltungen Ansätze zu einer bestechend präzisen Analyse der modernen Geldwirtschaft vorlegt.

Hofmannsthal hat, wie wir unter anderem auch aus den Tagebüchern von Harry Graf Kessler erfahren,[25] intensiv Georg Simmels *Philosophie des Geldes* studiert. Das in Hofmannsthals Bibliothek erhaltene Exemplar von Simmels Buch weist intensive Lesespuren auf.[26] Simmel sieht recht optimistisch die Aufgabe des Geldes darin, in einer von Beziehungslosigkeit geprägten Welt Beziehungen zu stiften: »Als Wert-Ausgleicher und Tauschmittel von unbedingter Allgemeinheit hat das Geld die Kraft, alles mit allem in Beziehung zu setzen. Das Geld nimmt den Dingen und auch den Menschen die gegenseitige Unzugänglichkeit. Es führt sie aus ihrer ursprünglichen Isolierung in Beziehung, Vergleichbarkeit, Wechselwirkung über.«[27]

Aber gerade in seiner Eigenschaft, alles mit allem in Beziehung zu setzen, erscheint Geld für Hofmannsthal als Allegorie der seelenlosen modernen Welt, die von einem umfassenden Relativismus ergriffen ist. Geld, ursprünglich doch nur das konvertible Äquivalent zwischen unterschiedlichen Werten, hat selbst die Bedeutung des letzten Wertes angenommen. Wenn Werte, was Simmel nicht anders sieht, ursprünglich nur durch subjektive Handlungen erbracht werden können, durch »Werke« in der Sprache des *Jedermann*, diese aber unter dem Regiment des Geldes zu verrechenbaren Leistungen werden, droht sich das Normensystem einer Gesellschaft in eine Buchführung von Soll und Haben aufzulösen.

Mit dem Geld als universellem Äquivalent ist nicht nur der ursprüngliche Tausch Güter gegen Naturalien etc. abgelöst worden, sondern sind auch Dienstleistungen käuflich geworden. »Da ist kein Ding zu hoch noch fest / Das sich um Geld nicht kaufen lässt.« (20)[28] Wer Geld hat, für den gilt: »gewünscht ist schon getan.« (14) Menschliche Schicksale, Fürsorgepflichten, Anteilnahme, Verbindlichkeit und Bringschulden erscheinen nun in Gestalt seelenloser Zahlen: Was menschliche Schuld ist, wird als numerischer Betrag ausgewiesen, was aber andererseits als numerischer Betrag erscheint, kann kein existenzielles Gewicht mehr beanspruchen. Hinter den Zahlen verbergen sich erschütternde Schicksale, die, wer in Zahlen denkt, nicht als Schicksale, sondern eben nur als Ziffern wahrnimmt: Der Reiche mag glauben, redlich über sein Vermögen zu gebieten, aber übt gnadenlos Macht über andere aus: »Denn« – so Hofmannsthal in seinem Aufsatz über den *Jedermann* – »das Geldwesen ist ein solches allverfangendes Netz, dass irgendwie ein jeder Reiche der Gläubiger und Fronherr jedes Armen ist. Der Reiche meint, er rührt keinen Finger, und doch schickt er bei Tag und Nacht Hunderte in den Frondienst.«[29] Szenen wie der Auftritt des armen Nachbarn, des Schuldknechts und vor allem des Mammon hat Hofmannsthal nicht in den Vorlagen gefunden – sie sind von ihm eigens geschrieben worden, um die fatale Dimension der im Geld verkörperten Seelenlosigkeit seines Zeitalters zu veranschaulichen.[30]

Jedermann glaubt, gerade wegen des Äquivalentcharakters des Geldes Anspruch auf ein »höher Ansehen« (20) zu haben, denn statt des »niederen Tausches und Kramens« (20) werde der Mensch durch die Demonstration des erwirtschafteten

Reichtums »schier einer kleinen Gottheit gleich« (20). Eben diese Universalisierung des Geldes führt in letzter Konsequenz zur Vergottung des Mammons und damit zur Blasphemie. Im Vorwurf von des Schuldknechts Weib, an Jedermann gerichtet, wird diese Vergottung des Geldes ausdrücklich angesprochen. »Gibst da dem Mammonsbeutel Ehr, / Als obs das Tabernakel wär.« (21) Während das Neue Testament – etwa im Römerbrief – von einer durch Gott sanktionierten Obrigkeit spricht, hält der vom Geld verblendete Jedermann sogar das göttliche Gesetz in letzter Instanz für käuflich:

Du kaufst das Land mitsamt dem Knecht,
Ja, von des Kaisers verbrieftem Recht,
Das alle Zeit unschätzbar ist
Und eingesetzt von Jesus Christ,
Davon ist ein gerechtsam Teil
Für Geld halt allerwegen feil,
Darüber weiß ich keine Gewalt,
Vor der muß jeglicher sich neigen
Und muß die Reverenz bezeigen,
dem, was ich da in Händen halt. (20f.)

Wer so denkt, tut allenfalls, darauf hat bereits Ursula Renner verwiesen, aus Bequemlichkeit Gutes.[31]

Das Geld ist nicht nur die Ursache der Egalisierung und Vergleichgültigung menschlicher Beziehungen, es ist auch deren Symbol und der Mammon seine allegorische Gestalt. Denn dieser Mammon, der nach Hofmannsthals Absicht »ein verlarvter Dämon und stärker als ein Herr ist, und sich als den Herrn seines Herrn offenbart«[32], demonstriert den Fetischcharakter des Geldes, den es in der modernen Gesellschaft angenommen hat. Georg Simmels Analysen, die die Versatilität des Geldverkehrs loben, übersehen, was Hofmannsthals an der Beziehung von Jedermann und Mammon nachweist: eine Dialektik, in der die Positionen von Herr und Knecht unversehens wechseln: »Was wir besitzen sollten, das besitzt uns, und was das Mittel aller Mittel ist, das Geld, wird uns in dämonischer Verkehrtheit zum Zweck der Zwecke.«[33]

Der Jedermann, der glaubt, ein unverrückbares Anrecht auf das Geld zu haben, muss sich von Mammon eines Besseren belehren lassen:

Mammon: Ich steh gar groß, du zwergisch klein.
Du Kleiner wirst wohl sein der Knecht.
Und dünkts Dich, anders wärs gewesen,
das war ein Trug und Narrenwesen.
Jedermann: Hab dich gehabt zu meim Befehl.

Mammon: Und ich regiert in Deiner Seel.
Jedermann: Warst mir zu Diensten in Haus und Gassen.
Mammon: Ja, Dich am Schnürl tanzen lassen.
Jedermann: Warst mein leibeigner Knecht und Sklav.
Mammon: Nein, Du mein Hampelmann recht brav. (56)

Das Bekenntnis zum Besitz statt zum Leben, zum Haben statt zum Sein hat Jedermann zum Hampelmann gemacht. Wegen dieser so kritisch gesehenen Funktion des Geldes nicht allein als Einfallstor einer umfassenden Nivellierung, sondern auch als Ausdruck einer Hierarchie, in der Neureiche eine soziale Macht reklamieren, zu der sie nicht durch Tradition berechtigt sind, scheinen mit neben Simmels Philosophie des Geldes auch Thorsten Veblens Studie *The Theory of the leisure class,* die *Theorie der feinen Leute,* als Quelle für Hofmannsthals skeptischer Autopsie einer vom Dämon Geld beherrschten Gesellschaft möglich. Ob Hofmannsthal tatsächlich Veblen gelesen hat, lässt sich nicht mit Sicherheit behaupten, aber dieser amüsante Klassiker der modernen Gesellschaftstheorie dürfte ihm nicht unbekannt geblieben sein. Auf jeden Fall demonstrieren Hofmannsthals Reiche im *Jedermann,* was Veblen in seiner originellen Studie als typisches Verhalten der Geldaristokratie Amerikas beschreibt: Statt sich an der produktiven Vermehrung gesellschaftlichen Reichtums zu beteiligen, führt die Oberschicht ein Parasitendasein, indem sie Geld ansammelt und durch ihren übermäßig großen Besitz von Konsumgütern den Lebensstandard der Ärmeren drückt. Was die Reichen besitzen, verdanken sie ihrer Rücksichtslosigkeit. Sorgte in früheren Zeiten heldenhaftes Verhalten für soziales Prestige und erlaubte dem verdienten Heros einen demonstrativem Müßiggang als Belohnung für geleistete Taten und als Dokumentation eines besonderen sozialen Ranges, hat sich in der modernen Geldaristokratie nur noch der ostentative augenfällige Konsum – *conspicious consumption* lautet Veblens Formel – erhalten, mit der die Reichen eine nicht durch eigene Leistung begründete soziale Überlegenheit behaupten. Der Reiche zeigt seinen Reichtum durch demonstrativen Müßiggang, der auch noch durch Varianten stellvertretenden Müßiggangs augenfällig gemacht wird, wenn die Dienerschaft und die Geliebten – die Buhlschaften – der Reichen ihrerseits durch den demonstrativen Umgang mit dem von ihm erhaltenen Reichtum ihre Partizipation an seiner Welt behaupten und sich gleichfalls jeder nützlichen sozialen Tätigkeit enthalten:

Mein Haus hat ein gut Ansehn, das ist wahr,
Steht stattlich da, vornehm und reich,
Kommt in der Stadt kein anderes gleich.
Hab drin köstlichen Hausrat die Meng,
Viele Truhe, viele Spind,

Hans Richard Brittnacher

Dazu ein großes Hausgesind,
Einen schönen Schatz von gutem Geld
Und vor den Toren manch Stück Feld,
Auch Landsitz, Meierhöf' voll Vieh usf. (13)

Natürlich gehört zum ostentativen Müßiggang auch die Klage der Reichen, wie teuer die Bewahrung und Erhaltung des Besitzes sei:

Auch kosten mich meine Häuser gar viel
Pferd Halten, Hund und Hausgesind
Und was die andern Dinge sind,
Die alleweil zu der Sach gehören,
Lustgärten, Fischteich, Jagdgeheg. (16)

Nur das Beste ist gut genug, Verschwendung tritt an die Stelle von Lebensfreude. Ein charakteristisches Beispiel ist die Festgesellschaft in der Bankettszene.

Wer über alles verfügt, dem gehört zuletzt nichts, weil er, der sich alles kaufen kann, bindungslos ist: Die Omnipotenz ist die Kehrseite einer seelischen Öde, die sich in der *acedia*, der Melancholie, niederschlägt. Hofmannsthal hat in Robert Burtons *Anatomy of Melancholy* von 1621, einem Bestseller des Barockzeitalters, eine Fülle melancholischer Phänomene studieren und in seinen Jedermann integrieren können: die Trockenheit des Hirns und die Dickflüssigkeit des Blutes, gegen die ein mit Kräutern versetzter und aufgewärmter Wein und muntere Musik helfen sollen. Wer nur das Geld zum Horizont hat, wird ein ruheloser Wanderer, den Verfluchten wie Don Juan und Ahasver, dem ewigen Juden vergleichbar.[34] Wie der klassische Melancholiker sieht auch Jedermann sein Hirn von giftigen Dämpfen aufgequollen, sein Blick ist »starr und fürchterlich«, finstere Vorahnungen bemächtigen sich seiner, er wird von bangen Todesängsten gequält, vom Gefühl der Nichtigkeit des Lebens erfasst, die schönen Lippen seiner Buhlschaft bedeuten ihm nichts mehr, hinter der glänzenden und lockenden Erscheinung der Venus sieht er den Verfall der Welt. Die Seelenlosigkeit des Geldes und die Schwermut dessen, der es besitzt, sind die beiden Seiten jener Münze, um die sich im *Jedermann* die Welt dreht.

Das Geld also, mag es sich auch als sakraler Wert ausnehmen, hat aber, eben daran will Hofmannsthal erinnern, keine Erlösungsqualitäten. Der Tod kann eben nicht ausgetauscht oder vertreten werden: »Hie wird kein zweites Mal gelebt« (61). Der Tod muss, das erinnert an Rilkes Todesvorstellung, von jedem selbst geleistet werden. Hier kommt nun die dramatische Krisenintervention Hofmannsthals ins Spiel, mit der er, um eine zeitgenössische Rezension zu zitieren, »in ärgster Zeit, unser armes Österreich um eine Schönheit reicher gemacht«[35] hat. Der *Jedermann* soll den »unsäglich gebrochene[n] Zuständen« der eigenen Zeit »ein ungebrochenes

Weltverhältnis« entgegenstellen.[36] Dieses ungebrochene, authentische, nicht mit sich selbst zerfallene Denken glaubt Hofmannsthal in einer elementaren Frömmigkeit zu finden. Jedermann bereut, durchaus eindringlich:

So wollt ich ganz zernichtet sein,
Wie an dem ganzen Wesen mein
Nit eine Fieber jetzt nit schreit
Vor tiefer Reu und wildem Leid.
Zurück! Und kann nit! Noch einmal!
Und kommt nit wieder! Graus und Qual!
Hie wird kein zweites Mal gelebt! (61)

Eine Wiederholung des Lebens, eine Vermeidung der Fehler ist nicht möglich – das ist die Ohnmacht der Reue.[37] Wie Ödipus, der sehend Gewordene, will sich auch Jedermann die Augen ausreißen (»O könnt ich sie ausreißen beid, / Mir wär im Dunkeln nit so bang, / Als da sie mich zu bitterm Leid / Falsch han geführt mein Leben lang.« [77]). Theologisch gesehen, handelt es sich bei Jedermanns Reue um die wahrhaftige *atritio*, die Reue angesichts begangener Fehler und eines verpfuschten Lebens im Unterschied zur *contritio*, der Reue angesichts drohender Strafen.[38] Aus der tief empfundenen Reue Jedermanns steigt der Glaube empor und damit die Einsicht in die Gnade Gottes, der durch seinen Martertod am Kreuz »des Vaters Zorn zunicht gemacht« (63) und alle Schuld bereits »vorausbezahlt« (69) hat:

Gott hat geworfen in die Schal
Sein Opfertod und Marterqual
Und Jedermanns Schuldigkeit
Vorausbezahlt in Ewigkeit. (69)

Dieser Wandel vom hochmütigen Reichen zum reuigen Sünder, vom Missetäter zum gläubigen Diener Gottes, der nun, wie der um eine Seele geprellte Teufel erbost anmerkt, »in einem weißen Hemd / Erzheuchlerisch und ganz verschämt« (77) seinen Weg in die ewige Seligkeit antritt, geht arg schnell vonstatten – das ist nicht nur vom Teufel, sondern auch von der Forschung und Schriftstellerkollegen immer wieder moniert worden. Schnitzler etwa notierte in seinem Tagebuch: »*Jedermann*. Erste Hälfte fesselte mich wieder sehr – dann kam Langeweile, ja Widerwille.«[39] In einem Brief von Rudolf Alexander Schröder werden ganz ähnliche Einwände von Rudolf Borchardt mitgeteilt: »Borchardt erklärte Hofmannsthal, warum auf dem Höhepunkt der Charakterwendung des Helden die Rezitierung des Glaubensbekenntnisses eine nicht hinlängliche und auch dramatisch unzureichende Bezeichnung seiner inneren Wandlung ist.«[40] Dass der Tod, ähnlich wie im Frühwerk, durch seine Anwesenheit das Leben schöner und erhabener macht und so geradezu

Hans Richard Brittnacher

zum Katalysator einer seelischen Umkehr werden kann, ist zwar als Absichtserklärung Hofmannsthals dokumentiert,[41] aber nicht überzeugend durchgeführt. Als sich Jedermann zum Glauben entschließt, ist ihm, als wäre er neugeboren. In einem »Nu«, dem mystischen Augenblick der Gotteserfahrung, vollzieht sich Jedermanns Wandlung. Das ist angesichts der Gründlichkeit, mit der Hofmannsthal die fatale Gleichgültigkeit seiner Zeit, den alltäglichen Zynismus und die wechselseitige Geringschätzung gestaltet hat, dramatisch nicht wirklich zufriedenstellend gelöst. Es mag einem religiösen Anspruch genügen, aber keinem literarischen – und kann auch in religiöser Hinsicht nicht unwidersprochen bleiben, wenn hier, abweichend vom Bibelwort, das Kamel zuletzt doch durchs Nadelöhr geht.

Literatur

Andrian, Leopold, Der Garten der Erkenntnis. Mit einem Nachwort von Iris Paetzke, Zürich 1990 [1895]

Brittnacher, Hans Richard, Erschöpfung und Gewalt. Opferphantasien in der Literatur des Fin de siècle, Köln–Weimar–Wien 2001

From Perinet to Jelinek. Viennese Theatre in the Political and Intellectual Context, ed. by W.E. Yates, Allyson Fiddler and John Warren, Oxford–Bern 2001, S. 229–241

Simmel, Georg, Philosophie des Geldes, nach Richard Reichensperger, in: Literatur um 1900. Texte der Jahrhundertwende neu gelesen, hg. von Cornelia Niedermeier und Karl Wagner, Köln–Weimar–Wien 2001, S. 109–114

Gespräch zwischen Peter Stein, Gert Voss und Domkapitular Johannes Neuhardt von 1995, in: Andres Müry, Jedermann darf nicht sterben. Geschichte eines Salzburger Kults, Salzburg–München 2001, S. 136–153

Goldmann, Paul, Elektra. Von Hugo von Hofmannsthal, in: Hofmannsthal im Urteil seiner Kritiker, hg. von Gotthart Wunberg, Frankfurt a.M. 1972, S. 134–117

Hirsch, Rudolf, Jedermann – ein überfordertes Welttheater?, in: Hofmannsthal-Blätter 26 (1982), S. 81–85

Hofmannsthal, Hugo von, Gesammelte Werke in zehn Einzelbänden, hg. von Bernd Schoeller in Beratung mit Rudolf Hirsch, Frankfurt a.M. 1979:

Gedichte, Dramen I [1891–1898], Bd. 1:
– Terzinen I–III, S. 21f.
– Manche freilich, S. 26
– Der Tod des Tizian, S. 261–269.
– Der Tor und der Tod, S. 279–298
Dramen II [1892–1905], Bd. 2:
– Alkestis, S. 47–79
– Elektra, S. 185–242
Dramen III [1893–1927], Bd. 3:
– Jedermann, S. 9–72
– Jedermann. Frühe Fassung (1905), S. 75–88
– Das alte Spiel vom Jedermann, S. 89–102
– Das Spiel vor der Menge, S. 103–106
Erzählungen, Erfundene Gespräche und Briefe, Reisen, Bd. 7:
– Märchen der 672ten Nacht, S.45–63
– Ein Brief, S. 461–472
Reden und Aufsätze I [1891–1913], Bd. 8:
– Gabriele D'Annunzio (1893), S. 174–184
Aufzeichnungen zu Reden in Skandinavien, in: Sämtliche Werke. Kritische Ausgabe, Bd. VII: Dramen 5, hg. von Klaus Bohnenkamp und Michael Mayer. Frankfurt a.M. 1997

Jedermann, in: Sämtliche Werke. Kritische Ausgabe, Bd. IX: Dramen 7, hg. von Heinz Rölleke, Frankfurt a.M. 1990

Kessler, Harry Graf, Das Tagebuch 1880–1937, vierter Band: 1908–1914, hg. von Jörg Schuster, Stuttgart 2005

Kobel, Erwin, Hugo von Hofmannsthal, Berlin 1970.

Mann, Thomas, Buddenbrooks. Große kommentierte Frankfurter Ausgabe, Band 1/1–2, Frankfurt a.M. 2002 [1901]

Müry, Andres, Jedermann darf nicht sterben. Geschichte eines Salzburger Kults, Salzburg–München 2001

Musil, Robert, Der Mann ohne Eigenschaften, hg. von Adolf Frisé, Reinbek b. Hamburg 1970

Renner, Ursula, Hofmannsthals Jedermann. »Die Allegorie des Dieners Mammon« zwischen Tradition und Moderne, in: Welttheater, Mysterienspiel, Rituelles Theater. »Vom Himmel durch die Welt zur Hölle«, hg. von Peter Csobádi, Gernot Gruber, Jürgen Kühnel, Ulrich Müller, Oswald Panagl, Franz V. Spechler, Anif/Salzburg 1992 (= Wort und Musik, Bd. 15), S. 435–448

Rilke, Rainer Maria, Die Aufzeichnungen des Malte Laurids Brigge, hg. u. kommentiert von Hansgeorg Schmidt-Bergmann, Frankfurt a.M. 2000 (= Basis-Bibliothek 17)

Rölleke, Heinz, 70 Jahre Salzburger Festspiele. Hugo von Hofmannsthals ›Jedermann‹ – ein altes Spiel vom modernen Melancholiker, in: Aus dem Antiquariat 6, 1990, S. 229–239

Rölleke, Heinz, Hugo von Hofmannsthal: ›Jedermann‹, in: Dramen des 20. Jahrhunderts, Bd. 1, Stuttgart 1998 (= Interpretationen), S. 93–108

Sachs, Hans, Ein Comedi von dem reichen sterbenden Menschen, der Hecastus genannt, in: Vom Sterben des reichen Mannes. Die Dramen von Everyman, Homulus Hecastus und dem Kaufmann. Nach Drucken des 16. Jahrhunderts übersetzt, hg. und eingel. von Helmut Wiemken, Bremen 1965, S. 163–218

Scheible, Hartmut, Jugendstil in Wien, München–Zürich 1984

Szondi, Peter, Theorie des modernen Dramas 1880–1950, Frankfurt a.M. [10]1974

Veblen, Thorsten, The Theory of the leisure class. An economic study in the evolution of institutions, New York–London 1899

Weininger, Otto, Geschlecht und Charakter. Eine prinzipielle Untersuchung, Wien–Leipzig 1903

Endnoten

1 Vortrag bei den Salzburger *Festspiel-Dialogen* am 24. Juli 2013.

2 Hofmannsthal, Hugo von, Ein Brief, in: *Gesammelte Werke in zehn Einzelbänden, Erzählungen, Erfundene Gespräche und Briefe, Reisen,* Bd. 7, hg. von Bernd Schoeller in Beratung mit Rudolf Hirsch, Franfurt a.M. 1979, S. 465.

3 Hofmannsthal, Manche freilich, in: *Gedichte. Dramen I,* S. 26.

4 Hofmannsthal, Gabriele D'Annunzio (1893), in: *Reden und Aufsätze I,* S. 174.

5 Ebd., S. 174f.

6 Hofmannsthal an Richard Beer-Hofmann, 13. Mai 1895, zit. nach Scheible, Hartmut, *Jugendstil in Wien,* München–Zürich 1984, S. 29.

7 Hofmannsthal, Gabriele D'Annunzio, S. 184.

8 Musil, Robert, *Der Mann ohne Eigenschaften,* hg. von Adolf Frisé, Reinbek b. Hamburg 1970, S. 55.

9 Hofmannsthal, Hugo von, Aufzeichnungen zu Reden in Skandinavien, in: *Sämtliche Werke. Kritische Ausgabe, Bd. VII: Dramen 5,* hg. von Klaus Bohnenkamp und Michael Mayer. Frankfurt a.M. 1997, S. 465.

10 Ebd., S. 368.

11 Goldmann, Paul, Elektra. Von Hugo von Hofmannsthal, in: *Hofmannsthal im Urteil seiner Kritiker,* hg. von Gotthart Wunberg, Frankfurt a.M. 1972, S. 117.

12 Ebd.

13 Ausführlicher dazu Brittnacher, Hans Richard, *Erschöpfung und Gewalt. Opferphantasien in der Literatur des Fin de siècle,* Köln–Weimar–Wien 2001, S. 131–160.

14 Hofmannsthal, Hugo von, Elektra, in: *Dramen II,* S. 233.

15 Vgl. dazu Müry, Andres, *Jedermann darf nicht sterben. Geschichte eines Salzburger Kults,* Salzburg–München 2001, S. 17, 25 u. 27.

16 Hofmannsthal, Hugo von, Das Spiel vor der Menge, in: *Dramen III,* S. 103.

17 Vgl. dazu Renner, Ursula, Hofmannsthals *Jedermann.* »Die Allegorie des Dieners Mammon« zwischen Tradition und Moderne, in: *Welttheater, Mysterienspiel, Rituelles Theater. »Vom Himmel durch die Welt zur Hölle«,* hg. von Peter Csobádi u.a., Anif/Salzburg 1992, S. 435–448.

18 Vgl. dazu Szondi, Peter, *Theorie des modernen Dramas 1880–1950,* Frankfurt a.M. [10]1974.

19 Diese und die folgenden Überlegungen zur Relevanz des symbolistischen Theaters für den *Jedermann* nach Renner, Hofmannsthals *Jedermann,* S. 439.

20 Vgl. Rölleke, Heinz, *70 Jahre Salzburger Festspiele. Hugo von Hofmannsthals Jedermann – ein altes Spiel vom modernen Melancholiker,* in: Aus dem Antiquariat 6, 1990, S. 232.

21 Renner, Hofmannsthals *Jedermann,* S. 441. Renner bezieht sich hier auf Absichtserklärungen Hofmannsthals, in: *Sämtliche Werke. Kritische Ausgabe,* Bd. IX: Dramen 7: Jedermann, hg. von Heinz Rölleke, Frankfurt a.M. 1990, S. 261.

22 Hofmannsthal, Hugo von, Jedermann. Frühe Fassung (1905), in: *Dramen III,* S. 77.

23 Ebd., S. 80

24 Ebd.

25 Kessler, Harry Graf, Das Tagebuch 1880–1937, vierter Band: 1908–1914, hg. von Jörg Schuster, Stuttgart 2005, S. 193 (31.10.1906).

26 Vgl. Rölleke, Heinz, Hugo von Hofmannsthal: ›Jedermann‹, in: *Dramen des 20. Jahrhunderts,* Bd. 1, Stuttgart 1998, S. 105.

27 Georg Simmel: Philosophie des Geldes, nach Richard Reichensperger, in: *Literatur um 1900. Texte der Jahrhundertwende neu gelesen,* hg. von Cornelia Niedermeier und Karl Wagner, Köln–Weimar–Wien 2001, S. 112.

28 Ich zitiere den *Jedermann* im laufenden Text parenthetisch nach dem Abdruck in der Ausgabe der *Gesammelten Werke, Dramen III,* S. 9–72.

29 Hofmannsthal, Hugo von, Das alte Spiel von Jedermann, in: *Dramen III,* S. 89–102.

30 Vgl. Rölleke, *Hugo von Hofmannsthal,* S. 101.

31 Renner, Hofmannsthals ›Jedermann‹, S. 446.

32 Hofmannsthal, *Das alte Spiel von Jedermann,* S. 90.

33 Ebd.

34 Vgl. Kobel, Erwin, *Hugo von Hofmannsthal,* Berlin 1970, S. 230.

35 Raoul Auernheimer, zit. nach Ulrike Tanzer, Das Spiel von Geld und Moral. Hugo von Hofmannsthals und Felix Mitterers Jedermann-Bearbeitungen, in: *From Perinet to Jelinek. Viennese Theatre in the Political and Intellectual Context,* ed. by W.E. Yates, Allyson Fiddler and John Warren, Oxford–Bern 2001, S. 233.

36 Hugo von Hofmannsthal, *Das Spiel vor der Menge,* S. 106.

37 Vgl. Kobel, *Hofmannsthal,* S. 226.

38 Vgl. dazu das im Anhang dokumentierte Gespräch zwischen Peter Stein, Gert Voss und Domkapitular Johannes Neuhardt von 1995, in: Müry, *Jedermann darf nicht sterben,* S. 145.

39 Arthur Schnitzler: 18. Dez. 1913. Zit. nach Hugo von Hofmannsthal, in: *Sämtliche Werke. Kritische Ausgabe,* Bd. IX, S. 275.

40 Zit. nach Hirsch, Rudolf, *Jedermann – ein überfordertes Welttheater?,* in: Hofmannsthal-Blätter 26 (1982), S. 82.

41 Vgl. den Kommentar von Rölleke, in: *Sämtliche Werke. Kritische Ausgabe,* Bd. IX, S. 146f.

Vom kalten und heißen Sprechen in der Kunst[1]

Emil Brix

Die Vorstellung, dass Liebe und Leidenschaft als Gefühle und als Formen des »heißen Sprechens« in der Kunst eine zentrale Rolle spielen, ist nicht strittig und wird in den Produktionen der *Salzburger Festspiele* jederzeit, wenn auch mit unterschiedlichem Erfolg vermittelt. Dennoch scheinen die zeitgenössische Kunst und ihre Interpreten insgesamt mehr an Strukturen und Ordnungen interessiert zu sein als am Hervorrufen von Gefühlen und ihrem Offenhalten als unverzichtbarer Horizont des Menschlichen. Meine Absicht ist es, die Frage zu beantworten, warum moderne Kunst eher den Verstand als das Gefühl ansprechen möchte und wie es um aktuelle Gegenbewegungen steht.

Der englische Humanist Francis Bacon beginnt seinen Essay *Of Love* (1625) mit der Warnung, dass die Leidenschaften besser bei den Künsten als im Leben angesiedelt werden sollten, weil man nicht gleichzeitig lieben und weise sein kann: »The stage is more beholding to love than the life of man. For as to the stage, love is ever matter of comedies and now and then of tragedies; but in life it doth much mischief, sometimes like a Siren, sometimes like a Fury«. Diese Arbeitsteilung war bereits in Platons Ideen über den Staat formuliert worden und wurde seit der Renaissance zum Programm und seit der Aufklärung zum Erfolgsmodell westlicher Zivilisation.

Der Kunst und dem sozialen Leben waren damit ihre getrennten Plätze zugewiesen. Beim Nachdenken über die Frage, was den Westen, was Europa ausmacht, kommt daher das Wort »Leidenschaft« in der Regel nicht vor. In den bürgerlichen und in den marxistischen Gebrauchsformen der Moderne des 19. und 20. Jahrhunderts ging es im Wesentlichen um die Rationalisierung und damit Bändigung von Leidenschaften. Dies sollte nach Max Weber letztlich alle Lebensbereiche, auch Kunst und Kultur, umfassen: »… was letzten Endes den Kapitalismus geschaffen hat, ist die rationale Dauerunternehmung, rationale Buchführung, rationale Technik, das rationale Recht, aber auch nicht sie allein; es mußte ergänzend hinzutreten die rationale Gesinnung, die Rationalisierung der Lebensführung …«. Als Beweis der Erfolge der Rationalisierung nannte Weber 1910 in einem Aufsatz über *Die rationalen und soziologischen Grundlagen der Musik* die Polyphonie und den Kontrapunkt.

Dabei ist »Leidenschaft« Voraussetzung für die Staatsform der Republik und politische Denker von Thomas Paine bis Jean Jacques Rousseau erklärten sie zur notwendigen Tugend in einer gerechten politischen Ordnung. Das heiße Sprechen und Denken von möglichst vielen Bürgern wurde seit dem 18. Jahrhundert zum Prinzip und Motor gesellschaftlicher Erneuerung. Aufforderungen zur »Zivilcourage« und zur »Partizipation« sind ein Ausdruck dafür, neben den Mut, den eigenen Verstand zu verwenden, auch den Mut zum eigenen Handeln zu setzen.

Für die Kunst bedeuteten die Entscheidungen der Renaissance, Aufklärung und Moderne, wie der postmoderne Soziologe Daniel Bell formulierte, nämlich dass in der westlichen Kultur eine immer spürbare Trennung von Gesellschaftsstruktur (Wirtschaft, Technologie, Politik) und Kultur (symbolischer Ausdruck von Sinngehalten) entstand, eine Trennung von Zivilisation und Kultur. Die Gesellschaftsstruktur wurde von funktionaler Rationalität und Effizienz bestimmt, die Kultur von der »Rechtfertigung der Steigerung und Überhöhung des Selbst«. Die künstlerische Moderne hat sich dem nicht entzogen, sondern verstand sich als eine »antibürgerliche Kultur«, die die Herrschaft der Rationalität kritisch begleitete. Aber sie ging noch einen Schritt weiter. Sie reagierte im 20. Jahrhundert auf die Brüchigkeit eines Konzepts bedingungsloser Rationalität durch eigene Rationalitätsangebote. Die Moderne, als Konzept rationaler politischer Ordnung, wird aber heute zunehmend relativiert, wie dies in den Begriffen der Post-, Nach- oder Zweiten Moderne zum Ausdruck kommt. Damit wird auch in der Kunst zunehmend fraglich, ob das moderne Prinzip, dass Kunst vor allem an der Konstruktion der Realität mitarbeitet, noch eine angemessene Reaktion auf die Veränderungen darstellt.

Was bedeuten diese historischen Anmerkungen für mein Thema der Leidenschaften in der Kunst der Gegenwart? Als Historiker orientiere ich mich zunächst an den beiden »Großtheorien«, die im Westen nach 1989, nach dem Ende des Kalten Krieges, entstanden sind.

Sind wir, wie Francis Fukujama vermutet hat, am Ende der Geschichte angelangt, oder hat Samuel Huntington recht, der seit Jahren den »Kampf der Kulturen« als die Ordnung der Zukunft ausruft? Dazu gibt es viele politikwissenschaftliche Analysen, die mehr oder wenig überzeugend erklären, dass beide nicht Recht haben. Ich möchte anhand einiger Bemerkungen zur Kunst Hinweise geben, warum es zum Verständnis von Kunst und Kultur dennoch guttäte, beide Bücher zu lesen oder nochmals zu lesen. Die These von Fukujama bedeutet für die Kunst, dass das Paradigma der Kunst der Moderne – sie ist historisch und daher zum Fortschritt fähig, sie ist fester Bestandteil gesellschaftlicher Entwicklungen und damit weniger der Emotion als der Ratio verpflichtet – nicht mehr ohne weiteres hilfreich ist. Die These von Huntington bedeutet für die Kunst so ziemlich das genaue Gegenteil. Kunst schafft die Mythen der Differenzierung oder macht sie zumindest wieder glaubwürdig. Sie ist daher prinzipiell mehr der Emotion als der Ratio verbunden und kann dies nur unter Verlust ihres Publikums leugnen.

Ich beginne mit einigen ein wenig gewagten Vermutungen:

1. Kunst wird derzeit als Ordnungs- und damit Differenzierungsfaktor in einer globalisierten Welt immer gefragter. Globalisierung bedeutet weniger Chancen zur Differenzierung zwischen Gemeinschaften, außer im Bereich der spezifischen kulturellen Traditionen, die bis zum »Kampf der Kulturen« der Zukunft stilisiert werden können. Der Abbau politischer, ökonomischer und physischer Grenzen scheint den Bedarf an neuen und alten »Grenzziehungen« zur Sicherung von Identität notwendig zu machen. Künstler sind heute zum Beispiel in Ost- und Südosteuropa wieder Akteure und Betroffene von Identitätspolitik, die ihnen Leidenschaft abverlangt oder sie zumindest dazu motiviert (die Beispiele reichen vom mitteleuropäischen Diskurs in den Romanen von Péter Esterházy über die Rekonstruktion von »Galizien« in den Essays von Juri Andruchowytsch bis zur Serbieneuphorie bei Peter Handke).

2. Kunst wird aber gleichzeitig zum Bestandteil globaler Erlebnisvorstellungen, die tendenziell keinerlei Rücksicht auf das Lokale nehmen (zum Beispiel das Mozartprojekt 2006: Ein Dirigent leitet mittels digitaler visueller Übertragung gleichzeitig an 200 Orten der Welt unterschiedliche Orchester).

3. Kunst baut und rekonstruiert mit jedem Projekt ihre eigenen Räume/Identitäten, die sich nicht unbedingt mit anderen Realitäten messen wollen (als Beispiel kann die Ausstellung *Blut Honig*[2] über zeitgenössische Kunst vom Balkan dienen). Polemisch gewendet, endet diese Entwicklung bei der Welt als »künstlerischer Wille und Installation«. Dies gilt bereits seit der Konzeptkunst der Sechzigerjahre des vorigen Jahrhunderts. Es muss kein Objekt mehr geben, es reicht die Idee, und verständlich wird sie erst durch den Kommentar, der zum Eigentlichen der Kunst wird. Rudolf Burger spricht von der »Kunstbegleitrhetorik«: »Nur ihre Begleitrhetorik hält sie als Kunst über Wasser«.

4. Kunst wird immer politischer, weil die Politik immer weniger unbestrittene Ordnungsmöglichkeiten anbieten kann – aber im Unterschied zu den Vorstellungen der Aufklärung oft ohne großen moralischen Anspruch. Jeder Kurator baut seine subjektive Ordnung, jeder Intendant baut sein Festival als eigene Welt, wie das Motto der Europäischen Kulturhauptstadt 2003 »Graz fliegt« verdeutlichte. Der moralische Anspruch der Künstler der 68er-Generation und der im Widerstand entstandenen »politischen Kunst« von Künstlern hinter dem ehemaligen »Eisernen Vorhang« ist nicht mehr zu spüren. Die neue Qualität politisch motivierter Kunst liegt darin, dass sie das moralische Urteil weitgehend dem Publikum überlässt. Ich gebe ein Beispiel aus dem israelisch-

palästinensischen Konflikt: An den Checkpoints in Israel müssen arabische Männer ihren Bauch freimachen, um zu beweisen, dass sie keine Waffen und keinen Sprengstoff tragen. Vor zehn Jahren hätte vermutlich ein Fotokünstler daraus ein Projekt mit moralischer Empörung gemacht. 2004 wird in einer israelischen Galerie in Tel Aviv das Projekt eines palästinensischen Künstlers gezeigt, der ein Video einer fiktiven Herrenmodenschau mit bauchfreier Mode zeigt.

Was hat dies mit der Art des Sprechens in der Kunst zu tun?

Sprache ist ein System der Bedeutungsgebung und dient damit der Kommunikation. Dies gilt auch für die Sprachen der Kunst. Damit Kommunikation in der Kunst gelingen kann, muss sie – als Produkt oder als Prozess – von einem Publikum angenommen werden. Die von mir vorgebrachten vier Vermutungen über Entwicklungen in der zeitgenössischen Kunst geben Hinweise darauf, welcher Stellenwert heute im gesellschaftlichen Wandel der bisherigen Selbstverständlichkeiten der Moderne den Sprachen der Kunst zukommt und in welcher Form heute Künstler mit der Öffentlichkeit kommunizieren. Der oft geäußerte Vorwurf, dass zeitgenössische Kunst vielfach eine Sackgasse der Rationalität ansteuert und dass ihr »kaltes Sprechen« weder den Bedürfnissen noch den Erwartungen des heutigen Publikums entspricht, ist eine berechtigte Kritik. Gleichzeitig gibt es Gegenbewegungen zu stärker poetischen, emotionalen und ambivalenten Werken, die alles zum Thema machen können, aber die Kraft der Ästhetik nicht aus der vermuteten gesellschaftspolitischen Relevanz ableiten. Die im Titel meines Vortrags getroffene Unterscheidung bezieht sich auf eben dieses Problem.

Kaltes Sprechen deutet auf Rationalität und Objektivität (siehe Max Weber: Wissenschaft soll leuchten, nicht wärmen). Auch die »Moderne« insgesamt und der »Liberalismus« werden oft als »kalte« Projekte (Ralf Dahrendorf) dargestellt, weil sie nicht auf die Schaffung von Gemeinschaftsgefühl und auf Bindung durch Emotion setzen. Rettungsversuche des Gemeinschaftsgefühls, wie die Sehnsucht nach einem »Verfassungspatriotismus« bei Jürgen Habermas, unterstreichen dieses Problem noch. Heißes Sprechen deutet auf Emotion und Subjektivität, wie dies Francis Bacon als Domäne der Kunst beschrieben hat.

Sprache besitzt stets einen Kommunikations- und einen Emotionswert. Diese Unterscheidung wurde erstmals explizit im späten 19. Jahrhundert von dem Prager Weihbischof Wenzel Frind in einer Studie über die Sprachenkonflikte der späten Habsburger Monarchie formuliert. Sie gilt aber auch für das Sprechen in der Kunst. Ausgehend von der bei Claude Lévi-Strauss getroffenen Unterscheidung zwischen kalten und heißen Gesellschaften, also Gesellschaften, die Wandel möglichst vermeiden wollen, und Gesellschaften, die von und für die Veränderung leben, gibt es kaltes und heißes Sprechen in der Kunst. Ratio und Emotion beschreibt diese Unterscheidung vorläufig. Aber lässt sich aus der Kunstgeschichte der Schluss ziehen: Je formalisierter öffentliche Lebensordnungen wurden, desto mehr finden sich historisch Künstler als Vermittler von Emotion in der Form unvermeidlicher »Passio« und je revolutionärer oder zumindest reformorientierter öffentliche Lebensordnungen wurden, desto mehr verzichtete Kunst auf große Emotionen, auch wenn sie revolutionäre Gesten produzierte?

Im Avantgardekonzept der Moderne wurde das »heiße Sprechen« politisch engagierter Künstler zum sozialen Auftrag der Kunst. Aber lesen wir Romane, weil sie uns politisch bilden und hören wir Musik, weil sie uns eine gesellschaftliche Utopie vermittelt? Der aus dem späten 20. Jahrhundert gut bekannte Begriff des politisch »engagierten« Künstlers deutet bereits in seiner Doppelbedeutung darauf hin, dass »Engagement« nicht immer mit heißem Sprechen oder Denken zu tun haben muss. Engagiert bedeutet wohl in unserem Kontext, dass Künstler eine bestimmte moralische Haltung einnehmen und ethische Fragen mit den Mitteln der Ästhetik behandeln wollen. Wenn ich es recht verstanden habe, wollte uns – Künstler und Publikum – István Szabó bei der Eröffnungsrede der *Salzburger Festspiele* 2004 davor warnen, indem er vor dem politischen Missbrauch von Bildern warnte, aber gleichzeitig das Beispiel des Pirouetten tanzenden, ehemaligen kanadischen Ministerpräsidenten Pierre Trudeau brachte. Er hätte wohl auch an den Kampf zwischen Mel Gibson und Michael Moore um die amerikanische Öffentlichkeit anknüpfen können. Die Filme *Fahrenheit 9/11* und *The Passion* verbindet die Vorstellung, dass die Filmästhetik der Leidenschaft für die gute Sache einsetzbar ist.

Im Verhältnis zwischen Politik und dem Sprechen der Kunst hatten die »Modernen« ihre Unabhängigkeit ausgerufen: unabhängig von Religion und Metaphysik, vom Auftraggeber, unabhängig von Aufträgen, zuletzt auch unabhängig von Objekten oder vom Publikum. Wie sieht dies heute aus? Ich zitiere etwas ausführlicher den Schriftsteller Rüdiger Safranski zum Thema Eros:

Der Eros war einmal, von Platon bis Herbert Marcuse, verstanden worden als das energetische Zentrum aller geistigen und schöpferischen Bemühungen, die eine höhere Kultur hervorbringen. Der so verstandene Eros aber ist entzaubert. Der verschlungene, geheimnisvolle Knoten der Erotik ist gelöst, die Komponenten sind entmischt: Sexualität wird sportlich betrieben, Fortpflanzung medizinisch betreut und manipuliert, die Sprache der Leidenschaft ist der Lebensabschnittspartnerschaftsdiskurs. Man empfindet einen Mangel. Deshalb die heftigen Reanimationsversuche in den Medien. Große Gefühle sind gefragt und werden angeboten für den schnellen Verbrauch. Andere suchen den lagerfähigen Eros in den Archiven der Kultur. Wahrscheinlich aber war es immer schon so: der Eros ist ein Versprechen, das nicht dazu ist, erfüllt zu werden. Der Eros lebt im Aufschub (schon Dionysos war ein »kommender Gott«) und im Verschwinden (schon Plutarch überliefert den Klageruf: »Der große Pan ist tot …!«). Deshalb gilt wohl: die Zukunft des Eros liegt im Aufschub und im Entzug. Der Eros ist dann gegenwärtig, wenn er eben verschwunden oder noch nicht angekommen ist. Er lebt im Imaginären. Zuviel Wirklichkeit schadet ihm und läßt ihn erkalten.[3]

Die Reanimation der Leidenschaften, nicht als konsumierbares Kulturgut, sondern als Ausdruck einer Avantgarde, die das Imaginäre schätzt, ist heute im Kunstbetrieb wenig erkennbar: Kunstskandale sind in der Regel berechenbar und haben ihre 15 Minuten Berühmtheit. Wir wundern uns höchstens, wenn sie nach Jahrzehnten wieder in Retrospektiven (zum Beispiel die Wiener Otto Mühl-Ausstellung 2004) reanimiert werden können. Ein nackter irakischer Kriegsgefangener auf allen vieren an der Kette einer amerikanischen Soldatin erregt allemal mehr weltweite Leidenschaft als das aktionistische Projekt von Valie Export in den Sechzigerjahren mit einem nackten Mann an ihrer Hundeleine. Vermutlich waren schon die Kunstskandale der Wiener Welt um 1900 (Klimt, Kokoschka, Schönberg) Teil eines bürgerlichen kulturellen Konsumverhaltens.

Sind damit Gesellschaft und Politik für Emotionen, und ist die Kunst für die Ratio zuständig geworden? George Steiner deutet dies in seiner unbeantworteten Frage an, wieso das Volk von Schiller und Goethe den Irrweg des Nationalsozialismus gehen konnte. So entsteht anscheinend eine Umkehr des vertrauten Schemas, dass der Alltag durchrationalisiert wird und die Kunst zusätzliche Dimensionen erschließt. Heute scheint Kunst Rationalität in einer emotionalisierten Welt vermitteln zu wollen. Aber kann ihr das gelingen?

Erlauben Sie mir, dass ich einige Erscheinungen überzeichne: Was passiert derzeit in der internationalen Kunstszene? Ist sie tatsächlich entweder selbstreferentiell und damit hermetisch oder spektakelorientiert und damit populistisch geworden? Es gibt diese Entwicklung und sie lässt sich an der Kritik an Künstlern, die diese Grenze überschreiten wollen, gut ablesen. Penderecki wird dabei zum Neuromantiker abgestempelt, Nitsch zum Mythenproduzenten erklärt (auch Peter Turrini) und Hrdlicka unter Totalitarismusverdacht gestellt. Heißes Sprechen ist der Kritik eindeutig verdächtig geworden. Die Darstellung von Leidenschaft ist an die Unterhaltungsindustrie, die Fernsehbilder und an die Werbung abgegeben worden, und so soll es offensichtlich bleiben. Theater- und Opernregisseure haben ihre liebe Not, um Amor und Passio in den Stücken des 18. und 19. Jahrhunderts als vormoderne Verfehlungen darzustellen und im Regietheater mehr oder weniger subtil umzuschreiben. Bei Marlowe, Shakespeare, Tschechow, aber auch bei der gesamten Opernliteratur, ist dies schwierig.

Wege zu mehr Emotion in der Kunst?

Wo sich Kunst wieder stärker mit Geschichte und Identität befasst, wird die Grenze zwischen Ratio und Emotion rasch durchlässig. In Osteuropa und am Balkan ist dies heute selbstverständlich, wenn dies auch von der westlichen Kunstkritik meist mit dem Vorwurf des »Pathetischen« und des »Provinziellen« bedacht wird. Ein Beispiel für neue Formen der Verbindung sind die Arbeiten der slowenischen Künstlerin Marjetica Potrc. Ihre Arbeit *This Than That. Maja sent this vase* zeigt eine Vase, die wir als schön beschreiben können. Die Vase ist aus den Resten einer Granate gemacht, die auf Sarajewo gefallen ist. Und sie trägt die Inschrift: *YES, NOW IT TOUCHES THE SOUL, BUT BEFORE IT PIERCED THE BODY.*

In derartigen Arbeiten liegen die Ansätze, um kulturpessimistische Vermutungen, dass »emotionale Resonanz« gar nicht mehr das Ziel künstlerischer Produktion oder Rezeption ist, zu widerlegen. Gerade die offensichtliche Wiederkehr von Geschichts- und Identitätspolitik gibt Künstlern wieder die Chance, mit differenzierten emotionalen Angeboten ein Publikum zu erreichen, das in der Moderne von anderen Anbietern im Wettbewerb um Aufmerksamkeit und Sinngebung (von geschichtsphilosophischen Spekulationen bis zur Kundenbindung an Markenartikel) leichter angesprochen werden konnte. Das Dilemma der Moderne bestand immer darin, dass sie ihr Versprechen von mehr an Gerechtigkeit nur auf Kosten einer Entemotionalisierung anbieten konnte. Gerade die Kunst hat die Instrumente und Methoden, um beim Konstruieren von neuen subjektiven Räumen und Identitäten auf die Bedeutung und Ambivalenz von Gefühlen zu verweisen. Wenn die Intervention in der sozialen Umwelt zur gängigen Praxis von Kunstprojekten wird, so deutet auch dies darauf hin, dass das Feld der Kunst weiter wird und Emotionen stärker zum Gelingen der Kommunikation mit dem Publikum eingesetzt werden. Selbst der Tabubruch, der tendenziell sowohl in einem klassischen Verständnis der alternativlosen Moderne als erst recht in der Beliebigkeit der Postmoderne immer schwerer zu erzielen ist, wird durch das Wiederentdecken von Identitätspolitik wieder zur Möglichkeit, mit Mitteln der Kunst Leidenschaften auszulösen.

Am deutlichsten zeigen sich diese Entwicklungen beim Problem der Wahrheit. Das von Václav Havel und anderen Dissidenten Mittel- und Osteuropas politisch eingeforderte »In der Wahrheit leben« hat sich in jeder Hinsicht – auch als Motivation für kreative Leistungen – als stärker erwiesen als eine Kunstästhetik mit Wahrheitsanspruch. Im Westen waren und sind Diskussionen um den Stellenwert und die Bedeutung von Kitsch bei Umberto Eco und die Weiterentwicklung von Pop Art und ihren Strategien in den Arbeiten des amerikanischen Künstlers Jeff Koons Reaktionen auf die Gefühlsarmut der Moderne. Konrad Paul Liessmann schreibt zutreffend zum Interesse postmoderner Künstler am Kitsch: »Es handelt sich letztlich um eine sublime Rache an den Zumutungen der avantgardistischen Moderne«, man schlage »damit den asketischen Idealen der auf Wahrheit und Authentizität fixierten radikalen Moderne ebenso ein Schnippchen wie den philiströsen Ansprüchen der politischen Korrektheit«.

Das deutlichste Ergebnis postmoderner Tendenzen der Kunstszene stellen die Dominanz neuer Subjektivität, die bereits beschriebenen Kuratorenkonstruktionen, die Überschätzung von Design als Substitut für Inhalt, aber auch die vielzitierte neue Lust am Erzählen dar. Dabei wird allerdings auch das größte Unglück der Postmoderne klar, nämlich dass sie den Wert der Pluralität, für die sie eintritt, letztlich nicht erklären kann. In einer Medienwelt gerät nicht nur alles unter Beobachtung, sondern die Beobachtung wird zum eigentlichen Wert. Auch für den Künstler werden die Opportunitätsfallen der Erlebnisgesellschaft, in der Emotionen möglichst einfach konsumiert werden wollen, immer perfekter.

Günther Anders schrieb, die Künste sind zum unverbindlichen Kulturgut geworden, sind zur Harmlosigkeit neutralisiert, weil sie als »Ware« auftreten und nicht politisch-moralisch ernst genommen werden wollen. Diese Tendenzen waren aber nicht nur eine Folge immer stärkerer Marktstrukturen, sondern auch auf Seite der Künstler bestand eine erstaunlich wenig widerständige Angepasstheit an die Vorgaben »politischer Korrektheit«. Wenn Emotion in der Kunst zulässig war, dann sollte sie tolerant, aufgeklärt, korrekt sein. Heute schaffen gerade mythenorientierte Geschichts- und Identitätspolitik wieder Chancen einer widerständigen künstlerischen Qualität und motivieren Künstler zum heißen Sprechen.

Auch Festivals sind zu symbolischen Territorien geworden, die, je verwechselbarer sie geworden sind, desto mehr auf der Suche nach Künstlern sind, die ihnen mit ihren Arbeiten unverwechselbare Identität verschaffen.

Anders als das populistische Massenspektakel setzt Kunst Leidenschaften frei, reduziert sie aber nicht auf eine ohne Anstrengung konsumierbare Ware. Die reflexive Aneignung von Gefühlen, die im Deutungsspielraum eines Kunstwerks möglich wird, hat Eco zu dem optimistischen Schluss gebracht, dass der Reiz des Kunstwerks darin besteht, dass es nicht restlos eindeutig ist. Künstler wie Jeff Koons ironisieren eine allzu klare Grenzziehung, wenn es um Gefühle in der Kunst geht: »Kunst ist Kommunikation – es ist die Fähigkeit, Menschen zu manipulieren. Der Unterschied zum Showbusiness oder zur Politik besteht nur darin, dass der Künstler freier ist. Mehr als jeder andere hat er die Möglichkeit, alles in seiner eigenen Kontrolle zu behalten.«

Auf dem Markt der Sinnsuche scheint zumindest die Erinnerung an das heiße Sprechen in der Kunst wieder gefragt (wohl auch weil Emotionen nicht durch die intellektualisierten Formen der modernen Kunst ersetzbar sind). Aus den realsozialistischen Erfahrungen von Künstlern aus dem ehemals »anderen« Europa gibt es den bleibenden Hinweis, dass Geschichte und das Bestehen von Differenz nicht aufhebbar sind, weder von Errungenschaften der Moderne, noch von den Prozessen der Globalisierung. Man könnte vermuten: Wer viel Geschichte hat, braucht sie auch.

Für Europa deutet all dies darauf hin, dass Kunst und Emotion zu einem gefragten Thema der kommenden Jahre werden könnte, geradezu zu einem spezifischen Merkmal europäischer Kultur. Die »heißen« Erfahrungen aus der »anderen europäischen Wirklichkeit« in Ost- und Südosteuropa und aus der wachsenden kulturellen Vielfalt innerhalb der Europäischen Union werden attraktiver sein als die »kalten« Anmerkungen der Moderne über die Gefahren allzu starker Emotionen. Dennoch werden Künstler im Wissen der Katastrophen des 20. Jahrhunderts nicht ein gemeinsames europäisches Bewusstsein »herbeischreiben«, wie dies bei den Staaten Europas in Nationalliteraturen geschehen ist und teilweise noch geschieht.

Ich komme damit zum Schluss zu der Frage, was all dies für Europa bedeuten kann. Soll es einen Auftrag an die Kunst geben, Europa zu schaffen? Es mag den Auftrag geben. Schließlich macht es Sinn, in Zeiten von Geschichts- und Identitätspolitik vorzuschlagen, dass auch Künstler an der Konstruktion Europas arbeiten. Aber die Stärke europäischer Künstler wird sicher nicht im Konstruieren von Gemeinschaftsgefühlen bestehen, sondern in der Leidenschaft, mit der die Erfahrungen und die Vielfalt Europas zu einem Thema der Kunst gemacht werden.

Ich kehre damit zur Vase aus Granatensplittern von Sarajewo zurück: *YES, NOW IT TOUCHES THE SOUL, BUT BEFORE IT PIERCED THE BODY.* Eine Chance für Europa mag darin liegen, die Leidenschaften der Kunst aus dem ehemaligen Osten Europas als eine Chance zu verstehen, heißes Sprechen in der Kunst als einen Beitrag zur europäischen Wirklichkeit zuzulassen und ernst zu nehmen. Derzeit setzt nach wie vor der Westen die Standards und lässt Künstlern aus dem Osten nur die Wahl als Epigonen (wenn sie die westlichen Standards nachahmen) oder als provinziell (wenn sie auf ihren Erfahrungen bestehen) zu gelten. Mir scheint die Zukunft dem heißen Sprechen in der Kunst und damit den Erfahrungen des Ostens zu gehören.

Vielleicht sollte ich Francis Fukujama und Samuel Huntington einen Katalog der Kunstausstellung von Harald Szeemann *Blut & Honig. Die Zukunft ist am Balkan* im Essl-Museum in Klosterneuburg schicken und sie um einen Kommentar zu der Tatsache bitten, dass das zentrale Exponat dieser Ausstellung zeitgenössischer Kunst aus Südosteuropa der Leichenwagen des 1914 in Sarajewo ermordeten Thronfolgers Franz Ferdinand und seiner Gattin Sophie Gräfin Chotek war. Westliche Kunsttheoretiker möchte ich ungern mit dieser Frage belästigen.

Literatur

Anders, Günther, Die Antiquiertheit des Menschen, Bd. I: Über die Seele im Zeitalter der zweiten industriellen Revolution, München [5]1979

Bacon, Francis, Of Love, London 1625 [Essay]

Eco, Umberto, Nachschrift zum »Namen der Rose«, München 1986

Fukuyama, Francis, Das Ende der Geschichte. Wo stehen wir? Aus dem Amerikanischen von Helmut Dierlamm, München 1992

Huntington, Samuel P., Kampf der Kulturen. Die Neugestaltung der Weltpolitik im 21. Jahrhundert. Aus dem Amerikanischen von Holger Fließbach, München–Wien 1996

Liessmann, Konrad Paul, Kitsch! Oder Warum der schlechte Geschmack der eigentlich gute ist, Wien 2002

Weber, Max, Die rationalen und soziologischen Grundlagen der Musik, Berlin 1985

Endnoten

1 Vortrag bei den Salzburger *Festspiel-Dialogen* am 2. August 2004.

2 Ausstellung *Blut & Honig. Zukunft ist am Balkan,* Sammlung Essl, Klosterneuburg, 16.5.–28.9.2003.

3 Safranski, Rüdiger, *Der erkaltete Eros,* aus: Vortrag beim 5. Philosophicum Lech am 16.9.2001.

Leporellos Traum –
Die tödlichen Liebesspiele des Don Giovanni[1]

Elisabeth Bronfen

Ein ahnungsloser Diener führt einen adeligen Herrn, der seinen Hof verlassen hat, um ziellos herumwandernd seine unstillbare Lust auf neue Menschen zu befriedigen, in die kleine Gemeinschaft einer westeuropäischen Stadt ein. Dort wird er Zeuge davon, wie dieser Herr nachts eine noch unverheiratete Frau in ihrem Schlafzimmer überfällt. Dieser erste Überfall ist zwar nicht tödlich, dennoch ist die junge Frau aufgrund der gewaltsamen Begegnung mit einer ihr unbekannten Gestalt von intensivstem Todesdrang befallen. Sie wendet sich nach diesem unheilvollen Treffen – zumindest jeweils nach Abenddämmerung – von dem ihr vorgesehenen Bräutigam ab und hat nur noch ein Begehren: dem geheimnisvollen Verführer erneut zu begegnen. Ihr ganzes Fantasieleben dreht sich einzig um die bedrohliche und gleichsam seltsam faszinierende Figur, die nachts wie eine Chimäre auftritt, ihre Erscheinung ständig verändert und immer wieder die Flucht ergreift, bevor sie von der Gruppe Menschen, die sie auf so geheimnisvolle Weise heimsucht, zur Rechenschaft gezogen werden kann.

Doch nicht nur diese junge Braut will als Ausgleich dafür, dass sie eines Nachts aus der Sicherheit einer ihr vorgeschriebenen Eheschließung herausgerissen wurde und sich daraufhin auf eine von Todesbegehren geprägte Wanderschaft begibt, auch vom Blut ihres adligen Verführers kosten. Die Männer, die ihre Frauen von der Infektion durch diesen Fremdkörper, der in ihrer Mitte sein Unheil treibt, zu beschützen suchen, sind ebenfalls hungrig danach, diesen Widersacher dingfest zu machen. Doch ebenso hilflos wie die verführten Frauen dem Verwirrungsspiel dieser nächtlichen Gestalt ausgeliefert, erfahren auch sie eine Art Selbstverschwendung. Das nächtliche Treiben lässt sie erkennen, dass sie nicht Herr im Herzen der ihnen anvertrauten Frauen sind, wie sie auch unfähig sind, sich gegen den Fremden, der sich an ihrer Stelle dort eingenistet hat, erfolgreich zu wehren.

Natürlich schlägt die Geschichte um. Eine Retterfigur erscheint und heilt die von der geheimnisvollen nächtlichen Gestalt angesteckten Menschen dadurch, dass sie die merkwürdigen Ereignisse zu einer Moralgeschichte erklärt: dem Kampf der guten, aufrichtigen Bürger gegen das Böse. Er versichert ihnen, sie seien in den Bann eines teuflischen Widersachers geraten und, von diesem gebissen, bleibt ihnen nur die Möglichkeit, diesen Fremden zu jagen und zu zerstören, damit das Gute siegen und die Verführten von den Spuren des Bösen wieder gereinigt werden können. In der berühmtesten aller Vampirgeschichten – dem Roman *Dracula* des Englischen Viktorianers Bram Stoker – gelingt dem Vampirjäger Van Helsing zum Schluss die reinigende Tat. Nachdem Graf Dracula bei Sonnenaufgang gepfählt wird, fallen auch alle Zeichnungen seines Bisses, die er auf den Körpern der von ihm verführten Frauen hinterlassen hat, von ihnen ab. Die Figur des Bösen ist somit zwar tatsächlich gestorben, doch zugleich auch in Asche zerfallen. Einen materiellen Beweis dafür, dass das Gute immer siegt und jeder Sünder in seiner letzte Stunde Vergeltung erfährt, gibt es in diesem Text nicht.

Dieses Muster der Verführung und der Jagd, die an einer als radikal böse deklarierten Figur in altbekannten Vampirgeschichten verhandelt wird, lässt sich nun erstaunlicherweise auch auf ein anderes beliebtes Motiv des westlichen Bildrepertoires übertragen, nämlich auf den größten Liebesbetrüger aller Zeiten: Don Giovanni. Dieser Graf, von dem Ivan Nagel behauptet, er repräsentiere den letzten Adeligen, ist ebenfalls eine Gestalt, die aus dem Dunkeln auftaucht, sich ständig verkleidet und somit das Fehlen einer festen Einbindung in eine Gemeinschaft zum Ausdruck bringt. Ständig auf der Flucht, immer zu Verstellungen und Verwirrspielen bereit, zieht Mozarts geheimnisvoller Graf wie ein Fremdkörper umher, ist nirgends zu Hause, taucht einmal hier, einmal dort auf, wie auch das plötzliche Erscheinen dieser Figur, dessen Wesen wie dessen Herkunft unbekannt bleiben, auch dazu führt, die Gestalten, die er auf seinem Weg trifft, umhertreiben zu lassen. Er wirbelt sie aus ihren festgefahrenen Bahnen auf. Der Traum des Liebesglückes, das in der Ehe vollzogen werden soll, wird von ihm umgewandelt in die Erfahrung traumatischer tödlicher Verstrickungen. Man könnte fast die Spekulation wagen: Mozart und da Pontes Gestalt des ewigen Verführers hätten Stokers melancholischen osteuropäischen Vampir vorweggenommen, findet doch bereits Ende des 18. Jahrhunderts laut Philipe Ariès eine Sexualisierung und Ästhetisierung des Todes statt. Denn für beide Figuren ließe sich die Behauptung aufstellen: Ihr Gesetzesbruch besteht weniger darin, dass sie verführbare Frauen und die Männer, die diese umgeben, betrügen, als darin, dass beide die Grenze zwischen Lebenden und Toten auf blasphemische Weise verflüssigen. Sowohl Mozarts Don Giovanni wie Stokers Dracula sind die letzten Mitglieder eines alten adeligen Geschlechts, und ihre Geschichte der lüsternen Verführung und des bösartigen Liebesbetrugs dient als Schutzdichtung, um über ein Begehren jenseits der Lust zu sprechen: das Begehren nach dem Tod.

Wie Dracula – dessen bekanntestes Kleidungsstück ebenfalls ein großes dunkles Cape ausmacht, hinter dem er sein Gesicht und seine Gestalt verbergen kann – bewirkt Don Giovannis Grenzüberschreitung, dass die von ihm berauschten Menschen den dunklen Kern, der ihrer symbolischen Gemeinschaft innewohnt, erkennen. Im Umgang mit ihm agiert Masetto seine mörderische Eifersucht aus, während Donna Anna in einer grenzenloser Rachelust schwelgt. Zerlina darf, nachdem sie sich auf Don Giovannis Werbung einmal eingelassen hat, von einer Ehe mit einem ihr höhergestellten Mann träumen, wie auch Leporellos Nähe zu seinem ruchlosen Herrn bei ihm den Traum schürt, sich aus seiner Dienerschaft befreien zu wollen. Schließlich löst das Handeln des Grafen bei Donna Elvira die hysterische Zurschaustellung eines intensiven Genusses am eigenen Liebesleid sowie die ebenso leidenschaftliche Darbietung Don Ottavios masochistischer Selbsterniedrigung aus. Ist Don Giovanni einmal in ihre Welt eingedrungen, beginnen alle Mitglieder dieser nur oberflächlich intakten Gemeinde selber zu wandern. Donna Elvira tritt von Anfang an im Reisekostüm auf, als wäre sie wie der von ihr gejagte Mann eine ewige Reisende. Donna Anna begibt sich nach dem nächtlichen Überfall in ihrem Schlafzimmer aus dem Haus ihres Vaters auf die offene Straße und wird im Verlauf des Stückes auch von dort nicht wieder zurückkehren. Als wäre sie die willigere Doppelgängerin der unnahbaren Adeligen, kommt die Bäuerin Zerlina von dem ihr vorgeschriebenen Weg, der in das Haus Masettos führen soll, ab, während das Schreien und Klagen der Frauen dazu führt, dass auch die Männer ihre feste Stelle in dieser Welt verlieren und ebenfalls umherstreifen, bis es ihnen gelingt, den Fremdkörper aus ihrer Mitte erneut zu verdrängen. Doch wie Stokers Dracula verschwindet auch Mozarts Don Giovanni am Ende der Treibjagd, die die Verführten gegen ihn durchführen, ebenso plötzlich, wie er in jener fatalen Nacht in Donna Annas Schlafzimmer aufzutauchen wusste. Zwar bricht in der letzten Szene des zweiten Aktes endlich Licht durch auf die Bühne und löst die beklemmende Stimmung des vorhergehenden Geschehens ab, während die sechs Aufrichtigen einander gegenseitig versichern, der schändliche Verbrecher würde jetzt für sein Frevel in der Hölle tiefsten Schlund gequält. Aber wie ihre viktorianischen Brüder und Schwestern haben auch sie für den Sieg der Vergeltung keine materielle Sicherheit. Sie können die Bestrafung Don Giovannis selbst nicht bezeugen. Sie können nur daran glauben.

Was aber bringt nun solch eine analogisierende Lektüre zwei so unterschiedlicher Texte? Sie schärft unseren Blick dafür, dass die herkömmliche Tendenz, Don Giovanni als Libertin und Gesetzesbrecher zu begreifen, der stets neue sexuelle Befriedigung sucht, eine Schutzdichtung darstellt. Wenn man sich fragt, was will Don Giovanni eigentlich, was treibt ihn voran, kommt man – falls Bereitschaft besteht, ihn als eine Vorwegnahme des klassischen Vampirs zu lesen – unwillkürlich immer wieder zur Geste der Selbstverschwendung zurück.

Der Gegensatz, der die Oper strukturiert, ist folgender: Auf der einen Seite das Gesetz, das Triebverzicht im Interesse der Gruppe vorschreibt und deren Vertreter vor allem Don Ottavio und Donna Elvira sind. Dem entgegengesetzt auf der anderen Seite eine grenzenlose Ekstase, ein Genuss jenseits aller Normen, eine Insistenz des eigenen Begehrens, die gnadenlos die Interessen anderer übergeht und sogar selbst jenseits der herkömmlichen Regeln der Verführung verläuft. Denn Don Giovanni wartet nie den Vollzug des erotischen Aktes ab, hört bereits nach dem ersten Gelingen der Verführung wieder auf, die jeweilige Frau zu begehren.

Ist man nun aber zudem bereit, Mozarts Helden als Vertreter eines Insistierens von traumatischem Genuss zu verstehen – der bei der Gemeinde, in die er ganz zufällig eindringt, eine tiefgründige Erschütterung bewirkt –, bietet sich im Sinne Kierkegaards die Möglichkeit zu fragen, ob Don Giovanni überhaupt existiert oder ob er nicht ganz ähnlich wie Stokers Dracula als Symptom einer Gesellschaft zu begreifen ist, die nicht in Ordnung ist. Tatsächlich könnte man sowohl von dem viktorianischen Vampir als auch dem vorrevolutionären Verführer sagen: Ihr plötzliches nächtliches Erscheinen lässt einen Riss in der symbolischen Gemeinschaft, die sie heimsuchen, sichtbar werden. In beiden Geschichten werden sie von den Mitgliedern dieser Gemeinschaft zuerst begehrt, bevor sich diese dann mit einer ebenso starken Leidenschaft gegen den Verführer wehren. Rachsucht und Begehren erweisen sich hier deshalb als zwei Seiten der gleichen Medaille, weil beide das Auskosten verbotener Wunschfantasien ermöglichen, die auf ein Defizit in der symbolischen Struktur dieser Gemeinschaft verweisen. Donna Annas Besessenheit vom Mörder ihres Vaters lässt sie wie Zerlina den ihr vorgesehenen Mann zugunsten eines vermeintlichen Widersachers verlassen. In beiden Fällen wird durch diesen Entschluss sowohl die Schwäche der sanktionierten Vertreter der paternalen Autorität sichtbar wie auch der Umstand, dass diese Frauen eine wesentlich enthemmtere Konfrontation mit dem anderen Geschlecht begehren, als ihnen die Rolle der milden, schützenden Gattin zuspricht.

Die beiden von Mozart und Da Ponte parallel gesetzten Besänftigungsarien Zerlinas und Donna Annas machen vielleicht am ehesten die weibliche List sichtbar, mit der diese Bräute jene Lücke Geschlechterverhältnis wieder zu kitten suchen, die dadurch aufbrechen konnte, dass sie eingetreten sind in ein gewaltsames, zerstörerisches Spiel des Begehrens, im Verlauf dessen die Frau nicht dem Mann dient, sondern ihn jagt, anklagt und angreift. In diesem Licht betrachtet, wirkt auch Elviras unablässiges Klagen nicht wie der Ausdruck weiblicher Verletzbarkeit, sondern wie eine kraftvolle Aussage darüber, dass im Verhältnis zwischen Mann und Frau etwas grundsätzlich nicht funktioniert.

Gerade darin, dass ein traumatischer Kern alle Figuren in Mozarts dunkel beklemmendem Liebesspiel vorantreibt, zeigt sich die Brisanz einer analogisierenden Lektüre zu Stokers Vampirtext. Denn beide Texte inszenieren diese als letzten seines Geschlechts auftretenden Adeligen wie die Materialisierung der eigenen Fantasie. Müssen beide Figuren stets neue Eroberungen machen, um sich künstlich am Leben zu halten, während sie aufgrund dieser vorgegebenen Ökonomie sich aber auch der eigenen Unsterblichkeit vergewissern, nehmen sie für ihre Mitmenschen jene Funktion ein, die die Psychoanalytiker Nicolas Abraham und Maria Torok mit dem Begriff des »Phantoms« benennen. Ein verstecktes und verbotenes Wissen, das als Geheimnis von einer Generation zur anderen vererbt wird, nimmt durch das plötzliche Heraufbeschwören eines Phantoms Gestalt an. Dieses steigt im Sinne einer Halluzination aus einer Lücke im offiziellen Wissen hervor, verkörpert mit anderen Worten einen verdrängten Kern, der zwar für die Gründung einer Gemeinde unabdingbar ist, gleichzeitig aber auch zu gefährlich ist, als dass dieses Wissen explizit anerkannt werden könnte. Für Mozarts Don Giovanni ließe sich dieses traumatische Wissen auf folgende Formel bringen: Die Schwäche des Komturs als Vertreter paternaler Autorität verdeckt den Wunsch der ihm Dienenden, ihn zu stürzen, um somit eine andere gesellschaftliche Ordnung einzuführen.

Daran lässt sich jedoch nicht nur im Sinne alttradierter Opferungsrituale der Wunsch, sich dem strengen Gesetz zu entziehen, festmachen, sondern ebenso die Tatsache, dass jedes Gesetz genau jenes Gewaltpotential auch enthält, das es zu bändigen sucht. Im Sinne Walter Benjamins ließe sich sagen, sowohl Stokers Geschichte vom vagabundierenden Untoten wie auch Mozarts Inszenierung des umherwandernden Liebesverbrechers machen den verborgenen gewaltsamen Kern des Gesetzes sichtbar. In der Ausübung der Gewalt über Leben und Tod, die das Edikt einer gerechten Vergeltung prägt, auf das die verführten Verfolger des Don Giovanni bestehen, kündigt sich tatsächlich etwas Morsches im Recht an. Denn in dem von ihnen vorangetriebenen Fantasieszenarium der Verführung und der Rache, das um die Entlarvung des Frevlers kreist, fängt das Morsche im Gesetz, nämlich die konstituierende und gleichzeitig verdeckte Gewalt an, aus seinen normalerweise eng umschriebenen Räumen herauszulecken, bis sie den ganzen Bühnenraum ausfüllt.

Wenn also Don Giovanni augenscheinlich in dieser merkwürdig brüchigen spanischen Gemeinschaft etwas in Bewegung bringt und sein Handeln eine Kette an Ereignissen und Allianzen auslöst, die uns fragen lassen, wer diese Figuren sind, die sich von ihrer Behausung gelöst zu haben scheinen, um nachts umherzuirren, so fällt auch auf, dass Don Giovanni bei allen anderen Figuren Rache- und Zerstörungswünsche, Wut und Mordfantasien aufkommen lässt. Er scheint regelrecht wie ein Katalysator von Gewaltfantasien zu fungieren, selbst bei Donna Elvira, die sich vordergründig als Vertreterin der Gnade versteht. So besteht der merkwürdige Widerspruch, der sich durch die ganze Oper zieht, darin, dass an der Erscheinung dieser Phantomgestalt Gewaltfantasien gerade jener Figuren festgemacht werden,

Elisabeth Bronfen

die sich zumindest auf der manifesten Ebene gegen Gewalt auszusprechen scheinen. Don Giovanni fungiert als das morsche Gegenstück der sanktionierten Vertreter des Gesetzes, als das Symptom ihrer Gefühlsambivalenz gegenüber des von ihnen eingeforderten Rechtes auf Vergeltung. Denn sie wollen das symbolische Gefüge ihrer Gemeinschaft verteidigen, indem sie jeden, der diese Ordnung gewaltsam verletzt, zu bestrafen suchen, können diese Bestrafung jedoch ihrerseits nur mit Gewalt durchführen.

Die Verschworenen Don Ottavio, Donna Anna und Donna Elvira vollziehen somit im Verlauf des Stückes eine Hinrichtungsfantasie, man könnte es sogar eine Lynchjustiz nennen. Ist Don Giovanni ein Gotteslästerer, so sind es seine Richter und Rächer auch. Denn man muss sich fragen, welche Instanz sanktioniert eigentlich ihr Vorhaben, Don Giovanni zu ermorden? Wie der Soziologe Jean Baudrillard in seiner Studie *Der Symbolische Tausch und der Tod* ausführt, gehört Macht demjenigen, der die Grenze zwischen Leben und Tod verwaltet. Diese Maxime führt Don Giovanni wiederholt vor, doch eröffnet er damit auch eine Dynamik, die alle Beteiligten in einen Wettstreit um das Verwalten dieser Grenze miteinbezieht. Die Gesetzesvertreter – als Stellvertreter des Über-Ichs – setzen den Tod beziehungsweise ihre Tötungsfantasien als Bestrafung des von einem zerstörerischen Genuss getriebenen Gesetzesbrechers ein, um sich gegen den Einbruch dieser Todesfigur in ihre Mitte zu wehren und das Fortbestehen ihrer Gemeinde zu sichern. Somit führen sie das klassische Muster des Sündenbocks und der Opferung vor.

Beklemmend jedoch wirkt die Oper von Da Ponte und Mozart nicht zuletzt aufgrund folgender Aporie: Das Einlassen auf diese Ökonomie der Opferung als Reinigung führt dazu, dass nicht unähnlich jener Vampirtexte, von denen Stokers *Dracula* den Höhepunkt darstellt, die Grenze zwischen den Positionen sich im Verlauf des Heilungsverfahrens gänzlich verflüssigt. Es entsteht eine gegenseitige Bedingung zwischen Gesetzesvertretern einerseits und der Todesfigur, die bereit ist, den gewaltsamen archaischen Genuss bis zur radikalen Selbstverschwendung auszuleben andererseits: Es zeichnet sich ein Muster gegenseitiger Komplizität ab.

Diese Verwischung einer klaren Grenze zwischen einem gerechten und einem morschen Gesetz ist natürlich nur möglich, weil diese Oper eine Schwellenzeit beschreibt – den Zeitraum zwischen dem Tod und dem Begräbnis des Komtur. Die ganze Handlung umspielt den Leichnam des toten Vaters, hat dessen offenes Grab sinnbildlich als Hintergrund. Das väterliche Gesetz, das die Stabilität der Gemeinschaft gewährleistet, ist entortet, weil der Tote keinen festen Ort hat, solange die Beerdigung nicht vollzogen worden ist. Weil dieser Stellvertreter des sanktionierten Gesetzes seinen festen Platz aufgeben musste, zeigt sich in der hinterlassenen Lücke, was durch das Gesetz des Vaters abgeschirmt werden konnte: der Durchbruch einer

Eskalation an gewalttätigen Ereignissen, aber auch das Prekäre des Gesetzes selbst. In Abwesenheit eines sanktionierten Stellvertreters verliert dieses väterliche Gesetz fast völlig an Macht, und in dieser Zeit des Aufschubs ergibt sich stattdessen ein Spiel, das um jene Phantomfigur kreist, die an seiner Stelle nun das Gegenstück seiner Macht in Umlauf bringt. Dadurch wird sichtbar gemacht, wie sehr die auf eine Hochzeit ausgerichteten Liebesgeschichten von den Betroffenen bereitwillig aufgegeben werden können zugunsten eines Genusses an Gewalt und des Begehrens nach todesähnlichen Erfahrungen. Wie Donna Anna, deren Schrei das ganze Rachespiel in Gang setzt, wendet sich auch Zerlina einer traumatischen Konfrontation mit Don Giovanni zu, die nur an einem verborgenen Ort stattfinden kann, der wie das Schlafzimmer der Edelsfrau jenseits des Bühnenraums liegt. Auch ihre Erfahrung kann nur als Hilfeschrei zum Ausdruck gebracht werden. Eine Anerkennung davon, dass die erotische Beziehung aufgrund der daran geknüpften traumatischen Verletzung ihre Brisanz erhält, liegt bei denjenigen, denen ein direkter Einblick verwehrt ist. Jenseits der Wand, die diese Begegnung von ihrem und somit auch unserem Anblick abschirmt, können wir nur nachträglich urteilen und sind somit unwillkürlich in die Ökonomie unserer Fantasien eingebunden. Konkret bleibt es eine Leerstelle.

Am Körper Don Giovannis – so meine These – erhält jenes verdrängte Todesbegehren materielle Gestalt, das als unlösbarer Antagonismus den innersten Kern dieser Gemeinschaft ausmacht, deren Fortführung aber auch entgegenläuft. Phantom ist Don Giovanni in dem Sinne, als er diese Gemeinschaft stört, indem er deren privilegierten Stellvertreter paternaler Autorität tötet und an seiner Stelle eine tödliche Ökonomie des Gesetzes auferstehen lässt. Gemäß der Operntradition wird dieses väterliche Gesetz zum Schluss durch einen Kunstgriff wieder aufgefangen. Die Seele des Toten hat dessen Statue besetzt und belebt, und so kann der steinerne Gast die leer gewordene Position des Vaters einnehmen und in seinem Namen als Materialisierung eines versteinerten Gesetzes zurückkehren, den Widersacher richten und dessen Körper als Gegengabe fordern. Gegen das gewaltsame Genießen Don Giovannis und die gewaltsame Justiz der Verschworenen setzt sich ein christlicher Aberglaube durch: die unheimlich belebte Statue als Stellvertreter der Macht Gottes. Don Giovanni antwortet auf den Ruf des Todes und macht mit dieser Geste deutlich, was bis dahin immer schon mitgeschwungen ist, nämlich, dass am Ende der vielen von Leporello in seiner Liste aufgezeichneten Liebeseroberungen nur die Umarmung des Todes stehen kann.

Damit entpuppt sich der Tod als die immer schon erhoffte Ekstase, wird aber dadurch in die symbolische Ordnung der Überlebenden eingefangen, als sich zu ihren Gunsten ein tötendes und totes Gesetz durchsetzt, nämlich die versteinerte

Elisabeth Bronfen

väterliche Hand. Wir bleiben innerhalb einer Ökonomie des Todes, obgleich sich ein einfacher Widerspruch – der Kampf zwischen den Gerechten und dem Frevler – wie eine Schutzdichtung schließlich durchsetzt gegen jenen unlösbaren Antagonismus eines gefährlichen Genusses, der im Zuge der Bestrafung des Widersachers zusammen mit seinem Körper unter der Bühne versinkt. Außerhalb des symbolischen Gesetzes dieser Gemeinde verortet, aber in ihr immer nur ein herumirrender und alle von ihm Betroffenen verwirrender, ist Don Giovanni von Anfang an ein lebender Toter, weshalb er eben nicht das Angebot der Gnade Donna Elviras annehmen kann, sondern nur das Angebot der Selbstzerstörung des versteinerten Kompturs. Als logische Konsequenz dieser Ökonomie des Todes steht auch die Tatsache, dass nur der tote Vater strafen kann, nicht aber die betroffenen Verführten. Alle rachsüchtigen Mitspieler dieser dunklen Verwechslungskomödie kommen zu spät an den Schauplatz der Vergeltung. Sie können weder den Tod vollziehen, noch können sie an Don Giovannis Tod als Zuschauer teilhaben. Sie können von diesem Ereignis nur nachträglich durch den einzigen Zeugen dieser Szene einer wiederhergestellten Gerechtigkeit erfahren.

Wenn Don Giovanni als Phantom einer Lücke im sanktionierten Wissen Gestalt verleiht und die von seinem Todestrieb infizierten Menschen dazu verführt, das Morsche im Gesetz zu genießen, stellt sich eine weitere Frage: Wer ist der Ursprung dieser Halluzination? Wieder erweist sich ein Blick auf Stokers Vampirtext als fruchtbar, denn dort entdecken wir, dass es die in einem Tagebuch verschrifteten, wild gewordenen Fantasien des Dieners Jonathan sind, die die ganze Vampirjagd in Gang setzen. Der junge Angestellte einer englischen Rechtsanwaltskanzlei ist nach Transylvanien gefahren, um dem geheimnisvollen Graf Dracula ein Grundstück in der Nähe von London zu verkaufen. In dessen Schloss angekommen, erliegt er einem hysterischen Anfall, der ihn von Vampiren träumen lässt. Seine Braut Mina, von den Schwestern eines Krankenhauses in Budapest über seinen traurigen Geisteszustand informiert, holt nicht nur ihn, sondern auch ein zugeschnürtes Bündel seiner Aufzeichnungen in die Heimat zurück. Von der Lektüre dieses Textes angesteckt, wird sie ihrerseits die sie umgebenen Menschen zu überzeugen suchen, dass das Übel, das sie befallen hat, eine einfache Erklärung hat, den Umstand, dass ein Vampir sie heimsucht. Dadurch kann ein anderes Wissen ausgeblendet werden, das ebenfalls als Erklärung für die Schwächeanfälle und Todessehnsüchte der jungen Leute dienen könnte, nämlich die Tatsache, dass die diversen Tode sowohl der leiblichen oder symbolischen Väter, die zum gleichen Zeitpunkt stattgefunden haben, eine riskante Wahlmöglichkeit eröffnen. Soll das dominante Herrschaftssystem weitergeführt werden oder ein anderes Machtverhältnis zwischen Männern und Frauen, zwischen Herren und den ihn dienenden Angestellten erprobt werden?

Auf unheimliche Weise nimmt die einleitende Szene von Mozarts *Don Giovanni* gerade die ein Jahrhundert später von Stoker durchgespielte Erzählsituation einer hysterischen Perpetuierung von übertragenen Halluzinationen, die um die Lücke des Todes kreisen, vorweg. Gegen den Strich gelesen, verkörpert dessen Held nicht den Inbegriff des Bösen, sondern fungiert als Phantom, das das Morsche in dem Verhältnis des Herren zu den ihm untergeordneten Menschen zu Tage treten lässt, und zwar auf eine doppelte Weise: Der Wunsch der Dienenden nach einem Arbeitsverhältnis, in dem sie selbst ihre Tätigkeit bestimmen können, geht nahtlos über in den Wunsch der Frauen, ihre Sexualität unabhängig von dem sie unterwerfenden phallischen paternalen Gesetz zu verwalten. Wie Stokers Vampirgeschichte beginnt auch Mozarts Oper mit einem träumenden Diener. Leporello wandert in seinem Tagtraum, ebenso verwickelt wie er in einen Mantel gehüllt ist, auf einer fremden Straße auf und ab und lässt seinen Gedanken freien Lauf. Er stellt sich eine Situation vor, in der er nicht mehr Diener ist, in der er selber die Stelle des Herren eingenommen hat. Plötzlich wird der von ihm so fröhlich in Gedanken durchgespielte Mord am Herrn zur Halluzination im Realen. Seine Fantasie von einer anderen Ordnung der Dinge, in der einer, der dem paternalen Gesetz unterworfen ist, sich diese Macht selbst anzueignen weiß, wird dadurch gewaltsam unterbrochen, dass eine von der schreienden Donna Anna verfolgte maskierte Figur auf die Straße stürzt. Leporellas Traum von der Freiheit wird zum Alptraum eines enthemmten tödlichen Begehrens, sich von allen Gesetzen der Herrschaft zu befreien. Diese maskierte Gestalt vollzieht, was Leporello sich wenige Augenblicke als Wunschfantasie vorgestellt hat. Sie tötet den Vater, der darauf beharrt hat, Herr dieses Hauses zu sein. Dann erst nimmt diese mordlustige Gestalt eine klare Identität an – Don Giovanni. Der letzte Adelige steigt aus der Lücke, die der Tod des Vaters hinterlässt, hervor, um im Verlauf des Stückes sich immer wieder zu verkleiden, vor den anderen zu fliehen, gleichzeitig aber einen so traumatischen Eindruck zu hinterlassen, dass auch sie sich zu verstellen beginnen und zwischen Flucht vor dem verführerisch Bösen und Spiel mit dessen gefährlichem Feuer zögern. Leporello spricht für alle, wenn er sich am Ende dieser ersten Szene fragt, ob er bleiben oder fliehen soll.

Brisant an dem gewalttätigen Treffen zwischen Donna Anna und Don Giovanni, das wie die traumatische Urszene des ganzen Stückes wirkt, ist vornehmlich die Tatsache, dass es eine nie gänzlich auszufüllende Leerstelle darstellt. Auf Leporellos Vorwurf, er hätte den Vater ermordet und die Tochter missbraucht, erklärt sein obszöner Herr: »Er selbst wollte sein Verderben.« Auf die Nachfrage »Doch Donna Anna, was wollte die?« befiehlt Don Giovanni seinem Knecht, er solle schweigen und ihm folgen. Es bleibt bis zum Schluss eine ungeklärte Frage, da auch die

Elisabeth Bronfen

Angegriffene in ihrer Beschreibung dessen, was sich in ihrem Schlafzimmer abgespielt hat, vage bleibt. Eindeutig hingegen scheint der Umstand zu sein, dass auch sie etwas bekommen hat, was sie wollte, eine entstellte Botschaft. Mit ihrer Rückkehr auf die Bühne verkündet Donna Anna sowohl den Wunsch, ihr eigenes Leben zu beenden, als auch das Vorhaben, sich in dem Sinne in den Bereich des Todes zu begeben, als sie Rache vollziehen und dem Mörder ihres Vaters ihrerseits den Tod geben will. In dem Augenblick, in dem sie in Don Giovanni diesen Verbrecher zu erkennen glaubt, kann sie dieses Todesbegehren dadurch von sich abwenden, als sie es nun ausschließlich am Körper eines anderen festmachen darf. Dieser Augenblick der Erkenntnis wird jedoch von Mozart derart eingeführt, dass Donna Annas wiedergewonnene moralische Sicherheit weiterhin um eine Lücke im Wissen kreist. Denn unüberhörbar sind es die Worte Donna Elviras, die ihr diese vermeintliche Erkenntnis verschaffen, doch diese greifen ihrerseits die Einschätzung des Herren auf, die Leporello mit seiner Registerarie in Gang setzt. Hatte er seinem Herren einige Szenen vorher erklärt, sein Leben gleiche aufs Haar dem eines Schurken – und somit die von ihm fantasierte Aufspaltung in einen guten und einen obszönen Vertreter des Gesetzes nochmals zum Ausdruck gebracht –, wird er von seinem Herren gebeten, der ihn hysterisch anklagenden Frau alles über seinen Ruf als Betrüger zu erzählen. Die in ihren Liebesschmerz verliebte Elvira, die in ihrer Klage darüber, dass ein Mann ihr den Glauben an eine funktionierende Liebesbeziehung zwischen den Geschlechtern zerbrochen hat, erhält in der Rede Leporellos somit jene Botschaft, die sie direkt nicht annehmen will: eine überdeterminierte Fülle an Beweisen für die Vorwürfe gegen Don Giovanni, mit denen sie so genussvoll durch die Lande zieht, um sie am eigenen leidergriffenen Leib durchzuspielen.

Brisant an Leporellos Aufzeichnungen ist nun aber vor allem die Materialität seiner Liste. Mit seiner Verschriftung der obszönen Eroberungen seines Herren wird im Bereich des von Leporello ausgehenden Traumes jene morsche Lücke im Gesetz geschlossen, und zwar deshalb, weil sie das Versprechen einer Fülle der Gesellschaft darstellt. Das korpulente Büchlein – von dem Leporello stolz behauptet, er sei dessen Verfasser – verzeichnet eine reale Utopie. Sie enthält jede Art Frauen. Doch als Wiedergabe einer vollen Gesellschaft weist sie auch darauf hin, was eine funktionierende Fülle der Gesellschaft verbietet: die Abwesenheit von Geschlechterdifferenz. Gleichzeitig verleiht dieses Testament, das dem obszönen Don Giovanni sein mythisches Überleben in Form einer Verschriftung seiner Transgressionen garantiert, auch jenem unreinen Fleck Gestalt, der das Verhältnis zwischen Leporello und seinem Herren trübt und als Ursprung des ganzen Traumes gewertet werden könnte: Leporello schreibt den Text, der Don Giovanni als Betrüger deklariert. Er ist sowohl Zeuge als auch Verwalter dieses Textes, und er ist derjenige, der diesen den anderen Betrogenen vorträgt. Darin, dass Leporello nicht arbeitet, damit sein Herr genießt, sondern arbeitet, um das Genießen seines Herrn verschriften und vermitteln zu können – also um zum Autor und zur autoritätsstiftenden Instanz der mythischen Verführerfigur zu werden –, entsteht einer Pervertierung des Machtverhältnisses. Die Zirkularität dieser Szene, in der Leporello von seinem Herrn gebeten wird, das von ihm verfasste Werk vorzutragen, besteht darin, dass sie dem Machtverhältnis zwischen einem Herrn und einem ihm unterworfenen Diener jede Rechtfertigung entzieht. Die Vergabe der Rollen ist uneinsichtig geworden, da der Knecht nicht etwas Neues an den Herrn weitergibt, sondern ihn nur als textuelles Wesen perpetuiert. Ebenso entreißt dieses Werk der vermeintlich betrogenen Frau kraft der überdeterminierten Fülle an Beispielen dessen, was sie als Anklage vorbringen würde, die Substanz ihrer Klage. Er erzählt ihr, was sie bereits weiß. Damit bringt auch sie dem bereits existenten Werk nichts Neues entgegen. Sie treibt nur die Handlung voran, die Leporello erlauben wird, sein Büchlein weiterhin zu bereichern.

Von dem Vortrag dieses Textes angesteckt, findet Donna Elvira überhaupt erst wirklich in der Verkündung ihrer Rache Geschmack. Sie erzählt allen, die sie trifft, von ihrem Zorn und ihrer Verachtung, so wie von ihrem blutenden Herz, damit auch diese von Leporellos Werk angesteckt werden. Noch einmal lohnt ein Blick auf Stokers Vampirgeschichte, da auch dort die Schriftstücke eines Dieners jene Massenhysterie in Gang setzt, die zu der Hinrichtung des Bösewichts führt. Um eine Erklärung dafür zu gewinnen, weshalb ihr Ehemann weiterhin an Schwächeanfällen leidet, öffnet Mina das verschnürte Paket und steckt nach der Lektüre des ebenfalls korpulenten Büchleins, in dem die obszönen Machenschaften eines Vampirs verschriftet worden sind, ihre Mitmenschen mit diesem Wissen an. Ganz in diesem Sinne sät Donna Elvira mit ihrem demonstrativen Ausagieren der betrogenen Frau zuerst in Zerlina einen Zweifel bezüglich der Aufrichtigkeit des edlen Herrn, an dem sie ihren Tagtraum festmacht, sich über ihre bäuerliche Stellung hinwegzusetzen, wie sie auch in Donna Anna einen Zweifel darüber weckt, auf welchen Herrn sie bauen und vertrauen könne. Ihre hysterische Rede spielt sich durchaus unter der Schirmherrschaft Leporellos ab, denn sie dient einer Demontage des Herrn. Hatte Donna Anna am Anfang der elften Szene Don Giovanni mit der Anrede: »O Freud, wie glücklich, gerade heut' Euch zu treffen« begrüßt, bewirkt Donna Elviras Tirade gegen den Bösewicht, dass die andere Frau langsam zu erkennen bereit ist, wie wenig Don Giovanni der gute Herr ist, für den sie ihn so gerne halten möchte. Nicht aber die Möglichkeit, dass es den von ihr fantasierten unfehlbaren Herrn nicht gibt, nimmt Donna Anna als Inhalt dieser Rede an, sondern die Bezeichnung des Frevlers heilt sie von ihrem eigenen selbstzerstörerischen Zweifel, den der nächtliche Überfall

Elisabeth Bronfen

und der Mord an ihrem Vater aufgebracht hat. Mit einem Schlag wird Don Giovanni zur realen Verkörperung des bis dahin noch diffusen Objekts ihrer Rache. Fragt man sich aber, woher sie die Sicherheit für ihre Anklage, er sei der Mörder ihres Vaters, nimmt, lässt sich ein Verschwörungsszenarium rekonstruieren, das auf der Ansteckungskraft von Worten basiert. Von Leporellos Registerarie angestiftet, trägt die wutentbrannte Donna Elvira dessen Erzählung über die frevlerischen Taten seines Herrn zu den anderen Mitgliedern dieser Gemeinschaft und bietet damit der verzweifelten Donna Anna die ihr so nötige Denkfigur des Bösewichts, dessen Worte Lügen und dessen Tun Verworfenheit darstellen. Dieses Narrativ erlaubt der um den Vater trauernden Tochter einerseits, den zögernden Bräutigam zur Rachetat zu bekehren, bietet ihr andererseits aber auch die Möglichkeit, von der Verfolgten zur Verfolgerin zu werden.

Ihrem Bräutigam erklärt Donna Anna: »Die letzten Worte, die Haltung und Stimme – Alles weckt die Erinnerung an den Frevler.« Jedoch führt Mozart einige Szenen später vor, wie leicht die verführten Frauen zu täuschen sind. In dem als Don Giovanni verkleideten Leporello meint Donna Elvira gerade aufgrund seiner Stimme und seiner Haltung, den verlorenen Liebhaber wiederzuerkennen. Dadurch wird jedoch vorgeführt, wie wenig eine Lektüre von Gesten zu einer wahren Erkenntnis führen können, da diese als Lückenbüßer entweder zu viel oder zu wenig von einer betroffenen Figur aussagen, nie aber die völlige Wahrheit.

In Anbetracht der Tatsache, dass Donna Elvira diese Täuschung glaubt, entwertet es Donna Annas Sicherheit, sie hätte den Mörder ihres Vaters erkannt. Trügen diese Gesten und diese Stimme, so hätte der Mann in ihrem Zimmer auch Leporello sein können. Der Kleiderwechsel zwischen Don Giovanni und Leporello zeichnet jenen Augenblick in diesem halluzinatorischen Spiel aus, in dem Leporellos Fantasie, selbst Herr zu sein, eine ironische Realisierung erfährt. Er nimmt tatsächlich dessen Stelle ein. Dabei entlarvt er nicht nur Donna Elviras Glauben an die Liebe als eine weitere Drehung des Liebesbetrugs, ist sie doch nur zu gerne bereit, jener Gestalt zu verzeihen, die wie der von ihr fantasierte Liebhaber erscheint. Indem Leporello die Stelle des Herrn auch materiell annimmt, führt er den Zirkelschluss seines Registers noch einmal durch. Nun kann er eine neue Eroberung in sein Büchlein eintragen, wie er sich dies die ganze Zeit wünscht, führt aber mit seinem Betrug eine Neuerung ein: die doppelt betrogene Frau. Denn diesmal verschriftet er nicht nur die Eroberung seines Herrn, sondern ist gleichzeitig der Eroberer selber.

Die durch das Verwechslungsspiel mit Donna Elvira inszenierte ironische Unterhöhlung der von Donna Anna vorgetragenen Wiedergabe jener traumatischen Ereignisse hat weniger zum Ziel, dass diese gänzlich unglaubwürdig erscheint. Eher verdeutlicht es, wie sehr das traumatische Wissen, das diese Figuren umtreibt, nur als eine Kette an Fantasien zum Ausdruck gebracht werden kann, die dem trüben Fleck, der dem Herrschaftsverhältnis innewohnt, entspringt, und die in der Phantomgestalt eines unzweifelhaften Bösewichts seine Befriedigung finden kann. So tragen die Frauen, deren Verlangen nach Don Giovanni nahtlos umgeschlagen ist in Rache- und Konvertierungslust, die von Leporello in Umlauf gesetzten Geschichten über die Lücke im paternalen Gesetz weiter. Wie für den Diener stimmt etwas auch für sie nicht an der Figur des Herrn, implizit aber auch nicht an den Männern, mit denen sie sich vermählen sollen. Für die Zeit des Stückes sind sie nicht die dienenden, sondern die antreibenden Figuren. Darin liegt die bedrückende Logik dieses Stückes: Als Inbegriff des Bösen macht Don Giovanni überhaupt erst die Fantasie, es könnte eine andere Ökonomie als die der paternalen Herrschaft geben, möglich, in denen Frauen nicht dem väterlichen Gesetz untergeordnet sind, sondern ihr Begehren selbst bestimmen können. Auch ist es Don Giovanni, der das Morsche am Hochzeitsgesetz – die Schwäche des einen und die gewalttätige Eifersucht des anderen Bräutigams – sichtbar werden lässt.

Dass die logische Konsequenz dieses Umsturzes des tradierten Gesetzes immer wieder an den Rand des Todes führt, wird mit dem Schrei Zerlinas am Ende des zweiten Aktes nochmals hervorgehoben. Wie Donna Anna kann sie die Begegnung mit Don Giovanni nur mit dem Ausruf »ich sterbe« (»son morta«) umschreiben, als wäre sie hier am unerträglichen traumatischen Nabel ihrer Fantasie davon angelangt, die sie bestimmenden Klassen- und Geschlechterverhältnisse radikal aufzubrechen. Ebenso konsequent ist die Tatsache, dass die Figur, an deren Körper die anderen Adeligen das Morsche im Gesetz festmachen und somit auch wieder aus ihrer Gemeinschaft ausschließen wollen, ihnen entwischt.

Besteht der erste Akt darin, dass alle Figuren ein Begehren nach Don Giovanni zum Ausdruck bringen – seien dies die Erhöhungs-, Bekehrungs- und Rachefantasien der Frauen oder das Auskosten der Fehlbarkeit und Verletzbarkeit der betrogenen Bräutigame – nimmt der zweite Akt die Form der Jagd an. Wie in Stokers Dracula haben sich alle Verführten nun zu einer Bande der Gerechten zusammengetan, um den Widersacher, der ihre Gemeinschaft zutiefst erschüttert hat und die Risse in dem diese tragenden Machtverhältnissen hat aufscheinen lassen, zu bestrafen. Doch auch hier wird ironisch mit der Zirkularität dieses Unterfangens gespielt. Als Knecht verkleidet, klagt Don Giovanni sich selber an, befiehlt ihnen, sie sollen seinen Patron »erschlagen und zerhacken«, treibt sie sodann umher und bringt sie dazu, die eigene Gewaltsucht voll auszukosten. Darin besteht vielleicht die perfideste Drehung der von Don Giovanni vorgeführten Verkörperung des Morschen im Gesetz: Hier gibt der Herr selber die Befehle, welche den Herrn zum Sturz bringen

Elisabeth Bronfen

sollen und schlägt dann den Bauern, der auf diese Finte hereingefallen ist. Am Höhepunkt dieses Verschwörungs- und Rachezenariums entdecken die Betrogenen, wie sehr der von ihnen Gejagte nichts anderes als das Phantom ihres Begehrens sein kann. Während sie alle mit der Ausnahme Donna Elviras in ihrem halluzinatorischen Wahn gefangen, den Tod Don Giovannis fordern und der bis dahin immer noch zögernde Don Ottavio nun endlich bereit ist, dem Widersacher den tödlichen Stoß zu versetzen, entlarvt sich der Bösewicht als reine Hülle ohne bösen Kern. Leporello schlüpft aus dem angeeigneten Umhang des Herren heraus und bittet mit der Erklärung »Dies hier sind leider nur seine Kleider« um Gnade. Das Tückische an Mozart und Da Pontes Textszenario darin ist, dass er – als Träumer vom Umsturz des Herren und als Verfasser dessen obszönen Grenzüberschreitungen – tatsächlich derjenige ist, der den Kern des Verwirrungsspiels ausmacht. Die Verschworenen wollen ihn zwar stellvertretend strafen, erhalten dadurch jedoch keine Befriedigung, da er zwar ein Betrüger ist, nicht aber als Inbegriff des Bösen hingerichtet werden kann. Noch einmal führt das Lesen von Gesten zu dem Zirkelschluss, der die Jagd der Verschworenen nährt. Leporellos Worte – »Er ist Herr und er gebot mir« – erlauben nun auch Don Ottavio, seine letzten Zweifel abzuschütteln. Aber diese Worte sind ebensowenig wahrhafte Beweise wie die Gesten und die Stimme, an der Donna Anna die Wahrheit ihrer Erkenntnis festzumachen suchte. Sie sind – wie alles, was von Leporello ausgeht – tautologisch. Don Giovanni ist der Träger des Bösen, weil er Herr ist. Doch wie Donna Anna kann nun auch Don Ottavio endlich sich in der ihm vorgeschriebenen Rolle einrichten – er will den gottlosen Mörder richten und somit als Vertreter des Gesetzes auch dessen unfehlbare Gerechtigkeit wieder etablieren.

So kehrt mit jeder Wendung im Geschehen die Frage nach Leporellos Zeugenschaft zurück. Donna Elvira ist diejenige, die als Erste davon fantasiert, dass auf den Unglückseligen der Zorn Gottes und die Gerechtigkeit in Form eines Flammenblitzes und der Hölle Rache wartet, da sie dieses Bild für die ihr Begehren stützende Mitleidsfantasie braucht. Gerade dieses Szenarium wird von Leporello in seiner Wiedergabe des plötzlichen Verschwindens Don Giovannis aufgegriffen. Ebenfalls ist es Donna Elvira, die in ihrem Konvertierungsdrang zu Don Giovanni zurückkehrt, um ihn ein letztes Mal davon zu überzeugen, der Sünde zu entsagen und dabei als Erste die belebte Statue sieht. Ihr Schrei – der dritte Frauenschrei, der eine Begegnung mit dem traumatischen Kern des jeweiligen Fantasieszenariums ankündigt – weist noch einmal auf die Grenze des Fantasierens hin. Dieses belebte steinerne Gesetz ist ihrer Rettungsfantasie entgegengesetzt, eine Figurierung des Realen, das alle Halluzinationen auf ihre Spitze treibt und sie an der eigenen Intensität zerschellen lässt. Denn Don Giovanni nimmt die Herausforderung, die jenseits des lustvollen Fantasiespiels liegt, an und beendet dessen Verwirrungen, indem er endgültig zu dem von den Verschworenen getragenen Szenarium der Reue nein sagt. Er erfüllt zwar deren Fantasie, dass demjenigen, der das Morsche des Gesetzes genießt, eine Strafe zuteil wird, löst sich aber auch, nachdem er dieses Szenario durchschritten hat, als Phantom auf.

Die anderen kommen zu spät. Wie in Stokers Vampirtext wachen sie aus der nächtlichen Halluzination auf und erkennen, dass der Widersacher spurlos verschwunden ist. Es bleibt nur Leporellos Zeugenschaft, eine nachträgliche Rede, die wie die Registerarie jene Geschichte in Umlauf setzt, die sie bereits kennen und die sie auch hören wollen – eine moralische Botschaft davon, dass der Frevler bestraft und die Gemeinschaft von seiner teuflischen Gegenwart befreit worden ist. Am Ende der von Leporello in Gang gesetzten Massenhysterie können sich neue Schutzdichtungen durchsetzen, aufgrund derer wieder an die Gerechtigkeit und das Funktionieren der Gemeinschaft geglaubt werden kann. Im Kloster kann Donna Elvira an den verlorenen Geliebten ewig denken. Der Aufschub der Hochzeit erlaubt Donna Anna, ihre Zweifel an der Eheschließung mit Don Ottavio sowie ihr eigenes tödliches Begehren in Zaum zu halten. Masetto und Zerlina können die gewaltsame Eifersucht und die zerstörerische Untreue, die ihrer Ehe im Kern innewohnt, verdrängen. Und Leporello kann davon träumen, dass er im Wirtshaus einen anderen Herrn finden wird – einen, der ein intaktes Machtverhältnis verspricht. Aber der Antagonismus des unbegrenzbaren Drängens, des nagenden Kreisens um Dissonanzen, der die plötzliche Erscheinung Don Giovanni begleitet hat, klingt unwillkürlich nach.

Literatur

Abraham, Nicolas / Torok, Maria, L'ecorce et le Noyau, Paris 1987

Aries, Philippe, Geschichte des Todes, München 1982

Baudrillard, Jean, Der symbolische Tausch und der Tod, München 1982

Benjamin, Walter, Zur Kritik der Gewalt, in: Gesammelte Schriften II.1, Frankfurt a.M. 1977

Kunze, Stefan, Mozarts Opern, Stuttgart 1984

Nagel, Ivan, Autonomie und Gnade. Über Mozarts Opern, München 1988

Endnote

1 Vortrag bei den Salzburger *Festspiel-Dialogen* am 3. August 1999.

Elisabeth Bronfen

Erkenntnis des Terrors. Terror der Erkenntnis. Über den ontologischen Zusammenhang von Kunst und Terror[1]

Massimo Cacciari

In *Terror* finden wir die griechische Wurzel *trémo* (zittern). Terror ist also Furcht, die erschauern, die – allerdings nicht in jedem beliebigen Fall – erzittern lässt. Terror haben wir vor dem Unvorhersehbaren und Unvermeidlichen; er entspringt in all seiner Wirkmächtigkeit einem unfassbaren »Grund«. *Schrecken* birgt in seiner Wurzel diese Bedeutung von *aufspringen*. Doch verweist Terror nicht bloß auf dieses *Pathos*, dieses im Innersten Getroffen-Werden durch das jähe Aufbrechen einer Anwesenheit oder eines Ereignisses, das, verglichen mit der Wirkmächtigkeit unseres Logos (unserer Urteilskraft) und der bewussten Steuerung unseres Wollens, *vor-mächtig* ist. Im *Terror* verbindet sich die Bedeutung des *trémo* mit jener des *trépo*, das ein Wenden, ein Sich-Umkehren, anzeigt. *Der Terror macht nicht nur betroffen*, sondern zwingt auch dazu, unsere Ausrichtung, unsere Perspektive zu wechseln. Terror zwingt uns, uns anderweitig umzusehen, den Kurs zu ändern. Dies ist nicht nur Folge der vom Terror ausgelösten Flucht. Die Flucht ist nur eine der Formen, die der Terror annehmen kann. Aber stets und im Allgemeinen verhindert Terror, dass das Leben weiter seinen gewohnten Lauf nimmt. Der Gang steht still. Der Terror besteht nicht so sehr in der Angst, die jener Gegenstand, der uns entgegentritt, verursacht, sondern vielmehr in der Erkenntnis, dass wir uns anderswohin wenden müssen, dass der Weg, den wir bislang gegangen sind, abgeschnitten, und dass es ganz un-sicher ist, dass sich andere Wege öffnen könnten.

In der Erörterung von Kunst und Terror sollten wir daher keinem Missverständnis verfallen. Wir werden keinesfalls über einzelne, in der Absicht Schrecken zu verbreiten, verfasste Darstellungen sprechen. Der Zusammenhang zwischen Kunst und Terror ist ein *ontologischer*. Meiner Meinung nach ek-sistiert Kunst aufgrund der *in-securitas*, die sie zum Ausdruck bringt. Sie ist nichts anderes als die Selbstoffenbarung, das Sich-Sehenlassen einer Macht, die der Ordnung (dem Nomos, dem Logos) überlegen ist, mittels derer wir bislang unser Dasein bestimmt haben – und die uns verpflichtet, für noch nicht gedachte Probleme und niemals versuchte Wege *cura* zu tragen, *sorg*fältig zu werden.

Verwirrung, Entfremdung, *insecuritas* sind daher alles andere als besondere »Effekte« bestimmter moderner Kunstprodukte. Sie stellen gerade umgekehrt genau das Wesen jenes *Problems* dar (im Griechischen meint *pro-blema* nichts als die Sache selbst, das *pragma*, das uns wesentlich und lebendig interessiert, sich uns entgegenstellt und uns daher zur Frage drängt: Warum? Woher?), also jenes unerschöpfliche Problem, das für unsere Kultur jene Dimension des Tuns ist, die wir »Kunst« oder »Poesie« nennen.

Aber wie nun das? Drückt nicht etwa die Kunst der Klassik die Idee vom Schönen als Vorstellung der vollkommen bestimmten Form aus? Und steht diese Übereinstimmung nicht im Verhältnis mit einem Kanon, mit universellen Regeln? Damit das Schöne gegeben sei, behauptet Aristoteles, bedarf es eines Maßes, einer bestimmten Größe, *megethos*, das vom Blick umfasst werden kann. Und *in* solchem Maße findet der Mensch Platz. Doch nicht einmal Winckelmann verstand die »Schöne Kunst« in diesem Sinne! Man denke nur an die letzten Seiten von *Geschichte der Kunst des Alterthums*[2]: Diese Kunst entzieht sich dem Blick des Menschen und bleibt einzig brennende Sehnsucht, als ob uns jählings die Vorstellung ihrer »ou-to-picità«, ihrer ou-topischen Form, blenden würde. Es ist unmöglich, die Bedeutung der Behauptung von Aristoteles »klassizistisch« zu verstehen. Es ist ebenso wenig möglich, sie abstrakt von jener großen Abrechnung zu trennen, die Platon mit der *mania poietiké*, mit jenem *Wahnsinn*, der den Poeten mit Gesang »begabt«, hielt. Die paradoxe Kombination der Suche nach dem vollkommenen Maß, der Form also, mit dem poetischen Enthusiasmus als göttliche Macht, die von der Seele die Kräfte des *noein* und des *phronein*, des Denkens und des behutsamen Abwägens, »erjagt«, ist das Problem, das von Anbeginn an die philosophische Auseinandersetzung mit der Kunst beschwert. In welchem Verhältnis steht nun die für den Aufbau einer Harmonie im Werk notwendige Zeit-Chronos zu dem *Augenblick*, in dem Gott den Künstler »begnadet«? Wenn dieser Augenblick nur werkimmanentes Prinzip ist, ist er nicht länger Augenblick und damit auf den ersten *Moment* (die erste Stufe des *movimentum*, der *Bewegung*) jenes Schaffensprozesses beschränkt. Wenn aber das Werk in der Bestimmtheit seiner konstruktiven Kraft besteht, dann wird es nichts als *techne* sein, das heißt: Ergebnis bewusster Intentionalität, Effekt oder Resultat eines Entwurfs wie jedes andere Artefakt auch.

Der platonische »Bann« ist die stets sprudelnde Quelle, aus der zum Verständnis des ontologischen Verhältnisses von Kunst zu Terror zu schöpfen ist. Es handelt sich dabei nicht einfach um ein »Spiel«, das ausgesetzt werden muss; es ist nicht das Spektakel einiger Zauberkünstler, von dem die Stadt geläutert werden muss. Es ist das *Thauma*, in dem die Poesie besteht und das die Poesie erweckt, das unvereinbar mit jener »Musik« der Philosophie erscheint, die Sokrates im *Phaidon* zu ehren rät. Eine alte *Differenz*; eine Trennung, die – vielleicht – an der Dimension der Prinzipien, ja der *arché* selbst, rührt. *Thauma* bedeutet Erstaunen – aber ein Erstaunen

Massimo Cacciari

angesichts des *Schreckens*. Philosophie ist aus dem *thaumazein* geboren – doch dies heißt, dass sie von der *Angst* angesichts des Schrecklichen im Sinne eines *deinòn*, eines merkwürdig Erschreckenden, abstammt. So wird der Mensch im großen Chor der *Antigone* beschrieben, über den Heidegger immer und immer wieder nachgedacht hat: wunderbar-und-schrecklich, ein Spektakel, das eben Terror hervorruft. Die Philosophie – so glaube ich, könnte man sagen – stammt für Platon eben gerade von diesem »schrecklichen« Spektakel ab: Das Dasein, das menschliche Dasein, ist es, was die Poesie und vor allem die *tragische* Poesie darstellt.

Was ist nun aber *das* Schreckliche der Poesie? Ist es die gewaltige Intensität, mit der die *pathe*, die Leiden, des Sterblichen zum Ausdruck bringt, indem sie ohne weiteres für sich beansprucht, durch deren Darstellung zu belehren? Ja, auch – weil es für Platon und alle Philosophie nach ihm notwendig ist, von den *pathe* zu »genesen«, und man davon nicht durch deren einfache Darstellung geheilt wird. Das ist das grundlegende Ungenügen der tragischen *katharsis*. Doch damit nicht genug! Wenn der Unterschied nur darin bestünde, hätte Platon wie Hegel wohl von einer Überwindung der Kunst gesprochen und nicht von der Notwendigkeit, sie zum *Schweigen* zu bringen. Geht es dabei – um mit Nietzsche zu sprechen – also darum, dass die Poesie ihrem Wesen nach Kunst der Lüge ist, reine *techne apatetiké*, weil sie nichts nachahmt, nichts Wirkliches reproduziert, sondern nachzuahmen oder darzu-stellen vortäuscht, während sie tatsächlich Fantasmen und Träume *erfindet*? Ja, auch – und damit nähern wir uns bereits dem Kern des platonischen Gedankenganges an. Diese *techne* ist für ihn wahrhaftig wundersam, *polythaumastòn*, weil sie die Bilder der Fantasie wirklich erscheinen und etwas körperlich werden lässt, was nicht ist. Das ist *schrecklich* – denn es ist Täuschung par excellence, *das Wesen von etwas, das nicht ist, auszusagen*, das ist die abgründlichste *Missachtung* des wohlbegründeten Logos, des *orthôs légein*. Und dennoch – wenn es bloße Lüge, offener Betrug wäre, könnte die Poesie so gründlich »betören«, so abgründlich ver-führen? Könnten wir dann solche *Sorge* für ihre Schöpfung empfinden? Warum verstummt diese »Lüge« nicht einmal dann, wenn sie aufgedeckt worden ist? Warum kann der falsche Diskurs stets zum Schweigen gebracht werden, niemals aber die Stimme der Muse? Warum gefällt sie? Aber wie? Auch der Handwerker stellt »gefällige« Dinge her; die Dimension des »Gefallens« wohnt jedem Erzeugnis der *techne* inne; sie entspricht zur Gänze der *Nützlichkeit*. Es gefällt das, was wir benutzen können. Das Erzeugnis, das sich als gefällig erweist, »lügt« nicht, sondern erfüllt seinen Zweck. Warum jedoch sollte etwas »gefallen«, das »lügt«?

Wohnt dem Gefallen in Wahrheit nicht das Wesen der Poesie inne? Sie lockt und verzaubert gerade in das Nutzlose, in das, was in keiner Weise *zuhanden* ist. Ihre Worte, die eigentlich nichts nachahmen, die keinem realweltlichen *designatum* entsprechen, verführen zu einem Principium, zu einer *Arché*, die angesichts all dessen, was wir erinnern können, im Vergessen liegt. Aber natürlich erinnert die Muse; sie ist die Tochter der Mnemosyne. Doch sie verlangt, »etwas« zu erinnern, das sich stets vor jeder Erinnerung *verbirgt*. Ihr Blick stürzt in den Abgrund des »Vorweg« vor jeglicher Scheidung, *eben gerade vor der logisch begrifflichen Unterscheidung von wahr und falsch*. Die Poesie echot das *Unmittelbare des Anfangs* wider, in dem alle Unterscheidungen enthalten, aber zugleich reine Möglichkeiten, reine Potenzen, sind. Und *wie* könnte das »enthusiastische« Wort des Anfangs, das sein eigenes Vergessen erinnern möchte, in der Zeit der Stadt »umlaufen« und Teil haben am Zeit-Chronos der fortschreitenden *technai*, die in der Stadt wohnen? Sicher, jenes Wort ist alt und verehrungswürdig – beseelt von einer *theia dynamis*, einer göttlichen Kraft. Und dennoch erscheint es für die Gründe des Logos unversöhnlich – gerade in seiner Unversöhnlichkeit unüberwindlich. Wenn er mit ihm zur Übereinkunft käme, verlöre der Logos jegliche Strenge. Und die Stadt ihren wahren Führer.

Das *Thauma* – es rührt aus der Tiefe, aus der reinen Vergangenheit – führt nun also zurück zur *arché*, für die stets das Wort fehlt. Und die Philosophie soll das Thauma hinterfragen, *um es zu überwinden*. Letztendlich aber schafft sie nicht, mehr als seine Differenz, *diaphora*, hervorzuheben. Einerseits: Philosophie – andererseits außerhalb der Stadt: tragische Poesie. Es ist eine Trennung, keine Überwindung. Und das ist *schrecklich*. Das Schreckliche ist genau das, was nicht heimisch gemacht werden kann, das Unheimliche. Darum Sorge zu haben, wäre schließlich gleichbedeutend der Aufgabe des Hauses, zum Fremden zu werden. Der Schritt führt nicht mehr zu jener festgefügten Form, die das Haus war – doch er führt ins Offene, ins Un-endliche. Und kaum entsinnt sich die Seele des undenkbaren Un-endlichen, schon hat sie – wie der große italienische Dichter und *Denker* Leopardi sagt –Angst davor: »Doch, sitzend, schauend, bilde ich dahinter/Endlose Räume und ein übermenschlich gewaltiges Schweigen und die tiefste Stille/Mir in Gedanken ein; da weht ein Schauer/Mir übers Herz.«[3]

Weil er Wort oder Zeichen des Un-mittelbaren ist, das kein Wort bestimmen und kein festgelegter Ausdruck festhalten kann, weil er das Wort der höchsten Gefahr, im Un-grund des Anfangs, in seinem Dunkel, zu versinken, öffnet – verwirrt und erschreckt der Gesang – selbst den, der meint, widerstehen und sich entgegenstellen zu können. Gerade sein Erzfeind spürt all den Überschwang der Sehnsucht, die den Gesang bewegt. Er erhöht dessen Inspiration. Er flieht seinen Enthusiasmus nicht, sondern er will ganz im Gegenteil in Auseinandersetzung mit ihm sein festes Haus bauen – wie auf einer Insel, die von stürmischer See umtost ist – weitab des Festlandes – gerade dort will er trotz alledem wohnen. Eingetaucht im Schrecklichen *daheim zu sein*, das ist seine Leidenschaft. Sobald dies aber geschieht, muss die

Philosophie sich plötzlich in jenem Unterschied zur Poesie widerspiegeln. Und jener Unterschied zeichnet die Philosophie ebenso wie die Poesie selbst aus. Daraus wird nun eine eigenartige Freundschaft geschmiedet – möglicherweise vergleichbar jener Sternenfreundschaft, von der Nietzsche[4] gesprochen hat.

Von weit her kommt jener »Fluch« der Poesie also, mit dem sich Bataille in all seinen Werken beschäftigt hat. Sie ruft »unzugängliche Möglichkeiten« wach; sie öffnet »die Nacht dem Überschwang der Sehnsucht«. Solcher »Fluch« ist ihren höchst »archaischen« Ausdrücken beigesellt. Die Poesie unterzieht die Rede keinem Urteil, wohl aber stellt sie sich der Stimme, die das Schweigen des Anfangs anruft, der Stimme, die zum Verstummen der Stimme anruft. Mit diesen Hinweisen würde ich wagen, Celan zu »paraphrasieren«: *la poésie ne s'impose pas, elle s'expose*. Der Boden, auf dem sie gründet, ist niemals jene wohlbegründete Welt des Nomos gewesen, die der Nomos entsprechend seinem Maß ordnen kann. Auch wenn sie die festesten Formen entwirft, auch wenn sie »schön« erscheint und sie im un-endlichen Raum die Statue, das Theater oder den Tempel im vollkommensten Rhythmus *ein-meißeln* kann, selbst dann ist der Bezug dieser Form zum Un-endlichen, zum *Apeiron*, das sie umschließt, das wahre Problem, das die Poesie zum Ausdruck bringen soll, dem sie sich *aussetzt*. Wir müssen stets gewärtig sein, dass das Zeitalter des Parthenon auch jenes der Tragödie ist.

»Das Maß ist uns fremd …«, dies ist aber nicht einfach das Gepräge unserer Zeit. Die ontologische *in-securitas* unseres Daseins ist im Allgemeinen wesentlich das Problem des künstlerischen Schaffens. Wenn der Terror, das Erzittern-Lassen, die Verwirrung, wenn das Gefühl der größten Gefahr, die gerade im Schwinden des Fluchtwegs zum Ausdruck kommt –, wenn all dies als Element erscheint, in dem die Kunst der Großstadt unserer Zeit, des metropolitanen Nervenlebens, lebt, wird es dennoch im Hinblick auf eine noch tiefere Dimension hinterfragt werden. Und die Größe, der Adel, dieser zeitgenössischen Kunst besteht möglicherweise gerade darin, diese Dimension zu offenbaren. In der Geschwindigkeit ihrer Wandlungen erscheint diese Kunst »modern« in dem Sinn von »Mode«, im Sinne vergänglicher Aktualität. Im Gegensatz dazu aber glaube ich, dass ihre stete Veränderung ihre Geschichte – das heißt: ihr *Schick*-sal – ausdrückt. Dem künstlerischen Ausdruck ist die Wahrheit jeglicher Ordnung deren Übertretung, die Gültigkeit jedes Gesetz seine »Beugung« und jedes Haus ist ihm *Passage*.

Passagenwerk: Das ist das Wesen jenes Schaffens, das das Kunstwerk ist. Doch die Passage schlechthin, jener schrecklichste Übergang, jener, der die größte Furcht einflößt, das ist jener, der die *Verkörperung* der Wahrheit selbst darstellt. In ihrer unerschütterlichen *Ästhetizität* zeigt die Kunst, wie der Schein selbst dem Wesen wesentlich ist (Hegel). Damit zerstört die Kunst die Auffassung von Wahrheit als universeller und idealer Notwendigkeit – eines Niemals-Schwindens, eines An-und-für-sich-Seins. Die Kunst zeigt, dass gerade die Wahrheit in ihrer Hinwendung zur Erscheinung besteht, in ihrem *Übergehen* in sie. Dies ist die Wahrheit *der* Dichtung. Die Dimension des Ästhetischen erscheint nun nicht länger als jene des Zufälligen – in der Poesie gibt es keine Zufälligkeit – weil das Übergehen, die Bewegung des Erscheinens in die Vorstellung von Wahrheit selbst übernommen werden muss. Und genau das *weiß* die Kunst: dass die Dimension des Übergangs – und das ist eben: *der Tod* – dem Wesen der Wahrheit zugehörig ist. Dieses *Wissen* der Kunst macht uns betroffen und verwirrt – und gleichzeitig verführt es uns. Seine Sprache zeigt – grundlegender als jede andere – die wesensmäßige Verbindung der Sprache mit dem Tod.

Niemand hat dies besser erfasst als Hegel. Diese Idee ist der Kern seiner großartigen *Ästhetik*. Ohne dieses Werk kann man die *Philosophie* der zeitgenössischen Kunst niemals verstehen. Die ihr eignende Aufgabe jeglicher »mimetischer« Verpflichtung erklärt ausdrücklich, wie ihre Worte in keinster Weise mehr »im Dienste« einer Wahrheit, die sie übersteigt, stehen. Ihre Worte re-präsentieren nicht, sondern sie exponieren sich selbst – das heißt: die Welt, in der die Wahrheit dem Geschehen zukommt, in der die Vorstellung von Wahrheit gänzlich in das Erscheinen, in die Ereignisse übergegangen ist. Hier ist das »dargestellte« Ding nicht länger das Ding; ausgehend vom Ereignis ist es nicht möglich, auf eine Wahrheit zurückzukommen, die das Geschehen *sub specie aeternitatis*, »ewig« enthält. Die Phänomene sind wie unser »Ego« unrettbar. Die Wahrheit alles Seienden ist nichts anderes als gerade sein Vergehen. Im Hinblick auf dieses *Thauma* konnte man sich nur ins Schweigen flüchten: *Schwarzes Quadrat* auf schwarzem Grund von Malewitsch.[5]

Wir können den ontologischen Zusammenhang von Kunst und Terror auch unter Einbezug des Problems der Politik erörtern. Der revolutionäre Terror, der Terror als grundlegende Waffe der zeitgenössischen Politik, hängt wesentlich mit den Formen zusammen, die in unserer Zeit das »Schreckliche« im künstlerischen Tun annimmt. In seinem »Bann« der Kunst beharrt Platon auf einem Element, das in entgegengesetzter Richtung in der zeitgenössischen Ästhetik anmaßend wiederkehrt. Der wesentliche Beweis dafür, dass die Kunst (Platon führt als Beispiel den Maler an) vortäuscht, die Dinge getreulich, so wie sie in Wahrheit sind, wiederzugeben, obwohl sie tatsächlich nur Trugbilder schafft, besteht in der vollkommenen Unbrauchbarkeit der Gegenstands-Bilder, die die Kunst hervorbringt. Der sogenannte – und stets missverstandene – platonische Idealismus dreht sich insgesamt um den Anspruch, die »Phänomena« zu retten, ein höchst konkreter Anspruch: Das Wissen – das Wissen der Ideen-Welt – gestattet es tatsächlich, das Ding im Anblick »ruhig« zu halten, *es zu besitzen* – und daher benutzen und verändern zu können.

Keine Kunst aber vermag dies, sagt Platon, keine Kunst *kennt* das wirkliche *pragma*, auch wenn sie vortäuscht, es zu kennen (*pragma* verweist im Griechischen aus der Sicht der Brauchbarkeit auf das Ding selbst, aus dem Blickwinkel der *Praxis*, des Handelns). Die von der Kunst dargestellten »Dinge« sind daher – *nutz-los*. Aber nutzlose Dinge sind nicht *pragmata* – keine Dinge für uns, für das menschliche Handeln – und daher sind sie keine der Wahrheit getreuen Dinge. Und genau diese ontologische Bedingung der Nutzlosigkeit, die für Platon nun der negative Hinweis auf den erkenntnistheoretischen *Unwert* der Kunst ist, wird nun jene außer-ordentliche, merkwürdige Dimension, die für das Sehen unserer Zeit ihre Bedeutung und ihre Gültigkeit ausmacht.

Mit welchen Worten setzt sich andererseits Hegel mit dem Problem des revolutionären Terrors auseinander? Durch die grundlegende Infragestellung des Problems des Politischen. Der Terror drückt den Grenz-Begriff der politischen Praxis selbst aus: das Vermögen, ohne jegliche wirkliche Notwendigkeit, den Tod zu bringen. Für seinen Begriff besteht das Politische darin, das äußerste Wagnis einzugehen, nämlich zu töten und getötet zu werden, ohne dazu von irgendeinem offenkundigen Zusammenhang materieller Ursachen gezwungen zu sein. Mehr noch: Im Politischen kann es zur Entscheidung über Leben oder Tod ungeachtet jeglicher begründbarer Zweckrationalität kommen. Der Zweck, den das Politische verfolgt, kann in keinster Weise ausschließlich in Begriffen der Nützlichkeit bemessen werden, er kann sich besser als Ritual (oder Opfer) vollkommen nutz-los zum Ausdruck bringen. Mit den Worten von Bataille (die Kojeves Hegel-Erörterung völlig erneuerten) könnten wir von *dépense* sprechen: Das Politische kann soweit entwickeln, bis es jedes Maß und jedes Kalkül übersteigt, bis es keine »Sorge« um das eigene Überleben hat. Und das ist das *Schreckliche*: dass gerade die Nutz-losigkeit, die der »bürgerlichen« Interessensabwägung entgegengesetzt ist, gleichzeitig das Zeichen der völligen Freiheit der Praxis des Menschen *und* ihr Tötungspotential darstellt.

In der unauflöslichen Verbindung der Sprache mit dem Tod erscheint schließlich auch die Verwandtschaft von Politik und Kunst. Die Kunst spricht die Sprache des »Heimganges« (des Überschreitens) der Wahrheit in das Geschehen, in das Ereignis. Und für die Kunst der Gegenwart gibt es keine Rückkehr, keine Auferstehung *nach* dieser Entscheidung. Die Politik andererseits spricht die Sprache des Willens zur Macht, die den Anderen in der Selbst-Befriedigung aufheben und auslöschen will. Die Kunst stellt nicht bloß das Ereignis dar, sondern *im* Ereignis den Tod der Wahrheit; die Politik bringt nicht einfach ihre Macht über Leben und Tod zum Ausdruck, sondern die Macht, *nutz-los* sterben oder leben zu lassen. Und eben dieser Wesenszug der Politik hat die zeitgenössische Kunst stark »fasziniert«; hier hat sie jene Vorstellung von vollkommener Freiheit jenseits jeglichen zweckrationalen Schemas wiedergefunden, die den Inbegriff des eigenen Selbstbewusstseins darstellt. Was »Ästhetisierung« des Politischen genannt worden ist, offenbart genau diesen Prozess.

Diese Kunst *und* diese Form des Politischen bringen die völlige *in-securitas* zum Ausdruck – aber nicht als bloße Entwurzelung, sondern als Exzess, als un-endliches Überschreiten. Jeder Staat, das heißt: jeder festgefügte Zustand soll von ihrem unermüdlichen Treiben erfasst werden. Das Maß wird beiden wahrhaftig fremd. Dennoch kann dem Schrecklichen nicht entkommen werden. Es wird im Auge behalten. Das großartige *Thauma* – der Gottestod – das nutzlose Sich-Verwerfen als Zeichen einer unmöglichen Freiheit – das *Thauma*, in das wir uns ohne Möglichkeit der Rettung »eingeschifft« haben – dieses *Thauma* soll hinterfragt werden. Dabei dürfen wir uns nicht dem Staunen ergeben (im *Erstaunen* klingt das *starr sein* mit: stupor ist das stumme Erstarren). Das *Andere* – jenes Ereignis, das keine Wahrheit mehr erhellt – jene andere Macht, die wir bezwingen wollen, um unsere Sehnsucht nach Anerkennung unseres eigenen Wertes zu befriedigen – *dieses Andere im Allgemeinen* müssen wir angreifen und durchdringen.

Und hier begegnet man dem wahren Terror: nicht einfach angesichts des Anderen, des Unbekannten, sondern im Wollen, sein Dunkel zu durchdringen, im Wollen, dorthin zu sehen, wo kein Licht leuchtet. Um das Andere zu durchdringen, um mit seinem Anders-Sein zu *kommunizieren*, um es unserer Anwesenheit zu eröffnen, muss Gewalt angetan und gelitten werden. Es ist notwendig, *sich zu verletzen*.

In der *Jenaer Realphilosophie* von Hegel finden sich außerordentlich lehrreiche, ich möchte behaupten: visionäre Stellen, die das äußerste Wagnis beschreiben, dem sich das Subjekt durch sein unablässiges Sehnen danach aussetzt, mit seinen eigenen Augen die Nacht des Anderen fixieren zu können. Wenn mir der Andere – gerade weil ich ausschließlich von ihm anerkannt werden kann – wesentlich ist, wird es mir unmöglich sein, »ihn in Ruhe zu lassen« – ebenso wenig wird es mir unmöglich sein, mich der Gefahr auszusetzen, selbst das Opfer zu werden. Jede übergeordnete Synthese könnte sich nur im Feuer dieses absoluten Widerspruchs bilden. Doch noch vor jeder möglichen Übereinkunft wird genau diese Finsternis durchdrungen werden müssen. »Dies ist die Nacht, das Innre der Natur [das hier existiert] – r e i n e s S e l b s t. In der phantasmagorischen Vorstellung ist es ringsum Nacht: hier schießt dann ein blutig[er] Kopf, dort ein[e] andre weiße Gestalt plötzlich hervor und verschwindet ebenso. Diese Nacht erblickt man, wenn man dem Menschen ins Auge blickt – in eine Nacht hinein, die f u r c h t b a r wird; es hängt die Nacht der Welt hier einem entgegen.«[6] Sieht Hegel hier den *Quinta del sordo-Zy*klus von Goya? Oder ein Selbstporträt von van Gogh? Den verzweifelten Versuch

Massimo Cacciari

von Schiele, einen Akt zu durchdringen und sich in ihm zu durchdringen? Oder ein Bild von Francis Bacon? Und dennoch muss der Mensch solche Nacht »durchmachen«, um sich in der ihm eignenden Individualität erkennen zu können. Die Person ist nichts als die Form, die aus dem »Gewirr« ihrer Inhalte, ihrer widersprüchlichen Inhalte abgehandelt werden kann.

Der künstlerische Ausdruck möchte aus dem »Terror« solche Form ableiten. Jede seiner Gestalten entspringt der »Nacht der Welt«. Das ist die Nacht des unendlich Möglichen, des Möglichen an sich. In ihr ist alles noch *im Spiel*, alles ist noch un-bestimmt. Die widersprüchlichsten Bilder geben sich in einem – und jedes beansprucht mit gleicher Hartnäckigkeit Ex-istenz, lebendige Wirklichkeit zu werden. Wir finden in der Kunst die Genese der Formen aus dem rein Möglichen, ein unausgesetztes Entstehen, niemals beendetes Werden. Jede Gestalt wird als Figur-des-Möglichen betrachtet. Die Möglichkeit ist keine vom Sein getrennte und dem Sein entgegengesetzte Kategorie, sondern das Sein selbst wird als nichts anderes als ein Zustand der Möglichkeit gesehen. Ein Versuch, ein Experiment, ein Wagnis. Und das lässt erzittern, erstaunen und erschrecken.

Doch das Wesen des Spiels ist ein zwiespältiges. Terror verursacht das Spiel, das jede Form mit dieser Nacht der unendlichen Möglichkeiten in Beziehung setzt, das jedes Denken zum An-Denken an die *arché* wendet, an den Anfang, der in sich selbst undenkbar bleibt. Dies ist der Terror – könnten wir nun also sagen –, der »reinigt« –, weil wir durch seine Kraft die »Schuld« erkennen, die unserem ständigen Beharren darauf anhaftet, unsere Individualität als selbstständig, unabhängig von allem, anzunehmen. Dies ist der Terror, der die tragische Katharsis begründet.

Es gibt aber noch das Spiel, das die *Passion* außer Acht lässt, die dazu geführt hat, den Übergang der Wahrheit in Erscheinung in Betracht zu ziehen, das Antlitz des Anderen, des völlig Unbekannten, zu durchdringen. In dieser Form des Spiels wird jedes Geschehen als bloßes Zeichen, bloßer Zufall, als *sinnlos* erörtert. Nun beruhigt sich der Terror, den das Hinterfragen des Anderen und die Unabschließbarkeit solcher Prüfung zur Folge hatten, in einer Art Absolutsetzung des Relativen. Sein Lebenslicht erlischt daher. Alles wird Vergänglichkeit; jedes Ereignis wird gleichwertig – dies besagt die Verordnung des unpersönlichen »man« unseres Zeitalters. Aber wo der Terror schweigt, setzt sich die *Langeweile* aufgrund der unbestimmten Wiederkunft des Zufälligen durch. In der scheinbaren völligen Mobilmachung, im ständigen Wandel ändert sich nichts, kehrt alles wieder, weil jede Geste oder jedes Zeichen in ihrer absoluten In-Differenz das gleiche darstellen. Die Flut der Bilder, ihr plötzliches Erscheinen-und-Verschwinden endet im Entstehen eines drückend gleichartigen *Uni*-versums. Schlussendlich gebiert die planetarische Ikonodulie ikonodulatrischen Überdruss.

Aber am Höhepunkt der Langeweile lebt der Terror wieder auf. Sobald sie wirklich abgründlich wird, enthüllt die Langeweile das Nichts und die Sinnlosigkeit dieser fantasmatischen »Magie« der Produktion von Bildern und Gesten durch Bilder und Gesten – Erzeugung der Waren durch Waren.

Ihre »Freiheit« (von jedem Sinn, von jeder Suche nach der Wahrheit, von der Sehnsucht nach der »Nacht der Welt«) *erstickt* letztendlich. Die Kirchenlehrer hätten von *Angustia* gesprochen – Angustia meint genau das Ersticken, ist aber gleichbedeutend mit ANGST. Und Angustia verurteilt entweder zum Schweigen (zu jenem Schweigen, das nicht sprechen zu können bedeutet, nicht aber zum Schweigen, das zum Ursprung des Wortes deutet) oder sie entfesselt den Terror aufs Neue. Angustia ist die Bedingung jeder Prüfung, jeder ek-stasis – sie ist geradezu das Kennzeichen der Ek-statizität des Daseins. In seiner Analyse war Heidegger Hegel unendlich viel näher, als er vielleicht jemals vermutet hätte. Im Lichte beider Erkenntnisse könnten wir also die Verbindung von Kunst und Terror in all ihrer ontologischen Bedeutung erfassen, ohne sie auf banale psychologische oder soziologische Erörterungen zu beschränken und dadurch »totzureden«.

Literatur

Hegel, Georg Wilhelm Friedrich, Ästhetik, 2 Bde., hg. von Friedrich Bassenge, 2., durchges. Aufl., Berlin–Weimar 1965

Hegel, Georg Wilhelm Friedrich, Jenaer Systementwürfe III, neu hg. von Rolf-Peter Horstmann, Hamburg 1987

Leopardi, Canti. Gesänge. Zweisprachige Ausgabe, nachgedichtet von Michael Engelhard, Berlin 1990

Nietzsche, Friedrich, Werke in drei Bänden, Bd. 2, hg. von Karl Schlechta, München 1954

Winckelmann, Johann Joachim, Geschichte der Kunst des Altherthums, 2 Bde., Dresden 1764

Endnoten

1 Vortrag bei den Salzburger *Festspiel-Dialogen* am 14. August 2003. Aus dem Italienischen übersetzt von Reinhard Kacianka.

2 Winckelmann, Johann Joachim, *Geschichte der Kunst des Altherthums*, 2 Bde., Dresden 1764.

3 Leopardi, *Canti. Gesänge*. Zweisprachige Ausgabe, nachgedichtet von Michael Engelhard, Berlin 1990, S. 96f.

4 Vgl. Nietzsche, Friedrich, *Werke in drei Bänden*, Bd 2, hg. von Karl Schlechta, München 1954, 163f.

5 Titel mehrerer Gemälde von Kasimir Malewitsch (1878–1935).

6 Hegel, Georg Wilhelm Friedrich, *Jenaer Systementwürfe III*, neu hg. von Rolf-Peter Horstmann, Hamburg 1987, S. 172.

Geliebter Mörder[1]

Thea Dorn

Dass Liebesgeschichten schlecht enden, ist eine Binsenweisheit, zumal wenn wir uns ins Reich der Kunst begeben. Gelingende Zweisamkeit mag das Garn sein, aus dem bürgerliche Träume geklöppelt sind – Sagen, Dramen und Opern entstehen nur dort, wo Mann und Frau aufeinanderprallen, um sich zu vernichten oder gemeinsam zu verglühen. Einer der gewaltigsten Teilchenbeschleuniger für die Experimente zwischen Mann und Frau ist Blaubarts Burg. Seit über 300 Jahren zieht sie Schriftsteller und Komponisten in ihren Bann. Quer durch die europäische Kulturgeschichte treffen wir Frauen, die Blaubart fürchten, ihm erliegen, ihn durch ihre Liebe erlösen wollen oder am Ende gar selbst auf Erlösung hoffen. Wer wissen will, wie sich gesellschaftliche und religiöse Verwerfungen im Geschlechterkampf verdichten, sei eingeladen, Blaubarts verbotene Kammer zu betreten.

Feudaler Wüstling sucht gehorsames Weib

Der Erste, der die alte, mündlich überlieferte Schreckensmär im Jahre 1697 aufschrieb, war der Franzose Charles Perrault. Bei ihm ist Blaubart ein legendär reicher Mann, der dennoch als abstoßend gilt – nicht nur die Schelmin wird den blauen Bart als Zeichen einer dubiosen Sexualität verstehen. Außerdem gibt es Gerüchte, dass der Blaubärtige bereits mehrfach verheiratet gewesen sein soll, und niemand weiß, was aus diesen Ehefrauen geworden ist. Dennoch gelingt es ihm, eine »Dame von Stand« zu überreden, dass sie samt ihren beiden Töchtern einige Zeit in einem seiner Landhäuser zubringt – die beiden Mädchen erleben dort einen solchen Wohlstand und eine solch bezaubernde Form der *»douce vie«*, dass die Jüngere sich schließlich doch entscheiden kann, den reichen Mann trotz der Gerüchte und trotz seines blauen Barts zu heiraten.

Nachdem sie einen Monat verheiratet sind, erklärt der Blaubart seiner Frau, dass er für einige Wochen verreisen müsse – sie solle einladen, wen immer sie wolle, Feste feiern, und die Schlüssel für Möbelspeicher, Schatztruhen, kurz: für die Räume im gesamten Haus wolle er ihr auch dalassen. Sie dürfe alles durchforschen – nur eine kleine Kammer im unteren Stockwerk nicht. Sollte sie dieses Verbot missachten und die Kammer dennoch betreten, habe sie »alles von seinem Zorn zu erwarten«. Spricht's und verschwindet.

Die junge Gattin gibt nun munter Feste, ihre Schwester und ihre Freundinnen bewundern den Reichtum, den die Glückliche erheiratet hat, sie selbst aber spürt, dass es sie unwiderstehlich zu der verbotenen Kammer im unteren Stockwerk zieht. Sie gibt ihrer Neugier schließlich nach, schließt die Kammer auf – und entdeckt an den Wänden die ermordeten, aufgehängten früheren Frauen des Blaubarts. Vor Schreck lässt sie den Schlüssel fallen – in die große Blutlache, die den ganzen Boden der Kammer bedeckt.

Nachdem die junge Frau die Kammer verlassen und sich ein wenig beruhigt hat, sieht sie, dass an dem Schlüssel ein Blutfleck ist. Ähnlich wie sich die Shakespearesche Lady Macbeth darum bemüht, das Blut von ihren Händen zu waschen, versucht nun die arme Madame Blaubart, den Schlüssel vom Blutfleck zu reinigen – ebenso vergeblich.

Ihr Mann kommt überraschend früher von seiner Reise zurück und will die Schlüssel wiederhaben. Madame Blaubart versucht, die Rückgabe des verbotenen Schlüssels hinauszuzögern, indem sie behauptet, sie habe ihn verlegt – doch letztlich muss sie dem Drängen ihres Mannes nachgeben. Und dieser entdeckt den Blutfleck sofort. Seine Reaktion: »Es gilt zu sterben, Madame!«

In Todesangst schickt die junge Frau ihre Schwester auf den Turm, damit sie nach den Brüdern Ausschau halte, die versprochen haben, sie am heutigen Tag zu besuchen. Die Brüder kommen just in dem Moment, in dem Blaubart ins Zimmer seiner Frau stürmen will, um diese zu köpfen. Es gelingt ihnen, Blaubart zu töten, bevor dieser die Rache an ihrer Schwester, seiner ungehorsamen Frau, vollziehen kann. Die solchermaßen zur Witwe Gewordene erbt sein gesamtes Vermögen, das sie im Wesentlichen dazu verwendet, ihre Schwester mit einem Edelmann und sich selbst mit einem »höchst ehrenwerten« Mann zu verheiraten, der sie »die schlimme Zeit vergessen lässt, die sie mit Blaubart verbracht hatte«.

Liest man dieses Märchen, drängt sich die Frage auf, wer hier *eigentlich* der »bad guy« ist: Der tyrannische, blutrünstige Blaubart? Oder das neugierige Frauenzimmer, das seine Nase in verbotene Angelegenheiten steckt? Wie in der damaligen Zeit nicht unüblich lässt Perrault auf das Märchen eine »Moral von der Geschicht'« folgen, sie lautet: »Die Neugier, trotz all ihrer Reize, kostet oft reichlich Reue. Jeden Tag sieht man tausend Beispiele dafür geschehen. Das ist, wenn es den Frauen auch gefällt, ein ziemlich flüchtiges Vergnügen, sobald man ihm nachgibt, schwindet es schon, und immer kostet es zu viel.«

Auch wenn in dieser Moral hervorgehoben wird, dass die tausend Beispiele für die Schädlichkeit der weiblichen Neugier täglich zu besichtigen seien, fällt es dennoch schwer, hierin nicht in erster Linie einen Kommentar zu *dem* Sündenfall der Menschheit, der Vertreibung aus dem Paradies, zu erkennen. Bekanntermaßen war

Thea Dorn

Eva es, die sich von der Schlange überreden ließ, vom verbotenen Baum der Erkenntnis zu essen – und bezeichnenderweise gibt es eine spätere Bearbeitung des Blaubart-Stoffes durch Ludwig Bechstein, in der Blaubarts junge Gattin selbst zögert, die verbotene Kammer zu öffnen, und erst von ihrer Schwester, der Schlange, dazu verführt wird.

Doch sollte dies wirklich die Moral von der Geschicht' sein? Warum lässt Perrault seinen Blaubart dann nicht die junge Gattin tatsächlich ermorden, sondern lässt sie im Gegenteil von ihren Brüdern erretten und auf diese Weise zur reichen Witwe werden, die sich glücklich wiederverheiraten darf? Da verfuhr der alttestamentarische Schöpfer doch deutlich strenger mit der neugierigen Sünderin, indem er ihr als Schicksal auferlegte, ihre Kinder fürderhin unter Schmerzen gebären zu müssen und nach dem Mann zwar Verlangen zu haben – vom diesem jedoch beherrscht zu werden.

Die Frage, wie es um die Herrschaft von Mann über Frau, die Eva als biblische Strafe für ihre Neugier zu erdulden hatte, zu seinen Tagen bestellt ist, beschäftigt Perrault in einer zweiten »Moral«, die er dem Märchen beifügt. Sie lautet: »Wenn man auch noch so wenig Scharfsinn hätte, und verstünde kaum das Zauberbuch der Welt, man sähe rasch, dass diese Geschichte ein Märchen aus vergangener Zeit ist. Es gibt keine so schrecklichen Gatten mehr, und keinen, der das Unmögliche verlangt, wenn er unzufrieden oder eifersüchtig ist. Bei seiner Frau sieht man ihn Schmeichelreden führen, und welche Farbe sein Bart auch haben mag, man kann kaum erkennen, wer von beiden der Herr ist.«

Es ist leicht, sich über diese Bemerkung lustig zu machen, sie als die übertriebene Empfindlichkeit eines Mannes deuten, der bereits bei den ersten Anzeichen einer weiblich-emanzipatorischen Morgenröte das gesamte Patriarchat in Gefahr sieht, das sich, nüchtern betrachtet, im späten 17. Jahrhundert bester Wirkmacht und Geltungskraft erfreute. Aber so einfach sollte man beziehungsweise frau es sich nicht machen. Die Ambivalenz, die Perrault im Umgang mit der Blaubart-Gattin an den Tag legt, verrät vielmehr etwas über die Risse und Selbstzweifel, die das in jener Zeit entstehende Bürgertum zumindest unterschwellig geplagt haben müssen.

Die Abkehr von unhinterfragten Autoritäten läutete das Ende der christlich-feudalen Ordnung ein, die Europa auch im 17. Jahrhundert noch bestimmte. Und so wie Ungehorsam den Beginn der bürgerlichen Emanzipation auf gesellschaftlicher Ebene bedeutete – bedeutete Neugier, Hinterfragen, In-Zweifel-Ziehen den Beginn der geistigen Emanzipation des Menschen bereits seit der Antike.

Die beiden Zentrallaster, vor denen das Blaubart-Märchen angeblich warnen will, Neugier und Ungehorsam, entpuppen sich bei näherer Betrachtung just als jene Kräfte, die die geistige und gesellschaftliche Emanzipation des Bürgertums antrieben. Vor diesem Hintergrund lässt sich besser verstehen, weshalb es Perrault nicht übers Herz brachte, »seine« Blaubart-Gattin am Schluss tot in der Kammer enden zu lassen. Selbst wenn Blaubart von ihm nicht explizit als Feudalherr, als Vertreter der alten Gesellschaftsordnung, benannt wird, trägt er in seiner Maßlosigkeit und Unbeherrschtheit dennoch alle Züge der verabscheuten alten Tyrannen, deren Willkür sich der Bürger nicht länger unterwerfen wollte.

In der französischen Volksmythologie war die Figur des Blaubarts ohnehin mit der realen, historischen Schreckensfigur des Gilles de Rais zu einer Art Übermonster verschmolzen. Gilles de Rais hatte als Marschall 1429 an der Seite von Jeanne d'Arc erfolgreich gegen die Engländer gekämpft, war in den darauffolgenden Jahren jedoch zum berüchtigten Kinder- vor allem Knabenmörder mutiert. Jahrelang hatten die Bauern und die einfache Bevölkerung der Umgebung ohnmächtig mit ansehen müssen, wie ihre Kinder in den diversen Schlössern und Burgen des Herrn de Rais auf Nimmerwiedersehen verschwanden. Erst als der Marschall militärisch überflüssig geworden war, seinen enormen Reichtum verschleudert hatte und somit keine Bestechungsgelder mehr zahlen konnte, gaben die zuständigen Herren aus Adel und Geistlichkeit Gilles de Rais zum Abschuss frei. Am 26. Oktober 1440 wurde er hingerichtet. Perrault wird beim Niederschreiben seines Märchens samt dessen doppelter »Moral« diesen par-excellence-Vertreter des feudal-sadistischen Herrschertypen im Kopf gehabt haben. Denn außer dem Sadismus und dem sagenhaften Reichtum gibt es eine weitere Gemeinsamkeit zwischen seinem Blaubart und dem historischen Gilles de Rais. Letzterer hat bei seinem Prozess unter anderem gestanden, Satanismus und Alchimie betrieben zu haben. Und wer, wenn nicht der Teufel selbst, soll dem Perraultschen Blaubart verraten haben, wie man einen Schlüssel so präpariert, dass ein Blutfleck, den man auf der einen Seite abgewischt hat, prompt auf der anderen Seite wiedererscheint?

Die Zeit der feudalen, irrationalen Willkürherrschaft ist vorbei, die alten Blaubärte müssen abtreten – das ist die eine Botschaft des Märchens, wie Perrault es erzählt. Doch gleichzeitig, so scheint es, ist dem jungen Bürgertum nicht restlos wohl gewesen bei seinem beginnenden Ungehorsam gegenüber den früheren Autoritäten. Zum einen wird die Angst eine Rolle gespielt haben, die alten, sich bis zur Französischen Revolution 1789 ja noch in Amt und Macht befindlichen Herren könnten jederzeit rächend zurückschlagen. Zum anderen muss das vorrevolutionäre Bürgertum bereits eine Ahnung beschlichen haben, dass es zu Chaos und neuer Barbarei führen wird, wenn alle Autorität in Frage gestellt, jedes Verbot nur als Aufforderung begriffen wird, es zu überschreiten.

Dies erklärt, weshalb Perrault die Neugier und den Ungehorsam der Madame Blaubart nicht als Ausdruck des neuen Zeitgeists vorbehaltlos gutheißen wollte, sondern stattdessen sorgsam darauf bedacht scheint, mit der feudalen Ordnung nicht auch die patriarchale ins Wanken zu bringen. Die Forderung, der weibliche Teil der Gesellschaft möge sich der forschenden Neugier und des Ungehorsams enthalten und sich stattdessen weiterhin in Folgsamkeit üben – eine Forderung, die eigentlich den Grundprinzipien des sich emanzipierenden, nach Autonomie strebenden Bürgertums widerspricht –, diese Forderung würde somit der Sorge entspringen, mit einer restlos von Glauben und Autoritätshörigkeit abgefallenen Welt könne es nicht gut enden. Anders formuliert: Der Verzicht auf Emanzipation war der Preis, den die Frauen dafür zahlen sollten (und auch gezahlt haben), dass sich die Männer von Gott und anderen absoluten Autoritäten emanzipieren konnten.

In der Tat spielt dieser Gedanke eine zentrale Rolle bis in die heutige Diskussion um Geschlechterrollen hinein. Es gibt nicht wenige Feministinnen unserer Tage, die dem Bestreben von Frauen, an allen Bereichen männlicher Lebens- und Arbeitswelt gleichberechtigt teilnehmen zu wollen, vorwerfen, damit zum endgültigen Zerfall und zur Verrohung der Gesellschaft beizutragen, und stattdessen von Frauen verlangen, sich in ihrer Wertordnung den klassisch männlich-bürgerlichen Zielen, dem Durchsetzen der eigenen Interessen, dem beruflichen Erfolg und der Gewinnmaximierung, zu verweigern.

Aufgewecktes Frauenzimmer sucht Abenteuer

Deutlich gelassener sieht Ludwig Tieck den weiblichen Drang zur Welterkundung. Von ihm stammt die nächste wichtige Bearbeitung des Blaubart-Stoffs hundert Jahre nach Perrault an der Grenze zum 19. Jahrhundert. Gleich zweimal hat sich der romantische Dichter der Figur angenommen: in seiner umfangreichen Erzählung *Die sieben Weiber des Blaubart* ebenso wie in seinem Theaterstück *Ritter Blaubart*. In beiden Werken heißt der Blaubart »Peter Berner« und ist ein gefürchteter Raubritter. Die Dame, der das zweifelhafte Glück zuteil wird, ihn zu ehelichen, ist eine »Agnes von Friedheim«, die sich bereits bei ihrem ersten Auftritt als quecksilbriger, höchst neugieriger Geist erweist. So verkündet sie in dem Theaterstück: »Ich möchte immer auf Reisen sein, durch unbekannte Städte fahren, fremde Berge besteigen, andre Trachten, andre Sitten kennenlernen. Dann mich wieder ganz allein in einem Palaste einsperren lassen und die Schlüssel zu jedem Gemach, zu jedem Schranke in Händen haben; dann würde eins nach dem andern aufgeschlossen […] Ich habe mir schon oft gedacht […] wie ich aus einem Zimmer in das andere eilen würde, immer ungeduldiger, immer neugieriger.«

Agnes' Wunsch, in einem fremden Palast samt Schlüsselbund eingeschlossen zu sein, geht dank Blaubart prompt in Erfüllung. Doch als sie vor der Kammer steht, die Blaubart ihr in bekannter Manier verboten hat, packen sie Zweifel, ob sie diese Übertretung wirklich riskieren soll. »Hüte dich«, warnt sie sich selbst, als hätte sie eben noch die erste »Moral« zu dem Perraultschen Blaubart gelesen: »Das, was dich jetzt peinigt, ist am Ende die berüchtigte weibliche Neugier.«

Auch wenn der – wohl kaum ganz ernst gemeinte – Name »von *Fried*heim« Agnes als Adlige ausweist, zeigt sie sich im nächsten Satz als waschechte Tochter der Aufklärung, die das Recht zu zweifeln, Gründe genannt zu bekommen, längst und ganz selbstverständlich für sich in Anspruch nimmt. Tieck lässt sie räsonieren: »Es muss doch irgendeinen *Grund* haben, warum er es mir so strenge verboten hat, und den Grund hätte er mir sagen sollen, so wäre meine Folgsamkeit ein *vernünftiger* Gehorsam, aber so handle ich nur aus einer blinden Unterwürfigkeit; eine Art zu leben, wogegen sich mein ganzes Herz empört.«

Nicht nur in diesem Zitat, im ganzen Stück wird die »Vernunft«, wird der »Verstand« als diejenige Macht beschworen, die den Menschen leiten soll. Wie bereits gesagt: Tieck hat seine beiden Blaubart-Texte hundert Jahre nach Perrault geschrieben. Das Bürgertum hatte sich mittlerweile gesellschaftlich-politisch durchgesetzt – die Aufklärung mit Werken von Voltaire, Diderot und Hume in ganz Europa Triumphe gefeiert, keine zwanzig Jahre war es her, dass Kant in seinem berühmten Aufsatz *Was ist Aufklärung?* die Bürger aufgefordert hatte, sich ihres eigenen Verstandes zu bedienen. Und tatsächlich lautet der Rat, den Anne ihrer Schwester Agnes im letzten Akt gibt, als Blaubart ankündigt, dass er sie zur Strafe für ihren Ungehorsam töten werde: »Fasse dich nur, damit wenigstens die Rettung noch möglich ist, damit nur dein *Verstand* nicht leidet.«

Doch die Rettung – und das ist die Pointe des Tieckschen Blaubart-Dramas, mit dem sich der Autor als Anhänger der romantischen Vernunft-Skepsis erweist –, die Rettung erfolgt nicht etwa, weil alle sich vernünftig verhielten. Sie erfolgt, weil Annes und Agnes' Bruder Simon in der Nacht zuvor träumte, dass seine Schwester sich in höchster Not befände. Nur mühsam gelingt es Simon, der durch das ganze Stück als melancholischer, mit den Grenzen der menschlichen Vernunft hadernder Charakter geistert, seinen rationalen Vater und Bruder davon zu überzeugen, dass sie seiner dunklen Ahnung Glauben schenken und tatsächlich zum Schloss des Blaubarts reiten sollen. Und als habe es ihm selbst den größten Schrecken eingejagt, dass er mit seiner traumhaften »verrückten« Ahnung recht behalten hatte, weiß Simon seiner Schwester nach erfolgter Rettung nichts Besseres zu sagen als: »Tröste dich nur und fass deine *Vernunft* wieder zusammen.«

Rhetorisch-ironisch wird die Vernunft wieder in ihr Recht gesetzt – aber dem Zuschauer bleibt klar, dass in diesem Drama die Rettung nur erfolgen konnte, weil einer sich nicht auf die Vernunft verlassen hat, sondern auf ihr Gegenteil, die

Thea Dorn

Ahnung, den Traum, vertraute. Bei aller Anbetung von Vernunft und Verstand, wie sie die »positiven« Figuren in diesem Stück an den Tag legen, schwingt die Warnung des Autors mit: »Setzt nicht auf den Rationalismus allein, sonst seid ihr verloren.«

Ebenso denkt Tieck – deutlich konsequenter als Perrault – weiter, wohin nicht nur die schrankenlos gewordene Vernunft, sondern auch die schrankenlose Neugier die Menschheit treibt. Nachdem er den »Verrat« seiner Gattin entdeckt hat, tobt der Blaubart Peter Berner: »Heuchlerische Schlange! […] Verfluchte Neugier! Durch dich kam die erste Sünde in die unschuldige Welt, und immer noch lenkst du den Menschen zum Verbrechen. Seit Eva neugierig war, sind es alle ihre nichtswürdigen Töchter […] Man sollte euer ganzes Geschlecht von der Erde vertilgen. Das Weib, das neugierig ist, kann ihrem Mann nicht treu sein, der Mann, der ein neugieriges Weib hat, ist in keiner Stunde seines Lebens sicher. Neugier ist die Sünde, die jede andre nach sich zieht, denn der Verbrecher sieht kein Ende, keinen Augenblick, wo er mit seinen Erfahrungen stillestehn könnte. Die Neugier hat die entsetzlichsten Mordtaten hervorgebracht, sie war der Sturz der bösen Engel, sie verwandelt die beste Natur in eine schändliche.«

Dieser Ausbruch Blaubarts ist in mehrfacher Hinsicht aufschlussreich: Zwar beginnt er mit der altbekannten Schmähung der weiblichen Neugier, der Geschichte von der Erbsünde, die durch Eva in die Welt gekommen sein soll – jedoch endet er bei nichts anderem als bei Blaubarts Rechtfertigung, die eigenen Verbrechen aufgrund von *Neugier* zu begehen. Denn es fällt schwer, die letzten beiden Sätze nicht auf Blaubart selbst zu beziehen – er ist der »Verbrecher, der kein Ende sieht«, »keinen Augenblick, wo er mit seinen Erfahrungen stillestehn könnte«, der »die entsetzlichsten Mordtaten« begangen hat.

Anders als bei Perrault erfahren wir bei Tieck zum ersten Mal mehr darüber, wer dieser Blaubart ist, wie er sich selbst sieht, was ihn an- und umtreibt. Er begreift sich als gefallener Engel, mit dem Virus der Neugier infiziert, der von eben dieser Neugier dazu getrieben wird, Grenze um Grenze niederzureißen, bis er auch vor den physischen Grenzen anderer Menschen, den Grenzen von Frauenkörpern, keinen Halt mehr macht. Selbst wenn Tieck seinen Blaubart als »Raubritter« auftreten lässt, ist dieser weniger ein Relikt aus dunklen, voraufgeklärten Zeiten, weniger ein Gilles de Rais, der über Leib und Leben der ihm Unterworfenen nach Willkürlaune verfügen konnte – er ist vielmehr der Alptraum einer amoklaufenden Aufklärung, er öffnet den Blick in die Abgründe, in die die Neugier hinabführt, wenn sie Schicht für Schicht alles in Frage stellt, keine Grenze, kein Verbot, kein »Du sollst nicht!« mehr als nicht zu hintergehen akzeptiert, sondern immer noch weiter will, selbst wenn sie längst auf dem Grunde der Barbarei angekommen ist.

Und ein zweites Motiv, das für spätere Blaubart-Bearbeitungen zentral werden soll, taucht hier zum ersten Mal explizit auf: Das Verbrechen, zu dem die weibliche Neugier – aus Sicht des Mannes – zwangsläufig führen muss, ist die Untreue. Der kurze Bogen, den Tiecks Blaubart vom »Verbrechen« der weiblichen Untreue zu seinen eigenen »entsetzlichsten Mordtaten« schlägt, ist dabei mehr als eine machistische Unverschämtheit. In ihm klingt das romantische Motiv an, dass der durch Ungehorsam gegen Gott, der durch Trotz und Neugier gefallene Engel, der verfluchte Mann, nur durch eine Frau erlöst werden kann, die dem korrespondierenden weiblichen »Verbrechen« der Untreue widersteht.

Gefallener Engel sucht rettenden Engel

Der unbestrittene Meister des »Erlösungsmotivs« ist Richard Wagner. Zwar hat er nie eine Blaubart-Oper geschrieben, dennoch lohnt sich ein kurzer Ausflug – der nicht weit vom Blaubart wegführen wird, denn wer ist der *Fliegende Holländer,* wenn nicht ein enger Verwandter des Blaubärtigen?

Zwar hat er kein Schloss, auf dem er seine Ehefrauen ermorden und in einer Kammer hätte sammeln können, dafür verrät er uns am Ende der Oper selbst, dass durch ihn bereits »zahllose Opfer«, sprich: Frauen, die ihn geheiratet haben, der »ew'gen Verdammnis« anheimgefallen seien. Wie Blaubart hat auch er unschätzbare Reichtümer angehäuft. Sein Verbrechen, das ihn zu einem Verfluchten der Weltmeere machte, bestand in seinem »tollen Mut«, bei »bösem Wind und Sturmes Wut« ein Kap umsegeln zu wollen. Dem unpassierbaren Meer schleuderte er ein »In Ewigkeit lass ich nicht ab!« entgegen und bewies damit, dass auch er einer ist, der keine Grenze, keine Autorität, seien es die Naturgewalten, sei es Gott, akzeptiert. Die Einzige, die ihn von dem Fluch erlösen könnte, wäre eine Frau, die ihm treu wäre bis in den Tod. Unzählige Male ist der Holländer von seinem Geisterschiff schon an Land gegangen, hat geheiratet, und jedes Mal haben die Frauen ihm die Treue gebrochen – wofür sie ihrerseits mit »ew'ger Verdammnis« bestraft wurden.

Die Heldin der Oper, Senta, kennt die Sage vom *Fliegenden Holländer* seit ihrer Kindheit. Spätestens seit ihrer frühen Jugend träumt sie davon, diejenige zu sein, die den Verfluchten endlich erlösen darf. Die Frage, warum ein junges Mädchen von der Liebe nicht anders zu träumen weiß, als dass diese ihr mit großer Wahrscheinlichkeit den Tod bringen wird, sei fürs Erste offengelassen. Doch wie es die theatralische Fügung so will: Eines Tages steht der Holländer tatsächlich vor Senta. Ohne zu zögern, schwört sie ihm »ew'ge Treue« und geht am Schluss, als er wütend in See stechen will, nachdem er erfahren hat, dass sie bereits mit Erik, dem Jäger, verlobt ist, tatsächlich ins Wasser, um für ihn zu sterben.

In Wagners Oper wird der Mann zum Verbrecher, indem er sich in einem Akt der Selbstüberhebung gegen die göttliche Autorität auflehnt, die natürlichen Grenzen überschreitet. Aus diesem Zustand kann ihn nur eine Frau retten, die in völliger Selbstlosigkeit und Unterwürfigkeit bereit ist, sich für den Mann zu opfern. Die Wagnersche Erlösungsutopie lässt sich unmittelbar an das anschließen, was das Perraultschen Blaubart-Märchen über schlechtes Gewissen, Ängste und Selbstzweifel des entstehenden Bürgertums verraten hatte: Der Mann, der sich von Gott abwendet, wird zum radikalen Grenzüberschreiter. Unterschwellig ahnt er, dass seine Grenzüberschreitung den Charakter eines Verbrechens hat und eines Tages böse bestraft wird. Deshalb kommt der Frau die Rolle zu, Grenzen einzuhalten, keine Selbstüberhebung zu praktizieren, sondern mit ihrer Selbstlosigkeit die Verbindung zum alten Weltbild aufrechtzuerhalten: Sie soll akzeptieren, dass es Mächte gibt, die größer sind als sie selbst – und wenn es »nur« ein verfluchter Seemann ist –, sie soll sich diesen Mächten unhinterfragt unterwerfen. Der Mann fordert durch sein Handeln Gott heraus, beleidigt ihn – die Frau soll Gott wieder versöhnen. In der Welt des *Fliegenden Holländers* wird die Rolle des Erlösers, die im christlichen Kanon Jesus vorbehalten ist, der Frau aufgebürdet. Eva soll den Schaden, den sie im Paradies angerichtet hat, selbst wiedergutmachen. Wobei das »Gutmachen« nicht innerweltlich zu verstehen ist: Die einzige Erfüllung, die dem *l'homme maudit* und der unglückseligen Frau, die ihn liebt, bleibt, ist der gemeinsame Liebestod.

Im Zeichen der Erlösungshoffnung steht auch *Herzog Blaubarts Burg*, die Oper, zu der Béla Balázs das Libretto geschrieben und die Béla Bartók 1910/11 vertont hat. Hundert Jahre nach Ludwig Tieck erfährt der Stoff hier abermals eine dramatische Veränderung. Gleich zu Beginn lassen Balázs und Bartók die Frau, die bei ihnen Judith heißt, erzählen, dass sie Herzog Blaubart weder wegen seines Reichtums auf die Burg gefolgt ist – wie es die junge Gattin bei Perrault getan hatte –, noch wird sie wie die Tiecksche Agnes von reiner Abenteuerlust getrieben, sondern weil sie Blaubart *liebt*. Sie hat ihn gegen den Willen von Vater, Mutter und Bruder geheiratet, hat für ihn sogar – wie Senta im *Fliegenden Holländer* – den Verlobten verlassen. Die düstere Aura des Mannes hat sie nicht abgestoßen, sondern vom ersten Moment an fasziniert. Deshalb erschrickt sie auch nur kurz, als sie erkennt, wie dunkel und fensterlos Blaubarts Burg ist, um sogleich zu verkünden: »Deiner Feste kalte Tränen will ich trocknen mit meinem Haar. Tote Steine mach ich glühen, mit dem weißen Leibe glühen! Darf ich's Liebster? Darf ich's Liebster? Herzog Blaubart! Liebe soll den Fels erwärmen, Wind soll deine Burg durchwehen, Glück zu Gast sein, Sonne scheinen, Glück zu Gast sein, Freude soll die Räume füllen.«

Anders als Senta geht es Judith – zumindest auf den ersten Blick –, aber nicht darum, für Blaubart zu sterben, ist es keine Todessehnsucht, die sie zu ihm hingezogen hat, sondern sie glaubt, durch ihre Lebendigkeit, durch ihre Liebe den finsteren Mann im Leben retten zu können. Als erste Maßnahme in diesem Erlösungsprogramm fordert sie Blaubart auf, die verschlossenen Türen zu öffnen. In ihrem Drang, seine Burg gründlich lüften zu wollen, ähnelt sie jenen – auch heute noch vorkommenden – Frauen, die zum ersten Mal die Wohnung ihres neuen Liebesobjekts betreten – und feststellen, dass in dieser Junggesellenbude schleunigst saubergemacht werden muss. Doch die dissonante Musik und Blaubarts unheilvolle Ankündigung, dass sein Haus »ihr niemals helle« werden könne, machen klar, dass hier mehr verborgen liegt als unter dem Sofa vergammelnde Pizzakartons und schmutzige Socken. In der Tat gibt gleich die erste Tür, die Judith öffnet, den Blick auf Blaubarts Folterkammer frei. In der zweiten sind seine Kriegsgeräte gelagert.

Judith besteht diese ersten Proben – zwar sieht sie das Blut, das überall an den Waffen klebt, erkennt, wie »gewaltig grausam« ihr Blaubart ist, schreckt jedoch nicht vor ihrem neuen Gatten zurück. Im Gegenteil. Sie begrüßt das Licht, das nun in die Burg zu fallen beginnt. Und, so darf man vermuten, sie genießt die Macht, die sie über Blaubart zu gewinnen scheint. Blaubart selbst spürt, wie Judiths Vordringen in sein Inneres, zu seinen streng gehüteten Geheimnissen, ihn erschüttert – und bei aller Gewalttätigkeit gleichzeitig befreit. Er singt: »Meiner Feste Grund erzittert, aufsteh'n Türen alter Kerker. Judith! Judith! Kühl und süß ist's, wenn die offnen Wunden bluten.«

War die Übergabe der Schlüssel samt der Ermahnung, alles öffnen zu dürfen außer der verbotenen Kammer, bei Perrault und bei Tieck noch eine vergleichsweise schlichte »Gehorsamsprüfung«, wird sie bei Balázs/Bartók zum eigentlichen Kern des Werks, zu einem wechselvollen Ringen zwischen Judith und Blaubart, bei dem es letztlich weniger darum geht, ob Judith ihrem Blaubart gehorcht – sondern darum, wie viel ›Türöffnen‹ ihrer beider Liebe verkraftet. Warum sonst sollte Blaubart Judith nach den ersten beiden Türöffnungen ermahnen: »Achte *unser*, Judith, achte!« So hätte kein Perraultscher und kein Tieckscher Blaubart mit seiner Gattin gesprochen. Und tatsächlich ist der Balázs-Bartóksche Blaubart erstaunlich schnell bereit, Judith weitere Schlüssel auszuhändigen, nachdem er gesehen hat, dass die Öffnung der ersten beiden Türen weder sie noch ihn hat zusammenbrechen lassen. Auch er scheint mittlerweile wenigstens die vage Hoffnung zu haben, dass ihre Liebe Bestand haben, ihn von den Dämonen, die er in sich verschlossen hat, befreien könnte.

Tür um Tür erkundet Judith unter den Augen von Blaubart dessen Reich, entdeckt seine fabelhaften Schätze, seinen Zaubergarten und seine unendlichen Ländereien – ist hingerissen von der Pracht und sieht gleichzeitig das Blut, das davon kündet, auf welche Weise diese Reichtümer erwirtschaftet wurden. Ihrer Liebe zu

Blaubart tun auch diese Entdeckungen keinen Abbruch – und lauscht man der Musik, scheint Blaubart selbst von dieser neuen Liebe hingerissen, die trotz aller Schrecken, die seine Vergangenheit zu bieten hat, zu ihm steht. Liest man jedoch den Text, ist deutlich, dass Blaubart diesem »Frieden« nicht traut. Leitmotivisch kehren seine Warnungen an Judith wieder: »Alles schaue, frage nimmer! [...] Küss mich, Judith, frag nicht! [...] Lieb mich, Judith, frag nicht!«

Die übersteigerte Angst, von der Frau »befragt« zu werden, teilt der Balázs-Bartóksche Blaubart mit einer weiteren prominenten Figur aus dem Wagnerschen Heldenkosmos: mit Lohengrin. Bevor der anonyme Schwanenritter bereit ist, Elsa von Brabant aus der höfischen Intrige zu retten, deren Opfer sie geworden ist, und sie zu heiraten, singt er die berühmten Verse:

Nie sollst du mich befragen,
noch Wissens Sorge tragen,
woher ich kam der Fahrt,
noch wie mein' Nam' und Art!

Anders als die Judith bei Bartók, die zu keiner Zeit ernsthaft die Absicht äußert, ihren Blaubart in Ruhe zu lassen, verspricht Elsa ihrem Lohengrin, ihn unhinterfragt zu lieben. Und dennoch scheitern beide Frauen auf nahezu identische Weise: Als im *Lohengrin* die gedemütigte Intrigantin Ortrud versucht, Elsa einzuflüstern, sie müsse ihren Frischvermählten ausfragen, sicher habe er ein dunkles Geheimnis – kann Elsa der Versuchung noch irgendwie widerstehen. Doch in ihrer Hochzeitsnacht, als Lohengrin andeutet, dass er keinem »dunklen« Hintergrund entflohen sei, sondern dass es »Glanz und Wonne« seien, die er zurückgelassen habe, wird Elsa von der Sorge übermannt, Lohengrin nicht halten zu können. Sie deutet seine Worte so, dass es dort, wo er herkommt, eine viel strahlendere Frau gibt, als sie selbst es ist – und dass es nur eine Frage der Zeit sein wird, bis Lohengrin zu dieser Frau zurückkehrt.

Und so bricht Elsa ihr Versprechen, indem sie Lohengrin nun doch befragt. Und er offenbart ihr, dass er ein Gralsritter ist, der sie nun verlassen muss, da seine Identität bekannt ist. Elsas Drang zu fragen, kostet sie ihre Liebe – und in einem liebestodartigen Schluss auch das Leben.

Ganz ähnlich braut sich das finale Unheil in Balázs' und Bartóks *Blaubart* zusammen: Mitten im zentralen Liebesduett der Oper will Judith wissen: »Sag mir, Blaubart, sag mir eines, wen hast du vor mir besessen?« Und als Blaubart ihr mit einem seiner üblichen »Judith, frag nicht!« antwortet, hakt sie nach: »Waren die andern Frauen lieber als ich? Schöner als ich? Sag doch, sag doch, Herzog Blaubart!«

So nötigt sie Blaubart, auch noch die allerletzte Kammer zu öffnen – aus der tatsächlich Blaubarts frühere Frauen gespenstisch schön herausprozessiert kommen.

Und die zuvor so entschieden, selbstbewusst handelnde Judith steht plötzlich gebrochen neben diesen Frauen, weil sie zu erkennen glaubt: »Wie sie schön sind, wie sie reich sind, ach, wie arm bin ich dagegen.« Jeden einzelnen Auftritt kommentiert sie mit: »Nie kann ich mich mit ihr vergleichen.«

Blaubart legt ihr schließlich das kostbarste Gewand an, erklärt Judith, dass sie die »schönste«, die »allerschönste« seiner Frauen gewesen sei – und sperrt sie zusammen mit ihren Vorgängerinnen in die letzte Kammer zurück. Auch die anderen Türen, die Judith geöffnet hatte, schließen sich wieder, und Blaubart kann nur noch feststellen: »Nacht bleibt es nun ewig, ewig, ewig … ewig …«

Judiths Versuch, Blaubart aus seiner Finsternis zu befreien, und Judith selbst scheitern also nicht an ihrer Neugier, an ihrem Ungehorsam per se. Der Balázs-Bartóksche Blaubart ist »modern« genug, um zu erkennen, dass das Judithsche In-ihn-Dringen durchaus Befreiendes hat. Die fatale Grenze überschreitet Judith erst, indem sie fordert: »Ich will nicht, dass auch nur eine deiner Türen mir verschlossen.«

So wie der Mann erst Ruhe gibt, wenn er die Welt zerlegt hat – gibt die Frau erst Ruhe, wenn sie den Mann zerlegt hat. Und so wie das kriegerisch-forsche Alle-Grenzen-Niederreißen des Mannes letztlich zur Vernichtung führt, wohnt auch dem weiblichen Den-Mann-restlos-erforschen-Wollen zerstörerische Kraft inne.

Oberflächlich betrachtet, mag man Judiths und Elsas Drang, in den letzten Winkel der Psyche, der Geschichte ihres Geliebten vordringen zu wollen, als »die berüchtigte weibliche Neugier« abtun. Wagner, Balázs und Bartók haben jedoch erkannt, dass hinter dieser »Neugier« eine machtvolle Angst steht: der weibliche Minderwertigkeitskomplex, hässlicher, wertloser, unattraktiver zu sein als die anderen Frauen, die im Leben des Geliebten eine Rolle gespielt haben und immer noch spielen mögen. Das Motiv der »weiblichen Treue/Untreue«, das im Tieckschen *Blaubart* und auch im *Fliegenden Holländer* die zentrale Rolle spielt, erfährt in *Lohengrin* ebenso wie im Balázs-Bartókschen *Blaubart* eine fast paradoxe Umdeutung: Hier wird den Frauen nicht *ihre* Untreue zum Verhängnis, beziehungsweise die übersteigerte Sorge der Männer, ihre Frauen könnten sie betrügen – hier wird den Frauen zum Verhängnis, dass sie den Gedanken nicht ertragen können, nicht die Einzige zu sein, die der Mann liebt, sprich: Ihnen wird die Untreue des Mannes, ihr eigener überzogener Begriff von der einzigen, der absoluten Liebe, zum Verhängnis.

Frau, einsam, gelangweilt, sucht Mann, gern auch Schwerverbrecher

Weitere hundert Jahre später, in Dea Lohers Theaterstück von 1997 *Blaubart – Hoffnung der Frauen*, scheitern die Protagonistinnen gleich reihenweise an ihrer Sehnsucht nach der übergroßen, der maßlosen Liebe. Lohers Blaubart heißt mit

Vornamen Heinrich und ist ein etwas introvertierter Damenschuhverkäufer, der offensichtlich keine großen Erfahrungen mit der Liebe, mit den Frauen hat. Gleich in der ersten Szene begegnet ihm Julia, eine junge Frau, die an ihrem 18. Geburtstag, einsam Eis schleckend, auf einer Parkbank sitzt. Heinrich Blaubart und Julia kommen ins Gespräch, und in einer grotesken Beschleunigung treibt Loher das Paar nach nur wenigen Sätzen in den Dialog hinein:

Julia: »Ich liebe dich.«
Heinrich: »Ich liebe dich auch.«
Julia: »Ich liebe dich über die Maßen.«
Heinrich: »Ich liebe dich auch.«
Julia: »Ich liebe dich über die Maßen.«
Heinrich: »Ich liebe dich ja auch.«
Julia: »Über die Maßen.«

Julia steigert sich immer mehr in ihren Liebe-über-die-Maßen-Rausch hinein, Heinrich will sie zurückhalten, doch sie zieht ein Fläschchen mit Gift hervor und trinkt es. Um ihm zu beweisen, dass sie ihn tatsächlich »über die Maßen« liebt. Heinrich bleibt ratlos zurück. So beginnt bei Dea Loher die Karriere des großen Frauenmörders. Und Julia bleibt in dem Stück nicht die Einzige, die den an und für sich banalen Heinrich Blaubart in die Rolle des Serienmörders hineinzwängt – weil sie selbst mit ihrer Existenz nichts anzufangen weiß.

Eine Christiane, die Mann und Kinder verlassen hat, bedrängt ihn später im Stück:

Ich möchte nie mehr zur Ruhe kommen, nie mehr, ich möchte mich nie mehr langweilen müssen, ich möchte nie mehr abends fernsehen, ich möchte einen Mann, der ein gesuchter Schwerverbrecher ist, und mit ihm quer durch Europa fliehen, ich möchte in Tanger an Land gehen und bei Sonnenuntergang die Ärsche der kleinen Jungen küssen.

Heinrich: »Reizen Sie mich nicht.«

Christiane: »Ich möchte mich nicht mehr verlieben, ich möchte nicht mehr heiraten, ich möchte den Mann treffen, der mein Herz in schäumender rücksichtsloser Leidenschaft zerreißt, der mein Innerstes nach außen kehrt, der sich nimmt, ohne zu fragen.«

Blaubart tut ihr den Gefallen und schleudert ihren Kopf an die Wand, bis sie tot ist. Der weibliche Versuch, die eigene Leere mit der Hingabe an einen zu füllen, der seinerseits aus Ennui alle Zivilisationsgrenzen überschritten hat, kann nur tödlich enden. Dies führt uns Dea Loher noch radikaler vor als Balázs und Bartók. Dennoch verfolgen beide Bearbeitungen dasselbe unausgesprochene Motiv: Auf dem Grunde seines Herzens sucht Blaubart eine Frau, die genug Stärke, genug Selbst besitzt, sich seinem Unterwerfungswillen entgegenzustellen. Nicht ihr Ungehorsam besiegelt das Schicksal der Frauen – sondern ihre Schwäche. In dem Moment, in dem sie die alte weibliche Unterwürfigkeit, den alten weiblichen Minderwertigkeitskomplex hervorkehren, in dem sie sich selbst zum Opfer machen, macht auch Blaubart sie zu seinem Opfer.

Beherzte Vagabundin sucht männliches Pendant

Ziemlich exakt hundert Jahre bevor Dea Loher den Blaubart als Frauenfantasie Amok laufen lässt, hat Maurice Maeterlinck den Gedanken durchgespielt, was mit Blaubart geschieht, wenn er einmal tatsächlich an eine Frau gerät, die ihm zwar nicht ihre Liebe, aber jeglichen Gehorsam, jegliche Unterwürfigkeit konsequent bis zum Schluss verweigert. Im Original heißt sein Singspiel *Ariane et Barbe-Bleue*, ein völlig angemessener Titel, denn im Zentrum der Handlung steht deutlich Ariane, während Blaubart lediglich als passive Nebenfigur erscheint. Am Rande sei erwähnt, dass dem deutschen Übersetzer diese Umgewichtung der Figuren offensichtlich nicht ganz geheuer war, weshalb das Drama im Deutschen den Titel *Blaubart und Ariane* trägt.

Ariane ist eine furchtlose, im besten Sinne emanzipierte Frau. Auch wenn uns ihre Vorgeschichte im Drama nicht wirklich erzählt wird, ist zu ahnen, dass sie sich bereits mit zahlreichen schlaffen Männern gelangweilt hat – und nun hofft, in dem berüchtigten, Frauen verschleißenden Blaubart ein ebenbürtiges Gegenüber zu finden. Kaum auf dem Schloss angekommen, macht sich die Grenzüberschreiterin auf die Suche nach der verbotenen Tür, von der sie so viel gehört hat. Ihre Amme, mit der sie zusammen reist, versucht sie, daran zu hindern, aber Ariane erklärt ihr: »Ich muss zunächst ungehorsam sein; das ist die erste Pflicht, sobald er befiehlt und droht, statt zu erklären … Ich will die verbotene Tür öffnen … Alles, was erlaubt ist, wird uns nichts lehren.«

Blaubart kommt in jenem Moment hinzu, in dem Ariane die verbotene Tür geöffnet hat. Sein Kommentar:

»Auch du …«
Ariane: »Ich vor allen.«
Blaubart: »Ich hielt dich für stärker und klüger als deine Schwestern …«
Ariane: »Wie lange haben sie das Verbot befolgt?«
Blaubart: »Die eine wenige Tage, die andere ein paar Monate, die letzte ein Jahr …«
Ariane: »Die hättet Ihr allein bestrafen müssen.«
Blaubart: »Es war wenig genug, was ich verlangte …«
Ariane: »Ihr verlangtet mehr von ihnen, als Ihr gabet.«

Thea Dorn

Ariane ist die erste Frau – sowohl in diesem Werk, als auch in allen anderen Bearbeitungen des Stoffes –, die es wagt, Blaubart daran zu erinnern, dass eine Beziehung sich auf Augenhöhe bewegen sollte. Sie verweigert ihm die Unterwürfigkeit, und nicht nur das: Gleich zweimal im Drama wird sie zu seiner Retterin, indem sie sich dem tobenden Mob, der Blaubart lynchen will, entgegenstellt und erklärt, sie habe die Situation im Griff. Nach der ersten Rettung Blaubarts durch Ariane lautet die Maeterlincksche Regieanweisung: »Ariane drängt die Bauern sanft zurück [...], während Blaubart mit gesenkten Blicken dasteht und die Spitze seines Schwertes betrachtet.« Selten dürfte man auf dem Theater einen kastrierteren Blaubart gesehen haben.

Um diejenige zu »bestrafen«, über die er so wenig Macht hat, sperrt Blaubart auch Ariane in das Verlies hinter der verbotenen Tür, in das er seine früheren Frauen gesperrt hat und in welchem diese eine Schattenexistenz führen. Doch Ariane empfindet weder Furcht noch fühlt sie sich durch die Vorgängerinnen herabgesetzt, im Gegenteil: Sie preist die Schönheit der anderen Frauen und macht sich zur Anführerin ihres Befreiungsversuchs.

So zugewandt sie den »Schwestern« ist, kann sie allerdings eins nicht verstehen. »Was ist denn das?«, fragt sie: »Lebt ihr immer so in Furcht und Schrecken?« Und kurz darauf stellt sie fest: »Meine armen, armen Schwestern! Warum wollt ihr denn befreit sein, wenn ihr die Finsternis [sprich: Gefangenschaft] so liebt?«

Tatsächlich gelingt es Ariane, sich und die anderen aus dem Verlies zu befreien – allerdings scheitern sie bei dem Versuch, auch Blaubarts Burg zu verlassen. Blaubart selbst ist verschwunden. Arianes luzider Verdacht: »Er ist fortgegangen, vielleicht zum ersten Mal erschüttert ...« Doch ahnt sie, dass er zurückkommen wird, und hilft deshalb den anderen Frauen, sich herauszuputzen – nicht etwa, indem sie ihnen noch reichere Kleider anlegt – sondern indem sie die Frauen ermahnt, ihre natürliche Schönheit nicht künstlich zu verstellen.

Ein interessantes Detail in diesem Zusammenhang: Balázs und Bartók war das Maeterlincksche Blaubart-Drama bekannt, das heißt, dass sie in ihrer Bearbeitung dieses Motiv absichtsvoll umgedreht haben, wenn ihr Blaubart seine Judith am Schluss unter kostbaren Kleidern begräbt und sie für immer in die Kammer schickt.

Bei Maeterlinck geht Arianes Rechnung auf, dass Blaubart zurückkehren und der Schönheit der Frauen nicht wird widerstehen können. Allerdings gelingt es den Bauern, Blaubart anzugreifen, bevor dieser sich in seinem Schloss in Sicherheit bringen kann. Zum zweiten Mal ist es Ariane, die ihn aus der Not rettet: Wie ein Beutetier legen die Bauern ihr den verwundeten, gefesselten Blaubart vor die Füße. Die anderen, verängstigten Frauen warnen Ariane, Blaubart zu befreien, doch diese weiß, dass von Blaubart nichts mehr zu befürchten ist: Freiwillig hat er sich den blauen Bart abrasiert. Und so schneidet Ariane die Stricke durch und gibt dem Gezähmten einen letzten Kuss. Als die anderen Frauen sehen, dass Blaubart tatsächlich der Stachel gezogen zu sein scheint, trauen sie sich an ihn heran und beginnen sogleich, ihn krankenschwesterlich zu umsorgen. Ariane fragt die »Schwestern« eine nach der anderen, ob sie das Schloss nicht gemeinsam mit ihr verlassen wollen. Und eine nach der anderen gesteht verdruckst, dass sie doch lieber bei Blaubart bleiben würde. Also zieht Ariane – mit ihrer Amme – allein davon.

Bei Maeterlinck erleben wir die einzige Frau, die aus eigener Kraft die Begegnung mit Blaubart überlebt. Allerdings scheitert auch sie mit ihrer Hoffnung, in diesem Blaubart einen ebenbürtigen Gegner zu finden. Im Angesicht ihrer Stärke erweist sich Blaubart als Schwächling. Der Schluss, dass er mit sieben gluckenden Frauen zurückbleiben muss, während die Einzige, die ihm je Paroli bieten konnte, sich enttäuscht von ihm abwendet – dieser Schluss ist bitterer als alle Bestrafungen, die Blaubart in seinen sonstigen Inkarnationen erfahren musste. Der düster umflorte *homme maudit* hat seine Magie verloren.

Nicht nur Arianes Reise in Blaubarts Reich, auch die kleine Kulturgeschichte des Geschlechterscheiterns kommt zu ihrem Ende. Die Burg wird nicht zu Staub zerfallen, nur weil eine gezeigt hat, dass gegen den schrecklichen Mann doch ein Kraut gewachsen ist: die unerschrockene Frau.

Denn noch immer meinen Zeitgenossen und Zeitgenossinnen, die durch männlichen Übermut ins Wanken gebrachte Welt sei durch weibliche Demut wieder ins Lot zu bringen. Noch immer glauben Frauen, die zu schwach sind, sich selbst zu tragen, sie könnten den Mann aus seinem Abgrund hinaufziehen. Noch immer gelingt es den Geschlechtern nicht, einander zu erschüttern, ohne sich in Schutt und Asche zu legen. Noch immer bürden wir der Liebe alle Hoffnungen auf, die der Glaube nicht mehr zu füllen vermag.

So wird auch Ariane weiterziehen. Und wenn sie nicht gestorben ist, klopft sie noch immer an Burgtor nach Burgtor nach Burgtor …

Literatur

Bartók, Béla, Herzog Blaubarts Burg, Libretto von Béla Balázs, 1910/11, Opernuraufführung 24. Mai 1918 in Budapest

Bechstein, Ludwig, Das Märchen vom Ritter Blaubart, Nr. 79, in: Deutsches Märchenbuch, 2 Bände [Erstausgabe 1845], Hildesheim–Zürich–New York 2003

Dorn, Thea, Ach, Harmonistan. Deutsche Zustände, München 2010

Kant, Immanuel, »Was ist Aufklärung?«, in: Berlinische Monatsschrift 12, 1784, S. 481–494

Loher, Dea, Blaubart – Hoffnung der Frauen, Frankfurt a.M. 1997

Maeterlinck, Maurice, Ariane et Barbe-Bleue, 1901, als Libretto 1907 (dt. Blaubart und Ariane oder die vergebliche Befreiung)

Perrault, Charles, La Barbe bleue (dt. Blaubart), in: Histoires ou Contes du temps passé, avec des moralités, auch Contes de ma Mère l'Oye (dt. Geschichten oder Märchen aus vergangener Zeit einschließlich Moral: Märchen meiner Mutter Gans), 1697

Tieck, Ludwig, Die sieben Weiber des Blaubart. Eine wahre Familiengeschichte, ¹1797 [hg. unter Pseudonym Gottlieb Färber]

Tieck, Ludwig, Ritter Blaubart. Ein Ammenmärchen …, Berlin ¹1797 [hg. unter Pseudonym Gottlieb Färber]

Wagner, Richard, Der Fliegende Holländer, Opernuraufführung 2. Jänner 1843 in Dresden

Wagner, Richard, Lohengrin, Opernuraufführung 28. August 1850 in Weimar

Endnote

1 Vortrag bei den Salzburger *Festspiel-Dialogen* am 14. August 2008. Erstveröffentlicht in: Dorn, Thea, *Ach, Harmonistan. Deutsche Zustände,* München 2010.

Der schöne Schein des Märchens und sein Schatten. Defiguration in Hugo von Hofmannsthals *Die Frau ohne Schatten*[1]

Antonia Eder

»Ich werde jetzt mit frischer Kraft und dem Willen zur opernmäßigen Leichtigkeit an sie herantreten« (SW XXV.1 571) – gemeint ist *Die Frau ohne Schatten,*[2] und sein opernmäßiges Herantreten kündigt Hofmannsthal im September 1913 dem musikalisch kongenialen Produktionspartner Richard Strauss an, der mit Vorschusslorbeeren zunächst motiviert: »Jedenfalls haben Sie noch nichts Schöneres und Geschlosseneres in Ihrem Leben gedichtet [...]. Hoffentlich wird meine Musik Ihrer schönen Dichtung würdig« (SW XXV.1 587) – und in der Schlussphase der Zusammenarbeit doch deutlich angestrengt bittet: »Aber wir wollen den Entschluss fassen, die ›Frau ohne Schatten‹ sei die letzte romantische Oper« (SW XXV.1 616).

Die Charakterisierung der *Frau ohne Schatten* als romantisch spielt einerseits auf das von Adelbert von Chamisso in seinem *Peter Schlemihl* etablierte, romantische Motiv des verlorenen Schattens an, benennt aber zugleich auch deren hermetische Tendenzen und symbolischen Überdeterminationen. In der oszillierenden Rezeption scheint sich das Werk einer Epochenzuordnung eher zu widersetzen, zumal wenn die Beschreibungen von romanisch bis romantisch, abschätzig als »gekünstelt« oder begeistert als »dünnflüssiges feuer« symptomatisch divergieren.[3] Doch ein Generalnenner ist auszumachen: *Die Frau ohne Schatten* habe »eben gar nichts von heutzutag«, wirklich »nicht eine Spur Moderne« sei mehr darin – so urteilt Rudolf Pannwitz (SW XXV.1 624).

Die disparaten Zuschreibungen sind aufgrund der Ambivalenz von Dichte und schwebender Unbestimmtheit von Hofmannsthals märchenartigem Text nicht sehr überraschend. Diese Irritationen nun sollen gerade Ausgangspunkt für den Versuch meiner Überlegungen sein, jene konkurrenziellen Zuschreibungen auf verschiedenen Ebenen des Textes zu verorten und letztlich, soviel sei entgegen der Einschätzung von Herrn Pannwitz vorweggenommen, einen ausgesprochen modernen Impetus sichtbar zu machen.

Ich werde mich im Folgenden in drei Schritten anhand ausgesuchter Lektürevignetten der Stofflage in Erzählung und Libretto der *Frau ohne Schatten* nähern. In einem ersten Abschnitt werde ich kurz rekapitulieren, welchen Traditionen Hofmannsthal mit dem Motivkomplex des fehlenden Schattens folgt und wie er sie in mehreren Volten variiert. Dann werde ich in einem zweiten Teil den sozial- und genderstrategischen Implikationen der Erzählung folgen, die sich über zentrale Motive von Macht, freiem Willen, Weiblichkeitsbildern und Humanität generieren. Ein abschließender dritter Teil wird sich den literarischen Fakturen Hofmannsthals im Libretto zuwenden. *Die Frau ohne Schatten* lässt sich, so meine These, als prototypische Dichtung Hofmannsthals lesen, in der er einer ganz eigenen Poetologie der *Vorgängigkeit* folgt.[4] So bewegt sich das im Folgenden Ausgearbeitete von der motivischen Basis über die hermeneutischen Phänomene zu einer poetologischen Ästhetik des Werkes.

I. Das Märchenmotiv: Der Schatten ohne Frau

Das Libretto Hofmannsthals steht in vielfacher Hinsicht zu literarischen Vorbildern in Bezug: »Seine Form ist«, wie Pannwitz formuliert, »zwischen die der Zauberflöte, die des zweiten Faust und die des gesellschaftlichen Orients zu setzen«[5] – keine geringen Wegmarken werden da aufgeboten. Und doch ist *Die Frau ohne Schatten* eines der selbsttätigsten Werke des bekennenden Eklektizisten Hofmannsthal. Der Stoff wird ihm so reich, dass er das Werk, genau genommen, gleich zweifach schreibt – so folgt der Autor in gewisser Weise auch in der Produktionspraxis seinem ganz eigen interpretierten Schattenmotiv und kreiert zeitgleich zum Opernlibretto einen narrativen Doppelgänger: die Erzählung *Die Frau ohne Schatten*. Die ausgefeilte Komposition und symbolistische Atmosphäre der Letzteren erzeugen einen irritierenden Sog, den Pannwitz als »glühende Sinnlichkeit-Geistigkeit« beschreibt, »für die man im ersten Augenblick zu dumm ist und über die man sich etwa doppelt ärgert, weil ihre Unfasslichkeit für den Verstand mit einer Sichtbarkeit fürs Auge verbunden ist.«[6] Die von Pannwitz nahegelegte Mehrfachlektüre ist unbestritten hilfreich, doch kann man durchaus der oben zitierten »Sichtbarkeit« folgen. Denn der Text oszilliert, irisiert und scheint ganz Darstellung, ganz Oberfläche – und darin, so meine im Folgenden auszuführende These, adaptiert er ein entschiedenes Diktum Nietzsches: *Die Frau ohne Schatten* ist »oberflächlich aus Tiefe«.

Motivische Richtschnur für die gemeinsame Arbeit an der Oper von Strauss und Hofmannsthal ist erklärtermaßen *Die Zauberflöte* gewesen: Man findet ganz ähnliche Motive der Initiation und Prüfungen, ein hohes und ein niederes Paar, die sich ihrer Liebe versichern und darin zum humanistischen Menschenideal reifen. Es geht in der *Frau ohne Schatten* aber darüber hinaus um faustischen Drang und mephistophelische Verführung, um Gewalt, Eifersucht und Macht. Vieles ist eingesponnen in das poetische Geflecht der textuellen Oberfläche, doch wie funktionieren Figuren, Konstellationen und Tektonik des Textes genau? Ich werde diesen Fragen allererst am Motiv des Schattens nachgehen.

I.1 Schattenseiten

Um 1800 beginnt das Schattenmotiv sich vor dem Horizont eines anthropologischen Gesamtkonzepts zu konturieren, in dem Körper und Geist idealerweise harmonieren, gleichberechtigt ein Ganzes, ein »Vollständiges«[7] des Menschen konstituieren. Die teleologische Ausrichtung ist symptomatisch für den Weimarer Klassizismus, der das gelingende Spiel zwischen Körper und Geist ins Recht gesetzt wissen will, nicht etwa noch aufgeklärt dominant die Vernunft. Die Ausgewogenheit von Sinn und Sinnlichkeit steht für einen Lebensentwurf nun auch als Körperlichkeit, dessen *Schattenwurf* erst sein materiales Gelingen erweist. Bemerkenswert ist in Bezug auf das Motiv des Schattens, das sich bereits in Philosophie und Anthropologie um 1800 formt: Der Schatten ist potentiell Ausweis für geglücktes Menschsein. Was Schiller als Recht des Körpers in anthropologischer Ausbildung zum »vollständigen Menschen« proklamiert,[8] wird in schwarzromantischen Texten umgehend subvertiert, indem die frisch rehabilitierte Leiblichkeit in ihrer phänomenologischen und psychodynamischen Unzuverlässigkeit (Doppelgänger, Verlust von Schatten- oder Spiegelbild) durch- und vorgeführt wird.[9] Die über den physikalischen Körper determinierte Humanität gerät dabei motivisch zum inhumanen Zwangspositivismus, der den Schattenlosen erbarmungslos ausschließt. Hundert Jahre später wird das Motiv von Hofmannsthal in *Die Frau ohne Schatten* (1914–18) aufgenommen, geschlechterlogisch variiert, darin zugespitzt und nicht zuletzt derart überkodiert, dass es final, so die hier zu verfolgende These, defigurativ in sich zusammenstürzt.

Der fehlende Schatten ist eine fantastische Imagination, die gegen die Gesetze der Physik rebelliert und die Substanz des Körpers von der Akzidenz des Körpers trennt. Vergleichbar funktioniert die Idee des verlorenen, verkauften oder verwetteten Spiegelbildes.[10] Zu finden sind diese Ideen bereits im volkstümlichen Glauben an Geister,[11] die sich gerade dadurch als solche erkennen lassen, dass sie keinen Schatten werfen:

Der Schatten ist immateriell, angepasst an seinen Schattenwirt ohne eigene Oberfläche. Sein Bestimmendes ist die [nicht gänzliche] Abwesenheit des Lichts in den Umrissen des schattenfähigen Körpers. […] Der Schatten ist weniger als das ihn verursachende Objekt, dem er seine Existenz verdankt und dennoch mehr.[12]

Diese fehlenden Lichtreflexphänomene gründen in der wiederum physikalisch deduzierenden Annahme, dass es sich eben nicht um materielle Körper, sondern um immaterielle, daher schattenunfähige Geschöpfe, meist diabolischer, dämonischer, vampirischer oder geisterhafter Provenienz handelt, das heißt um Nicht- beziehungsweise Un-Menschliches, das sich den irdischen Gesetzen entzieht.[13] Dieses Kennzeichen gerät in der ersten großen romantischen Erzählung vom ›fehlenden Schatten‹, dem *Peter Schlemihl,* zum Zeichen des Nichtbürgerlichen – und darin nicht weniger für den Betroffenen zur Katastrophe desjenigen, der die Ordnung eminent irritiert, unterminiert und darum aus ihr ausgegrenzt werden muss.

Hofmannsthal konturiert mit der Kaiserin als *Frau ohne Schatten* in dieser Motivtradition ebenfalls einen fundamentalen Verstoß gegen die naturrechtliche Ordnung in der gewaltsamen Überschreitung in ein kategoriales Außerhalb: »Durch ihren Leib / wandelt das Licht, / als wäre sie gläsern (SW XXV.1 10). Auffällig wird dieses Defizit der Kaiserin aber erst, als sie die eigene Ordnung (Feenwelt) eintauscht gegen die humane Weltordnung, zu der es sie allerdings hereditär, »von der Mutter her«, mit »übermächtig[em] Trieb« (SW XXV.1 10) zieht. Diese Ordnungsdestabilisierung erst ist Movens der Handlung, in deren Fortgang über die Ahndung dieser Störung und die oktroyierte Wiedereinrichtung der aus den Fugen geratenen (Mensch- und Geister-)Welten das, wenn auch labile Gleichgewicht wiedergewonnen werden soll. Die Konfiguration der Ordnungsstörung, die Hofmannsthal hier über den Schatten entwirft, wird Foucault im Programm des Monströsen fassen,[14] das auf den Körper als eine der fragwürdigsten Grenzen des Humanen rekurriert.[15] Denn diese Grenze[16] bestimmt als Ort das Monströse von zwei Seiten her: Zum einen verbleibt es in der Unentscheidbarkeit zwischen den Ordnungen der Natur: Als »Mischwesen« irritiert es die Distinktionslogik »des Menschlichen und des Animalischen«, der »Form«, »Arten« und »Individuen«, von »Mann und Weib«, »Leben und Tod«.[17] Zum anderen wird es zu einer oszillierenden Figur der Bewegung, die ›monstrum‹ bereits etymologisch in der Doppelbedeutung von ›Ungeheuer‹ (monstrare: sich zeigen) und ›Zeichen‹ (monere: beklagen, auf etwas deuten) situiert und »sowohl auf einen möglichen Referenzraum, ein Außen, als auch auf die eigene Medialität verweist«.[18] Diese Doppelbezüglichkeit produziert auch Hofmannsthals Text, indem die Schattenlogik diegetisch auf den distinkten Referenzraum bezogen bleibt und darin ›schatten-normativ‹ eine Kippfigur konstituiert, die darüber hinaus an ihre körperliche Medialität gebunden bleibt. Denn, hier kommt die weitere Variante des Motivs des verlorenen Schattens ins Spiel, diese ist an eine zusätzliche Irritation der scheinbar natürlich distinkten Ordnung geknüpft: an willentliche Unfruchtbarkeit. Vorbild hierfür ist Nikolaus Lenaus fünfteilige Ballade *Anna,* in der die Heldin ihren Schatten für unvergängliche Schönheit und die ersehnte Kinderlosigkeit tauscht.[19]

Als Amalgam erscheinen nun beide Motivvarianten bei Hofmannsthal, dem Gero von Wilpert in seiner motivgeschichtlichen Abhandlung zum Motiv des Schattens bescheinigt, dass er einen Höhe- und vielleicht sogar Schlusspunkt für das Schattenmotiv gestaltet habe.[20] Hofmannsthal führt dabei gleich mehrere fehlende Schatten als Movens ein: Bei der Titelfigur, der Kaiserin, handelt es sich gerade *nicht* um einen verkauften, verlorenen oder verspielten Schatten, sondern um Schattenlosigkeit von Natur aus. Sie stammt aus dem Geisterreich und dort ist Schattenlosigkeit die Norm, das heißt, das Phänomen stößt weder auf Ablehnung oder Angst, noch führt es als Defizit zur sozialen Ausgrenzung wie noch bei Chamisso. So geht es in Bezug auf die Protagonistin im Fortgang der Geschichte also um den Ersterwerb eines Schattens und nicht um dessen Verlust und Rückgewinnung. Erst die chiastisch spiegelbildliche Anordnung des Motivs in der Figur der Färbersfrau nimmt den genuinen Traditionszusammenhang auf: Die Färberin ist nämlich bereit, im Tausch gegen sozialen Aufstieg, freizügige Sexualität und Luxus, ihren Schatten der Geistertochter abzutreten. Diese wiederum braucht einen Schatten, denn sie muss ihren Mann, den Kaiser, vor dem Fluch ihres Vaters (Versteinerung) retten, indem sie vom schattenlosen Zwischenwesen – sie oszilliert dank einer Verwandlungsgabe als Geist-Tier-Mensch zunächst jenseits humaner Körperordnung – zum vollgültigen Menschen dank eines Schattens wird. Zum vollständigen Menschsein der Kaiserin führt aber, in Überbietung der romantischen Anlage des Motivs, der Schattenwurf erst als Schwangerschaft. Umgekehrt ist für die menschliche Färbersfrau der Schatten selbst zunächst nicht analog mit Schwangerschaft, denn obwohl sie, human durch und durch, einen solchen wirft, ist sie nicht schwanger, sondern erst der Verlust dieses Schattens bedeutet einerseits die Absage an ihre ungeborenen Kinder und darüber hinaus nicht allein den Verlust ihrer sozialhumanen Position (Ehefrau, Mutter), sondern Gefahr für ihr Leben (Morddrohung Baraks). Hofmannsthals Erzählung kombiniert damit die beiden Linien des Schattenmotivs: Er verknüpft das Symbol gewordene Merkmal der Menschlichkeit (die Demarkationslinie an der Grenze zum Monströsen), indem er es intrikaterweise an zwei Frauen chiastisch durchspielt, mit dem Phänomen der un/gewollten Mutterschaft als Befragung (hetero-)normativer Ontologie.[21]

Die Logik des Schattenmotivs bei Hofmannsthal folgt damit weder der Plus-Minus-Logik des Experimentators Chamisso, noch der rigorosen Sühnelogik Lenaus: »Stattdessen sind Umpolung, Auffächerung, Diversifikation, spiegelbildliche Vervielfältigung und indirekte Motivierung die Mittel, mit denen sich Hofmannsthal auch auf struktureller Ebene von der Motivtradition abhebt.«[22] Zudem ist für die Handlungstektonik bei Hofmannsthal konstitutiv, dass die angebahnten Ent- und Verwicklungen nicht linear verlaufen, wonach sie sich irgendwo kreuzen müssten, um im jeweils anderen Extrem zu enden – ein Chiasmus, der typisch für die Teleologie eines ›Besserungsstücks‹ einstünde –, sondern es zeigt sich vielmehr ein iterativer, konfligierend verstetigter Überschuss, ein irreduzibler Rest bei der finalen Lösung des Knotens. Darum erfolgt diese Lösung auch nicht als die in der Forschung vielgeführte allomatische, also harmonisierend, erlösend durch die anderen im anderen,[23] sondern der Text favorisiert einen Schluss, der einen delikaten, diegetisch wie poetologisch beunruhigenden Schwebezustand inszeniert:

> Am Schluss von Akt II schwebt der Schatten in der Luft, die eine hat ihn verwirkt, die andere ihn nicht rechtsgültig erworben – dieser schwebende Handel und seine Schlichtung durch ein salomonisches Urteil höherer Mächte, als deren Wortführer die ›Ungeborenen‹ fungieren, bildet ja das Zentrum des dritten Aktes. (SW XXV.1 134)

Im Finale dieses letzten Aktes werden sowohl die Kaiserin durch die Geste der opfernden Entsagung als auch die Färberin durch die Geste der opfernden Reue mit einem je eigenen, neu- beziehungsweise wiedererrungenen Schatten belohnt. Dabei wird diese Entlohnung weniger über die qualvolle Querung gewaltsamer Prüfungssituationen fraglich, sondern deren Zuträglichkeit in Bezug auf eine zukünftige, deutlich als konstruiert markierte Ordnung von Humanität qua Biologie, deren Einsetzung ausgerechnet inhumanen, da »höheren Mächten« übertragen ist.

Das Schattenmotiv birgt bei Hofmannsthal also Zweierlei: Der Schatten ist erstens das Zeichen des anthropologischen Idealzustands, Zeichen dafür, ganz Mensch zu sein, was eine physische Bringschuld der Existenz transportiert: »Es ist das Schattenwerfen, mit der [die Menschen] der Erde ihr Dasein heimzahlen« (EEG 348). Zweitens ist das Motiv variiert als geschlechtlich codiertes Zeichen: Schattenwurf fungiert als Zeichen gelingender Weiblichkeit. Damit erscheint das Motiv affirmiert und subvertiert zugleich: Einerseits wird es zum patriarchal anmutenden Ideal verkürzt – ein Ideal, das erstens den Weg über die gewaltsame Ermächtigung in der Ehe (Todesdrohung Baraks gegenüber seiner Frau, Todesdrohung Keikobads: Versteinerung des Kaisers) und zweitens die biologische Reproduktion (Mutterschaft) nimmt.[24] Zum anderen wird das Motiv heillos überdeterminiert, wenn die Zuschreibungen von Eros und Bios definitorisch an eine (hetero-)normative Humanität rückgebunden werden, deren Ordnung aber nicht genuin greift (Geistertochter), sondern als Figuration (in der Menschenwelt) hergestellt wird: In diesem Zirkelschluss ist Humanität als Faktur markiert und damit umgekehrt auch der Defiguration preisgegeben. Diese iterative De/Figuration biologisch-anthropologischer Versicherung reflektiert der Text metapoetisch über figurale und textuelle Auflösungserscheinungen, die, so meine These, in der finalen Konstellation der

Gleichzeitigkeit des Ungleichzeitigen, auf der Ebene des Dargestellten ebenso wie auf derjenigen der Darstellung, und damit poetologisch greifen.

II. Der Geschlechterreigen

Hofmannsthals Interesse am Stoff ist nicht primär an einer Harmonisierung des Politischen mit dem Individuellen (wie in der *Zauberflöte*) ausgerichtet.[25] Vielmehr geht es in der doppelt genealogischen Perspektive der *Frau ohne Schatten* um die jeweilige Sicherung von zwei Dynastien: die des Menschenkaisers bei Gelingen, die des Geisterkönigs Keikobads bei Scheitern der Prüfungen – beide Strategien bedürfen ideologisch und biologisch der Frau, *mit* beziehungsweise *ohne* Schatten.

Damit hat Hofmannsthal, ganz psychodynamisch geschulter Zeitgenosse, auch die neurotisch überreizte Erotik der eigenen (patriarchal organisierten) Epoche im Blick. Die entsprechenden Motive sind im Märchen zahlreich zu finden: Ehebruch, Erotomanie, Ohn-/Macht und Eifersucht, aber auch lustloser Überdruss, leerlaufendes Begehren, Frustration und Sexualentzug. Damit steht die Institution der modernen Ehe ebenso im Fokus wie auf dem Spiel.[26] Und mit ihr umgekehrt die, zumindest in eben der ehelichen Brüchigkeit aufscheinende, Möglichkeit einer Emanzipation der Frau um 1900 von bürgerlich restriktiven Ehe- und Rollenmustern. Wenn beispielsweise die Färberin ihre zukünftigen »Kinder der Schönheit« (SW XXV.1 179) opfern will, dann werden programmatisch traditionelle Konstruktionen von Weiblichkeit ineinander gestellt und damit überdeterminiert: die sexuelle Anziehungskraft (Hetäre), ein Gegenwille (Amazone) der Frau und das traditionelle Ideal der Mutterschaft (Demeter), weibliche Attraktivität und Eigensinn sowie die Normativität der Ehe werden im Rückgriff auf eine seit Bachofen vertraute Imago[27] von Hofmannsthal hier gegeneinander und übereinander gelagert: »Ausschweifung – Hemmung durch die Ehe. Wasser, das Mühle treibt« (SW XXV.1 181).

Der fehlende Schatten der Kaiserin verweist zudem darauf, dass sie als reine Folie des Begehrens für den Kaiser fungiert. Die physikalische, lichte Durchlässigkeit ihrer passivischen Existenz lässt sie gar als Projektion selbst erscheinen. Damit fügte sich die Figur der Kaiserin in die patriarchal traditionelle Lesart der Frau als Begehrensobjekt des Mannes: Die Frau trägt keineswegs einen individuellen Eigenwert – ›frau‹ existiert im Spiegel des männlichen Begehrens.[28] Hofmannsthals Zeitgenosse Sigmund Freud hatte der Frau psychoanalytisch ihren defizitären Status zugewiesen, ihr das eigene Begehren abgesprochen und stattdessen dem (einzig möglichen und einzig denkbaren) Begehren des Mannes unterworfen.[29] Diese Konzeption nimmt das Märchen als Zeitrealie der Wiener Jahrhundertwendegesellschaft motivisch auf, und es ist an diesem Punkt kaum zu entscheiden, ob dies eine ausgesprochen hell-

Antonia Eder

sichtig kritische oder eine gänzlich affirmative Konzeption Hofmannsthals des Wissenshorizonts um 1900 ist. Deutlich wird aber: Die Ineinssetzung, die der Text zwischen Schattenlosigkeit und Unfruchtbarkeit beziehungsweise Kinderlosigkeit vornimmt, verengt den Topos des Schattens, der zunächst für human ›gelingende Identität‹ steht, auf den Schatten als ›gelingende Geschlechtlichkeit qua Mutterschaft‹. Überraschenderweise öffnet der Text so umgekehrt aber wiederum den Weg für einen emanzipativen Gegenwillen: und damit für ein explizit anti-freudianisches, nämlich ein weibliches Begehren. Für Freuds psychoanalytische Theoreme undenkbar, wird das weibliche (Auf-)Begehren in der Gestaltung Hofmannsthals gleich zweifach figuriert: Nicht nur die Kaiserin, sondern auch und gerade die Färberin formulieren dieses weibliche Begehren, das, so werde ich im Folgenden zeigen, als amazonisch-hetärischer Gegenwille den männlichen Genealogiewunsch ebenso wie die bürgerliche Humanitätsdefinition höchst prekär werden lässt.

Zunächst ist weder die Kaiserin, die genuine Geistertochter, noch der menschliche Kaiser über die einjährige, kinderlos bleibende Ehe sonderlich betrübt. Die Unverbindlichkeit des Eros der noch agonalen Initiationsszene wird in der libidinösen Zweisamkeit eingehegt, die keine Dritten duldet. Die Frist für die Vervollkommnung dieser hybriden Ehe zwischen Geist und Mensch über die Zeugung von Nachkommen wird bemerkenswerterweise vom Vater der Kaiserin überhaupt erst gesetzt. Dieser Geister-Übervater Keikobad wird oft als ›nature pure‹, als Lebenswille und Naturprinzip gelesen. Doch steht dieser Naturwille als biologisches Reproduktionsdogma zugleich in dem eindeutig paternalen und dynastischen Verdacht, lediglich die eigene ›nature‹ nämlich als Geschlechterlinie erhalten zu wollen – und zwar, für einen Geist merkwürdig bieder, im Gefüge der bürgerlichen Ehe. Auch wenn die Anlage der Prüfung (genrebedingt drei Tage, um den Mutterschaftsschatten zu gewinnen) so beschaffen ist, dass sie unerfüllbar sein und damit das Ende dieser ehelichen Gattungskreuzung aus Geist und Mensch herbeiführen soll, um die Tochter ins Geisterreich heimzuholen, öffnet sich damit jedoch überhaupt erst eine genealogische Potentialität für das bislang kinderlose Hybrid-Paar.
Die Geistertochter selbst und ihr humanoider Gatte dagegen geben sich in ihrem ersten gemeinsamen Jahr den ausschließlichen und lustvollen Vorzügen ihrer (eben kinderlosen) Beziehung hin. Nicht von ungefähr besteht diese Zeit vor allem aus gemeinsamen »Nächten«, von denen »keine Einzige« der Kaiser »bei seiner Frau zu verbringen versäumte«. Doch »zeitig vor Tage« reitet er fort »zur Jagd« und lässt »seine Gemahlin noch schlummernd zurück« (EEG 344), sodass sich deren »Tage«, die nur mehr ein »[Z]wischen« der »glücklichen Nächte« bilden, »öde und traurig« (EEG 345) im Warten dehnen. Ihr Warten ist die psychodynamische Krux dieser

Liebeskonstellation, geradezu die *Schattenseite* der anarchischen Sexualität des jungen Paars. Denn so wie der Kaiser durch die genuin männliche Tätigkeit, die Jagd, von der relativen Einseitigkeit seiner Ehe abgelenkt wird, stellt sich der Kaiserin in jedem einzelnen, allein verbrachten Tag die eigene Tatenlosigkeit vor Augen. In dieser chiastischen Zeitquerung bleiben die »Liebenden« (EEG 346) bei aller verbindenden Libido eben auch symptomatisch voneinander isoliert: »Seine Nächte sind ihr Tag,/seine Tage sind ihre Nacht –« (SW XXV.1 11). Dieses Motiv der Tatenlosigkeit, das zu einer ganzen Zeitdiagnose der Epoche um 1900 gereicht, entleiht der psychologisch vielbelesene Hofmannsthal[30] einem Text Pierre Janets: *La perte des sentiments de valeur dans la dépression mentale.*[31] Janet, französischer Psychiater und Vordenker der dynamischen Psychotherapie, Ideengeber unter anderem für Freud und Jung, vertritt in diesem Text die These, dass Ethik und Sexualität in der modernen, erotisch-sexuell fixierten Ehe in ein Ungleichgewicht geraten und in der Depression enden: »Les affections et les émotions ont disparu comme la volonté«.[32] Und weiter heißt es: »Ces sentiments d'incomplétude se rattachent bien plus ici aux troubles de la volonté et de l'attention qu'aux troubles de la sensibilité.«[33] Damit ist einmal der individuelle Zustand einer depressiven Übersensibilisierung, erotischer Fixierung bei gleichzeitiger sozialer Willen- und Tatenlosigkeit diagnostiziert, darüber hinaus aber auch das Motiv des Mangels an Willenskraft als zentrales Symptom der neurotischen Konstitution des gesamten Fin de Siècle bezeichnet.[34] Die »zu spät Geborenen« hausen um 1900 als Epigonen, so Hofmannsthal, gefangen in ihrem »Eklektizismus« in »verlassenen Zyklopenbauten«, die sie selbst »ausgehöhlt haben« (RA III 360).[35] Als Gegenkonzept zu dieser als hohl beklagten, feinnervigen Décadence beschwört die Jahrhundertwende nun Schlüsselphänomene, die über den allgegenwärtigen Historismus hinausführen sollen: Präsenz, Willkür, Überwältigung, Rausch, Opfer, Gewalt.[36] Kontingenz als prägendes Element kennzeichnet dies Selbstverständnis des modernen Menschen, den es, so Hofmannsthal, danach verlangt, wieder »rauschendes, lebendes Blut zu fühlen« (RA I 97), in der Sehnsucht nach einem Realen, das zur erlösenden Geste werden soll.

Aus dieser für das *Fin de Siècle* symptomatischen Willenlosigkeit und ästhetischen Lähmung führt Hofmannsthal seine Märchenfiguren paradigmatisch ins Handeln, Leiden, Opfern. Die diegetische Ebene favorisiert die Überführung des depressiven (Sexual-)Dilemmas in eine Amalgamierung der sozialen Thematik mit einer biologischen. Um das auszuführen, rekapituliere ich kurz die Konstellation: Das hohe Paar, Kaiserin und Kaiser, lebt erotisch erfüllt, bleibt aber kinderlos. Zum handlungsauslösenden Problem wird diese Kinderlosigkeit, als ein Fluch, durch den einst verlorenen Talisman verkündet und vom kaiserlichen Falken überbracht, das Versteinern des Kaisers androht, wenn die Kaiserin nicht vor Ablauf des ersten

Ehejahres einen »Schatten werfe« – heißt: ein »Ungeborenes im Schoß« trägt. Binnen »dreier Tage« (EEG 343) soll dies geschehen, und so hilft, wenn auch widerwillig, die Amme ihrem Ziehfeenkind. Deren Plan ist es, einer Färbersfrau deren Schatten und die damit motivisch amalgamierte Mutterschaft abzukaufen. Wobei es zunächst nicht eigentlich um Kinder geht, sondern um die mutterschaftliche Potenz, diese zu empfangen und zu gebären. Und mit dieser Potenz steht eben jener soziale Status des weiblichen Individuums zur Disposition, der die Bedingung der Möglichkeit von Mutterschaft bildet – mithin eines Durchgangs, einer anthropologischen *rite de passage* schlechthin, die per definitionem kein Zurück bietet.

Die schöne Färbersfrau wiederum, der Armut und ihres Mannes überdrüssig, will »Mutterschaft von sich abtun« (SW XXV.1 28). Als Gegengabe für den Schatten, die potentielle Mutterschaft, verspricht die Amme der Färberin ewige Jugend, empfängnisfreie Sexualität, ein Leben in Luxus und nicht zuletzt: »Macht ohne Schranken über die Männer« (SW XXV.1 26).[37] Den Akt der Schattenübertragung fasst Hofmannsthal als biologistisches Phänomen: Er bezeichnet ihn als »Ceremonie der Bluttransfusion« (SW XXV.1 189), in der ein »Schwert« den »verknäuelten Lebensgallert loshiebe« (SW XXV.1 219). Hofmannsthal formuliert hier in physiologischer Martialität das im Märchen noch zauberisch anmutende Wort vom »Knoten des Herzens« (SW XXV.1 223), der gelöst werden müsse. Die chiastisch-biologisch angelegte Transfusion von Macht und Mutterschaft zwischen Kaiserin und Färberin scheitert jedoch an dem je eigenen Auf-begehren der beiden Frauen, das eine gerade jenseits der Ehe erstarkte Willenskraft formuliert. Färberin und Kaiserin bejahen den Willen zu einer anarchischen Sexualität, verweigern sich aber final der ihr inhärenten Gewalt. Hofmannsthal bedient sich damit nicht zuletzt der bachofenschen Typologie von Weiblichkeit, um sie in der Gleichzeitigkeit von ehelichem Demeter-, kämpferischem Amazonen- und libidinösem Hetärentum so in- und gegeneinanderzustellen, dass diese Weiblichkeitsimago (eines patriarchalen Bürgertums der Jahrhundertwende) zersplittert und in seiner ausgestellten Faktur stattdessen als motivisches Wissensinstrumentarium poetisch produktiv wird.

Es spricht für das komplexe und in sich widersprüchliche Weiblichkeitsbild dieses Stoffes, dass einerseits die gegen die ihr zugedachte Mutterrolle rebellierende Färberin den Versprechungen von Luxus und erotischer Allmacht in höchster Ambivalenz mal gierig nachhängt, mal diese angeekelt von sich weist. Letztlich verweigert sich die Färberin der dreimaligen Versuchung, den von der Amme herbeigezauberten exotischen Jüngling als Tauschobjekt für ihren Schatten zu akzeptieren: Sie ist nicht bereit, sich mit einer ›magischen‹ Begehrensfaktur zu begnügen. Und im entscheidenden Moment wählt schließlich andererseits auch die Kaiserin das Nein zu dieser Transaktion des Schattens – genauer, sie schreit es heraus mit einer von Strauss als »der erste furchtbare Menschenschrei« (SW XXV.1 604) charakterisierten Verve: »Ich – will – nicht!« (SW XXV.1 75). In dieser bemerkenswerten Negation des performativen ehelichen Gelübdes (›Ja, ich will‹) bekennt sie sich zu einem Gegenwillen, der die Gewalt an dem Färberehepaar aussetzt – allerdings richtet sich dieser Wille (zunächst) damit gegen ihre eigene vollständige Menschwerdung, gegen die gelingende Ehe mit dem Kaiser und darüber hinaus auch gegen dessen nacktes Leben – er würde versteinert bleiben. Neben der Fähigkeit zum »Mitleiden« (SW XXV.1 134, u.ö.), wie sie Hofmannsthal und Strauss stets an ihrem Stoff betont haben, hat Gerhard Neumann für diese Reaktion der Kaiserin deren eigene Gewalterfahrung geltend gemacht.[38] Die Szene ihrer sexuellen Initiation, in der die Kaiserin als Gazelle vor dem jagenden Kaiser und seinem Falken flieht, in der sie ihren Talisman, das Zeichen ihrer Jungfräulichkeit und damit ihre Fähigkeit zur Verwandlung in Tiere verliert, kulminiert in einem ebenso erotischen wie strategischen Höhepunkt: Das animale Geisterwesen verwandelt sich ein letztes Mal – und zwar in eine weibliche Gestalt. Analog dazu verwandelt sich das Jagdverhalten des Kaisers in erotisches Begehren: Tötungsakt und Sexualakt kehren sich ineinander und evozieren in der Metamorphose eine Nähe von Eros und Thanatos, von Lust- und Todestrieb, wie sie bildhafter kaum gestaltet werden kann:

Kaiser:
Da flog er [der Falke]
Der weißen Gazelle
zwischen die Lichter –
und schlug mit den Schwingen
ihre süßen Augen!
Da stürzte sie hin
Und ich auf sie
Mit gezücktem Speer –
Da riss sich's in Ängsten
Aus dem Tierleib,
und in meinen Armen
rankte ein Weib! (SW XXV.1 12)

Dieser initiale *coup de foudre* ist gekennzeichnet von handfester sexueller Aggression, verdichtet in dem Motiv des »Falken« und des »gezückten Speers« als Symbole phallischer Jagd- und Stoßkraft. Ebenso wie die Kaiserin in dieser Szene ihren Talisman/Unschuld verliert, verlässt der Falke nach der Jagd auf die Gazelle/Kaiserin seinen Herren – beide, Talisman und Falke, sind für die jeweilige Figur das entscheidende Movens der Geschichte. Ihr Verlust markiert den Punkt, an dem die erotischen Triebe freigesetzt werden und als libertinär dominantes Libidokonzept drohen, die domestikative Institution Ehe zu unterminieren.

Antonia Eder

Die Kaiserin hat durch einen Akt »anarchischer Sexualität«[39] ihre Unschuld und (damit) ihre Fähigkeit zur freien Formwandlung verloren. Diese gewaltsame Initiation bestimmt als Wiederholungszwang konsequent ihre fantasmagorische Sehnsucht nach erotischer Erfüllung in Szenen der Überwältigung: »[W]ie wollte ich jeden Tag in einer anderen Gestalt meinem Herrn in die Hände fallen!« (EEG 345).[40] Doch schlägt diese passive Un-/Lustpose im Moment der Willensermächtigung um in eine Negation, genauer eine Negation der Negation: Sie will erstmals nicht ›nicht wollen‹. In eben dem Augenblick, als sie den erhandelten Schatten an sich nehmen soll, wiederholt sich der Kampf zwischen (sexuellem, vitalem) Trieb und (sozialer, empathischer) Kraft.[41] Die Entscheidung fällt gegen die Gewalt am anderen – und damit für ein bis dahin unkonturiertes Drittes. Es ist keine eindeutige Entscheidung gegen den Trieb, aber auch keine des rein altruistischen Mitgefühls, vielmehr ist es eine Entscheidung aus dem eigenen Wollen heraus. Damit beendet in Korrespondenz zum »ersten furchtbaren Menschenschrei« des Nicht-Wollens nun ein zweiter Schrei der Kaiserin die *perte des sentiments de valeur* (Janet) – ein Verlust, den der erste »Schrei« (EEG 346) nach der Liebesjagd initiiert hatte, und nun hier in Selbstwillen verwandelt performativ wirksam wird.

Dass die finale Handlung den Übergang von anarchischer Sexualität und Selbstermächtigung in die genealogisch potente Institution der Ehe durch einen *deus ex machina* erreicht, betont allerdings inhärente Brüche dieser Bewegung eher, als dass diese ausgeglichen würden. »Man könnte das [...] als das eigentliche Problem der Moderne nennen, als deren verknotetes Dilemma es sich hier darstellt: nämlich die ungelöste Frage, wie der Lebenstrieb, das nackte Leben, [...] und sein anarchischer Impetus in einer politisch korrekten Welt unter Kontrolle«[42] zu bringen sind – und vor allem: Welche Konzessionen von wem dabei gemacht werden müssen? *Die Frau ohne Schatten* beharrt, statt eine Antwort zu geben, auf einer ambiguen Uneindeutigkeit, die einer »goldenen Brücke« (SW XXV.1 78) im Finale bedarf, um aus dem Sexualitäts-, Dynastie- und Willensdilemma noch ins proklamierte Dispositiv des Humanistischen zu führen. Doch, und dies werde ich abschließend diskutieren, diese »goldene Brücke« schlägt einen ebenso diegetisch irritierenden wie poetologisch produktiven Schatten.

III. Ein Schatten am Ende des Tunnels

Der dritte Teil meiner Überlegungen führt die beobachteten motivischen Implikationen, psychodynamischen Wissens- und Genderkontexte als Symptome einer figurativen Überdetermination zu einem ästhetischen Programm zusammen. Das Entscheidende scheint dabei nicht die oftmals versuchte Abwägung, ob nun

Opernlibretto oder die Erzählung die eigentlich treffende Fassung des Stoffes wäre. Hofmannsthal hatte einmal über eine solche Abwägung gelästert: Die »Vergleichung dieser Erzählung mit der Oper […] käme mir, verzeihen Sie, so sonderbar vor, als wollten Sie ausreiten und dabei zugleich mit einem aus dem Steigbügel gelösten Fuß spazieren gehen« (SW XXV.1 657). Das genreunabhängig Bemerkenswerte an dem Stoff scheint vielmehr die Strauss gegenüber formulierte Dynamik des Stoffes zu sein, dass hier »Tiefes zur Oberfläche« (SW XXV.1 559) muss. Eben dieser Spannungsraum von Oberfläche und Tiefe als Beweglichkeit von Darstellung und Dargestelltem ist für Hofmannsthals gesamtes Werk konstitutiv. Die Faktur vieler seiner Texte lässt sich auf den Begriff eines ›vorgängigen Erzählen‹ bringen.[43] In *Die Frau ohne Schatten* ist diese besondere, im Folgenden zu skizzierende Dynamik eines ›vorgängigen Erzählens‹ deutlich am Werk.

Der virtuos formulierende Sprachskeptiker Hofmannsthal setzt in der *Frau ohne Schatten* ein mit einem Generalverdacht gegen die Semiotik: Gleich in der Anfangsszene, in der die Kaiserin einen Abschiedsbrief an ihren Mann schreibt, findet sich das Scheitern eines schriftlichen Kommunikationsversuchs gestaltet: »Alles schien [der Kaiserin] zweideutig, die schönen Zeichen selber wurden ihr fürchterlich, unter Seufzen brachte sie den Brief zu Ende, eine kristallene Träne fiel auf die Schwanenhaut« (EEG 351). Die Erzählung setzt mit der unmöglichen, schriftlichen Kommunikation zwischen der Geistertochter und ihrem Menschgatten ein, in der »alle Zeichen trügen«.[44] Dass Sprachzeichen sich nicht als der gangbarste Weg zwischen Individuen erweisen, hatte Hofmannsthal mit einem seiner berühmtesten Texte zu den »zweideutigen Zeichen« in *Ein Brief* ausgeführt.[45] Und so trägt denn der Kaiser einen nicht zu deutenden »Brief« zwar »auf der Brust«, »versteht« aber »nicht, ihn zu lesen« (EEG 394). Kurz darauf wird der Kaiser zu Stein. Erst ein anderer Weg, der nonverbale Weg des Körpers und der Sinne führt die Liebenden wieder zusammen. Tränen[46] werden in der Geschichte stets zum symptomatischen Ereignis der Wandlung: Sie sind Körperzeichen der Menschwerdung – der Trauer, des Mitleids, der Buße, Reue, Dankbarkeit, aber auch der Wollust.

Dem Kaiser stürzten die Tränen aus den Augen, wie dort die Färberin vor ihrem Mann warf er sich in den Staub vor seiner Frau und verbarg sein zuckendes Antlitz an ihren Knien. Sie kniete zu ihm nieder, auch ihr war zu weinen neu und süß. Sie begriff zum ersten Mal die Wollust der irdischen Tränen. Verschlungen lagen sie da und weinten beide: ihre Münder glänzten von Tränen und Küssen. (EEG 437)

Das Kaiserpaar erlebt die gemeinsame »Wollust«, im rauschhaften Weinen wird ihre psychophysische Vereinigung zur Erlösungs- doch gleichzeitig zur Auflösungsfigur.[47] Die Figuration der skripturalen Form kippt hier in eine Bewegung der De-Figuration. Nicht nur die fürchterlich »zweideutigen Zeichen« verschwinden

Antonia Eder

am Ende dieses Textes, auch die Konturen von Körpern und Oberflächen verwischen, die Raumdimensionen lösen sich auf: »Ober ihm und unter ihm war der Himmel« und »leuchtende Himmelsabgründe« tun sich in diesem Finale auf – die Topologie verwirrt sich, die Zustände dieser Szene sind »schwimmend«, »schwankend«, »schwebend« und vor allem: »unbegreiflich« (EEG 439). Die Unbegreiflichkeit dieser schwindelerregenden T(r)opologie wird flankiert durch einen Hörrausch. Im Paragone der Sinne erweist sich das Ohr bei Hofmannsthal einmal mehr als das empfindsamste Wahrnehmungsorgan – und nicht nur im Libretto, auch in der Erzählung führt das Finale in die Musik: »Unbegreiflich fanden zarte, leise Töne den Weg aus der Höhe zu ihr« (EEG 439).

Die Auflösung der Raumkoordinaten geht einher mit einer Unschärfe der Zeit: Das Phänomen der Gleichzeitigkeit des Ungleichzeitigen relativiert eine lineare Erzähllogik zugunsten einer zirkulär iterativen Vorgängigkeit. Dass diese Bewegung für Hofmannsthals Poetologie des Stoffes zentral ist, erweist sich spätestens im Genrewechsel, wenn die identische Dynamik auch im Libretto gestaltet wird, bezeichnenderweise durch den

Chor der Ungeborenen:
Vater, dir drohet nichts,
Siehe, es schwindet schon,
Mutter, das Ängstliche,
Das dich beirrte!
Wäre denn je ein Fest,
Wären nicht insgeheim
Wir die Geladenen,
Wir auch die Wirte? (SW XXV.1 78)

Diese Schlusspassage wird flankiert von der Bühnenanweisung: »Schleier vorfallend, die Gestalten und die Landschaft einhüllend« (ebd.). Dieser Schleier der Kunst markiert das Geschehen zusätzlich als dramatische Faktur, wodurch die räumliche Derealisierung der Szene ebenso wie die zeitliche Relation am Übergang von linearer Erzählzeit in eine irritierende Gleichzeitigkeit ausgestellt wird. Diese ästhetische Krümmung des narrativen Raums wird motivisch getragen von paradoxalen Verschränkungen und Überdeterminationen: Wenn die ungeborenen Kinder zugleich »Geladene« und »Wirte« ihrer Eltern sind, funktioniert dieses Bild gerade nicht als biologische Genealogie – was das zunächst zentrale Motiv des Schattens ja nahelegen würde –, sondern als zirkuläre Auflösungsfigur. Diese paradoxalen Defigurationen begegnen des Öfteren in Hofmannsthals Texten, so ebenfalls als das Zugleich von »Wirt« und »Geladenen« im Drama *Ödipus und die Sphinx,* in dem das Phänomen zudem im Oxymoron der Gleichzeitigkeit von »Opfer« und

»Priester«[48] gesteigert erscheint. So wird in *Ödipus und die Sphinx* die Erfahrung des Paradoxalen über Jokaste als Opfer und Opfernde eng verknüpft mit der griechischen Urszene der Tragödie, die göttliche Präsenz und vermittelnde Repräsentation ineinander aufgehen lässt – die Opferszene kennt kein ›Als-Ob‹: »Sie setzt eine Sache für die andere«.[49] Wenn Jokaste dort konstatiert: Wir »sind mehr als die Götter, wir, Priester und Opfer sind wir«,[50] verdoppelt sie auf frappante Weise die Stelle der Repräsentation. Im Priester wird der Mensch Stellvertreter göttlichen Willens, im Opfer stellvertretend zum göttlich Gewollten. Diese Überdetermination durch die gedoppelte Simultanität von Repräsentationsbezügen, ein paradoxes ›Sowohl-als-auch‹ verhindert in Hofmannsthals Werken nicht zuletzt die kathartische Distanzierung einer Repräsentationslogik.[51]

Eine vergleichbar kathartische Dysfunktion erfüllt das Phänomen der *Stimmen der Ungeborenen* (SW XXV.1 75), die sich lediglich akustisch »im Orchester« (SW XXV.1 671), nie aber visuell manifestieren,[52] wodurch das Finale der *Frau ohne Schatten* zuletzt im Potentialis verharrt: »Wäre denn je ein Fest / wären nicht insgeheim wir die Geladenen, wir auch die Wirte!« – am Ende steht nicht die Eindeutigkeit, sondern die semantisch verrätselte, poetologische Potenz. Eine Potenz sowohl in der bühnentopologischen Repräsentation (Unsichtbares) sowie der konjunktivischen Möglichkeit, die wiederum den Beginn und Raum jeder neuen, dramatischen oder epischen, Erzählform öffnet. Das Phänomen der Überdetermination, der Gleichzeitigkeit des Ungleichzeitigen, erschließt in der *Frau ohne Schatten,* vergleichbar mit *Ödipus und die Sphinx* oder der *Ariadne auf Naxos,* in der Gespanntheit der Bewegung, ein mögliches, aber mitnichten garantiertes Happy End. Wenn ausgerechnet die »[b]eiden Frauen *miteinander*« das Geschehen rekapitulieren:

Schatten zu werfen
beide erwählt,
beide in prüfenden
Flammen gestählt.
Schwelle des Todes nah,
gemordet zu morden,
seligen Kindern
Mütter geworden! (SW XXV.1 78)

– Dann werden in diesem Finale statt der angekündigten »opernmäßigen Leichtigkeit« letale Existenzabgründe verhandelt. Eben über diesen »Abgrund« (SW XXV.1 32) versucht sich am Ende die im Verlauf des Werkes an Tragfähigkeit deutlich einbüßende »goldene Brücke« zu spannen: »gemordet zu morden,« verkehrt ein klassizistisches Erbe des ›Stirb-und-Werde‹ in ein Gewalterleiden, um

Antonia Eder

Gewalt zu üben. Dieses wohl gewaltsamste Paradoxon der *Frau ohne Schatten* findet sich poetologisch nahezu domestiziert in Hofmannsthals Diktum, dass man die »Formen beleben und töten« (RA III 269) müsse. Die Märchenoper führt damit in einer spektakulären Klimax Mord und Seligkeit, Kinder und Mütter, vor allem aber den »Schatten« auf die »Schwelle« der motivischen Implosion.

Die zwingende Iteration, die aus dieser aporetischen Erzählbewegung folgt, umspielt das Märchen als das »ewige Geheimnis der Verkettung alles Irdischen« (EEG 439). Die Zeitlichkeit ist ins »Ewige« gereiht, der Raum als »Verkettung« gestaffelt. Für diese ästhetische wie ontologische Diagnose wählt Hofmannsthal die Form des ›vorgängigen Erzählens‹. Als Vorangegangenes und stets weiter Vorgehendes konstituiert sich die Potenz für zu formende Geschichten. Hofmannsthals Text läuft von der Figuration, dem aufbauenden Gestus, über in den der Defiguration als Auflösungsbewegung – und so wieder in sich, beziehungsweise die Bedingung der Möglichkeiten seiner selbst zurück. Diese Eigenart von Hofmannsthals Opern-Märchenerzählung zeigt sich darin, dass erneuernde Wiederholung (Schattenmotiv, Weiblichkeitstypologie) und zersetzende Auflösung ineinandergreifen, sodass ein Kritikpotential der Form in die Dynamik poetischer Produktion eingelassen erscheint. Einerseits postuliert das Finale der *Frau ohne Schatten* diese defigurative Dynamik motivisch, zum anderen erfüllt sich diese Poetologie noch formalästhetisch in der Selbstvariation des Stoffes als zweierlei Genre: Als große Oper und als durchkomponierte Erzählung gestaltet Hofmannsthal gleich beide (Schatten-) Seiten dieser Märchenmedaille.

Literatur

Agamben, Giorgio, Das Offene. Der Mensch und das Tier, Frankfurt a.M. 2003

Bachofen, Johann Jacob, Das Mutterrecht. Eine Untersuchung über die Gynaikokratie der alten Welt nach ihrer religiösen und rechtlichen Natur (1861), hg. von Hans-Jürgen Heinrichs, Frankfurt a.M. 1975

Barthes, Roland, Fragmente einer Sprache der Liebe, Frankfurt a.M. 1988

Bergengruen, Maximilian, Mystik der Nerven. Hugo von Hofmannsthals literarische Epistemologie des Nicht-mehr-Ich, Freiburg i.Br. 2010

Binger, Lothar/Hellemann, Susanne (Hg.), Schattenwelten. Zur Kulturgeschichte des Schattens, Berlin 2001

Bohrer, Karl Heinz, Das Tragische. Erscheinung, Pathos, Klage, München 2009

Brittnacher, Hans Richard, Die Ästhetik des Horrors. Gespenster, Vampire, Monster, Teufel und künstliche Menschen in der phantastischen Literatur, Frankfurt a.M. 1994

Brittnacher, Hans-Richard, Erschöpfung und Gewalt. Opferphantasien in der Literatur des Fin de siècle, Köln 2001

Chamisso, Adelbert von, Peter Schlemihls wundersame Geschichte, München 1975 [1813]

Dante Alighieri, Divina Commedia (dt. Die göttliche Komödie), 1307–1321

Deleuze, Gilles, Sacher-Masoch und der Masochismus, in: Leopold von Sacher-Masoch, Venus im Pelz, Frankfurt a.M. 1968, S. 163–281

Eder, Antonia, Bewältigende Repräsentation, überwältigende Präsenz. Das Numinose in Hofmannsthals Mythos-De/Figurationen, in: Zwischen Präsenz und Repräsentation. Mythos in theoretischen und literarischen Diskursen, hg. von Bent Gebert und Uwe Mayer, Berlin 2013, S. 186–204

Eder, Antonia, Der Pakt mit dem Mythos. Hugo von Hofmannsthals ›zerstörendes Zitieren‹ von Nietzsche, Bachofen, Freud, Freiburg i.Br. 2013

Eder, Antonia, »Wüthende Welten aus bohrender Prosa«. Hugo von Hofmannsthal als Autor des Fin de Siècle, in: Johannes G. Pankau (Hg.), Fin de Siècle. Epoche. Autoren. Werke, Darmstadt 2013, S. 177–195

Foucault, Michel, Die Anormalen. Vorlesungen am Collège de France (1974–1975), Frankfurt a.M. 2001

Freud, Sigmund, Über die weibliche Sexualität, in: Studienausgabe, Bd. V, hg. von Alexander Mitscherlich, Frankfurt a.M. 1982, S. 273–292

Grossert, Niels Axel, »Zur Symbolik, Stoff- und Entstehungsgeschichte von Hofmannsthals ›Die Frau ohne Schatten‹«, in: Text & Kontext 15 (1), 1987, S. 285–331

Hoffmann, E.T.A., Die Elixiere des Teufels, Sämtliche Werke, Bd. 2/2, Frankfurt a.M. 1993 [1815/16]

Hoffmann, E.T.A., Die Abenteuer der Sylvester-Nacht, in: Ders., Fantasiestücke in Callot's Manier, hg. von Hartmut Steinecke, Frankfurt a.M. 2006, S. 325–359

Hofmannsthal, Hugo von, Gesammelte Werke in zehn Einzelbänden, hg. von Bernd Schoeller in Beratung mit Rudolf Hirsch. Frankfurt a.M. 1979
– Dramen II [1892–1905], Bd. 2
– Erzählungen, Erfundene Gespräche und Briefe, Reisen. Bd. 7
– Reden und Aufsätze I [1891–1913], Bd. 8
– Reden und Aufsätze III [1925–1929], Aufzeichnungen, Bd. 10

Hofmannsthal, Hugo von, Sämtliche Werke. Kritische Ausgabe. Veranstaltet vom Freien Deutschen Hochstift, Frankfurt a.M.:
– Band XXV.1, Operndichtungen 3.1, hg. von Hans Albert Koch, 1998
– Band XXXI, Erfundene Gespräche und Briefe, hg. von Ellen Ritter, 1991

Janet, Pierre, »La perte des sentiments de valeur dans la dépression mentale«, in: Journal de Psychologie Normale et Pathologique 5, 1908, S. 481–487

Janke, Pia, Schattenlose Frauen, schicksallose Wesen. Zu Hofmannstals und Strauss' ›Frau ohne Schatten‹, in: Richard Strauss. Hugo von Hofmannsthal. Frauenbilder, hg. von Ilja Dürhammer, Pia Janke, Wien 2001, S. 259–267

Janz, Marlies, Marmorbilder. Weiblichkeit und Tod bei Clemens Brentano und Hugo von Hofmannsthal, Königstein 1986

Koch, Hans-Albrecht, »Fast Kontrapunktlich Streng«. Beobachtung zur Form von Hugo von Hofmannsthals Operndichtung ›Die Frau ohne Schatten‹, in: Jahrbuch des Freien Deutschen Hochstifts 1971, S. 456–478

Lenau, Nikolaus, Anna. Nach einer schwedischen Sage (1838), Leipzig o.J.

LeRider, Jacques, Hugo von Hofmannsthal. Historismus und Moderne in der Literatur der Jahrhundertwende, Köln 1997

Meteling, Arno, Monster. Zu Körperlichkeit und Medialität im modernen Horrorfilm, Bielefeld 2006

Meyer, Hans, Versuche über die Oper, Frankfurt a.M. 1981

Neumann, Gerhard, Hofmannsthals ›Zauberflöte‹. Der ›rite de passage‹ in der ›Frau ohne Schatten‹, in: Modell Zauberflöte: Der Kredit des Möglichen. Kulturgeschichtliche Spiegelungen erfundener Wahrheiten, hg. von Matthias Mayer, Hildesheim 2007, S. 225–246

Neumann, Gerhard, Oper als Text. Strauss/Hofmannsthals orientalisches Spiel »Die Frau ohne Schatten«, in: OperMachtTheaterBilder, hg. von Jürgen Schläder, Berlin 2006, S. 109–132

Pannwitz, Rudolf, ›Die Frau ohne Schatten‹ (1919), Hofmannsthal-Blätter 5, 1970, S. 373–378

Riedel, Wolfgang, Die Anthropologie des jungen Schiller. Zur Ideengeschichte der medizinischen Schriften und der ›Philosophischen Briefe‹, Würzburg 1985

Schiller, Friedrich, Die ästhetische Erziehung des Menschen in einer Reihe von Briefen, in: Theoretische Schriften, Frankfurt a.M. 2008, S. 556–676

Schiller, Friedrich, Die Braut von Messina, in: Sämtliche Werke. Bd. 2, hg. von Gerhard Fricke und Herbert G. Göpfert, Darmstadt 1995, S. 81–912

Seelig, Harry E., Musical Substance and Literary Shadow? ›Die Frau ohne Schatten‹ reconsidered, in: German Literature and Music. An aesthetic Fusion, hg. von Claus Reschke und Howard Pollack, München 1992, S. 61–73

Snook, Lynn, »›Übermächte sind im Spiel‹. Mythologische Aspekte zur Sinndeutung der Märchenoper von Hofmannsthal/Strauss ›Die Frau ohne Schatten‹«, in: Symbolon 10, 1991, S. 23–41

Turner, Victor, Das Ritual. Struktur und Antistruktur, Frankfurt a.M. 1989

Wiesel, Jörg, Tränen und Leben. Zu Richard Strauss' und Hugo von Hofmannsthals ›Frau ohne Schatten‹, in: Tränen, hg. von Beate Söntgen und Geraldine Spiekermann, München 2007, S. 161–170

Wilpert, Gero von, Der verlorene Schatten. Varianten eines literarischen Motivs, Stuttgart 1978

Worbs, Michael, Nervenkunst. Literatur und Psychoanalyse im Wien der Jahrhundertwende, Frankfurt a.M. 1983

Yang, Jin, »Innige Qual«. Hugo von Hofmannsthals Poetik des Schmerzes, Würzburg 2010

Zinser, Hartmut, Mythos des Mutterrechts. Verhandlung von Theorien des Geschlechterkampfes, Münster 1996

Endnoten

1 Vortrag bei den Salzburger *Festspiel-Dialogen* am 3. August 2011.

2 Zitate aus *Die Frau ohne Schatten* sind direkt im Text mit anschließender Seitenzahl in Klammern nachgewiesen. Sie folgen bei der Erzählung der Ausgabe Hofmannsthal, Hugo von, *Gesammelte Werke in zehn Einzelbänden,* hg. von Bernd Schoeller in Beratung mit Rudolf Hirsch. Frankfurt a.M. 1979. Zitierte Sigle: E = Erzählungen, Erfundene Gespräche und Briefe, RA = Reden und Aufsätze, mit römischem Band- und arabischer Seitenzahl. Zitate der Oper nach: Hofmannsthal, Hugo von, *Sämtliche Werke. Kritische Ausgabe.* Veranstaltet vom Freien Deutschen Hochstift, Band XXV.1, Operndichtungen 3.1, hg. von Hans Albert Koch, Frankfurt a.M. 1998. Zitate in Klammern direkt im Text mit der Sigle: SW mit römischer Band und arabischer Seitenzahl.

3 Als »gekünstelt« und von »falscher Tiefe und Humanität« erscheint das Werk Arthur Schnitzler (SW XXV.1 653), wohingegen es Rudolf Pannwitz »in vers und ton hinreissend« findet, da es wirke wie »dünnflüssiges feuer« (SW XXV.1 656).

4 Vorgängigkeit ist hier doppelt besetzt: Dem zeitlich Vorangegangenen wird ein iteratives, immer weiter Vorgehendes hinzugestellt, das für eine Dynamisierung des Konzepts der Vorgängigkeit ins Raum-Zeitliche einsteht.

5 Pannwitz, Rudolf, ›Die Frau ohne Schatten‹ (1919), *Hofmannsthal-Blätter* 5, 1970, S. 373.

6 Ebd., S. 374.

7 So bspw. im 20. Brief u.ö. in Schiller, Friedrich, Die ästhetische Erziehung des Menschen in einer Reihe von Briefen, in: *Theoretische Schriften,* Frankfurt a.M. 2008, S. 556–676.

8 Vgl. dazu Riedel, Wolfgang, *Die Anthropologie des jungen Schiller. Zur Ideengeschichte der medizinischen Schriften und der ›Philosophischen Briefe‹,* Würzburg 1985.

9 Vgl. bspw. Chamisso, Adelbert von, *Peter Schlemihls wundersame Geschichte,* München 1975 [1813]; Hoffmann, E.T.A., Die Elixiere des Teufels, *Sämtliche Werke* Bd. 2/2, Frankfurt a.M. 1993 [1815/16].

10 Bspw. Hoffmann, E.T.A., Die Abenteuer der Sylvester-Nacht, in: Ders., *Fantasiestücke in Callot's Manier,* hg. von Hartmut Steinecke, Frankfurt a.M. 2006, S. 325–359.

11 Zum Motiv des Schattens vgl. Wilpert, Gero von, *Der verlorene Schatten. Varianten eines literarischen Motivs,* Stuttgart 1978.

12 Binger, Lothar/Hellemann, Susanne (Hg.), *Schattenwelten. Zur Kulturgeschichte des Schattens,* Berlin 2001, S. 20.

13 Die Umkehrung findet sich bspw. bei Dante, wenn er in der *Divina Comedia* in der Unterwelt als Lebender erkannt wird, gerade weil er einen

Schatten wirft und nicht ausschließlich Schatten, wie die Toten, ist.

14 Foucault, Michel, *Die Anormalen. Vorlesungen am Collège de France (1974–1975)*, Frankfurt a.M. 2001.

15 Dazu einschlägig Brittnacher, Hans Richard, *Die Ästhetik des Horrors. Gespenster, Vampire, Monster, Teufel und künstliche Menschen in der phantastischen Literatur*, Frankfurt a.M. 1994; sowie in der politischen Theorie zuletzt bspw. Agamben, Giorgio, *Das Offene. Der Mensch und das Tier*, Frankfurt a.M. 2003.

16 Mit dem Begriff der Grenze berührt meine Lesart das theoretische Konzept des Liminalen, das zurückgeht auf den Kulturtheoretiker und Ethnologen Victor Turner, der damit einen Übergangsbereich charakterisiert, der außerhalb, zwischen oder jenseits der alltäglichen, ausgehandelten Sozialnormen liegt und damit einen Erfahrungsraum für andere Repräsentations-, Verhaltens- und Handlungsformen öffnet. Der Begriff kann sich ebenso auf topographische Anordnungen von Grenzräumen beziehen, wie den Strand oder Bahndämme als ruderale Räume, vgl. Turner, Victor, *Das Ritual. Struktur und Antistruktur*, Frankfurt a.M. 1989, zum »Schwellenzustand« v.a., S. 94–127.

17 Foucault, *Die Anormalen*, S. 86.

18 Meteling, Arno, *Monster. Zu Körperlichkeit und Medialität im modernen Horrorfilm*, Bielefeld 2006, S. 326.

19 Lenau, Nikolaus, *Anna*. Nach einer schwedischen Sage (1838), Leipzig o.J., S. 468–482.

20 Vgl. Wilpert, *Der verlorene Schatten*, S. 88.

21 Den argumentativ einleuchtend geführten Vorwurf, damit eine patriarchale Restitution von fügsamer Weiblichkeit als Imago poetisch gestaltet zu haben, formuliert Janke, Pia, Schattenlose Frauen, schicksallose Wesen. Zu Hofmannsthals und Strauss' ›Frau ohne Schatten‹, in: *Richard Strauss. Hugo von Hofmannsthal. Frauenbilder*, hg. von Ilja Dürhammer, Pia Janke, Wien 2001, S. 259–267.

22 Wilpert, *Der verlorene Schatten*, S. 97.

23 Bspw. Meyer, Hans, *Versuche über die Oper*, Frankfurt a.M. 1981; auch Grossert, Niels Axel, »Zur Symbolik, Stoff- und Entstehungsgeschichte von Hofmannsthals ›Die Frau ohne Schatten‹«, in: *Text & Kontext* 15 (1), 1987, S. 285–331; sowie Koch, Hans-Albrecht, »Fast Kontrapunktlich Streng«. Beobachtung zur Form von Hugo von Hofmannsthals Operndichtung ›Die Frau ohne Schatten‹, in: *Jahrbuch des Freien Deutschen Hochstifts* 1971, S. 456–478.

24 Diesen Umstand hat die Forschung mit *Ad me Ipsum* rückblickend oft idealisch umformuliert, indem die Vervollkommnung zum ganzen Menschen über den Weg ins Genialogisch-Soziale läuft: Der »Weg vom Ästhetischen zum Sozialen führt über – die Tat, – das Werk, – das Kind« (RA III 602). Die

»Tat« der Kaiserin und die der Färberin sowie die im Stück allerdings stets potenziell bleibenden »Kinder« und in einem letzten Schritt das »Werk« Hofmannsthals selbst, worin Ästhetisches und Soziales kulminieren. Nicht zuletzt die niemals sich ›realisierenden‹ Kinder und die metapoetische Volte der Darstellung selbst torpedieren jedoch diegetisch diese Harmonisierungstendenzen; diese bspw. bei Meyer, *Versuche über die Oper*; Koch, *Kontrapunktlich streng* sowie Seelig, Harry E., Musical Substance and Literary Shadow? ›Die Frau ohne Schatten‹ reconsidered, in: *German Literature and Music. An aesthetic Fusion*, hg. von Claus Reschke, Howard Pollack, München 1992, S. 61–73, v.a. S. 69; auch Snook, Lynn, »›Übermächte sind im Spiel‹. Mythologische Aspekte zur Sinndeutung der Märchenoper von Hofmannsthal/Strauss ›Die Frau ohne Schatten‹«, in: *Symbolon* 10, 1991, S. 23–41 oder Yang, Jin, »*Innige Qual*«. *Hugo von Hofmannsthals Poetik des Schmerzes*, Würzburg 2010, v.a. S. 142–151.

25 Vgl. dazu Neumann, Gerhard, Hofmannsthals ›Zauberflöte‹. Der ›rite de passage‹ in der ›Frau ohne Schatten‹ in: *Modell Zauberflöte: Der Kredit des Möglichen. Kulturgeschichtliche Spiegelungen erfundener Wahrheiten*, hg. von Matthias Mayer, Hildesheim 2007, S. 225–246, hier v.a. S. 236.

26 Diesen Punkt macht instruktiv Gerhard Neumann geltend in: Oper als Text. Strauss/Hofmannsthals orientalisches Spiel »Die Frau ohne Schatten«, in: *OperMachtTheaterBilder*, hg. von Jürgen Schläder, Berlin 2006, S. 109–132.

27 Bachofen entwirft die These, dass sich die Ehe als demetrisch sittliche Überwindung des promiskuitiven, aphroditischen Hetärismus und des Amazonentums etabliert – diese Errungenschaft arbeitet dem teleologischen Höhepunkt im aufgeklärten Patriarchat zu (vgl. Bachofen, Johann Jacob, *Das Mutterrecht. Eine Untersuchung über die Gynaikokratie der alten Welt nach ihrer religiösen und rechtlichen Natur* (1861), hg. von Hans-Jürgen Heinrichs, Frankfurt a.M. 1975). Bachofen sieht in einem über das Mutterrecht triumphierenden Patriarchat die notwendige, wenn auch im Sinne romantisch mythischer Weltdeutung beklagenswerte Befreiung des (patriarchalen) Logos von den Fesseln der (matriarchalen) Natur. Dass Bachofen in seiner teleologischen Geschichtsentwicklung vom Hetärismus über das ehelich geordnete Mutterrecht hin zu einem hierarchischen Patriarchat mit Weiblichkeitsbildern arbeitet, die eher dazu angetan sind, das bürgerliche Patriarchat des 19. Jahrhunderts zu exkulpieren und seiner geschichtlichen Notwendigkeit eine unüberbietbare Daseinsberechtigung zu verschaffen, steht außer Frage (vgl. Zinser, Hartmut, *Mythos des Mutterrechts. Verhandlung von Theorien des Geschlechterkampfes*, Münster 1996).

Antonia Eder

28 Gendertypologisch argumentiert bereits zur *Frau ohne Schatten* Janz, Marlies, *Marmorbilder. Weiblichkeit und Tod bei Clemens Brentano und Hugo von Hofmannsthal*, Königstein 1986, S. 188f.

29 Zur phallozentrischen Geschlechtssozialisation der nicht nur darin, sondern allgemein defizitären Frau vgl. Freud, Sigmund, Über die weibliche Sexualität, in: *Studienausgabe*, Bd. V, hg. von Alexander Mitscherlich, Frankfurt a.M. 1982, S. 273–292, darin bspw.: »Das Weib anerkennt die Tatsache der Kastration und damit auch die Überlegenheit des Mannes und seine eigene Minderwertigkeit« (S. 279).

30 Vgl. Bergengruen, Maximilian, *Mystik der Nerven. Hugo von Hofmannsthals literarische Epistemologie des Nicht-mehr-Ich*, Freiburg i.Br. 2010; auch Worbs, Michael, *Nervenkunst. Literatur und Psychoanalyse im Wien der Jahrhundertwende*, Frankfurt a.M. 1983.

31 Janet, Pierre, »La perte des sentiments de valeur dans la dépression mentale«, in: *Journal de Psychologie Normale et Pathologique* 5, 1908, S. 481–487. In den Varianten zur Oper setzt Hofmannsthal das »languissement«, als Kraftlosigkeit und Mattigkeit der Kaiserin explizit in Bezug zum Artikel Janets (SW XXV.1, S. 182f.).

32 Ebd., S. 484.

33 Ebd., S. 487.

34 Vgl. zu diesem Motivkomplex Brittnacher, Hans-Richard, *Erschöpfung und Gewalt. Opferphantasien in der Literatur des Fin de siècle*, Köln 2001.

35 Vgl. Eder, Antonia, »Wüthende Welten aus bohrender Prosa«. Hugo von Hofmannsthal als Autor des Fin de Siècle, in: Johannes G. Pankau (Hg.), *Fin de Siècle. Epoche. Autoren. Werke*, Darmstadt 2013, S. 177–195. LeRider, Jacques, *Hugo von Hofmannsthal. Historismus und Moderne in der Literatur der Jahrhundertwende*, Köln 1997, S. 19f.

36 Vgl. konzeptuell dazu die korrespondierenden ästhetischen Konzepte Hofmannsthals bei Bohrer, Karl Heinz, *Das Tragische. Erscheinung, Pathos, Klage*, München 2009.

37 Auf die diesen Versprechen inhärente und damit nur verschobene, patriarchale Weiblichkeitsimago verweist Janke, *Schattenlose Frauen, schicksallose Wesen*, S. 264.

38 Neumann, *Hofmannsthals ›Zauberflöte‹*, S. 240f.

39 Ebd., S. 240.

40 Die Kombination aus Lust und Unlust, die über einen Zustand des Wartens und Verharrens eine erotische Sehnsucht immer weiter aufschiebt, statt deren Erfüllung zu suchen, lässt sich durchaus als eine masochistische Psychodynamik dieser Figur lesen: »Der Schmerz hat hier [im Masochismus] keineswegs eine sexuelle Bedeutung, er stellt ja im Gegenteil die Entsexualisierung dar, durch welche die Wiederholung autonom, und die Lust im jähen Sprung der Resexualisierung ihr untergeordnet wird. Eros wird entsexualisiert und

abgetötet, um Thanatos zu resexualisieren« (vgl. Deleuze, Gilles, Sacher-Masoch und der Masochismus, in: Leopold von Sacher-Masoch, *Venus im Pelz*, Frankfurt a.M. 1968, S. 163–281, hier S. 267).

41 Vgl. Neumann, *Oper als Text*, S. 126f.

42 Ebd. S. 128.

43 Zum erweiterten Begriff des ›Vorgängigen‹ vgl. oben Anm. 4. Dieses Verfahren lässt sich bspw. in den Mythosadaptationen Hofmannsthals ausmachen, in Texten wie *Elektra, Ödipus und die Sphinx, Ariadne auf Naxos* oder dem Fragment *Pentheus*, dazu Eder, Antonia, *Der Pakt mit dem Mythos. Hugo von Hofmannsthals ›zerstörendes Zitieren‹ von Nietzsche, Bachofen, Freud*, Freiburg i.Br. 2013.

44 Schiller, Friedrich, Die Braut von Messina, in: *Sämtliche Werke*. Bd. 2, hg. von Gerhard Fricke und Herbert G. Göpfert, Darmstadt 1995, S. 81–912, hier S. 897.

45 Hofmannsthal, Hugo von, Ein Brief, in: *SW XXXI, Erfundene Gespräche und Briefe*, hg. von Ellen Ritter, Frankfurt a.M. 1991.

46 Zur Lesart der *Frau ohne Schatten* über Agambens *Homo sacer* und damit zur biopolitischen Verschränkung von Tränen, Schatten und Leben mit Blick auf den Entstehungshorizont des Werks im ersten Weltkrieg, vgl. Wiesel, Jörg, Tränen und Leben. *Zu Richard Strauss' und Hugo von Hofmannsthals ›Frau ohne Schatten‹* in: *Tränen*, hg. von Beate Söntgen und Geraldine Spiekermann, München 2007, S. 161–170.

47 Als »gemeinsam weinen, gemeinsam zerfließen« beschreibt Roland Barthes diesen Akt in *Fragmente einer Sprache der Liebe* (Barthes, Roland, *Fragmente einer Sprache der Liebe*, Frankfurt a.M. 1988, S. 251).

48 Hofmannsthal, Hugo von, Ödipus und die Sphinx, in: *GW, Dramen II*, S. 485.

49 Ders., Das Gespräch über Gedichte (1903), in: *GW, EEG*, S. 503. Im Opfer wurde die Tat zum repräsentierenden Zeichen: »Sie setzt eine Sache für die andere« (ebd., S. 498).

50 Ders., *Ödipus und die Sphinx*, S. 485.

51 Zum Verhältnis von Präsenz und Repräsentation in Texten Hofmannsthals, vgl. Eder, Antonia, Bewältigende Repräsentation, überwältigende Präsenz. Das Numinose in Hofmannsthals Mythos-De/Figurationen, in: *Zwischen Präsenz und Repräsentation. Mythos in theoretischen und literarischen Diskursen*, hg. von Bent Gebert und Uwe Mayer, Berlin 2013, S. 186–204.

52 Zur Schwellenstellung »voix acousmatiques« des Chors der Unsichtbaren, vgl. Wiesel, *Tränen und Leben*, S. 167f.

Die Kunst – Das Leben – Die Politik[1]

Michael Fischer

1. Der Mensch: Mängelwesen und Weltmisslingen

Die moderne Anthropologie bezeichnet den Menschen als »exzentrisches Wesen«, »Mängelwesen« oder gar als »Irrläufer der Evolution«: Dies deshalb, weil beim Menschen die tierischen Instinkte und die Vernunft nicht gut koordiniert sind. Die Folgen sind Todesangst, Selbstzerstörung. »Sterben«, sagt Sappho, die berühmte Dichterin der griechischen Antike, »ist etwas Schlimmes. Die Götter selbst haben entschieden, denn sie würden sterben, wäre Sterben etwas Schönes«. So stand der Tod auch am Anfang einer von Göttern verlassenen oder vernachlässigten Welt.

Die weiteren Folgen bis heute: Ungeborgenheit, Umweltzerstörung, Kriege. Der Mensch, sagt Mephisto, ist »tierischer als jedes Tier«.[2] Der Mensch kann abstürzen in die »Bestialität«, ganze Kulturen können das, und Auschwitz ist zum negativen Gründungsmythos am Ende des Millenniums geworden. Nicht im Hinblick auf das Gute können wir unsere Zukunft vermessen, sondern nur auf die stets lauernde Gefahr des Bösen hin. *Killing Fields* immer noch und überall, gebannt in der Monotonie der Stimme des Nachrichtensprechers. Die »wilde« Welt liegt nicht auf einem fernen Planeten oder in einer tiefen Vergangenheit. Sie hat ihren Ort im Gesellschaftlichen und braucht nur aus diesem finsteren Grund hervorzubrechen. Das ist nun einmal so, vielleicht sogar irreversibel.

2. Fortschrittsillusion und Bestialität

Durch die Jahrhunderte sind wir – abendländisch neurotisch – daran gewöhnt, unsere Entwicklungs-, Wissenschafts- und Ideengeschichte als verlustlosen Fortschritt zu deuten, als Geschichte mit zwar einigen vertrackten Schwierigkeiten, die aber dennoch in einem Happy End ihren Abschluss finden wird. Freilich wurde dieser Meinung durch Dichter, Denker und Künstler immer widersprochen: Der Mathematiker, Physiker und Philosoph Blaise Pascal deutet die Menschheitsgeschichte als ein »Gewebe von Gewalt, Zufall und Bestialität«. Die Freiheit, die die Menschen anstreben, ist für Fichte vor allem diejenige, »sich gegenseitig zugrunde zu richten«. Die »Weltgeschichte«, heißt es bei Hegel, »ist nicht der Boden des Glücks. Die Perioden des Glücks sind leere Blätter in ihr«.[3] Vielmehr ist sie die »Schlachtbank«, auf der unzählige »zum Opfer gebracht« werden. Der Historiker

Jakob Burckhardt erläutert die politische Geschichte als Gang »furchtbarster Verbrechen«: »Der Friede ist nur eine kleine Atempause bis zum nächsten Völkermord.«

Nietzsche stellt das Thema der menschlichen »Bestialität« in den Vordergrund: »Die Menschheit ist bloß das Versuchsmaterial, der ungeheure Überschuß des Mißratenen: ein Trümmerfeld.«[4] Robert Musil, der seismografische Deuter der österreichischen Jahrhundertwende, meint im *Mann ohne Eigenschaften:* »Wenn die Menschheit als Ganzes träumen könnte, müßte Moosbrugger entstehen.«[5] Moosbrugger ist aber ein Lust- und Massenmörder. Max Horkheimer zieht resignierend die Summe, wenn er sagt: »Das Fortschreiten der technischen Mittel ist von einem Prozeß der Entmenschlichung begleitet.«[6] Das Happy End als automatische Verbindung des Fortschritts mit Glück und Freiheit hat sich definitiv als Illusion erwiesen. Aber war nicht bereits am Anfang der überlieferten Kulturbildung die Untat, der Mord, wie der Mythos berichtet: Seth tötet Osiris, Kain tötet Abel, Romulus tötet Remus. Anfänge also, die unauflösbar verflochten sind mit der Instrumentierung von Zwang, Gewalt, Mord und Terror.

3. Kunst als Kompensation

Wir suchen einen Ausgleich dafür, wollen, wo wir nichts ändern können, etwas stattdessen tun. Kunst ist dafür ein großer Regisseur der Kompensation geworden. Denn gerade die Kunst stellt immer wieder Fragen, auf die es keine Antworten gibt: Daher ist Kunst Utopie, befreit von der Lüge, stets die Wahrheit zu sagen. Die Kunst behauptet sich heute höchst erfolgreich auf dem Rohstoffmarkt der Sinnsuche. Ihr gelingt »Suggestion von Sinn« in einer immer schwerer zu durchschauenden Welt.

Traditionell sollte die akademische Philosophie diesen Markt betreuen, doch vernachlässigt sie es schon lange, die einfachen, großen Fragen zu beantworten, die jeden Menschen betreffen: etwa jene nach Tod und Unsterblichkeit oder nach der Einzigartigkeit der menschlichen Vernunft in der Natur, nach der Chance des Guten angesichts der Grausamkeit des Menschen, nach der Chance der Vernunft in der Geschichte. All diese Fragen werden letztlich nur mehr allein durch die Kunst nachvollziehbar verkörpert und gestellt. Ja mehr noch: Sie erreichen den Menschen nur mehr über die Kunst. Kunst leistet da einen merkwürdigen Ausgleich für den sich zunehmend verflüchtigenden Sinn dieser Welt und für die kollektive Einfallslosigkeit.

4. Bildungsfacetten der Kunst

Seit Langem weiß jeder Feuilletonleser, dass die naive Vorstellung, wonach die Wissenschaft nach Wahrheit, die Kunst aber nach Schönheit strebt, aus vielen Gründen falsch ist (Nelson Goodman). Denn die Kunst sorgt für das Erfassen neuer Affinitäten, Gegensätze, oder wie Gerard Mortier sagt, »Reibungsflächen«, ganz ähnlich wie die Wissenschaft. Die Kunst bringt vor allem neue Sichtweisen der Welten, in denen wir leben, hervor. Gefühle und Emotionen in der ästhetischen Erfahrung haben aber durchaus Erkenntnisfunktion. Es handelt sich um einander ergänzende Elemente des kulturellen Bildungsprozesses unserer Gesellschaft. Bloß unsere Politiker – vor Ort in diesem Lande, in diesem Staat – scheinen dies nicht zu wissen. Dabei hat die Kunst so viele spannende Bildungsfacetten.

Die Kunst führt das öffentliche Bewusstsein unserer Gesellschaft zu einer fruchtbaren Zwischenzone zwischen Realität und Illusion und wird damit gleichzeitig zu einem wirksamen Instrument zur Behandlung und Bewältigung des Faktischen, auch des Prekären und Problematischen. Folgende (und keineswegs erschöpfende) Perspektiven seien stichwortartig angegeben:

1. Kunst als Symbolisierung historischen Wissens fasst in verknappter Aussageform Tatbestände zusammen.
2. Kunst funktioniert als Erklärungsfaktor.
3. Kunst hat sich auf kritische Sichtweisen spezialisiert.
4. Kunst generiert als substanzspezifische Weltanschauung oder besser: Weltbildung.
5. Kunst steht für das Thema Freiheit.
6. Kunst lehrt auf Grund ihrer Mehrschichtigkeit ein Weltverständnis in verschiedenen Modellen.
7. Kunst steht unter dem Primat des Individuellen gegen Anonymität, steht für individuelle Emanzipation.
8. Kunst weist eine multikulturelle Dimension auf, nicht als Vermischung, sondern als Nebeneinander verschiedener Ansatzpunkte. Sie hat in der Anerkennung des anderen auch eine therapeutische Funktion.
9. In der Suche nach nichtmateriellen Wertnormen hat Kunst vieles zu bieten.
10. Kunst hat zunehmend – wie schon André Malraux betont – den Charakter einer Ersatzreligion. Kunst wird zu einem spirituellen Erlebnisvermittler, der frei von repressiven Dogmen ist.

Doch weshalb wissen so viele Politiker nicht um diese naheliegenden Perspektiven?

5. Politisierung der Kultur

Wir leben heute in einer medial total integrierten audiovisuellen Kultur. Längst haben die Massenmedien die Relaisfunktion der Politik übernommen. Ja mehr noch: Die politische Macht ist nur noch eine Macht unter anderen. Die Herrschaft über die

Michael Fischer

kulturellen Instanzen, über die ethischen Prämissen in den Köpfen der Menschen entsteht ja nicht durch einen Wahlakt, sondern durch intellektuelle Vorgaben und Trendsettings. Mit der schwindenden Bedeutung der Politik korrespondiert eine Politisierung der Kultur. Angesichts der Demokratisierung des Bildungswesens, der enormen Bedeutung der Massenmedien, der demoskopischen Neurose der Meinungsführer, sich permanent nach den Ergebnissen der Meinungsumfragen zu richten, ist eine mediale Kulturhegemonie entstanden. Im virtuellen Netz, zu dem der politische Raum sich mehr und mehr verwandelt, finden die effektiven Transformationen der politischen Meinungen und Werte statt. Dort spielt sich der »Dschungel des Zeitgeistes« ab.

Politik konkurriert heute auf dem Markt als Ware neben anderen Waren. Damit verlieren die Parteien ihre traditionelle Funktion als Träger des politischen Systems. Die Warenfunktion der Politik verdeutlicht, dass der Stellenwert der Medien-, der Werbe- und der PR-Industrie in dem Maße zunimmt, als Inszenierung und Styling »stimmen« müssen. Der Warencharakter der Politik bedingt ihre extreme Personalisierung. Politiker werden zu Showstars, unterliegen den Regeln des Entertainmentbusiness. Das Medusenhaupt, das reale oder eingebildete Ängste produziert, heißt Populismus.

Horcht man in den gesellschaftlichen Diskurs, dann sind die Stimmen derjenigen, die sich als »gesunde Mehrheit« wahrnehmen, in der letzten Zeit bedeutend lauter geworden: Nicht mehr der Dissens, die Kritik, der Mut zum Engagement ernten heute den Applaus bei debilen Talkshows: Frenetisch wird das Publikum immer dann, wenn die Normalität gelobt wird, der kleine Mann, wenn es gegen die Intellektuellen geht, gegen die ewigen Nörgler und Schlechtmacher. Wir sind wieder wer, wir, die Mehrheit! Gerhard Rohde sprach jüngst vom »Verblödungsprozess, den die Medien gegen die Menschheit führen und täglich gewinnen«.

6. Lifestyle-Politik

Die Politiker begreifen sich nicht als Hüter des Seins, sondern als Manager der Macht. Sie formulieren nicht für die Ewigkeit, sondern für den nächsten Wahlkampf. Sie kalkulieren den Effekt ihrer Formeln wie Unternehmer die Absatzchancen eines neuen Produkts. Nicht um Wahrheit geht es ihnen, sondern um Wirkung, nicht um Kultur, sondern um Spektakel, nicht um Werte, sondern um Berechnung der Interessen und Chancen. In der Tat haben die Politiker keinen Kontakt zur Basis – und können ihn ja nicht haben. Stattdessen lesen sie den *Spiegel* und die *Bildzeitung*. Das ist die politische Version der Reduktion von Komplexität: Statt die Welt zu beobachten, beobachten Politiker, wie sie von den Massenmedien beobachtet werden, etwa der *Bild-* und der *Kronen Zeitung*.

Das Projekt des guten gelingenden Lebens, wie es die fröhlichen und schönen Menschen der Werbung vorleben, wird inzwischen immer deutlicher auch von der politischen Propaganda betrieben – Politik selbst wird zum Lifestyle-Projekt: Komplizierte Sachfragen, Inhalte, Probleme und Lösungen, intellektuelle Auseinandersetzungen werden immer deutlicher den Gefühlen und Symbolen des »guten Lebens« untergeordnet. Erfolgreich als Politiker ist nur noch, wer diese Gefühle und Symbole für sich mobilisieren kann. Darüber ließe sich lange diskutieren, und man muss dies nicht nur negativ sehen. Doch wenn populistische Zensoren den bis zu Sechszehnjährigen nicht zutrauen, dass sie wissen, dass Menschen auch Geschlechtsteile haben, dann müssen Alarmglocken läuten.

7. Neue Vulgarität

Wer abstrakt von Schönheit, Tradition und humanistischer Bildung redet, ist stets in der Gefahr, den rasanten Aufstieg einer neuen Art von Vulgarität zu fördern. Denn die Folge davon ist oft eine unerhörte Distanzlosigkeit und mangelnde Sensibilität für feine Unterschiede. Seien diese nun emotional, moralisch oder ästhetisch. »Nichts ist wohlfeiler als die plakative Leidenschaft [...] man braucht nichts gelernt zu haben«, heißt es bei Nietzsche. Und in der Tat wird heute Bildung in Politik und Medien durch Empathie ersetzt. Aber damit keine Missverständnisse entstehen: Vulgarität ist nicht die Unfähigkeit, die Weinkarte in einem Sterne-Restaurant lesen zu können. Es ist die Unfähigkeit, zu unterscheiden beziehungsweise Unterschiede zu begreifen.

Das Vulgäre verhindert gerade das differenzierte Urteil, etwa zwischen bloßem Spaß und erlebnisdichter Freude, zwischen bloßer Pornografie (der Warenwelt der Körper) und der Erotik als Kultivierung der Triebe. Mit einem Wort: Es mangelt an kulturellem Kapital. Vielmehr geht die ganze Skala der positiven Emotionen im Einheitsbrei der Begrifflichkeiten »schön«, »Spaß« und »Unterhaltung« unter. Darauf steuert die neue Vulgarität immerfort zu. Menschen, die in unserer komplexen Bildungsgesellschaft schwer mithalten können, suchen die Freiheit des Käfigs in solchen Begriffen, sie sind die gefährlichen Claqueure einer neuen Sauberkeit, und Vergleiche mit dem NS-Staat scheinen da gar nicht so stark konstruiert zu sein.

8. Bildungsprodukt Europa

Eine derartige Politik befindet sich auf einem totalen Holzweg, und zwar wirtschaftlich, regional und gesamteuropäisch. Europa ist ein Bildungsprodukt, keine fixe geografische Größe, ein Konstrukt des Geistes, an dem ununterbrochen

Michael Fischer

gearbeitet werden muss. Es geht um das Bewusstsein von kultureller Gemeinschaftlichkeit, Differenz und gegenseitiger Achtung. Sobald dieses Bewusstsein ins Wanken gerät, ist die europäische Identität in ihrer Existenz bedroht. Doch Europa ist voll von Demagogen, und dies in fast sämtlichen politischen Schattierungen. An die Stelle eines gemeinsamen Nenners haben wir Demagogen, die darauf bestehen, dass nur ein einziger Weg zu rechtschaffenen Europäern führen kann.

Paläokonservative, in deren Augen für das ganze Land ein und dieselbe Moral gilt, Neokonservative, die ein überdimensionales Schreckgespenst namens Multikulturalismus erfinden – als ob die westliche Kultur als solche je etwas anderes als multikulturell gewesen wäre in ihrem Eklektizismus, in ihrer Fähigkeit, »fremde« Vorbilder und Anregungen aufzugreifen und in sich aufzunehmen. Darüber hinaus gibt es liberale und sozialdemokratische Eiferer, die im Namen der »Political Correctness« am liebsten alle wie auch immer Benachteiligten automatisch heiligsprechen würden. Mit Monokultur kommt man nicht weit, in der Kultur- und Sozialpolitik ebenso wenig wie in der Landwirtschaft. Sie laugt den Boden aus. Die gesellschaftliche Bandbreite Europas, die Außenstehende so beeindruckt, rührt von seiner Vielfalt her. Europas Zusammenhalt, seine pragmatische Konsensfähigkeit beruht auf der Bereitschaft dieser Vielfalt, ihre kulturellen Unterschiede nicht zu unüberwindlichen Barrieren und Bollwerken zu erheben, sondern wie es in den EU-Dokumenten heißt: »als geistiges Erbe« stets neu zu bedenken.

9. Kunst als politisches Instrument

Die Bedeutung dieser Entwicklung erkannte Jack Lang bereits zu Beginn der 1980er-Jahre. Er setzte die Kunstkulturpolitik als wesentliche Modernisierungsstrategie des gesellschaftlichen Bewusstseins ein. Sie sollte die kreativen Ressourcen der Gesellschaft entfalten, eine Anpassung des Bildungswesens an eine kulturell sensibler gewordene Umwelt ermöglichen, eine Streitkultur um Grundfragen des menschlichen Lebens und Überlebens fördern. Die aktive Gestaltung dieser Kulturpolitik erwies sich unter François Mitterand als tragfähiges gesellschafts- und wirtschaftspolitisches Konzept sozialer Dynamisierung.

Heute sind Kunst und Kultur zur sinnstiftenden Vergesellschaftungsform schlechthin geworden, sie werden mit der gesamten Lebensweise, mit Alltag, Demokratisierung und Lebensqualität verbunden. Kultur im weitesten Sinne gilt auch als vielversprechendes Instrument für die Lösung sozialpolitischer Probleme. Diese Neuentdeckung der allgemein gesellschaftlich-wirtschaftlichen Relevanz von Kunst und Kultur ist die wesentliche Entwicklungstendenz des letzten Jahrzehnts. Die »kulturelle Dimension« der gesellschaftlichen Entwicklung ist zum

Schlüsselbegriff geworden. Im Prinzip werden fast alle Lebensbereiche, also nicht nur Museum, Oper und Bühne, sondern auch Essen, Wohnen, Trinken unter kulturelle Vorzeichen gesetzt. Diese Tendenz führt aber letztlich auch dahin, dass sich gesellschaftliche Konflikte zunehmend in der Interpretation diverser Kulturbegriffe niederschlagen, dass also im Bereich der Kultur nicht bloß Stellvertreterkriege geführt, sondern die eigentlichen politischen, ja sogar wirtschaftlichen Schlachten geschlagen werden.

10. Kunst und Komplexität

Kunst und Kultur wurden schon lange als Wirtschaftsbranchen mit Profilierungsaspekt, Marketinginhalt, Standort- und Imagefaktor »entdeckt«. Kulturmaßnahmen mussten sich daher nicht mehr als verlorene Zuschüsse belächeln lassen, sondern konnten als Katalysatoren für weitere und andere gesellschaftliche, soziale und wirtschaftliche Prozesse präsentiert werden, da der Wirtschaftsbereich auch materiell von dieser Subvention profitierte. Heute gibt es eine Reihe von Indizien, dass die Kunst im weitesten Sinne den Sport in seiner Rolle als beherrschende Freizeitbeschäftigung in der Gesellschaft ablösen wird.

Die wirtschaftlichen Motive haben sich gleichzeitig drastisch gewandelt. Während zuvor die Wirtschaft Kunst und Kultur förderte und damit die staatlichen Budgets entlasten sollte, wird inzwischen regional wie international Kunst und Kultur gefördert, um wirtschaftliche Investitionen anzulocken. Sie gelten als ganz wichtiger Investitionsanstoß. Denn – so lautet heute eine gängige Überzeugung – Kunst und Kultur sind die große »Zukunfts-DNS«, sie mobilisieren die wesentlichen humanen Ressourcen, nämlich komplexe Intelligenz . Kunst und Kultur sind, so hat bereits 1929 Egon Friedell[7] formuliert, »Reichtum an Problemen«. Darin kommt »komplexe Intelligenz« zum Tragen, im Sinne von Differenziertheit, Verschiedenheit, Multioptionalität, »Reibungsflächen« (Gerard Mortier). Glaubt man Ökonomen und Trendforschern, wird genau dies eines der wichtigsten Produktivitätsmittel der Zukunft.

Im Nachrichtenmagazin *profil* ist nachzulesen: »Von keinem anderen Großfestival werden zur Zeit ›Zukunftsvisionen‹ derart konsequent umgesetzt wie in Salzburg.« Hier wird der »avancierte Mainstream« vorgegeben, »an dem sich andere Festivals wohl oder übel zu orientieren haben«. […] Die internationale Kritik ist voll des Lobes: »Mortier hat die Festspiele konzeptionell auf ein Niveau gehievt, auf dem alle Ansprüche, die heute an ein solches Festival geknüpft werden können«, erfüllt sind. […] »Mortier hat frühzeitig erkannt, dass die Einmaligkeit Salzburgs heute nicht mehr in der Exklusivität einzelner Produktionen bestehen kann, sondern in der intellektuellen Konfiguration des Programms.« [...] »Es geht um die Dichte und die Qualität der Ereignisse‹, sagt Sven Hartberger, künftiger Leiter des Klangforums Wien, ›Salzburg hat einen Reichtum, den es auf dieser Welt nur selten gibt. Darin liegt seine Identität.‹«[8]

Literatur

Friedell, Egon, Kulturgeschichte der Neuzeit. Die Krisis der europäischen Seele von der schwarzen Pest bis zum Ersten Weltkrieg, München 1929

Goethes Werke. Hamburger Ausgabe in 14 Bänden, Bd. III. Textkritisch durchgesehen und mit Anmerkungen versehen von Erich Trunz, Hamburg [10]1976

Hegel, Georg Wilhelm Friedrich, Vorlesungen über die Philosophie der Geschichte, Werke 12, hg. von Eva Moldenhauer und Karl Markus Michel, Frankfurt a.M. 1986

Horkheimer, Max, Zur Kritik der instrumentellen Vernunft. Aus den Vorträgen und Aufzeichnungen seit Kriegsende, hg. von Alfred Schmidt, Frankfurt a. M. 1967

Nietzsche, Friedrich, Werke in drei Bänden, Bd. III, hg. von Karl Schlechta, München 1954

Musil, Robert, Der Mann ohne Eigenschaften, Hamburg 1952

»Salzburg am Ende«, in: profil 29, 1999, S. 104–108.

Endnoten

1 Einleitungsbeitrag bei den Salzburger *Festspiel-Dialogen* am 4. August 1999: Podiumsdiskussion mit Rolf Hochhuth und Richard von Weizsäcker.

2 *Goethes Werke. Hamburger Ausgabe in 14 Bänden,* Bd. III. Textkritisch durchgesehen und mit Anmerkungen versehen von Erich Trunz, Hamburg [10]1976, S. 16.

3 Hegel, Georg Wilhelm Friedrich, *Vorlesungen über die Philosophie der Geschichte,* Werke 12, hg. von Eva Moldenhauer und Karl Markus Michel, Frankfurt a.M. 1986, S. 42.

4 Nietzsche, Friedrich, *Werke in drei Bänden,* Bd. III, hg. von Karl Schlechta, München 1954, S. 713.

5 Musil, Robert, *Der Mann ohne Eigenschaften,* Hamburg 1952, S. 76.

6 Horkheimer, Max, *Zur Kritik der instrumentellen Vernunft. Aus den Vorträgen und Aufzeichnungen seit Kriegsende,* hg. von Alfred Schmidt, Frankfurt a. M. 1967, S. 13

7 Friedell, Egon, *Kulturgeschichte der Neuzeit. Die Krisis der europäischen Seele von der schwarzen Pest bis zum Ersten Weltkrieg,* München 1929.

8 Vgl. »Salzburg am Ende«, in: *profil* 29, 1999, S. 105f.

Die Frau im Spiegel der Kunst[1]

Barbara Frischmuth

Ich möchte Sie in meinem Beitrag mit zwei Repräsentationen des Weiblichen unterhalten – und da ich weder Literatur- noch Kunsthistorikerin im akademischen Sinn des Wortes bin, wird es wohl darauf hinauslaufen –, mit zwei Figuren, die Ihnen vielleicht nicht gleich in den Sinn kommen, wenn Sie an *Die Frau im Spiegel der Kunst* denken, schon gar nicht in Salzburg, wo Ihnen vordringlich die Namen der klassischen Opernheroinen allenthalben ins Auge springen.

Die beiden, von denen ich reden möchte, stehen zurzeit nicht gerade im Zentrum der Aufmerksamkeit, obgleich sie ebenfalls – seit Jahrhunderten die eine und seit Jahrtausenden die andere – die menschliche Fantasie beschäftigen und sich in den unterschiedlichsten Kunstwerken und Kunstformen spiegeln. Es handelt sich um Schehrezâd, die Erzählerin aus den *Geschichten von 1001 Nacht*, die mir seit der Kindheit vertraut ist, und um Baubo, die aus der griechischen Mythologie stammt und unter anderem dadurch bekannt ist, dass sie die untröstliche Demeter, deren Trauer das Land verdorren ließ, durch einen komisch-obszönen Scherz zum Lachen brachte. Das klingt weniger spektakulär, als es ist, sollte aber im Hinblick auf die Tugenden der Gelehrsamkeit und des Mutterwitzes nicht unterschätzt werden.

Es war im April 2010, als ich die Einladung zu diesem Vortrag erhielt. Ich befand mich gerade auf Lesereise in Marokko und bereitete mich auf ein Treffen mit Fatima Mernissi, der weltweit bekannten marokkanischen Soziologin und Schriftstellerin, vor, die ich demnächst kennenlernen sollte. Das Buch von ihr, das ich gerade las, hieß *Harem. Westliche Phantasien – östliche Wirklichkeit*, und während der Lektüre musste ich feststellen, dass ich die Figur der Schehrezâd noch immer nicht aus dem entscheidenden Blickwinkel, nämlich dem ihrer enormen Bildung, erfasst hatte.

Mernissi beschreibt darin den sagenumwobenen Harem des siebenten Abbasiden-Kalifs Harun ar-Raschid, in dem es tausende Sklavinnen gab, an denen sich seither die Fantasien des Westens, vor allem die der berühmten Orientmaler des 18. und 19. Jahrhunderts, erhitzt und abgearbeitet haben.

Was im Westen jedoch meist unter den Tisch fällt, so Mernissi, ist die Tatsache, dass es sich dabei um höchst gebildete Frauen handelte, die, so schnell sie nur konnten, Bücher über Geschichte und Religion verschlangen, um den Kalifen zu unterhalten. Die Männer jener Zeit hatten nichts übrig für die Gesellschaft ungebildeter und unbelesener Frauen, und man hatte keine Chance, die Aufmerksamkeit des Kalifen auf sich zu ziehen, wenn man ihn nicht in Erstaunen versetzen

Barbara Frischmuth

konnte, mit Wissen in den Bereichen (Natur-) Wissenschaft, Geschichte, Geographie und – nicht zu vergessen – Rechtsprechung.

Das ist nicht gerade das, was man sich im Abendland unter einer morgenländischen Lustsklavin vorstellt. Da käme einem schon eher der Ausdruck *Blaustrumpf* in den Sinn.

Schehrezâd ist natürlich längst im Westen angekommen und dient auch bei uns als Metapher für die Kunst – in diesem Fall die des Erzählens – als Überlebensstrategie, wobei man zu wenig darauf achtet, woraus dieses Erzählen sich speist, nämlich aus einer allumfassenden Bildung, die jene der Haremssklavinnen von Harun ar-Rashid noch bei Weitem übertrifft.

Was den Blaustrumpf von vorhin angeht, fand ich bei Silvia Bovenschen in *Die imaginäre Weiblichkeit* die nüchterne Anmerkung, dass in unserer Kulturgeschichte, ich zitiere: »das Prinzip der Gelehrsamkeit und die gelehrten Frauen die Phantasien nicht sehr beschäftigt haben. Die Gelehrte wurde zwar zum Kulturtypus, jedoch nicht zu einer Repräsentationsfigur des Weiblichen in der Literatur.«

Im Orient scheint es anders gewesen zu sein, aus welchen Gründen auch immer, und das beste Beispiel dafür ist Schehrezâd, eine der erstaunlichsten weiblichen Kunstfiguren überhaupt. Schon die Selbstgewissheit, mit der sie es sich zutraut –, und man kann es nicht deutlich genug sagen –, es sich zutraut, einen mörderischen Despoten mit ihrer Rede, dem Spiel ihrer Worte, ihrem Witz und der eleganten Handhabung des Aufmüpfigen, ja, sogar des Obszönen, zu bannen und ihn davon abzuhalten, auch sie aus purem Frauenhass umzubringen wie all die anderen, die vor ihr sein Bett teilten.

Wie sehr Schehrezâd ihre Vorgehensweise bedacht hat, lässt sich schon daran erkennen, dass sie sich gegen den Willen ihres Vaters, des Vezirs, der Schlimmstes befürchtet, mit König Schehrijâr verheiraten lässt und ihre kleine Schwester Dinazâd anweist, sich bereitzuhalten, da sie, sobald sie das Brautgemach betreten habe, nach ihr schicken werde und sie sich dann so und so verhalten möge. Als nun Schehrezâd zum König gebracht wird, weint sie. Der König fragt sie nach dem Grund ihrer Tränen, und sie antwortet, sie würde sich noch gerne von ihrer kleinen Schwester verabschieden.

Dinazâd wird also geholt, setzt sich zu Füßen des königlichen Lagers, wartet, bis der König ihrer Schwester die Mädchenschaft genommen hat (so der O-Ton von Enno Littmann, Herausgeber und Übersetzer der vollständigen deutschen Ausgabe beim Insel-Verlag). Danach bittet Dinazâd, deren Anweisung befolgend, Schehrezâd, eine Geschichte zu erzählen, mit der sie sich die wachen Stunden dieser Nacht verkürzen könnten. Schehrezâd holt zuerst die Erlaubnis des Königs ein, der ebenfalls schlaflos ist und zustimmt.

Das Weitere ist mehr oder weniger bekannt, nämlich dass Schehrezâd keine ihrer Erzählungen in einer Nacht beendet, sondern ihrer sie lobenden kleinen Schwester jedes Mal erwidert: »Was ist all dies gegen das, was ich euch in der nächsten Nacht erzählen könnte, wenn der König mein Leben zu schonen geruht.« Der König, neugierig auf den Ausgang der Erzählung, geruht, und das tausend und eine Nacht lang. Während dieser Zeit gebiert Schehrezâd drei Söhne, der König aber scheint letztendlich an ihrer Erzählkunst von seiner Phobie genesen zu sein und sich, wie es heißt, vom »Töten der Töchter des Volkes« abgewandt zu haben.

»Die orientalische Schehrezâd«, behauptet Mernissi in ihrem *Harem*-Buch, in dem sie sie der harmlosen, vom Ballett getanzten westlichen gegenüberstellt, »ist ganz Verstand, und das ist der Kern ihrer sexuellen Anziehungskraft. In der ursprünglichen Geschichte wird ihr Äußeres kaum erwähnt, ihre Gelehrtheit dagegen wird oft angesprochen.« Also nichts von wegen Blaustrumpf …

In der Littmann-Ausgabe hört sich das folgendermaßen an:

Die ältere von den Töchtern des Vezirs hatte alle Bücher gelesen, die Annalen und die Lebensbeschreibungen der früheren Könige und die Erzählungen von den vergangenen Völkern; ja, es wird erzählt, sie habe tausend Bücher gesammelt, Geschichtsbücher, die von den entschwundenen Völkern und von den einstigen Königen handelten, und auch Dichterwerke.

Kein Wunder, dass Mernissi zu dem Schluss kommt, dass das *Hirn* die mächtigste erotische Waffe der Frau sei. Daher stamme wohl auch die Angst vor Frauen in der muslimischen Kultur, die dem weiblichen Menschen trotz aller Versuche, ihn in der Verhüllung unschädlich zu machen, nie die Intelligenz abgesprochen habe.

Mernissi stellt aber auch, und das mit einigen schlagenden Argumenten, dem östlichen den sogenannten westlichen Harem gegenüber, in dem Frau auf Grund des Bildes, das Mann sich von ihr geschaffen hat, samt dazugehörigen Diäten und Schönheitsoperationen, festsitzt, sodass sie, Mernissi, mittlerweile das Gefühl habe, Kleidergröße 36 sei vielleicht eine brutalere Einschränkung als der muslimische Schleier. Und das bereits Ende der Neunzigerjahre, also lange bevor dieses Thema auch im Westen durch die Zeitschriften zu geistern begann.

Ein Beitrag dazu ist zuletzt in der *Süddeutschen Zeitung* am 22. Juni von Ingrid Thurner, einer Ethnologin der Universität Wien, erschienen, in dem zu lesen steht:

Fast wäre man versucht, den Umkehrschluss zu ziehen und weibliche Nacktheit als Symbol weiblicher Freiheit zu deuten. Aber welchen Zwängen unterwerfen sich nicht konform-westlich denkende Frauen für den Auftritt in der Öffentlichkeit? Hohe Absätze, hautenge Jeans, frieren in der Kälte, ein Leben lang hungern, alles um den Körper vorzeigbar zu machen. […] Und während Frauen damit beschäftigt sind, ihre Körper zu trimmen, sich auf Operationstische zu legen, Busen zu heben, Lippen zu verdicken, Fett abzusaugen, Vaginen zu stylen, Zähne zu weißeln, machen Männer Karriere und besetzen die wichtigen Positionen in Wirtschaft, Forschung, Bildung, Politik, von der katholischen Kirche gar nicht zu reden.

Das ist deutlich genug gesagt.

Schehrezâd ist intelligent, gebildet, schön oder zumindest gutaussehend, sonst hätte der König sie sich nicht in sein Bett geholt, und wie an ihren Erzählungen ablesbar, auch mit Witz und einem Sinn für die heilsame Wirkung des Komischen begabt, hinzu kommt noch, dass sie in ihrer Geschichte überlebt.

Ich begann also, die Menschen in meiner Umgebung, von denen ich annahm, dass sie die ersten hundert Bücher ihres Lebens bereits hinter sich hätten, zu bitten, mir spontan weibliche Figuren aus unserer Tradition zu nennen, auf die all das zuträfe. Auf Anhieb kam da gar nichts, und das ist der springende Punkt, denn nur, was vielen auf Anhieb einfallen würde, ist tatsächlich im allgemeinen Bewusstsein verankert. Nach längerem Sinnieren tröpfelten dann immer dieselben Namen, obgleich von Anfang an mit Einschränkungen versehen, nämlich Antigone, Iphigenie, Salome, Lulu. Doch bei genauerem Hinsehen entsprach keine dieser Figuren meinen Kriterien, auch erwiesen sie sich allesamt als Gefallene im Geschlechterkrieg.

Aber auch in den klassischen Romanen herrschte das Märtyrermäßige vor, von Madame Bovary über Effi Briest bis hin zu Anna Karenina scheiterten die Protagonistinnen an einer männlich geprägten Welt. Je größer die Rolle, die ihnen zukam, desto unausweichlicher. Keine dieser weiblichen Figuren, die sich zugunsten der großen Liebe oder Leidenschaft über das von Männern erstellte Regelwerk der Sexualmoral hinweggesetzt hatten, wurde dessen froh, à la longue siegte immer der gerade gültige Sittenkodex.

Während die *romantische* Liebe auch in den Erzählungen von *1001 Nacht* gelegentlich Thema ist, kommt Schehrezâd in der Rahmenerzählung ohne aus. Die Ehe ist für sie eine pragmatische Angelegenheit, Sex miteingeschlossen. Weder sie noch der König finden etwas dabei, ihre Hochzeitsnacht in Gegenwart der kleinen Schwester zu vollziehen, und auch in den folgenden tausend und einen Nächten wird nicht viel Aufhebens davon gemacht. Das hat wohl damit zu tun, dass Schehrezâd sich einer Aufgabe verschrieben hatte, von der sie annahm, sie mit Hilfe ihrer Bildung auch bewältigen zu können, nämlich dem systematischen Mord an jungen schuldlosen Frauen Einhalt zu gebieten.

Erstaunlich, dass die Bildung von Frauen in einem Werk der zeitgenössischen Literatur wieder zum Kernpunkt ihrer sexuellen Anziehungskraft wird, und zwar in dem Roman *Die Eleganz des Igels* von Muriel Barbery aus dem Jahr 2006 (2008 auch als Film mit dem Titel *Die Eleganz der Madame Michel* in die Kinos gekommen).

Madame Michel ist 54, klein, hässlich, mollig und Concierge in einem herrschaftlichen Pariser Stadthaus. Um in Ruhe gelassen zu werden, verbirgt sie ihre als Autodidaktin erworbene Bildung, indem sie sich bemüht, den Vorurteilen gegenüber Conciergen zu entsprechen. Und so schwelgt sie nur in der Heimlichkeit ihres Hinterzimmers mit Tränen in den Augen in den Wundern der Kunst.

Als ein neuer Mieter einzieht, ein reicher, älterer Japaner mit Privatsekretär, der noch dazu Ozu heißt wie der Lieblingsregisseur von Madame Michel, verrät sie sich mit einem Satz aus *Anna Karenina*, der von Ozu San sogleich ergänzt wird. Damit beginnt eine der ungewöhnlichsten Liebesgeschichten, die ich kenne, die vielleicht gar nicht so ungewöhnlich ist, denkt man an den vor ungefähr tausend Jahren geschriebenen Roman *Die Geschichte vom Prinzen Genji*, in dem man sich über deren Handschrift in eine Dame verliebte, ohne sie gesehen zu haben. Leider überlebt auch Madame Michel ihr Liebesglück nicht und fällt weniger dem Geschlechterkampf als den Erwartungen eines Feuilletons zum Opfer, das für weibliche Protagonisten, die der Liebe begegnen, kein *happy end* vorsieht.

Die Heldinnen der antiken Dramen waren nicht so sehr mit der romantischen Liebe als mit wichtigen gesellschaftlichen Aufgaben befasst und ähnelten in diesem Punkt eher Schehrezâd, mit der ich sie zu vergleichen suche.

Mir ist schon klar, dass ich mich durch mein ständiges Hin- und Herwechseln zwischen den Kunstformen und den Kulturen dem Verdacht aussetze, Unvergleichbares miteinander zu vergleichen, aber wie der in Paris lebende tunesische Kunsthistoriker und Schriftsteller Abdelwahab Meddeb in seinem Essay *Der Ursprung der Welt*, erschienen in *Lettre International* Nr. 89, schreibt: »[…] darf die Energie des Vergleichens nicht innerhalb der Grenzen ein und derselben Kultur (ich würde noch hinzufügen, ein und desselben Genres) verbleiben – sie ist vielmehr aufgerufen, die Grenzen zu überschreiten.«

Ich begann also mit Antigone, deren Widerstand gegen die Patriarchisierung ihrer Welt sich darin ausdrückte, dass sie darauf bestand, die Leiche ihres missliebigen Bruders Polyneikes an die mütterliche Erde zurückzugeben, wie es von alters her Brauch war. Antigone handelt in diesem Sinn nicht revolutionär, sondern konservativ matristisch und mit altmodischer Kühnheit. Sie ist klug genug, um zu ahnen, wie das Regime Kreon ihre Welt verändern wird. Sein Stoßseufzer »Niemals regiere mich ein Weib!« und seine Zukunftsprognose »Diese Weiber muss man fest/ anbinden, mit der Freiheit ist es aus für sie« lassen ja auch keinen Zweifel daran, wer sich von nun an das Sagen anmaßt.

Antigone ist intelligent und widerständig wie Schehrezâd, auch sie im Clinch mit den Zumutungen des erstarkenden Patriarchats, gebildet, zumindest im Rah-

Barbara Frischmuth

men ihrer adligen Erziehung sowie der alten Sitten und Gebräuche kundig, attraktiv (der Sohn des Königs liebt sie), aber sie hat nicht die geringste Chance zu überleben. Während Schwester Ismene sich den neuen Usancen gefügt hat, fügt Antigone sich nicht, verzichtet dabei sogar auf ihren Geliebten Haimon, der, wie Jean Anouilh in *seiner* Bearbeitung des Stoffes deutlich macht, kein Mann im Sinn seines Vaters Kreon sein will und Antigone in den Tod folgt.

Iphigenie hingegen ist eine der wenigen, die ihr Drama überlebt. Sie, die von Artemis nicht nur persönlich entrückt, sondern auch noch als Priesterin ihres Heiligtums auf Tauris installiert wird, ist das Idealbild einer Frau, wie sie in keinem krasseren Gegensatz zu der Familie stehen könnte, aus der sie stammt, nämlich der der Atriden. Dass es ihr gelingt, ihren Bruder Orest, den Mörder der gemeinsamen Mutter Klytemnestra, den Erynnien sowie seiner Todessehnsucht zu entreißen und ihn trotz seiner Tat auf einen Lebenssinn einzuschwören, nämlich den, das Haus seiner Väter zu entsühnen, klingt wie eine unverhoffte Frohbotschaft, der man jedoch eingedenk des Atridenfluchs zumindest skeptisch gegenübersteht. Iphigenie ist intelligent, gebildet (als Priesterin muss sie das sein), gewiss auch körperlich anziehend (Thoas buhlt um sie), doch gönnt ihr das Drama nur kurze Augenblicke der Erotik, und auch die nur im Zusammenhang mit dem Bruder, als der noch nicht glauben will, dass sie seine Schwester ist und sie erst für eine Rachegöttin, dann für eine schöne Nymphe hält. Womöglich der Keim für eine Tragödie in vierter atridischer Generation?

Iphigenie ist dermaßen ohne Falsch, wovon ihre Aufrichtigkeit selbst Thoas gegenüber zeugt, dass da kein Fingerbreit auch nur für die harmloseste List bliebe, und natürlich auch nicht für so etwas wie Mutterwitz.

Das Programm der diesjährigen Festspiele betrachtend, stoße ich auf eine weitere Frauenfigur aus dem griechischen Mythos, die zumindest in der Oper am Leben geblieben ist. Die Glucksche Eurydike gibt nur leider für unser Thema nichts her, zu sehr ist ihre Geschichte auf Orpheus, den Sänger, ausgerichtet, und zu durchschaubar ist das forcierte *happy end*. Da ist die *Eurydike* von Jean Anouilh (entstanden 1942) schon um einiges ergiebiger. Sie spielt unter tingelnden Musikanten und Wanderschauspielern.

Die Liebe schlägt wie der Blitz in die beiden, sie beschließen von einem Augenblick zum anderen, gemeinsam wegzugehen, doch holt das Schicksal sie in Gestalt von Eurydikes Vergangenheit wieder ein. Eurydike glaubt, dass die Liebe alles vergessen machen kann: »Die Scheu der anständigen Mädchen erschien mir so komisch. Ihre Art, etwas aus Stolz für einen bevorzugten Käufer zu bewahren, kam mir verächtlich vor. Aber seit gestern, Lieber, bin ich prüder als sie alle.« Doch

Orpheus' Blick zurück ist stärker als der Wunsch, Eurydike am Leben zu erhalten.

Der Anouilhsche Orpheus zwingt Eurydike selbst angesichts des ihr drohenden Todes, ihm in die Augen zu schauen, denn nur in ihren Augen könne er sehen, ob sie nicht schon wieder lüge, weil sie einen anderen Mann darin zu verbergen suche.

Diese Eurydike ist hübsch, erotisch, gewiss nicht ungebildet, aber sie hat keine andere Aufgabe, als die, sich irgendwie durchzuwursteln. Die Art von Vergangenheit, die von keinem Orpheus geduldet wird, und die Weise, in der sie sie zu bagatellisieren versucht, bescheinigen ihr eine gewisse Gewieftheit, ja sogar Komik, wenn auch eher die Tragikomik erbärmlicher Lebensumstände.

Trotz Widerstands gegen die Staatsgewalt (Antigone), bedingungsloser Standhaftigkeit und fanatischer Wahrheitsliebe (Iphigenie) sowie emanzipiertem Vorleben (auch der Schlangenbiss, an dem die mythische Eurydike stirbt, deutet, von heute aus gesehen, in diese Richtung), zählen diese drei von Dichtern nach mythischen Vorgaben gestalteten Frauenfiguren zu den *good girls*, deren heroischer Kampf mit einem Schicksal, dem sie zum Opfer fallen müssen, Respekt verdient.

Auch nicht anders verhält es sich bei den sogenannten *bad girls* wie Salome und Lulu. Salome, deren Tanz der sieben Schleier auf die alte babylonische Ishtar zurückgeht und die ihrerseits als Ahnin des modernen Striptease gelten darf, hat zwar viele KünstlerInnen von Djuna Barnes bis Oscar Wilde und von Tizian bis Picasso inspiriert, doch ihr Ruf war schon immer der einer *femme fatale*, die das Böse verkörpert, das nach biblischer Tradition durch die Frau in die Welt gekommen ist. So schreit es ihr Johanaan auch im Stück von Wilde entgegen, unterstrichen von dem Bild Aubrey Beardsleys, auf dem Salome die Lippen des noch blutenden abgeschlagenen Hauptes küsst und sich *so also hoch symbolisch den Kopf/Geist des Mannes aneignet*, so die Interpretation der Kulturwissenschaftlerin Mithu M. Sanyal in ihrem Buch *Vulva. Die Enthüllung des unsichtbaren Geschlechts*, auf das ich noch zurückkommen werde.

Was Salome angeht, meint Sanyal, dass an deren Präsenz ein Paradigmenwechsel verhandelt werde.

Sie anzuschauen, bedeutet für Johannes deutlich mehr als nur ihre Existenz zu bestätigen; er muss erkennen, dass sie sich nicht von seinem analysierenden Blick bannen lässt. Ihre ist eine abweichende Realität, und dies bedeutet, dass es mehr als eine Realität gibt, mehr als eine Wahrheit, mehr als eine Deutung der Welt.

Eine Sichtweise, die, wie mir scheint, geeignet wäre, aus dem schon von der Gnosis in zahlreichen kreativen Ausformungen zur Debatte gestellten Dilemma von Geist und Fleisch herauszukommen.

Barbara Frischmuth

Ein Dilemma, dem Schehrezâd sich einigermaßen erfolgreich stellt, indem sie der *moralischen Frage*, der König Schehrjâr nur äußerst rigoros und mit Gewalt begegnen kann, mit der vielschichtigen Realität in ihren Erzählungen beizukommen versucht. Sie zeigt – erzählend –, dass er mit seinem eindimensionalen Instrumentarium der Urteilsfällung die von Natur aus mehrdimensionale Welt nicht in den Griff bekommen kann. Es hat Schehrezâd tausend und eine Nacht gekostet, diese Erkenntnis an den Mann zu bringen, wobei nicht restlos geklärt ist, ob dieser sie auch tatsächlich begriffen hat. Zumindest hat er von einer seiner größten Unarten gelassen, und das ist wenigstens etwas.

Und Lulu? Einerseits für eine *femme fatale* ähnlich der Salome gehalten, andererseits für Natur pur. Silvia Bovenschen meint dazu in ihrem bereits erwähnten Buch:

Nach dem Willen des Autors, Frank Wedekind, soll Lulu natürlich und ursprünglich sein, sie soll ein Beispiel sein dafür, wie das Weib aussähe, wenn es nicht Ausgeburt einer männlichen Kultur wäre, was es anrichtete, wenn es nicht abgerichtet wäre, welche Folgen es hätte, öffnete man den Käfig.

Wobei mir nichts künstlicher erscheint als die forcierte Natürlichkeit von Lulu, die, wie Bovenschen feststellt, »von allen Männern lediglich als Spiegelbild ihrer Weiblichkeitsvorstellungen wahrgenommen wird«.

Genau diese Vorstellungen von Weiblichkeit werden ihr von den Männern, denen sie begegnet, aufoktroyiert. Und dass Lulu diesen Vorstellungen mehr und mehr entspricht, verstrickt sie immer tiefer in die Prostitution. Indem sie für jeden das verkörpert, was er sich unter ihr vorstellt, bringt sie sich um die Chance, selbst jemand zu sein, unabhängig von dem Bild, das Mann sich von ihr macht.

Die Suche nach dem ursprünglich Weiblichen, nach dem, was hinter all den Rollen und Repräsentationen steckt, muss scheitern, da niemand es kennen kann, reicht es doch in Zeiten ohne historisches Gedächtnis zurück, streng genommen bis zur Menschwerdung selbst. Das Einzige, wozu uns die Erfahrung in diesem Zusammenhang Auskunft gibt, ist, dass selbst bei Naturvölkern das Zusammenleben nach zivilisatorischen Gesetzen geregelt ist, wobei die Rollenverteilung meist ausgewogener und effizienter erfolgt als bei den patristischen, sogenannten höher entwickelten Gesellschaften.

Lulu, deren eigentliche Herkunft im Dunkeln bleibt beziehungsweise die erst in ihrer Rolle als zwölfjähriges Blumenmädchen greifbar wird, das mit nackten Füßen vor dem Café Alhambra sein Geld verdient, ist äußerst attraktiv, lernfähig und lernwillig. Dr. Schön, der den Rohdiamanten in ihr erkennt, schickt sie zur Schule und lässt ihr auch sonst alles Mögliche beibringen. Sie erhält in Paris Unterricht im Ausdruckstanz, wird als sprachbegabt gepriesen, und an einer Stelle in der Regieanweisung heißt es sogar: Lulu liest. Sie ist also auf ihre Weise gebildet, auch zielstrebig, doch scheint ihr Ziel immer nur ein Augenblickliches zu sein. Sie ist komisch, zumindest in ihrem Pierrot-Kostüm, in dem sie auch gemalt wird, gelegentlich witzig bis zum Sarkasmus, aber auch sie überlebt nicht. Kann gar nicht überleben, da auch in sie trotz aller männermordenden Evidenzen die große Liebende hineinfantasiert wird. Irgendwie muss offenbar auch diese als Urgestalt des Weibes konstruierte Frau emotionalen Tribut an die Kulturgestalt des Mannes zollen. Ausgerechnet Schigolch, ihr Vater, erster Mentor, Gefährte (?) bringt ihr Ausgeliefertsein auf den Punkt: »Die versteht die Sache nicht. Die kann von der Liebe nicht leben, weil ihr Leben die Liebe ist.«

Und somit wird gerade diese Frauenfigur, die die bürgerliche Moral nie als die ihre akzeptiert hat und weder am Tod ihrer Männer noch unter der Prostitution zu leiden scheint, der Liebe überantwortet, einer Liebe, die sie in die Knie zwingt und schließlich einem Massenmörder zum Opfer fallen lässt. Eine Liebe, die sich als körperliche Abhängigkeit erweist, als Kampf gegen die Einsamkeit und als Angewiesensein auf Geld, das die Rahmenbedingungen für das gesellschaftliche Niveau schafft, auf dem der Ausverkauf der Rollenbilder stattfindet.

Im Gegensatz zu Schehrezâd ist all diesen Frauenfiguren eines gemeinsam: Sie haben keine Kinder, sei es, weil sie von ihrer *Aufgabe* völlig in Beschlag genommen werden, sei es, weil sie gegen die Ächtung der Frau oder die scheinheiligen Sittengesetze insgesamt revoltieren. Somit weichen sie erfolgreich der Rolle als Frau und Mutter aus, die ihnen von der Gesellschaft, in der sie leben, auf den Leib und in die Seele geschrieben wurde.

Schehrezâd tut das nicht. Sie lehnt weder die Mutterrolle noch die einer Frau ihrer Zeit grundsätzlich ab, erweitert sie aber in einem Ausmaß, das die ganze Welt miteinschließt und ihr dauerhaft Einfluss und Ansehen verschafft.

Über ihre Gefühle wird nichts berichtet, aber ihre Rolle als Erzählerin ermöglicht ihr, all den Gefühlen, die sie haben könnte, Ausdruck zu verleihen, sie als menschenmöglich bewusst zu machen und damit die rigiden Anforderungen an die Lebensform der Frau unauffällig aber wirksam zu unterminieren. Dass diese Art von Subversivität durchaus wahrgenommen wurde, beweist der wiederholte und bis in die Gegenwart reichende Versuch islamistischer Regime, *1001 Nacht* auf den Index zu setzen.

Sind die zuvor charakterisierten Frauenfiguren unserer Tradition noch fest im allgemeinen Bewusstsein verankert, ist es bei Baubo eher so, als wäre sie diesem abhandengekommen, um dann aus dem Unterbewussten da und dort wiederaufzutauchen. Im Großen und Ganzen aber wurde sie trotz ihres Witzes von den Dichtern und Prosaschreibern nur selten gewürdigt. Bis auf Goethe, der sie im *Faust* in der Walpurgisnacht zumindest erwähnt:

Barbara Frischmuth

Stimme: Die alte Baubo kommt allein. / Sie reitet auf einem Mutterschwein.
Chor: So Ehre denn, wem Ehre gebührt! / Frau Baubo vor! und angeführt! / Ein tüchtig Schwein und
Mutter drauf, da folgt der ganze Hexenhauf.

Bekannt ist Baubo durch den homerischen *Hymnus an Demeter*, aus dem 7. Jahrhundert unserer Zeitrechnung (der jedoch, wie man weiß, nicht von Homer stammt), in dem ihr als Iambe gelingt, was den olympischen Göttern nicht gelungen ist, nämlich Demeter aus ihrer tiefen Depression zu holen, in die sie seit der Entführung ihrer Tochter durch Hades verfallen ist. (Laut Ranke-Graves gehört Iambe zusammen mit Demeter und Baubo zur üblichen Triade der Gottheit als Mädchen, Nymphe und alte Frau.) Und da Demeter die Göttin des Getreides, das heißt des Ackerbaus ist, verdorrt, während sie ohne Speis und Trank umherirrt, rundum das Land, worauf niemand mehr den Göttern opfert. Die Götter versuchen Demeter umzustimmen, doch sie bleibt unerbittlich. Da begegnet ihr Iambe und bringt sie mit komisch-frivolen Scherzen, über deren Inhalt verschiedene Versionen kursieren, zum Lachen.

Sowohl Iambe als auch Baubo personifizieren den obszönen Gesang im iambischen Versmaß, der bei den Mysterien von Eleusis gepflegt wurde, wo auch das Schwein eine Rolle spielt. Dass diese Scherze keine harmlosen Witzchen waren, kann man sich an Hand der üblichen Baubo-Darstellungen nur zu gut vorstellen.

Der Kirchenvater Clemens Alexandrinus wird da sehr deutlich, wie Georges Devereux in seinem Buch *Baubo. Die Mythische Vulva*, es ausdrückt. Ich zitiere:

Die Szene, die der von Clemens zitierte orphische Text (einen solchen gibt es nämlich auch), beschreibt, ist demnach folgender: die obere Hälfte von Iachos (dem Vulvakind = Dionysos) ragt, mit dem Kopf voran, aus Baubos Geschlechtsorgan heraus, und das lachende Kind bewegt mit seiner Hand etwas unter der Vulva, aus der es zur Hälfte herausgeschlüpft ist. Genau dieser Anblick, der eine Geburt beschwört, erheitert Demeter, denn er erinnert sie daran, dass sie, obwohl sie die ins Reich der Toten hinabgestiegene Persephone verloren hat, nichts daran hindert, ein anderes Kind zu gebären.

Dass dieses heilsame Zum-Lachen-Bringen von Frau zu Frau oft eine obszöne Konnotation hat, wird niemanden verwundern, der im Orient oder auch bei uns auf dem Land zu fortgeschrittener Stunde in Frauengesellschaft Zeugin davon wurde, wie scharf Mutterwitz sein kann, wie schonungslos er an sexuellem Unvermögen die Zunge wetzt und wie realistisch er Machtgehabe und Intelligenz von Männern einschätzt. Es gibt nicht nur *dirty old men*, sondern auch *dirty old women*, vor allem in Gesellschaften, in denen die Frau sozusagen zu lebenslanger Unschuld verurteilt ist.

Ähnliches scheint auch Goethe erfahren zu haben, der in *Das Römische Karneval* notiert:

Wenn uns während des Laufs dieser Torheiten der rohe Pulcinell ungebührlich an die Freuden der Liebe erinnert, denen wir unser Dasein zu danken haben, wenn eine Baubo auf öffentlichem Platze die Geheimnisse der Gebärerin entweiht, wenn so viele nächtlich angezündete Kerzen uns an die letzte Feierlichkeit erinnern, so werden wir mitten unter dem Unsinne auf die wichtigsten Szenen unseres Lebens aufmerksam gemacht.

Die Figur der Baubo, die nicht nur für das weibliche Geschlecht im Allgemeinen, sondern für die Vulva im Besonderen steht und mit Witz und einem Sinn für Komik ausgestattet ist, lässt erkennen, was eine der Hauptstrategien bei der Zurichtung des weiblichen Menschen war, nämlich einerseits die Aberkennung eines eigenen Geschlechtsorgans, wie der Ausdruck *Loch* deutlich macht, und andererseits die Diffamierung weiblicher Begabung zu Witz, Humor und zum Komischen, das heißt zu einer differenzierten Selbstwahrnehmung unter Einbeziehung der Fremdwahrnehmung sowie der daraus resultierenden Fähigkeit zu eigenständiger Reflexion.

Die Frau wurde zum minderen Mann, sozusagen zur Missgeburt, umdeklariert, denn, wie der römische Arzt Claudius Galenus, genannt Galen, im 2. Jahrhundert nach Christus behauptete, sei nur der feurige männliche Fötus in der Lage, seine Genitalien nach außen zu stülpen und damit ein vollständiger Mensch zu werden, wo hingegen die weiblichen Geschlechtsorgane invertiert und unterentwickelt im Körper verblieben.

Baubo, die als Iambe bei ihrer Begegnung mit Demeter in ihrer jugendlichen, der Iamben wegen ein wenig hinkenden Inkarnation erscheint, jedoch in gebärfähigem Alter, taucht ansonsten meist als alte, eher hässliche, die Vulva zeigende und somit Angst einflößende Gestalt auf, die sich in ihren vielen Erscheinungsformen – von den prähistorischen Fruchtbarkeitsgöttinnen wie der *Krötenherrin von Maissau* aus dem 11. vorchristl. Jahrhundert (eine Terrakottafigur in Krötenform mit menschlichem Gesicht, Brüsten und weiblichem Genital) über die schenkelspreizenden etruskischen Gorgos bis hin zu den mittelalterlichen Sheela-na-gigs und den nonnengestaltigen *Genitalbleckerinnen* –› immer in derselben Haltung zeigt, nämlich in der Hocke, was den Vergleich mit einer Kröte oder einem Frosch verständlich macht.

So gibt es auch eine Sage, sozusagen das christliche Pendant zur antiken Demeter-Erzählung, in der die heilige Maria auf der Suche nach ihrem Sohn einer Fröschin begegnet, die mit ihr über ihre Kinder spricht, doch ist die Bedeutung ziemlich abgeflacht, denn Maria wird von der Hässlichkeit der Fröschin zum Lachen gebracht und nicht durch den Hinweis auf ihren eigenen Schoß. Ein weiterer Beweis dafür, wie sehr das weibliche Organ im Christentum abgewirtschaftet hat.

Ganz anders Schehrezâd, die sich an diesem *Vulva-bashing* nicht beteiligt. In der Geschichte *Der Träger und die drei Damen*, die in der 28. Nacht beginnt, setzt sie sich auf vergnügliche Weise mit der Benennung des weiblichen Genitals auseinan-

Barbara Frischmuth

der. Der Träger, der aufgefordert wird, die ihm gezeigten nackten Vulven zu benennen, zählt alle gängigen und fast durchwegs abwertenden Ausdrücke auf, wobei er jedes Mal einen Schlag auf den Nacken erhält. (Littmann hat sich im Gegensatz zur neuen Übersetzung von Claudia Ott, vor der Nennung der ordinären deutschen Bezeichnungen gedrückt und sie auf Arabisch stehen lassen). Um weiterer Schlägen zu entgehen, bequemt der Träger sich schließlich dazu, die jeweilige Dame zu fragen, wie denn ihre *Scham* tatsächlich heiße. Da antwortet die erste: »Basilikum, das auf den Brücken sprießt.« Die zweite: »das geschälte Sesamkörnchen«. Und die dritte: »Abu Masrurs Gasthof«. Dass jede der drei Schwestern eine individuelle Antwort gibt, heißt allem Anschein nach, dass ihr das eigene Geschlechtsorgan gut bekannt ist und als solches von ihr auch gewürdigt wird.

Die Angst vor dem weiblichen Geschlechtsorgan hat in vielen patristischen Kulturen zur Vorstellung einer *vagina dentata*, einer gezähnten Vagina, geführt, die – so die gängige Erklärung – den Mann genauso kastrieren konnte, wie man sich die Frau als kastriert dachte. Zu Bild gewordene *Dentatas* gibt es bei Indianerstämmen Nordamerikas ebenso wie auf sumerischen Rollsiegeln, auf denen die Göttin Ishtar in Baubo-Pose dargestellt ist. Eine sehr alte Vorstellung, die bis an den Beginn des Geschlechterkriegs zurückreicht und im vergangenen Jahrhundert durch die Anwendung der Psychoanalyse als Vorstellung wieder thematisiert wurde.

Die klassische Aktmalerei hat sich dagegen fast durchgehend mit der Zurschaustellung des nackten Körpers und dessen sekundärer Geschlechtsmerkmale wie Brüste, Gesäßrundungen und Schamhaare begnügt, die Vulva selbst aber unausgeführt gelassen.

Dazu Winfried Menninghaus in seinem Buch *Ekel* bezüglich Winckelmanns *Geschichte der Kunst des Alterthums*, Bd. 4 (den Hinweis verdanke ich Andrea Nießner). Ich zitiere:

Der weiblichen »Schaam« widerfährt ein anderes Geschick: sie bleibt gänzlich paragraphenlos und unerwähnt. Die Annahme liegt nahe: entweder ist das weibliche Geschlechtsorgan, als nach innen verlagertes und insofern schon von der Natur invisibilisiertes, problemlos konform mit dem Ideal der sanft gespannten Hautoberfläche; oder es stellt das maximale Skandalon dar und wird deshalb von einem vollständigen Tabu der Behandlung ereilt.

Mit Hinblick auf die Dentata-Vorstellungen wohl eher das Letztere.

Umso deutlicher, das heißt, keinem klassischen Ideal verpflichtet, aber auch nicht der von Ingrid Thurner monierten *Halbnacktheit*, die der heutigen Frau im Westen zugestanden wird, ist die gesamte Vulva mit den zwei Paar Schamlippen samt Klitoris an jenen Reliefs, Skulpturen und Gravierungen zu erkennen, die als Verkörperungen der Baubo an oder um Sakralbauten herum zu entdecken sind.

Der heilsame Effekt des Vulva Zeigens ist nicht nur aus Sumer und Ägypten, Griechenland, Rom und Keltenland bekannt, sondern auch aus Indien und sogar aus Japan, wo es eine der Demeter-Sage ganz ähnliche Erzählung gibt.

In Ägypten ist es Bebt, die die um Osiris trauernde Isis auf die gleiche Weise tröstet, und selbst in Mekka ist das Heiligtum aus schwarzem Meteorit, die Kaaba, von einer Art silbernen Vulva gefasst, die den Schoß verkörpert, aus dem selbst der fundamentalistischste Frauenverachter einmal gekrochen ist.

Die katharische Wirkung des Vulva Zeigens scheint ursprünglich von Göttin zu Göttin praktiziert worden zu sein, bis die westeuropäischen Nonnen, vorzüglich jene am Kragstein von St. Radegonde in Poitiers und die keltischen Sheela-na-gigs, im Halbschatten der Öffentlichkeit hinzukamen.

Die seelische Anspannung bei Gefühlen heftigen Schmerzes und tiefer Trauer verwandelte sich offenbar nach dem ersten Erschrecken vor dem eigenen Geschlecht in Entspannung, gefolgt von einem herzhaften Lachen. Eine Reaktion, die angeblich auch die Burlesque-Tänzerinnen des frühen und mittleren 20. Jahrhunderts im Sinn hatten, wie bei Mithu M. Sanyal im bereits erwähnten Buch ausführlich zu lesen ist.

Ganz anders scheint der Anblick der Vulva auf den männlichen Teil der Menschheit gewirkt zu haben. So lässt sich der wütende Sonnengott Rah von Hathor, die ihm die Vulva zeigt, noch beschwichtigen, Dämonen wurden jedoch durch das Präsentieren der Vulva ausnahmslos in die Flucht geschlagen, ja, sogar Luzifer selbst, wie auf dem bekannten Kupferstich von Charles Eisen zu einer Fabel von Jean de Lafontaine zu sehen ist, was ja zu den positiven Auswirkungen gezählt werden kann. Bei vielen männlichen Betrachtern löste der Anblick der Vulva aber eher die Angst, verschlungen zu werden, aus, wie aus Mythen, Legenden, Erzählungen und bildlichen Darstellungen hervorgeht.

Aus dieser Gleichsetzung der Vulva mit dem Mund entstand wohl die Vorstellung einer *vagina dentata*. So berichtet Barbara G. Walker in ihrem Buch *Das geheime Wissen der Frauen*, mittelalterliche Kleriker hätten gelehrt, dass sich bestimmte Hexen mit Hilfe des Mondes und verschiedener Zaubersprüche Fangzähne in ihrer Vagina wachsen lassen konnten. Sie verglichen das weibliche Genital mit dem Schlund der Hölle, eine Vorstellung, die keineswegs neu war und in Europa à la longue in der Verfolgung der Hexen und deren Tötung gipfelte.

Übrigens bedeutet der vulgäre Ausdruck *Fotze* in Bayern und Österreich sowohl Mund als auch Genital. Elisabeth Reichart hat 1993 im Salzburger Otto Müller Verlag eine Erzählung mit dem Titel *Fotze* veröffentlicht, in der beide Bedeutungen thematisiert werden.

In der bildenden Kunst tritt diese Gleichsetzung von Mund und Vagina vor allem in einer Reihe von Terrakotta-Figuren aus dem 5. Jahrhundert vor unserer

Zeitrechnung (ausgegraben in Priene, Kleinasien) in Erscheinung, bei denen der Körper der Frau zu einem Gesicht umgestaltet wurde, dessen Mund sich knapp über ihrem Schoß befindet.

In der modernen Malerei ist dieses Motiv öfter wieder auferstanden, so zum Beispiel bei René Magritte 1934 in seinem Bild *Le viol*. Darauf sind die Brüste zu hervortretenden Augen umfunktioniert und eine Art doppelter Nabel deutet die Nasenlöcher an, wohingegen das Schamdreieck den Mund darstellt. Im Gegensatz zu den Terrakotten hat aber Magritte die Vulva samt Brüsten in den Kopf, direkt über den deutlich erkennbaren Hals, unter dem die Figur auch endet, geholt und nicht den Mund samt Gesicht an die Stelle von Bauch und Vulva verpflanzt.

Weshalb im 12. Jahrhundert mit einem Mal an romanischen Kirchen wieder häufiger nackte Frauen in der Baubo-Pose auftauchen, die ihre Vulva auch noch mit den Händen auseinanderspreizen, ist nicht eindeutig geklärt. Ob sie Unheil abwenden oder Segen bringen sollten, oder ob man damit den alten heidnischen Göttinnen, die parallel zum Christentum weiterverehrt wurden, Beachtung schenken wollte, um sie milde zu stimmen, wer weiß?

Vom Bildnerischen her muten die keltischen Sheela-na-gigs einerseits drastisch, und was ihr Geschlecht angeht, hyperrealistisch an, andererseits suggestiv und auf ihren Betrachter fixiert. Besonders hervorzuheben ist jene Sheela-na-gig auf dem Kragstein der Church of St. Martin and St. David in England, die mit ihren unter den Schenkeln durchgreifenden Händen die äußeren Schamlippen auseinanderzerrt. Noch deutlicher und detaillierter zeigt die schon erwähnte Nonne von St. Radegonde ihr Genital sowie ihre prallen nackten Brüste. Aber auch an Stadttoren, wie zum Beispiel an der Porta Tosa, sind vulvaweisende Frauengestalten mit nackten Brüsten zu sehen, die, wie anzunehmen ist, Angreifer vom Eindringen in die Stadt abhalten sollten.

Im Gegensatz zur Vorstellung der *vagina dentata* und der Vulva als Höllenschlund gab es nämlich auch eine ältere, weit verbreitete und in manchen Religionen auch heute noch bewusste Vorstellung der Vulva als Ursprung allen Lebens, als Tor zu Regeneration und Wiedergeburt, aber auch ganz allgemein als Passage zwischen den Welten und den Bewusstseinszuständen.

So sehr man in patriarchalen Gesellschaften versucht hat, die Vulva als eigenständiges Organ, das von Baubo repräsentiert wurde, auszublenden, sie nicht nur aus der öffentlichen Wahrnehmung zu verbannen, sondern auch aus dem kollektiven Bewusstsein, ließ sich nicht verhindern, dass sie einerseits im Volk, und sei es zur obszönen Belustigung, wie Goethe das geschildert hat, und andererseits als Gegenstand der Kunst immer wieder in Erscheinung trat. Auch wenn sie selbst von privaten Sammlern meist unter Verschluss gehalten und nur ausgewählten Kunstfreunden gezeigt wurde, wie das berühmte Gemälde *Der Ursprung der Welt* 1866 von Gustave Courbet gemalt, das den liegenden, kopf-, fuß- und armlosen, nackten Körper einer Frau mit üppigem schwarzen Schamhaar und offenem, deutlich klaffendem Genital zeigt.

In Auftrag wurde das Bild von einem osmanischen Bey namens Khalil aus Ägypten gegeben, der in Paris lebte und das Thema selbst vorgeschlagen hatte.

Khalil Bey sei mit dem Bild auf seine Weise wie mit einem Heiligtum umgegangen, schreibt der bereits zitierte Abdelwahab Meddeb in seinem Essay, indem er es hinter einem grünen Vorhang verbarg. Damit behandelte er es in derselben Weise, in der seine Glaubensgenossen mit dem Koran umgingen. Khalil Bey musste also den Vorhang, der in der Farbe des Islam gehalten war, beiseiteschieben, wenn er seinen Gästen das Bild zeigen wollte.

Warum Khalil Bey in diesem Bild von Courbet so etwas wie ein Heiligtum zu sehen glaubte, versucht Meddeb anhand von Ibn Arabi, einem arabischen Philosophen und Mystiker (geb. 1165 in Murcia – gest. 1240 in Damaskus) zu erklären. Für Ibn Arabis Theorie der immanenten Transzendenz ist das Göttliche in jedem Seienden potentiell vorhanden:

Alles Seiende trägt die Spur des Göttlichen […] Der vollkommenste Träger, der das Göttliche aufnimmt, ist so die Figur der Frau, während sie den Gipfel der Lust empfindet, wo sich das Rätsel des ›anderen‹ Genießens enthüllt. Dieses manifestiert sich entweder infolge des Geschlechtsakts (wie bei Ibn Arabi) oder während das Subjekt durch die Ekstase zur Vermählung mit Christus emporgehoben wird, wie es bei der hl. Theresa von Avila der Fall ist, die in ihrer geistlichen Autobiographie ihre Verzückungen mit denselben Begriffen beschreibt, in denen üblicherweise die Erregung des Orgasmus zum Ausdruck kommt. Bernini ist dem buchstabengetreu gefolgt, als er ihre ekstatische Erregung in Form eines Überfließens gestaltete, das mit der sexuellen Glut in eins fällt.

Meddeb geht davon aus, dass der liberale Khalil Bey wie viele gebildete Osmanen seines Schlages Ibn Arabi kannte. Und dasselbe nimmt er von Jacques Lacan an, der das Bild später eine Zeitlang besessen und ebenfalls unter Verschluss gehalten hatte, nämlich hinter einer Vorrichtung, die der surrealistische Maler André Masson extra dafür entworfen hatte.

Interessant sind in diesem Zusammenhang auch Installation und Bild namens *Etant Donnés* von Marcel Duchamp (1946 begonnen und 1966 fertiggestellt), die auf Courbets Bild aufbauen. Der weiße Körper einer jungen Frau liegt in ähnlicher Pose auf einer Wiese, mit leicht geöffnetem Geschlecht, nur dass das Bild Duchamps weniger an erfüllte Liebe oder gar Ekstase denken lässt, sondern eher an eine Vergewaltigung.

Was mit Schehrezâd, ihrer immensen Bildung, ihrem Gestaltungsdrang und ihrem Witz in der Literatur seinen Ausgang genommen hat, mit einer kurzen

Barbara Frischmuth

Analyse der sich über Jahrtausende hinziehenden weiblichen Opferrolle anhand von markanten Figuren des Dramas, das heißt, der Darstellung der Frau als Schmerzensfrau, seine Fortsetzung fand, wurde einerseits von dem Roman *Die Eleganz des Igels* wieder aufgenommen und mündete andererseits in die *greifbaren* Manifestationen des Weiblichen als Baubo in der bildenden Kunst, wo die zwei Enden wieder zusammenkommen, denn zum Abschluss möchte ich noch ein Bild von Maria Lassnig aus dem Jahr 2000 erwähnen. Es heißt *Die Froschkönigin* und zeigt vor türkisblauem Grund eine nackte, haarlose alte Frau mit Wülsten unter den hängenden Brüsten, deren linke Hand einen auf ihrer Vulva sitzenden Frosch berührt, ja, wie es scheint, sogar festhält.

Was bei der wie eine Kröte hockenden und dabei ihr Geschlecht zeigenden Baubo reiner Anblick war, wird nun als in einen Froschkönig uminterpretierte Kröte aktiv. Kehrt, wenn man so will, den Akt der Regeneration in der Vulva in einen Geschlechtsakt mit der Vulva um, aus dem die ›Froschkönigin‹ als im *anderen Genießen* Wiedergeborene (siehe Ibn Arabi) hervorgehen wird.

Daher noch einmal: Weder Leerstelle noch Kastration bestimmen das weibliche Geschlecht, denn, was eine Frau trotz aller sozialen Prägungen grundsätzlich von einem Mann unterscheidet, ist ihre Vulva. Und dass diese über so lange Zeit hinweg zum Abgrund erklärt wurde, fällt mit der ebenso langen Diffamierung, Verhexung und Marginalisierung der Frau zusammen. In der Kunst wurde zu dieser Diffamierung, Verhexung und Marginalisierung oft genug beigetragen, was sie nur umso sichtbarer machte.

Immer wieder wurde aber auch gegen den Stachel gelöckt, wie die Figur der Baubo und die der Schehrezâd beweisen. Wobei das Komische und der Mutterwitz, der auch aus Maria Lassnigs Bild hervorfunkelt, sich als die geeignetsten Mittel zur Subversion des Oktroyierten erwiesen. In diesem Sinne, wenn auch in etwas anderer Bedeutung:

»So Ehre denn, wem Ehre gebührt! / Frau Baubo vor! und angeführt!«

Literatur

Barbery, Muriel, L'Élégance du hérisson (dt. Die Eleganz des Igels), Paris 2006

Bovenschen, Silvia, Die imaginäre Weiblichkeit. Exemplarische Untersuchungen zu kulturgeschichtlichen und literarischen Präsentationsformen des Weiblichen, Frankfurt a.M. 1979

Devereux, Georges, Baubo. Die mythische Vulva, Frankfurt a.M. 1981

Die Erzählungen aus den Tausendundein Nächten. Vollständige Ausgabe in sechs Bänden zum ersten Mal nach dem arabischen Urtext der Calcuttaer Ausgabe aus dem Jahr 1830, übertragen von Enno Littmann, Frankfurt a.M. 1953

Goethe, Johann Wolfgang, Das Römische Karneval, Faksimile der bei Bertuch 1789 erschienenen Ausgabe, Rudolfstadt 1993

Meddeb, Abdelwahab, »Der Ursprung der Welt«, in: Lettre International, 89, 2010, S. 28

Menninghaus, Winfried, Ekel. Theorie und Geschichte einer starken Empfindung, Frankfurt a.M. 2009

Mernissi, Fatima, Harem. Westliche Phantasien – östliche Wirklichkeit, Freiburg i.Br. u.a. 2000 (= Herder Spektrum)

Sanyal, Mithu M., Vulva. Die Enthüllung des unsichtbaren Geschlechts, Berlin 2009

Shikibu, Murasaki, Die Geschichte vom Prinzen Genji. wie sie geschrieben wurde um das Jahr 1000 unserer Zeitrechnung, 2 Bde. Nach d. engl. Übers. von Arthur Waley. Dt. von Herberth E. Herlitschka, Frankfurt a.M. u.a. 1987

Tausendundeine Nacht. Nach der ältesten arabischen Handschrift in der Ausgabe von Muhsin Mahdi erstmals ins Deutsche übertragen von Claudia Ott, München 2004

Thurner, Ingrid, »Der nackte Zwang«, in: Süddeutsche Zeitung, 22. Juni 2010

Endnote

1 Vortrag bei den Salzburger *Festspiel-Dialogen* am 28. Juli 2010

Barbara Frischmuth

Liebe ist stärker als der Tod.
Eine philosophische Reflexion[1]

Volker Gerhardt

1. Der Idealismus der Liebe

Das Motto der *Salzburger Festspiele* 2008 steht in einem Zusammenhang, an den erinnert werden muss, damit kenntlich wird, wie *sinnlich* und *weltlich* das alttestamentarische Wort aus dem *Hohelied Salomos*[2] angelegt ist. Die Liebe, die im Zentrum der Erzählung als »stark wie der Tod« bezeichnet wird, mag man in gelehrter Deutung auf die Stadt Jerusalem und schließlich auch auf den Gott Israels beziehen, dennoch ist ihr Verlangen ganz und gar auf eine schöne junge Frau mit Namen *Sulamith* gerichtet: »Wer ist sie, die hervorbricht wie die Morgenröte, schön wie der Mond, klar wie die Sonne, gewaltig wie ein Heer?«

Das fragt sich der königliche Sänger (6, 10). Er ist, nach seinen Worten, »hinab gegangen in den Nussgarten, zu schauen die Knospen im Tal, zu schauen, ob der Weinstock sprosst, ob die Granatbäume blühen. Ohne dass ich's merkte, trieb mich mein Verlangen zu der Tochter eines Fürsten.« (6, 11) Und dann folgt das Flehen um den Anblick der Schönen:

Wende dich hin, wende dich her, o Sulamith! Wende dich hin, wende dich her, dass wir dich schauen! […] Wie schön ist dein Gang in den Schuhen, du Fürstentochter! Die Rundung deiner Hüften ist wie ein Halsgeschmeide, das des Meisters Hand gemacht hat. Dein Schoß ist wie ein Becher, dem nimmer Getränk mangelt. Dein Leib ist wie ein Weizenhaufen, umsteckt mit Lilien. (7, 1–3)

Und so geht es ein- und vieldeutig schwelgend weiter bis zu jenem Satz, aus dem das Festspielthema wurde: »Denn die Liebe ist stark wie der Tod und Leidenschaft unwiderstehlich wie das Totenreich. Ihre Glut ist feurig und eine Flamme des HERRN.« (8, 6)

An diesem Ausruf des im Bann der Liebe stehenden Königs Salomo gibt es nichts zu deuten, auch wenn man ihn anders übersetzen kann.[3] Salomo hält eine *Tatsache* fest, er *protokolliert,* um in der Sprache der Wissenschaft zu sprechen, einen *empirischen Befund,* dem jeder zustimmen muss, der die Liebe erfährt oder erfahren hat: *Dem Liebenden erscheint die Liebe so stark, dass er alle Widerstände für überwindbar hält. Selbst der Tod kann ihn nicht schrecken.* Aus der Sicht des Liebenden gilt der Satz des Vergil: *Omnia vincit Amor* – Der Liebe ist kein Hindernis zu groß; sie besiegt alles.[4]

2. Nüchterne Erkenntnis der Liebe

Das mit Vergils Hilfe gezogene Resümee der salomonischen Weisheit enthält einen kleinen *methodologischen Zusatz,* der die Rede von der Unbesiegbarkeit der Liebe an die Bedingung der eigenen Leidenschaft knüpft. Damit ist eine *Einschränkung* verbunden, die den Sinn der alttestamentarischen Wahrheit in ihr Gegenteil verkehrt: Der Liebende *glaubt,* dass ihm der Tod nichts anhaben könne, in Wirklichkeit aber bleibt auch er der Macht des Todes (und einer Reihe kleinerer Schicksalsmächte) unterworfen. Vor dem nüchternen Blick des unbeteiligten Beobachters wird aus der Zuversicht des Liebenden ein *Traum,* vielleicht sogar ein *Wahn,* der schnell vergeht, wenn ihm die Realität der menschlichen Dinge entgegensteht. Ein Psychologe, der es nicht schon als Erfolg verbucht, wenn sich sein Proband gut fühlt, kann den die Grenzen des Todes missachtenden Überschwang der Liebe vermutlich gleich als *Potenzillusion* durchschauen. Und ein in Liebesdingen erfahrener Beobachter denkt die kommenden Enttäuschungen der Verliebten gleich mit. Ein mitleidiges Lächeln, das den Anflug von Neid wohl wissend überspielt, ist das Beste, was für jene übrig bleibt, die sich im Eros den Widrigkeiten des Lebens und des Sterbens überhoben glauben.

So bleibt von der hochgemuten Gewissheit, dass die Liebe den Tod nicht fürchtet, nur die temporäre *Verblendung* des Verliebten, den der Volksmund über den Wolken schweben lässt und zeitweilig in den Siebten Himmel verlegt. So gesehen, muss sich der weise König Salomo den doppelten Vorwurf gefallen lassen, *erstens* nicht zu *wissen,* dass Liebe blind macht, und *zweitens* selbst ein derart Verblendeter zu *sein.* Auch wenn die sprichwörtlich gewordene Behauptung Platons, der Liebende werde »blind in Bezug auf den Gegenstand seiner Liebe«,[5] mit einiger Gewissheit nach der orientalischen Liebeslyrik des *Hohen Liedes* geschrieben worden ist, dürfte es diese Einsicht schon zu Lebzeiten des dritten jüdischen Königs gegeben haben. Doch dass sie immer wieder vergessen wird, macht den schönen Rausch der Begierde aus.

Der Liebende scheidet somit als Subjekt der Erkenntnis aus. Salomos Spruch kann nur als *euphorischer Euphemismus* gelten, mit dem er seine Werbung unwiderstehlich zu machen sucht. Und die auf Ernüchterung bedachten Realisten fügen hinzu, dass die Liebesschwüre des von der Liebe Besessenen alsbald vergessen sind, wenn die liebreizende Sulamith erobert und ein wenig älter geworden ist.

Wer kann den Realisten widersprechen? Sie haben einen unerschöpflichen Vorrat an Beispielen parat, in denen die Liebe verraten, vergessen oder, was oft das Schlimmste ist, im Alltag vernachlässigt wird. Und wo immer es so kommt, kann es eigentlich nur den entschlossenen Verzicht auf die Liebe geben, wenn nicht erst der Tod ihr Ende besiegeln soll. Im Licht dieser Erfahrung, auf die sich die Realisten

Volker Gerhardt

berufen und für die vermutlich auch die wissenschaftlich arbeitenden Psychologen votieren, erscheint das *Leben stärker als die Liebe,* und der *Tod* trägt allemal den *Sieg über Leben und Liebe* davon.

3. Wahrnehmung aus Liebe

Zum Glück ist es nicht so, dass man die Tatsachen des Lebens nur aus der Position des neutralen Beobachters erkennen kann. Es ist eine längst als falsch erwiesene wissenschaftstheoretische Position, dass man teilnahmslos und selbstvergessen sein muss, um etwas erkennen zu können. Wir brauchen vielmehr eine ausgeprägte *Neugier* für die Realität, wenn wir sie genau erfassen wollen. Mehr noch: Wir benötigen ein leidenschaftliches *Interesse an uns selbst,* wir brauchen den *Ernst der eigenen Existenz* und eine wache *Aufmerksamkeit* für die Art, in der wir uns von unseresgleichen unterscheiden, wenn wir die Wirklichkeit, die wesentlich aus feinen und feinsten Unterschieden besteht, exakt beschreiben und bestimmen wollen. Und wem dies gelingt, dem wird auch klar, weshalb seine Anteilnahme an der Wirklichkeit mit ihm selbst *als deren Teil* zusammenhängt: Er ist selbst eine Kraft unter Kräften, mit denen er *koalieren,* denen er aber auch *opponieren* muss, wenn er als Individuum ein selbstbestimmtes Leben führen will.

Tatsächlich begreift der Mensch von den Dingen und ihren Verhältnissen nur so viel, als er von sich *selbst* versteht. Immanuel Kant geht sogar noch einen Schritt weiter: Wir können, so sagt er in einem Brief an Jacob Sigismund Beck, »nur das verstehen und Anderen mittheilen, was wir selbst machen können«.[6]

Wenn wir diese treffliche Einsicht auf die Liebe übertragen, dann müssen wir, so leid es auch tut, dem großen Platon widersprechen. *Liebe macht nicht blind. Sie öffnet vielmehr erst die Augen für das, worauf es ankommt.* Platon zu widersprechen, fällt in diesem Punkt nicht sonderlich schwer, weil wir uns dabei auf ihn selbst berufen können. Zwar mag es im Einzelfall – wie bei jeder Leidenschaft – so sein, dass sie uns befangen, überschwänglich, bedenkenlos und insofern auch parteilich macht. Im Ganzen unseres Weltverhältnisses aber ist es die Liebe, die den Blick für das Wesentliche eröffnet und uns zu umfassenden Einsichten befähigt. Dort, wo Platon ausdrücklich über die *erotische* Liebe spricht,[7] legt er größten Wert darauf, dass wir ihr alle Kraft verdanken, die wir zur *Erkenntnis,* zum *Streben nach dem Guten* und zur *Empfänglichkeit für das Schöne* benötigen.

Der *Eros* nämlich, der schon die Tiere in triebhafter Motorik dazu treibt, sich zu vereinigen (wodurch neues Leben gezeugt werden kann), führt beim Menschen über den, freilich stets gegenwärtigen, *sexuellen Impuls* hinaus, um im *Verlangen nach dem im Anderen gesuchten Schönen* alles zu erzeugen, was die menschliche

Kultur an Leistungen benötigt, um sich im Verlangen nach Vollendung selbst zu überbieten.

Das ist, in einen viel zu langen Satz gepresst, die These von Platons *Symposion*. Sie hat mit der sogenannten »Platonischen Liebe« nur insofern zu tun, als sie in ihrer natürlichen Dynamik auch den Raum für geistige Beziehungen erschließt, die sich in *Erkenntnis* und *Erziehung*, in *tugendhafter Selbstbeherrschung* und im kontemplativen *Genuss am Schönen* entfalten.

4. Die Suche nach der verlorenen Einheit

Dem Platon des *Symposions* kommt es wesentlich darauf an, den Zusammenhang der intellektuellen Steigerung des Menschen mit dem physischen Triebgeschehen sichtbar zu machen. Sigmund Freud, der sich nach eigenem Geständnis die weitere Lektüre Nietzsches verboten hat, weil er selbst noch etwas entdecken wollte,[8] hätte Platon schon gar nicht lesen dürfen. Denn hier haben wir schon das *Drei-Schichten-Modell der Seele*, die fast aussichtslose *Selbstbehauptung des Ich* zwischen den widerstreitenden Triebenergien der *psychē* – mitsamt der in allem fortwirkenden Kraft mehr oder weniger bewusster Erinnerung. Im *Symposion* treten zu den kosmophysischen die sozialen Mächte hinzu, um sich schließlich in den individuellen Fähigkeiten zu verfeinern.

Die Einsicht in die Wirkung der Liebe entwickelt sich im *Symposion* in heiter gepaarter Runde unter dem stimulierenden Einfluss des Weines, nach dem triumphalen Erfolg des Gastgebers beim größten Theaterfestival der Antike. Athen hat der Welt nicht nur die Freiheit, die Demokratie und die Öffentlichkeit vorgelebt, hat ihr nicht nur das gleichzeitig entwickelte Ideal kritischer Geschichtsschreibung, methodischer Wissenschaft und systematischen Philosophierens aufgegeben,[9] sondern hat auch für Salzburg Modell gestanden. Die Lobpreisung der Dichter fand im religiös stimulierten Rahmen der jährlichen Tragödien-Festspiele statt.

In den einleitenden Reden des *Symposions* werden der pädagogische, der militärische und ethische Effekt der homoerotischen Liebe gepriesen, der Arzt Erixymachos macht auf die physischen Bedingungen eines gesunden *Eros* aufmerksam, und der Dichter Aristophanes trägt seinen unüberbietbaren Mythos von der Einheit vor, die alle Menschen in der Liebe suchen:

Die Menschen, so lautet die tragische Geschichte des ersten großen Komödienschreibers der europäischen Geschichte,[10] waren ursprünglich kugelrunde Lebewesen mit vier Armen, vier Beinen und zwei Gesichtern, eins auf der Vorderseite und das andere auf der Rückseite des Kopfes. Die Beweglichkeit dieser ersten Menschen war so unerhört, dass sie sogar den Göttern gefährlich werden konnten. Um ihrer

Volker Gerhardt

Macht Einhalt zu gebieten, trennte Gottvater Zeus sie in der Mitte ihres Körpers durch, sodass jeder Hälfte nur zwei Beine und zwei Arme blieben. Das Gesicht drehte er mit Macht um hundertachtzig Grad jeweils *der* Seite zu, auf der die offene Wunde klaffte, über die er die Haut des nunmehr zum Rücken gewordenen Körperteiles zog und vorne eben dort verknotete, wo wir heute unseren Bauchnabel haben. Auch die Geschlechtsteile drehte er nach vorn, sodass die Menschen bei der geschlechtlichen Vereinigung auf ihrer früheren Wunde (!) zu liegen haben.

Und dennoch ist die Sehnsucht nach der abgetrennten Hälfte die größte Macht im Leben der *Dividuen*, die nur mit einigem Aufwand an Selbstbeherrschung und Erziehung zu echten *Individuen* werden. Ihre Liebe ist das Verlangen nach der durch den Eingriff der Götter verlorenen Einheit. Als ganze Menschen sind sie gestorben; sie leben nur einseitig als eine Hälfte weiter, die allein in Verbindung mit der anderen Hälfte zu einem vollen menschlichen Leben werden kann. Erst in der Totalität der wieder gefunden Einheit kommen die Menschen zu sich selbst. Im Mythos des Aristophanes geht der Tod der Liebe voraus. Das lässt am Ende verstehen, weshalb er der wahren Liebe nichts anhaben kann.

Alles, was die alteuropäische Philosophie im Laufe von zweieinhalb Jahrtausenden über die Unvollkommenheit, Verletzlichkeit, Geselligkeit, aber auch Maßlosigkeit des mit seinesgleichen vereinigten Menschen zusammengetragen hat, ist in dieser Parabel versammelt. Und da Aristophanes schon bei den Kugelwesen drei verschiedene sexuelle Dispositionen kennt, lässt er, gleichsam *von Natur aus,* alle Formen des homo- und heterosexuellen Eros zu. Damit ist er selbst unserer Zeit noch ein Stück voraus.

So vorbereitet, kann der trinkfeste Sokrates nach einer eher konventionellen Rede des gefeierten Siegers beim Tragödienfestival nun auch seinen Beitrag zum *Symposion* leisten. Er besteht in einer manifesten Provokation in der den Männern vorbehaltenen Runde, denn Sokrates referiert die Rede einer *Frau* mit der Begründung, sie habe ihm die tiefste Einsicht in das Wesen des Eros zu tun erlaubt![11]

Die Einsicht besteht darin, dass sich der alle Tiere leitende Instinkt zur Fortpflanzung ihrer Art beim Menschen zu einem nicht mehr notwendig an das Geschlecht gebundenen Antrieb ausdifferenziert, dem wir die *Technik* und die *Arbeitsteilung,* die *Erziehung* und die wissenschaftliche *Erkenntnis,* die *Tugend* und das *Erleben des Schönen* verdanken. *So wird die Liebe zum Zentralimpuls der menschlichen Kultur.* Ohne die sie bewegende Leidenschaft entsteht nichts, was für das Dasein selbstbewusster Individuen Bedeutung hat. Platon bestätigt den König Salomo und entblößt das Defizit einer Wissenschaft, die sich fälschlich als ausschließlich geistige Angelegenheit versteht.

5. Der weite Bedeutungsraum der Liebe

Platons Theorie des Eros macht uns bewusst, wie weit der Bedeutungshof des Wortes *Liebe* ist. *Eros* ist von der *agapē*,[12] der wohlwollenden Zuneigung gegenüber Angehörigen und Freunden, nicht eindeutig getrennt; auch *philia*, Freundschaft, und *orexis*, Trieb und Verlangen, gehören in diesen Kontext, der schon alles umfasst, was später *amor, caritas, indulgentia, libido, appetitus, dilectio, Verliebtheit, Leidenschaft, Wollust, Geilheit, Enthusiasmus, Schwärmerei, Verehrung, Zuneigung, Mitleid, Brüderlichkeit* und meinetwegen auch *Solidarität* genannt werden kann. Viele oft unvereinbar erscheinende Verhaltensweisen sind hier unter dem einen Begriff der Liebe vereinigt, der in allen Fällen ein Gefühl innerer Verbindung mit dem anzeigt, was man als seinesgleichen begreift. Hier ist zwischen der Liebe zum Geld oder zu Gott, zum Tier, zur Oper oder zu sich selbst *alles möglich*. Philosophischen Naturen ist sogar ein *amor fati* nicht fremd.

In jedem Fall ist die Liebe ein *Übergang* von den *sinnlichen* zur *bedeutungsvoll-einsichtigen*, zur *symbolischen Form*, die eine innere, gefühlte Einheit hat, und damit die Rückbindung der Form in den sinnlichen Vollzug einschließt. Wenn wir die symbolische Form mit Ernst Cassirer als »geistige Energie« begreifen, dann ist die Liebe die *psycho-physische Kraft*, dieser *Energie* teilhaftig zu werden.

Doch um das zu erkennen, braucht der Opernfreund das *Symposion* nicht. Auf der Bühne kommen unter dem Titel der Liebe alle Formen mitmenschlicher *Leidenschaft, Anteilnahme* und *Zärtlichkeit* vor. Schon die vier Produktionen der *Salzburger Festspiele* der gerade laufenden Saison reichen aus, um das anschaulich zu machen:

Der triebhafte Don Giovanni ist ein nur in seinen äußeren Formen kultiviertes Tier, das seinen instrumentellen Scharfsinn und seine perverse Tapferkeit in der feudalen Form quasi-militärischer Eroberung auslebt. Er verführt am laufenden Band und verfehlt sich dadurch selber immer mehr. Er kann die zu ihm passende Hälfte schon deshalb nicht finden, weil er zum Techniker der Kopulation geworden ist, der seinen maschinellen Ehrgeiz dareinsetzt, dass jede zu ihm passt. Deshalb geschieht es ihm ganz recht, wenn nur der notorisch zu kurz kommende, ewig unbefriedigte Leporello als ständiger Begleiter an seiner Seite bleibt. In seiner Umgebung aber verlangen und suchen sie alle – Donna Elvira, Donna Anna, Don Ottavio, Zerlina und Masetto – auf jeweils ihre Weise ihre Liebe, und man kann sich nur wundern, dass alles, was sie suchen, unter denselben Begriff fallen soll.

In *Roméo et Juliette* wird uns in einer an Inbrunst kaum zu überbietenden musikalischen Steigerung die plötzliche *Unbedingtheit der Liebe* vorgeführt. Julia erklärt,

Volker Gerhardt

sie wolle ihre Jugend genießen und sich nicht vorzeitig binden; doch in der nächsten Szene schon hat die Liebe sie in der Gewalt und lässt sie ewige Treue schwören. Es ist das *Absolute,* dass unter den sinnlichen Bedingungen der Endlichkeit wirksam wird. In ihrer Brautnacht singen beide: »Unter deinen glühenden Küssen strahlt in mir der Himmel.« Am Ende ist es wieder ein Kuss, in dem sie den Tod überwinden: »Oh höchste unendliche Freude, mit dir zu sterben! Komm! Einen Kuss! Ich liebe dich!« Im Augenblick der ersehnten Verbindung tut sich der Zugang zur Ewigkeit auf; nur in ihm ist die Liebe wahrhaft unsterblich, sodass der Tod der Liebenden ihr nichts anhaben kann.

Die Oper trägt ihren Teil dazu bei, die Unsterblichkeit der Liebe bewusst zu machen. Der Gesang, in dem sich ein Mensch zur reinen Äußerung seines bewegten Inneren macht und sich anderen schutzlos exponiert, ist selbst schon ein zutiefst erotischer Akt, dem Chor und Orchester eine Raum schaffende und an keine Zeit gebundene Resonanz verleihen. Sie geben dem Gefühl eine Kulisse, die jede erlebte Wirklichkeit übersteigt. Durch die jederzeit mögliche *Wiederholung,* wird jeder singuläre Augenblick ins Endlose transponiert. Dadurch überspielt die Musik den Tod des Einzelnen und macht ihn zu einem kurzen Moment überzeitlicher Bedeutung.

Othello, bei dem Reichtum, Macht und Liebe zur schönsten gesellschaftlichen Vollendung gelangen könnten, scheitert am mangelnden Vertrauen zu sich selbst. Er verfehlt sich selbst, folglich kann er die Liebe der Desdemona nicht auf sich beziehen. So macht er sich zum Außenseiter, der er aufgrund seiner Hautfarbe nicht zu sein bräuchte. Seine glänzende Stellung in der zur höchsten Entfaltung gelangten Kultur Venedigs kann er nicht halten, weil ihm die Sicherheit in der Liebe zu dem ihm über alles Fremde hinweg am nächsten stehenden Menschen fehlt. Die äußeren Widerstände durch die Missgunst Jagos sind groß; aber letztlich scheitert Othello an der mangelnden Liebe zu sich selbst.[13]

In der *Zauberflöte* schließlich haben wir alles versammelt, was mit dem Begriff der Liebe in Verbindung steht: Die Liebe zur *Macht* bei der Königin der Nacht; die auf Gewalt und Furcht gegründete *sexuelle Besessenheit* des Monostatos; der quasi-religiöse Weisheitsbund der in *Gelöbnis und Freundschaft* verbrüderten Männer, die der Wahrhaftigkeit und der Tugend Treue schwören; Sarastros Glaube an Taminos *Liebe* zu Pamina, der es in ihrer *Neigung* zu ihm gelingt, sich von der besitzergreifenden *Mutterliebe* zu lösen.

Im Hintergrund wirkt die Hassliebe zwischen dem Bösen und dem Guten, für das die sternhell illuminierte, in kristallklarer Tonlage auftrumpfende Königin der Nacht und Sarastros düster und mit tiefem Bass zelebriertes, säkulares Sonnenpriestertum in paradoxer Verkehrung einschlägig sind.

Und im Vordergrund vollzieht sich in mehrfachen Volten der Übergang vom Tier zur wahren Menschlichkeit: Papageno, der wie ein Vogel flöten kann und keinen einzigen fangen könnte, wäre er ihm nicht äußerlich und innerlich zugetan, ist den Tieren näher als den Menschen. Als Mensch betrachtet, ist er ein Kind, dessen naive Sehnsucht nach einem Wesen, das ist wie er, ihn augenblicklich so frühreif macht, wie es eben nur die Tiere sind. Für Platons Idee einer Zeugung in der Gegenwart des Schönen, das man im Anderen findet, brauchen er und seine Papagena kein Studium der Philosophie. In der Vorfreude auf die »lieben Kinderlein« sind sie ganz bei sich selbst und doch über sich hinaus. Zugleich wissen sie von der höchsten Steigerung der Liebe: »Mann und Weib, Weib und Mann, reichen an die Gottheit an.«[14] Eben das will uns auch Platon mit seiner epistemisch-ethisch-ästhetischen Stufenleiter des Eros sagen.

6. Liebe und Leben

Im Untertitel meines Vortrags habe ich eine »philosophische Reflexion« angekündigt. Wer ihretwegen gekommen ist, wird sich fragen, ob er nicht in die falsche Veranstaltung geraten ist. Doch ich kann ihm versichern, dass meine Überlegung von Salomo an über Platon, Kant, Nietzsche, Freud bis hin zu Cassirer nur einer einzigen Frage folgt, nämlich, wie sich Leben und Liebe zueinander verhalten. Deshalb war es mir wichtig, den *anteilnehmenden* Impuls in der Erkenntnis von Selbst und Welt hervorzuheben.[15] Zum Erkennen und Handeln gehört das *Interesse* eines sich als eigenständig begreifenden Wesens, mit einem Anderen seiner selbst verbunden zu sein.

Wäre das Leben nicht ursprünglich durch *Abgrenzung und organische Eigenständigkeit* konstituiert, könnte man die *Anteilnahme* als den *basalen Richtungsimpuls* des Lebens bezeichnen: Es trennt sich ab, verschanzt sich hinter seiner Membran (die es bis zur Haut, zur Schwarte, zum Pelz zum Panzer oder zum Federkleid verstärken kann), um sich eben damit für die von ihm selbst ausgeschlossene Umwelt in wählerischer Weise zu öffnen. So ziert sich das Lebendige in spröder Abgrenzung von seinem Milieu, um wesentlich darin zu bestehen, auf seine Umwelt angewiesen zu sein.[16] Um die Parallele zur Liebe kenntlich zu machen, füge ich hinzu, dass kein von sich aus auf die Umwelt ausgerichteter Organismus ohne die Zuwendung aus seiner Umgebung leben kann.

Es ist nicht abwegig, den selbst erzeugten Hang zur Welt, den Trieb zum ausgeschlossenen Anderen als eine erste, freilich noch wenig differenzierte Form der Liebe zu deuten. Immerhin geht es um *Berührung, Empfindung, Auswahl, Schutz* und *Nähe,* in vielem auch um *Einverleibung* und *Stoffwechsel* – Vorgänge, die im und mit dem Organismus nur unter den Bedingungen einer ganzheitlichen Abstimmung, das heißt mit allen Organen *und* mit der Umwelt, möglich sind.

Es geht, mit anderen Worten, um *Homöostase,* um eine hoch komplexe, extrem störanfällige und tatsächlich ständig gestörte *Harmonie* zwischen ungleichen Partnern, die sich unablässig ihrer partiellen *Verträglichkeit* versichern müssen. Dazu ist eine unausgesetzte Verständigung im Inneren des Organismus nötig, die auf *Mitteilung* angewiesen ist, um sich selbst mitteilen zu können.[17] Der Leib, den man nüchtern als ein energetisches System der Informationsverarbeitung beschreiben kann,[18] ist ständig mit sich beschäftigt, um die Chance zu wahren, zusammen mit anderem und anderen, auf die er angewiesen ist, zu bestehen.

Mit dem Organismus kommt das *Bedürfnis* in die Welt, das *Verlangen* entsteht, das in allen seinen Formen auf das Andere seiner selbst bezogen ist. Das heißt, etwas, das sich *auf sich selbst* bezieht, ist in diesem Selbstbezug auf etwas *Fremdes* ausgerichtet, das ihm gleichwohl so nahe sein muss, dass es ihm *eigen* werden kann. Genau so lässt sich das Grundmuster der Liebe beschreiben.

7. Liebe und Geschlecht

Trotz der skizzierten Nähe zwischen den basalen Formen des Lebens und der Liebe sollte man von evolutionären Frühformen des Eros erst sprechen, wenn zwei vergleichsweise spät auftretende Konditionen des Lebendigen hinzugekommen sind:

Erstens das Streben zu einem Anderen der *gleichen Art,* in welchem dennoch ein *grundsätzlicher Unterschied* gesucht wird. Und *zweitens* die durchschnittliche Tendenz, dem gefundenen anderen Wesen *seine Eigenständigkeit zu lassen.* Das ist – wiederum durchschnittlich gefasst (weil es in der Variation des Lebendigen vor Ausnahmen nur so wimmelt) – erst mit dem *Aufkommen der Geschlechtlichkeit* der Fall. Hier wird mit der Notwendigkeit, die überhaupt nur mit dem *Zwang zur Erhaltung des Lebens* entsteht, im *Gleichen* das *Andere* gesucht, und (wenn die anzügliche Bemerkung gestattet ist) im *Anderen* immer nur das *Gleiche* – ohne dieses angeglichene Andere in seiner eigenen Existenz zu zerstören. Dass hier, insbesondere beim Menschen, alle Formen der Perversion möglich sind, darf man nicht vergessen.

Schon die einfachen Formen der Sexualität halten sich an dieses Schema. Das Sexuelle sichert den Fortbestand der Art. Durch diese Leistung wird es zu einem wesentlichen Moment in der Steigerung der Entwicklungsformen des Lebens. Im Sexus geht das jeweils gegebene Leben, wie Platon es bereits für die tierischen Formen des Eros beschreibt, über sich hinaus. Es ist eine »Erzeugung im Schönen« (*tiktein/gennēsein en kalō*),[19] was, wörtlich übersetzt, ein Herstellen unter den Bedingungen einer höheren, »edleren«, mit mehr Wert ausgestatteten Ordnung meint.

Dieser Aufstieg zum Guten und Schönen bezieht alles Lebendige ein. Das ist die antike Version der Evolution, der wir verpflichtet bleiben, wo immer wir nach dem Wahren, Schönen und Gerechten streben, was wir zum Glück durchschnittlich immer noch tun, obgleich wir uns dummerweise abgewöhnt haben, so zu reden.

Für sich gesehen, ist das Lebendige auf die *Uniformität* seiner Strukturen und Prozesse gegründet. Doch die sich mit ihm selbst vergrößernde *Vielfalt* der in und außer ihm wirkenden Kräfte nötigt es zu seiner fantastischen *Mannigfaltigkeit*. Da der *Kampf um bessere Lebenschancen* innerhalb der Arten zwar gemildert, aber nicht beseitigt ist, kommt es auch hier zur *Konkurrenz* um den größeren Anteil an den besseren Ressourcen.

Diese Konkurrenz ist wesentlich auf die Entfaltung der das Überleben sichernden *Potentiale* gerichtet. Sie wird zwar in der Gegenwart ausgetragen, ist aber wesentlich auf die *Zukunft* gerichtet. Darauf komme ich bei der abschließenden Frage nach dem Verhältnis von Liebe und Tod zurück.

Weil der Lebenskampf auch innerhalb der Arten weitergeht, wird so viel Aufwand mit der *äußeren Präsentation* der Geschlechter getrieben. Darin haben die Liebesspiele ihren Grund, dem wir nicht zuletzt das Gefallen am äußeren Schmuck, am Tanz, am Gesang, am bloßen Rhythmus oder an der zur Schau gestellten Kraft verdanken. Es genügt, an die strophischen Exaltationen der Vögel zu erinnern, die wir vornehmlich wohl ihrer sexuellen Reizbarkeit verdanken. Das Beispiel genügt, weil wir ja durch Mozart wissen, dass ein großer Komponist eigentlich nicht mehr als ein Vogelfänger – ein Vogelstimmenfänger – ist.

8. Liebe und Tod

Wesentlich an der Liebe ist ihre Leistung zur Erhaltung und Entfaltung des Lebens. Die Liebe, so darf man selbst mit Blick auf die häufigen Perversionen sagen, ist das *Stimulans des Lebens.* Hier rangiert sie noch vor der Kunst, in der Nietzsche den entscheidenden Anreiz für das Leben sah.[20] Die Liebe sorgt nicht nur für den fortgesetzten Anreiz, für den Aufbau von Spannungen, die sich dann mit größerer Konzentration entladen können. Sie ist auch mehr als das Elixier fortschreitender Individualisierung, mit dem die Evolution eine nicht allein an die Gene, sondern an den ganzen Körper und erstmals wohl auch eine an erlebte *Situationen* – an Erfahrungen im Augenblick – gebundene *Dynamik* erhält.[21] Ihre besondere Leistung liegt darin, im Wechsel der Generationen die sich prospektiv ins Kommende erstreckende *Fortsetzung des Lebens* zu ermöglichen.

Die Zellteilung, mit der sich einfachere Formationen des Lebens bei ihrer Vermehrung begnügen, ist und bleibt der basale Vorgang. Aber es scheint doch Vorteile der weitaus aufwändigeren, wenn auch im Einzelnen anfälligeren Form der *geschlechtlichen Fortpflanzung* zu geben. Sie erhöht, wie uns die Biologen versichern, die Variabilität des genetischen Materials und damit die Chance, flexibler auf Veränderungen im Inneren wie im Äußeren des Organismus zu reagieren. Dadurch ist eine raschere Immunisierung gegen neu auftretende Erreger möglich, aber auch die effektivere Erprobung von *Innovationen,* die durch *Mutationen, Milieuveränderungen* oder, wie zunehmend dann beim Menschen, durch *individuelles Lernen* (und das korrespondierende individuelle Versagen) eintreten.

Doch wie groß die Vor- und Nachteile auch immer sein mögen: *Tatsache ist, dass die Liebe das produktive Geschehen geschlechtlicher Fortpflanzung vorbereitet, einleitet, begleitet und in vielen Fällen sogar in Sorge und Pflege übergehen lässt.* Damit sichert sie dort, wo es sie gibt, den *Fortbestand der Gattung* und dient keineswegs bloß der Fortsetzung, sondern auch der kreativen *Erneuerung* des Lebens. Wer daher die Liebe zum Thema, gar zum Motto eines das Leben animierenden ästhetischen Großereignisses macht, der hat vornehmlich von ihrer *Verbindung zum Leben* zu sprechen, selbst dann, wenn ihn vorrangig der Tod interessiert. Denn auch der Tod ist ein Tatbestand des Lebens, der mit ihm aufkommt und mit ihm wieder verschwindet.

Hätte man einen Systematiker befragt, so hätte er vermutlich das Motto: *Liebe und Leben* in Vorschlag gebracht. Und wenn das den Leuten mit dem Sinn für den Publikumsgeschmack nicht sinnfällig genug gewesen wäre, hätten er mit *Eros und Bios* werben können. Kaum eine andere Silbe der deutschen Sprache hat derzeit eine größere Konjunktur als *bio;* also hätte niemand behaupten können, *Eros und Bios* lägen nicht im Trend.

Warum also Liebe und Tod? Warum *Eros und Thanatos?*

9. Eine befreiende Aussicht

Warum, so frage ich abschließend, *Eros und Thanatos* und nicht *Eros und Bios?* Eine mögliche Antwort liegt auf der Hand: Weil der Tod zum Leben gehört – und auf den höheren Stufen der Evolution sogar eine Notwendigkeit darstellt. Wo es den Wechsel der Generationen gibt, da muss gestorben werden, damit Platz für die nachfolgenden Geschlechter ist. Der Tod gehört nicht etwa nur deshalb zum Leben, weil er zwangsläufig an dessen Ende steht. Er ist vielmehr eine wesentliche Ingredienz des Lebens, weil er es ständig als Gefahr (für den einzelnen Organismus) und als mögliche Drohung (gegenüber anderen) begleitet.

Damit ist der Tod immer auch ein Movens des Lebens. Und als ein Bewegung ermöglichendes Moment kann der Tod sowohl in der Generationenfolge wie auch mit Blick auf die Entwicklung und Entfaltung der Arten überhaupt betrachtet werden. Ohne ihn könnte das Leben, wenn seine Ausdehnung auf den endlichen Raum beschränkt ist, den ein Planet nun einmal bietet, sich selbst im Wege stehen.[22] Und so gilt, dass jedes Individuum anderen Individuen weichen muss. Darin liegt ein Schicksal, das alle gleichermaßen trifft, und eben damit auch die Bedingung dafür, dass jedes Einzelwesen eine Chance zu seiner Entfaltung hat und nicht angenommen werden muss, dass jene, die sich dem Tod auf Dauer zu entziehen vermögen, am Ende als die Alleinverfügenden übrig bleiben.

Im Gang der Evolution treten auch einzelne Gattungen nach der Art von Individuen auf und werden von anderen abgelöst. Man spricht vom »Artensterben« und somit auch vom Tod, der aber, obgleich in der ökologischen Debatte gelegentlich ein solcher Eindruck erweckt wird, *kein* Ende des Lebens überhaupt bedeutet. Im Gegenteil: Er beweist auch dort, wo der Mensch der Vielfalt des Lebens schadet, die ungebremste Dynamik des Lebens. Nur: Ein Trost kann und darf darin für den Menschen nicht liegen! Die Einsicht in die unter vielen Bedingungen fortschreitende Logik des Lebens muss für den Menschen heißen, sich und seinesgleichen das Leben unter den Konditionen der Menschlichkeit zu erhalten. Und dass dies nicht *gegen* die Natur, sondern in allem nur *in* ihr und *mit* ihr zu erreichen ist, ist eine Erkenntnis, die wir, so paradox es klingt, der Bedrohung verdanken, zu der wir selbst als Naturwesen für eine Umwelt geworden sind, ohne die wir nicht leben können.[23]

Der produktive Effekt des Todes ist so fundamental, dass man ihn sogar als eine Kondition der Freiheit ansehen kann. Zwar kann man das nicht für das einzelne Individuum behaupten, denn für den Einzelnen ist mit dem Eintritt des Todes auch die Freiheit ausgelöscht. Deshalb könnte es einem die Sprache verschlagen, wenn da jemand kommt und behauptet, eben das, worin die Freiheit eines jeden Einzelnen vernichtet ist, sei die Bedingung möglicher Freiheit für alle nachfolgenden Individuen.

Doch das Erschreckende hat, wie so oft, auch etwas Befreiendes. Tatsächlich nimmt die paradoxe Einsicht vom Tod als einer Bedingung von Leben und Freiheit dem Tod die aussichtslose Enge, für die Urne, Grab und Sarg mehr als bloß symbolisch sind. Was aus der Perspektive des einzelnen Lebens das definitive Ende ist, ist im generativen Prospekt einer sich periodisch erneuernden Zukunft die Chance des neuen Anfangs. So kann man, wenn man das Mitleid mit sich selber überwindet, den Tod als *Übergang* zu einer Zeit begreifen, die nun definitiv von anderen zu verantworten ist. Dadurch wird dem Sterbenden eine Last genommen, die nun die auf ihn folgenden Wesen zu tragen haben. Sogar ein Gefühl der Erlösung ist denkbar: Wer möchte nach sechzig, siebzig, achtzig oder noch mehr Lebensjahren noch alles erleben, was in seinem Alter bereits als die kommende Zukunft absehbar ist? Auch Neugier kann endlich sein.

Volker Gerhardt

Doch das ist ein anderes Thema. Ich beschränke mich auf die Bemerkung, dass die Nach-uns-Kommenden ihre Existenz (wieder einmal: durchschnittlich gerechnet) der *Liebe* verdanken. Und wenn sie auf Dauer nur leben können, weil – in der Regel vor ihnen – auch ihre Eltern sterben, wird offenkundig, dass Liebe und Tod ineinandergreifen.

Dieser Gedanke eröffnet einen weiten *weltlichen Horizont.* Er mag befremden, wenn man gewohnt ist, mit dem Tod wesentlich Himmel oder Hölle zu verbinden. Wenn er stattdessen aber nicht nur mit dem Leben, sondern sogar mit der *Zukunft des Menschen* verknüpft wird, ist das, so denke ich, ein naheliegender Gedanke. Der aber muss sogleich mit der Warnung verbunden sein, er könne verlangt, absichtsvoll herbeigeführt oder auch nur normativ aufgeladen werden.[24] Tatsächlich ist die Wachsamkeit gegenüber jenen, die aus dem Tod der Anderen eine Pflicht oder ein Geschäft zu machen suchen, höchst angebracht.

Man muss auch zugestehen, dass der säkulare Horizont nicht alles einschließt, was für den Menschen von Bedeutung ist. Himmlische Perspektiven sind für den Gläubigen nicht ausgeschlossen. Wer immer den eigenen Tod mit einer ans Göttliche reichenden Hoffnung verknüpft, hat dazu nicht nur alle Freiheit, sondern auch einen durchaus guten Grund,[25] der das Sterben leichter machen kann.

Das gilt freilich auch für die säkulare Einbindung des Todes in das Leben. Sie erlaubt, den *Tod* als *Teil des Daseins* anzunehmen. Etwas, das ohnehin geschieht, und für das es unendlich viele kontingente Ursachen gibt, muss dennoch nicht sinnlos sein – erst recht nicht, wenn es sich nach einem tätig erfüllten (und hoffentlich immer auch genossenen Leben) einstellt. Dem stehen auch die Erfolge der medizinischen Lebensverlängerung nicht im Wege. Allein im 20. Jahrhundert hat sich in unserer Weltregion die durchschnittliche Lebenserwartung um mehr als zwanzig Jahre erhöht.

Dennoch wird auch in Zukunft weiterhin gestorben werden. Und wir können sagen, dass dies – aus der Sicht des Lebens – als durchaus sinnvoll begriffen werden kann. Der Tod besiegelt die Endlichkeit, die wir benötigen, um überhaupt etwas als bedeutungsvoll, vorrangig oder einzigartig zu erfahren. Überdies hat er einen Wert für alle, die weiterleben. Ihnen gibt er den Raum, den der Sterbende im eigenen Leben selbst benötigt hat. Und wem es schließlich gelingt, in der Hinnahme des eigenen Todes *ein Beispiel zu geben,* der wirkt auch moralisch über sein eigenes Dasein hinaus.

Das, so meine ich, ist eine Umwertung des Todes in der Perspektive einer säkularen Humanität. Sie gibt keinen Anlass, den Tod zu suchen oder zu fordern; wohl aber enthält sie den Grund, ihn im Blick auf die Freiheit der nachfolgenden Generationen einverständig hinzunehmen. Das könnte auch für den hier in Salzburg jedes

Jahr wieder neu auftretenden *Jedermann* eine gute Botschaft sein: Er könnte gelassener sein, wenn er sich nicht durch das Schreckgespenst des Todes zu Tode verängstigen ließe.

10. Liebe ist stärker als der Tod

Im Programmheft der Festspiele wird die Bedeutung des diesjährigen Mottos durch die Erinnerung an große Opernstoffe der letzten drei Jahrhunderte vergegenwärtigt.[26] In der Tat: Der Zusammenhang von *Eros und Thanatos* ist offenkundig. Aber mit Blick auf die Themen des 19. Jahrhunderts, vor allem auf den *Tristan*, erkennt man die *spätromantische Neigung* zur Diabolisierung von Liebe und Tod. Der schwarze Tod, der Spätmittelalter und Barock verängstigte, wird zum ästhetischen Spektakel und mit einer Liebe grundiert, deren Preis in Schuld und Verderben liegt. Alles ist vom Todeshauch der *décadence* parfümiert. Man schwelgt in der Verwegenheit, den Tod beim Namen zu nennen. Im verklemmten 19. Jahrhundert ist das die Steigerung der Ruchlosigkeit, offen über die Sexualität zu sprechen.

Davon sind wir auch heute nicht ganz frei. Wer bedeutungsschwanger von *Eros und Thanatos* spricht, hat selbst etwas vom verwegenen Verführer, der von der Sünde kosten will. Ihn umwittert die Gefahr, die in *La Traviata* oder *La Bohème* zum Kunstmittel geworden ist, ihre moralische Grundierung aber längst verloren hat. Man braucht nur zu vergleichen, wie das 19. Jahrhundert über *Schwindsucht* und *Syphilis* gesprochen hat, und wie im späten 20. Jahrhundert über *Aids* verhandelt worden ist. Heute hat sich die Rede von Tod und Sterben erweitert; sie überschreitet die Grenzen der Spezies: Es wird nicht mehr bloß mit naheliegenden Gründen die *Selbstvernichtung der menschlichen Gattung* perhorresziert, sondern man muss auch ein *Artensterben* für möglich halten, das die Evolution des Lebens um viele Millionen Jahre zurückwirft. Durch die sich gegen jede bessere Einsicht durchsetzende Lust, alle jetzt gebotenen Lebensmöglichkeiten auszukosten, bedroht der Mensch nicht nur sich selbst, sondern auch die Grundlagen seines Daseins. Das erinnert an die Blindheit, in die eine bedenkenlos verfolgte Liebesleidenschaft führen kann.

Die Erinnerung an die Immunkrankheit lässt keinen Zweifel daran, dass mit dem rücksichtslosen Ausleben des Eros nach wie vor größte Risiken verbunden sind. Aber es gibt trotzdem keinen Grund, die Bedrohung zu mystifizieren. Wir haben uns vor ihr zu hüten, haben anderen die Chance zu geben, sich wirksam davor zu schützen, sollten der Medizin ermöglichen, die Ursachen zu bekämpfen und den Opfern ihr schweres Leben erleichtern. Und der Hinweis auf das vom Menschen verursachte Artensterben – sein eigenes Ende als Gattung eingeschlossen – sollte uns vor Augen

Volker Gerhardt

führen, dass alles, was der Mensch als seine Stärke erlebt, seine Bedeutung für ihn nur dadurch hat, dass er es überhaupt nur im Gegenlicht erkannter Schwächen und anderer möglicher Stärken erfahren kann. Für den Menschen hat die Liebe nicht zuletzt auch darin ihre große Verführungskraft, dass sie als alles wendende Alternative erlebt wird, aber dennoch mit dem Bewusstsein verbunden sein muss, dass sie nicht alles ist. Das gilt für ihre Macht im menschlichen Leben, das auch von anderen, durchaus auch humanen Kräften bewegt wird. Deshalb ist es schon eine bewusst gewählte Übersteigerung, die Liebe – so als gäbe es nichts dazwischen – nur dem Tod gegenüber zu stellen.

Gewiss: So kann der Mensch es erfahren und es als bezwingend ansehen, außer der Alternative von Liebe und Tod nicht gelten zu lassen. Doch es liegt eine Entscheidung darin, sein Leben im Bewusstsein dieser Alternative zu führen oder führen zu wollen. Er kann auch leben, wenn er sich dieser Entscheidung entzieht. Und nur weil das so ist, weil es ihm immer auch möglich ist, die Liebe zu relativieren, sie eben nicht immer schon für alles zu halten, ist die Chance, sich dennoch die Freiheit zu nehmen, die Liebe als das Höchste anzusehen, zu verführerisch. Und darin liegt ihr unschätzbarer ästhetischer Reiz. Nichts führt uns unsere extremen Möglichkeiten so sehr vor Augen wie die Fähigkeit, die Liebe als unsere absolute Macht anzusehen, in der wir uns mit der vereinigten affektiven und intellektuellen Kraft unseres Gemüts auch noch gegenüber dem Tod behaupten. Es ist ein Akt höchster menschlicher Freiheit, sich mit seiner Liebe selbst noch gegen den Tod zu stellen. Und je weniger uns dies im eigenen Leben gelingt, umso höher schätzen wir die Kunst, in der diese Freiheit zum Exempel wird.

Das ist alles. Und es ist viel! Kein schwülstiges Geraune von Verführung und Verfall, sondern Aufklärung und entschlossenes Handeln, um dem Leben und der Liebe einen größeren Raum zu geben. Es ist die Liebe, die uns das Leben besonders schätzen lässt – wenn sie Erfüllung oder Erwiderung findet oder wenigstens Raum für Hoffnung lässt. Und selbst dort, wo es die Liebe ist, die uns tödlich verwundbar macht, nicht nur wenn der geliebte Andere stirbt, erweist sie sich als Macht, die über den Tod gebietet.

Unter diesen Bedingungen sollten wir das Wort Salomos einer kritischen Prüfung unterziehen. Systematisch gesehen, gibt es nämlich keinen überzeugenden Grund, die Liebe als *ebenso stark* wie den Tod zu bezeichnen. Nur wenn wir in unserer Haltung und in unserer Leistung, vornehmlich aber in unserer Liebe, die Erwartung hegen können, dass sie den Tod *überdauern* – und ihn *dadurch überwinden* – kann, hat der Vergleich zwischen Liebe und Tod einen Sinn. Wenn sie »stark ist wie der Tod«, dann muss sie ihn nicht fürchten, dann kann sie ihn bestehen! Wenn und solange sie dies kann, ist sie *stärker* als der Tod.

So muss man verstehen, was der liebende König seiner Sulamith zuruft: »Denn die Liebe ist stark wie der Tod und Leidenschaft unwiderstehlich wie das Totenreich. Ihre Glut ist feurig und eine Flamme des HERRN.« (8, 6) Wird vom Tod in dieser Weise gesprochen, dann ist bereits die Fähigkeit, ihn so ins Bild zu rücken, eine Kraft des Lebens und der Liebe.

Im Totenreich spielt auch der Orpheus-Mythos, in dem Eurydike ein Weg zurück ins Leben eröffnet wird – durch die Liebe und die mit ihr verschwisterte Musik. Folglich muss es uns nicht wundern, dass die *kunstvolle Erzählung* von Orpheus und Euridike so viel dazu beigetragen hat, dass die Oper lebendig geworden ist und so viele Liebhaber gefunden hat. Hier ist es die *Kunst,* die uns die Liebe anschaulich zu machen versteht. Wenn die Kunst sich mit der Liebe verbindet, erwächst aus ihr das verlässlichste Mittel, den Tod zu überwinden.

Im Licht dieser Deutung kommt es zu einer Übereinstimmung zwischen dem Lied des Königs Salomo und Platons Theorie des Eros: Platon bestimmt die Liebe als die dämonische Kraft im Menschen, durch die er der Unsterblichkeit nahe kommt. Eros ist der *Bote,* der *Übersetzer* und *Überbringer* zwischen dem *Endlichen* und dem *Ewigen.*[27] Da Gott, wie Platon sagt, nicht mit dem Menschen verkehrt, hat der Mensch alles daran zu setzen, dem Göttlichen von sich aus nahe zu kommen. Das gelingt ihm nur in der Liebe zum sinnlich gegenwärtigen Nächsten, in der Liebe zum Anderen, zum Werk und zur Aufgabe, zum Gerechten, zum Guten und, wie wir heute sagen, zur Kunst.

Das ist eine Botschaft, die zu Salzburg und den Festspielen passt. Dabei kann man, wenn man es denn für wichtig hält, die Nachbemerkung anfügen, dass auch das Christentum in der Lehre ihres Gründers keine bessere Botschaft hat. Es ist die Liebe, die uns aus der Enge des Daseins herausführt und den zur Endlichkeit gehörenden Tod weit hinter sich lässt. Nichts Großes geschieht ohne Liebe.

Volker Gerhardt

Literatur

Arendt, Hannah, Der Liebesbegriff bei Augustin (1929), hg. von Ludger Lütkehaus, Berlin 2003

Das Hohelied Salomos, übers. und kommentiert von Klaus Reichert, Salzburg 1996

Freud, Sigmund, »Selbstdarstellung«, in: Gesammelte Werke XIV (aus den Jahren 1925–1931), S. 31–96

Gerhardt, Volker, Selbstbestimmung. Das Prinzip der Individualität, Stuttgart 1999

Gerhardt, Volker, Individualität. Das Element der Welt, München 2000

Gerhardt, Volker, Kleine Apologie der Humanität, München 2001

Gerhardt, Volker, Gott und Grund, in: Hermann Deuser/ Dietrich Korsch (Hg.), Systematische Theologie heute. Zur Selbstverständigung einer Disziplin, Gütersloh 2004 (= Veröffentlichungen der Wissenschaftlichen Gesellschaft für Theologie, Bd. 23), S. 85–101

Gerhardt, Volker, »Die Vernunft des Glaubens. Zur Atheismusdebatte«, in: Christ in der Gegenwart 59 (50/07), 16. Dezember 2007, S. 417–418

Gerhardt, Volker, Partizipation. Das Prinzip der Politik, München 2007

Gerhardt, Volker, »Die Herkunft der Politik«, in: Merkur 707 (62), 2008

Gerhardt, Volker, Mitteilung als Funktion des Bewusstseins. Eine experimentelle Überlegung, in: Detlev Ganten/Volker Gerhardt/Jan-Christoph Heilinger/Julian Nida-Rümelin (Hg.), Funktionen des Bewusstseins, Berlin–New York 2008 (= Humanprojekt 2), S. 103–117

Gerhardt, Volker, Der Sinn des Sinns. Versuch über das Göttliche, München 2014

Gerhardt, Volker, Humanität. Über den Geist der Menschheit, München 2019

Kant, Immanuel, Briefwechsel, An Iacob Sigismund Beck, Brief 634 (1. Juli 1794), in: Akademieausgabe Kant's Gesammelte Schriften, hg. von der Königlich Preußischen Akademie der Wissenschaften, Berlin 1900ff., Bd. XI: Briefwechsel, Bd II (1789–1794)

Küppers, Bernd-Olaf, Der Ursprung biologischer Information: zur Naturphilosophie der Lebensentstehung, München 1986 (²1990)

Küppers, Bernd-Olaf, Die Einheit der Wirklichkeit, München 2000

Nietzsche, Friedrich, Die Geburt der Tragödie aus dem Geiste der Musik (1872)

Endnoten

1 Vortrag bei den Salzburger *Festspiel-Dialogen* am 13. August 2008.

2 Angabe zu Kapitel und Vers jeweils im Text in Klammer.

3 Das ist die Übersetzung Luthers. Klaus Reichert, nach dem im Programmheft zitiert ist, übersetzt: »Denn stark wie die Liebe ist der Tod, unerbittlich wie das Totenreich das Begehren, ihre Brände Feuerbrände, die unbändig lodern.«

4 Vergil, *Eclogae/Bucolica 10, 69*.

5 Platon, *Nomoi* 731e: »Denn der Liebende wird blind für das, was er liebt (philoumenon ho philo︠n), sodass er das Gerechte, das Gute und das Schöne falsch beurteilt, weil er das Seine (to hautou) stets höher als das Wahre schätzen zu müssen meint.«

6 Brief vom 1. Juli 1794 (AA 11, 515).

7 *Symposion* 178a–212b.

8 Freud, Sigmund, »Selbstdarstellung«, in: *Gesammelte Werke XIV* (aus den Jahren 1925–1931), S. 86: »Nietzsche [...] habe ich lange gemieden; an der Priorität lag mir weniger als an der Erhaltung meiner Unbefangenheit«.

9 In Athen, so betone ich gern, entstanden die autonome Politik und die autonome Kunst zusammen mit der kritischen Wissenschaft. Dazu: Gerhardt, Volker, *Partizipation. Das Prinzip der Politik*, München 2007; komprimiert in: Ders., »Die Herkunft der Politik«, in: *Merkur* 707 (62), 2008.

10 *Symposion* 189d–193d.

11 *Symposion* 201d ff.

12 *Agapē* kann auch im engeren Sinn geschlechtliche Liebe und Liebesmahl bedeuten.

13 Hier wäre der Ort, über die Bedeutung der Selbstliebe für die Liebe zum Anderen zu sprechen. Es ist ein großes Thema des antiken Denkens, das über Augustinus zu einem leider oft verleugneten Topos des christlichen Denkens geworden ist. Es ist ein Verdienst der Dissertation von Hannah Arendt, darauf erneut aufmerksam gemacht zu haben (Arendt, Hannah, *Der Liebesbegriff bei Augustin* (1929), hg. von Ludger Lütkehaus, Berlin 2003).

14 So Papageno im Duett mit Tamina.

15 Die Partizipation ist eine Bedingung des Lebens, die sich im Erleben, Erkennen und Handeln zu komplexeren, mehr und mehr Bewusstsein integrierenden Formen steigert. Ihre ausdrückliche, ein Bewusstsein des jeweils in Frage stehenden Ganzen fordernde und damit zur höchsten sozialen Stufe entwickelte Form findet die Partizipation in der Politik. Deshalb ist sie das »Prinzip der Politik« (dazu: Gerhardt, *Partizipation*).

16 In meiner hier nur angedeuteten Beschreibung von Strukturmerkmalen des Lebendigen bin ich Platon, Aristoteles, Leibniz, Kant, Hegel, Darwin, Nietzsche, Plessner, Gehlen, Hans Jonas und einer Reihe von neueren Biologen wie Ernst Mayr, Hubert Markl, Berthold Hölldobler und Bernd-Olaf

Küppers verpflichtet. Auf Einzelheiten gehe ich hier nicht ein. Siehe dazu: Gerhardt, Volker, *Selbstbestimmung. Das Prinzip der Individualität*, Stuttgart 1999, und ders., Mitteilung als Funktion des Bewusstseins. Eine experimentelle Überlegung, in: Detlev Ganten/Volker Gerhardt/Jan-Christoph Heilinger/Julian Nida-Rümelin (Hg.), *Funktionen des Bewusstseins*, Berlin–New York 2008 (= Humanprojekt 2), S. 103–117.

17 Dazu: Gerhardt, Volker, Mitteilung und Tätigsein. Ein Hinweis zur Theorie des Organismus, in: Ganten u.a. (Hg.), *Funktionen des Bewusstseins*.

18 Küppers, Bernd-Olaf, *Der Ursprung biologischer Information: zur Naturphilosophie der Lebensentstehung*, München 1986 (²1990); ders., *Die Einheit der Wirklichkeit*, München 2000.

19 *Symposion* 206c/d.

20 Nietzsche, Friedrich, *Die Geburt der Tragödie aus dem Geiste der Musik (1872)*.

21 Darüber an anderer Stelle mehr: Gerhardt, Volker, *Individualität. Das Element der Welt*, München 2000.

22 Der Gedanke ist antiker Provenienz und findet sich deutlich ausgesprochen bei Montaigne. Unter dem Individualitätsanspruch der Neuzeit wurde er, ganz zu Unrecht, vergessen. Ich habe ihn an zwei Stellen wieder aufgenommen in: *Individualität. Das Element der Welt*, München 2000; und: *Kleine Apologie der Humanität*, München 2001.

23 Dazu ders., *Humanität. Über den Geist der Menschheit*, München 2019.

24 Das steht hinter der ernst zu nehmenden Besorgnis, die sich in der Debatte über die Sterbehilfe äußert, wenn etwa befürchtet wird, der Tod einzelner Menschen könne durch sozialen Druck befördert und durch politische Argumente begründet werden. Das widerspricht der Menschlichkeit und hat als eine Missachtung der personalen Würde des Einzelnen zu gelten, darf andererseits aber nicht dazu führen, das Verlangen eines todkranken Menschen, von seinen Leiden durch den Tod erlöst zu werden, moralisch zu verurteilen.

25 Dazu ders., Gott und Grund, in: Hermann Deuser/Dietrich Korsch (Hg.), *Systematische Theologie heute. Zur Selbstverständigung einer Disziplin*, Gütersloh 2004 (= Veröffentlichungen der Wissenschaftlichen Gesellschaft für Theologie, Bd. 23), S. 85–101; ders., »Die Vernunft des Glaubens. Zur Atheismusdebatte«, in: *Christ in der Gegenwart* 59 (50/07), 16. Dezember 2007, S. 417–418; und ders, *Der Sinn des Sinns. Versuch über das Göttliche*, München 2014.

26 Programmheft der *Salzburger Festspiele*, 26. Juli–31. August 2008: Denn stark wie die Liebe ist der Tod.

27 *Symposion* 202d.

Volker Gerhardt

Das Ende der Welt.
Über Glaube, Sektenwesen und Aufklärung
an der Jahrtausendwende[1]

Peter Glotz

1.

Ich weiß: »Wer von Religion spricht, hat die größte Mühe, nicht für einen Theologen gehalten zu werden.« (Hans G. Kippenberg) Ich bin kein Theologe, wohl aber der Auffassung, dass »Religion«, die neuen religiösen und ideologischen Gemeinschaften, Sekten und Psychogruppen eingeschlossen, in unseren (digitalen telematischen) Gesellschaften eine steigende, nicht sinkende Bedeutung haben wird, und zwar unbeschadet des Abschmelzens unserer Volkskirchen. Ich spreche zu Ihnen also als Kommunikationswissenschaftler, der zu analysieren versucht, wie und wo sich »Sinnkommunikation« gegen die in unserem Alltags- und Geschäftsleben vorherrschende Zweckkommunikation und Persuasion durchsetzen wird. Dabei gehe ich mit der Religionsphilosophie und der Kultursoziologie (zum Beispiel Hermann Siebeck folgend) davon aus, dass Religion ein selbständiger Kulturfaktor ist, neben Sprache, Sitte, Moral, Recht, Familie, Staat, Schule, Erziehung, Kunst, Technik und Wissenschaft, also auch vom Nichtgläubigen erfassbar. Man kann, unter Absehen von Gehalt und Wesen der jeweiligen Glaubensrichtungen und Glaubensinhalte über die »Stellung der Religion im Kulturleben« Einverständnis erzielen. Zu dieser Debatte will ich einen Beitrag leisten.

Mein Ausgangspunkt für diesen Salzburger Vortrag ist Hal Hartleys Musical Play *Soon*. Ich sage offen, dass mich dieser »Versuch über die Apokalyptik« nicht überzeugt hat. Die Gruppe der Davidianer, die da gezeigt wird, ist aus der Wirklichkeit gelöst und in einen sterilen symbolischen Raum gestellt. Geglaubt wird aber unter konkreten historischen Bedingungen. Wieso sind Waffen in diesem »Babylon«, in dem ein paar Männer und Frauen sich auf das Ende der Welt vorbereiten, so verfügbar? Gibt es jenseits der wegen des nahenden Weltgerichts weltflüchtigen kleinen Gruppe noch andere Spielarten des Fundamentalismus? Man denke an die politische Rolle des Predigers Pat Robertson in den USA. Warum kamen die Kinder, die zu Opfern dieses radikalen Adventismus wurden (und die man in Waco mit ihren Müttern verbrannt fand, zusammengekrümmt in einem Lagerraum, in dem fallende Trümmer den Weg ins Freie verstellt hatten), gar nicht vor? Hal Hartleys Theater »schnitt« nicht ins Fleisch.

Aber es geht mir nicht um Theaterkritik. Der Kern des Stücks, der Plot, führt den Zusammenprall der verwalteten Welt, der Welt der innerweltlichen Askese, also der Welt der protestantischen Arbeitstugenden, und der charismatischen Welt des Außeralltäglichen durchaus plastisch vor.

Ich rekapituliere diesen Plot. Im Mount-Carmel-Center in Waco/Texas hatte sich eine Gruppe von ca. 150 Menschen, darunter 43 Kinder, um den 33-jährigen Laienprediger David Koresh verbarrikadiert. Koreshs missionarisches System richtete sich nicht in erster Linie an die Allgemeinheit. Seine oberste Mission, die er in zwei Etappen zu erreichen gedachte, bestand darin, der *Kirche der Siebenten-Tags Adventisten* eine Botschaft zu überbringen. Zunächst, so glaubten seine Gefolgsleute, habe Koresh die Aufgabe, einen in hohem Maße exklusiven, von Gott selbst auserlesenen Kreis zusammenzuführen. Die Mitglieder der Gruppe sollten zu den erwählten Märtyrern des fünften Siegels werden und bedeutende Führungsfunktionen im kommenden Reich Gottes übernehmen. In einer zweiten Phase würde er Zeugnis für die Adventistenkirche als Ganzes ablegen, um so den Weg für die 144 000 Getreuen zu bereiten, welche von der in der *Offenbarung* prophezeiten, unmittelbar bevorstehenden Feuersbrunst verschont würden. Da er sich mit dem siebten und letzten »Engel« oder Boten in der *Offenbarung des Johannes* identifizierte, glaubte er daran, es sei seine Mission, so viele Menschen wie möglich mit seiner Botschaft zu erreichen und so zu retten. Aufgrund dieser Überzeugung widmete Koresh jedem seiner einzelnen potentiellen Konvertiten beträchtliche persönliche Aufmerksamkeit. Diese Technik des konzentrierten persönlichen Einzelstudiums mit Leuten, die ein Interesse bezeugten, wurde zur typischen Methode von Koresh.

Die Davidianer unterhielten eine umfangreiche Postliste und verschickten regelmäßig Tonkassetten und Literatur, in denen Koresh seine Lehre auslegte und verkündete. Er wandte sich auf diesen Tondokumenten an Davidianer und Adventisten auf der ganzen Welt. Großen Wert legte er auf die von ihm so benannte Botschaft des siebten Siegels, die er ihnen zu bringen behauptete. In seinen Verkündungen wies er immer wieder auf die wundervollen Botschaften der Wahrheit und auf die gottgegebene Erkenntnis im Hinblick auf die Schriften des Propheten hin.

Das abgekapselte Leben der Davidianer geriet in die Verarbeitung durch das Mediensystem. Örtliche Zeitungen hatten Gerüchte über bizarre Sexualpraktiken, Kindesmissbrauch und paramilitärische Aktivitäten verbreitet. Die amerikanische Bundesbehörde für Alkohol, Tabak und Schusswaffen plante in vollständiger Fehleinschätzung der Glaubensintensität und Folgebereitschaft der Gruppe ein »dynamisches Eindringen«. Beim ersten Angriff starben einige Polizisten sowie einige Davidianer. Dann wurde das Anwesen 51 Tage belagert. Das Mediensystem machte den Konflikt weltweit bekannt. Am 19. April 1993 stürmte die Polizei den

Gebäudekomplex. Zu Mittag sah man Rauch aus den Fenstern quellen. Großbrand: 74 Davidianer starben, darunter 21 Kinder unter 14 Jahren.

Um zu zeigen, dass wir nicht nur über einen bizarren Einzelfall reden, präsentiere ich ein zweites Beispiel, den Selbstmord von 39 Mitgliedern der Sekte *Heaven's Gate*, ebenfalls in den USA. Hier spielt die Verwandlung unserer Gesellschaften von der Industrie- zur Informationsstruktur, vom Nebeneinander von Telekommunikation und Informatik zum Ineinander der Telematik, eine besondere Rolle. *Heaven's Gate* war eine Internetsekte. Wir werden sehen: »Virtuelle Welten generieren neue Religionsformen« (Reinhold Esterbauer). Der Massenselbstmord war, wenn man so will, die Fortsetzung eines Computerspiels, das rituelle Züge angenommen hatte.

Die Villa der Sekte, in der Nähe von San Diego gelegen, wurde im Internet zum Verkauf angeboten, wobei sich neben einem Bild des Anwesens ein Hinweis fand, dass die Bewohner plötzlich abgereist seien. Das Zählwerk zeigte nicht die Anzahl der Besucher der Internetseite, sondern die »Number of people who killed themselves since the last time this counter broke«, nämlich 39.

Die Abreise, von der auf der Internetseite die Rede war, bezog sich auf den Massenselbstmord. Die Sektenmitglieder hatten geglaubt, dass Götter des Himmelreiches, das sie im Planeten Pluto situiert hatten, vor Millionen von Jahren Menschen auf der Erde ausgesetzt hätten. Alle paar 1000 Jahre würden Gesandte von den Göttern auf die Erde geschickt, vor 2000 Jahren Jesus Christus und jetzt der Führer der Sekte, Hersh Applewhite. Dieser wollte mit seinen Anhängern zurück auf den Planeten Pluto – in einem Raumschiff, das sich nach seiner Vorstellung im Schweif des 1997 aufgetretenen Kometen *Hale-Bopp* befand. Um dorthin zu kommen, war jedoch eine virtuelle Reise notwendig, die offenbar nur durch Dematerialisierung machbar und ähnlich wie in Science-Fiction-Filmen als »Beamen« durchführbar schien. Das Abschiedsvideo spricht von der Langeweile in dieser Welt und davon, dass das eigene Computerprogramm die virtuelle bessere Welt darstellt. Dirk Schümer schrieb in der FAZ: »Die Leute von *Heaven's Gate* haben als Erste konsequent den Schritt von ihrer materiellen Wirklichkeit in die digitale Simulation vollzogen.«

Ich prognostiziere nicht die große Konfrontation der spätindustriellen Gesellschaft mit Apokalyptikern, Gnostikern, Mystikern nach den beiden Mustern, die ich hier vorgeführt habe. Aber ich will darlegen, dass es wahrscheinlich ist, dass sich die Polarisierung von rationaler (kapitalistischer, asketischer) Lebensführung und (im weitesten Sinn) »religiöser« Lebensführung wieder verstärken wird. Wir kehren dann am Ende des 20. Jahrhunderts zum Ende des 19. Jahrhunderts zurück, als Rudolf Eucken (und manch andere) den »Wiederaufstieg der Religion« verkündeten, als Protest gegen die »Verflachung und Mechanisierung des Lebens«, als »Widerspiel des Gemüts gegen den Gesamtgeist unserer Zeit«. Auch die Wissensgesellschaft, zu der wir uns entwickeln, wird von KULTURELLEN Konflikten geschüttelt sein. Wie diese sich entwickeln könnten, will ich jetzt darzustellen versuchen.

2.

Wie wir die Gesellschaft nennen, zu der wir uns entwickeln, ist Definitionssache. Die einen reden von Informationsgesellschaft, die anderen erheben dagegen furiose Einwände. Auch die Begriffszusammensetzungen Kommunikationsgesellschaft, Wissensgesellschaft, telematische Gesellschaft, digitale Gesellschaft sind im Schwange. Wichtig ist nur: Der Industrialismus, die Stoffbearbeitung, das Hin- und Herbewegen von materiellen Gütern schrumpft bis auf etwa 15 Prozent der Arbeitsplätze. Der Anteil an der gesellschaftlichen Wertschöpfung bleibt – bei knapp 25 Prozent – erhalten. Die vorherrschenden Tendenzen heißen Dematerialisierung, Dezentralisierung, Beschleunigung und Globalisierung, der Treiber ist der Computer als Medium, das alle anderen Medien integriert – als Sonne einer neuen Galaxis. Es entsteht eine neue Form von Kapitalismus, die ich den digitalen Kapitalismus nenne: flexibel, mobil, spekulationsgetrieben, superschnell.

Das Wichtige für unser Thema ist nun die inzwischen unübersehbare Tatsache, dass die Produktivitätssteigerung des digitalen Kapitalismus zu einer negativen Arbeitsplatzbilanz führen wird. Die Arbeit verschwindet natürlich nicht, wie auflagenlüsterne Bestsellerautoren oder ruhmsüchtige Soziologen behaupten. Aber in Deutschland gibt es schon jetzt rund 16 Prozent Arbeitslose, verdeckte Arbeitslosigkeit mitgezählt. In den nächsten Jahren wird noch das mittlere Management ausgedünnt, das Filialsystem der Banken (weitgehend) geschleift, ein Teil des Handels übers Internet abgewickelt, ebenso die Reisebürobranche, der Buchhandel, das klassische Sekretariat und vieles andere digitalisiert. Das Ergebnis werden Zweidrittelgesellschaften sein: Ein halbes Prozent Vermögensbesitzer und ihre Topmanager führen die neuen Leitfiguren, die Symbolanalytiker, die bis zu 20 Prozent der Erwerbstätigen anwachsen: Berater aller Art, Programmierer, Autoren und Designer, Finanzdienstleister, spezialisierte Anwälte, Wissenschaftler und so fort. Diese neue »virtuelle Klasse« kooptiert die Kernbelegschaften des Industrialismus, immer noch 40 Prozent. Das ist die Mehrheitsgesellschaft: Sie bleibt grosso modo bei den industriellen Arbeitstugenden, der innerweltlichen Askese. Bei den Symbolanalytikern geht es – Stichwort Beschleunigung – noch viel schneller zu als im alten Fordismus und Taylorismus. Das bringt die Klassentrennung hervor, die für die »Religionsfrage« – die Zuwendung einer wieder wachsenden Zahl von Menschen zu religiösen, metaphysischen, ideologischen, lebensorientierenden, ganzheitlichen Angeboten – entscheidend sein wird.

Unterhalb der Mehrheitsgesellschaft entsteht nämlich eine »Underclass«, die ich einmal das »dritte Drittel« nennen möchte, da sie mit den proletarischen Unterschichten des Industrialismus nicht vergleichbar ist. Natürlich stecken in diesem Drittel auch die Deklassierten, die es immer gab. Es gesellen sich aber viele dazu, die das Beschleunigungsparadigma des digitalen Kapitalismus nicht mehr mitmachen wollen. Dazu kommen die »Selbstbeschäftigten« mit geringem Auftragspolster, die sich nur schwierig über Wasser halten, also Leute, die ganz gern einen kompetitiven Arbeitsplatz hätten, ihn aber nicht bekommen, also ihrem Leben ohne (beziehungsweise mit wenig) Arbeit Sinn geben müssen. Das dritte Drittel ist also durchsetzt mit gut ausgebildeten, vitalen, häufig sogar gebildeten Menschen. Aus ihm wird, im Gefolge einer aggressiven Ideologie der »Entschleunigung«, die sich direkt gegen das Beschleunigungsparadigma des digitalen Kapitalismus richtet, eine neue Welle der antirationalistischen Kulturkritik aufsteigen: pathosgeladene Proteste gegen die »Vergletscherung der Seele«, neue Familienwerte, eine Dosis neuer Religiosität, aber eben auch mystisch und apokalyptisch auftretende, widerständische Zirkel wie Koreshs Adventisten oder die Sekte *Heaven's Gate*. Ich muss nicht lange begründen, dass in diesem neuen dritten Drittel die Frauen eine wichtige Rolle spielen werden. Der digitale Kapitalismus wird einige von ihnen zu Vorstandsvorsitzenden und Ministerinnen machen, viele aber ausgrenzen. Sie werden sich (verständlicherweise) rächen: Schon geht die Rede von den »weiblichen Werten« um. Andere Treiber werden Intellektuelle sein, die es für »Rat-Race« halten, wenn man 16 Stunden täglich an einem neuen Browser bastelt; als Phänotyp der Lehrer auf einer Zweidrittelstelle, dem sein Engagement für Haushalt und Kinder dem Engagement der »Microsoft-Ratte« für Java-Script-Hypertexte moralisch haushoch überlegen dünkt. Die neuen kulturellen Konflikte sind vorprogrammiert: Wer in der Arbeitswelt zurückgestoßen wird, wird begründen, weshalb »Arbeit« im überlieferten Sinne, nämlich Erwerbsarbeit, fragwürdig sei. So werden Millionen darauf verfallen, dass Menschen meditieren sollten, dass ein gesunder Körper viel Pflege brauche, dass nur ein sparsamer Lebensstil ökologisch sei oder dass das Weltgericht so unmittelbar bevorstehe, dass es keinen Sinn mache, neue Teilchenbeschleuniger zu bauen oder neuartige Zahnzwischenraumbürsten zu vermarkten. Die neuen Zauberworte sind Entschleunigung, Familie, Ökologie, Sinn, Transzendenz. Zur Blüte kommen kommunitäre Kindergärten und Schulen, neuartige Freikirchen, Fitnesscenter, Kulturinstitutionen und Festivals aller Art (ein paar davon vielleicht in Salzburg) und die wunderbaren und vielfältigen Abenteuer des Cyberspace, der Simulation und der Tourismusbranche.

Sie haben mir nun schon angehört, dass ich ein verstockter Aufklärer bin. Ich bewahre mir meine Skepsis gegenüber dieser herrlichen neuen (im Kern allerdings 200 Jahre alten) romantischen Wende. Ich beharre darauf, dass beide Ideologien – die der virtuellen Klasse und die des dritten Drittels – hinterfragt werden müssen. Beide enthalten berechtigte und falsche Argumente. Die virtuelle Klasse lebt von innerweltlicher Askese, rationaler Berufsethik, Hayekschem Liberalismus und neoklassischer Ökonomie; das dritte Drittel (das gerade ja erst entsteht) wird »Entschleunigung«, Ökologie, Innerlichkeit, Lebensphilosophie, in den radikalen Strömungen aber auch Mystik und Apokalyptik aufbieten. Beide Seiten halten es für eine unvorstellbare Frechheit, ihre Philosophie als Ideologie zu beschreiben. Unsere spätindustriellen oder auch frühinformationellen Gesellschaften werden von gewaltigen »Klassenkämpfen« erschüttert werden, wenn die Politik unfähig sein sollte, zwischen beiden Positionen intelligent zu vermitteln.

3.

Nein, ich prophezeie nicht, dass neue Religionen, neue religiöse Bewegungen oder gar destruktive Kulte die Macht in westlichen Informationsgesellschaften übernehmen werden. Dazu ist die Mehrheitsklasse der Zweidrittelgesellschaft zu stark, das Modell der rationalen Lebensführung zu eingelebt. Es wird keine Talibans in Europa geben; nicht einmal die »Moral Majority« des protestantischen Fundamentalismus in den Vereinigten Staaten dürfte wirkliche Macht bekommen, obwohl das schon unsicherer ist. In Deutschland sind nicht mehr als 1,2 Prozent der Menschen affiziert von Gruppen wie den Rosenkreuzern, des Bruno-Göring-Freundeskreises, der Kirche Jesu Christi der Heiligen der letzten Tage oder des Vereins zur Förderung der psychologischen Menschenkenntnisse. Diese Zahl wird wachsen, aber nicht in machtpolitisch bedeutsame Größenordnungen. Aber es wird sich eine merkwürdige Veränderung der Atmosphäre in unseren Gesellschaften einstellen: Die Politik wird für immer größere Gruppen gleichgültig, die rationale Wirtschaftsgesittung im Sinne Benjamin Franklins (»Zeit ist Geld«) für ein Drittel fremdartig und irrelevant, also wächst die Sehnsucht nach dem »interpretativen Mehrwert von Religion«. Gefragt sind bei wachsenden Minderheiten Sinnstiftung, Lebensführungskonzepte, Kosmisierung von Wirklichkeit, Kontingenzbewältigung, Transzendenzbezug, Gemeindebildung, Gemeinschaft. Die Gesellschaft wird sich stark differenzieren, segmentieren, sozusagen in Indianerstämme, die einander kaum verstehen. Im dritten Drittel wird die Sinnkommunikation zu hohen Ehren kommen; man wird – von der Berliner Gruppe der »glücklichen Arbeitslosen« schon formuliert – die Zweckkommunikation der Mehrheitsgesellschaft

Peter Glotz

verachten. Dazu werden auch die neuen Medien beitragen. Schon bilden sich in Science-Fiction-Filmen und Computerspielen (Multi User Dungeons – MUDs) mythologische Strukturen heraus, Grundkonstellationen alter mythologischer Erzählungen werden wiederholt. »Entleiblichung durch Digitalisierung« (Esterbauer) ist EIN Stichwort, gnostische Abwertung des Leibes, der Computer als futuristisches Möglichkeitsmedium sind andere Schlüsselbegriffe. Huizingas *homo ludens* wird zu neuen Ehren kommen. Warum, fragt die Psychologin Sherry Turkle vom Massachusetts Institute of Technology (MIT) zum Beispiel, soll es gerechtfertigt sein, dass ein Börsenmakler mit seinem 14-Stunden-Arbeitstag hoch angesehen ist, während ein Organisator und Verwalter von Multi User Dungeons, also ein (unbezahlter) »Spielmacher«, der ebenso lange im Cyberspace verbringt, als »Süchtiger« gilt? Hier liegen die kulturellen Konflikte unserer Zukunft.

Die Irrationalität in der zivilisierten Gesellschaft, das ist mein Fazit, wird wachsen. Das ist die Konsequenz der Beschleunigung, Globalisierung, Dematerialisierung unserer Welt, das hat sich das Projekt der Moderne, die Aufklärung, die Wissensrevolution sozusagen selbst zuzuschreiben. Auf diese Entwicklung sollte man nicht reagieren wie die amerikanische Behörde für Alkohol, Drogen und Schusswaffen, nämlich mit »dynamischem Eindringen«. Man sollte vielmehr die Orientierungswissenschaften, die Geistes- und Kulturwissenschaften wieder verstärken. In Erfurt zum Beispiel bauen wir einen Cluster »Religionswissenschaften« auf, bei dem Spezialisten für unterschiedliche Religionen kooperieren werden: für die Orthodoxie, für den europäischen Islam, für das Judentum, den Protestantismus und den Katholizismus. Der »Clash of Civilisations« ist kein unabwendbares Schicksal, auch innergesellschaftlich nicht. Auch sollte die Politik versuchen, das kommunikative Auseinanderfallen der Gesellschaft, die Segregation in die Spartenkanäle, zu verhindern. Mehrheits- und Minderheitskultur sollten gesprächsfähig bleiben. Nur so kann Militanz eingehegt werden. Den Erlösern allerdings sollte man misstrauen. Aus den Arbeitslosen, die Pierre Bourdieu gerade beschwört, wird so wenig eine neue Klasse wie aus den Studenten, die Herbert Marcuse beschwor. Die östliche Mystik wird den rationalistischen Westen so wenig erlösen wie das elektronische Neue Jerusalem. Wir müssen mit unserer Geschichte leben, auch mit unserer Geistesgeschichte wie ein alter Mensch mit den Gebrechen seines Körpers. Linderung ist möglich, heiles und unversehrtes Leben nicht. Insofern können wir nicht hinter die Aufklärung zurück. Aber vielleicht können wir sie weitertreiben, neu justieren, zivilisieren, kultivieren. Das wäre alle Anstrengungen wert.

Literatur

Endbericht der Enquete-Kommission »Sogenannte Sekten und Psychogruppen« des Deutschen Bundestages, Drucksache 13/10950, Bonn 1998

Esterbauer, Reinhold, Gott im Cyberspace? Zu religiösen Aspekten neuer Medien, in: Cyberethik – Verantwortung in der digital vernetzten Welt, Stuttgart–Berlin–Köln 1998, S. 115–134

Fischer, Michael / Kreuzbauer, Günther (Hg.), Recht und Weltanschauung, Frankfurt a.M. u.a. 2000 (= Salzburger Schriften zur Rechts-, Staats- und Sozialphilosophie, Bd. 18)

Kippenberg, Hans G., Die Entdeckung der Religionsgeschichte. Religionswissenschaft und Moderne, München 1997

Programmheft *Soon,* Musical Play by Hal Hartley, Salzburger Festspiele 1998

Endnote

1 Vortrag bei den Salzburger *Festspiel-Dialogen* am 26. August 1998. Erstveröffentlicht in: Michael Fischer / Günther Kreuzbauer (Hg.), *Recht und Weltanschauung,* Frankfurt a.M. u.a. 2000 (= Salzburger Schriften zur Rechts-, Staats- und Sozialphilosophie, Bd. 18), S. 37–43.

Peter Glotz

Lulu entzieht sich[1]

Ortrud Gutjahr

Ein Vorspiel

Nur einen Spalt breit öffnet sich zunächst der Vorhang zu Alban Bergs Oper *Lulu*, die anlässlich der *Salzburger Festspiele* 2010 in der Felsenreitschule eine Neuinszenierung findet. Nach den Vorgaben des Librettos ist zu erwarten, dass ein Sänger in der Rolle des Tierbändigers mit Hetzpeitsche in der linken und Revolver in der rechten Hand wie durch den Eingang eines Zirkuszeltes aus dem Vorhang schlüpft, um gesanglich anzukündigen, dass in der nun folgenden Vorstellung statt gezähmter »Haustiere« (wie in gängigen »Lust- und Trauerspielen«) nun endlich »[d]as wahre Tier, das wilde, schöne Tier«[2] mit nichts weniger als »[m]it heißer Wollust und mit kaltem Grauen« erlebt werden kann. Der Dompteur kommt auch in dieser Inszenierung erwartungs- gemäß und taktgenau zu seiner reißerischen Darbietung vor den Vorhang, ist aber aus der Reminiszenz an eine bunte Zirkuswelt ersichtlich herausgefallen. Denn statt mit »zinnoberrotem Frack, weißer Krawatte, weißen Beinkleidern und Stulpstie- feln«[3], wie der Komponist und Librettist Berg sie in seinen Bühnenanweisungen vor- gibt, hat der Tierbändiger hier in durchgehend schwarzem Kostüm einen Auftritt, als habe er sich in der Rolle des personifizierten Todes aus der *Jedermann*-Inszenierung auf dem Domplatz in die falsche Spielstätte verirrt. Die weißen Posamenten auf sei- ner dunklen Livree zeichnen stilisiert das Gerippe des Sensenmannes nach. Sein Ge- sicht ist mit harten Grau-Schattierungen und tiefschwarz umrandeten Augen zur Totenmaske hingeschminkt. Als dieser offenkundig moribunde Tierbändiger be- fiehlt, dass die »Schlange« herbeizuholen sei, und nun (gemäß Bergs Regieanwei- sung) die Sängerin der Lulu im Pierrotkostüm vor ihn gesetzt werden müsse, schnellt stattdessen – gleich einem ›Schachtelteufel‹ (oder ›Jack in the box‹) – eine Frauenhand durch den Spalt des Vorhangs. Wie beim Schattenspiel zu einem Schlangenkopf ge- formt, windet sich die Hand von hinten zwischen die Schenkel des Dompteurs und macht sich zielsicher mit schnappenden Beißbewegungen in dienst- und fingerferti- ger Manipulation an seinem Hosenlatz zu schaffen. Als könne der Dompteur die selbst herbeigerufene, obskure Erscheinung nicht mehr bändigen, schlängelt sich der nackte Frauenarm alsbald wie ein agiler, grotesk überdimensionierter Phallus in sei- nem Schritt und reckt sich dem Publikum entgegen.

Durch dieses ›Handspiel‹ beginnt die Regisseurin Vera Nemirova ihre Salzburger Inszenierung von Bergs *Lulu* mit einer starken interpretatorischen Setzung. Die als

»[d]as wahre Tier, das wilde, schöne Tier«, als »Urgestalt des Weibes«[4] angekündigte Titelprotagonistin der Oper wird im Prolog durch eine körperliche Extremität repräsentiert, die gemeinhin nicht eben zu den mit hohen libidinösen Energien besetzten Körperteilen zählt. Doch wird die der männlichen Lustbefriedigung dienliche Frauenhand als Fetisch in den Blick gehoben: als Ersatz für eine ins Monströse gesteigerte erotische Vorstellung und eine unbezähmbare Agilität, die den Namen Lulu trägt. Die als Schlange Herbeibefehligte entzieht sich. Stattdessen setzt vor ihrem Bühnenauftritt ein sexuelles Spiel ein, bei dem das Bemächtigungsverlangen des Tierbändigers ersichtlich nicht greift. Lulu erscheint damit in der Inszenierung zunächst in Gestalt einer unkalkulierbaren Stellvertretung, als eine Figur, die sich nicht festlegen lässt, weder durch einen Dompteur auf der Bühne noch durch einen Text. Denn die Protagonistin in Bergs Libretto ist nicht nur Produkt einer eigensinnigen Umschreibung von Frank Wedekinds Lulu-Doppeldrama *Die Büchse der Pandora* und *Erdgeist*. Vielmehr ist sie bereits vor dieser medialen Transformation in die Oper in den *Lulu*-Schauspielen eine Überblendung von Entwürfen, Zensureingriffen und Umschreibungen, wie ein Blick auf die Entstehungs- und Aufführungsgeschichte der unterschiedlichen Fassungen verdeutlicht.

Lulu in Variationen

Während eines Paris-Aufenthaltes notierte Wedekind am 12. Juni 1892 in seinem Tagebuch: »… gehe in die Champs-Elysées, wobei mir die Idee zu einer Schauertragödie kommt.«[5] Den Stoff zu seinem Stück fand er bei seinen Bordellbesuchen, den Namen für seine Protagonistin bei den Kokotten und Grisetten, die sich (Berufs-) Namen aus Lall-Lauten wie Cici, Nana, Nini, Lili oder Lulu geben. Auch wurde er auf Félicien Champsaurs Pantomimendichtung *Lulu* (1888) aufmerksam, in der die gefühlskalte Protagonistin durch ihre verführerische Ausstrahlung einen Harlekin betört. An der ersten Fassung eines eigenen Lulu-Schauspiels schrieb Wedekind zunächst bis Januar 1894 in Paris. Er vollendete das Stück im Mai desselben Jahres in London unter dem Titel *Die Büchse der Pandora. Eine Monstretragödie.*[6] Mit dem auch anzüglich für das weibliche Genital gebrauchten Wort ›Büchse‹ rekurriert er auf die Urgestalt der Frau in der griechischen Mythologie, die mit verderbenbringender Verführungsmacht konnotiert ist. Nach Hesiods Schöpfungsbericht (*Theogonie*) bestrafte Zeus den frevlerischen Feuerraub des Prometheus, indem er von Hephaistos eine Frau erschaffen ließ, die durch ihre erotische Anziehungskraft den Mann verführt. Diese Urfrau der griechischen Mythologie ist eine synkretistische, aus diversen Gaben der Götter zusammengesetzte Figur. So wird ihr beispielsweise durch Aphrodite Schönheit verliehen, während Hermes ihr den Namen Pandora

(Allgeberin oder Allbegabte) verleiht und sie mit Schamlosigkeit ausstattet wie auch mit der Fähigkeit zu Schmeichelei, Lüge und Betrug. Von Zeus erhält sie eine Büchse mit allen Übeln, die sie öffnet und so Verderben und Tod in die Welt bringt. Der Mythos setzt den Eintritt der ersten Frau in die männliche Ordnung als Beginn einer Verfallsgeschichte, denn nur die Hoffnung bleibt im Gefäß zurück. Damit ist die Büchse aber nicht mehr allein Pandoras ikonografisches Erkennungszeichen, sondern Ausdruck ihres Seins: Die weibliche Urgestalt wird zum Behälter für unterschiedlichste Wünsche und Ängste. Diese Containerfunktion Pandoras als Lust- und Leidbringerin überträgt Wedekind auf seine Lulu-Figur. Er konzipiert für sein Stück eine Verführerin, die allein durch ihr Sein und ohne Scham- und Schuldbewusstsein eine Unheilsgeschichte initiiert. Darüber hinaus aber erzählt der Dramatiker den Mythos über eine ›weibliche Urgestalt‹ weiter, indem er mit seiner Lulu – als einer sich zeigenden wie sich entziehenden Figur – auch Formen der Mythenbildung erfasst.

In fünf Aufzügen wird in der *Monstretragödie* mit harten Schnitten der Stationenweg eines ehemaligen Straßenmädchens in Szene gesetzt. Lulu gelingt als Ehefrau eines Obermedizinalrats, eines Kunstmalers und eines Chefredakteurs ein rasanter gesellschaftlicher Aufstieg. Als sie jedoch ihren dritten Ehemann ermordet, flieht sie an der Seite von dessen Sohn aus der bürgerlichen Gesellschaft, erlebt den Abstieg in die Gosse und fällt am Ende als heruntergekommene Dirne dem Serienmörder Jack the Ripper in die Hände. Dass Wedekind ein Stück über den Lebensweg einer Dirne geschrieben hat, verdeutlichen die Dialoge der *Monstretragödie*, die, mit doppeldeutigen Anspielungen gespickt, auf sexuelle Praktiken (»[t]reibst du noch immer Französisch?«[7]) oder auf Geschlechtsteile (wie »Honigtöpfchen«[8] und »Pinsel«[9] oder »Spargel«[10]) verweisen. Bei allem sexuell konnotierten Sprechen und obszönen Kalauern der Figuren wird jedoch in Bruchstücken auch noch eine andere Geschichte der in ihrer Herkunft scheinbar so unbestimmten Protagonistin lesbar. Denn Lulus Spiel auf der Bühne wird durch die doppeldeutig anspielungsreiche Erzählung ihrer Vorgeschichte erst fundiert.

Es ist die Geschichte eines kleinen Mädchens, das seine »Mutter nie gekannt«[11] hat, von einem Ganoven namens Schigolch, der »durch die Blume«[12] lebt, »nackt aus dem Hundeloch«[13] gezogen wird, von ihm den Namen Lulu erhält, »dressirt«[14] und genötigt wird, »ohne Unterrock«[15] auf der Straße »Blumen«[16] zu verkaufen.[17] Im Alter von sieben Jahren wird Lulu von ihrem Ziehvater Schigolch an den »Chefredacteur« Dr. Franz Schöning verkauft, der sie fünf Jahre lang auf der »Töchterschule« erziehen lässt.[18] Während dieser Zeit geht sie »wie eine kleine Göttin« mit ihren Mitschülerinnen »über die Straße«[19] und »hätte mit zehn Jahren Vater und Mutter ernähren können«[20]. In einem »Pensionat«, in dem sie anschließend untergebracht wird, »vergafft« sich die »Vorsteherin«[21] in die Halbwüchsige. Als Lulu von Schöning an den alten »Obermedicinalrath« Dr. Goll weiterverkauft wird, erhält sie von diesem eigens »zwei Zimmer voll Kostüme«[22] und wird von einer »den ganzen Tag« Absinth trinkenden »Wirtschafterin« in aufreizende Dessous und Kostüme gekleidet, um in Privatvorführungen vor ihrem Mann und seinen illustren Gästen zu tanzen.

Durch diese implizite biografische Erzählung wird Lulu in der *Monstretragödie* jenseits ihres Bezugs auf Pandora und ihrer Fama als verderbenbringende Verführerin auch als Kind erkennbar, das ohne elterlichen Schutz aufwuchs und auf die Erfüllung männlichen Begehrens hin dressiert wurde.[23] Vor diesem Hintergrund erschließt sich bei psychologisierender Figurenbetrachtung, weshalb Lulu in ihrer unbedingten Bezugnahme auf die Schaulust und sexuellen Ansprüche der ihr begegnenden Männer wie in einem Wiederholungszwang im Modus sexueller Verfügbarkeit verfangen bleibt. So verweist die Vorgeschichte Lulus, die im Verlauf des Bühnengeschehens von Schigolch und Schöning andeutungsweise preisgegeben wird, bereits auf das Ende der *Monstretragödie*: Das von ihrem Ziehvater missbrauchte und zur Prostitution abgerichtete Straßenkind, das von Schöning aufgekauft und an Bordelle weitergereicht wurde, kehrt auf Druck von Schigolch und dem erfolglosen Schriftsteller Alwa als vernutzte Dirne wieder auf die Straße zurück.

Wurde in zahlreichen Texten der Zeit um 1900 – oftmals nach dem Vorbild von Émile Zolas naturalistischem Roman *Nana* (1880) – das Schicksal von Prostituierten unter sozialkritischer Perspektive zum Sujet, so stellt Wedekind den Lebensweg seiner Lulu bar moralischer Bewertung dar. Statt ein auf Mitleid zielendes Sozialdrama hat der mit Darstellungsformen der leichten Muse experimentierende Dramatiker mit seiner *Monstretragödie* eine bühnentaugliche Moritat vorgelegt, die sozialen Schrecken erzeugt. Geht es doch bei Wedekinds Schauerstück um nichts weniger als die unverblümte Bloßstellung von gesellschaftlich ubiquitären Dominanz- und Gewaltverhältnissen, die sich in ihrer Sexualisierung an der Figur Lulu wie in einem Brennspiegel brechen. Dieser Umstand und die in der *Monstretragödie* bei genauerem Blick ersichtlich durchscheinende Missbrauchsthematik hat zweifelsohne dazu beigetragen, dass sich der Dramatiker im Hinblick auf die Zensur genötigt sah, das Werk mehrfach umzuarbeiten, da bereits sein Verleger Albert Langen dessen Publikation ablehnte.

Um die Akzeptanz seines Stückes im Rahmen der Zensurvorgaben zu erhöhen, teilte Wedekind die fünfaktige *Monstretragödie* in zwei Teile. Er fügte zwischen dem zweiten und dritten Akt einen neuen ein, in dem Lulu nun als Tänzerin im Theater auftritt und den Zeitungsverleger (der von Schöning in Dr. Schön umbenannt ist) zwingt, sich von seiner Verlobten zu trennen und bei ihr zu bleiben. Wedekind hebt durch diesen neu eingefügten Akt die Abhängigkeit der Männer von Lulu deutlich hervor. Die beiden letzten Akte, in denen Lulu sich nach der Ermordung Schöns in Paris und London aufhält, stellte er für die Veröffentlichung zunächst zurück. Im Herbst 1895 erschien der umgearbeitete erste Teil mit vier Aufzügen nun unter dem Titel *Der Erdgeist. Eine Tragödie*.[24] Eigens für die Uraufführung des Stücks im Februar 1898 in Leipzig schrieb der Autor den Prolog hinzu und übernahm außerdem die Rolle des Zeitungsverlegers.

Mit der Bezeichnung »Erdgeist« greift Wedekind auf Goethes *Faust*-Drama zurück und verweist auf die Ausweglosigkeit des Unterfangens, einer »Urgestalt« habhaft werden zu können. Schon Faust scheiterte am Versuch, die Quellen des Lebens über das Herbeirufen des Erdgeistes zu erforschen, da sich dieses Elementarwesen gegenüber dem wissbegierigen Forscher in eine renitente Verweigerungshaltung begibt. Der dem »Weltgeist« als rationalem Verstandesprinzip entgegenstehende »Erdgeist« wird bei Wedekind bereits im später hinzugefügten Prolog in Gestalt einer gefährlichen Schlange vergegenwärtigt, die der Tierbändiger als Zirkusattraktion vorstellt:

Sie ward geschaffen, Unheil anzustiften,
Zu bannen, zu verführen, zu vergiften,
Zu morden, ohne daß es einer spührt.[25] (1898)

Durch den neu hinzugekommenen Prolog situiert Wedekind seine Lulu nun in den Kontext einer effektheischenden Zirkusdarbietung und verleiht ihr den Status eines obskuren Schauobjekts. Im überarbeiteten Stück selbst ist die Protagonistin nun stärker als verderbenbringende Verführerin konzipiert, die einlädt, sie als *Femme fatale* zu rezipieren, die durch ihre körperlichen Reize und emotionale Kälte die Männer für sich dienstbar zu machen versteht. Auch wenn ihre in der *Monstretragödie* schlaglichtartig vermittelte Entwicklung als missbrauchtes Straßenkind in der Tragödie *Der Erdgeist* deutlich abgeschwächt ist, so bleibt doch Lulus Reaktion auf ihre Zurichtung deutlich erkennbar. Alle Männer, die Lulu zu kontrollieren und zu beherrschen suchen, gehen an ihr zugrunde, wie im ersten Teil der Umschreibung des Stücks gezeigt wird, und sie bleiben von ihrer ›Büchse‹ auf pekuniäre oder perverse Weise abhängig, wie Wedekind dies mit dem zweiten Teil herausstellt.

Der Überarbeitung des zunächst zurückgestellten vierten und fünften Aktes der *Monstretragödie* widmete sich Wedekind zwischen Oktober 1900 und Januar 1901 und fügte auch hier einen zusätzlichen Akt ein. Im Juli 1902 erschien dieser veränderte zweite Teil unter dem Titel *Die Büchse der Pandora. Tragödie in drei Aufzügen* als Vorabdruck in der Zeitschrift *Die Insel* und wurde im Herbst 1903 als

Buchausgabe bei Bruno Cassirer veröffentlicht. Die Uraufführung dieses Schauspiels über den Untergang Lulus, die im Februar 1904 im Intimen Theater Nürnberg stattfand, endete mit einem Publikumseklat und führte in der Folge zum Verbot weiterer Vorstellungen sowie zur Beschlagnahmung der Buchausgabe. Allerdings wurde das Stück auf Initiative von Karl Kraus am 29. Mai 1905 am Trianon-Theater in Wien als geschlossene Veranstaltung aufgeführt, bei der Frank Wedekind die Rolle des Jack the Ripper, seine spätere Frau Tilly Newes die der Lulu und Kraus selbst die des ›Negerprinzen‹ Kungu Poti übernahm. Unter den geladenen Zuschauern dieser Vorstellung befand sich auch der zwanzigjährige Alban Berg, der sich 23 Jahre später nach langem Zögern entschließen sollte, die beiden *Lulu*-Dramen zu einem dreiaktigen Libretto zusammenzukürzen und als Oper zu vertonen.[26]

Wedekinds sogenannte *Lulu*-Doppeltragödie[27] erschien erstmals 1913 in einer Ausgabe und konnte sich erst nach dem Ende eines der größten Theaterskandale des frühen 20. Jahrhunderts[28] und der Aufhebung der Zensur im Jahre 1918 auf dem Theater wirklich durchsetzen. Wahlweise wurden beide Teile zusammen oder einzeln inszeniert. Diese Aufführungspraxis änderte sich jedoch schlagartig, als im Jahre 1988 die bis dahin unveröffentlichte Fassung von *Die Büchse der Pandora* mit der Gattungsbezeichnung *Monstretragödie* erstmals Veröffentlichung und unter der Regie von Peter Zadek in Hamburg auch ihre Uraufführung fand. Diese ›Urfassung‹, deren Publikation als Sensation gefeiert wurde, findet seither bevorzugt den Weg auf die Bühne. Doch auch wenn angesichts gegenwärtiger *gender*-Fragestellungen und Missbrauchsdebatten Lulu als eine von Kindheit an sexuell zugerichtete Frau offenbar mehr von Interesse ist als der Mythos von der durcherotisierten Verführerin, bleiben beide Aspekte dieser Figur aufeinander bezogen, wie dies im Stück gerade in der Suche nach der »Urgestalt des Weibes« evident wird.

Lulu als Abbild

Lautet das Versprechen des Tierbändigers im Prolog, diese ›Urgestalt‹ über natürliches Sprechen und des »Lasters Kindereinfalt«[29] zum Ausdruck zu bringen, so wird den Zuschauern bereits in der ersten Szene ein Bild von Lulu präsentiert. Denn der erste Bühnenraum, den die Protagonistin betritt, ist bezeichnenderweise ein Künstleratelier, in dem sie in zweifacher Hinsicht als Kunstprodukt und Geschöpf männlicher Gestaltungwünsche erscheint.[30] Ihr Porträt *in statu nascendi* ist ihrem eigenen ersten Auftritt nicht nur vorgängig, sondern ihr Erscheinen wird dann seinerseits wieder als »Bild, vor dem die Kunst verzweifeln muß«[31], charakterisiert. Lulu ist demnach eine Bühnenfigur, die, durch Kostümierung typisiert, zum Objekt künstlerischer Gestaltung und ästhetisierender Betrachtung wird. Das Bildnis, das noch nicht vollständig ausgeführt ist und durch die Fantasie der Betrachtenden ergänzt werden muss, begleitet Lulu wie eine Monstranz ihrer selbst im Stationendrama ihres unaufhaltsamen Aufstiegs und Falls, bis es im letzten Akt durch die Gräfin Geschwitz im dunklen Elendsquartier in London an die Wand genagelt wird. Lulus Porträt ist somit ein in seinem Sujet unverändertes, jedoch wie in einer Nummernrevue von Akt zu Akt bewegtes Bild, das durch seine Situierung innerhalb des Bühnen*bild*es immer in einer doppelten Rahmung in den Blick kommt.

Vor diesem Hintergrund ist das Konterfei auch als fortgesetzter Kommentar zur Dramenhandlung zu verstehen. Lulu erscheint auf der Bühne im Pierrot-Kostüm, in dem sie Modell gestanden hat und zum Bildsujet wurde. Sie trägt damit eine Verkleidung, in der sie sich als Gegenstand der Kunst nachahmt, und erweist sich als Kopistin eines Bildes, das ihr vorausgeht. Wird in der Mimesistheorie mit der Kategorie der Ähnlichkeit die Differenz zwischen Ur- und Abbild diskutiert, so wird dieses Verhältnis in der szenischen Anlage von Wedekinds Lulu-Figur gerade umgekehrt. Denn wie die in einem Spiegel erzeugten Bilder von wirklichen Objekten diesen zwar ähneln, jedoch auf der Objektebene selbst nicht wirklich sind, so ist Lulu kein Subjekt des Bewusstseins, sondern konstituiert sich erst im Blick und antwortet, als Schwarz sie auffordert, ihm in die Augen zu sehen: »Ich sehe mich als Pierrot darin.«[32] Sie befindet sich in einem spiegelbildlichen Prozess der Identifikation mit ihrem Porträt, das eine Ähnlichkeit mit ihr figuriert. Ein Selbstbewusstsein, mit dem Differenz zwischen dem Selbst und dem Ähnlichen/Bild artikuliert werden kann, wird durch Lulu negiert. Wedekinds Protagonistin ist vielmehr an der medialen Schnittstelle von Bild und Sprache situiert, da sie sich im Porträt zwar gespiegelt sieht, die Spiegelung als solche aber nicht zu reflektieren vermag.

Durch diesen Bildaspekt ist Lulu als Transformationsfigur konzipiert, mit der eine Geschichte der Wahrnehmung erzählt wird. Lulu verkörpert eine unfertige Bildgestalt auf weißer Fläche, die die Wahrnehmung in Gang hält und dazu auffordert, immer wieder zu blicken und zu deuten.[33] Sie wird durch jeden Mann mit einem anderen Namen belegt und ist wahlweise »Mignon«, »Nelly«, »Eva«, »Katja« oder »Lulu«. Auch wechselt sie nach dem Tod des jeweiligen Mannes rasch die Kleider, um sich neuen Gegebenheiten und Verhältnissen anzupassen.[34] Analog zu ihrem weißen Körper wird sie zur weißen Leinwand, auf der durch Projektionen ihr Bild immer wieder anders und zugleich nach demselben Muster entworfen wird. Gerade dieser Projektionsmechanismus, der auch die Konstruktion der Lulu-Figur wesentlich fundiert,[35] wurde zur Entstehungszeit von Wedekinds Drama vielfach diskutiert.

Mit dem Begriff der Projektion wurde um 1900 versucht, das Verhältnis von Subjekt und Außenwelt, von Physischem und Psychischem, von Bild und Ausdruck in naturwissenschaftlichen, technischen und kulturellen Diskursen näher zu bestimmen. Die Vorstellung von der *camera obscura*, die seit dem 17. Jahrhundert für das durch Projektion vermittelte Verhältnis zwischen Betrachter und Welt einsteht, wurde obsolet, da man den Blick selbst als Projektionsmedium erachtete. Wirklichkeit wurde nun als »Projektion des Menschen«[36] verstanden, Wahrnehmung als Folge von Übertragung und der wahrgenommene Gegenstand nur als deren Effekt gedacht. Durch die Bestimmung des Schönen als projizierter Selbstgenuss in der psychologischen Einfühlungslehre fand diese Kategorie auch Eingang in ästhetische Debatten.[37] Kunst betrachtete man als Entäußerungsform einer inneren Sinnlichkeit.[38] Für die Aufwertung der Äußerungsformen innerer Sensationen wurde aber vor allem Sigmund Freuds Beschreibung des psychischen Projektionsmechanismus entscheidend.[39] Freud verwies ausdrücklich darauf, dass es sich bei der Projektion um einen normalen Vorgang handelt, »dem zum Beispiel auch unsere Sinneswahrnehmungen unterliegen, der also an der Gestaltung unserer Außenwelt normalerweise den größten Anteil hat.«[40] Er deutet Projektion als Veräußerlichung eines inneren Erlebens, als einen »im normalen wie im krankhaften Seelenleben häufigen Abwehrvorgang«[41]. Darüber hinaus aber bestimmte Freud Projektion als Form der Abwehr einer nicht bewältigten und darum Angst auslösenden Sexualerregung, die zur Entlastung nach außen verlegt wird, sodass sie wie eine von außen nahende Gefahr behandelt werden kann. Diese Form der Projektion gestaltete Wedekind durch das Bemächtigungsverlangen, mit dem sich die jeweiligen Männer Lulu nähern.

Umschlag des Bemächtigungsverlangens

Wedekind gestaltet seine Lulu-Figur über die Projektionen der männlichen Bühnenfiguren. So erzieht der erste Ehemann, Medizinalrat Dr. Goll, die kindliche Lulu zu seinem ästhetischen Anschauungsobjekt, an dem er seine voyeuristische Gier zu befriedigen sucht. Er gibt ihr Ballettunterricht und lässt sie, mit der Peitsche in der Hand, vor sich tanzen. Dass der Tanz die einzige Ausbildung ist, die Lulu erfährt, verweist auf ihre körperliche Dressur, wie auf das Arrangement von Verhüllung und Enthüllung, mit dem sie den Körper präsentiert. So leitet auch Lulus Beschreibung ihres Tanzkostümes den Maler auf die sexuellen Reize ihres Körpers hin: »Grünes Spitzenröckchen bis zum Knie, ganz in Volants, dekolletiert natürlich, sehr dekolletiert und fürchterlich geschnürt. Hellgrüner Unterrock, dann immer heller. Schneeweiße Dessous mit handbreiten Spitzen …«[42]. Schwarz ist schon allein durch die Vorstellung des erotisch verschnürten Körpers seines Modells überfordert, wie seine Aussage »Ich kann nicht mehr …«[43] zu verstehen gibt. Doch findet er in Lulu das ideale Objekt seiner Kunst und avanciert durch die Reproduktion ihres Porträts zum erfolgreichen Künstler. Aber auch er gerät in Abhängigkeit von ihr und konzediert, dass er sich bei dieser Konzentration auf *ein* Modell »vollständig abhandengekommen«[44] ist. Dass mit dem Projektionsverhältnis zugleich ein Geschlechterverhältnis markiert wird, macht das Gespräch deutlich, in dem Schwarz auf Lulu als Modell insistiert:

Lulu: Es gibt doch, weiß Gott, auch andere hübsche Mädchen genug. [...]
Schwarz: Ich gelange aber einem anderen Modell gegenüber, und wenn es pikant wie die Hölle ist, nicht zu dieser vollen Ausbeutung meines Könnens.[45]

Während die Figur des Medizinalrats Goll in einer voyeuristischen Position und die des Malers Schwarz in einem Hörigkeitsverhältnis zu Lulu gezeigt wird, nimmt der dritte Ehemann, der Zeitungsverleger Schön, die väterlich-dominante Position in einem sadomasochistischen Gewaltverhältnis ein. Er, der Lulu als halbwüchsiges Mädchen von der Straße aufgelesen und sie wie ein Pygmalion mit Peitsche zum Geschöpf seiner Erziehungskünste gemacht hat, kann sich nicht mehr von ihr lösen. Wie Goll und Schwarz bleibt auch Schön durch die Folgen von Lulus Zurichtung in einer peinigenden Kollusion mit ihr verfangen. Seine Dressur schlägt auf ihn zurück und Lulu, die er »Bestie« nennt, weist ihm seine männlich-sadistische Position zu, indem sie ihn zum eingespielten Gewaltritual auffordert: »Schlagen Sie mich! Wo haben Sie Ihre Reitpeitsche! Schlagen Sie mich an die Beine ...«[46]

Die Züchtigung der tanzenden Frau steht hier, wie auch in anderen Stücken Wedekinds, für den Wunsch des Mannes, die eigene Erregung am Lustobjekt zu bestrafen.[47] Die Flagellation wird einer Projektion dienstbar gemacht, mit der die sexuelle Lust – als unbezähmbare Natur, als bedrohliche »Bestie« empfunden – in der lusterzeugenden Frau stellvertretend niedergehalten wird. Lulu aber gesteht Schön gegenüber: »Wie stolz ich darauf bin, daß Sie mich mit allen Mitteln demütigen! Sie erniedrigen mich so tief – so tief, wie man ein Weib erniedrigen kann, weil Sie hoffen, Sie könnten sich dann eher über mich hinwegsetzen«.[48] Dass sich die Männer aber über ihre Anstrengungen, Lulu nach ihren Bedürfnissen und Vorstellungen zu formen, auch zu Gefangenen dieser Praxis machen, weiß Lulu durch den Einsatz ihres Körpers auszunutzen.

Wedekind situiert seine Lulu-Figur wie in einem ›Spiel im Spiel‹ als Tänzerin in einem Theater. Mit Bemerkungen wie: »[d]er weiße Tüll bringt mehr das Kindliche ihrer Natur zum Ausdruck«[49] oder »[d]er Tanz hat ihren Körper geadelt ...«[50] wird seitens der Männer ihr Wert als erotisches Objekt taxiert. In den Augen des Prinzen Escerny, der glaubt, Lulus »Seelenleben« aus ihrem Tanze studieren zu können, ist sie »das verkörperte Lebensglück«[51], da ihre Natur sich in ihrer Kunst unmittelbar offenbare. Während die Theaterbesucher Wesen und Ausdruck bei Lulus

Darbietungen in eins setzen, entzieht sich Lulu diesen Festschreibungen: »Es ist mir ja auch vollkommen gleichgültig, was man von mir denkt.«[52] Sie erscheint als Frau, die sich den Projektionen der Männer zwar auch entzieht, die aber dennoch immer wieder von diesen Bildern eingeholt wird, da sie sich selbst keine andere Identität gibt als die ihr jeweils zugeschriebene.

Ende eines Projektionsprinzips

Lulu, die je nach Bedarf »Schlange«, »süßes Tier«, »Engelskind«, »Teufelsschönheit«, »Schätzchen«, »Teufelchen«, »Bestie«, »Teufel«, »Engel«, »Würgeengel« und »Henkersstrick« genannt wird, erscheint in einem Spiegelkabinett männlicher Fantasien nicht als »Urgestalt des Weibes«, sondern als Urgestalt eines Projektionsprinzips, das sie selbst formuliert: »Ich habe nie in der Welt etwas anderes scheinen wollen, als wofür man mich genommen hat, und man hat mich nie in der Welt für etwas anderes genommen, als was ich bin.«[53] Was Wedekind durch seine Lulu-Figur als tautologische Schlussfolgerung aussprechen lässt, benennt die Struktur der Mythenbildung über die Frau. Die auf Lulu projizierten, Lust und Angst erzeugenden Sexualimpulse werden als ihr Wesen interpretiert. In diesem Sinne antwortet auch Schigolch auf Lulus Äußerung, dass sie »seit Menschengedenken« nicht mehr Lulu heiße, sondern mit immer neuen Namen belegt würde: »[a]ls bliebe das Prinzip nicht immer das gleiche!«[54]

Das ›Prinzip Lulu‹ aber lässt Wedekind im zweiten Teil der *Lulu*-Doppeltragödie, *Die Büchse der Pandora*, einem unaufhaltsamen Ende zustreben. Der Komponist und Schriftsteller Alwa Schön lebt nun nicht nur mit der ehemaligen Ehefrau und Mörderin seines Vaters zusammen, sondern findet in ihr auch die Hauptdarstellerin für sein Stück mit dem bezeichnenden Titel *Totentanz*[55]. Nachdem zuvor im Atelier des Kunstmalers Schwarz die Konzeption der Kunstfigur Lulu eingehend erörtert wurde, reflektiert Alwa in einer ungewöhnlich langen Rede den Stellenwert der Frau innerhalb der neuen Literaturströmungen:

Wenn ich jetzt nicht meine ganze geistige Spannkraft zu dem »Weltbeherrscher« nötig hätte, möchte ich das Problem wohl auf seine Tragfähigkeit erproben. Das ist der Fluch, der auf unserer jungen deutschen Literatur lastet, daß wir Dichter viel zu literarisch sind. Wir kennen keine anderen Fragen und Probleme als solche, die unter Schriftstellern und Gelehrten auftauchen. Unser Gesichtskreis reicht über die Grenzen unserer Zunftinteressen nicht hinaus. Um wieder auf die Fährte einer großen gewaltigen Kunst zu gelangen, müßten wir uns möglichst viel unter Menschen bewegen, die nie in ihrem Leben ein Buch gelesen haben, denen die einfachsten animalischen Instinkte bei ihren Handlungen maßgebend sind. In meinem Erdgeist habe ich schon aus voller Kraft nach diesen Prinzipien zu arbeiten gesucht. Das Weib, das mir zu der Hauptfigur des Stückes Modell stehen mußte, atmet heute seit einem vollen Jahr hinter vergitterten Fenstern. Dafür wurde das Drama sonderbarerweise allerdings auch nur von der freien literarischen Gesellschaft zur Aufführung gebracht. Solange mein Vater noch lebte, standen meinen Schöpfungen sämtliche Bühnen Deutschlands offen. Das hat sich gewaltig geändert.[56]

Die programmatische Dialogpassage spielt auf Zensurbeschränkungen und die Aufführungsbedingungen an, mit denen Wedekind bei seinem Stück zu kämpfen hatte, wie auch auf »Prinzipien«, nach denen sich die Arbeit am weiblichen »Modell« in der Schriftstellergeneration seiner Zeit gestaltet. So gesteht der Schriftsteller Alwa seiner literarischen Muse Lulu: »Bei mir besteht die intimste Wechselwirkung zwischen meiner Sinnlichkeit und meinem geistigen Schaffen. So zum Beispiel bleibt mir dir gegenüber nur die Wahl, dich künstlerisch zu gestalten oder dich zu lieben.«[57] Bei dieser Alternative entscheidet sich Alwa für Gestaltung. Lulu muss ihre Rolle in seinem Stück mit vollem Einsatz spielen. An der Seite Alwas, und getrieben von einer verkommenen Männergesellschaft, die vom Athleten über einen Mädchenhändler bis zum Zögling einer Korrektionsanstalt reicht, prostituiert sie sich ihrer Vernichtung entgegen. In einer Art Moritat *in nuce* repetiert Alwa die episodischen Ehen Lulus, da sie »als Weib schon vollkommen entwickelt war«[58] und doch zugleich noch den Ausdruck eines kleinen Kindes hatte.

Aus dem Schwesterchen, das sich in seiner Ehe noch wie ein Schulmädchen fühlte, wurde dann eine unglückliche hysterische Künstlersfrau. Aus der Künstlersgattin wurde dann die Frau meines seligen Vaters; aus der Frau meines Vaters wurde dann meine Geliebte. Das ist nun einmal so der Lauf der Welt, wer will dagegen aufkommen.[59]

Der »Lauf der Welt« in den Lulu unabdingbar verfangen ist, endet durch den Lustmörder Jack the Ripper. Mit ihm findet ein historisch verbürgter Serienmörder Eingang in den Text, der zu Ende des 19. Jahrhunderts gezielt Prostituierte auf bestialische Weise zu Tode brachte. Richard von Krafft-Ebing schrieb in seiner Studie *Psychopathia sexualis* (die erstmals 1886 erschien und in der Folgezeit viele ergänzte Neuauflagen erlebte) unter der Kapitelüberschrift »Lustmord« über diesen Kapitalverbrecher, der nie gefasst wurde:

Jack, der Aufschlitzer. Am 1.12.87, 7.8., 8.9., 30.9., im Oktober, am 9.1.88, am 1.6., 17.7., 10.9.89 fand man in Quartieren von London Frauenleichen in eigentümlicher Weise getötet und verstümmelt, ohne des Mörders habhaft werden zu können. Es ist wahrscheinlich, dass derselbe seinen Opfern aus viehischer Wollust zuerst den Hals abschnitt, dann ihnen die Bauchhöhle eröffnete, in den Eingeweiden wühlte. In zahlreichen Fällen schnitt er sich äussere und innere Genitalien heraus und nahm sie mit sich, offenbar um noch später an deren Anblick sich zu erregen. Anderemale begnügte er sich, dieselben an Ort und Stelle zu zerfetzen. Es ist zu vermuten, dass der Unbekannte kein sexuelles Attentat an den 11 Opfern seines perversen Sexualtriebes beging, sondern dass das Morden und Verstümmeln ihm ein Aequivalent für den sexuellen Akt war.[60]

Wedekind treibt den polizeilich nie gefassten Lustmörder literarisch auf die Bühne seines Stücks und macht Lulu vor den Augen der Zuschauer zu seinem letzten Opfer. Doch auch Jack the Ripper wird der »Urgestalt des Weibes« nicht habhaft. Was der Mörder ihr aus dem Körper schneidet, ist ein Partialobjekt. In dieser ›Büchse‹ aber – deren Herauspräparation er mit den Worten »Das war ein Stück Arbeit!«[61] kommentiert – sind seine letalen Sexualfantasien deponiert, wie die aller Männer, die Lulu formten, um sie zu missbrauchen.

Lulu entzieht sich. Sie ist nach Wedekinds Texten nur als Palimpsest, als Übereinanderlagerung und Überschreibung von Bildern, Entwürfen und Variationen ihres Auftretens und Verschwindens zu haben. Dies verdeutlichen nicht nur Wedekinds zahlreiche Umarbeitungen der ursprünglichen *Monstretragödie*, sondern auch die wechselnden Namen und Rollen, die er seiner Protagonistin über die Männerfiguren zuschreibt. Dabei hat Wedekind in seiner Doppeltragödie nicht nur die zu Beginn der Moderne hoch im Kurs stehenden Weiblichkeitsvorstellungen aufgegriffen, sondern auch im Rekurs auf den Pandora-Mythos einen neuen, einen Lulu-Mythos erschaffen, der in den Künsten und Medien immer weiterzuerzählen ist. Auch suchte er nach einer eigenen Deutung der Lulu-Figur, auch wenn er sich bei der Abfassung seines Librettos auf Wedekinds *Lulu*-Doppeltragödie stützte.

Lulus Schrei

Es war die durch Kraus organisierte Aufführung der *Monstretragödie* am 29. Mai 1905 in Wien, die auf den jungen Komponisten einen tiefen Eindruck machte. Er zog aus dem mit Zensur belegten Stück für sich den Schluss, »daß Sinnlichkeit keine Schwäche ist«, sondern »der Angelpunkt alles Seins und Denkens«.[62] So war es Bergs dringendes Bestreben, diese Sinnlichkeit, die er als innovatives Moment und Signum der neuen Kunst überhaupt sah, auch in modernen Opern zum Ausdruck zu bringen. Lange zögert er, ob er Wedekinds Werk – wegen »[d]er Gewagtheit des Stoffes« und möglichen Vorbehalten des Publikums – für ein Libretto überhaupt in Erwägung ziehen sollte. Auf Anraten Theodor W. Adornos beginnt er im Frühjahr 1928 Wedekinds *Erdgeist* und *Die Büchse der Pandora* einem »sprachlichen wie strukturellen Transformierungsprozeß«[63] zu unterziehen. Er verdichtet das 1913 publizierte *Lulu*-Doppeldrama mit insgesamt sieben Aufzügen auf drei Akte (mit insgesamt sieben Szenen) und kürzt fast vier Fünftel des Textes. Doch übernimmt er die Grundstruktur von Lulus Lebensweg für seine Oper. Denn bei aller Straffung der Textvorlage hatte der Librettist bei der Konzeption seiner eigenen Lulu-Figur gerade hinsichtlich ihres erotischen Aufstiegs und reuelosen Abstiegs den prominentesten Verführer der Opernliteratur vor Augen:

Jetzt, wo ich es überblicke, bin ich erst recht von der tiefen Moral des Stückes überzeugt, Lulus Auf- und Abstieg hält sich die Waage; in der Mitte die große Umkehr, bis sie schließlich – wie Don Juan – vom Teufel geholt wird. Ich sage absichtlich – wie Don Juan – nicht um mich, um Gotteswillen!!! mit Mozart zu vergleichen, sondern nur, um die zwei Figuren ›Lulu‹ und ›Don Juan‹ gleichzustellen.[64]

Berg suchte nichts weniger, als Lulu den Status einer paradigmatischen Verführerin zu verleihen und damit an einem Projekt der Moderne weiterzuschreiben, das mit der Wiederentdeckung und Neugestaltung männerbeherrschender Frauenfiguren den Umschwung zu einer neuen Zeit verband. Die bereits durch Autoren wie Baudelaire, Tolstoi oder Strindberg literarisch formulierte Anschauung, dass die Begegnung von Mann und Frau aufgrund der Verschiedenartigkeit ihrer sexuellen Natur nicht selten in Hass und Feindschaft umschlage, findet in der deutschsprachigen Literatur um 1900 ihre Fortsetzung. In gesteigertem Ausmaß wird nun ein Kampf der Geschlechter ausfantasiert, der in ein sadomasochistisches Gewaltverhältnis umschlägt. Frauenfiguren werden in diesem Kontext auch zu Peitschen schwingenden Dominas und herrischen Vamps stilisiert, während im Gegenzug Männerfiguren als entnervte Schwächlinge oder lüsterne Sklaven Gestalt gewinnen. Im Kontext dieser sexuell erhitzen Kunstszene erleben auch mythische und biblische Frauenfiguren wie etwa Medusa, Dalilah, Judith oder Salome eine Renaissance.[65] In dem Maße aber, in dem den Frauenfiguren machtvolles Kalkül im Verführungsspiel zugesprochen wird, verändert sich auch die Konzeption der Männerfiguren, wie sich dies am paradigmatischen Verführer Don Juan verdeutlicht. Während dieser in Tirso de Molinas 1630 erschienenem Schauspiel *Der Spötter von Sevilla und der steinerne Gast* (1630) wie auch in Mozarts und Da Pontes 1787 uraufgeführter Oper *Don Giovanni* (1787) als reueloser Verführer konzipiert ist, erfährt die Figur in der Zeit um 1900 ihre Einbettung in ein psychologisches Erklärungsmuster. Zwar will auch noch Leopold von Sacher-Masochs »Don Juan von Kolomea« immer »zehn Weiber auf einmal«[66] besitzen, aber diese Lust ist gepaart mit der Angst, nicht mehr von den Frauen als Garantinnen dieser Lust loszukommen:

Wie zum Selbstmord wirft man sich in die andere Natur, bis sich die eigene empört. Da kommt der Schauer, ganz sich zu verlieren. Man fühlt wie einen Hass gegen die Gewalt des anderen. Man glaubt sich todt. Man will sich auflehnen gegen die Tyrannei des fremden Lebens, sich wiederfinden in sich selbst.[67]

In seiner ursprünglichen Ausgestaltung konnte sich Don Juan ohne Angst vor Machtverlust seiner Begierde hingeben, da sie mit seelischer Kälte gepaart war. Denn seine Lust bestand wesentlich darin, die Verführung nicht als leichtes Spiel, sondern als hohe Kunst verstehen zu können. Diese bestand darin, den Widerstand der begehrten Frau zu brechen, und sie war demnach umso beeindruckender, je stärker die jeweilige Frau den sexuellen Akt als Sünde, Sittenverstoß oder Treuebruch betrachtete. Fand Don Juan vormals also in der keuschen, sich entziehenden oder gar fliehenden Frau die ideale Beute, so verändert sich diese Vorstellung in der Literatur um 1900. Nun wird mit der Figur der fordernden, dominanten Frau, die auch nach genossener Lust kühlen Abstand wahrt und dem Mann nie das Gefühl endgültiger Eroberung gibt, die Figur des erfolgreichen Verführers fragwürdig. Vor dem Hintergrund dieser Veränderungen konzipierte Berg in seinem Libretto Lulu als eine Verführerin, die – durch die Textkürzungen wesentlich unterstützt – rasch zur Sache kommt. Die quälende Abhängigkeit der Männer von ihrer Lustspenderin tritt nun noch deutlich hervor. Der Medizinalrat erleidet angesichts des Ehebruchs seiner Frau mit den Worten »Ihr Hunde! Ihr…«[68] gleich im Maleratelier einen Schlaganfall. Der Maler fühlt »[e]inen fürchterlichen Schmerz« und möchte »weinen« und »schreien«[69], als er von Lulus Vorleben erfährt, und erschießt sich verzweifelt. Schön fühlt sich qualvoll an Lulu gekettet und in Anbetracht der Männergesellschaft, mit der sie sich die Zeit vertreibt, »durch den Straßenkot zum Martertode [ge]schleift!«[70] Sein Versuch, sich vor Lulu zu »retten«, indem er ihr einen Revolver reicht, führt zu seiner Ermordung durch ihre Hand. Berg arbeitet in seinem sprachlich dichten Libretto mithin die Abhängigkeit der Männer von der nach ihren Vorstellungen geformten Verführerin pronociert heraus. Nach diesem Ansatz legt er schlüssig fest, dass die drei Freier,[71] denen Lulu als Straßenprostituierte in London begegnet, Wiedergänger ihrer drei Ehemänner sein sollen und somit der Sänger des Dr. Schön am Ende auch die Partie von Jack the Ripper übernimmt.

Diese unheimliche Wiederkehr des schon einmal Erlebten – in entstellter und letztlich letaler Gestalt – hat Vera Nemirova in ihrer Salzburger Inszenierung von Alban Bergs Fragment gebliebenen Oper Lulu bereits über den zur Todesfigur verzeichneten Tierbändiger des Prologs herausgestellt. Über wechselnde, farblich unterschiedlich ausgeleuchtete Bühnenbilder, Kostüme mit starken Farbkontrasten wie auch wiederkehrende szenische Arrangements und signifikante gestische Mittel wird ein Ausdrucksraum für das Abhängigkeitsgefüge der Figuren geschaffen. Dabei hebt die Abfolge der Bühnenbilder zugleich Lulus Niedergang in den Blick. In dem von Daniel Richter ausgestalteten Bühnenraum ist zunächst im Hintergrund ein großformatiges Bild zu sehen, auf dem mit hingeworfenen Pinselstrichen fragmentarische Detailstudien zur Lulu-Figur arrangiert sind. Diese Fragmente verweisen auf Bergs unvollendete Oper wie auch auf die in sich fragmentarische, sich entziehende und mit jeder Inszenierung neu zu findende Titelprotagonistin. In der

Salzburger Aufführung ist neben einem Porträt Lulus, bei dem aus den Augen Farbschlieren gleich Tränen über die Wange rinnen, die Studie eines Frauenkörpers von den Hüften bis zu den Füßen zu sehen. Vor diesem Bildhintergrund, der eine Trennung des entblößten Unterleibs vom aufgelösten, emotional besetzbaren Gesicht ausstellt, erscheint die Sängerin der Lulu (Patricia Petibon) mit angeschnallten Federflügeln und Straps-Strümpfen in einem durchsichtigen Hemdchen über Dessous. Die weiße Unterwäsche (die sich von roten Schuhen und rotem Haar abhebt), steht in scharfem Kontrast zur schwarzen ›Todeslivree‹ des Tierbändigers und markiert eine Leerstelle vor der bunt bemalten Leinwand im Bühnenhintergrund. Die Kostümierung Lulus, die zunächst ein Changieren zwischen kindlicher Unschuld und lasziver Weiblichkeit hervorhebt, integriert im fortgesetzten Kleiderwechsel zunehmend die Farbe Rot und geht in der (teilweise in den Zuschauerraum hinein verlegten) Gesellschaftsszene in Paris ins Grau über, während ein den Bühnenraum rahmendes Bild mit vielen Masken bis hin zum dunklen Orangerot ausgeleuchtet wird. Im letzten Auftritt trägt Lulu zunächst Schwarz, dann bei der Begegnung mit Jack the Ripper wieder durchgängig Weiß vor einer erstarrten Schneelandschaft, die von obskuren ›Jedermännern‹ bevölkert ist. Am Ende bringt der Serienmörder als Wiedergänger des von Lulu getöteten Verführers und Ehemannes den ›Todesreigen‹, der durch den Tierbändiger begonnen wurde, zu seinem unheimlichen Ende. Nach Lulus Todesschrei wird in der sich aufbäumenden Musik auch ein orchestraler ›Aufschrei‹ laut, der nachhallt.

Literatur

Bahr, Hermann, Expressionismus, München 1916

Berg, Alban, Lulu. Texte, Materialien, Kommentare, hg. von Attila Csampai u. Dietmar Holland, Reinbek bei Hamburg 1985:
– An Arnold Schönberg [7. August 1930], S. 208
– An Erich Kleiber [ca. Februar 1934], S. 214
– An Frida Semler [18. November 1907], S. 207
– Lulu. Oper in drei Akten nach den Tragödien Erdgeist und Die Büchse der Pandora von Frank Wedekind. Textbuch, S. 35–129

Freud, Sigmund, Totem und Tabu. Einige Übereinstimmungen im Seelenleben der Wilden und der Neurotiker [1912–1913], in: Gesammelte Werke, Bd. 9 hg. von Anna Freud [u.a.], Frankfurt a.M. 1973

Fritz, Horst, Die Dämonisierung des Erotischen in der Literatur des Fin de siècle, in: Roger Bauer (Hg.), Fin de siècle. Zur Literatur und Kunst der Jahrhundertwende, Frankfurt a.M. 1977, S. 442–464

Gutjahr, Ortrud, Erziehung zur Schamlosigkeit. Frank Wedekinds Mine-Haha oder Über die körperliche Erziehung der jungen Mädchen und der intertextuelle Bezug zu Frühlings Erwachen, in: Dies. (Hg.), Frank Wedekind, Würzburg 2001, (= Freiburger literaturpsychologische Gespräche Bd. 20, Jahrbuch für Literatur und Psychoanalyse), S. 93–124

Gutjahr, Ortrud, Lulu als Prinzip. Verführte und Verführerin in der Literatur um 1900, in: Irmgard Roebling (Hg.), Lulu, Lilith, Mona Lisa. Frauenbilder der Jahrhundertwende, Pfaffenweiler 1989, S. 45–76

Gutjahr, Ortrud, Lulus Bild. Vom Schauer des Schauens in Frank Wedekinds Monstretragödie, in: Dieter Heimböckel (Hg.), Der Bildhunger der Literatur. Festschrift für Gunter E. Grimm, Würzburg 2005, S. 211–227

Gutjahr, Ortrud, Lulu gegen die Wand. Bild-Projektionen in Wedekinds ›Monstretragödie‹, in: Dies. (Hg.), Lulu. Von Frank Wedekind. Geschlechterszenen in Michael Thalheimers Inszenierung am Thalia Theater Hamburg, Würzburg 2005 (= Theater und Universität im Gespräch, Bd. 1), S. 57–76

Gutjahr, Ortrud, Lulu. Rollen auf den Leib geschrieben, in: Manfred Mittermayer/Silvia Bengesser (Hg.), Wedekinds Welt. Theater – Eros – Provokation, München 2014, S. 107–116

Krafft-Ebing, Richard von, Psychopathia sexualis [1886], München 1984

Liebrand, Claudia, Noch einmal: das wilde, schöne Tier Lulu: Rezeptionsgeschichte und Text, in: Ortrud Gutjahr (Hg.), Frank Wedekind, Würzburg 2001, (= Freiburger literaturpsychologische Gespräche Bd. 20, Jahrbuch für Literatur und Psychoanalyse), S. 179–194

Pfabigan, Alfred, ›Frauenverehrung‹ und ›Frauenverachtung‹, in: Literatur und Kritik, 213/214, 1987, S. 123–130

Redlich, Hans Ferdinand, Alban Bergs Oper Lulu: Geschichtliche Prämissen und der Weg vom Schauspieltext zum Opernlibretto [1957], in: Lulu. Texte, Materialien, Kommentare, hg. von Attila Csampai u. Dietmar Holland, Reinbek b. Hamburg 1985, S. 193–206

Rubiner, Ludwig, Zur Krise des geistigen Lebens [1916], in: Ders., Künstler bauen Barrikaden. Texte und Materialien 1908 bis 1919, hg. von Wolfgang Hauck, Darmstadt 1988, S. 120–130

Sacher-Masoch, Leopold von, Don Juan von Kolomea, in: Ders., Galizische Geschichten, Bonn 1985, S. 19–61

Salewski, Michael, ›Julian, begib dich in mein Boudoir‹ – Weiberherrschaft und Fin de siècle, in: Ders. u. Anja Bagel-Bohlan (Hg.), Sexualmoral und Zeitgeist im 19. und 20. Jahrhundert, Opladen 1990, S. 43–69

Schober, Anna, Die Gleiche immer wieder anders: Lulu, Lu, Pandora, Lolita, in: Zeitgeschichte 1, 28, 2001, S. 15–33

Spier, J. [Isaak], Lulucharaktere!, in: Sexual-Probleme. Zeitschrift für Sexualwissenschaft und Sexualpolitik, 9, 1913, S. 12f.

Taeger, Annemarie, Die Kunst, Medusa zu töten. Zum Bild der Frau in der Literatur der Jahrhundertwende, Bielefeld 1987

Vinçon, Hartmut, Kommentar, in: Frank Wedekind Werke. Kritische Studienausgabe Bd. 3/II, hg. von Hartmut Vinçon, Darmstadt 1996, S. 743–1488

Wedekind, Frank, Die Büchse der Pandora. Eine Monstretragödie [1894], in: Ders., Werke. Kritische Studienausgabe Bd. 3/I, hg. von Hartmut Vinçon, Darmstadt 1996, S. 145–311

Wedekind, Frank, Prolog (zu Der Erdgeist) [1898], in: Ders., Werke. Kritische Studienausgabe Bd. 3/I, hg. von Hartmut Vinçon, Darmstadt 1996, S. 313–319

Wedekind, Frank, Die Tagebücher. Ein erotisches Leben, hg. von Gerhard Hay, Frankfurt a.M. 1986

Worringer, Wilhelm, Abstraktion und Einfühlung. Ein Beitrag zur Stilpsychologie [1908], mit einem Nachwort von Sebastian Weber, Dresden 1996

Endnoten

1 Der Beitrag ist eine erweiterte und veränderte Fassung meines Vortrags mit dem Titel *Lulu oder die Last mit der Lust*. Die ›Urgestalt des Weibes‹ – *ein Männertrauma*, den ich im Rahmen der *Festspiel Dialoge* bei den *Salzburger Festspielen* am 18. August 2010 gehalten habe.

2 Berg, Alban, Lulu. Oper in drei Akten nach den Tragödien *Erdgeist* und *Die Büchse der Pandora* von Frank Wedekind. Textbuch, in: Ders., *Lulu. Texte, Materialien, Kommentare*, hg. von Attila Csampai u. Dietmar Holland, Reinbek b. Hamburg 1985, S. 35–129, hier: S. 36.

3 Ebd.

4 Ebd., S. 37.

5 Wedekind, Frank, *Die Tagebücher. Ein erotisches Leben*, hg. von Gerhard Hay, Frankfurt a.M. 1986, S. 188.

6 Zur Entstehungsgeschichte ausführlich: Vinçon, Hartmut, Kommentar, in: Frank Wedekind, *Werke. Kritische Studienausgabe* Bd. 3/II, hg. von Hartmut Vinçon, Darmstadt 1996, S. 743–1488, hier: S. 833ff.

7 Wedekind, Frank, Die Büchse der Pandora. Eine Monstretragödie [1894], in: Frank Wedekind, *Werke. Kritische Studienausgabe* Bd. 3/I, hg. von Hartmut Vinçon, Darmstadt 1996, S. 145–311, hier: S. 185.

8 Ebd.

9 Ebd., S. 155.

10 Ebd., S. 220.

11 Ebd., S. 197.

12 Ebd., S. 257.

13 Ebd., S. 187.

14 Ebd., S. 186

15 Ebd., S. 197.

16 Ebd., S. 196.

17 Vgl. hierzu auch meinen Beitrag: Lulu gegen die Wand. Bild-Projektionen in Wedekinds *Monstretragödie*, in: Ortrud Gutjahr (Hg.), *»Lulu« von Frank Wedekind. GeschlechterSzenen in Michael Thalheimers Inszenierung am Thalia Theater Hamburg*, Würzburg 2005 (= Theater und Universität im Gespräch, Bd. 1), S. 57–76.

18 Wedekind, *Die Büchse der Pandora* [1894], S. 197.

19 Ebd.

20 Ebd., S. 277.

21 Ebd., S. 197.

22 Ebd., S. 163.

23 Vgl. zu diesem Aspekt: Liebrand, Claudia, Noch einmal: das wilde, schöne Tier Lulu: Rezeptionsgeschichte und Text, in: Ortrud Gutjahr (Hg.), *Frank Wedekind*, Würzburg 2001, (= Freiburger literaturpsychologische Gespräche Bd. 20, Jahrbuch für Literatur und Psychoanalyse), S. 179–194.

24 In späteren Fassungen des Stücks wurde der Artikel vor *Erdgeist* im Titel gestrichen.

25 Wedekind, Frank, Prolog (zu *Der Erdgeist*) [1898], in: Ders., *Werke*, Bd. 3/I, S. 313–319, hier: S. 316.

26 Vgl. Redlich, Hans Ferdinand, Alban Bergs Oper *Lulu*: Geschichtliche Prämissen und der Weg vom Schauspieltext zum Opernlibretto [1957], in: *Lulu. Texte, Materialien, Kommentare*, hg. von Attila Csampai u. Dietmar Holland, Reinbek b. Hamburg 1985, S. 193–206, hier: S. 196.

27 Wedekind hatte den Namen der Protagonistin bei der zweiten Auflage von *Der Erdgeist* als Obertitel gesetzt: *Lulu. Dramatische Dichtung in zwei Teilen. Erster Teil: Erdgeist*. Zum zweiten Teil wurde später die überarbeitete Fassung der Tragödie *Die Büchse der Pandora*.

28 Gegen Wedekind und Cassirer wurde der Vorwurf erhoben, gemeinsam unzüchtige Schriften verbreitet zu haben. In erster Instanz kam es zum Freispruch der Beschuldigten. Auch fand der künstlerische Wert des Stücks Bescheinigung. Doch in zweiter Instanz wurde das Urteil im Oktober 1905 wegen Rechtsfehlern aufgehoben. Die Sache ging zur weiteren Verhandlung an die Vorinstanz zurück. Die dritte Verhandlung im Januar 1906 endete zwar ebenfalls mit einem Freispruch, doch das Drama wurde nun als unzüchtige Druckschrift verboten und die Restauflage vernichtet.

29 Wedekind, *Erdgeist* [1913], S. 405.

30 Vgl. hierzu meinen Aufsatz: Lulus Bild. Vom Schauer des Schauens in Frank Wedekinds *Monstretragödie*, in: Dieter Heimböckel (Hg.), *Der Bildhunger der Literatur. Festschrift für Gunter E. Grimm*, Würzburg 2005, S. 211–227.

31 Wedekind, *Erdgeist* [1913], S. 412.

32 Wedekind, *Die Büchse der Pandora* [1894], S. 174.

33 Vgl. hierzu auch: Schober, Anna, Die Gleiche immer wieder anders: Lulu, Lu, Pandora, Lolita, in: *Zeitgeschichte* 1, 28, 2001, S. 15–33.

34 Vgl. zu den Rollenwechseln in den Lulu-Dramen meinen Beitrag: Lulu. Rollen auf den Leib geschrieben, in: Manfred Mittermayer/Silvia Bengesser (Hg.), *Wedekinds Welt. Theater – Eros – Provokation*, München 2014, S. 107–116. [Teilabdruck: Lulu. Rollen auf den Leib geschrieben, in: *Lulu eine Monstretragödie*. Tanztheater von Hanns Henning Paar. Programmheft des Theater Münster (Spielzeit 2014/15), S. 8–10.]

35 Die Rezeptionsgeschichte der *Lulu*-Doppeltragödie zeigt, dass die Titelprotagonistin in diesem Sinne bevorzugt als Produkt männlicher Projektion interpretiert wurde. Vgl. hierzu auch meinen Aufsatz: Lulu als Prinzip. Verführte und Verführerin in der Literatur um 1900, in: Irmgard Roebling (Hg.), *Lulu, Lilith, Mona Lisa. Frauenbilder der Jahrhundertwende*, Pfaffenweiler 1989, S. 45–76.

36 Rubiner, Ludwig, Zur Krise des geistigen Lebens [1916], in: Ders., *Künstler bauen Barrikaden. Texte und Materialien 1908 bis 1919*, hg. von Wolfgang Hauck, Darmstadt 1988, S. 120–130, hier: S. 128.

37 Abstraktion und Einfühlung werden in der Kunstprogrammatik nach 1900, wie dies in der gleichnamigen Dissertation von Worringer dargelegt wird, als kontrastierende Stilprinzipien gegenübergestellt: Worringer, Wilhelm, *Abstraktion und Einfühlung. Ein Beitrag zur Stilpsychologie* [1908], mit einem Nachwort von Sebastian Weber, Dresden 1996.

38 So versteht etwa Bahr unter »innerem Sehen« die Fähigkeit, sich Objekte oder Situationen so anschaulich vorzustellen, als ob sie realen Wahrnehmungscharakter hätten. Vgl. Bahr, Hermann, *Expressionismus*, München 1916, S. 54ff.

39 Die Figur der Lulu wurde bereits um 1900 mit psychologischen Begriffen als Projektion gefasst: »Lulu ist das Weib, wie sie als Element des Feminismus in die Welt tritt, um den Maskulinismus zu erschüttern, ihn zu entnerven, während sie ihm die höchsten Genüsse gewährt. ›Lulu‹ mag pathologisch sein, aber ein Stück Pathologie steckt in der femininen Seele, wenn sie die Sexualität aufführt.« Spier, J. [Isaak], Lulucharaktere!, in: *Sexual-Probleme. Zeitschrift für Sexualwissenschaft und Sexualpolitik*, 9, 1913, S. 12f., zit. nach: Salewski, Michael, ›Julian, begib dich in mein Boudoir‹ – Weiberherrschaft und Fin de siècle, in: Ders. u. Anja Bagel-Bohlan (Hg.), *Sexualmoral und Zeitgeist im 19. und 20. Jahrhundert*, Opladen 1990, S. 43–69, hier: S. 59f.

40 Freud, Sigmund, Totem und Tabu. Einige Übereinstimmungen im Seelenleben der Wilden und der Neurotiker [1912–1913], in: *Gesammelte Werke*, Bd. 9, hg. von Anna Freud [u.a.], Frankfurt a.M. 1973, S. 81. Den Mechanismus der Projektion führt Freud in zwei Arbeiten über die Angstneurose aus den Jahren 1895 und 1896 ein.

41 Ebd., S. 77.

42 Wedekind, *Erdgeist* [1913], S. 417.

43 Ebd.

44 Ebd., S. 427.

45 Ebd., S. 426.

46 Ebd., S. 459.

47 Wedekind hat Tanzerziehung, Dressur und Flagellation in seiner Erzählung *Mine Haha oder Über die körperliche Erziehung der jungen Mädchen* in engen Zusammenhang gebracht. Vgl. hierzu meinen Beitrag: Erziehung zur Schamlosigkeit. Frank Wedekinds *Mine-Haha oder Über die körperliche Erziehung der jungen Mädchen* und der intertextuelle Bezug zu *Frühlings Erwachen*, in: Gutjahr (Hg.), *Frank Wedekind*, S. 93–124.

48 Wedekind, *Erdgeist* [1913], S. 458.

49 Ebd., S. 454.

50 Ebd.

51 Ebd., S. 453

52 Ebd., S. 457.

53 Ebd., S. 475.

54 Ebd., S. 429.

55 Der ursprüngliche Titel des 1905 entstandenen Einakters *Tod und Teufel* von Frank Wedekind lautete *Totentanz*.

56 Frank Wedekind, *Die Büchse der Pandora* [1913], S. 555.

57 Ebd., S. 569.

58 Ebd., S. 598.

59 Ebd.

60 Krafft-Ebing, Richard von, *Psychopathia sexualis* [1886], München 1984, hier: S. 77.

61 Wedekind, *Die Büchse der Pandora* [1913], S. 133.

62 Berg, Alban, An Frida Semler [18. November 1907], in: Ders., *Lulu. Texte, Materialien, Kommentare*, S. 207.

63 Vgl.: Redlich, *Alban Bergs Oper ›Lulu‹*, S. 196.

64 Berg, Alban, An Erich Kleiber [ca. Februar 1934], in: Ders., *Lulu. Texte, Materialien, Kommentare*, S. 214.

65 Vgl. ergänzend zu Frauenmythen der Jahrhundertwende und zur ambivalenten Debatte um die Erotik der Frau u.a.: Pfabigan, Alfred, ›Frauenverehrung‹ und ›Frauenverachtung‹, in: *Literatur und Kritik*, 213/214, 1987, S. 123–130. Vgl. ebenso Fritz, Horst, Die Dämonisierung des Erotischen in der Literatur des Fin de siècle, in: Roger Bauer (Hg.), *Fin de siècle. Zur Literatur und Kunst der Jahrhundertwende*, Frankfurt a.M. 1977, S. 442–464 sowie Taeger, Annemarie, *Die Kunst, Medusa zu töten. Zum Bild der Frau in der Literatur der Jahrhundertwende*, Bielefeld 1987.

66 Sacher-Masoch, Leopold von, Don Juan von Kolomea, in: Ders., *Galizische Geschichten*, Bonn 1985, S. 19–61, hier: S. 60.

67 Ebd., S. 43.

68 Berg, *Lulu*, S. 43.

69 Ebd., S. 55.

70 Ebd., S. 80.

71 Berg hatte ursprünglich (wie bei Wedekind vorgegeben) vier Freier im Blick: »Die 4 Männer, die Lulu in ihrer Dachkammer aufsuchen, sind in der Oper von denselben Sängern darzustellen, die die Männer repräsentieren, die in der ersten Hälfte der Lulu zum Opfer fallen. In umgekehrter Reihenfolge allerdings.« (Berg, Alban, An Arnold Schönberg [7. August 1930], in: Ders., *Lulu. Texte, Materialien, Kommentare*, S. 208.) Da er jedoch den drei Ehemännern Lulus auch nur drei Kunden zuordnen konnte, strich er die Figur des Dr. Hilti.

Wie Eros und Thanatos
in die Wissenschaft gerieten[1]

Michael Hagner

Eros und Thanatos bilden eine Einheit – als Entgrenzungserfahrung, als Ekstase, als kleiner Tod oder petite mort, wie es in Frankreich heißt, als dieser eine Moment der Loslösung von der geordneten, gesitteten Persönlichkeit, als dieser Blitzbesuch in unserm Innersten, der keine Vergangenheit und keine Zukunft kennt, sondern einfach nur Erfüllung ist. Der kleine Tod ist reversibel. Wir kehren zurück ins Leben, gehen unseren Geschäften nach und warten auf die nächste Gelegenheit, in der wir uns von unseren Leidenschaften überwältigen lassen. Doch mit dem Bündnis von Eros und Thanatos hat es noch mehr auf sich, und das ist jener Moment, von dem aus es kein Zurück mehr gibt. Der Todeskuss ist süß, und er ist infektiös; wer einmal davon berührt worden ist, kann nicht mehr davon los. Man kann in die Todeserotik nicht beliebig ein- und wieder aussteigen. Wer sich einmal darin befindet, gelangt unweigerlich hin zu jenem Liebestod, der als eine letzte und endgültige Vereinigung zweier Liebender verstanden wird. Diese Erfahrung haben wir, wenn ich mich nicht irre, nicht selbst gemacht, aber wir lassen uns davon erzählen, lassen uns berauschen und wissen doch gleichzeitig, dass es sich hier um ein Deutungsangebot handelt, wie es in unserer Welt wohl nur die Kunst machen kann.

»Eros und Thanatos brauchen die Bühne«, heißt es sehr richtig in den Präliminarien zum Rahmenthema der diesjährigen Festspiele, und deswegen erscheint es angemessen, auch die Gegenprobe zu machen und sich zu fragen, was mit Eros und Thanatos passiert, wenn sie in die Wissenschaft geraten. Lösen sie sich sofort auf in physiologische Prozesse, die wir sehen und messen können? Hier ein Hirnzentrum für die fleischliche Lust, dort ein Zentrum für die spirituelle Gotteserfahrung, und bei einigen von uns kommt es vielleicht zu einer Verkehrsverbindung zwischen diesen beiden Zentren, sodass wir von Isoldes Liebestod oder Don Giovannis Untergang besonders ergriffen sind. Diese Art von Vulgärneurophysiologie, die es in der Vergangenheit gab und die auch in der Gegenwart hin und wieder vorzufinden ist, scheint mir kein probater Weg zu sein, das Problem in Angriff zu nehmen. Denn Nervenzellen sind in Aktion oder sie sind es nicht; senden Impulse aus oder erhalten welche. Mit Sinngebungen, Deutungen, Hoffnungen oder Erwartungen ist Zellen jedoch nicht beizukommen, denn sie funktionieren elektro-chemisch. Und die Sprache, über die wir verfügen, um solche Prozesse zu beschreiben, ist eine sehr andere als jene, mit der wir über diejenigen historischen und kulturellen Zusammenhänge reden, die das Raster für unsere eigenen Erfahrungen sind. Ganz abgesehen davon: Selbst wenn es irgendein Hirnmodul gäbe, das für die unio mystica verantwortlich ist, könnte damit noch nicht erklärt werden, wie ein solches Modul eigentlich ins Gehirn gelangt ist. Evolutionsbiologisch jedenfalls ergibt es keinen Sinn, denn die Todeserotik dient nicht dem Fortbestand der Art, und auch das egoistische Gen kommt mit seiner Selbstverpflanzung in die nächste Generation nicht zum Zuge. Das Verhalten Fausts, der Gretchen schnöde fahren lässt und damit seine Nachkommenschaft und auch sie selbst in den Tod schickt, passt nicht in den Erklärungshorizont der Evolutionspsychologie.

Diese Vorbemerkungen waren notwendig, um zu verdeutlichen, dass es mir nicht um irgendeine naturalistische Erklärung von Eros und Thanatos geht. Im Gegenteil: Eine solche Erklärung würde an der Sache vorbeigehen, denn ich kann mich bislang nicht davon überzeugen, dass heutige Humanwissenschaften von der Hirnforschung bis zur Evolutionspsychologie etwas Substantielles zu diesem Thema zu sagen hätten. Meine Perspektive ist also nicht eine aus diesen Wissenschaften heraus, sondern in diese hinein, und zwar nicht in die Wissenschaften der Gegenwart, sondern in jene, die zeitlich und thematisch mit den Künsten des 19. Jahrhunderts zu tun haben. Die Frage, was Eros und Thanatos im Bereich der Humanwissenschaften widerfährt, kann nicht losgelöst von der Kunst betrachtet werden, denn was in den Wissenschaften passiert, ist, wie ich im Folgenden zeigen werde, eine unmittelbare Reaktion auf die Künste. Genau an diesem Thema werden die theoretischen Instrumente ausprobiert, werden die Dispositive der Sexualpathologie aufgespannt und für die Formierung einer neuen Wissenschaft bereitgestellt. Eros und Thanatos, so meine These, verschaffen nicht nur der Oper des 19. Jahrhunderts einige unvergleichlich betörende Momente, sie verschaffen auch den Humanwissenschaften einen Teil ihrer Legitimation. Dafür ist jedoch ein Preis zu entrichten, den es genau zu beziffern gilt, weil er später in die tiefsten Abgründe des 20. Jahrhunderts führen sollte. Zum Abschluss meiner Ausführungen werde ich dann eine Theorie vorstellen, die versucht, aus diesem überteuren Geschäft auszusteigen.

Wissenschaft, das ist seit dem 17. Jahrhundert jenes soziale System, das nach weit verbreiteter Auffassung wie kein anderes zur Entzauberung der Welt beigetragen hat. Die Prinzipien, auf denen dieser Vorgang basiert, bedeuten im Idealfall: messen, was messbar ist; und messbar machen, was noch nicht messbar ist. Diese zunächst in der Mechanik gewonnene Maxime erfordert üblicherweise, einen Vorgang oder eine Problemstellung so lange zu vereinfachen, bis sie sich den methodischen und instrumentellen Gegebenheiten fügt, die zu einer bestimmten Zeit zur

Michael Hagner

Verfügung stehen. Aus diesem Grunde spricht man oftmals nur dann von Wissenschaft, wenn sie erfahrungsoffen und methodisch hinreichend abgesichert ist. Mit diesen Prinzipien, die ich hier fast fahrlässig vereinfacht darstelle, hat man in vielen Bereichen der Physik, Chemie und Biologie sehr gute Erfahrungen gemacht. Schwierigkeiten haben sich jedoch immer wieder dann ergeben, wenn diese Prinzipien auf die Humanwissenschaften angewendet worden sind. Sei es die Medizin, die Anthropologie, die Psychologie oder auch die Soziologie, stets geht es um dieses verschlungene Zusammenspiel von Natur und Kultur, von Verallgemeinerbarkeit und spezifischer Eigenart, von Standardisierung und individueller Erfahrung. Eine aus dem Individuellen deduzierte allgemeingültige Aussage ist stets eine umstrittene Angelegenheit, und deswegen sind seit dem späten 18. Jahrhundert, also aus einem aufklärerischen Geist heraus, Statistik und Wahrscheinlichkeitsrechnung eingeführt worden, um uns über unsere eigenen Belange Auskunft zu geben. Es ist wohl kein Zufall, dass Geburten, Todesfälle und Krankheiten die ersten Parameter waren, die solch individuelle Vorgänge bevölkerungspolitisch verwertbar gemacht haben. Heute sagen uns die Statistiken bekanntlich, welches Risiko wir bei Übergewicht, Tabak- und Alkoholkonsum, Bewegungslosigkeit oder Bewegungsdrang, zu viel oder zu wenig, geschütztem oder ungeschütztem Sex zu gewärtigen haben. Insofern haben Zähl- und Messbarkeit tief in unser individuelles Leben eingegriffen.

Dennoch sind die individuellen Fälle und Geschichten, die Kasuistiken, aus den Humanwissenschaften nicht wegzudenken. Zweifellos haben diese Kasuistiken eine lange medizinische und juristische Tradition, aber auch heute noch sind sie von großer Bedeutung. Wenn ich an diesem Punkt die Fälle Kampusch und Fritzl nenne, die beide auf bedrückende Weise sehr viel mit Eros und Thanatos zu tun haben, so ist es nicht, um aus diesen Tragödien billiges Kapital zu schlagen, sondern um darauf hinzuweisen, dass hier für die Humanwissenschaften über die therapeutische Unterstützung der Opfer hinaus ein Deutungsgebot besteht, das diese so radikal und einzigartig erscheinenden Phänomene in sozialer, psychologischer, medizinischer und kultureller Hinsicht wenigstens ein Stück verstehbarer macht. Genau das ist nämlich der Anspruch, mit dem die Humanwissenschaften im Jahrhundert der Aufklärung angetreten sind: den Menschen nicht mehr als ein metaphysisches Wesen, sondern als ein Alltagswesen zu erklären, bei dem Natur und Geschichte entweder ineinandergreifen oder sorgfältig voneinander getrennt werden, um dann die eine oder andere Seite als Erklärungsmodell zu favorisieren. Die Lüste beispielsweise werden dann nicht mehr, wie in der christlichen Anthropologie, als Stachel des sündigen Fleisches angesehen, dem es zu widerstehen gilt – und damit ist das Thema Eros mehr oder weniger erledigt –, sondern als naturhafte Vorgänge und Bedürfnisse, die auf natürliche oder auf perverse Weise ausgeübt werden. Es ist nicht mehr so, dass ein abweichendes Verhalten einfach bestraft wird, vielmehr wird darum ein ganzes Wissenssystem aufgebaut, das die Persönlichkeit der Perversen bis in den letzten Winkel hinein ausleuchtet. Don Giovanni wäre hundert Jahre später wohl kaum vom Komtur in den Abgrund gezogen worden. Er wäre von einem Sexualpathologen oder einem Kriminalanthropologen auf seinen Geisteszustand hin untersucht worden, und mit dem Untersuchungsergebnis – sagen wir: moralische Minderwertigkeit, Hypersexualität, Sadismus, allgemeine Entartung – hätte man einen exemplarischen Fall in die Sexualwissenschaften einführen können.

So ist es auch tatsächlich geschehen, zum Beispiel mit Richard Wagner. In seiner berüchtigten Schmähschrift *Entartung* findet Max Nordau für ihn die folgenden Worte:

> Verliebte Erregung nimmt in Wagners Darstellung immer die Form einer verrückten Raserei an. [Die Liebenden] spiegeln den Geisteszustand des Dichters wieder, der dem Fachmann wohlbekannt ist. Es ist eine Form des Sadismus. Es ist die Liebe der Entarteten, die in der geschlechtlichen Aufwallung zu wilden Thieren werden. Wagner leidet an dem ›erotischen Wahnsinn‹, der rohe Naturen zu Lustmördern macht und höheren Entarteten Werke wie ›Die Walküre‹, ›Siegfried‹ und ›Tristan und Isolde‹ eingibt.

Hier kommt einiges zusammen. Es gibt keine Trennung zwischen Kunst und Leben mehr; die Oper wird zu einem klinischen Dokument, in dem der Mediziner (und Nordau war bekanntlich ein solcher) mit diagnostischem Scharfblick den Geisteszustand des Komponisten und den gesellschaftlichen und kulturellen Zustand der Zeit aufspürt. Die Liebe von Tristan und Isolde oder von Siegfried und Brünnhilde ist das Wimmern, Jauchzen und Stöhnen, das den Durchbruch des primitiven Sexus bedeutet, eine Regression, die sie in einen früheren biologischen Zustand der tierischen Wildheit zurückkatapultiert. Und wer einer solchen Raserei applaudiert, ist im Grunde selbst schon der Degeneration verfallen. Nordau wendet sich nicht gegen den Eros als solchen, doch mit Wagners Feier der Entgrenzung und des Rausches, die die Nähe zum Tod sucht, mit der Verabsolutierung von Eros und Thanatos sieht Nordau die destruktiven Kräfte obsiegen. Regression in Form von Sadismus und Erotomanie sind Ausdruck eines biologisch gewendeten Thanatos, wobei die Kunstproduktion des Fin de siècle nur die eine Seite ist. Die andere stellt Lustmörder à la Jack the Ripper dar, die natürlich selbst wieder Gegenstand künstlerischer Auseinandersetzung werden. Welche der beiden Seiten – das Leben selbst oder die Kunst – sich nun in Szene setzt, ist biologisch kontingent, doch beide stellen eine erhebliche Gefahr für die Gesellschaft dar.

Natürlich handelt es sich hier um Kulturkritik, aber doch im Namen und mit der Autorität von Evolutionismus und Sozialdarwinismus. Natürlich war Nordau

Michael Hagner

ebenso umstritten wie sein Mentor und großes Vorbild Cesare Lombroso, jener Turiner Psychiater, der den Typus des geborenen Verbrechers und des dekadenten, dem Untergang geweihten Genies erfunden hat. Und doch haben beide entscheidend dazu beigetragen, dass die im Bereich der Kunst thematisierte Verquickung von Eros und Thanatos in den Gegenstandskatalog von Medizin, Biologie und Sexualwissenschaften aufgenommen wurde. Eine solche Pathologisierung des Eros und seiner Abgründe ist nicht voraussetzungslos gewesen, doch trotz aller evolutionsbiologischen Anleihen hilft es wenig weiter, bei Charles Darwin zu suchen, der mit all dem herzlich wenig zu tun hatte. Die Entstehungsherde sind im späten 18. Jahrhundert zu suchen, denn von Anfang an haben die Humanwissenschaften auf die Randerscheinungen menschlichen Verhaltens viel Wert gelegt. So wies Lichtenberg, der große Göttinger Aufklärer, darauf hin, dass man die Genies, die Gefängnisse und die Irrenhäuser konsultieren müsse, um dieser neuen Wissenschaft der Menschenkenntnis eine stabile Grundlage zu geben. Genialität, Kriminalität, Geisteskrankheit, das war etwas anderes als die seit der Antike übliche humoralphysiologische Einteilung in Choleriker, Phlegmatiker, Sanguiniker und Melancholiker, die die Konstitution eines Menschen nach dem Mischungsverhältnis der entsprechenden Körpersäfte bestimmt hatte. Diese verschwand allmählich hinter jener absonderlich anmutenden Gruppe, deren prototypischer Charakter sich auf den ersten Blick nur wenigen erschließen mochte. Doch für Lichtenberg war auch der gemeine Mensch eine stets gefährdete Mischung aus Größe, Lasterhaftigkeit und Wahnsinn. Nur in dieser diskursiven Formation aus Normalität und Abweichung, Konvention und deren Überschreitung sowie einer ständigen Gefährdung des Konventionellen lässt sich überhaupt erklären, dass es, wenn auch erst hundert Jahre später, zur Begründung einer Sexualwissenschaft kommen konnte. Diese hätte sich kaum entwickeln können, wenn sie nicht zugleich Sexualpathologie gewesen wäre, und das heißt, weniger das Pathologische in der Sexualität herauszuarbeiten als vielmehr zu bestimmen, was als pathologisch zu gelten hat und was nicht. Sexualität wird ähnlich wie Bildung und Arbeitsdisziplin zur Chiffre der Individualität und damit analysierbar, kontrollierbar und unter Umständen therapierbar.

An diesem Punkt stellt sich die Frage, in welchem Verhältnis Sexualität und Erotik überhaupt zueinanderstehen. In einem ganz allgemeinen Sinne läuft die Unterscheidung darauf hinaus, dass sich der Eros mehr auf die sinnliche Anziehung bezieht, der Sexus mehr auf die rein fleischliche, triebgesteuerte Anziehung. Das bedeutet, dass der Sexus eher animalisch und primitiv ist, der Eros eher raffiniert und damit geradezu zur Kulturtechnik wird. Auch hier also eine Gegenüberstellung von Natur und Kultur: Erotik durchaus akzeptabel und beherrschbar, Sexus durchaus unberechenbar und damit gefährlich. In gewisser Weise wird damit der alte christliche Gegensatz zwischen der Freiheit der Psyche und dem Gefängnis des Fleisches in säkularer Form fortgesponnen. Zweifellos sind hier einige Fragen angebracht. Was zum Beispiel wäre die *ars erotica* seit *Kamasutra* und Ovid anderes als eine raffinierte Anleitung zum Sex? Und wieso soll ausgerechnet in der Erotik – von der platonischen Liebe einmal abgesehen – der Körper nicht vollständig auf seine Kosten kommen? Dennoch wäre es kurzsichtig, die historische Wirkmacht der Bipolarität von Eros und Sexus zu ignorieren.

In einer berühmten Passage seines Buches *Sexualität und Wahrheit I* hat Michel Foucault den Diskurs über Eros und Sexus einander radikal entgegengesetzt. Auf der einen Seite sieht Foucault die *ars erotica,* deren Praktiken und Ratschläge auf die Lust selbst bezogen sind. Das Wissen, das hier entsteht, wird gleich wieder in der sexuellen Praktik umgesetzt, ohne jedoch exklusiv auf diese bezogen zu bleiben. Denn so sehr es um Wollust und Entgrenzung geht, so sehr geht es auch um eine Lebenskunst. Foucault redet ausdrücklich von »Elixier des Lebens« und »Bannung des Todes«. Leider führt er diesen Punkt nicht weiter aus, doch es bleibt festzuhalten, dass Eros in dieser Lesart keineswegs ein Bündnis mit Thanatos sucht, sondern ihn sich vom Leib zu halten sucht. Auf die andere Seite setzt Foucault die *scientia sexualis,* in deren Zentrum er, worauf ich noch eingehen werde, das Geständnis setzt, das eine Art Transformation der mittelalterlichen Beichte bedeutet. Beide, Beichte und Geständnis, wurden als Bestandteil der Reue angesehen, also als etwas, das Don Giovanni dem Komtur noch kategorisch verweigert hat – mit den bekannten Konsequenzen. Seit dem 19. Jahrhundert hat sich eine ganze Apparatur von Arzt-Patienten-Gesprächen, Anamnesen, Verhören, Konsultationen, autobiografischen Berichten, Briefen, Dossiers, Fallgeschichten und Epikrisen entwickelt, die den Diskurs über den Sex bestimmen. Es sind auch neue Techniken der Befragung hinzugekommen, die Hypnose beispielsweise, die das willenlose Individuum gefügig macht, oder die psychoanalytische Couch, durch welche die Wahrheit ans Licht geholt werden soll. Sexualwissenschaften und Psychoanalyse sind für Foucault dementsprechend im Wesentlichen Geständniswissenschaften, wobei ein wichtiger, von Foucault wohl zu wenig hervorgehobener Aspekt darin liegt, dass diese Geständnisse oftmals ungefragt und unaufgefordert an die Therapeuten gelangt sind. Insofern sind sie auch Dokumente eines Leidensdrucks, mit dem sich die Geständigen Entlastung verschaffen und es auf Hilfe absehen. Entlastung wäre somit die ins Psychologische gewendete Form der Reue.

Foucaults scharfe Gegenüberstellung ist mit einigen Vorbehalten zu genießen. Erstens glaubt er, dass die *ars erotica* verschwiegen ist, weil sie bei fahrlässiger Verbreitung und Vulgarisierung ihre Wirksamkeit verlöre, während die *scientia sexualis* geschwätzig ist. Und zweitens behauptet er, dass unsere Zivilisation keine *ars erotica* besitze.

Michael Hagner

Dagegen wäre einzuwenden, dass die *ars erotica* keineswegs durchgängig, wie Foucault es suggeriert, so organisiert ist wie das verschwiegene Lehrer-Schüler-Verhältnis in der ostasiatischen Meditation. Nicht nur waren das *Kamasutra* und die *Liebeskunst* des Ovid Dauerbestseller, auch in der Sexualwissenschaft von Paolo Mantegazza bis Ernest Bornemann gibt es immer wieder mehr oder weniger starke Elemente von *ars erotica,* sehr dem Leben zugewandt und überhaupt nicht verschwiegen. Damit wird auch die Behauptung fragwürdig, dass unsere Zivilisation über keine *ars erotica* verfüge. Das hat nicht einmal im späten 19. Jahrhundert gestimmt.[2]

Auch wenn eine durchgängig trennscharfe Unterscheidung zwischen Eros und Sexus kaum zu treffen ist, so lässt sich von einer brillanten Einsicht Foucaults ausgehend aber doch ein Spalt zwischen beiden erkennen, und das ist die Einsicht in den Zusammenhang von Sexualität und Geständnis. Wie immer man Eros, Erotik oder *ars erotica* auch definieren mag, eine Assoziation zum Geständnis drängt sich nicht auf, da es hier doch um Anleitung, Ratgeber, Verführungsarien oder auch Plauderei geht. Das Geständnis hingegen setzt eine Verfehlung voraus, und genau diese ist auch sein Gegenstand. Was aber heißt das konkret? Man mag an Sünden im Sinne des Christentums oder an Geständnisse im juristischen Sinne denken, sofern es sich um ein Geständnis der sexuellen Abarten wie Selbstbefriedigung, Homosexualität oder Sadismus handelt. Doch die Praktiken sind nicht das allein Ausschlaggebende, zumal es nicht um eine Vergebung der Sünden oder um eine gerichtliche Verurteilung geht. Entscheidend sind die Querverbindungen zwischen diesen Praktiken und den geheimen Wünschen, Träumen, Sehnsüchten, ihren Beziehungen untereinander sowie zur Gesamtpersönlichkeit der Geständigen. In der Beichte steht nicht die Gesamtpersönlichkeit zur Disposition, sondern nur deren Handlungen oder auch Absichten. Sie machen die Sünde aus und können mit der Beichte neutralisiert werden. Dieser Punkt verändert sich im Dispositiv der Sexualität. Was immer an Geständnisinhalten auftaucht oder zu solchen deklariert wird, ist ein wichtiger Mosaikstein für das Bild der Gesamtpersönlichkeit. Ein solches Bild zu kreieren, ist Ausdruck jenes umfassenden humanwissenschaftlichen Anspruchs, der für die Moderne charakteristisch ist.

In diesem Sinne wäre *Tristan und Isolde* das Geständnis Richard Wagners, mit dem er seine Perversion bis in die Feinheiten hinein zum Ausdruck bringt. Szenen, Bilder, Worte, Noten und Charaktere werden versammelt, um einen Symptomenkomplex zu schmieden. Es ist nur ein quantitativer Unterschied, ob es sich um die anamnestischen Angaben eines Patienten oder um ein Kunstwerk handelt – der Arzt ist für beide zuständig. Auch wenn nicht alle Sexualwissenschaftler der Ansicht sind, dass es sich hier um gleichrangige Beobachtungsdaten handelt – Krafft-Ebing beispielsweise spricht zumindest der pornografischen Literatur den Vorzug ab, brauchbare wissenschaftliche Ausbeute zu liefern, und redet von Indizien – so stehen diese Dokumente doch weitgehend im Kontext eines Selbstbewusstseins der Humanwissenschaften und insbesondere der Medizin, die die Themen der Kunst aufgreifen und sich dabei zum Richter über die Art und Weise machen, wie sie dort verhandelt werden.

Es hieße, die Erschließung der Kunst für die Belange der Psychopathologie miss-zuverstehen, wenn sie als eine Art Alternativerzählung aufgefasst werden würde, die zur Kunst in Konkurrenz tritt. Mögen die Kasuistiken auch hier und da eine litera-rische Note aufweisen, so geht es doch nicht darum, Liebesverhältnisse, Ekstasen, Vereinigungen oder Todesküsse mit den Mitteln der Wissenschaft zu besingen. Ka-suistiken bilden nur die Grundlage, doch das wissenschaftliche Ziel besteht darin, Krankheiten und Kranke taxonomisch aufzufädeln. Foucault sieht ganz recht, dass in der *scientia sexualis* der Perverse zu einer Spezies im biologischen Sinne wird, die es zu identifizieren und charakterisieren gilt, weil sie eine ernsthafte Gefahr für die soziale und für die biologische Ordnung darstellt. Krafft-Ebings Unterscheidung ist hier sehr präzise: Eine perverse Handlung ist noch nicht unbedingt pathologisch, es kann sich auch um ein Laster handeln. Das ist unerfreulich, aber ein Laster kann man in den Griff bekommen. Perversion hingegen ist eine Krankheit, die, wenn man sie denn behandeln will, nur mit Blick auf die Gesamtpersönlichkeit zu diag-nostizieren ist und dabei die Triebfedern einer perversen Handlung in den Blick nimmt. Nicht auf die Tat kommt es an, sondern auf den Täter, und es wird ein ganzes Arsenal von Techniken mobilisiert, um sein psychophysisches Profil zu be-schreiben. Auf dieser Matrix entsteht der Typus des Perversen, des Onanisten, des Sadisten, des Erotomanen et cetera.

Das wohl verbreitetste und auch folgenreichste Schlagwort für solche Typologien ist der Begriff des Degenerierten oder Entarteten. Von Bénédict Augustin Morels Definition ausgehend, verbreitete sich der Begriff Degeneration über ganz Europa und organisierte mit unterschiedlichsten Nuancierungen die Deutung medizinischer und biologischer, sozialer und künstlerischer Erscheinungen. Morel selbst hatte Ent-artung als krankhafte und vererbbare Abweichung verstanden, die ihren Träger dar-an hinderte, seine geistigen und sozialen Aufgaben zu erfüllen, doch gegen Ende des Jahrhunderts durchzog dieser Begriff unterschiedliche Wissensbereiche wie Evolu-tionstheorie und Sexualpathologie, Kriminologie und Psychiatrie. Als entartet galten Geisteskranke und Verbrecher, Alkoholiker, Prostituierte und Geschlechtskranke, Menschen in Armut, Philosophen, Künstler und ganze Kunstrichtungen. In dieser Situation traten die Psychiater, Anthropologen, Sexualwissenschaftler und Psycho-logen aus dem akademischen Glaskasten heraus und dienten sich als Hüter der Kul-tur an. Der Entartungsbegriff mit seinen psychiatrisch-anthropologischen Ätiolo-

Michael Hagner

gien, Diagnosen und Rezepten wurde zur kulturkritischen Keule geformt, deren fatale Wirkung sich erst im 20. Jahrhundert in vollem Umfang entfalten sollte. Nordaus massive Ausbrüche gegen das Fin de siècle brachten ihm zwar schon von seinen Zeitgenossen heftige Kritik ein, doch in weniger ungestümer Form etablierte sich die psychopathologische Kulturkritik als feste Größe; und sie fand ein neues, rasch zu enormer Popularität gekommenes Genre, in welchem der pathologische Typus einer genauen Analyse unterzogen wurde – die Pathografie. Diese markiert um 1900 in jenen europäischen Ländern, wo die Künste eine zentrale Rolle für das nationale Selbstverständnis spielen, den nachhaltigen Versuch der biomedizinisch ausgerichteten Humanwissenschaften, ihre kulturellen Ambitionen zu kanalisieren und in einer Mischung aus naturwissenschaftlicher Expertise und herkömmlicher biografischer Dramaturgie geisteswissenschaftliches und künstlerisches Terrain mit eigenen Deutungsansprüchen zu okkupieren und die Kunst auf den tugendhaften Pfad eines konservativen bürgerlichen Verständnisses zurückzuholen.

In dieser Konstellation werden Eros und Thanatos als pathologische Phänomene rekonstruiert, und zu einem Kernstück der zu dieser Zeit entstehenden Sexualwissenschaften. Wenn in der Kunst galt, dass Eros und Thanatos eine Bühne benötigen, um sich entfalten zu können, so gilt in der Wissenschaft, dass sie einen biologischen Körper benötigen, in den sie eingeschrieben werden können. Von ihm ausgehend, wird dann der Typus des Degenerierten kreiert. Diesen Vorgang kann man mit Foucault unter der Perspektive von Macht, Kontrolle und Disziplinierung betrachten, man kann aber auch den Akzent darauf legen, dass hier Typen geschaffen werden, die neue kulturelle Phantasmen in Gang setzen. Ein herausragendes Phänomen hierbei ist der Lustmord, dem schon Krafft-Ebing 1888 in einer frühen Auflage seiner Psychopathia sexualis ein ganzes Kapitel widmet. Der Lustmord schwingt sich von Jack the Ripper und Frank Wedekinds sowie Alban Bergs Verarbeitungen in Schauspiel und Oper zu einem Topos auf, der in den 1920er-Jahren seinen künstlerischen Höhepunkt erlebt: in der Malerei vor allem von Otto Dix und George Grosz, in den Büchern von Alfred Döblin, Hermann Ungar oder Ernst Weiss, in Fritz Langs Film *M – Eine Stadt sucht einen Mörder*. Am Beispiel all dieser Werke ließe sich zeigen, wie sehr sie einen kritischen, kommentierenden, abwehrenden oder einfach nur modifizierenden Resonanzboden abgeben für die Konzepte und das Vokabular der Psychopathologie.

Wie sehr das Reden über Eros und Thanatos durch wissenschaftliche Denkweisen und Perspektiven geprägt ist, möchte ich nun an einem einzigen Beispiel demonstrieren, das nicht aus dem Bereich der Kunst stammt. Es handelt sich um einen Kriminalfall aus dem Jahre 1903, der seinerzeit die gesamte deutschsprachige Welt in helle Aufregung versetzt hat und in den Sexualwissenschaften zu einem kanonischen Fall geworden ist.[3] Interessant ist er in diesem Zusammenhang vor allem, weil sich hier zwei sexuelle Perversionen, nämlich Sadismus und kindliche Onanie, überkreuzen.

Im Sommer 1902 engagierte ein hochangesehenes Berliner Bankiersehepaar einen Jurastudenten der Friedrich-Wilhelms-Universität als Hauslehrer für seine beiden Söhne. Die Erziehung der beiden 12- und 14-jährigen Jungen schien aus dem Ruder gelaufen zu sein: schlechte Leistungen in der Schule, lügen, stehlen und heftige Onanie gaben den Eltern das Gefühl, die Kontrolle über die beiden verloren zu haben. Der Hauslehrer begegnete dem, durchaus im Geiste der damaligen Pädagogik, mit einem strengen Regime. Er überzog die Jungen mit geistigen und körperlichen Aufgaben, hielt sie zur Disziplin an und beschäftigte sie den ganzen Tag, damit sie nicht auf falsche Gedanken kämen. Dabei setzte er auch die Prügelstrafe und andere Formen der Bestrafung ein. Die Eltern waren von den ersten Ergebnissen offensichtlich so beeindruckt, dass sie dem Argument des Hauslehrers, er könne einen nachhaltigen Erfolg seiner Maßnahmen nur garantieren, wenn er gemeinsam mit den Jungen den Sündenpfuhl Berlin verlasse und sich auf dem Lande ganz ihrer Erziehung widme, sofort zustimmten und ihr Landgut im Harz zur Verfügung stellten. Von dort kamen alsbald Klagen der Jungen und auch des Hauspersonals, dass der Lehrer die beiden mit übertriebener Härte angehe und auch misshandle. Die Eltern, leicht beunruhigt, beauftragten einen Berliner Nervenarzt, nach dem Rechten zu sehen. Als der mit der Nachricht aus dem Harz zurück nach Berlin kam, alles stehe zum Besten, waren die Eltern erleichtert. Sechs Wochen später war der Ältere der beiden Knaben tot. Die pathologische Untersuchung ergab keine konkrete Todesursache, aber der Körper des Jungen war übersät mit Zeichen körperlicher Misshandlungen. Der Hauslehrer wurde umgehend verhaftet, der andere Junge zurück zu seinen Eltern nach Berlin gebracht, und auch bei ihm fanden sich zahlreiche Hinweise auf körperliche Züchtigung.

Im Herbst 1903 kam es zu einem Prozess, der bis nach Amerika hin Interesse erregte und einen veritablen Skandal auslöste, als der Hauslehrer zu einer als viel zu mild angesehenen Zuchthausstrafe von acht Jahren verurteilt wurde. Das Besondere an diesem Fall liegt darin, dass er in einer Grauzone von Justiz und Massenmedien, Kriminologie und Psychiatrie, Sexualwissenschaften und Pädagogik angesiedelt ist. Für unseren Zusammenhang von Interesse ist die Art und Weise, wie hier die Sexualität ins Spiel gebracht wird. Da ist zum einen die Sexualität der Jungen, die ja einer der Gründe dafür war, dass die Eltern die Züchtigungen des Hauslehrers überhaupt akzeptierten. Dieser bestritt auch zu keinem Zeitpunkt, zur Bekämpfung der Onanie neben physischer Stärkung durch Sport, Dauerbeschäftigung und nächtlicher Überwachung die Prügelstrafe angewendet zu haben. All das waren weithin akzeptierte Maßnahmen, die man seit Samuel Auguste Tissots Traktat *L'onanisme* von 1760 und auch noch um 1900 in fast jedem pädagogischen oder psychiatrischen Handbuch nachlesen konnte.

Bemerkenswert ist nun, wie der Hauslehrer seine eigene Theorie über den Tod des Jungen aufstellte. Lange Zeit wurde bekanntlich von Ärzten und Erziehern das üble Märchen aufgetischt, Selbstbefriedigung sei schädlich, führe zu Auszehrung und letztlich zum Tode. Das wollten die wissenschaftlichen Mediziner um 1900 nicht mehr behaupten, aber stattdessen argumentierten sie, Onanie sei Ausdruck einer Degeneration und einer minderwertigen Persönlichkeitsentwicklung. Krafft-Ebing redete vom »nervenschwachen Onanisten«, der an einer Einbuße von Männlichkeit und Selbstvertrauen leide. An diesem Punkt setzte der offensichtlich sehr belesene Hauslehrer in seiner Selbstverteidigung an, indem er perfiderweise argumentierte, die Züchtigung könne gar nicht die Todesursache sein, da er in den Wochen vor dem unglücklichen Tod des Jungen den Bruder viel härter gestraft habe, und der erfreue sich doch bester Gesundheit. Vielmehr sei die Todesursache in der minderwertigen, degenerativen Anlage des Jungen zu suchen, für die schließlich das exzessive Onanieren der beste Beweis sei und die alles in allem zu einer schwächlichen geistigen und körperlichen Konstitution geführt habe. Das sozialdarwinistische Argument, wonach der Schwache zum Untergang verurteilt ist, ist hier unschwer zu erkennen. Natürlich konnte sich der Hauslehrer damit vor Gericht nicht durchsetzen, aber es bleibt auffällig und beunruhigend, wie der Eros hier zum Spielball des Thanatos gemacht wird, und das ist nicht der Fantasie eines gebildeten Kriminellen entsprungen, sondern aus dem sexualwissenschaftlichen Diskurs herausgewachsen.

Die zweite, noch interessantere Variante von Sexualität betrifft den Hauslehrer selbst. Sie hat den weiteren Verlauf der ganzen Geschichte bestimmt und die Bedeutung der Onanie alsbald überlagert und zum Verschwinden gebracht. Kurz nach der Verhaftung des Hauslehrers wurden Berichte über das zweifelhafte Vorleben des Beschuldigten als junger Student in Würzburg veröffentlicht. Dadurch und durch nicht ganz eindeutig zu interpretierende Aussagen des überlebenden Jungen wurde der ermittelnde Untersuchungsrichter auf die Fährte der Sexualität gesetzt, und es drehte sich alsbald alles um die Frage, ob der Hauslehrer ein Triebtäter sei, der bei der Züchtigung der Jungen sexuelle Lust empfand, ob er vermindert schuldfähig, krank und damit eher ein Fall für die Psychiatrie als für die Justiz sei. Der inhaftierte Hauslehrer hat solche Deutungen vehement von sich gewiesen, aber gleichzeitig eine autobiografische Verteidigungsschrift verfasst, die er zu allem Überfluss auch noch Confessio, also Geständnis oder Bekenntnis, genannt hat. Jedenfalls wurde er zur Begutachtung an einen Psychiater überwiesen, der den

Hauslehrer zwar für einen Sadisten, jedoch für zurechnungsfähig und damit voll schuldfähig hielt. Nach dem als skandalös empfundenen Urteil entbrannte eine heftige Diskussion zwischen Psychiatern, Sexualwissenschaftlern und Juristen über eine angemessene Strafe, und in diesem Zusammenhang wurde der Hauslehrer als »echter Entarteter« mit »angeborenem Sadismus«, Homosexueller und Psychopath bezeichnet. Das Erstaunlichste dabei ist der Umstand, dass die sadistische Lust an der Quälerei als völlig ausgemacht galt, ohne wirklich je bewiesen zu werden. Der Täter hat solche Motive strikt von sich gewiesen, aber seine Handlungen, seine Biografie und sein Persönlichkeitsprofil passten so gut in das diskursive Raster der Sexualpathologie, dass eine Gegenprobe gar nicht erst in Erwägung gezogen wurde. Aufgrund der Verschränkung dieser unterschiedlichen Elemente wurde der Fall in der Sexualwissenschaft kanonisch. Der Name des Hauslehrers war Dippold. Unter *Dippoldismus* versteht man seitdem und bis auf den heutigen Tag das Phänomen des Erzieher-Sadismus. Es ist nur deswegen nicht mehr allgemein bekannt, weil die Prügelstrafe für Kinder glücklicherweise weitgehend abgeschafft worden ist. Festzuhalten bleibt die auch in diesem Deutungsgeflecht bestimmende Verschränkung von Eros und Thanatos, die sich phänomenologisch als sexuelle Perversion eines krankhaft Entarteten zeigt.

Wie bereits angedeutet, haben sich zu diesem Fall zahlreiche Ärzte, Juristen, Journalisten, Schriftsteller und Pädagogen zu Wort gemeldet. Einer, von dem man es vielleicht auch hätte erwarten können, gehörte nicht dazu, nämlich Sigmund Freud. Dass er nichts über diesen Fall gehört haben sollte, ist unwahrscheinlich, denn beispielsweise hat auch Karl Kraus ihm in der *Fackel* einen ganzen Artikel gewidmet und ihn darüber hinaus an mehreren Stellen erwähnt. Als Freud 1905 seine *Drei Abhandlungen zur Sexualtheorie* veröffentlicht, kommt der Fall Dippold nicht vor, und dafür gibt es gute Gründe, denn Freud versucht, sich mit Nachdruck von denjenigen theoretischen Mustern abzusetzen, mittels derer Persönlichkeit und Untat des Hauslehrers erklärt wurden. Zunächst einmal lehnt Freud die Diagnose »Entartung« als viel zu unspezifisch und unpräzise ab. Alles, was nicht Infektion oder Trauma sei, werde mit dem Begriff Degeneration belegt. Damit verliert der Begriff für Freud seine Brauchbarkeit. Neben diesem methodologischen Einwand versucht er aber auch, dem humanwissenschaftlichen Anspruch, die Gesamtpersönlichkeit zu erfassen, die Spitze zu nehmen. Denn sexuelle Perversion ist für Freud keineswegs ein Zeichen von allgemeiner Geisteskrankheit, sie kommt vielmehr oft bei solchen Personen vor, die ansonsten völlig normal, unauffällig und kultiviert sind. Insofern lehnt er es ab, eine bestimmte sexuelle Vorliebe für eine pathologische Persönlichkeit zu vereinnahmen. Die Konsequenz daraus ist, dass Freud etwa den Sadismus nicht pathologisch, sondern im Sinne der Evolutionsbiologie erklärt, nämlich dass männliche Wesen den Widerstand des Sexualobjekts noch anders als durch charmante Werbung überwinden und insofern dem Sexualtrieb eine aggressive Komponente inhärent ist. Auf die Schwierigkeiten, die diese letztere These mit sich bringt, kann hier nicht näher eingegangen werden. Wichtig ist, dass Freud sich in seiner ersten und gleich epochalen Veröffentlichung zur Sexualität daran macht, die Verquickungen von Eros und Thanatos auseinanderzudividieren. Das Moment des Kriminellen, des Destruktiven und Tödlichen wird weitgehend zurückgefahren, und der sexuellen Perversion wird eine eigene Etage im Haus der Persönlichkeit eingeräumt, die aber keineswegs das ganze Haus dominiert. Was immer man sonst zu Freuds Sexualtheorie sagen will, so manifestiert sich hier doch ein bemerkenswerter Einspruch gegen die ausufernden anthropologischen Setzungen der Sexualpathologie.

Bekanntlich war das nicht Freuds letztes Wort zum Verhältnis von Eros und Thanatos. In seiner Schrift *Jenseits des Lustprinzips* von 1920 hat er mit dem Todestrieb – als einer dem Sexualtrieb entgegengesetzten Kraft – eines der auch innerhalb der Psychoanalyse am heftigsten umstrittenen Elemente in seine Theorie eingeführt. Mir geht es nun weder um eine Rekonstruktion des dornigen Argumentationswegs, den Freud beschreitet, um den Todestrieb zu begründen, noch werde ich auf die zahlreichen Anleihen eingehen, die er bei der Biologie macht. Der Todestrieb ist für Freud die dynamische Wirksamkeit eines in jedes organische Wesen eingebauten Programms, das einen regressiven Charakter hat, indem es stets nach einem früheren Zustand zurückstrebt. Freud macht das am Wiederholungszwang fest, der nicht mit dem Lustprinzip erklärbar ist, weil dieses stets auf das Neue und das Originelle aus ist. Was aber soll die Wiederholung eines Gleichen anderes sein als die Sehnsucht nach einem ursprünglichen Zustand, den Freud als den Zustand des Noch-nicht-Geborenseins bezeichnet? Diese Figur umspielt er regelrecht, mal mit Verweis auf die Biologie, dann mit Hinweis auf die Philosophie Schopenhauers, für den der Tod der eigentliche Zweck des Lebens ist, während der Sexualtrieb den Willen zum Leben verkörpert. Schließlich behilft sich Freud mit einer Referenz auf den platonischen Liebesmythos, bei dem die Menschen ursprünglich doppelt angelegt waren und dann auseinandergeschnitten wurden. Seitdem versuchen sie sich ständig zu umarmen und ineinander zu verflechten, weil sie das Verlangen haben, wieder zusammenzuwachsen.

Man muss zugeben, das ist ein abenteuerlicher Gedankengang, mit dem Freud das Wagnis auf sich nimmt, sich dem ungeklärten Verhältnis von Eros und Thanatos zu stellen, das die Kunst thematisiert, die Humanwissenschaft seit dem späten 19. Jahrhundert auf problematische Weise transformiert und er selbst am Beginn der Psychoanalyse zurückgewiesen hatte. Dass Freud selbst hier einen sexualpathologischen Zusammenhang erkennt, zeigt sich daran, dass er als einziges Beispiel für den Todestrieb den Sadismus aufruft, der in den Dienst des Sexualtriebs tritt, indem er diesem nämlich den Weg weist, zur Lusterfüllung zu gelangen. Man wüsste gern, wie das nun im Zusammenhang steht mit Regression, mit der Sehnsucht nach einem ursprünglichen Zustand und mit dem Wiederholungszwang, wobei man sich bei Letzterem durchaus noch etwas denken kann. Freud schweigt an diesem Punkt, und möglicherweise gibt es dazu auch nichts zu sagen. Insofern kann man *Jenseits des Lustprinzips* als einen wissenschaftlichen Roman über die Triebe lesen, der einige Leerstellen enthält, die von der Wissenschaft nicht gefüllt werden. Unzweifelhaft wird in diesem Text mit Begriffen und Konzepten hantiert, die aus der Biologie und aus den Humanwissenschaften seiner Zeit stammen. Insofern muss er auch in diesem Kontext ernstgenommen werden; und wenn man auf die messerscharfe Logik achtet, mit der Freud argumentiert, handelt es sich um Wissenschaft im besten Sinne. Aber die Gegenstände, um die es geht, sind jenseits des wissenschaftlichen Prinzips am eindringlichsten gestaltet worden. Freuds Scheu, die komplexen Verhältnisse von Eros und Thanatos so in ein diskursives Programm zu drängen, wie es andere Humanwissenschaftler seiner Zeit getan hatten, verstehe ich als Indiz für seinen Respekt vor dieser Art von nicht-wissenschaftlicher Gestaltung. Warum sonst hätte er Schopenhauer und Platon aufrufen sollen? Man könnte also sagen, dass Freud die Frage nach dem Verhältnis von Eros und Thanatos wenigstens zeitweise wieder an Mythologie, Philosophie und Kunst zurückgibt, also dahin, wo sie hergekommen sind. Insofern hätte mein Titel vollständig lauten müssen: »Wie Eros und Thanatos in die Wissenschaften gerieten – und wieder hinausgeleitet wurden«.

Literatur
Foucault, Michel, Der Wille zum Wissen. Sexualität und Wahrheit 1, Frankfurt a.M. 1977
Freud, Sigmund, Drei Abhandlungen zur Sexualtheorie, Leipzig–Wien 1905
Freud, Sigmund, Jenseits des Lustprinzips [1920], in: Ders., Gesammelte Werke, Bd. 13, London 1940
Hagner, Michael, Der Hauslehrer: Die Geschichte eines Kriminalfalls. Erziehung, Sexualität und Medien um 1900, Berlin 2010
Krafft-Ebing, Richard von, Psychopathia sexualis mit besonderer Berücksichtigung der conträren Sexualempfindung. Eine klinisch-forensische Studie, Stuttgart [3]1888
Nordau, Max, Entartung, Bd. 1, Berlin [3]1896

Endnoten
1 Vortrag bei den Salzburger *Festspiel-Dialogen* am 6. August 2008.
2 Ergänzung 2018: Ob die digitale Kommunikationskultur und namentlich die sozialen Medien über eine *ars erotica* verfügen, ist eine große Frage. Ich tendiere dazu, es zu bezweifeln.
3 Ergänzung 2018: Die nun folgende Geschichte habe ich ausführlich dargelegt in meinem Buch *Der Hauslehrer. Die Geschichte eines Kriminalfalls: Erziehung, Sexualität und Medien um 1900*, Berlin 2010.

Michael Hagner

Verzauberung und Risiko
im Orchestergraben[1]

Clemens Hellsberg

Ab einem gewissen Lebensabschnitt – Alter könnte man auch sagen! – kommt man zunehmend in die Lage, sich die Dinge aussuchen zu können. Noch ist es bei mir nicht so weit, aber neben den (aus Zeitmangel leider wenigen) solistischen und kammermusikalischen Auftritten bin ich gerade hinsichtlich der Themen von Vorträgen mehr und mehr in dieser glücklichen Situation.

Dennoch: Das Thema des heutigen Beitrags zu den *Festspiel-Dialogen* habe ich nicht selbst gwählt – aber ich hätte mir kein besseres wünschen können. Am 1. September 2012 beginne ich mein 37. Dienstjahr in der Staatsoper, und da ich davor, also ab 1974, zwei Jahre substituierte, habe ich gestern meine 38. Teilnahme an den *Salzburger Festspielen* abgeschlossen. Es sind dies beileibe keine Rekordzahlen, um die geht es ja auch nicht, aber es ist doch schon ein beträchtlicher Zeitraum. Vor allem ist er lang genug, um einen Überblick über Entwicklungen zu haben, um eine Zwischenbilanz ziehen zu können, die bereits in die Nähe eines Resümees kommt.

In einer Hinsicht ist diese Zwischenbilanz aber ein Resümee: Der Zauber der Musik ist weit, weit stärker als die Belastungen, die die Ausübung dieses Berufes mit sich bringt – zumindest wenn man das Glück hat, in unserem Orchester tätig zu sein, was ja bedeutet, dass man in zwei Orchestern, in der Wiener Staatsoper und bei den Wiener Philharmonikern, spielt, dass man also mit der Welt des Musiktheaters ebenso vertraut ist wie mit dem Konzertpodium. Es bedeutet, dass man den Unterschied zwischen Arbeitnehmer- und selbständigem Unternehmertum permanent erlebt. Es bedeutet auch, dass man um künstlerische, finanzielle und administrative Unabhängigkeit, um Eigenverantwortung und demokratische Selbstverwaltung weiß.

Natürlich sind wir aufgrund dieser Struktur im internationalen »Musikbetrieb« ein Sonderfall, und es ist klar, dass sich meine Ausführungen auf die Erlebnisse in diesem Orchester, korrekt: in diesen Orchestern, beziehen – ich war nie in einem anderen Ensemble engagiert. Und zudem bin ich gewissermaßen mit diesem Orchester aufgewachsen, auf dem Stehplatz in der Oper und im Musikverein.

Da das heutige Thema *Verzauberung und Risiko im Orchestergraben* lautet, möchte ich mich verstärkt auf die Oper konzentrieren. Die wesentlichen Unterschiede zum Konzert liegen nicht etwa darin, dass man dort im Graben und hier auf der Bühne sitzt, sondern darin, dass Oper Theater ist, und für ein Orchestermitglied

Opernspiel die permanente Konfrontation mit dem natürlichsten aller Instrumente, mit der menschlichen Stimme, darstellt.

Damit sind wir schon bei einem ganz wesentlichen Zauber: Es erschließt einem Instrumentalisten eine neue Dimension, große Sängerpersönlichkeiten aus nächster Nähe mitzuerleben, von den Stimmen getragen zu werden und mitzuhelfen, sie zu tragen. Das Faszinierendste aber ist das Erlebnis des gemeinsamen Atmens, der gemeinsamen Phrasierung. Auch wenn man selbst nicht Gesang studiert hat, hat diese Nähe zur Vox humana einen nachhaltigen Eindruck auf die eigene Tongebung, auf die Klangfarben, auf die Phrasierung.

Ein weiterer wichtiger Aspekt des Musizierens im dämmrigen Orchestergraben ist ferner die Einbettung in einen wesentlich größeren Apparat; und schon durch die rein äußerlichen Dimensionen, die die Verbindung Bühne-Orchestergraben mit sich bringt, erschließt sich das Phänomen Gesamtkunstwerk in einer ganz speziellen Weise: Man ist, prozentuell gesehen, naturgemäß ein noch kleinerer Teil des kollektiven Geschehens als im Konzert. Aber das Aufgehen in einem so großen Verband bedeutet keineswegs eine Selbstaufgabe oder eine Auflösung des Individuums – im Gegenteil, man erlebt ganz bewusst und hautnah, was es bedeutet, Teil eines Kosmos zu sein und durch die Einordnung in ein größeres Ganzes die eigenen Grenzen zu erweitern.

Ein anderes Phänomen, das seine zauberhafte Wirkung ein ganzes Musikerleben lang ausübt, ist das Wort-Ton-Verhältnis. Es ist immer wieder aufs Neue faszinierend, wie die großen Komponisten den Sinn für Dramatik mit jenem für das Wort-Ton-Verhältnis verbinden. Wenn ich jetzt mit Beispielen beginnen würde, säßen wir zu Beginn der *Salzburger Festspiele 2013* noch immer hier. Lassen Sie mich daher nur ein einziges anführen. In der ersten Szene des dritten Aufzugs von *Tristan und Isolde* heißt es:

Dünkt dich das?	das kann ich dir nicht sagen.
Ich weiß es anders,	Ich war,
doch kann ich's dir nicht sagen.	wo ich von je gewesen,
Wo ich erwacht –	wohin auf je ich geh'
weilt' ich nicht;	im weiten Reich
doch wo ich weilte,	der Weltennacht.
das kann ich dir nicht sagen.	Nur ein Wissen
Die Sonne sah ich nicht,	dort uns eigen:
noch sah ich Land und Leute:	göttlich ew'ges
doch, was ich sah,	Urvergessen!

Abgesehen davon, dass die Textstelle: »Ich war, wo ich von je gewesen« den Charakter eines kurzen, aber unerhört subtilen Trauermarsches von unerbittlichem, in die Unendlichkeit weisenden Ernst hat, erfolgt beim Wort »Urvergessen« eine der erstaunlichsten Modulationen der gesamten Operngeschichte: Der Gang durch mehrere Tonarten mündet in D-Dur, also in einer scheinbar »einfachen« Tonart. Die unglaubliche Wirkung liegt allerdings darin, dass es sich tatsächlich um Es-Dur handelt, eine Tonart also, die es auf dem Papier nicht gibt, weil die Noten aufgrund der vielen doppelten Vorzeichen unleserlich wären und daher enharmonisch geschrieben werden. Diese Modulation – die übrigens kurz nach dem Wort »göttlich« erfolgt, das in der gesamten Partitur nur an dieser einzigen Stelle vorkommt! – ist eine jedes Mal aufs Neue überwältigende musikalische Darstellung der Vereinigung von Liebe und Tod, jenem romantischen Ideal, das ja diesem Musikdrama zugrunde liegt. Natürlich sind das Eindrücke, die sämtlichen Menschen, die dieses Werk hören, offenstehen. Aber wenn man weiß, wenn man vor allem fühlt, dass man jetzt eben kein »D« spielt, sondern »Es«, und das gemeinsam mit dem Sänger, für den es extrem schwierig ist, genau die Farbe zu treffen, die dieser Ton verlangt, dann weiß man, was Verzauberung ist.

Kehren wir von der wahren in die reale Welt zurück. Es mag Ihnen jetzt scheinen, dass meine Ausführungen unter dem Leitmotiv »Und dafür wird man noch bezahlt« stünden. Ich bleibe dabei, dass es sich um die wahre Welt handelt. Das bedeutet natürlich nicht, kein Sensorium für die reale Welt zu haben und diese hat auch in unserem Beruf manch menschlichen, allzu menschlichen Aspekt. Wenn man *Parsifal*, *Rosenkavalier* und *Aida*, *La Bohème*, *Figaro* oder *Die Zauberflöte* zum x-hundertsten Mal spielt und nicht trotzdem in jeder dieser Vorstellungen einen neuen Aspekt entdeckt, sei es klanglich, sei es harmonisch, sei es im Wort-Ton-Verhältnis oder ganz einfach im Gefühl, sich der Vorstellungswelt des Komponisten auf wiederum eine andere Weise genähert zu haben, dann hat man, das möchte ich kategorisch und resümeehaft festhalten, seinen Beruf verfehlt.

Aber obwohl wir in der glücklichen Lage sind, zum weit, weit überwiegenden Teil mit den größten Meisterwerken konfrontiert zu sein, bleibt doch auch die Tatsache bestehen, dass wir nicht nur *Götterdämmerung*, *Don Giovanni*, *Falstaff*, *Tosca* oder *Elektra* spielen, sondern auch Werke, die das Orchester weniger fordern. »Menschen sin' ma halt«, heißt es im *Rosenkavalier*, und diese Orchestermenschen greifen gelegentlich unbewusst zu einer Art von Selbstschutz, dem ein infantiler Zug nicht abgesprochen werden kann. Wenn die Welt der Oper durch künstlerische Unterforderung oder durch unzureichende Mitwirkende, sei es am Dirigentenpult oder auf der Bühne, ihren eigentlichen Zauber einbüßt, dann kann es zu Reaktionen kommen, die zu Recht als grobe Unzulässigkeit verurteilt werden, durchaus aber auch als Ausdruck künstlerischer Verzweiflung gelten können. Natürlich spreche ich nur von der Vergangenheit, vom vorigen Jahrtausend, präziser vom 19. Jahrhundert. Im Jahre 1863 etwa, als die Pulte noch nicht mit elektrischem Licht, sondern mit Öllampen beleuchtet waren, machten es sich – einem Akt im Haus-, Hof- und Staatsarchiv zufolge – offenkundig einige Orchestermitglieder zur Gewohnheit, ihren Kollegen »Scherzes halber« während einer Opernvorstellung die Pultlampen zu löschen, »wodurch mehrere bedeutende Störungen in der musikalischen Exekutirung verursacht wurden«[2]. So heiter das heute klingt – derartige Lausbübereien dienten nicht gerade der Förderung des Ansehens des Ensembles, und vor allem: Sie störten die Verzauberung des Publikums und diese ist selbstredend eine unabdingbare Voraussetzung für jede erfolgreiche Aufführung.

Oper ist bekanntlich Theater, und daher kann es schon auch manchmal zu einem Theater kommen, das weder im Libretto noch in der Partitur vorgesehen ist. Als im Jahre 1870 der Dirigent und Operndirektor Johann Ritter von Herbeck dem Orchester eine Gehaltserhöhung zugestand, geriet er dadurch in Schwierigkeiten mit dem Chor, der sich übergangen fühlte und in seinem »Selbstgefühle dadurch gekränkt wurde, dass Herbeck die Aeußerung that, das Orchester sei der erste und wichtigste Körper einer Oper«[3]. Die Antwort waren Kampfmaßnahmen: Bei der nächsten Aufführung des *Tannhäuser* sangen die Herren nicht, sondern »summten und brummten [mit] fest geschlossenen Lippen [...] ihren Part herunter«[4]. Damit nicht genug: Nach dem ersten Akt dieser Vorstellung gab der Sänger des Landgrafen wegen plötzlicher Indisposition auf, worauf ein (ebenfalls maroder) Ersatz herbeigeholt wurde, der »im Interesse der Kunst und des Spielhonorars« die Partie übernahm. »Damit aber der Kelch bis zur Neige geleert werde und neben Chor und Soli auch das Orchester zur Verherrlichung des so beispiellos glücklichen Abends das Seinige beitrage, sprang im letzten Acte, während der Erzählung Tannhäusers, ein Violinspieler plötzlich, wie von der Tarantel gestochen, von seinem Sitze und spielte auf seiner Geige einige Figuren, die eine eingetretene Geistesstörung des Virtuosen vermuthen und dessen rasche Entfernung gerathen erscheinen ließen.«[5]

Kehren wir in die wahre Welt zurück, in jene der Verzauberung, und verweilen wir noch kurz auf dem Konzertpodium. Wie die Bühne ist auch das Konzertpodium eine gnadenlose Angelegenheit. Wie in der Oper geht es darum, das Publikum in den Bann der Musik zu ziehen, allerdings ohne die Hilfe des Theaters. Grundvoraussetzung ist da wie dort die möglichst vollkommene Beherrschung von Technik und musikalischen Ausdrucksmitteln. Auf dem Konzertpodium muss aber das Fehlen des Schauspiels bewusst kompensiert werden: das Wissen um das Ringen der großen Komponisten mit der absoluten Musik beziehungsweise das Nachempfinden dieses Ringens müssen von Orchester und Dirigent auf das Publikum übertragen werden. Auf das Publikum, das seinerseits einen wesentlichen Beitrag zur Verzauberung leisten muss.

Clemens Hellsberg

Im Jänner dieses Jahr hatte ich die Ehre, hier in Salzburg einen Vortrag im Rahmen des Symposions *Festspiele der Zukunft* zu halten. Eine Passage des Referats war der Interaktivität mit dem Publikum gewidmet, die erheblich größer und intensiver ist, als die meisten Menschen, die eine Aufführung besuchen, es sich vorstellen würden. Und sie fördert gleichzeitig die nächste Interaktivität – jene mit dem Komponisten und damit die Auseinandersetzung mit der zentralen Thematik der Kunstausübung, die im Vorspann der ersten Sitzung des Jänner-Symposions so schön definiert wurde: »Brennende Fragen werden erläutert: Was geschieht in der Sprache der Musik, der Dichtung, der anderen Künste? Was im Aussprechen, Benennen und Erfinden von Welt?«

Kommen wir kurz zum zweiten Teil des Themas, zum Aspekt »Risiko«. »Sicherheit geht immer auf Kosten der Schönheit«. So drastisch drückt sich Nikolaus Harnoncourt aus und im Prinzip ist das richtig. Aber natürlich nicht in dieser Ausschließlichkeit, wie es dieser pointenreiche Meister der Formulierung sagte. Es geht immer auch um das Abwägen: man muss riskieren, man kann sich damit gelegentlich überfordern, aber man darf nicht blindlings von einem Fehler in den anderen hineintaumeln. Musikausübung auf höchstem Niveau ist eine Kombination von glühendem Herzen und klarem Verstand, ein totales Vertrauen in die eigenen Fähigkeiten und jene der Mitspielenden, aber auch ein Wissen um die technischen Schwierigkeiten.

Ich weiß nicht, wie viele von Ihnen bei unserem heurigen ersten Konzert in Salzburg anwesend waren. Im zweiten Teil dirigierte Valery Gergiev jedenfalls Prokofieffs 5. Symphonie. Wir haben das Werk vor zwei Jahren mit ihm in Wien gespielt, er beherrscht es phänomenal und studierte es überragend ein. Die Symphonie hat am Ende eine äußerst überraschende Passage – die scheinbar unaufhaltsame Schlusssteigerung wird unterbrochen und das Riesenorchester für mehrere Takte auf die Streichersolisten und das Klavier reduziert, ehe dann für die allerletzten Takte wieder das ganze Orchester einsetzt. Dieser Wechsel in der Dynamik entspricht ungefähr dem, was Skirennfahrer erleben, wenn sie vom Sonnenschein in den Schatten kommen: wie das Auge braucht auch das Ohr einige Sekundenbruchteile, um sich auf die neue Situation einzustellen. In der Generalprobe glückte das nicht, wir waren beträchtlich auseinander. Gergiev zuckte mit keiner Wimper, dachte nicht im Traum daran, die Stelle zu wiederholen und verabschiedete sich mit der größten Selbstverständlichkeit. Im Konzert war er an dieser Stelle äußerst konzentriert – und machte dann etwas, was er in keiner Probe gemacht hatte: Er steigerte in den letzten Takten noch das Tempo! Das heißt, er erhöhte das ohnehin schon komponierte Risiko um ein Vielfaches, aber dieses Vertrauen in das eigene Können und in die Fähigkeiten des Orchesters ermöglichte eine Steigerung der Schlusswirkung, die das Publikum von den Sitzen riss.

Lassen Sie mich zur Verzauberung zurückkehren und mit einem persönlichen Eindruck schließen, der mich in meinen Anfängen als Orchestermusiker prägte. Als ich vor 38 Jahren bei den Wiener Philharmonikern zu substituieren begann, habe ich pensionierte Mitglieder erlebt, die gelegentlich in der Oper aushalfen und denen bei der Arie der Donna Anna oder bei der ersten Gräfin-Arie oder beim Duett Pamina-Papageno oder beim Terzett in *Così fan tutte* Tränen in den Augen standen, obwohl sie die Werke bereits mehr als ein halbes Jahrhundert gespielt hatten. Ich habe erlebt, wie Karl Böhm an zwei Stellen immer weinte: beim Gesang der Wächter am Schluss des ersten Aufzugs von *Die Frau ohne Schatten* und im Trio des Scherzos der »großen« C-Dur-Symphonie von Franz Schubert. Als junger Mensch hat mich das zwar berührt, aber ich habe es nicht richtig verstanden. Heute weiß ich, dass dies der tiefste Ausdruck des Dankes gegenüber Mozart, gegenüber Schubert, gegenüber Richard Strauss war. Und so wie ich heute weiß, dass sich selbst nach einem Vierteljahrtausend nicht die Frage stellt: Werden Haydn, Mozart, Beethoven, Schubert, Wagner, Verdi, Brahms, Bruckner unserer Zeit gerecht? Die Frage lautet vielmehr: Werden wir diesen zeitlosen Allzeitgrößen gerecht? Genauso weiß ich nach 38 Jahren intensiver Einbindung in das Musikleben, dass der Zauber der Musik unverbrüchlich ist. Und ich weiß mittlerweile auch, dass es in der Musikausübung nur ein Risiko gibt: das Versinken in Routine, dem größten Feind der Verzauberung. – Aber das kann niemals geschehen, solange man bereit ist, sich dem Zauber der Musik mit Leib und Seele auszuliefern.

Literatur
Blätter für Musik Theater und Kunst, Nr. 81, 11.10.1870
Die Presse, Nr. 292, 22.10.1870, Local-Anzeiger
Fischer, Michael (Hg.), Kunst als Marke europäischer Identität, Frankfurt a.M. u.a. 2013 (= Subjekt und Kulturalität, Bd. 3)
Haus-, Hof- und Staatsarchiv, Oper 14, Zl. 104/1863

Endnoten
1 Vortrag bei den Salzburger *Festspiel-Dialogen* am 28. August 2012. Erstabdruck im Band: Fischer, Michael (Hg.), *Kunst als Marke europäischer Identität*, Frankfurt a.M. u.a. 2013 (= Subjekt und Kulturalität, Bd. 3), S. 123–128.
2 Haus-, Hof- und Staatsarchiv, *Oper* 14, Zl. 104/1863.
3 *Die Presse*, Nr. 292, 22.10.1870, Local-Anzeiger.
4 *Blätter für Musik Theater und Kunst*, Nr. 81, 11.10.1870, S. 297.
5 Ebd.

Clemens Hellsberg

»Nicht das eine« –
Ekstasen der Weiblichkeit im 21. Jahrhundert[1]

Ingrid Hentschel

Der Beitrag zeichnet einen großen – und notwendigerweise auch groben – Bogen: von den gegenwärtigen Veränderungen der Theaterkonventionen über die Beschreibung der weiblichen Begleiterinnen des Dionysos, der Mänaden, hin zu der Frage, ob es heute auf den Schauspielbühnen überhaupt Spuren der weiblichen Form des Dionysischen, des Mänadischen, auszumachen gibt.

I. Vom Theater zur Performance

Das Theater ist diejenige Kunstform, für die der Gott Dionysos steht: Dionysos als der Maskengott, der Gott der Verwandlung, der Unberechenbarkeit, des Vieldeutigen, der so gerne in Frauenkleidern auftritt, dessen Signum das plötzliche Erscheinen ist, der Freude, Genuss und Rausch und Wahnsinn mit sich bringt.

Die Griechen unterscheiden sprachlich nicht zwischen Maske und Gesicht, so dient die Theatermaske zwar dazu, den Schauspieler als einen anderen erscheinen zu lassen und die Tragödien- und/oder Komödienhandlung aus der Sphäre des Alltagserlebens herauszuheben, sie bleibt aber mit ihm verbunden. Das Theater zeigt sich als ein Geschehen, das eingebunden ist in die Vollzüge des sozialen Lebens, das dazu Stellung nimmt, das im Rahmen der Polis politisch positioniert ist, und zugleich ist die *Tragödienhandlung radikal getrennt* von den direkten Vollzügen des Alltagslebens, auch was Ritualhandlungen, Kulte und politische Entscheidungen betrifft.

Die Maske als Symbol der Theaterkunst ist das Emblem des Hinüberwechselns in ein anderes fremdes Sein. Sie verkörpert die *Anwesenheit des Abwesenden*. In ihrer strukturellen Doppelung ist die Maske Symbol der Theaterkunst selbst.[2]

Das paradoxe Weltverhältnis des Mediums Theater, das sich durch die Geschichte in unterschiedlichen Schattierungen und Gewichtungen präsentiert, steht inzwischen zur Disposition. Aktuell verlagern Theaterinszenierungen ihren Fokus vom Schein zum Sein, vom Wort zur Aktion, vom Virtuellen zum Materiellen.

Der »performative turn« der Künste, an dem auch das Theater teil hat[3] und den es vorantreibt, zieht einen Verlust des Spiels nach sich. Postmoderne und performative Inszenierungspraxen und Theaterformen unterlaufen den Repräsentationscharakter des Mediums Theater: Nicht Spiel, nicht Verwandlung, nicht Symbol, sondern direkte Wirkung und Bezugnahme auf die außerästhetische Realität wird angestrebt. Der Modus des Rollenhandelns, des magischen »Als-ob« der schauspielerischen Repräsentation ist weitgehend suspendiert zugunsten direkter Wirkung und unmittelbarer Kommunikation mit dem Zuschauer.

Das Theater hat neue Konventionen etabliert und reale Aktionen und Materialien auf der Bühne zugelassen, die zu anderen Zeiten und in anderen Kulturen aus der Kunstform ausgeschlossen und auf der Ebene theatraler Zeichen verblieben waren. Performative Ästhetik benutzt wirklichen Salat in den Mündern der Schauspieler, Sand und Erde unter ihren Füßen, echtes Wasser spritzt, und eine veritable Axt schwingt über den Köpfen der Zuschauer – und die Schauspieler sind wirklich nackt und tun nicht nur so »als ob«, wenn es die Inszenierung verlangt. Eine Entwicklung, die ambivalent zu beurteilen ist und angesichts zu vieler verstaubter Inszenierungen des Literaturtheaters durchaus ihre Notwendigkeit hat, verstärkt sie doch die Gegenwärtigkeit und Intensität der Darstellung.[4]

Auf der anderen Seite entzieht sich im handgreiflichen Performatismus[5] die magische Potenz des Theaters, nämlich *durch Verbergen zu Enthüllen*. Wenn die Tragödie unmittelbar auf die Lebenswirklichkeit des Publikums bezogen wird, kann das Tragische nicht in Erscheinung treten. Der gegenwärtige Verbrauch an Theaterblut ist hier Symptom: In der Unmöglichkeit, das Tragische näher zu bringen, wird Blut zur alles ersetzenden Chiffre.[6]

Das Regiekollektiv *Rimini-Protokoll,* das derzeit führend für eine Entwicklung ist, die hier der Kürze halber als Wirklichkeitstheater benannt wird, versammelte 103 Einwohner Athens auf der Bühne des Odeon Theaters zu Füßen der Akropolis, die ihr Leiden, ihre Befindlichkeit – nicht zuletzt angesichts der Finanzkrise – dem Publikum erzählen.[7] Theater als ein einzigartiger und öffentlicher Ort der Versammlung. Allerdings – und deswegen findet das Beispiel hier Erwähnung – ein Theater, das keine Transformation braucht, lediglich Inszenierung. Jede Person, die auftritt, ist sie selbst. Ihre Biografie, ihre Worte und Gesten sind aus ihrem Alltagsleben übernommen und wiedererkennbar. Und jeder Zuschauer, jede Zuschauerin könnte selbst mit seiner/ihrer Geschichte auf der Bühne stehen, wenn man sie denn dazu einlüde.

Zusammen mit dem Verwandlungsprinzip verschwindet gegenwärtig das Fremde. Und mit ihm die Frau – als das traditionell »andere Geschlecht«. Die Ekstase der Weiblichkeit im 21. Jahrhundert stellt sich als ein Außer-sich-Sein der Weiblichkeit selbst dar. Ekstase heißt, danebenstehen, außer sich sein, aber auch: sich fremd sein. Die Frau ist der Frau abhandengekommen, um eine Wendung von Friedrich Rückert zu paraphrasieren, und zwar, wie zu sehen sein wird, in demselben Maße wie dem Theater das Spiel, die Maske abhanden kommt.

Ingrid Hentschel

II. Der Gott der Frauen

Dionysos wird im Anschluss an Johann Jakob Bachofen (1861) als der »Gott der Frauen«[8] bezeichnet. Seit dem 6. Jahrhundert v. Chr. wird er auch häufig weiblich, mit androgynen Zügen dargestellt, mit rundlichen Formen, langen Locken.[9]

Dionysos, der andere, fremde Gott hat neben den Satyrn eine Schar von Frauen im Gefolge. Die Mänaden werden erstmals von Homer in der *Illias* im 8. Jahrhundert v. Chr. erwähnt, in Delphi werden sie Tyiaden, in Sparta Dionysiaden genannt, gebräuchlicher wird dann die Bezeichnung Bacchantinnen aus den *Bakchen* des Euripides.

Wodurch sich diese mythischen Begleiterinnen des Verwandlungsgottes auszeichneten, ist aus Vasendarstellungen und Textquellen, vor allem von Pausanias überliefert. Auffällig bleibt dabei die besondere Beziehung des Gottes zu den ihn umgebenden Frauengestalten, eine »innere und emotionale Affinität«, die Dionysos und die ihn umgebenden Mänaden eng aneinander bindet und sie sozusagen zu Spiegelbildern ihrer selbst in ihren jeweiligen dionysischen Erscheinungsformen werden lässt.[10]

Kennzeichnend ist ihr enges Verhältnis zur *Natur,* ein *Orgiasmus* und der *Sparagmos,* das Zerreißen eines Tieropfers beziehungsweise des Gottes Dionysos selbst, verbunden mit dem Verzehr von rohem Fleisch. Einstimmig ist der geheime Charakter von nächtlichen Kulthandlungen überliefert, die sich im Zeichen des Mythos vollziehen. Alle zwei bis drei Jahre zogen Frauen in Kultbünden, den Thiasoi, organisiert, denen in der Regel Priesterinnen vorstanden, auf den Parnassos oder in die Natur hinaus, um dort rauschartige Zusammenkünfte abzuhalten. Trance induzierende Tänze und Musik, Entgrenzung und Vermischung jeglicher Art sind Kennzeichen des wilden maßlosen Treibens, das aus den verschiedensten Quellen überliefert ist, in dem sich heilige und unheilige Raserei verbanden, wo dem Tierischen ebenso gehuldigt wurde wie dem sexuellen Exzess.[11]

Die Verborgenheit der Zusammenkünfte findet später im Hexensabbat, wie er auch in Goethes Walpurgisnacht aufgenommen ist, ihre Fortsetzung, und macht den Mann zum unerwünschten Voyeur. Noch im Bild der mittelalterlichen Hexe – nun mit schönem und hässlichem Gesicht versehen – lassen sich mänadische Züge finden.[12] In der Hexe sehen wir bereits den Topos der Frau als Maskenwesen, über deren Identität der Mann sich nicht sicher sein kann.

Die barbarische Seite des Dionysischen Rausches, Wollust und Grausamkeit taucht im Motiv des Sparagmos, des Zerreißens, immer wieder auf. Dieses Element des kultischen Geschehens ist deswegen so schrecklich, weil es vollständigen Verlust von Einheit, von Zusammenhang bedeutet. Die Zerreißung, die mit den Mänaden in Verbindung gebracht wird, findet man als Motiv auch bei Osiris, dem ägyptischen Gott. Sie verweist auf die Schöpfungsmythen, das Ungeformte, Aufgelöste, wasserhaft Weibliche, das Urwasser. Die Urflut ist fruchtbarer Schoß und verschlingender Abgrund (Magna mater) zugleich.

Das Chaos wird durch den Logos gebändigt und im Ritual der Dionysos-Anhängerinnen immer wieder neu zelebriert und bestätigt.

Dionysos, der Maskengott, der Urgott des Theaters und der Verwandlung, ist in Verbindung mit seinen Begleiterinnen polymorph. Er ist nicht das *eine,* nicht männlich, nicht weiblich, androgyn, er hat mindestens zwei Gesichter, drei Geburtsmythen ranken sich um ihn. Er ist der Gott des Übergangs von der Gynaikratie, der ur-mütterlichen Vorzeit der Zivilisationen zur patriarchal geprägten Geschichte des Logos, der sich mit dem »Einen Sein« als der Abstraktion seit Parmenides konstituiert.[13]

III. Das zweideutige Geschlecht

Demgegenüber präsentiert sich die Frau als *Das andere Geschlecht,* wie Simone de Beauvoir (1968 [1949]) ihre Studie über Sitte und Sexus der Frau nannte. Die Frau wird spätestens seit dem 18. Jahrhundert zum Spiegel der Sehnsüchte und Ängste, der Defizite und Gegenbilder der gesellschaftlichen dominanten Prinzipien von Rationalität, Effektivität, Wissenschaft und Technik. Die weibliche Wildheit – ihre vermeintliche Naturnähe – die wir schon im Bild der Mänaden finden, wird um 1900 mit dem Es, dem Triebhaften des psychischen Apparats identifiziert. Das ist ein Überbleibsel der mythischen Macht des Weiblichen aus der Vorgeschichte, die um die Generativität zentriert ist, und bleibt eine dauerhafte Quelle der Verlockung für den Mann beziehungsweise der Angst vor ihm. Im Bild der wilden Frau zeigt sich die Kehrseite des vor allem seit dem 19. Jahrhundert in der Literatur beschriebenen Maskenspiels der Weiblichkeit.[14]

Die Philosophin Luce Irigaray nimmt die Morphologie des weiblichen Körpers zum Ausgangspunkt einer »Ethik der sexuellen Differenz der Geschlechter«. Das biologische Geschlecht der Frauen ist zweideutig. Verborgen, den Blicken entzogen, ist die Vulva, die Scheide tief im Dunkel des Körperinnern, dann die vier Schamlippen, zwei äußere und zwei innere, die Klitoris, die Brüste. Vor lauter Sexualorganen kennt sich der Mann nicht aus, der doch selbst so eindeutig bestückt zu sein scheint.

Die Differenz der Geschlechter wird in den Dionysos-Kulten bestätigt und zugleich geleugnet. Die Kulte der Mänaden mit ihren geheimen Mysterien des Weiblichen, die den Männern verschlossen waren, fanden im Rahmen von Festlichkeiten unter dem Signum des sichtbaren Phallus statt.

Ingrid Hentschel

Demgegenüber ist das weibliche Geschlecht, die Vulva, bis heute kulturell unsichtbar.[15] Außer den Zeugnissen der mythischen Baubo, die der Anthropologe George Devereux in den verschiedensten Kulturkreisen ausmachen konnte, ist das weibliche Geschlecht in der Geschichte verloren gegangen. Darunter auch die schreckliche Vulva, die Vagina dentata, aber auch die Vulva, die Demeter tröstet, indem sie sie zum Lachen bringt.[16] Die Maria des Christentums empfängt ihr Kind jungfräulich und unbefleckt.

Dionysos repräsentiert das dem Logos entzogene Geheimnis des Werdens. Dem Unverfügbaren entspricht die Macht der weiblichen Natur in ihrer Generativität. Die mythische Macht des Weiblichen, die Bachofen als Gynokratie analysiert hatte, wird durch Dionysos verdrängt und im Rituellen begrenzt. Die nährenden und gebärfähigen Kräfte der Frauen bilden bis in die Gegenwart eine verdrängte und dauerhafte Quelle der Verlockung und der Angst. Ende des 19. Jahrhunderts ist es dann die Psychoanalyse, die sich den Phantasmen der verdrängten Weiblichkeit widmet.

Luce Irigaray (1991) fragt kritisch, ob die weibliche Lust nicht bis heute missverstanden wird, weil sie an der männlichen Ordnung von Ziel und Erfüllung, Anfang und Ende als der kulturellen Dominante gemessen wird, während das weibliche Begehren sich bisher in der Geschichte noch nicht als *differentes Eigenes* realisieren konnte. Noch in Nietzsches Dionysos-Deutung[17] von Gestalt und Gegengestalt, dem einen und dem anderen, herrscht die Ordnung der Opposition. Das andere ist als solches erkennbar, aber die Frau – so legen es die Mythen um die Mänaden herum nahe – entzieht sich solcher Ordnung. Ihre Sphäre ist die des Wachstums, der Bewegung, des Übergangs, des Sowohl-als-auch, für die emblematisch die Maske des Dionysos steht.

Frauen sind zu Platons Gastmahl nicht geladen. Aber als es um Eros geht, erzählt Sokrates, was die kluge Diotima dazu zu sagen hatte. In aller Ausführlichkeit erfahren wir, dass Eros nicht schön sei, aber auch nicht hässlich, nicht gut, aber auch nicht böse. In Diotimas Rede wird »nicht ein Term durch Negation in den zweiten überführt, […] sondern hier wird von Anfang an das *Intermediäre* eingesetzt«.[18]

IV. Das phallische Theater

Kunst ist Seismograf nicht nur hinsichtlich dessen, was sie jeweils in einer bestimmten Zeit zum Ausdruck bringt, erfindet und thematisiert, sondern auch hinsichtlich dessen, was sie nicht thematisiert, womit sie sich nicht befasst.

Die Recherche ist eindeutig: Ekstasen der Weiblichkeit existieren bisher im 21. Jahrhundert nicht! Oder noch nicht in dem ersten Jahrzehnt, das hier nur zu überblicken ist.[19] Abgesehen von wenigen Ausnahmen in der Oper, im Tanz und in rituell basierten Inszenierungen im asiatischen Raum. Am ehesten lassen sich Spuren des Ekstatisch-Mänadischen im Tanz und im Tanztheater ausmachen sowie in außereuropäischen Inszenierungen, die sich auf rituelle Formen ihrer jeweiligen Traditionen beziehen und sie reanimieren – zum Beispiel wird in Korea der Schamanismus auch im Gegenwartstheater neu belebt und interpretiert. An dieser Stelle sind auch die theateranthropologischen Forschungen zu erwähnen, die sich in Inszenierungen niederschlagen, wie sie vom Theater *Gardzienice in Polen*[20] um Eugenio Barba und das Odin Theater sowie Ariane Mnouchkine in Paris kontinuierlich verfolgt werden. Neben dem Tanztheater ist es auch die Kunstform der Performance, die das Weibliche zum Gegenstand macht. Hier ist vor allem Marina Abramović zu nennen.[21] Im Theater westlicher Prägung ist Ekstase, verbunden mit Gesang und Tanz durch die Geschichte der Literarisierung des Theaters verloren gegangen, im Hinblick auf die Oper[22] wäre das Thema gesondert zu untersuchen.

Was wir heute an Emanzipation und gesellschaftlicher Teilhabe von Frauen erleben, ist ein Prozess, in dem Weiblichkeit transformiert wird. Die Macht der Frau in ihrer Generativität spielt keine Rolle. Weiblichkeit macht sich phallische Momente – eine Erotik des Spaßes, der Berechenbarkeit, der Lustmaximierung – zu nutze. Die Frau weiß, was sie will. Es ist die Eingemeindung, die Zurichtung der Frau aufs Kalkül, von der Theaterinszenierungen Zeugnis ablegen.

Stefan Kimmigs *Maria Stuart*-Inszenierung (Schiller), mit der er den Nerv der Zeit trifft, mag hier als Beispiel für den Befund stehen: Gewalt und Machtausübung erfolgen kühl, berechnend – die Gefühlslage ist privat.

Im forschen Businessanzug erscheint Elisabeth (Paula Dombrowski) als Konzernchefin, an glatten Sitzungstischen, vor leeren Wänden, unbeschriebenen Präsentationsflächen, in Büros, die dem Gefängnis von Maria ähneln. Nur selten verrutscht der korrekte Anzug. Die königlichen Damen agieren kontrolliert, intellektuell gefestigt, abschätzig, lässig, arrogant, vermerken die Rezensenten.[23] Machtmenschen ohne klar ersichtlichen Antrieb. Getriebene der machtpolitischen Zwangsläufigkeit.[24] »Alles überforderte Zeitgenossen« stellt Dirk Pilz in seinem Vergleich von Nicolas Stemanns *Don Karlos* und Kimmigs *Maria Stuart* fest.[25]

Die Frau auf den Bühnen des 21. Jahrhunderts erscheint androgyn in der Sphäre der männlichen Macht. Die Schauspielerin Sandra Hüller kann *Parzival* im Schauspiel Hannover über zweieinhalb Stunden splitternackt darstellen, bewundernswert und glaubwürdig.[26]

Den schmucklosen dünnen Frauen in den Chefetagen entspricht die Veränderung im Frauenbild, die wir seit geraumer Zeit wahrnehmen können. Die Konfektionsgröße Null, Zero, eine Frau geschaffen als Kunstfigur. Ausladendes Becken,

Ingrid Hentschel

Üppigkeit und Vitalität verschwinden. Der getunte Köper ist der Fitnesskörper, der die Spuren der Mutterschaft sofort eliminiert. Die Stimmen der Frauen in der Pop-kultur sind hohe, mädchenhafte Stimmen, beinahe Kinderstimmen.

Jan Fabres Inszenierung *Orgy of Tolerance*, uraufgeführt 2009, zeigt eine zeitge-mäße Version des Ekstatischen.[27] Die Orgie der Toleranz ist eine atemberaubende Performance von Sex, Rausch, Gewalt, Macht, Schönheit, Maßlosigkeit, Entgren-zung. Neun Musiker, Tänzer, Schauspieler auf den Spuren des Dionysischen im 21. Jahrhundert. Fabre verbindet Maßlosigkeit als Kennzeichen des Dionysischen, des Rausches und der Ekstase ganz aktuell mit einer wesensfremden Größe: der abs-trakten Zahl, der Quantifizierbarkeit, und gibt so »einen Kommentar gestrichelt zum Zeitgeschehen«, um die Wendung Peter Handkes zu benutzen.

Die Inszenierung beginnt mit einem kollektiven Wettmasturbieren. Männer und Frauen sind unterschiedslos gekleidet, sie tragen die typisch männliche Baum-wollunterwäsche. Angetrieben von ihren jeweiligen Coaches masturbieren sie um die Wette, am Ende treten zwei Personen gegeneinander an. Das Ziel: Lustmaxi-mierung – die optimale Zahl von Orgasmen erreichen.

Es ist klar: Jan Fabre kritisiert mit seiner Tanztheaterstück *Orgy of Tolerance* auf dem Höhepunkt der Finanzkrise unsere gnadenlose Leistungs- und Konsumgesell-schaft, und ist sich bewusst, dass er sie selbst bedient, und so zerreißen am Ende die Darsteller symbolisch ihren Regisseur und Autor »Fuck you, Jan Fabre!«

Ein langhaariger Mann mit Kreuz und Lendentuch wird als Supermodel ent-deckt. Religion wird zum Werbeträger. Drei Hochschwangere gebären unter Schmerzensschreien Gummibärchentüten, Müsliriegel, Bierdosen, Putzmittel und Cola-Flaschen, die sie zwischen den gespreizten Beinen hervorquellen und in ihre Einkaufswagen fallen lassen, auf denen sie in der für traditionelle Gesellschaften üblichen Gebärstellung hocken. Gezeigt werden die Exzesse einer übersexualisier-ten, konsumfixierten und gewinnorientierten Welt. Die flächendeckend diagnosti-zierte Gier nach mehr, nach Optimierung und Maximierung differenziert nicht nach Geschlechtern. Die Frauen tragen überdimensionierte Dildos, während die Männer immer wieder ihr Geschlecht enthüllen, um zu masturbieren.

Die Sexualität, die Fabres Inszenierung zeigt, ist eine phallische. Koitiert wird bevorzugt anal – wie gegenwärtig meistens auf den Bühnen (hier entspricht die deutliche Zunahme analer Praktiken dem in Europa und USA vorherrschenden Trend). Das mütterliche Element des Gebärens, das Leben Erzeugende ist auf die Fabrikation von Konsumartikeln herabgekommen. Die Frauen sind dem phalli-schen Streben nach dem einen, nach dem quantifizierbaren Erfolg, nach dem maß-losen Mehr, das unsere Gegenwart nicht nur in Form der Bankenexzesse beherrscht, verfallen.

Natürlich erinnert Fabres Orgie der ritualisierten Kaufräusche, der hochfrisierten auf Maximierung und Lustoptimierung ausgerichteten Ekstasen an die Exzesse des Marquis de Sade, der in einer *Dialektik der Aufklärung*[28] als der andere Pol kapitalistischer Perversion betrachtet worden ist. Wie sich bei ihm Genussfähigkeit nur durch die stetige Quantifizierung und Steigerung in immer erhöhter Dosis von Gewalt erhalten kann, so scheint sich das Dionysische in unserer Kultur nur noch mit *einem* Gesicht zu zeigen.

Wenn Theater – in Anlehnung an einen Gedanken Umberto Ecos, der dies einmal für die Literatur so formulierte – auch als kulturgeschichtliches Dokument angesehen werden kann, das sich in seinen Inszenierungen als ein Seismograf gesellschaftlicher Entwicklungen zeigt: Was würde der Befund hinsichtlich der Ekstasen des Weiblichen dann für uns bedeuten?

Die heutigen Mänaden huldigen keinem fremden Gott mehr, sondern immer nur dem, den wir ohnehin alle kennen, und im wirklichkeitsnahen Theater hören und schauen wir den Klagen darüber zu. Je näher das Theater der empirischen Realität kommt und mit dem Abwesenden, das ihr Fremde negiert,[29] desto mehr entzieht sich die Weiblichkeit als Bild und Metapher des Uneindeutigen. Selbst wenn – um das zu erwähnen – die Hirnforschung nicht müde wird, populär zu betonen, dass es gerade die im weiblichen Gehirn anzutreffenden Verbindungen zwischen linker und rechter Hirnhälfte seien, die jene Kompetenzen begünstigen, die in der globalisierten Welt gebraucht würden. Das Gehirn darf weiblich sein, weitere Differenzen sind nicht erwünscht. Die Frau ist nicht das Inkommensurable, das unverstandene, auch utopische Potential, das seit dem 18. Jahrhundert in literarisierten Bildern und Alltagsmythen als Rätsel Frau zu beobachten war. Sie ist – siehe als ein genau gezeichnetes Gegenwartsbild die *Maria Stuart*-Inszenierung von Stefan Kimmig – die optimale Managerin: Multitasking und raffinierte Machtstrategien inbegriffen. Und sie steht ihren Mann, Biologie hin oder her, auch nackt als Parzival. Das Geheimnis der Frauen entpuppt sich als kulturhistorisches Missverständnis – *das eine* zeigt sich auf den Bühnen gegenwärtig alternativlos.

Doch Dionysos stirbt nicht, Wolfgang Rihm beweist es mit seiner Oper[30], und die Mänaden feiern ihre Feste vielleicht irgendwo im Verborgenen, von keinem Autor oder Regisseur entdeckt.

Ingrid Hentschel

Literatur

Beauvoir, Simone de, Das andere Geschlecht. Sitte und Sexus der Frau. Aus dem Französischen von Ulli Aumüller und Grete Osterwald, Reinbek b. Hamburg 1968 (Original: Le deuxième sexe, Paris 1949)

Behnk, Judith, Dionysos und seine Gefolgschaft. Weibliche Besessenheitskulte in der griechischen Antike, Hamburg 2009

Böhme, Hartmut, Männliche Masken und sexuelle Scharaden in Mythos und Literatur, in: Claudia Benthien/Inge Stephan (Hg.), Männlichkeit als Maskerade. Kulturelle Inszenierungen vom Mittelalter bis zur Gegenwart, Köln–Weimar 2003

Bohrer, Karl Heinz, Heißer und kalter Dionysos. Das Schillern einer Metapher Nietzsches, in: Thomas Strässle / Simon Zumsteg (Hg.), Trunkenheit. Kulturen des Rausches, Amsterdam 2008 (= Amsterdamer Beiträge zur neueren Germanistik, Bd. 65), S. 19–34

Brandstetter, Gabriele, Tanz-Lektüren: Körperbilder und Raumfiguren der Avantgarde, Frankfurt a.M. 1995

Deleuze, Gilles, Nietzsche und die Philosophie. Aus dem Französischen von Bernd Schwibs, Frankfurt a.M. 1985 (Original: Nietzsche et la philosophie, Paris 1962)

Detienne, Marcel, Dionysos. Göttliche Wildheit. Aus dem Französischen von Gabriele Eder und Walter Eder, München 1995 (Original: Dionysos à ciel ouvert, Paris 1998)

Deutsch, Helene, A psychoanalytic study of the myth of Dionysos and Apollo, New York 1969

Devereux, George, Baubo. Die mythische Vulva. Aus dem Französischen von Eva Moldenhauer, Frankfurt a.M. 1981 (Original: Baubô: La vulve mythique, Paris 1983)

Dolak, Gregor, »Tödlicher Zwist unter First Ladies«, in: Focus online, 25.02.2007: https://www.focus.de/kultur/kunst/maria-stuart_aid_125269.html (10.9.2018)

Eshelmann, Raoul, Der Performatismus oder das Ende der Postmoderne. Ein Versuch, in: Wiener slawistischer Almanach 46, Wien 2000, S. 149–173

Fischer-Lichte, Erika, Ästhetik des Performativen, Frankfurt a.M. 2004

Geitner, Ursula, Männer, Frauen und Dionysos um 1900: Aschenbachs Dilemma, in: Kritische Ausgabe 1, 2005, S. 4–12.

Goldhill, Simon, Der Ort der Gewalt. Was sehen wir auf der Bühne? Aus dem Englischen von Bernd Seidensticker und Antje Wessels, in: Bernd Seidensticker und Martin Vöhler (Hg.), Gewalt und Ästhetik, Berlin–New York 2006, S. 149–168

Henrichs, Albert, Dionysische Imaginationswelten: Wein, Tanz, Erotik, in: Renate Schlesier und Agnes Schwarzmaier (Hg.), Dionysos. Verwandlung und Ekstase. Staatliche Museen zu Berlin, Regensburg 2008, S. 18–28

Hentschel, Ingrid, »Der Gegensatz von Spiel ist nicht Ernst, sondern Wirklichkeit!« Spielverlust und Deep Play – Über performative Paradigmenwechsel im Theater der Gegenwart, in: Florin Vaßen (Hg.), Korrespondenzen. Theater – Ästhetik – Pädagogik, Berlin–Milow–Strasburg 2010, S. 43–60

Hentschel, Ingrid, Dionysos kann nicht sterben – Theater in der Gegenwart, Münster 2008

Hentschel, Ingrid, Gewalt, Aktion, Performance – Die Rückkehr des Rituals im Theater der Gegenwart, in: Theater im Marienbad (Hg.), Ekstase und Trost. Glaube und Ritual im zeitgenössischen Theater, Freiburg i.Br. 2009, S. 87–116

Hentschel, Ingrid, Welt und Wirklichkeit – Das Zentrum des Theaters, in: Stephan Kirste/Hanna Maria Kreuzbauer u.a. (Hg.), Die Kunst des Dialogs. Gedenkschrift für Michael Fischer, Frankfurt a.M. 2017, S. 73–84

Horkheimer, Max / Adorno, Theodor W., Dialektik der Aufklärung, Frankfurt a.M. 1969

Irigaray, Luce, Das Geschlecht das nicht eins ist. Aus dem Französischen von Angelika Dickmann, Berlin 1971 (Original: Ce sexe qui n'en est pas un, Paris 1977)

Irigaray, Luce, Ethik der sexuellen Differenz. Aus dem Französischen von Xenia Rajewsky, Frankfurt a.M. 1991 (Original: Éthique de la différance sexuelle, Paris 1984)

Le Rider, Jacques / Doderer, Heimito von (Hg), Der Fall Otto Weininger. Wurzeln des Antifeminismus und des Antisemitismus. Aus dem Französischen von Dieter Hornig, erw. u. überab. dt. Ausg., München 1985 (Original: Le cas Weininger. Racines de l'antiféminisme et de l'antisémitisme, Paris 1982)

Loraux, Nicole, Die Trauer der Mütter. Weibliche Leidenschaft und die Gesetze der Politik. Aus dem Französischen von Eva Moldenhauer, Frankfurt a.M. 1992 (Original: Les mères en deuil, Paris 1990)

Parca, Maryline / Tzanetou, Angeliki (Ed.), Finding Persephone. Women's Rituals in the Ancient Mediterranean, Bloomington–Indianapolis 2007

Pilz, Dirk, »Abschied von den Prinzipien. Maria Stuart/ Don Karlos – Nicolas Stemann und Stephan Kimmig inszenieren Schiller«, in: nachtkritik.de, 24.2.2007: http://www.nachtkritik.de/index.php?option=com_content&task=view&id=60 (10.9.2018)

Primavesi, Patrick, Gewalt der Darstellung: Zur Inszenierung antiker Tragödien im (post)modernen Theater, in: Bernd Seidensticker und Martin Vöhler (Hg.), Gewalt und Ästhetik, Berlin–New York 2006, S. 185–222

Sanyal, Mithu M., Vulva. Die Enthüllung des unsichtbaren Geschlechts, Berlin 2009

Schlesier, Renate / Schwarzmaier, Agnes (Hg.), Dionysos. Verwandlung und Ekstase. Staatliche Museen zu Berlin, Regensburg 2008 (anlässlich der Ausstellung in der Antikensammlung im Pergamonmuseum 5. November 2008–21. Juni 2009)

Schlesier, Renate, Mischungen von Bakche und Bak-
chos. Zur Erotik der Mänaden in der antiken grie-
chischen Tradition, in: Horst Albert Glaser (Hg.),
Annäherungsversuche. Zur Geschichte und Ästhe-
tik des Erotischen in der Literatur, Bern–Stuttgart–
Wien 1993, S. 7–30
Schmidt, Christopher, »Alles, was tief ist. Hans Belting
spricht in München über ›Theater und Maske‹«, in:
Süddeutsche Zeitung, 162, 18. Juli 2010, S. 16f.
Stamer, Gerhard, Parmenides. Kurzer Traktat über die
Ursprungserfahrung der Philosophie, Hannover 1999
Staniewski, Włodzimierz / Hodge, Alison, Hidden Terri-
tories. The Theatre of Gardzienice, London–New
York 2004
Strittmatter, Kai, »Hier spricht das Volk«, in: Süddeut-
sche Zeitung, 165, 21. Juli 2010, S. 11
Theurich, Werner, »Königlich schrecklich«, in: Spiegel
online, 25.02.2007: http://www.spiegel.de/kultur/
gesellschaft/maria-stuart-in-hamburg-koenig-
lich-schrecklich-a-468503.html (10.9.2018)
Troubleyn / Fabre, Jan, Orgy of tolerance, MAC, Santiago A Mil, XVI International Festival, Santiago de
Chile, 14.01.2009: https://www.troubleyn.be/eng/
performances/orgy-of-tolerance (11.9.2018)
Weihe, Richard, Die Paradoxie der Maske. Geschichte
einer Form, München 2004
Wolf, Naomi, Vagina. A New Biography, New York 2012

Endnoten

1 Bearbeitete Fassung eines Vortrags im Rahmen
des von Michael Fischer konzipierten Fest-
spiel-Symposiums *Der »andere« Gott, Salzburger
Festspiele*, 29. Juli 2010, Salzburg Kulisse, Haus
für Mozart, Salzburg.

2 Vgl. Weihe, Richard, *Die Paradoxie der Maske. Geschichte einer Form*, München 2004.

3 Vgl. Fischer-Lichte, Erika, *Ästhetik des Performativen*, Frankfurt a.M. 2004.

4 Vgl. Hentschel, Ingrid, »Der Gegensatz von Spiel ist
nicht Ernst, sondern Wirklichkeit!« Spielverlust und
Deep Play – Über performative Paradigmenwechsel im Theater der Gegenwart, in: Florin Vaßen
(Hg.), *Korrespondenzen. Theater – Ästhetik – Pädagogik*, Berlin-Milow-Strasburg 2010, S. 43–60.

5 Vgl. Eshelmann, Raoul, Der Performatismus oder
das Ende der Postmoderne. Ein Versuch, in: *Wiener
slawistischer Almanach 46*, Wien 2000, S. 149–173.

6 Die Maske ist heute im Theater verpönt, während
sie in der Mode und der Schönheitschirurgie sozusagen veralltäglicht wird. Jüngst hat sich auch
Hans Belting kritisch über den Verlust der Maske
im Theater geäußert (vgl. Schmidt, Christopher,
»Alles, was tief ist. Hans Belting spricht in München über ›Theater und Maske‹«, in: *Süddeutsche
Zeitung*, 162, 18. Juli 2010, S. 16f.).

7 »Prometheus in Athen«, Odeon Theater, Athen,
Regie: Rimini Protokoll, Juli 2010. Vgl. auch Strittmatter, Kai, »Hier spricht das Volk«, in: *Süddeutsche Zeitung*, 165, 21. Juli 2010, S. 11.

8 Vgl. Deutsch, Helene, *A psychoanalytic study of the
myth of Dionysos and Apollo*, New York 1969, S. 22.

9 Vgl. Schlesier, Renate / Schwarzmaier, Agnes,
(Hg.), *Dionysos. Verwandlung und Ekstase. Staatliche Museen zu Berlin*, Regensburg 2008.

10 Henrichs, Albert, Dionysische Imaginationswelten:
Wein, Tanz, Erotik, in: Schlesier/Schwarzmaier,
(Hg.), *Dionysos. Verwandlung und Ekstase*, S. 19.

11 Wobei der Alkohol, der Wein, der mit Dionysos in
Verbindung gebracht wird, den Männern vorbehalten ist. Den Frauen obliegt die Weinherstellung,
aber sie trinken ihn selbst nicht.

12 Zur Gestik und zum Körperbild der Mänaden vgl.
Brandstetter, Gabriele, *Tanz-Lektüren: Körperbilder und Raumfiguren der Avantgarde*, Frankfurt
a.M. 1995, S. 182–206 (Der Tanz der Mänade).

13 Vgl. Stamer, Gerhard, *Parmenides. Kurzer Traktat
über die Ursprungserfahrung der Philosophie*, Hannover 1999.

14 Die Frau wird als Maskenwesen schlechthin aufgefasst: Es ist nicht nur die Schminke, die sie verwendet, die Korsagen, die eine schmale Taille vor-
täuschen, die falschen Haarteile. Auch ohne
Make-up verbirgt sich unter der Oberfläche der
Frau aus Sanftheit, Anmut und Mütterlichkeit das
Unberechenbare, das Launische, die Gier. Und aus
der geliebten erotischen Frau kann unversehens

Ingrid Hentschel

das übermächtige Muttertier hervortreten. Botho Strauß beschreibt beispielsweise immer wieder solches Aufbrechen des Anderen unter der Maske der Alltäglichkeit.

15 Vgl. Wolf, Naomi, *Vagina. A New Biography*, New York 2012 und Sanyal, Mithu M., *Vulva. Die Enthüllung des unsichtbaren Geschlechts*, Berlin 2009.

16 Vgl. Devereux, George, *Baubo. Die mythische Vulva*. Aus dem Französischen von Eva Moldenhauer, Frankfurt a.M. 1981.

17 Vgl. Deleuze, Gilles, *Nietzsche und die Philosophie*. Aus dem Französischen von Bernd Schwibs, Frankfurt a.M. 1985, S. 209.

18 Devereux, *Baubo, S. 29*.

19 Der vorliegende Beitrag aus dem Jahre 2010 entstand vor der sogenannten #MeToo Debatte 2017. Seither hat sich die Diskussion um die Repräsentanz von Frauen auf und hinter den Theaterbühnen intensiviert. Die Schlussfolgerungen des vorliegen Beitrags bleiben dennoch – von wenigen Ausnahmen abgesehen – unberührt.

20 *Metamorphosis* in der Regie von Włodzimierz Staniewski rekonstruiert in Zusammenarbeit mit Wissenschaftlern anhand von antiken Vasendarstellungen und Überlieferungen Musik, Tanz und Gestik antiker Theatralik und entwickelt eine rauschhafte Dramaturgie mit Texten von Apuleius, Plato und antiker Dichtung, die beim Theater der Welt (Berlin 1999) umjubelt wurde (vgl. Staniewski, Włodzimierz / Hodge, Alison, *Hidden Territories. The Theatre of Gardzienice*, London–New York 2004).

21 Die Performance Kunst ist wie das Tanztheater stark von Frauen geprägt, die beginnen, in der ersten Person zu sprechen und zu handeln. Kein fremder Autor muss ihren Text verbürgen.

22 Vgl Fußnote 30 zur Oper *Dionysos* von Wolfgang Rihm.

23 Vgl. Theurich, Werner, »Königlich schrecklich«, in: *Spiegel online*, 25.02.2007: http://www.spiegel.de/kultur/gesellschaft/maria-stuart-in-hamburg-koeniglich-schrecklich-a-468503.html (10.9.2018).

24 Vgl. Dolak, Gregor, »Tödlicher Zwist unter First Ladies«, in: *Focus online*, 25.02.2007: https://www.focus.de/kultur/kunst/maria-stuart_aid_125269.html (10.9.2018).

25 Vgl. Pilz, Dirk, »Abschied von den Prinzipien«, in: *nachtkritik.de*, 24.02.2007: https://nachtkritik.de/index.php?option=com_content&view=article&id=60:maria-stuartdon-karlos-nicolas-steman-und-xstephan-kimmig-inszenieren-schiller&catid=37 (10.9.2018).

26 *Parzival* (UA 2010) von Lukas Bärfuss nach Wolfram von Eschenbach, Inszenierung: Lars-Ole Walburg, Schauspiel Hannover.

27 MAC, Santiago A Mil, XVI International Festival, Santiago de Chile, 14.01.2009: https://www.trou-bleyn.be/eng/performances/orgy-of-tolerance (11.9.2018).

28 Vgl. Horkheimer, Max / Adorno, Theodor W., *Dialektik der Aufklärung*, Frankfurt a.M. 1969.

29 Hentschel, Ingrid, Welt und Wirklichkeit – Das Zentrum des Theaters, in: Stephan Kirste / Hanna Maria Kreuzbauer u.a. (Hg.), *Die Kunst des Dialogs. Gedenkschrift für Michael Fischer*, Frankfurt a.M 2017, S. 73–84.

30 Im Bühnenbild von Jonathan Meese zu Wolfgang Rihms Oper *Dionysos*, UA Salzburger Festspiele 27.7.2010, wird auch die Vulva der Mütter in Ganzkörpermasken sichtbar gemacht.

Kunst und Kultur am Ende des 20. Jahrhunderts[1]

Eric Hobsbawm

Die *Salzburger Festspiele* sind so alt wie unser Jahrhundert, das heißt, wie das sogenannte »Kurze 20. Jahrhundert«, das mit dem Ersten Weltkrieg, dem Zusammenbruch der Zentralmächte und der Russischen Revolution begann und heute wohl zu Ende ist oder in ein anderes Jahrhundert übergeht. Die Festspiele selbst gehören ihrem Ursprung nach zum Todesröcheln der Donaumonarchie, obwohl sie erst 1920 offiziell eröffnet wurden. Übrigens gehört Polemik über Kunst, Kultur, Kommerz und Politik seit Anbeginn zu ihrer Tradition und überhaupt zur Tradition Österreichs. (In dieser Hinsicht lebt noch etwas von der alten Monarchie.) Schon Karl Kraus hat sich, wie über so viel anderes, über die Festspiele entrüstet. Er soll sogar aus Protest gegen die kirchliche Unterstützung der Festspiele aus der Katholischen Kirche ausgetreten sein, zu der er sich vor dem Krieg bekehrt hatte.

Ob aus Protest gegen die Kommerzialisierung der Künste oder aus Abneigung gegen Max Reinhardt, Hugo von Hofmannsthal und Stefan Zweig ist unklar. Jedenfalls, mit und ohne Polemik, die Festspiele gehören zur Geschichte der europäischen Kultur im 20. Jahrhundert. Es ist daher natürlich, dass wir erst am Ende dieses Jahrhunderts über diese Geschichte nachdenken. Darüber zu Ihnen zu sprechen, hat mich die Leitung der *Festspiel-Dialoge* eingeladen. Ich bin dafür besonders dankbar, da ich oft über dieses Thema nachdenke und auch in meiner Geschichte des 20. Jahrhunderts, im *Zeitalter der Extreme*[2], versucht habe, die Verbindung zwischen den wirtschaftlichen, den logischen, gesellschaftlichen und kulturellen Umwälzungen in der zweiten Hälfte dieses Jahrhunderts zu untersuchen.

Kunst und Kultur am Ende des 20. Jahrhunderts stehen im Zeichen des ungeheuren materiellen Wachstums und einer Annexion durch die moderne kapitalistische Wirtschaft, die diese in Großindustrien verwandelt haben. Medien und Freizeit, Kommunikation, das heißt Kunst und Kultur sind die großen Verlierer unserer Zeit – mehr als seinerzeit Stahl und Eisen, mehr vielleicht als Öl. Das ist ganz besonders im letzten Drittel des Jahrhunderts klar geworden und ist ein grundlegendes Thema meines Vortrags.

Die Kunst am Ende des 20. Jahrhunderts steht auch und ganz direkt im Zeichen der heutigen, immer mehr beschleunigten Technologie. Das ist allerdings nicht neu. Das trifft auf die gesamte Kunst des 20. Jahrhunderts zu. Denn was an ihr neuartig ist und sowohl deren Angebot und Nachfrage, das heißt, die Produktion und die Aufnahme der Kunst bestimmt, fußt – auch heute noch zum großen Teil – auf drei technischen Durchbrüchen, die in den letzten Jahrzehnten vor dem Ersten Weltkrieg erzielt und dann zwischen den beiden Kriegen weiterentwickelt wurden. Es handelt sich erstens um die fotografische Wiedergabe der Bewegung – also Film und Video –, zweitens um die mechanische Schallaufzeichnung und -wiedergabe – also Grammofon, Platte und Tonband – und drittens um die unmittelbare Übertragung von Schall und Bild über weite Entfernungen, das heißt Radio und Fernsehen. Die Kunst im letzten Jahrzehnt des 20. Jahrhunderts ist allerdings weit mehr als eine Verlängerung und technische Verbesserung dessen, was schon vor 1914 – aber nicht vor 1890 – möglich war. Eben dieser Unterschied ist das eigentliche Thema meines Vortrags. Es ist aber doch notwendig, dass wir uns vor Augen halten, wie grundlegend sich die gesamte Kulturszene unseres Jahrhunderts von der aller früheren Jahrhunderte und Jahrtausende unterscheidet.

Das lässt sich am Beispiel der *Salzburger Festspiele* selbst erläutern, denn diese – und wir – gehören noch zur vorindustriellen Kultur. Das Festspielprogramm dieses Jahres ist in vier Sektoren geteilt: Schauspiel, Oper, Konzert und Ausstellung. Alle vier erfordern den persönlichen Kontakt, unmittelbare sinnliche Wahrnehmung durch das Publikum – durch sie und mich –, der aufgeführten oder ausgestellten Werke beziehungsweise den unmittelbaren okularen oder auralen Kontakt mit den aufführenden und körperlich präsenten Künstlern. Daher erfordern sie alle unsere körperliche Gegenwart. Ja, die Tatsache, dass sich das Festspielpublikum Zeit nimmt und Geld ausgibt, um persönlich nach Salzburg zu kommen, beweist, dass es, gleichviel aus welchen Gründen, einen besonderen Wert an dem persönlichen Kunsterlebnis findet, obwohl heute manche dieser Darbietungen auch den Abwesenden indirekt, und übrigens viel billiger, zugänglich sind, nämlich durch Radio- und Fernsehübertragung, Platten und so weiter.

Vor dem Ersten Weltkrieg hätten wir nicht einmal diese Wahl gehabt. Mit der einzigen Ausnahme der Literatur, die schon seit dem 15. Jahrhundert durch den Buchdruck ein unbegrenztes und anonymes Fernpublikum erreichen konnte, waren die Künste an den unmittelbaren Kontakt zwischen Publikum und Kunstwerk oder Künstler gekettet. Und zwar nicht nur aus den schon besprochenen technischen Gründen, sondern auch durch die technologisch primitive handwerkliche Herstellung oder Ausführung der Kunstprodukte. In mancher Hinsicht hatte sich diese Einengung der Beziehungen zwischen Kunstproduktion und Publikum im großen Zeitalter der bürgerlichen Kultur, das heißt im 19. Jahrhundert, noch verstärkt; wie immer mit Ausnahme der Literatur.

Es ist eigenartig, dass jenes Zeitalter der industriellen Revolutionen und des rasenden wissenschaftlichen und technologischen Fortschritts so wenig Auswirkung auf die Hochkulturproduktion hatte. Um nur ein Beispiel zu nennen: Wohl gab es technische

Verbesserungen der Musikinstrumente, aber die Besetzung des klassischen Orchesters, und noch mehr der Kammermusik, veränderte sich kaum. Die neuen Instrumente, die in diesem Jahrhundert erfunden wurden – Sarrusophon, Tuba, Saxophon, Harmonium, Harmonika und so weiter –, hatten nur am äußersten Rande Einfluss auf die musikalische Hochkultur. Sie beschränkten sich auf die weniger anspruchsvollen Branchen der Musik – auf Militärkapellen, Gasthausmusik, die bescheideneren Stätten des Gottesdienstes etc. Erst der Siegeszug der demotischen Unterhaltungsmusik hat das Instrumentarium der heutigen Musik, vom Saxophon bis zur Elektronik revolutioniert. Und ohne diesen Siegeszug wäre das auch nicht geschehen.

Neu in diesem Jahrhundert war also nicht die Kunstproduktion, sondern etwas anderes: der Kunstbetrieb und die Rolle des Künstlers, das heißt dessen Beziehung zum Publikum. Das heißt, neu wären die gesellschaftlichen, die begrifflichen und nicht die technischen Änderungen. Ich denke hier besonders an die Angleichung der Kunst an das Fortschrittsmodell und des Künstlers an den Individualismus des Privateigentümers. Die hohe, die »eigentliche« Kunst – zum Unterschied von der Produktion und der durch die Industriegesellschaft revolutionierte Reproduktion der Ware – erforderte das Individuum als einzigen Schöpfer. Das Urteil des Künstlers als Individuum wurde also zur einzigen und letzten Instanz für alle, inklusive Mäzen und Publikum. Richard Wagner hat das seinerzeit sofort erkannt und mit großem Erfolg ausgebeutet. Was »den Künstler« kennzeichnete, war und ist eben die Verbindung von »Genie«, Originalität – also Unverwechselbarkeit – und Modernität. Denn Wagner nahm auch die Entdeckung der »Moderne« vorweg, die seit den 1880er-Jahren den Weg der Kunst bestimmt hat: Die neue Kunst war nun als solche besser als die alte, heute war ein Fortschritt gegen gestern, morgen musste einer gegen heute sein. Einzig die garantiert individuelle Signatur bestimmte nun den Wert des Kunstwerkes, jedenfalls in den bildenden Künsten. Sie bestimmt ihn noch immer auf dem Kunstmarkt. Aber auch anderswo ist das Plagiat die Todsünde. Wert hat nur das Original, nicht aber die Kopie beziehungsweise der Name des Künstlers, nicht aber der des Nachahmers oder Fälschers. Das hatte aber schwerwiegende Folgen. Da, wie schon Walter Benjamin erkannte, das Wesentliche an der Kunst des 20. Jahrhunderts eben ihre »Reproduzierbarkeit« war, begaben sich die Künste, welche alles auf das einmalige Original setzten, auf den Holzweg.

Das bedeutet folgerichtig, dass für das bürgerliche Zeitalter des 19. Jahrhunderts die hohe Kunst (wie immer mit Ausnahme der Literatur) eben nicht »wirklich« oder nur lokal reproduzierbar und der Öffentlichkeit nur an bestimmten Stellen zugänglich war – wie zum Beispiel in den Museen, Galerien und Theatern, die im 19. Jahrhundert die Brennpunkte der öffentlichen Kultur des bürgerlichen Zeitalters wurden. Die Weltkarte dieser Kultur lässt sich von der geografischen Verteilung dieser Gebäude ablesen.

Eric Hobsbawm

Der technische Durchbruch am Anfang dieses Jahrhunderts brachte das Massenpublikum – und zwar fast sofort. Für wie viele Zuschauer und Zuhörer war in den gesamten 500 Schauspielhäusern Deutschlands und der Donaumonarchie am Ende des 19. Jahrhunderts überhaupt Platz? Bestenfalls für eine Million der, sagen wir, 110 Millionen Einwohner. Die Bevölkerung der Vereinigten Staaten war damals mit der der beiden europäischen Monarchien vergleichbar (IOE 238–9). Doch kaum ein Dutzend Jahre nach den ersten Aufführungen eines Films – also um die Zeit, als Gustav Mahler die New Yorker Philharmoniker dirigierte, gingen schon 26 Millionen Amerikaner wöchentlich ins Kino. Heute, wo der Bildschirm in jeder Wohnung gegenwärtig ist, kann eine einzige Übertragung – zum Beispiel eines Fußballspiels – gleichzeitig 300 Millionen oder noch mehr erreichen.

Es ist klar, dass diese Technisierung der Kunstproduktion für ein Millionenpublikum, das Publikum für die Werke der Hochkultur ungeheuer erweiterte; und übrigens auch die Gagen der Künstler und die Einkünfte von deren Agenten, die seit den 1950er-Jahren fast senkrecht ansteigen. In der Musik verdienen heute Unternehmer ein Vielfaches der Einkünfte an den Kassen der Opern und Konzertsäle aus dem Plattenverkauf. Ja, die Karriere der Künstler hängt jetzt im Grunde von der Marktstrategie der Schallplattenfirmen ab. Heute ist es möglich, dass eine äußerst begabte, aber junge und verhältnismäßig unbewährte Sängerin wie Cecilia Bartoli im Lauf von drei bis vier Jahren und ohne viel direkten Kontakt mit dem Publikum zu haben, zur weltbekannten Diva und Spitzenverdienerin wird – die ja sogar für Oper und Festspiele unerschwinglich sein kann.

Selbstverständlich hat sich auch das alte Publikum für den direkten, technisch unvermittelten Genuss der Hochkultur vergrößert, zum Teil wegen des steilen Anstiegs des für Kulturausgaben vorhandenen Einkommens in den entwickelten Ländern seit Mitte des Jahrhunderts, zum Teil durch die Revolution des Freizeitreisens in den letzten Jahrzehnten. Nicht nur Künstler und Kunstwerke, sondern auch die Kulturhungrigen reisen heute um die Welt, wie jeder feststellen kann, der sich in den großen Tempeln der Malerei einen Weg durch die Massen der anderen ehrfurchtsvollen Europäer, Japaner, Nord- und Südamerikaner zu bahnen sucht. Man könnte sogar behaupten, im Hinblick auf Florenz und Venedig in der Hochsaison oder auf die diesjährige Vermeer-Retrospektive in Den Haag, dass wir heute die Grenzen dieser Demokratisierung und Globalisierung des Gebietes der persönlichen Pilgerreisen in die Kulturstätten erreicht oder sogar überschritten haben. Jetzt – ja, man kann sagen, erst jetzt – erkennt man den kulturell ausschlaggebenden Unterschied zwischen unbegrenzt reproduzierbaren Erlebnissen und räumlich begrenzten. Alle Menschen können theoretisch zur gleichen Zeit das Finale der Olympiade im Fernsehen beobachten, aber nur wenige können das im Stadion selbst. Ein beschränkter Raum gestattet einfach kein unbeschränktes Wachstum des Publikums. Das lernte man in Frankreich schon vor vierzig Jahren, als sich herausstellte, dass die Besucher der Höhlen von Lascaux einfach durch ihre Anwesenheit – durch ihren Atem – die wundervollen Höhlenmalereien zu zerstören drohten. Früher oder später muss es daher entweder zu systematischem Ausschluss des Publikums kommen oder zur Rationierung der Besucherzahl – wie das eben seit 1990 bei den großen Internationalen Kunstausstellungen Usus geworden ist. Das trifft bekanntlich nicht nur auf die Kunst zu, sondern auch auf die Natur. Ein Caspar David Friedrich kommt, um sie allein zu bewundern; die Begeisterung von Millionen kann sie zerstören. Das stellen heute die Amerikaner sogar bei gigantischen Touristenzielen wie dem Grand Canyon fest. Wenn wir als Millionenanzahl die Landschaft umschlingen, wird sie erdrosselt.

Das sprungartige Anwachsen des Publikums für die alte Hochkultur hat sie aber leider nicht verjüngt. Im Gegenteil, die alten Künste florieren nicht, so gut sie sich auch verkaufen beziehungsweise so groß die öffentlichen oder privaten Subventionen auch sein mögen. Bleiben wir, da wir uns in Salzburg befinden, bei der Oper. Seit Puccini, Richard Strauss und Janácek (alle spätestens um 1860 geboren) gibt es kaum zeitgenössische Komponisten, die immer wieder neue Werke schaffen, die ins internationale Repertoire aufgenommen werden. Seit der Zwischenkriegszeit lassen sich die zeitgenössischen Opern im internationalen Spielplan an den Fingern abzählen. Das Opernrepertoire ist praktisch ein Friedhof geworden, auf dem wir die Gräber der großen Toten mit den Blumen neuer Inszenierungen bekränzen.

Diese Verwandlung der Kunst in eine Ehrenhalle für meistens tote Klassiker ist wohl bei der Musik am auffälligsten, weil das zahlende Publikum seit, sagen wir, 1910 die von der Kritik ernstgenommenen Komponisten praktisch ablehnt. Und die Musik hängt nun zum Unterschied von den bildenden Künsten von der Reproduzierbarkeit ihrer Schöpfungen und daher von einem, wenn auch quantitativ bescheidenen, Massenpublikum ab. Die Nekropolisierung gilt aber auch für die anderen Künste alten Stils, etwa mit Ausnahme der zeitgenössischen Literatur, denn eben diese hat sich an das Zeitalter der Reproduzierbarkeit ohne Weiteres angepasst, und zwar nicht nur dank der glorreichen Erfindung des gedruckten Buches, sondern auch durch die Unmöglichkeit, mit dem Wort soviel Blödsinn zu stiften wie mit Pinsel und Noten. Der steile Aufstieg des Denkmalschutzes ist sehr typisch für diese Auflehnung gegen die Gegenwart. Auch das ist neu. Heute wird praktisch jedes Gebäude, das mehr als zehn Jahrzehnte alt ist, unzerstörbar, jedenfalls äußerlich. Alt ist gut – dem Neuen misstrauen wir. Und das nicht nur im alten konservativen Europa, sondern auch unter den Wolkenkratzern Amerikas. Es geht soweit, dass man in New York heute daran denkt, den alten stolzen Pennsylvania-Bahnhof im Originalstil des frühen 20. Jahrhunderts wiederaufzubauen, der erst vor dreißig Jahren abgerissen und durch eine moderne

Eric Hobsbawm

Kombination von Büro, Geschäft und Sporthalle ersetzt worden ist. Und das in einer Stadt, deren eigentliche Tradition bis vor Kurzem eben die ständige Erneuerung war; in der von den Schauspielhäusern der Metropolitan Opera, die vor dem Bau des Lincoln Center existierten, kein Stein mehr übrig ist. Aber eben das ist in der alten Hochkultur das Symptom der Krise, vielleicht bedeutet es sogar das Ende des Kunstbegriffs der Moderne und ganz sicher des Begriffs der Avantgarde als Vorreiter der Kunst von morgen, die ja als solche besser ist und sein muss als die von heute.

Die Avantgarde, als eigentliche Vertreterin der künstlerisch ernstzunehmenden zeitgenössischen Kulturschöpfung, hat sich besonders seit den Sechzigerjahren marginalisiert, insofern als sie nicht ihre Eigenständigkeit als Kultur aufgegeben hat und sich der Industrie, der Werbung und der Reklame unterordnet. Aber nicht nur sie, sondern auch der gesamte Kunst- und Kulturbegriff des 19. Jahrhunderts steht infrage, obwohl das vom wachsenden Reichtum der Kunstkonsumenten und vor allem vom steilen Anstieg der höheren Schul- und Universitätsbildung verdeckt wird. Man darf nie vergessen, dass die klassische Musik heute bestenfalls fünf Prozent aller Schallplatten und Tonbänder darstellt. Bloß in den ersten paar Jahren nach Einführung der Compact Discs hat sie diese Grenze kurz überschritten.

Das ist hauptsächlich der wahren Kulturrevolution des 20. Jahrhunderts zuzuschreiben, nämlich der technisierten Kunstproduktion, die ja die grundlegende Kunst des 20. Jahrhunderts überhaupt erst ermöglicht hat, nämlich den Film (ob im Kino, auf dem Fernsehschirm oder als Video). Diese Technisierung der Kunst hat drei hauptsächliche Folgen. Erstens ersetzt sie sowohl alte Kunst wie alte Künstler. So hat die Fotografie Portraitmaler als Beruf großteils ausgerottet. Das lässt sich zum Beispiel in den zeitgenössischen Sälen der Londoner National Portrait Gallery leicht feststellen. Die alte Tradition des Romans, der in regelmäßigen Fortsetzungen erscheint, ist praktisch tot. Was ihr heute entspricht, ist die Fernsehserie.

Zweitens – und das ist wohl wichtiger – werden Künstler und Produkt nun von der Technik seiner Herstellung dominiert. Darüber braucht man nicht viele Worte zu verlieren. Die heutige Popmusik, die etwa 75 Prozent der gesamten Phonoproduktion darstellt, ist zum Beispiel – jedenfalls seit den Sechzigerjahren – ein fast zur Gänze von der Studiotechnik beherrschtes Produkt. Hier wird der Künstler, ob als Schöpfer oder Darsteller, zum Endprodukt des kollektiven Prozesses der Technik und der Techniker. Im Grenzfall spielt und singt die Rockgruppe sogar beim öffentlichen Auftritt ihre Nummer nicht einmal selbst, sondern ahmt das im Studio aufgenommene und elektronisch ausgearbeitete Band pantomimisch nach. Ohne die Technik und die Techniker bestünde diese Musik einfach nicht Es geht aber noch weiter. Heute beginnt die Technologie sich von der menschlichen Schöpfung ganz unabhängig zu machen und durch den Computer oder einfach durch die Registrierung der

Naturformen – wie sie zum Beispiel aus der Chaostheorie entwickelt werden – selbständig Bilder zu schaffen oder Töne zu komponieren und zu verbinden.

Drittens aber – und das ist vielleicht das Wichtigste – bedeutet die Technik eine Umwälzung unseres Verhältnisses zur Kunst, ja des menschlichen Erfahrungsvermögens. Und das schon allein durch die unendliche, unausweichliche Flut von Tönen, Bildern, Worten, die das Leben des modernen Menschen durchtränkt. Nie vorher in der Geschichte haben wir so gelebt. Das ist wohl die eigentliche Kulturrevolution des späten 20. Jahrhunderts: die Allgegenwart, die Unausweichbarkeit des Kulturproduktes. Wenn sie auch ab der Dreißiger- und Kriegsjahre vom Radio vorweggenommen wurde, gehört sie eigentlich doch in die Epoche des Fernsehapparates im Wohnzimmer. Das heißt, seit den Sechzigerjahren in die Zeit der Radios in allen Zimmern, seit den Siebzigern und danach in die Epoche, in der die Musik durch die verkleinerte Tonbandkassette und den Walkman in jedes Auto, ja potentiell in die Tasche jedes Kindes kam, das war ab 1980. Zum ersten Mal in der Geschichte wachen wir in dieser Flut auf; wir schlafen in ihr ein. Der Schwall der Töne, Bilder und Worte begleitet uns durch den Tag. Technologie durchtränkt das private wie das öffentliche Leben mit Kunst, ob mit guter oder schlechter tut nichts zur Sache. Denn alles, auch das Erlebnis der guten Kunst, verändert sich durch endlose Wiederholung. Das hat uns Andy Warhol, der Mephisto unserer Zeit, mit seinen endlos wiederholten Ikonen von Mao bis Marilyn Monroe zu beweisen versucht. Noch nie waren ästhetische Erfahrungen schwerer zu umgehen.

Aber nicht nur das. Durch die heutigen technisierten Massenkünste ändert sich der Begriff des Kunsterlebnisses selbst, ja ist vielleicht in Auflösung begriffen. Schon das Kino hatte das Erfassen der Natur durch das menschliche Auge grundlegend verändert – es war in dieser Hinsicht unvergleichlich revolutionärer oder jedenfalls erfolgreicher als etwa der Kubismus, der Futurismus und ähnliche Salonmoden. Seitdem ist durch das kontrollierbare Tonband und Videogerät die notwendige Zeitfolge des Films und der Musik aufgehoben worden. Das war bisher nur beim Lesen möglich, und auch hier bringt die Technologie des Computers und der CD-ROM bedeutende Änderungen. Ich glaube, wir sind uns noch nicht ganz bewusst, wie tiefgreifend die Wandlung unserer Wahrnehmung der Kultur durch die kleinen Tasten »Fast forward«, »Rewind« und »Pause« oder »freeze« ist, besonders für die Generation, die sich ohnehin daran gewöhnt hat, die Fernsehkanäle im Eiltempo zu durchstreifen. Durch diese Technologie wird das Erfassen der Kulturproduktion zu einem Mosaik von fast gleichzeitigen oder einander überschneidenden kurzfristigen Eindrücken. Der Ablauf der Erzählung oder des Arguments, die Verbindung schaffende Reihenfolge, die nur in der Zeitdimension möglichen Crescendo und Descrescendo, das heißt, der Aufbau der musikalischen oder dramatischen Architektur versinkt. Die Synchronik siegt über die Diachronik. Wie gewöhnlich hat das die Industrie – genauer gesagt, die Werbung – viel früher erkannt als die Hochkultur. Das lässt sich von den Werbespots im Fernsehen ablesen, besonders von denen, die sich an die jugendlichen Konsumenten wenden und ganz besonders von den ans Popmusikpublikum appellierenden Kanälen wie dem MTV.

Es geht mir nicht darum, den Wert dieser oft originellen und technisch sehr anspruchsvollen Produktionen kritisch einzuschätzen. Ich wüsste eigentlich nicht, wie das zu machen wäre und ob überhaupt die Maßstäbe, die Leute meiner Generation an Kulturproduktionen anlegen, auf diese angebracht sind. Wichtig ist nur festzustellen, dass es sich um eine neue Art des Kulturerlebnisses handelt, die mit der althergebrachten äußerst wenig gemein hat. Und dass die Technisierung der geistigen Tätigkeit, die im Zeitalter des Personal Computers eingesetzt hat, unsere Einstellung zu Kunst und Kultur im 21. Jahrhundert noch mehr bestimmen wird als im 20. Jahrhundert.

Heißt das, dass es mit der alten Kultur zu Ende ist? Natürlich nicht. Die Literatur beweist, dass sogar die alte Hochkultur nicht nur lebensfähig, sondern lebendig ist, wenn sie nicht wie die Malerei und die Musik der Avantgarde einen bewussten Kurs in die Wüste einschlägt. Große Komponisten und Maler, nämlich solche, die sich mit Brahms und Bruckner, mit Degas und Picasso messen können, sind wohl heute Mangelware, nicht aber große Dichter und Werke in Worten. Diese sind am Ende unseres Jahrhunderts ebenso zu finden wie zu seinem Anfang, und sie sind auf gleiche Weise zugänglich wie früher. Es ist nicht einmal wahr, dass sich die alte Hochkultur gänzlich in ein von Schulmeistern und reichen Eliten und von der Fremdenverkehrswerbung gehütetes Ghetto zurückzieht. Denn wir, die intellektuellen Kulturhasen sind ja auch in der neuen Kulturlandschaft des Films und der Rockmusik aufgewachsen und existieren gleichzeitig in der Welt der *Traviata* und der des Quentin Tarantino. Und umgekehrt machen Pavarotti, Domingo und Carreras Musik für Massen beziehungsweise schalten durchaus ein paar geborgte Takte ein. Wir leben einfach heute in einer völlig anderen Welt als unsere Vorfahren.

Aber das führt mich doch zu meiner letzten Frage, die ich nicht – die vielleicht bis jetzt noch niemand – beantworten kann. Die Kultur, die ich hier besprochen habe, ob Hochkultur oder moderne Massenkultur, hat rein westlichen Ursprung: europäisch einerseits, nordamerikanisch andererseits. Es trifft wohl mehr auf die Kultur der Eliten zu als auf die der Massen, ob die Eroberung in dieser Form auf der gesamten Welt gelingt. Das Konzertrepertoire philharmonischer Orchester, das Jazzkonzert in Minneapolis unterscheidet sich wenig von dem in Osaka, Baku oder Düsseldorf. (Es handelt sich in beiden Fällen um Künste, die ein ausgewähltes Minderheitenpublikum ansprechen.) Es ist jedenfalls zu bezweifeln, ob das trotz der riesigen Durchschlagskraft der amerikanischen Medien auch beim Massenpublikum in Bombay, Hongkong und

Seoul der Fall ist. Aber die wirtschaftliche, soziale und politische Hegemonie des Westens geht ja bekanntlich zu Ende. Der Westen selbst, der um 1900 mehr oder weniger als ein Drittel der Menschheit umfasste, ist bis auf ein Sechstel zusammengeschrumpft. Kann unter solchen Umständen seine kulturelle Hegemonie überleben? Stellen wir die Frage umgekehrt: Wenn einmal der Schwerpunkt der Welt im Fernen Osten und in Indien liegt, werden Tokio oder Bombay dann die Maler der Welt so anziehen, wie es einst Paris tat? Wird die Freizeit der Menschen des dritten Jahrtausends so japanisch oder chinesisch aussehen, wie die des 20. Jahrhunderts durch den Sport noch englisch aussieht? Denn der Sport – von Fußball zu Golf und bis hin zu Tennis – ist eine rein britische Erfindung, die in der britischen Wirtschaftshegemonie des 19. Jahrhunderts wurzelt – und von der Welt seitdem übernommen wurde. Von der Amerikanisierung des Sports, das heißt seiner Verwandlung in ein Milliardengeschäft, das wir im Augenblick über dem Atlantik vor uns sehen, will ich nicht weiterreden, es ist bloß erwähnenswert, dass auch dies erst ein Produkt der letzten Jahrzehnte ist. Wird Bombay das Weltzentrum der Medienkultur werden – es ist schon heute deren Zentrum für Milliarden Inder –, wenn Bangalore das Weltzentrum der Software wird? Werden Weltkunst und Kultur im nächsten Jahrhundert im Kimono oder Sari antreten? Wird sie so synkretistisch werden wie schon heute ein Teil der kommerziellen Massenkultur, der Popmusik oder der Filmindustrie von Hongkong mit ihrer eigenartigen Verbindung der Themen aus weit entfernten Kulturkreisen? Und wieviel von unserer Kultur wird noch in dieser neuen, andersgefärbten Weltkultur stecken? Aber wird es eine solche neue globale Kultur überhaupt geben, die mit jener in der Zeit der westlichen Hegemonie vergleichbar ist? Dass es heute eine einzige Weltwirtschaft, eine globale Wissenschaft und Technologie gibt, ist unbestritten. Dass sie eine einzige globale Kultur automatisch hervorruft, ist dagegen durchaus nicht sicher.

Meine Damen und Herren, diese Fragen kann ich nicht beantworten. Im Augenblick kann sie niemand beantworten. Ich muss es Ihnen überlassen, weiter über diese Fragen nachzudenken, denn meine Zeit geht zu Ende. Nur eins steht ziemlich fest: Die *Salzburger Festspiele* werden in fünfzig oder achtzig Jahren noch immer da sein. Und man wird in der Festspielzeit noch immer Mozart-Opern hören. Es ändert sich viel in der Welt – aber nicht alles.

Endnoten

1 Vortrag bei den Salzburger *Festspiel-Dialogen* am 31. Juli 1996. Abdruck mit freundlicher Genehmigung von Marlene Hobsbawn.

2 Hobsbawm, Eric J., *Das Zeitalter der Extreme. Weltgeschichte des 20. Jahrhunderts*. Aus dem Englischen übers. von Yvonne Badal, München 1995.

Normalverbrauchte –
Postulate ans Drama zur Jahrtausendwende[1]

Rolf Hochhuth

Denn es wird hiebei nichts weniger verlangt, als daß man sich […] vergegenwärtige, wie es […] in bürgerlichen, kriegerischen, religiösen und ästhetischen Zuständen ausgesehen. Den echten Dichter wird niemand kennen, als wer Zeit kennt.

Goethe 1822 über Lucrez

Der rüde Titel meiner Rede holt seine Legitimation aus dem Brecht-Zentenarium. Denn was uns alle den Meistern verpflichtet neben der Dankbarkeit, die wir ihnen für unsere Erlebnisse mit ihren Werken schulden, sind die Forderungen der Klassiker an sich selbst und an ihre Epoche, soweit diese Postulate von ihnen noch nicht eingelöst werden konnten, also uns vererbt, uns auferlegt wurden als Verpflichtung, sie nach Kräften ihrer Verwirklichung um wenigstens einen Schritt näher zu bringen, soweit es uns möglich ist…

Dem jetzt hundertjährigen Brecht ist es zwar schon vor siebzig Jahren geglückt, seiner *Dreigroschenoper*, mit und dank Kurt Weill, die absolut vollkommene künstlerische Form zu geben. Doch was Brecht in dieses erste Unvergängliche seiner Bühnenwerke an gesellschaftskritisch-moralischen Imperativen eingebracht hat, ist deshalb uneingelöst, und zwar noch immer, weil Politik und Wirtschaft, die uns beherrschen, sich diesen Postulaten widersetzen. Ganz besonders die Wirtschaft, da allein sie heute bestimmt, was ihre Prokuristen, die Politiker und Gesetzgeber, tun. Oder genauer: was die beflissen unterlassen …

Brechts Postulate, so muss man leider feststellen, lasten heute als Aufgabe noch stärker auf uns als vor siebzig Jahren auf der glücklosen Weimarer Demokratie. Ja, fast muss man folgern: Proportional zur Bevölkerungszahl – wächst die Entfernung, Brechts Ziel zu erreichen, dass »der Mensch dem Menschen ein Helfer ist«, wie er das im Größten seiner Gedichte, *An die Nachgeborenen*, vermächtnishaft am Ende hofft. Denn zur Jahrtausendwende wird Europa so viele Arbeitslose haben wie Spanien Einwohner …

Wie könnten da in den sieben Jahrzehnten die zwei Hauptprobleme gelöst worden sein, die uns Brecht in der *Dreigroschenoper* als die beiden vordringlichsten Arbeiten auch noch – ja gerade – unseres Zeitalters aufgezeigt hat, nämlich: »Erst kommt das Fressen, dann kommt die Moral«. Und zweitens – ebenso lustig formuliert wie todernst dem Gehalt nach, gerade heute in unseren Jahren der blindwütigen, sogenannten Globalisierung – Brechts Frage: »Was ist der Einbruch in eine Bank, gemessen an der Gründung einer Bank?«

Was sollte nach siebzig Jahren an diesem Aspekt, an diesen zwei Brecht-Maximen nicht mehr stimmen? Ausgerechnet *heute*, während der weltweit erdrückendsten – ihre eigenen Mitarbeiter, die deshalb in Scharen »aussaniert« werden, wie die Zynischste aller Verbrämungen von Rausschmeißen lautet, zuerst erdrückenden – internationalen Fusionierungen von Banken-Giganten?

Übrigens hat Brecht mit diesen zwei Maximen nichts Neues gesagt, sondern streng in der Tradition Lessings und Schillers nur für 1927 witzig und zeitgemäß wiederholt, was der Wegweiser unter den deutschen Dramatikern bereits mit zwanzig Jahren, im Geburtsjahr Goethes 1749, schon in sein *Samuel Henzi*-Fragment, einer Kampfschrift, eingetragen hat; Lessing schrieb: »Die Not heißt alles gut. Sie hebt das Laster auf!«

Und fünfzig Jahre nach Lessing hat dann Schiller fast wörtlich wie: Erst kommt das Fressen – so wütend wie couragiert aufbegehrt in seinem nie zu vergessenden Distichon: *Würde des Menschen*:

Nichts mehr davon, ich bitt' euch. Zu essen gebt ihm, zu wohnen;
Habt ihr die Blöße bedeckt, gibt sich die Würde von selbst.

Thomas Mann, der das 1955 zum 150. Todestag Schillers als ehrfurchtgebietende Widerlegung des blöden Vorurteils zitiert, Schillers Idealismus sei weltfremd gewesen, spottet als Kommentator: »Das ist ja sozialistischer Materialismus, Gott behüte!«

In der Tat! Doch dass momentan diese »ganze Richtung« geächtet ist, weil sie in der DDR zum künstlerischen Evangelium einer widerlichen Diktatur geworden ist – macht sie, diese Richtung, die ja auch aus jeder Zeile Brechts als sein ästhetisches Credo spricht –, so wenig falsch, wie durch den von uns allen begrüßten Zusammenbruch der sich nennenden »Diktatur des Proletariats« als Staatsdoktrin zwischen Werra und Amur die Feststellung aus dem *Kommunistischen Manifest* von 1848 falsch geworden wäre, dass die Proletarier nichts zu verlieren hätten als ihre Ketten. Oder wie etwa die Bergpredigt falsch geworden wäre, weil jahrhundertelang auch Terroristen, die Frauen in Scharen als »Hexen« auf den Scheiterhaufen brachten, Kernsätze aus diesem Hohelied der Menschlichkeit im Munde geführt haben … Das muss, so riskant das ist für den, der das heute sagt, festgehalten werden: Alle jene, die Autoren, auch Maler augenblicklich eines sozialistischen Materialismus oder Realismus – dasselbe! – bezichtigen, sie sind genau die gleichen Feuilletonisten, die eines Tages wie auf Verabredung in der Bundesrepublik entdeckten, Brechts Meisterwerk seiner Amerika-Jahre: *Das Leben des Galilei*, sei

»nichts als Schulfunk«... Es sind die Wortführer derer, wie schon Lessing das voller Verachtung sagte: die »nur dichteten, um zu dichten«. Lessing verachtete diese deshalb, weil er als unser oberster Grundgesetzgeber – tatsächlich benützte Lessing schon das Wort: »Grundgesetz« im Hinblick auf Dichtung – der Literatur die Aufgabe zugewiesen hat, aufzuklären. Was aber wäre Aufklärung, wenn nicht Politik, sofern ihr Vorspann die Troika ist: Wahrheit, Mitleid, Schönheit.

Lessing ging als Erster so weit – und auch Brecht betonte bekanntlich, »Lehrstücke« zu schreiben, auch als Lyriker in seiner *Hauspostille* – Lehrgedichte, seinen grundsetzenden Ukas zugunsten des »Unterrichtenden« in der Dichtung zu erlassen – was wie gesagt, hinsichtlich des *Galilei* dann hundert Esel unter unseren Kritikern, als einer ihnen das souffliert hatte, im Chor bis heute als »Schulfunk« denunzieren ...

Lessing hat diese Freisetzung auch seines pädagogischen Eros durchaus nicht als einen Widerspruch zu seiner Maxime empfunden, Poesie habe vollkommen sinnliche Rede zu sein! Menschen und Gegenstände, urteilte Lessing, denen »das Unterrichtende fehlte«, seien der »poetischen Nachahmung« nicht wert: »Sie sind unter ihr!« Denn »einen Charakter, dem das Unterrichtende fehlet, dem fehlet die Absicht. – Mit Absicht nachahmen ist das, was das Genie von den kleinen Künstlern unterscheidet, die nur dichten, um zu dichten, die nur nachahmen, um nachzuahmen, die sich mit dem geringen Vergnügen befriedigen, das mit dem Gebrauche ihrer Mittel verbunden ist«... Schärfer wurde l'art pour l'art, was Spengler ironisch als »Die Kunst für den Kunsthandel« übersetzt hat, niemals in Bann getan. Oder nur noch von Bernard Shaw, Lessings bedeutendstem Nachfahren: »Zu meinem Glück hatte ich nie Erfolg, wenn ich nur spielerisch sein wollte. Alle meine Versuche, Kunst um der Kunst willen zu treiben, mißlangen. Es war, wie wenn man Nägel in Briefpapier hämmert. [...] Marx machte mich zum Sozialisten und bewahrte mich davor, ein Literat zu werden.«

Die Absicht, »uns zu unterrichten« oder »Nutzen stiften« als legitime Forderung an Literatur – diese Maximen Lessings sind in Einklang mit Bernard Shaws Diktum: »Hinter meinem ganzen Werk steht eine durchgearbeitete Theorie der schöpferischen Evolution.« Und wo Lessing dazu die Kritik an der Realität nicht ausreichte, schuf er eine eigene Welt, die der Parabel, um als Evolutionär arbeiten, lehren zu können – am rührendsten: die Toleranz! Niemals und nirgendwo wird die schöpferische Einmaligkeit dieses Vorsatzes, der im *Nathan* realisiert wurde, von den Kritikern Lessings auch nur erwähnt! Als sei nicht bereits seine Idee, ein Stück zu schreiben, das nicht wie bisher alle andere gegenwärtige oder auch historische Wirklichkeit reproduziert, sondern die ihr entgegentritt durch die Projektion einer neuen Wirklichkeit: eine Genietat!

Wie politisch er auch als Denker war, das wird deutlich, wenn man den Grundsatz – nicht des Marxismus, aber den von Marx – »Das Sein bestimmt das Bewusstsein« schon hundert Jahre zuvor bei Lessing findet: »Was man moralische Ursachen nennt, sind nichts als Folgen der physikalischen.« Er hat auch festgehalten, ganz im Sinne von Marx: »Alle Veränderungen unseres Temperaments […] sind mit Handlungen unserer animalischen Ökonomie verbunden.«

Im schon erwähnten *Henzi*-Fragment des Zwanzigjährigen ist auch zu lesen von der Mühsal des Volkes, das »den großen faulen Bauch mit sich ernähren muß«. Ein wenig später: »Die Natur weiß nichts von dem verhaßten Unterschied, den die Menschen unter sich festgesetzt haben.« Und dass sein eigentliches Werkzeug, die Sprache, sein Lebenselexier, ihm gegeben sei zu rebellieren, und dass eine soziale Aufgabe zu erfüllen hat, wer über die Sprache gebietet, war ihm so selbstverständlich wie die Pflicht jedes Richters, humaner zu urteilen, als das Gesetz vorschreibt. Er hielt es für unerlaubt, esoterisch, wie man heute sagen würde, über das Publikum hinwegzuschätzen, er fragte: »Was soll man zu den Dichtern sagen, die so gern ihren Flug über alle Fassung des größten Teiles ihrer Leser nehmen? Was sonst, als was die Nachtigall einst zu der Lerche sagte: ›Schwingst du dich, Freundin, nur darum so hoch, um nicht gehört zu werden?‹« So spricht der Demokrat unter den Sprachmeistern, der eingefleischte Republikaner.

Sollte hier eingewendet werden, Lessing, genau 200 Jahre vor der Uraufführung der *Dreigroschenoper* zur Welt gekommen –, sei obsolet in seinen Lehren: Nur sechs Jahre vor Brechts Geniestreich hat eine Frau, der schon ein Sohn gefallen war, wie ihr dann auch noch ein Enkel fiel, Gattin eines Armenarztes, die genialste Grafikerin der Kunstgeschichte, Käthe Kollwitz, genau das Gleiche gelehrt: eine Maxime, die auch Brecht entspricht, der einmal forderte, alle Künste hätten beizutragen »zur größten aller Künste: der Lebenskunst«. Käthe Kollwitz schrieb 1922: »Ich bin einverstanden damit, daß meine Kunst Zwecke hat. Ich will wirken in dieser Zeit, in der die Menschen so ratlos und hilfsbedürftig sind.«

Das war der Impetus schon Lessings, der ja deshalb das erwähnte *Henzi*-Fragment als Zwanzigjähriger anfing zu schreiben, weil die Berner diesen Henzi enthaupten wollten – das haben sie auch getan –, da er das Proletariat seiner Vaterstadt zu einem Aufruhr gegen das regierende Patriziat geführt hatte. Der zwanzigjährige Lessing hatte tatsächlich die Hoffnung, diesen sogenannten Staatsverbrecher vor dem Schafott bewahren zu können mit seinem Stück … Er hat dann später bekanntlich auch sein *Spartacus*-Fragment liegenlassen – der bedeutendste Verlust unserer Literaturgeschichte, denn ein *Spartacus* sozusagen programmatisch als Gründungsdrama unserer Klassik hätte schon zwei Jahrhunderte lang die Sicht unserer ganzen Nation auf die Geschichte und ihre Antreiber und Getriebenen radikal geändert. Zwar hat uns ein Menschenalter später Schiller mit seinem *Tell* das »Drama der Widerstandsbewegung«, wie Theodor Heuss sagte, geschenkt – doch kann dieses Stück, das einen Volksaufstand gegen ausländische Besatzer gestaltet, nicht ersetzen, was Lessing mit *Spartacus* und *Henzi* vorgehabt hat: Tragödien einer niedergeschlagenen Rebellion von Underdogs gegen ihre Ausbeuter: Was ja zum Beispiel auch Shakespeare und die Antike niemals geleistet haben.

Was sollte sich als Postulat ans Drama geändert haben in dem Dreivierteljahrhundert, seit Käthe Kollwitz die Notwendigkeit, ja Verpflichtung ausgesprochen hat, Kunst ebenso wie Politik – denn sie sind Geschwister – unter dem Aspekt zu machen, Menschen zu helfen?

Geändert hat sich – wo sonst müsste das einmal gesagt werden, wenn nicht in dieser herrlichen Stadt der Festspiele –, dass »dank« der maßlos überhöhten Subventionen und Regiegagen unsere Machthaber an den Theatern nicht mehr die allergeringste Nötigung verspüren, das zu machen, zu zeigen, was ihre Zeitgenossen interessiert, ihnen gar hilft! Denn die Pfründe der Intendanten und Regisseure stimmen immer, ob da unten 130 Leute sitzen und zusehen oder 13 000. Warum so anspruchslos wie Schablonenmaler – ebenso viel verdient durch die achte Tschechow-Regie, die man macht. (Nichts gegen Tschechow! Ich weiß auch, dass heute keiner lebt, der fähig wäre, den *Kirschgarten* zu dichten; ich nenne den genialen Russen hier nur deshalb, weil er seit über dreißig Jahren dank seiner politischen Harmlosigkeit weitaus der meistgespielte Autor in deutschsprachigen Landen ist: Kein Stadtverordneter würde je Anstoß an ihm nehmen, und für Regisseure ist er idiotensicher – keiner kann mit einem Tschechow mehr verunglücken!)

Brecht aber war lebenslänglich bemüht, nach Maßgabe und im Sinne der Kollwitz-Maxime zu arbeiten, der Maxime auch Piscators! Vor allem auch beim Gedichte-Machen empfand Brecht diese soziale Verpflichtung. Brechts Verleger Siegfried Unseld hat neulich zum Zentenarium aus über 2300 Brecht-Gedichten, die in ihrer Vielzahl leider viel zu spät unters Volk kamen, hundert ausgelesen und begründet seine stichhaltige Auswahl mit der oft zitierten Interpretation, die Goethe seinen Gedichten gab, weil die auch – nicht anders, so weist Unseld nach, als jene Brechts – allesamt: »Gelegenheitsgedichte« sind; was aber für uns hier relevant ist: Goethe betont, wie sehr seine Lyrik allemal der »Wirklichkeit« ihre Entstehung verdanke. »Wirklichkeit«, das kann man in unserem Zeitalter der Ausflucht so vieler Dichter vor den Mächten, die uns beherrschen, nicht genug betonen, ist in Goethes Ästhetik die absolut meistvorkommende Vokabel; sie alle kennen Goethes lapidare Feststellung: »Ich habe die Wirklichkeit stets für genialer gehalten als mein Genie.« Er hat das so und ähnlich – zigmal wiederholt. Und nicht anders sagte auch der Bestinformierte aller Altphilologen, Ulrich von Wilamowitz-Moellendoff, schon über Pindar, »dass jedes Gedicht im Zusammenhang mit der Zeitgeschichte verstanden sein will; sind sie doch alle für eine bestimmte Gelegenheit verfaßt«. Und Brecht sagte, wobei er mit Recht zweifellos auch seine eigenen Gedichte charakterisieren wollte: »Alle großen Gedichte haben den Wert von Dokumenten.« Über die von Lukrez schrieb Goethe 1822: »Denn es wird hiebei nichts weniger verlangt, als daß man sich […] vergegenwärtige, wie es […] in bürgerlichen, kriegerischen, religiösen und ästhetischen Zuständen ausgesehen. Den echten Dichter wird niemand kennen, als wer dessen Zeit kennt.«

Messen Sie an dieser so sachlichen Feststellung dann Goethes Klage – und wie sehr trifft diese heute auch zu auf die meist nur privaten Sujets weitaus der meisten Deutschschreibenden unserer Gegenwart: »Die deutsche Poesie bringt eigentlich nur Ausdrücke, Seufzer und Interjektionen wohldenkender Individuen; kaum irgend etwas geht ins Allgemeine, Höhere; am wenigsten merkt man einen häuslichen, städtischen, kaum einen ländlichen Zustand, von dem, was Staat und Kirche betrifft, ist gar nichts zu merken. […] Ich spreche es nur deshalb aus, um zu sagen, daß die französische Poesie sowie die französische Literatur sich nicht einen Augenblick von Leben und Leidenschaft der ganzen Nationalität abtrennt, in der neuesten Zeit natürlich immer als Opposition erscheint und alles Talent aufbietet, sich geltend zu machen.«

Drei Jahre zuvor hatte er über die französische Zeitschrift *Le Globe* notiert: »Die Herren Globisten schreiben keine Zeile, die nicht politisch wäre, das heißt, die nicht auf den heutigen Tag einzuwirken trachtete.« Und ein Jahr später, zu Eckermann: »Die französischen Dichter haben Kenntnisse, dagegen denken die deutschen Narren, sie verlören ihr Talent, wenn sie sich um Kenntnisse bemühten« – Kenntnisse, damit meinte Goethe hier Weltkenntnis im Sinne der Polis, des Staates. Es war die Zeit, da er entzückt Stendhals *Rot und Schwarz* las, den politisch-antiklerikalen Roman, dessen Untertitel *Ein Zeitbild um 1830* lautet; und als Goethe gegen die Apostel der Innerlichkeit, gegen die Romantiker, die er ebenso hasste, wie sie ihn verachteten, seine ästhetischen Appelle sprach und schrieb: »gegen den Subjektivismus«, wie er definierte.

Was besagt das alles für uns hier und heute? Fürs Drama? Dass es die Forderung der Stunde auch an uns ist, wie Goethe sagt: »gegenwärtig für jedermann« die Wirklichkeit, das meint: die Gegenwart darzustellen. »Auf ihrem höchsten Gipfel«, erläutert er, »scheint die Poesie ganz äußerlich; je mehr sie sich ins Innere zurückzieht, ist sie auf dem Wege zu sinken«.

Jedermann: Ich habe sehr bewusst aus den ästhetischen Schriften Goethes eine mit jedermann, für jedermann argumentierende Zeile ausgewählt, weil wir damit wieder bei Brecht sind, der tatsächlich hier in Salzburg in großer Demut, wie sie dem sogenannten »freien« Autor vor den Thronen der Politiker in unserer von Parteileuten regierten Gesellschaft zukommt, einen neuen *Jedermann* angeboten hat – der Entwurf ist in Brechts Nachlass. Doch damals, auf dem Höhepunkt des Kalten Krieges, als der Geist des Pentagons und des Vatikans Westeuropa beherrschte, war Brecht auch hier derart unerwünscht, dass Landeshauptmann Klaus noch froh war, den lästigen Bittsteller und sich Anbiedernden dadurch loszuwerden, dass er Brecht – weil Gottfried von Einem sich so sehr für ihn engagiert hatte –, einen österreichischen Pass gab, womit Brecht den Mut fand, in die Ostzone zu gehen und Walter Ulbricht deshalb – allein deshalb – seine Dienste anzutragen, weil man ihn überall im Westen, wo er in Zürich von der Gage der Frau Weigel lebte, so gemieden hat wie die Hundeschnauze das Wespennest. Es bleibt die Ehre der untergegangen DDR mit dem Theater am Schiffbauerdamm, Brecht die letzte Chance gegeben zu haben.

Er sah dann zum ersten Mal *Mutter Courage*, die 1940 in Zürich uraufgeführt worden war, als Brecht soeben nach Kalifornien hatte entkommen können. Doch 15 Jahre lang (!) nach der Uraufführung im Hitlerkrieg hat man dann Brecht auch in Zürich – nur ein Beispiel – wegen des Kalten Krieges, wie fast überall sonst, nicht ein einziges Mal mehr gespielt … Brecht durfte dann endlich in Berlin seine zehn Jahre zuvor uraufgeführte *Mutter Courage* selber inszenieren, nachdem Österreichs bedeutendste Feuilletonistin, Hilde Spiel, in der Zeitschrift *Monat* einen viele Seiten umfassenden Bericht über das Theater der Gegenwart veröffentlicht hatte, der den Namen Brecht nicht enthielt … Curd Jürgens' letzten Wunsch, in Salzburg während der Festspiele doch einmal den *Galilei* zu spielen, wagte ihm selbst sein mächtiger Freund Ernst Haeusserman nicht zu erfüllen.

Einen *Jedermann* für heute und von heute hielt Brecht für nötig – er ist nötig! – zu schreiben. Doch wie auch das Goethe besser als jeder andere formuliert hat, zum Schreiben, mindestens von Bühnenstücken, gehören nicht nur Wollen und Können – sondern auch Sollen! Goethe sagte zu Riemer 1809: »Sollen, Wollen, Können – diese drei Dinge gehören in aller Kunst zusammen, damit etwas gemacht werde.«

»Sollen« setzte Goethe sogar an den Anfang. Und tatsächlich gibt es von ihm, mehr noch von Lessing, anrührende Klagen, nur deshalb so wenige Stücke geschrieben zu haben, weil keiner von ihnen welche wollte: Menschen, wie jenen von Brecht gefeierten Zöllner, der vom Laotse auf dessen Weg in die Emigration »Sollen, Wollen, Können – diese drei Dinge gehören in aller Kunst zusammen, damit etwas gemacht werde« abverlangt – wofür Brecht sich dann bedankt –, das Buch Taoteking aufzuschreiben, das bisher nur in des Weisen Kopf ist, – solche Zöllner gibt es heute nicht mehr! Wie viele Sprechbühnen deutscher Zunge, allesamt königlich subventioniert, gibt es wohl – 180? Sicherlich. Und wie viele von ihnen kommen auf die Idee, einem Autor ein Stück abzuverlangen? Eine?

Das war hierzulande nicht erst so, als Brecht den Salzburgern einen *Jedermann* von und für heute vergebens zu schreiben anbot! Hofmannsthal sagte als sehr alter Mann, denn ein Bühnenautor ist hierzulande ein Greis ab Mitte vierzig, so wie ja Lessing, da niemand ihn wollte, schon mit 51 an Verkümmerung verendet ist –, und Hofmannsthal wurde ja auch nur 55; er sagte: »Im Grunde will niemand mehr etwas von mir.« Der das überliefert, der von Thomas Mann als »bestschreibender aller Eidgenossen« apostrophierte Max Ryncher, kommentiert das in seinem Brief nach Berlin an Gottfried Benn: »Das lyrische Ich in Berlin ist wohl unabhängiger von der Teilnahme der Umwelt, als das dramatische Ich in Wien es war« – ja, der Lyriker bedarf des riesigen Apparats nicht, dessen der Bühnenschreiber bedarf, sich zu realisieren, genauer: realisiert zu werden, denn allein kann er das ja gar nicht! Auch als Arthur Schnitzler mit dem Verschwinden der Monarchie – wie furchtbar schlecht ist überall den Künsten des Verschwinden der Monarchien bekommen; fast jeder Fürst hatte mehr Sinn für Kunst als fast jeder Demokrat – ab 1918 für passé galt, versuchte er doch noch einmal dem Gebieter Max Reinhardt in Berlin sich in Erinnerung zu rufen und kam auch nicht unangemeldet nach einer sehr langen Eisenbahnfahrt aus Wien dort an. Vor genau siebzig Jahren, 1928, wurde er aber nicht einmal mehr von Reinhardts Bruder Edmund vorgelassen. Wer heute als Bühnentexter mit Intendanten notgedrungen zu tun hat, der weiß, was ihm »blüht«, wenn selbst dieser größte Dramatiker Österreichs, damals auch der berühmteste »Deutschschreibende neben Hauptmann derart mißhandelt worden ist ...« Aber, resümiert George Bernard Shaw, »das Theater lebt vom Drama – nicht umgekehrt!« Denn Shaw glaubte und sah ja noch, dass die Theater von ihren Abendkassen leben mussten; Kasse aber macht in England nur, was neu ist, was interessiert. Shaw kannte unser Subventionssystem noch nicht, das es allerdings noch heute in Groß- britannien nicht gibt, jedenfalls nicht derart ausgeartet, dass die Subventionsemp- fänger gar nicht hinsehen müssen auf die Kasse; und dass dadurch grundgesetz- widrig die Privattheater vernichtet wurden: Bekanntlich garantiert das Grundgesetz die Wettbewerbsgleichheit. Wo aber Bund, Länder, Gemeinden allein ihre Theater derart subventionieren, müssen ja die privaten ausgehungert werden. Es waren aber stets nur die privaten, die skandalisierende Stücke riskiert haben, von Hauptmanns *Weber* über *Dreigroschenoper*, die von Privatleuten am Schiffbauerdamm finanziert wurden, bis hin zum *Stellvertreter*, den die private Volksbühne – heute undenkbar! – Piscator erlaubt hat uraufzuführen.

Sollen, Wollen, Können – »Sollen« zuerst von Goethe genannt –, das heißt für uns: Verlangt den Autoren Stücke ab! Ein Stück – um nur das Nötigste aller Bei- spiele zu nennen – über den heutigen »Jedermann«, also den Arbeitslosen, den Un- derdog, der erstmals in der europäischen Geschichte mit zwei neuen Fakten, ja

Gewalten konfrontiert ist: erstens der Einsicht, dass jemand bereits mit 40, 45 Jahren aus der Arbeit – und zwar für immer – entlassen werden kann; zweitens ist er der absolut neuen Ideologie der Konzerne und Großbanken ausgeliefert, die erstmals sogar in jenen Jahren, in denen sie stolz mit ihren Rekordgewinnen auf Pressekonferenzen prahlen, gar kein Hehl mehr daraus machen, dass sie dennoch so viele Mitarbeiter wie möglich hinauswerfen, was sie – wie schon gesagt – zynisch »freistellen« nennen oder gar »aussanieren«. Noch in der Ära der Kanzler Adenauer und Erhard, ja auch in der Helmut Schmidts hätte jede bedeutende Firma sich geschämt, öffentlich zu bekennen, dass nicht mehr die Wirtschaft für den Menschen da ist – sondern umgekehrt: der Mensch nur noch für die Wirtschaft. Dass den Konzernen das Lohntüten-Individuum nichts mehr ist als ein Mittel zum Zweck: was laut unserem obersten politischen wie moralischen Gesetzgeber – diese sind natürlich eine Personalunion – die Todsünde der Gesellschaft ist. Denn Kant hat endgültig definiert, dass kein Mensch nur als Mittel benutzt werden darf!

Ich hatte in meiner Jugend das Glück und die Ehre, dass mir zuweilen der über achtzig Jahre alte Karl Jaspers in Basel ein Privatissimum schenkte. Jaspers, der wusste, dass ich keinen Philosophen kannte außer Schopenhauer und Spengler, sagte mir: »Vom ganzen Kant brauchen Sie nur eine Zeile zu kennen, die ist überhaupt die Krone der Ethik: ›Kein Mensch darf nur als Mittel benutzt werden!‹«

Aber ein Underdog, der mit 15 Maurerlehrling wird und fünfzig Jahre später als Maurer abgeht, ohne dass er selber einen einzigen Backstein erwerben konnte, der also in seiner Person nur ebenso verschlissen wurde zeit seines Lebens, wie er selber ausschließlich Konsumgüter verschlissen hat, da er Wertbeständiges, das heißt Vererbbares niemals kaufen konnte, ein solcher Mensch ist auch noch heute nicht anders »nur als Mittel benutzt worden« wie einer, der vor 4000 Jahren geholfen hat, die Pyramiden hochzuschuften. Jaspers sagte mir das in jenem Jahr 1965, als ich anlässlich des Wahlkampfes um die dann gewählte sozialliberale Koalition Brandt/Scheel meinen *Spiegel*-Artikel schrieb: *Der Klassenkampf ist nicht zu Ende*, der mir durch den noch amtierenden Bundeskanzler Erhard den Spitznamen »Pinscher« eintrug. Ich hatte da vorgerechnet, was es auf sich hat mit dem verlogenen Wahlschlager: »Vermögensbildung in Arbeitnehmer-Hand«, denn ganze 312,- Deutsche Mark im Jahr (!) – wurden damals als »Vermögensbildung« steuerfrei genehmigt. Ich konterte, das sei kein Vermögenszuwachs, sondern nur die Hundesteuer der besseren Leute. Und konkretisierte: »22 Bauarbeiter müssten ihre in fünf Jahren so ersparten ›Vermögen‹ zusammenlegen, um heute, 1965, in München ein Einzimmerappartement kaufen zu können, mit knapp 21m²«. Natürlich – nein, im Gegenteil: Widernatürlich ist in den fast 35 Jahren seither, dass die Vermögenslosigkeit der Meisten im selben Maß, in dem die Arbeitslosigkeit anstieg, noch bedrückender geworden und gestiegen ist.

Holen wir uns hier von den Klassikern die Legitimation, Postulate ans Drama den bedrückendsten Problemen der Volkswirtschaft, der Arbeitsämter zu entnehmen – Brecht, wie wir anhand seiner Kernsätze in der *Dreigroschenoper* belegten, hat das auch schon getan. Und Schiller ermutigt ausdrücklich oft dazu. Denn wenn wir einen Arbeitslosen oder Underdog vor Augen haben, ist er nicht entwürdigt in unserer Gesellschaft, die nun einmal – ob wir das gutheißen oder absurd finden – den Menschen »bewertet« nach dem Maß seines »Stellenwertes« im Arbeitsprozess? Stellenwert: Was für ein furchtbar inhumanes Wort! Aber so denken wir alle, auch wenn wir das nicht eingestehen: Als gäbe nicht nur erst die Stelle einem Menschen seinen Wert, sondern bestimme auch noch, welchen er hat … Und so ist das ja tatsächlich auch gemeint in unserer pervertierten Workaholicgesellschaft, die so sehr so denkt, dass ein Arbeitsloser selber sich zunächst einmal restlos entwürdigt findet angesichts seiner Angst, seine Kinder könnten ihn fragen, während ihre Mutter noch jobben darf: »Papa, was willst du eigentlich mal werden?«

Die Würde des Einzelnen! Schiller mahnte: »Der Menschheit Würde ist in eure Hand gegeben – Bewahret sie!« Und er forderte in einem Prolog vor genau jetzt zwei Jahrhunderten, 1798 anlässlich der Wiedereröffnung des abgebrannten Weimarer Theaters, dass der Autor sich den Themen stelle, die seine Zeit am bedrängendsten beherrschen:

Denn nur der große Gegenstand vermag
den tiefen Grund der Menschheit aufzuregen,
im engen Kreis verengert sich der Sinn,
es wächst der Mensch mit seinen größren Zwecken.
Und jetzt an des Jahrhunderts ernstem Ende….
wo wir den Kampf gewaltiger Naturen
und ein bedeutend Ziel vor Augen sehn,
und um der Menschheit große Gegenstände,
um Herrschaft und um Freiheit wird gerungen,
jetzt darf die Kunst auf ihrer Schattenbühne
auch höhern Flug versuchen, ja muß,
soll nicht des Lebens Bühne sie beschämen.

Wer wollte widersprechen? Der österreichische Bundeskanzler Kreisky sagte, einst gefragt, weshalb er so selten ins Theater gehe, er vermisse dort Aussagen über das Gestalten dessen, was doch schließlich das Leben aller Mitbürger und auch sein eigenes Handwerk bestimme: Politik im weitesten Sinn. Dieser Vorwurf an uns alle: Wie tief berechtigt! Es ist, auf eine Formel gebracht, die Abwesenheit von Schillers Geist, die heute fast alle unsere Bühnenbemühungen so langweilig macht, so unverbindlich …

Rolf Hochhuth

Seine eben zitierten Prologzeilen von 1798:

Denn nur der große Gegenstand vermag
den tiefen Grund der Menschheit aufzuregen
… jetzt an des Jahrhunderts ernstem Ende.

Wie sollten diese Zeilen nicht auch ans Jahr 1998 gerichtet sein, anlässlich des heutigen »großen Gegenstands«? Nämlich des international über allen Horizonten drohenden Gespenstes der Arbeitslosigkeit, so furchteinflößend als Bild unsere Zivilisation, bedrückend wie Goyas Saturn, der seine Kinder frisst.

War dem 27-jährigen Autor des *Don Carlos* der Ruf »Geben Sie Gedankenfreiheit!« der Notwendigste – im Wortsinn, die Not wendend – heute ist keine Forderung notwendiger als die nach Freiheit vor der Wirtschaft. (Wirtschaftsfreiheit können wir nicht sagen, weil das sprachlich so irreführend ist, als ziele man geradezu das Gegenteil dessen an, worauf es ankommt. Es geht um die Freiheit vor der Wirtschaft für das Individuum. Es geht nicht um ihr Gegenteil: Wirtschaftsfreiheit, die jene sich erträumen und ertrotzen, die heute die Konterrevolution praktizieren, da jede Hemmung von ihnen abfiel, seit der Ostblock aufgrund seines wirtschaftlichen Zwangssystems Bankrott gemacht hat.)

War noch vor 200 Jahren Gedankenfreiheit an vielen Orten ein seltenes Privileg – heute, wo jeder sagen kann, was er will, wenn er das bei Weitem auch nicht überall gedruckt oder gar gesendet bekommt, ist dieser Ruf an die Wirtschaft, als die erdrückendste aller Mächte, das Thema, das den Autor nicht weniger angeht als den Politiker, als auch den Wirtschafter selbst. Freiheit vor den geistigen Unterdrückern damals, Freiheit vor den wirtschaftlichen heute – die Arbeit des Autors hat sich nicht geändert, nämlich seine Verpflichtung gegenüber seinen Zeitgenossen!

Deshalb haben Schiller wie auch schon Lessing, was sie schrieben, stets dem Primat der Politik unterstellt. Schiller schrieb dem Freund Körner: »Mir schwant, daß ich am Ende dem Publizisten näher bin als dem Dichter – wenigstens näher dem Montesquieu als dem Sophokles.« Und wenn Schiller vier Wochen vor seinem Tode an Humboldt schrieb, schließlich seien sie beide Idealisten und würden sich schämen, sich nachsagen zu lassen, dass »die Dinge uns formten und nicht wir die Dinge«, so hat Schiller, nachdem er zehn Jahre seine Arbeit am Drama zugunsten der Philosophie aufgegeben hatte, zuletzt dem Dichter, der Poesie sogar attestiert: »Die höchste Philosophie endigt in einer poetischen Idee, so die höchste Moralität, die höchste Politik. Der dichterische Geist ist es, der allen dreien das Ideal vorzeichnet.« Diese Maxime legitimiert nicht nur, sie verpflichtet den Dichter, Politik zu schreiben.

Aber Goyas hier heraufbeschworenes Gemälde *Saturn verschlingt eines seiner Kinder* – jetzt die schauerliche Kehrseite unseres so enthusiastisch fünfzig Jahre lang gepriesenen Wirtschaftssystems, die Tragödie der Globalisierung, des Wegrationalisierens von Arbeitsplätzen, des Tottretens von Konkurrenten, der freundlich Fusionierung genannten Kartellbildungen – dieses Goya-Bild soll uns nie vergessen lassen, dass im Personal wie in den Fakten, die alle diese Katastrophen für so unendlich viele namenlose Normalverbraucher, eben für den »Jedermann« herbeiführen, dass da auch zahllose Komödienstoffe aufzufinden sind!

Der Bemitleidenswerteste der Bühne – er hatte 27 Jahre Zuchthaus abgesessen, vor seinem Geniestreich! – ist ja sogleich auch der Komischste, ich meine Carl Zuckmayers Wilhelm Voigt, *Der Hauptmann von Köpenick*. Keine Frage, dass uns auch heute – im Schatten unseres Alltags viele *Tod des Handlungsreisenden*-Katastrophen – Figuren wie *Der Hauptmann von Köpenick* vom Zeitgeist beschert werden. Zu den Postulaten ans Drama gehört also auch – deshalb erzähle ich das –, sich als Autor dann eben so zu verhalten, wie der Stadelheimer Gefängnisinsasse Dr. jur. Ludwig Thoma sich 1906 verhielt, als er tagelang »den Kalk von meinen Kerkerwänden lach[te]«, wie er ins Tagebuch schrieb, während er die Zeitungsmeldungen über den *Hauptmann von Köpenick* las. Und voraussagte, dies sei eine unsterbliche, das ganze Wilhelminische Zeitalter charakterisierende Großtat des Humors. Rechtsanwalt Dr. Thoma saß da wegen »Beleidigung der Sittlichkeitsvereine« sechs Wochen, wozu die Stuttgarter Strafkammer ihn verurteilt hatte; und er schrieb hier in der Haft sein nichtverjährtes Lustspiel *Moral*. Selbst der Kaiser, der Voigt rasch begnadigte, lachte mit ... Was Thoma in sein Gefängnistagebuch schrieb, ist aufschlussreich, weil es zeigt, wie ein geborener Humorist – das Seltenste, was es unter Deutschen gibt! – eine Köpenickiade sogleich als Geniestreich durchschaut, über den noch viele Generationen lachen werden.

Die Rückbesinnung auf den Urtext des Sozialen, auf die christliche Nächstenliebe, ist europaweit die Forderung der Stunde, daher auch ein Postulat ans Drama! Ideen allein und eine gültige Form erheben es über den Stoff: Wirklichkeit nicht als krude Stoffhuberei, sondern im Licht des Gedankens, des Geistes. Recht auf Arbeit, Recht auf Eigentum für jedermann sind nicht einmal mehr Utopien, sondern müssen den Verfassungen nur wiedererkämpft werden – wieder, sage ich, weil ja schon die Weimarer Verfassung von 1919 das Recht auf Arbeit ebenso garantiert hat wie seit 1947 die italienische Verfassung, und wie es auch in der Verfassung der DDR enthalten war, bis Herr Schäuble es beim Einigungsvertrag, der in Wahrheit zu einem aufgezwungenen Unterwerfungspapier wurde, herausstrich.

Übrigens arten Ideen nur dann in Ideologien aus, wenn sich ihrer der Fanatismus derer bemächtigt, die da wissen, dass ohne Gewalt niemals durchzusetzen wäre, was sie anstreben. Ideen, die gewaltlos überzeugen, entarten nicht zu Ideologien. Und was hier gefordert wird, diese zwei so bescheidenen wie jedermann einbeziehenden

Rolf Hochhuth

Postulate, Recht auf Arbeit, Recht auf Eigentum, sie sind nicht revolutionäre, sondern einfach menschenfreundlich im Sinne jenes New Deals von Franklin Roosevelt, von dem Churchill sagte, er habe den Amerikanern damit die Revolution erspart. Denn dieser größte Präsident, den die USA je hatte, fand 14 Millionen Arbeitslose vor, als er 1932 ins Weiße Haus kam, in das er als Einziger dann noch dreimal gewählt wurde.

So ungern und selten ich Nietzsche zitiere – heute muss ich ihn benutzen, weil er, wie ich ausprobiert habe, schneller zuwege bringt als jeder andere, Ihre Vorurteile, wie ich vermute, gegen Bismarck auszuräumen, den ich nämlich im Zusammenhang mit der Forderung »Geben Sie Freiheit vor der Wirtschaft« – deshalb als Kronzeugen aufrufe, weil er als frühester Sozialreformer im 19. Jahrhundert bereits »Das Recht auf Arbeit« zum Gesetz erheben wollte.

Nietzsche über Bismarck – aber die ersten Sätze hier treffen nicht nur das damalige Deutschland, sie treffen heute auch die stärkste Wirtschaftsmacht der Erde, nämlich die EG –, Nietzsche im Drei-Kaiser-Jahr 1888: »Es zahlt sich theuer, zur Macht zu kommen: die macht verdummt.« Die Deutschen – man hieß sie einst das Volk der Denker: denken sie heute überhaupt noch? – Die Deutschen misstrauen jetzt dem Geiste, die Politik verschlingt allen Ernst für wirklich geistige Dinge – »Deutschland, Deutschland über Alles; ich fürchte, das war das Ende der deutschen Philosophie … Giebt es deutsche Philosophen? Giebt es deutsche Dichter? Giebt es gute deutsche Bücher? Fragt man mich im Ausland. Ich erröthe, aber mit der Tapferkeit, die mir auch in verzweifelten Fällen zu eigen ist, antworte ich: ›Ja, Bismarck!‹«

Nietzsche hat dieses Urteil nicht in einem Brief versteckt, es wurde auch nicht in seinem Nachlass gefunden, sondern er selber hat es in seinem spätesten Buch, in *Götzen-Dämmerung*, 1889 veröffentlicht. In jenem Jahr, als Hitler geboren wurde. Ein Jahr später jedoch prophezeite sogar ein erzkonservativer, ja geharnischt reaktionärer Kenner der Geschichte, der Basler Burckhardt: »Einmal werden der entsetzliche Kapitalismus von oben und das begehrliche Treiben von unten wie zwei Schnellzüge auf denselben Geleisen gegeneinander prallen.«

Vor wenigen Monaten erschien in Deutschland der zweite, der Abschlussband der Bismarck-Biografie des amerikanischen Historikers Otto Pflanze. Er schreibt über die Reichstagswahl von 1884: »Die Sozialversicherungsgesetze von 1883, 1884 und 1889 waren bahnbrechende Maßnahmen zur Herstellung sozialer Gerechtigkeit, die in anderen Ländern jahrzehntelang nicht ihresgleichen hatten und denen in mancher Hinsicht die Vereinigten Staaten noch heute nichts Gleichwertiges zur Seite stellen können. ›Daß radikale Politik in Amerika, von seltenen Ausnahmen abgesehen, nur als europäischer Importartikel vorgekommen ist, kann kaum bestritten werden‹, schrieb Daniel Moynihan 1973. ›Doch das trifft für reformistische Politik ganz ebenso zu. Die kühnen Reformprogramme der dreißiger, vierziger, fünfziger und späteren Jahre (erst jetzt zum Beispiel kommen wir zu einer Krankenversicherung) bestanden in einem entmutigenden Maße in Ideen, die Lloyd George bei Bismarck ausborgte. So ist das Leben von Millionen Amerikanern in gewisser Weise von der Gesetzgebung beeinflußt worden, die Bismarck und seine Gehilfen vor mehr als einem Jahrhundert für die deutschen Arbeiter entwarfen. – Von Bismarcks vielen Errungenschaften hat nur das staatliche Sozialversicherungssystem die deutschen Katastrophen des 20. Jahrhunderts überdauert.«

Deutschamerikaner sehen das, vermutlich weil die soziale Verantwortung des Staates gegenüber dem Individuum drüben kaum ausgebildet ist, mit Bewunderung, so Henry Kissinger, der bekanntlich Bismarck als »Weißen Revolutionär« beschrieben hat! Bismarck hat, 14 Jahre vor Großbritannien, die frühesten Sozialreformen der Geschichte gegen diese Not durchgesetzt. Wenn Nietzsche auch den einzig erwähnenswerten Mann des Zeitalters in ihm sah – für diese humanen Pioniertaten zugunsten der Arbeiter hatte er keinen Blick, ja, die hätte er mit jenem subalternen Hohn überschüttet, mit dem er über »Stimmvieh« zeterte! Daher nenne ich den Unverdächtigen, der als Dichter und Sozialist in Bismarcks Arbeiterfürsorge-Gesetzen die eigentliche Leistung des Zeitalters gefeiert hat: Heinrich Mann! In seiner tiefsten materiellen Not des amerikanischen Exils, wo er allein dank seines Bruders Thomas nicht verhungert ist, hat Heinrich Mann 1943/44 in Kalifornien über Bismarck, den er »die konservativste Wohltat dieses Erdteils« nannte, im Hinblick nicht nur auf dessen friedenserhaltende Außenpolitik, sondern auch auf dessen Arbeiter-Schutzgesetze geschrieben: »Deutsche haben ihrem einzigen Staatsmann seine vornehmsten Verdienste nie gedankt, sie kennen sie gar nicht. Mit offenem Widerwillen verfolgte ihn der Geist der Zeit, der liberal war.« Er rühmt dem Kanzler nach, nicht nur, wie die Linken üblicherweise schmähen, deshalb die Arbeiter vor Krankheit, vor Invalidität und im Alter durch Gesetze geschützt zu haben (als erster Staatsmann der Erde), um sie der Sozialdemokratie abzuwerben, deshalb gewiss auch – sondern in erster Linie aus innerster Abneigung gegen jenes gesetzmäßige Ergebnis des zügellosen Geschäftemachertums: »Ein beständiger Zuwachs von Abhängigen, den Geschäften ganz weniger untergeordnet, endlich aber auf Schlachtfelder geschickt um des Geschäftes willen.«

In Werner Richters unvergessbarer Bismarck-Biografie steht als Schlachtruf, den typischerweise der bedeutendste Liberale im kaiserlich deutschen Reichstag 1881 gegen den Fürsten Bismarck ausgerufen hat, der Vorwurf, »nicht nur mehr sozialistisch, sondern kommunistisch« sei des Kanzlers Entwurf, das Recht auf Arbeit jedermann zu garantierten!

So wurde dieser vom 86-jährigen Kaiser dem Reichstag empfohlene Gesetzes-entwurf mit großer Mehrheit abgelehnt: Wir Europäer haben in allen Ländern außer Italien und der Mark Brandenburg noch heute dieses Gesetz nicht – doch da es kommen muss, wenn unseren Kindern, spätestens unseren Enkeln die Revolution erspart werden soll; da es ja – wie gesagt – nicht einmal revolutionär ist, sondern nur human: So sollten auch diejenigen, die im Sinne von Schillers Schaubühne, auch von Brechts so materiellen wie ideellen Forderungen Menschen auf die Bühne stellen, sich dieses drängendsten aller Themen, die uns heute bewegen, annehmen, tragisch oder komisch, jedenfalls so lebendig und mitreißend, wie nur die Bühne das kann.

Schließen wir mit dem Gedicht *Arbeitslose*, über das ich als Motto, um es zu konkretisieren, einige Zahlen schrieb, die ich, im Februarheft 1995 von *Capital*, einem Aufsatz von Johannes Groß, entnommen habe: zunächst zur Einstimmung in dieses notwendigste aller Themen, heute, aus einem Brief von Gottfried Benn an Paul Hindemith, für den Benn 1932 das Libretto zu einer Arbeitslosen-Oper schreiben wollte; ein Beleg mehr, wie nach 65 Jahren dieses Thema an Aktualität nur gewonnen hat:

Der Text der Oper gruppiert sich um eine männliche Hauptfigur…
von Beruf wird er eine der vielen abgebauten und entwurzelten
Existenzen dieser Übergangszeit sein… und muß die ganzen Maßnahmen
der Gesetze, der Wirtschaftsordnung, des Staates über sich ergehn lassen….
Nirgends Hilfe und… kapitallos dem Untergang geweiht…
alle Gesetze schuf die Macht, alle Rechte nimmt sie sich allein,
der Arme muß zugrunde gehen und keiner sieht ihm auch nur nach.
Gottfried Benn an Paul Hindemith, am 29. V. 1932

Das unternehmerische Durchschnittseinkommen in den USA
wird derzeit mit dem 149fachen der Arbeiterbezahlung angegeben…
es ist völlig eindeutig, daß die Nettobezüge der amerikanischen
Arbeiter/Angestellten in den letzten fünf Jahren erheblich
gesunken sind, während sich die Einnahmen der höheren Manager und
der selbständigen Unternehmer in für deutsche Verhältnisse
unvorstellbare Höhe entwickelt haben…
Dieselbe Entwicklung im Vereinigten Königreich: Unternehmenschefs,
die mit Rationalisierung und Entlassungen
ihre Betriebe gut am Markt halten, werden durch
Verdoppelung und Verdreifachung ihrer Einkünfte belohnt.
Johannes Groß, »Capital«, Februar 1995

Arbeitslose

Die Frau, die noch vier Stunden putzen geht,
bemüht freundlich, doch verächtlich zum Mann,
der zwar nach Arbeit Schlange steht,
doch keine – und nie mehr! – finden kann:

»Depressiv verpennt hocken wir mutlos im Loch.
Wer Arbeit hat – hat nie gefühlt!
Hier arbeitet nur einer noch:
Unser Eisschrank, der's Bier dir kühlt …«

Er lacht verzerrt. »Die kürzen noch die Rente.
Dann ›findet selbst kein Bier mehr statt‹ …
Europa zählt zur Jahrtausendwende
mehr Stempler als Spanien Einwohner hat!«

Endnote

1 Vortrag bei den Salzburger *Festspiel-Dialogen* am
  29. Juli 1998. Erstabdruck im Band: Fischer, Michael / Kreuzbauer, Günther (Hg.), *Recht und Welt-*
  anschauung, Frankfurt a.M. u.a. 2000 (= Salzburger Schriften zur Rechts-, Staats- und Sozialphilosophie, Bd. 18), S. 267–282.

Rolf Hochhuth

Zwischenzeitliche Utopien: Plädoyer für eine Kultur der Überschreitungen (*Boris Godunow*)[1]

Helmut Holzhey

Es gibt eine alte Klassifikation der Übel und Schlechtigkeiten in der Welt, und diese Klassifikation soll auch das äußere Gerüst meines Vortrags bilden. Man hat es, sagt die Überlieferung, zum einen mit schlechten Handlungen und deren Konsequenzen zu tun, mit Übeln also, für die wir selbst verantwortlich sind: Das sind die *moralischen* Übel oder das sogenannte Böse im engeren Sinne. Exemplarisches Beispiel für eine böse Tat ist der Mord am Zarewitsch. Die innere Antwort auf diese Tat gibt, sofern der Täter überhaupt zu einer Antwort fähig ist, das schlechte Gewissen. Es meldet sich in Gestalt von Gewissensbissen. Das Gewissen beißt den Zaren Boris ins Fleisch des Lebens.

Die zweite Sorte von Übeln besteht aus Gegebenheiten oder Ereignissen, denen gegenüber wir ohnmächtig sind oder es mindestens zu sein scheinen. Meistens werden *physische* Leiden so erfahren: von Individuen ihre Unfälle, ihre Krankheiten, der bevorstehende Tod; kollektiv die Folgen von Erdbeben, Epidemien, Weltwirtschaftskrisen. Die Antwort der sich ohnmächtig fühlenden Subjekte ist nach innen gewendet, die Depression; nach außen – verbal-rituell exprimiert – der Schrei (»dieses Unglück schreit zum Himmel«), in gefasster Form die Klage. Am Ende der Oper singt der Narr: »Weine, weine, russisches Volk, hungerndes Volk!« Er klagt mit dem Volk und fordert es zugleich zur Klage auf, der adäquatesten Antwort auf sein Schicksal.

Die Übel der dritten Art sind nicht so leicht vor Augen geführt. Die Überlieferung spricht von der *metaphysischen* Schlechtigkeit, will sagen: von der Unvollkommenheit der Welt und insbesondere des Menschen. Die Einsicht in solche Unvollkommenheit hängt im theologischen Weltbild von der Idee der göttlichen Vollkommenheit ab. Die Welt ist geschaffen; wäre das Produkt nicht unvollkommener als der Schöpfer, wie ließe es sich überhaupt von ihm unterscheiden? Der Mensch ist wohl Bild Gottes, aber eben nur Bild. Andererseits bleibt das solcherart Unvollkommene stets im Sog des Vollkommenen. Die menschlichen Selbstvergottungsprojekte zeugen ebenso davon wie das mystische Sehnen unseres Herzens nach Gott. Und wenn Gott tot ist? Der Riss in unserer menschlichen Existenz wird fühlbarer denn je. Sein Repräsentant ist das unstillbare Verlangen, das Begehren, le désir – gerichtet auf etwas unbestimmt Verheißungsvolles, ein nicht zu ruinierendes Glück, auf Stille. Eine Antwort auf diese moderne Erfahrung des metaphysischen Risses gibt die Utopie. U-topos ist der Nicht-Ort. Der Entwurf von Utopien in diesem strengen Sinne des Wortes versetzt an ortlose Orte, folgt jenem metaphysischen Verlangen und macht zugleich schmerzlich fühlbar, was es ist: vergeblich. Wie mit dem désir umzugehen sei, das scheint mir die Grundfrage auch und gerade in unserer heutigen Welt.

Von der bösen Tat und dem Gewissen, vom Leiden und der Klage, vom Riss und der Utopie soll also im Folgenden die Rede sein. Was ist das Gewissen? Man nennt es unsere innere Stimme. Diese Stimme mahnt, warnt, beschuldigt, quält, verurteilt. Sie ist kein Fremdes: Ich stehe mir mit meinem Gewissen – als richtender Mitwisser – selbst gegenüber. Kraft welcher Legitimation aber redet die innere Stimme? Wenn sie mein besseres Ich ist, woher hat sie ihre Maßstäbe? Die Frage ist für das Daimonion des Sokrates anders zu beantworten als für das schlechte Gewissen des Zaren Boris. Das Daimonion rät Sokrates in bestimmten Situationen von etwas ab, nur das, es rät nicht zu, es beschuldigt nicht. In dieser inneren Stimme redet die ältere, die vorplatonische Weisheit und Lebensklugheit.

Boris' Gewissen aber ist das christliche. Für die christliche Welt erfährt das Gewissen eine immense Aufwertung, indem es als Gottes Stimme angesehen wird. Im Mörder, der von seinem Gewissen gequält wird, nimmt es das weltliche wie das göttliche Strafgericht vorweg. Am Ende des ersten Bildes im ersten Akt prophezeit Grigorij dem neuen Zaren: »Und du wirst dem Weltgericht nicht entgehen, wie auch nicht dem Strafgericht Gottes.« Nietzsche und Freud haben das Gewissen dieser theologischen Perspektive entrückt und die psychosoziale Genese dieser Instanz nachgezeichnet. Fortan sprechen wir lieber vom Schuldbewusstsein als vom Gewissen. Mindestens das moralische Gewissen ist damit seiner Autorität verlustig gegangen – es erwies sich als Verinnerlichung der in der sozialen Umwelt des Kindes vorhandenen leitenden Moralvorstellungen. Diese Relativierung machte es möglich, gegen ein als pathologisch erkanntes Schuldbewusstsein therapeutisch vorzugehen. Hätte auch Boris in einer psychoanalytischen Kur Heilung von seinen Gewissensbissen finden können? Man wird einwenden, dass man doch wohl zwischen der Schuld eines Mörders und dem (meist übertriebenen) Schuldbewusstsein eines Depressiven unterscheiden müsse. Gewiss. Doch worin besteht Schuld? Das Opfer ist tot. Stellvertretend für dieses klagt in unseren Rechtsverhältnissen der Anwalt des Staats den Mörder an. Im gerichtlichen Verfahren wird seine Schuld, das heißt das Faktum der Tat, festgestellt. Die juridische Schuldzuweisung muss sich »positiv« nach den Paragrafen des Strafgesetzbuches vollziehen, ohne sich um deren allenfalls noch bewusste naturrechtliche Hintergründe zu bekümmern. Für die Qualifikation der Tat und das Strafmaß untersucht das Gericht die Zurechnungsfähigkeit des Täters, seine Motive, sein gesellschaftliches Umfeld usw. Dabei tritt die oder der Tote, das Opfer, oft in den Hintergrund. Das Opfer? Wurde denn ein Opfer dargebracht? Lächerliche Frage. Und doch ruft sie etwas in Erinnerung, was bei unserem psychologisierenden Umgang mit Menschen, die Kapitalverbrechen begangen haben, in den Hintergrund tritt: das Mordgeschehen selbst. Aber hat denn dieses Geschehen im »Normalfall« überhaupt eine über die unmittelbar Beteiligten und Betroffenen hinausreichende Bedeutung? Ein Mensch wird gewaltsam um sein Leben gebracht, genauer: das Leben eines Menschen wird verkürzt – wie es durch einen Unfall, einen Herzinfarkt et cetera auch geschehen kann. Außenstehende mögen wohl Ängste bezüglich ihrer eigenen Sicherheit entwickeln (»das könnte auch mir passieren«), ansonsten erscheint dieses Geschehen, zumal wenn es in Statistiken gefasst begegnet (24 500 Mordopfer 1993 in USA), für den kühlen Kopf als ein sozialer Indikator unter anderen. Ist das so? Geht ein Mord restlos in dem auf, was mit den beteiligten Subjekten passiert, oder reicht sein destruktives Potential darüber hinaus? Bei diesem Mehr denke ich an die Störung beziehungsweise Verletzung einer den Subjekten vorausliegenden tragenden Ordnung. Aber dieser Begriff einer Ordnung und ihrer Verletzung ist ohne Metaphysik nicht zu füllen; die naturgesetzliche Ordnung kann ja nicht gemeint sein.

Vielleicht ist es plausibler, aufs Gefühl abzustellen; in bestimmten Mordfällen wenigstens verrät das viel allgemeiner aufkommende Entsetzen, dass mehr passiert sein muss, als etwa bei einem durch Fahrlässigkeit verschuldeten tödlichen Unfall. Auch dieses Gefühl als einen Atavismus aufzufassen, heißt nicht notwendig, es als unzeitgemäß zu denunzieren, im Gegenteil. – Es gibt ein weiteres Indiz für die halbbewusste Präsenz jenes Gedankens einer übergreifenden Ordnung und ihrer Verletzung: unser Umgang mit dem Wert »Leben«. Ungläubig gegenüber Jenseitsversprechen, skeptisch gegenüber sogenannten höheren Werten wie Ehre, unfähig zu einem qualifizierten Totengedenken ist uns das individuelle, leibliche Leben zwangsläufig der Güter Höchstes geworden. Ich sehe hierin nicht so sehr einen Reduktionismus, der menschliches Sein auf das Recht zum nackten Leben zurückstuft, als vielmehr eine neue Gestalt der »Ehrfurcht vor dem »Leben« – verwandt dem ökologisch motivierten neuen Verhältnis zur Natur. Unser jeweiliges Leben ist auch in dem Sinne etwas Kostbares, als wir es uns nicht selbst gegeben haben und – einmal verloren – nicht wiedergeben können. Der Mord also als Verschuldung gegenüber dem Leben. Aber wie geringfügig wird diese Schuld andererseits auch wieder eingestuft. Die Zahl der Mordopfer, der Verkehrstoten oder in Kriegen Umkommenden zeigt es: Das Lebendige im Allgemeinen und das so hochbewertete einmalige menschliche Leben genießen praktisch erstaunlich wenig Respekt.

Erschreckender noch als die Ereignisse in Bosnien und Ruanda oder die Zunahme der meist ungesühnt bleibenden Kapitalverbrechen überall auf der Welt sind ein Presseberichte über die Art und Weise, wie in brasilianischen Medien Gewalttaten abgehandelt werden. Ich beziehe mich auf einen Artikel in der *Neuen Zürcher Zeitung* vom 29. Juli 1994. In Tageszeitungen werden nach dem Motto »Tot und nackt ist groß in Mode« Leichen oder Leichenteile als »Schinken« bezeichnet, sexistisch abgebildet und in humorigen Kommentaren die Opfer verhöhnt. – Zweifellos wäre eine solche Verhöhnung von Ermordeten gegenwärtig in unseren Zeitungen und den Massenmedien nicht möglich, selbst wenn es genügend Konsumenten derartiger Medienerzeugnisse gäbe. Ein Trost ist das nicht, und für Zuversicht besteht kein Anlass. Vor allem aber: Lässt sich angesichts der Fakten aus Geschichte und Gegenwart dem Morden die Weihe des Verstoßes gegen eine »höhere« Ordnung, dem Mordgeschehen selbst eine mehr als subjektive Relevanz, der Schuld eine andere Bedeutung als die des schlechten Gewissens zubilligen? Ich ziele mit diesen Fragen nicht auf eine Aufwertung des Mordes. Ich stelle sie vielmehr im Blick auf Strategien zur Eindämmung der schlimmen Folgen ethisch-moralischer Krisen.

Vielleicht lässt sich Boden gewinnen, wenn wir uns dem nichtalltäglichen, dem besonderen Mord am Zarewitsch zuwenden. Das Verfehlte und Vergebliche einer bloß individualisierenden Perspektive jedenfalls wird bei diesem Mord, für den Boris Godunow die Verantwortung trägt, sofort einsichtig, wenn auch unter uns fremd gewordenen historischen Umständen. Denn für das mittelalterliche Weltbild ist der Mord am siebenjährigen Zarewitsch kein gewöhnlicher Mord. Das Herrschergeschlecht wird als Repräsentant göttlicher Ordnung verstanden. An dieser vergeht sich Boris. Weder ein irdisches Gericht noch die alltägliche Moral sind zuständig. Bleibt, wenn das Geschehene gesühnt werden soll – für das ausgehende 19. Jahrhundert – die Selbstdestruktion des Herrschers durch sein eigenes Gewissen. Die Oper führt diesen Prozess vor. Sie negiert zugleich seinen Erfolg; Boris geht zugrunde, der nächste Herrscher, selbst ein Usurpator, schlimmer noch: als Reinkarnation des Zarewitschs selbst wieder indirekt der Mörder von Boris, steht vor der Tür. Die kunstvolle Erinnerung an den Kreislauf der Macht bietet – im Unterschied zu den unzähligen Morden in modernen Fernsehserien – zugleich die Chance, über die Zuständigkeiten der Moral etwas freier als gewöhnlich nachzudenken.

Gesetzt, Boris wollte anders als seine Vorgänger, nämlich »gut und gerecht« regieren, musste er dann nicht die dynastisch legitimierte Thronfolge brechen, und wie anders … Die Geschichte kennt zahllose derartig motivierte Morde. Wie auch immer zu seiner Tat veranlasst, der Zar erweist sich ihr nicht gewachsen; seine Schuld schwächt ihn; sein gewöhnliches, ganz und gar unherrscherliches Gewissen zerstört ihn samt seiner Herrschaft. Wird es nun mit dieser Sühnung besser in

Russland, besser in der Welt? Die Oper dementiert es; sie dementiert also die heilsame Funktion des moralischen Gewissens. Ich verallgemeinere: Die moralischen Diskurse reichen nicht an das Böse heran, nicht an seinen Begriff, geschweige denn an seine Bewältigung. Alternative Betrachtungsweisen drängten sich auf, sind aber rar. Versuchsweise möchte ich mit Ihnen zusammen darüber nachdenken, ob etwa mit einem neubestimmten Begriff des Tabus ein Zugang zu gewinnen wäre. Viele Hoffnungen mache ich mir nicht, wenn sich sogar schon eine Zürcher Boutique *Tabou* nennt, die mit aggressiv-sexistischer Werbung Badekleidung zu verkaufen bestrebt ist. Fast täglich werden im Übrigen durch die Presse Tabus zerstört. Welcher Erkenntnisgewinn sollte dann also damit verbunden sein, dass die Tötung des jungen Zarewitschs als Verletzung eines Tabus bezeichnet wird? Unter »Tabu« verstehe ich eine in Gruppe, Stamm, Volk, kurz: in einer Ethnie nicht zur Disposition stehende Vorschrift, die, durch urzeitliche Herkunft verbrieft, weder durch Herrschaftsträger noch Gesetzgeber abgeändert werden kann und deren Übertretung im Regelfall die härteste Ahndung erfährt. Als Verletzung eines Tabus in diesem Sinne interpretiert, ist sofort klar, dass der Mord am Zarewitsch eine überindividuelle Dimension besitzt, dass er also strukturell überhaupt keine Gewissensfrage darstellt. Die Ethnie ist als Ganze betroffen. Paradoxer-, aber entscheidenderweise muss ich hinzufügen: Das Tötungstabu zu verletzen, heißt nicht, die Tötung von Menschen zu enttabuisieren. Im Gegenteil: Die Verletzung des Tabus richtet es gerade wieder auf. Denn wer ein Tabu verletzt, schafft damit kein Präjudiz, auf das man sich bei einer neuerlichen Verletzung berufen könnte. Das Tabu kennt Ausnahmen, ohne durch diese prinzipiell bedroht zu sein. Nach einer Überschreitung muss es allerdings wiederhergestellt werden. Damit das geschieht, bedarf es eines Innehaltens zur Vergegenwärtigung des Fürchterlichen, einer Pause, in der auch die rituelle Wiederaufrichtung stattfinden kann. Die Erzählung Pimens von seiner Ankunft in Uglitsch deutet an, was in diesem Moment passiert: Die Sturmglocke läutet, die Leute schreien, der Mob schleift angebliche Täter an die Stätte des Mords, der Tote erzittert in der unmittelbaren Nähe seiner Mörder. Die Erzählung füllt aber zugleich die Pause, lenkt ab vom Geschehen, lenkt hin zum Namen von Boris.

Schreie, Klagen, Gedenkreden, einminütiger Stillstand des Verkehrs. Was könnten, ja müssten wir in solchen Pausen erkennen? Zum einen, dass der Mensch ein tötendes Wesen ist, dass die todbringende Gewalt gegenüber Tieren und seinesgleichen Bedingung seiner Bewusstwerdung war, dass jeder neuerliche Mord das Wissen darüber schärft, was es heißt, ein Mensch zu sein. Der Zarenmörder Boris – ecce homo. Zum anderen, dass die Menschen und ihre Gemeinwesen durch diese Fähigkeit des Tötens zutiefst bedroht sind und sie diese deshalb seit jeher mit besonderer Sorgfalt zu lenken versucht haben – mit der Ritualisierung des Tötens, insbesondere mit seiner Einbettung in Opferhandlungen, mit der Aufrichtung eines Tötungstabus gegenüber Angehörigen der Ethnie. Dass der Aufbau einer globalen Kultur nicht ohne die Durchsetzung eines universalen Menschenrechts auf Leben und die Ritualisierung seiner lokalen und temporären Verletzungen gelingen kann.

Ich stehe nicht an, eine derartige Einsicht als Sache des *Gewissens* zu bezeichnen, »Gewissen« nun verstanden als wissendes Selbstverhältnis, in dem wir uns utopisch zu uns selbst vorrufen.

Eine zweite Betrachtung, die Betrachtung von Zwischenzuständen, schließt sich hier fugenlos an. Mit dem Mord am Zarewitsch zeichnet sich ein Interregnum ab, dessen Schlussphase im Prolog der Oper widerscheint. Boris betet im Kloster, unschlüssig, anscheinend nicht zugänglich für die Bitten der Mächtigen wie des Volks. Und mit seinem Tod im vorletzten Bild beginnt ein zweites Interregnum. Der herrschaftslose Zustand, die Anarchie, wird in den grellsten Farben geschildert: »Es stöhnt das Land in grausamer Rechtlosigkeit.« Wir verstehen diese Besorgnis; vielleicht erinnern wir uns auch an die Schnelligkeit, mit der – ein Beispiel aus der jüngeren Geschichte – Vizepräsident Johnson nach der Ermordung John F. Kennedys als Präsident der Vereinigten Staaten vereidigt wurde. Ein Staat muss außen- und innenpolitisch funktionsfähig bleiben. Das ist der entscheidende Gesichtspunkt. So wenig der Mord am Zarewitsch wirklich ausgetragen, vielmehr in das Gewissen des Täters verlagert wird, so kurz nur darf der herrschaftslose Zwischenzustand währen. Boris' Herrschaft wird von zwei anarchischen Phasen eingefasst. Darauf möchte ich aufmerksam machen, genauer: auf die eigentümlich-moderne Dumpfheit, in der diese Übergangszeiten durchgestanden werden, obwohl ihr Erweckungspotential in den Protagonisten nachzittert. Man ist an die Ethnologie gewiesen, um sich der Möglichkeit eines anderen Umgangs mit, eines anderen Verhaltens in derartigen Übergängen zu vergewissern, als uns Mussorgsky vorführt. Roger Caillois, ein Schüler von Marcel Mauss, schildert in seinem Buch *L'homme et le sacré* (Kap. IV) Volksreaktionen auf den Tod des Königs oder Häuptlings, wie sie auf den Sandwich- und den Fidschi-Inseln zu beobachten waren: Plünderungen, Verwüstungen, öffentliche Prostitution der Frauen. Wie ist diese Verletzung von eben noch strikt anerkannten Regeln des menschlichen Zusammenlebens zu erklären? Sie folgt der Logik des Todes, der seine überwältigende Macht an der königlichen Inkarnation der menschlichen Souveränität unter Beweis gestellt hat. Das Gefühl des Bruches lässt sich nicht mehr in Begräbnisfeierlichkeiten allein rituell auffangen. Die Gewaltsamkeit, die der Tod am Körper des Königs ausübt, schlägt die ganze Gemeinschaft in Bann. Die *Überschreitung* der Ordnung findet erst mit der Beseitigung aller verweslichen Teile der Leiche beziehungsweise mit der Einsetzung eines neuen Herrschers ihr zeitliches Ende.

Helmut Holzhey

Man kann sich nicht recht vorstellen, wie derartige Übergänge und Überschreitungen in modernen Gesellschaften, schon wegen deren Größe, insbesondere aber auch wegen deren Komplexität, praktiziert werden könnten. Die Sachzwänge und ihre Anwälte scheinen unüberwindlich. Die durch Überschreitungen ausgelösten Entwicklungen wären schnell jeglicher Kontrolle entglitten. Möglich erscheinen aber bescheidenere Formen, wie sie in Lokalkulturen – zum Beispiel in der Basler Fasnacht – tatsächlich noch lebendig sind.

Ich sprach eingangs von der Klage als der Antwort auf die Erfahrung der Ohnmacht gegenüber Leiden und Tod. Die rituelle Klage über den Tod von Menschen, über den Verlust von Gesundheit oder Besitz ist beziehungsweise war ein Verhalten, um Übergänge durchzustehen. Auch bezüglich solcher *rites de passage* im Allgemeinen bietet die Ethnologie weitaus reichere Zeugnisse als unser Leben in der modernen, technisch zivilisierten Welt. Ist diese Verarmung auf die Dauer tragbar? Um ihr entgegenzusteuern, müssten Übergänge geschaffen und damit Zäsuren gesetzt werden. Ich plädiere für eine neue *Rhythmisierung* unseres gesellschaftlichen Lebens. Schon Platon erklärt es zu einer Auszeichnung des Menschen, dass er Rhythmus als Maß der körperlichen Bewegung (wie Harmonie als Maß der Stimme) besitzt (Nomoi 664e); er sucht – das ist der ethische Aspekt – nach den »Rhythmen eines geordneten und tapferen Lebens« (Politeia 399e). Es ist nicht zufällig, dass ich einen antiken Zeugen anrufe; die modernen Kunst-, insbesondere Musiktheorien, haben sich längst, beginnend mit den freien Rhythmen selbstbestimmter Kunst im 19. Jahrhundert, vom Rhythmus als regelgebundenem Ordnungsprinzip gelöst und ihn zur temporalen Verfasstheit der Musik im Allgemeinen erklärt. Das Maß wird für die in der Musik sich nicht mehr »tanzend«, sondern »schwimmend« bewegende Seele (Friedrich Nietzsche) unerkennbar. Das Postulat einer Re-Rhythmisierung muss sich dann wohl oder übel auf die in *biologischen* Systemen allgemein zu beobachtende »Wiederkehr des Ähnlichen in ähnlichen Fristen« (Ludwig Klages) abstützen. Bei dieser biologistischen Sicht ist mir nicht geheuer: der Organismus als Maß? Jedenfalls nur in Relation, in Spannung zur kulturell eroberten Rhythmenfreiheit. Wieder bietet sich das Modell der kleinen Überschreitung an. Die Re-Rhythmisierung pocht auf regelmäßige Wiederkehr ähnlicher Übergangsereignisse (lokaler, regionaler und nationaler Reichweite), diese selbst aber sind Zeiten in freier Rhythmik tanzender, schwimmender und schaukelnder Subjekte.

Ich schlage die Einführung eines regelmäßig wiederkehrenden *Weltruhetags* vor, sagen wir – bescheidener – zunächst einmal (denn wir haben ihn besonders nötig) eines *Europaruhetags*. Eines Ruhetags im Sinne der musikalischen Synkope: der Verschiebung des Akzents auf eine im normalen rhythmischen Ablauf unbetonte Zeit, der Unterbrechung des normalen Rhythmus – einer Synkope, die für eine

Weile anhält, ohne in ein Tacet überzugehen. Um diesen Vorschlag zu begründen, muss ich etwas weiter ausholen. Jedes individuelle Leben hat seinen eigenen Rhythmus. Das ist so wahr wie banal. Um diese private Einteilung von Lebensphasen, Jahren, Monaten, Wochen und Tagen geht es also nicht. Auch gesellschaftliche Formen der Rhythmisierung, vor allem durch Feste, sind eingespielt. Doch melden sich allenthalben Zweifel, ob solche gemeinschaftlichen Feste noch in einer »anderen Zeit«, einem anderen Rhythmus erlebt werden oder nicht vielmehr Alltags- und Festzeit zunehmend ineinanderlaufen. Nationale Feiern machen vielen Bürgern bekanntlich besondere Schwierigkeiten: so rief eine größere Zahl von schweizerischen Schriftstellern und Intellektuellen zum Boykott des 700-Jahr-Jubiläums der Schweizerischen Eidgenossenschaft im Jahre 1991 auf. Über die Gründe für derlei Entwicklungen müssen Berufenere urteilen. Meine Re-Rhythmisierung will spielerisch verstanden sein. »Wir ›guten Europäer‹«, schreibt Nietzsche in *Jenseits von Gut und Böse*, »auch wir haben Stunden, wo wir uns eine herzhafte Vaterländerei, einen Plumps und Rückfall in alte Lieben und Engen gestatten […], Stunden nationaler Wallungen, patriotischer Beklemmungen und allerhand anderer altertümlicher Gefühls-Überschwemmungen« (der Autor hat gerade, »wieder einmal zum ersten Male«, Richard Wagners Ouvertüre zu den *Meistersingern* gehört). Das Überdenken eines Weltruhetags nun sehe ich, etwas großspurig formuliert, als Element der Arbeit an einer Weltkultur, deren Schaffung sich mit der Verdichtung der globalen Wirtschafts- und Kommunikationsbeziehungen aufdrängt, als Element einer künstlerischen Arbeit, einer imaginierenden Arbeit, denn die kulturelle Einheit der Welt und schon Europas darf bloß eine imaginierte sein, eine karnevaleske Inszenierung. Welche Rolle spielte da der besagte Ruhetag? Ich möchte seine Konturen gerade nicht von vornherein festgelegt sehen, sie wären vielmehr zu erarbeiten. Nur soviel: Mit ganz wenigen Ausnahmen ruhte (im Unterschied zum guten alten Sonntag) der gesamte Verkehr, ständen weltweit beziehungsweise europaweit alle Industriebetriebe still, wären alle Geschäfte geschlossen, alle Kriege ausgesetzt. Meiner Vorstellung nach lebten wir da plötzlich in einer anderen Zeit. Eine Überschreitung ins Leise fände statt, der Ton fiele auf die Stille. Wir nun in dieser Stille, ohne Betrieb, weltweit Menschen auf sich selbst zurückgelenkt, auf ihr Glück und Unglück, ihre Verfehlungen und Hoffnungen, ihr immer unvollkommenes Sein.

Eine Utopie. Mit ihr komme ich zum dritten Teil meines Vortrags, einer abschließenden Betrachtung. Sie wird kurz ausfallen. Wer eine Utopie entwirft, tut das im Bewusstsein der Differenz zwischen dem, was ist, und dem, was sein könnte beziehungsweise sein sollte. Die Utopie, die einen Idealzustand oder einen schlechthin unerträglichen Zustand zeichnet, bringt gerade diese Differenz zum Ausdruck.

Helmut Holzhey

Den im Hier und Jetzt lebenden Menschen werden die Augen geöffnet, vielleicht blinzeln sie auch nur. Es ist nicht viel, was die Darstellung jener Differenz zu bewirken vermag: eine Synkope, die unscheinbare Verschiebung des Akzents auf eine bisher unbetonte Gegebenheit. Lassen Sie mich das an Thomas Morus' *Utopia* von 1516 konkretisieren, der ersten neuzeitlichen Staatsutopie, die dem Genre den Namen gegeben hat. Der Text schildert mit jener glücklichen Insel Utopia ein Staatswesen, in dem nicht mehr der Maßstab des Geldes regiert. Die Verwirklichung dieses Staates hat ihre Voraussetzungen: Man musste ganz von vorn beginnen können, es bedurfte eines von Vernunftprinzipien geleiteten Schöpfers der neuen Ordnung, die sich überdies nur auf einer Insel – geschützt vor dem internationalen Machtspiel – einführen ließ. Utopia ist zeitlich-geschichtlich wie örtlich-situativ gebunden, nicht einfach unter allen Umständen machbar. Man kann mit dem Bild der Idealgesellschaft auf Utopia vor Augen nicht philosophische Politikberatung machen. Trotzdem ist dieses fiktive Bild nicht wertlos. Wer eine Utopie entwickelt, sieht sich in einem unüberwindbaren Zwiespalt. Er ist sich des fiktiven Charakters seiner Utopie bewusst, rechnet also nicht damit, sein Idealbild durchsetzen zu können; zugleich ist er es sich schuldig, dieses Bild einer vernünftigen und gerechten Ordnung jederzeit der faktischen Ordnung des politischen Machtspiels entgegenzusetzen.

Dieser Zwiespalt spiegelt nichts weniger als die menschliche Grundsituation, die *condition humaine*. Ich zitiere den Anthropologen Helmuth Plessner: »Strebung und Erfüllung stehen beim Menschen in keinem Verhältnis zueinander, solange die Erfüllung in derselben Sphäre gesucht wird, welcher die Strebung angehört« (Ges. Schriften IV, S. 389). Die vollkommene Erfüllung unserer Strebungen und Wünsche ist utopisch, indem sie über das Realmögliche hinausgeht; und doch wird sie gesucht. Nur mit der Sehnsucht nach Überwindung unserer konstitutiven Heimatlosigkeit wird diese erträglich. Auf ein utopisches Vorausdenken kann also nicht verzichtet werden. Wenn heute viel vom Ende der Utopie – und zugleich vom Ende der Geschichte – die Rede ist, drückt man sich höchst ungenau aus. Denn bloß das Heilsversprechen, in das die Marxsche Utopie schließlich zusammengeronnen war, ließ sich nicht einlösen, das »Reich der Freiheit« nicht verwirklichen. Wen wundert's? Nicht der Zusammenbruch des »real existierenden Sozialismus« hat die Utopie um ihren Ruf gebracht. Der immense Preis, der für die Versuche zur *Verwirklichung* einer Utopie zu bezahlen war, hat sie vielmehr diskreditiert. Die Lehre: Politik soll Utopien, ohne die sie nicht funktionieren kann, nicht zum Ziel ihrer praktischen Bemühungen machen. Was als Utopie gedacht wird, hat keinen realen gesellschaftlichen Ort. Oder doch? Ich sprach das vorrechtliche Tabu an: utopisch zu denken; es ließe sich *nach* Einführung von Recht und Gesetz wiederaufrichten.

Ich erwähnte das Gewissen, durch das sich der Einzelne utopisch zu sich selbst gerufen finden kann: utopisch, weil eben heile Identität immer Wunsch bleiben wird. Ich postulierte eine Re-Rhythmisierung, die Schaffung von Übergängen, von Zwischenzeiten: eine Utopie angesichts ökonomischer Zwänge zur Nutzung der Zeit, angesichts auch des Falls der Sehnsucht in die Mobilität. Und zuletzt sagte ich, es sei nicht Sache der Politik, die praktische Umsetzung utopischer Konzepte zu betreiben. Ist auch der Entwurf von Utopien ortlos, Produkt eines vagabundierenden Denkens? Ja, es ist unsere Vernunft, die utopisch denkend ihr metaphysisches Bedürfnis auslebt. Als ein vernünftiges sollte dieses vagabundierende Denken aber zugleich um seine Grenzen wissen, also sich des fiktiven Charakters seiner utopischen Ideen bewusst sein. Seinen klarsten sprachlichen Ausdruck findet dieses selbstkritische Bewusstsein im Index des Als-ob. Utopisch denken, das heißt dann das Tötungsverbot nehmen, als ob es ein Tabu wäre; dem Gewissen folgen, als ob ich je mit mir eins werden könnte; dem Weltruhetag nachsinnen, als ob er einmal Wirklichkeit werden könnte. Solche Fiktionen sind keine privaten Wahngebilde. Sie haben ihre eigene Realität, fassbar nicht zuletzt in der Realität des *Bildes*. Sie verdanken sich Imaginationen. Imaginationen setzen Bilder aus sich heraus, die ihrerseits wieder der Anlass von Erfahrungen werden. Bilderfahrungen verdichten sprachlich vermittelte Erfahrungen, und oft übersteigen sie sie auch.

Es fällt schwer, im *Boris Godunow* eine Utopie auszumachen, sei es die Utopie des guten Herrschers oder die des sich befreienden Volks. Wenn Mussorgsky eine solche Utopie hätte ins Bild bringen wollen, wäre eine andere Oper entstanden. Der gute Herrscher oder die Möglichkeit der Befreiung von der Despotie scheinen wohl kurz auf, werden aber sofort als Täuschungen entlarvt. Die Utopie, wenn es denn eine war, wird durch ihre Inszenierung demontiert. Sprachlich haben Hunger und Finsternis das letzte Wort. Und doch ist es nicht das, was bleibt. Das utopische Denken hat sich vielmehr in der Unausschöpfbarkeit der Bilder, der musikalischen wie der szenischen, festgesetzt.

Literatur

Caillois, Roger, L'homme et le sacré. Éd. augmentée de trois appendices sur »Le sexe«, »Le Jeu«, »La guerre dans leurs rapports avec le sacré«, Paris 1972 (= Collection idées; Philosophie, 24)

Klages, Ludwig, Sämtliche Werke, Bd. 3: Philosophie, 3. Philosophische Schriften / mit einem Kommentar von Hans Eggert Schröder, hg. von Hans Eggert Schröder und Ernst Frauchinger, Bonn 1974

Morus, Thomas, Utopia, übers. von Gerhard Ritter, Stuttgart 1995 (= Universal-Bibliothek, 513) [1516]

Nietzsche, Friedrich, Jenseits von Gut und Böse. Vorspiel einer Philosophie der Zukunft, in: Werke in drei Bänden, Bd. 2, München 1954 [Leipzig 1886]

Platon, Nomoi, in: Sämtliche Werke in zehn Bänden, griechisch und deutsch, Bd. 9. Nach der Übers. Friedrich Schleiermachers, erg. durch Übers. von Franz Susemihl u.a., hg. von Karlheinz Hülser, Frankfurt a.M. u.a. 1991

Platon, Politeia, in: Sämtliche Werke in zehn Bänden, griechisch und deutsch, Bd. 5. Nach der Übers. Friedrich Schleiermachers, erg. durch Übers. von Franz Susemihl u.a., hg. von Karlheinz Hülser, Frankfurt a.M. u.a. 1991

Plessner, Helmuth, Gesammelte Schriften, IV: Die Stufen des Organischen und der Mensch. Einleitung in die philosophische Anthropologie, hg. von Günter Dux, Odo Marquard und Elisabeth Ströker, Frankfurt a.M. 1981

Endnote

1 Vortrag bei den Salzburger *Festspiel-Dialogen* am 10. August 1994.

Europa – Der Melancholische Kontinent[1]

Wolf Lepenies

Meine Damen und Herren,
haben Sie in letzter Zeit zu heiß gebadet? Dann besteht die Gefahr, dass Sie über kurz oder lang melancholisch werden! Haben Sie sich zu sehr der prallen Sonne ausgesetzt, einen Schlag auf den Kopf bekommen oder zu viel Wein getrunken? Dann sind Sie bereits Melancholiker. Das Gleiche gilt, wenn Sie im Übermaß Zwiebeln und Knoblauch zu essen pflegen oder die Angewohnheit haben, Ihre Speisen zu überwürzen. Sind Sie faul oder arbeiten Sie zu viel? In beiden Fällen verraten Sie damit Ihre Neigung zur Melancholie. Einsamkeit und Aufregung, schwarzes Brot und saure Getränke, unreines Wasser, übermäßiges Essen, Hass und Rachsucht – sie alle führen unweigerlich in die Melancholie. Sind Sie, meine Damen, Nonne, Witwe oder Jungfrau? Es macht überhaupt keinen Unterschied: Melancholisch sind Sie in jedem Fall.

Zu diesen Schlussfolgerungen müssen Sie nach der Lektüre eines Buches kommen, von dem Lord Byron 1807 schrieb, es sei »das unterhaltendste und belehrendste Potpourri aus Zitaten und klassischen Anekdoten«, das er je gelesen habe, das Buch, mit dessen Hilfe man am leichtesten in den Ruf der Belesenheit komme. Die Rede ist von Robert Burtons *Anatomy of Melancholy*, 1621 erschienen, ein Wälzer von über tausend Seiten in der Oktavausgabe. Burtons Buch ist *der* Klassiker der Melancholie-Literatur; immer wieder wurde das Buch neu aufgelegt, die letzte deutsche Ausgabe erschien 2004.[2]

»That all the world is mad, that it is melancholy«, war die Schlussfolgerung Robert Burtons, der schrieb, um sich von seiner eigenen Melancholie zu befreien. Nach hundert Seiten aber hält er bereits inne und fragt selbstkritisch: Habe ich nicht übertrieben? Gibt es überhaupt jemanden, der nicht melancholisch ist? »Have I overshot myself?«, fragt sich Burton, »Bin ich über das Ziel hinausgeschossen?« – um dann doch fröhlich weiterzufahren in seiner nicht enden wollenden Beschreibung der tausenderlei Ursachen und Folgen der Melancholie, die er entweder vom Hörensagen oder, wie er behauptet, aus eigener Erfahrung kennt: »Wovon andere gehört haben oder worüber sie gelesen haben, ich habe es am eigenen Leibe gefühlt und praktiziert. Die meisten haben ihre Kenntnisse aus Büchern, ich habe sie, weil ich melancholisch bin. Glaubt Robert, der aus Erfahrung spricht!«

Aber müssen wir, wie der Autor es so treuherzig einfordert, diesem Robert tatsächlich alles glauben? Was sollen wir mit seiner entwaffnenden Schlussfolgerung anfangen: »Verstehe unter Melancholie, was Du willst, es ist doch alles ein und dasselbe«? Burton und seine Nachfolger haben ansteckend auf uns, die Leser im Abendland, gewirkt: Ob wir es wollen oder nicht – sitzt ein Mensch nur gedankenverloren da und legt seinen Kopf auf den aufgestützten Ellenbogen, erscheint er uns zwar noch nicht wie ein moderner Walther von der Vogelweide, wie zwanghaft aber stellen wir ihn uns als einen Melancholiker vor. Die Sache wird noch komplizierter dadurch, dass laut Burton nicht nur einzelne Menschen, sondern ganze Gesellschaften, Nationen, Staaten, Städte, Gemeinwesen melancholisch sein können. In der für ihn typischen Übergenauigkeit schildert Burton beispielsweise mit Hunderten von Beispielen, warum das Reisen in der libyschen oder arabischen Wüste die Melancholie hervorruft. Zugleich behauptet er, dass regelmäßige Überschwemmungen die Niederlande zu einem melancholischen Land gemacht haben. Städte wie Antwerpen, Syrakus, Brindisi und Dover sind melancholische Orte; in Alexandria und Pisa hat die schlechte Luft die dort wohnenden Menschen zu Melancholikern werden lassen. Von Geburt an melancholisch sind natürlich die Bewohner Venedigs, weil bereits deren Vorfahren ihr ganzes Leben damit verbringen mussten, gegen das Wasser zu kämpfen.

Auf der einen Seite gibt es nationaltypische Gründe für die Ausbreitung der Melancholie: Luxus und Aufruhr sind es in Italien, Aberglauben und Eifersucht in Spanien, Trunksucht in Deutschland – bei den Ungarn aber wird die Melancholie wie eine ansteckende Krankheit durch den Kontakt mit ihren Nachbarn verursacht, den Türken. Auf der anderen Seite kann – in Analogie zur Physiologie des menschlichen Körpers – unter bestimmten Umständen jeder *body politic* melancholisch werden. So heißt es bei Burton: »Der Staat war wie ein kranker Körper, der seine Arznei zu spät erhalten hatte; seine Säfte waren nicht richtig gemischt, und so sehr war er durch Reinigungen geschwächt, dass nichts als Melancholie übrig blieb.«

»Physiologie« ist das Stichwort, das uns nun zu einem skizzenartigen Überblick der Melancholie-Problematik in historischer Perspektive führt.

Die Antike fand in der Physiologie des Menschen die Erklärung für das Entstehen der Melancholie. Sie war ein Symptom innerer Unordnung. Die ordentliche, das heißt, die angemessene Verteilung der verschiedenen Körpersäfte, der *humores*, galt als Gesundheit – die Unordnung, das heißt, das Überwiegen eines der drei schädlichen Säfte – Schleim (*phlegma*), gelbe oder schwarze Galle (*cholos*) – bewirkte Krankheit. Der Sanguiniker dagegen hatte eine *complexio temperata*, ein gemäßigtes Temperament, er war gesund.

Die Melancholie hatte ihre Ursachen – und blieb dennoch rätselhaft. So suchten Autoren der Antike nach einer Antwort auf die Frage, weshalb die Melancholie in einer bestimmten Menschengruppe besonders häufig anzutreffen war. »Schwarzgallig« nämlich waren insbesondere viele Genies – und so stellte man im Umkreis von Aristoteles die Frage: »Warum erweisen sich alle außergewöhnlichen Männer in Philosophie oder Politik oder Dichtung oder in den Künsten als Melancholiker?« Platon dagegen stellte sich diese Frage nicht, denn bei ihm ist der *melancholikos* nicht das schwarzgallige Temperament, das das Genie kennzeichnet, sondern vielmehr der Unbelehrbare. So laufen von der Antike bis zum Mittelalter zwei Melancholie-Auffassungen nebeneinander her: Die eine wertet unter dem Einfluss einer normativen Medizin die Melancholie negativ, die andere knüpft an Aristoteles an und adelt die Melancholie. Dies geschieht insbesondere in der florentinischen Frührenaissance. Für die positive wie die negative Melancholieauffassung aber gilt: Angelegt ist die Melancholie in jedem von uns – zum Habitus aber wird sie nur bei wenigen. Es ist diese Spannung zwischen Alltag und Außerordentlichem, zwischen Trivialität und Genialität, die die Karriere der Melancholie in der abendländischen Geistesgeschichte bestimmt.

Bis in die Moderne definieren sich ganze Kunstbewegungen durch ihre Abwehr oder durch ihre Akzeptanz der Melancholie. Am Beginn des 20. Jahrhunderts verbietet beispielsweise der Futurismus seinen Anhängern, melancholisch zu sein; in einem Manifest mit dem Titel *Der Gegenschmerz* wird eine Art von Zwangstherapie entwickelt, um die »unheilbar der Melancholie Verfallenen« zum Optimismus zu erziehen. Im Surrealismus dagegen wird die Melancholie zum Vorzugs- und Vorzeigetemperament; hier wird in einem frühen Manifest gefordert, »die Menschen zur Verzweiflung an sich selbst und der Gesellschaftsordnung zu bringen«.

Ganze Epochen gelten als melancholisch. Im Elisabethanischen Zeitalter Englands erschafft Shakespeare in Hamlet den Prototyp des melancholischen Intellektuellen. Im 18. Jahrhundert werden im Deutschland der Kleinstaaterei Goethes Werther und Hölderlins Hyperion zu Helden der Schwermut. Vom Machtzentrum des Hofes ferngehalten, flüchtet sich das resignierte deutsche Bürgertum in die Einsamkeit der Natur und die eigene Innerlichkeit, bevor es in der entstehenden Industriegesellschaft die Arbeit als Heilmittel gegen die Melancholie entdeckt. Bevor die Fabrikhallen entstehen, werden als bevorzugte »Räume« der Melancholie Einsamkeit und Innerlichkeit gegen das Leben im adligen Salon und in der bürgerlichen Gesellschaft ausgespielt. Das 19. Jahrhundert geht unter Führung Frankreichs so weit, die Melancholie zur epochentypischen Krankheit, zum »mal du siècle« zu erklären.

Melancholiker zu sein, ist nicht ungefährlich. In der katholischen Kirche gilt die Schwermut, die »Mönchskrankheit«, genannt »acedia«, als Todsünde. Alle totalitären Systeme sehen in der grundlosen Traurigkeit ein Zeichen der Auflehnung und Opposition. Hitler wie Stalin schöpften sofort Verdacht, wenn in ihrem Umkreis der Gesichtsausdruck eines Menschen die demonstrative Zuversicht vermissen ließ, die von ihren gehorsamen Untertanen verlangt wurde. George Orwells Roman *1984* ist die klassische Schilderung des totalen Überwachungsstaates: Ihn kennzeichnen Melancholie-Vermeidung und Melancholie-Vertreibung.

Für die unverminderte Aktualität der Melancholie-Problematik gibt es viele Gründe. Sie liegen weniger im Fortleben eines psychischen Syndroms, von dem man gesagt hat, die Schwermut sei zu wichtig, um sie den Psychiatern zu überlassen. Vielmehr beanspruchen seit der Antike die *Intellektuellen* die Melancholie als ihren bevorzugten Gemütszustand – und weil Intellektuelle nichts mehr lieben, als über sich selber zu sprechen, wurde und wird unentwegt auch über die Melancholie geredet. Ferner gilt in der Selbst- wie Fremdbeschreibung *Europa* als melancholischer Kontinent – noch in den amerikanisch-europäischen Auseinandersetzungen zur Zeit des zweiten Irak-Krieges wurde darauf zurückgegriffen. Schließlich wird *Arbeit* traditionell als Therapie gegen Melancholie angesehen. Es liegt daher nahe, den gesellschaftlichen Wandel unserer Zeit, der weitgehend von der Schrumpfung der klassischen Erwerbsarbeit bestimmt wird, auch aus der Perspektive der Melancholie-Problematik zu betrachten.

Soweit eine erste Übersicht. Im Folgenden will ich *erstens* die Spannung zwischen Utopie und Melancholie als auszeichnende Charakteristik des Intellektuellen beschreiben, *zweitens* von Europa als von einem Kontinent der Melancholie sprechen, und schließlich *drittens* die Aktualität der Melancholie-Problematik am Zusammenhang von Arbeit und Melancholie zeigen.

Utopie und Melancholie

Robert Burton wollte nicht nur die Melancholie des Einzelnen beschreiben, ihre Ursachen ergründen und Therapien finden, mit denen ihr abgeholfen werden kann. Er suchte auch nach Heilmitteln für den melancholischen Staat. Unmittelbar nachdem Burton die Grundzüge eines melancholischen Gemeinwesens beschrieben hat, entwirft er dessen Gegenbild. Es ist eine von Melancholie freie Utopie: »Ich will, zu meiner eigenen Freude und zu meinem Vergnügen, mein eigenes Utopia bauen, ein neues Atlantis, mein eigenes poetisches Commonwealth, in dem ich frei herrschen kann, Städte bauen, Gesetze machen, Statuten aufstellen – alles, was ich selber anführen möchte.« Dieses Utopia liegt – hier kommt die für unseren Autor charakteristische Übergenauigkeit ins Spiel – auf einer Breite von 45 Grad in der Mitte der gemäßigten Zone und ist in zwölf Provinzen eingeteilt, die genau voneinander abgegrenzt sind. Jede Provinz umfasst einen kreisförmigen Durchmesser von zwölf italienischen Meilen, kein Dorf darf mehr als acht Meilen von einer Stadt entfernt sein. Die utopische Regierungsform ist die Monarchie, es gibt nur wenige Gesetze, aber diese werden streng eingehalten, in Ausführlichkeit niedergelegt und in der Muttersprache der Inselbewohner, nicht in Latein, niedergeschrieben, damit jeder sie verstehen und befolgen kann. Die Zahl der Rechtsanwälte, Richter, Advokaten, Ärzte und Chirurgen wird auf eine Höchstzahl festgesetzt, die unter keinen Umständen überschritten werden darf. Besonders die Zahl der Gesetze und der Rechtsanwälte muss strikt beschränkt werden, denn, in Burtons eigenen Worten: »Wo die Menschen im allgemeinen aufrührerisch und streitsüchtig sind, wo es viel Uneinigkeit, viele Gesetze und Prozesse gibt, viele Rechtsanwälte und Ärzte, da ist all das Zeichen eines schlechttemperierten, melancholischen Staates.« Kann man schon nicht die Ursachen heilen, muss man wenigstens die Symptome verbieten …

Burtons Überlegungen sind typisch für unseren Kontinent: In der europäischen Denktradition gehören Utopie und Melancholie zusammen. Die Melancholie ist das negative Abziehbild der Utopie; die Utopie ist das positive Gegenbild der Melancholie. Die Utopie beschreibt einen effizienten, auf reibungsloses Funktionieren angelegten, oft monarchischen, manches Mal aber auch egalitär verfassten, stets bis in die kleinsten Einzelheiten durchgeplanten Staat. Der Unordnung der Melancholie wird eine perfekte Ordnung gegenübergestellt, in der für Überraschungen prinzipiell kein Platz ist, weil alles vorausgeplant worden ist. Abweichungen von dieser Ordnung werden stets streng geahndet. Daher ist der Melancholiker der Feind der Utopie. Trauer ist Unordnung – und grundlose Trauer ist für alle herrschenden Mächte im ganz besonderen Maße gefährlich.

Melancholie ist ein Zeichen der Unordnung – die Utopie ist der anti-melancholische Ordnungsentwurf. Die Melancholie ist traditionell die Metapher des Missvergnügens am Staat und an der herrschenden Macht – die Utopie ist die ins System gebrachte, anti-melancholische Staatsverklärung. Auch hieraus erklärt sich die Rigorosität der utopischen Gesetzgebung: Der von Melancholie befreite Staat fasst den Abweichler und Rechtsbrecher als Symptom des drohenden Rückfalls in die Unordnung auf, der mit allen Mitteln entgegengewirkt werden muss.

Europa – der Melancholische Kontinent

Wenn Ihre Aufmerksamkeit dafür erst einmal geweckt worden ist, wird Ihnen sofort auffallen, wie oft das Stichwort »Melancholie« als Metapher für den Zustand Europas oder jedenfalls für Teile von Europa benutzt worden ist und bis heute benutzt wird. Ich gebe Ihnen dafür zunächst zwei aktuelle und ein historisches Beispiel.

In einem Artikel der französischen Tageszeitung *Le Monde*, der sich mit dem Anwachsen des »déclinisme«, der schlechten Laune und des Missmutes in Frankreich befasst, hieß es:

Wenn der Optimismus oder die Miesepetrigkeit ihren Grund in der Realität oder jedenfalls in einer bestimmten Wahrnehmung der Realität haben, so sind sie zugleich doch auch das Ergebnis einer bestimmten Haltung. Wenden Sie Ihr Gesicht endlich der Sonne zu; sie wird Sie wärmen. Drehen Sie ihr den Rücken zu, so werden Sie die Sonne nicht mehr sehen und frieren. Nach der Welle des Trübsinns brauchen wir jetzt eine Welle des Optimismus, um die Franzosen davon zu überzeugen, dass es Zeit ist, ›sich vom Feinstaub der Melancholie zu reinigen, der ohne Unterlass auf uns herabrieselt‹ (Jacques Julliard) Die tranigen und melancholischen Franzosen sind eine derart auffallende Erscheinung geworden, dass man in den USA sogar wissenschaftliche Studien über sie anfertigt […] Wenn man genauer hinsieht, merkt man, dass wie stets der Pessimismus oben, am Kopf beginnt […] Wenn aber die Auffassung vom unaufhaltsamen Niedergang des Landes die Debatten der Eliten beherrscht – will man sich dann darüber wundern, dass ganz Frankreich von einer Vertrauenskrise erfasst wird? Besteht die wirksamste Strategie, den Terror herbeizurufen, nicht darin, von einer ›Gesellschaft der Angst‹ zu sprechen? Wie kann man sich darüber wundern, dass das ganze Land sich in einer ›unsicheren Demokratie‹ wähnt, die einige als Endzeit bezeichnen, wenn wir überall auf Lähmung stoßen und auf Nostalgie – diese Tochter der Melancholie? Mehr als 300.000 Besucher haben 2006 die Melancholie-Ausstellung im Pariser Grand Palais über das schwarzgallige Temperament von der Antike bis zu den Depressionen des 20. Jahrhunderts gesehen […].

Soweit der Bericht aus *Le Monde*. Ich erspare mir Spekulationen darüber, was die Schlangen vor der im gleichen Jahre stattfindenden Berliner Melancholie-Ausstellung über den mentalen Zustand der Deutschen und der Bundesrepublik aussagten …

Mitteleuropa ist ein klassischer Ort der Melancholie. Ich gebe Ihnen dafür zunächst ein historisches Beispiel, das im österreichischen Salzburg besonders am Platze ist. Das Beispiel stammt aus Friedrich Naumanns 1915 erschienenem Buch *Mitteleuropa*[3], das in vielen Aspekten heute noch aktuelle Bezüge aufweist. Es geht dabei um die Melancholie in der k. u. k. Monarchie. Die Österreicher – so Friedrich Naumann –

sollen es mir nicht übel nehmen, wenn ich sage, dass sie selber vielfach daran schuld sind, wenn pessimistische Urteile über Österreich in der Welt allzu sehr verbreitet werden. Es gibt so eine besondere Art von Wiener Staatskritik, die sich interessant und gehaltvoll vorkommt, wenn sie trübe Bilder malt. Das ist in Wien selber gar nicht so tiefernst gemeint, sondern gleicht nur den täglichen Klagen einer älteren Dame, die es nicht für ganz vornehm halten würde, glattweg einzugestehen, dass sie gut gegessen und geschlafen habe. Diese künstliche Melancholie ist im Grunde etwas rein Literarisches und hat mit Politik sehr wenig zu tun, aber von der Außenwelt wird solchen Müdigkeitsdichtungen ein politischer Wert beigelegt. Wenn beispielsweise vor dem Krieg in Paris erzählt wurde, dass sich nächstens die Bayern vom Deutschen Reich trennen würden, so hoben wir den Maßkrug und riefen: Prost! Kam aber im Corriere della Sera oder sonst wie in der Auslandspresse eines Abends die Nachricht, dass die Tschechen den österreichischen Staat bedrohen und offene Ohren für fremde Einflüsterungen haben, dann seufzte das Wiener Kaffeehaus: Ach ja, die Tschechen! Sicherlich nun gab es gelegentlich Anlass zum Seufzen, aber man soll es nicht so öffentlich und wohlgefällig tun. Wenn Österreich selbst seine pessimistischen Anwandlungen als das erkennt, was sie sind, nämlich Ästhetenpolitik, dann wird es sofort auch draußen als gesünder eingeschätzt werden. Wir glauben an euch, glaubt ihr an euch selber.

Grundlage der europäischen Melancholie sind im letzten Jahrhundert die Erfahrungen der beiden Weltkriege, die ja nicht zuletzt europäische Kriege waren. 1919 schreibt der französische Dichter Paul Valéry einen Essay *Die Krise des Geistes* (*La Crise de l'Esprit*)[4], der mit dem heute noch oft zitierten Satz beginnt: »Wir anderen Zivilisationen, wir wissen jetzt auch, dass wir sterblich sind.« Valéry spricht von den untergegangenen, großen Reichen der Vergangenheit und davon, dass nach den Erfahrungen des Ersten Weltkriegs und seiner zehn Millionen Toten das Gefühl der Vergänglichkeit auch Europa erfasst hat: Frankreich, England, Russland – diese Namen klingen auf einmal wie Elam, Ninive und Babylon. Die Europäisierung der Welt ist an ihr Ende gekommen – und damit ist auch Europa vom Untergang bedroht. Dieses vom Untergang bedrohte Europa verkörpert sich in Hamlet, und die Schlossterrasse, von der dieser Melancholiker in die Zukunft blickt, umfasst die Sumpfgebiete an der Somme, die Kreidefelsen der Champagne und den Granit des Elsass – es sind die Schlachtfelder des Ersten Weltkriegs. Später wird ein anderer großer europäischer Dichter, der in der Emigration zum Amerikaner geworden war, später wird Thomas Mann nach den Erfahrungen des Zweiten Weltkriegs ebenfalls von Europa als Hamlet sprechen – und von Amerika als Fortinbras, dem vorwärtsdrängenden, optimistischen und stets handlungsbereiten jungen Norwegerkönig. Darauf komme ich zurück.

Natürlich sind weder die Melancholie noch das utopische Denken auf Europa beschränkt – sie finden sich ebenso in anderen Teilen der Welt. Dennoch kann man sagen, dass die Verknüpfung von Melancholie und Utopie eine europäische Besonderheit darstellt. Sie wird sichtbar, wenn man die Rolle des europäischen Intellektuellen in den Vordergrund rückt. Das Wesen Europas, so lautete eine heute noch oft gemachte Behauptung, lasse sich weder mit Hilfe der Geschichte noch mit Hilfe der Geografie bestimmen. Kennzeichnend für Europa sei vielmehr ein besonderer menschlicher Typus, der *homo europaeus*, der wiederum von niemandem eindrucksvoller verkörpert werde als vom experimentell vorgehenden Naturwissenschaftler: der europäische Geist zeichne sich durch seinen Rationalitätsglauben aus. Die Einzigartigkeit Europas, die einst unseren alten Kontinent dazu befähigt hat, die ganze Welt zu »europäisieren«, liege in der Entwicklung der Naturwissenschaften und der modernen Technik. Diese Auffassung hat das europäische Selbstbewusstsein seit der Renaissance bestimmt und in der Aufklärung ihren Höhepunkt erreicht. In der Mitte des 18. Jahrhunderts charakterisierte der große Botaniker und Ordner der Pflanzenwelt Carl von Linné den *homo europaeus*, für ihn die höchste Ausprägung der Gattung *homo sapiens*, als »levis, argutus, inventor«, als leicht beweglich, scharfsinnig, erfinderisch. Damit wurde der Europäer mit dem Wissenschaftler gleichgesetzt.

Es gibt aber verschiedene und durchaus entgegengesetzte Spielarten des *homo europaeus*. Es gibt – will man sich auf eine zugegebenermaßen etwas grobe Gegenüberstellung beschränken – auf der einen Seite den europäischen Intellektuellen, der ein selbstbewusster, ja aggressiver Sanguiniker ist, ein Tatmensch, der missionieren, bekehren und die Welt erobern will. Und dann gibt es ganz andere, die stets vor sich hinbrüten und die an allem zweifeln, es sind die der Gedankenschwere Verfallenen, die sich aus der Welt zurückziehen und in der Einsamkeit mit sich selbst konfrontiert sind – die Melancholischen. Diesen Typus des Intellektuellen hat niemand besser verkörpert als Shakespeares Hamlet, der – aus Wittenberg, der Universität Fausts und des deutschen Protestantismus, nach Hause zurückgekehrt – von der Terrasse seines dänischen Schlosses auf Europa blickt wie auf einen Kontinent der Melancholie.

Der Melancholiker ist eine Art von homo *europaeus intellectualis*, er gehört einer Gattung an, die sich durch eine unstillbare Neigung zur Reflexion auszeichnet. Als 1919 die Russische Revolution gesiegt hatte, schrieb Alexander Blok an Maxim Gorki: »Ach, wenn wir doch nur einmal für ein Jahrzehnt mit dem Denken aufhören könnten!« Das ist die Pein des Intellektuellen: die Unfähigkeit, mit dem Denken Schluss zu machen. Ins Denken verstrickt, sind die Melancholischen, wie es im Französischen heißt, »les malheureux qui pensent«, die Unglücklichen, die denken. Das Glück dagegen ist immer gedankenlos. Dabei sind die Melancholischen nicht ungeschickt und durchaus nicht immer weltfremd. Oft verstehen sie es, aus ihrem Leid eine Mode und ein Metier zu machen: Sie sind sich der Tatsache bewusst, dass der Pessimismus große Werke hervorbringen kann, organisieren sich als »klagende Klasse« und ihre Klage wird dann zu einem Gesang, der sich gut verkaufen lässt.

Der melancholische Intellektuelle ist chronisch unzufrieden; er leidet aus Prinzip am gegenwärtigen Zustand der Welt. Seine unstillbare Reflexion entsteht aus der Handlungshemmung, und zugleich hemmt sie weiteres Tun. Der melancholische Intellektuelle leidet an der Welt, er versucht, diesem Leiden Ausdruck zu verleihen, und schließlich leidet er an sich selbst, weil er nur grübeln, aber nicht handeln kann. Natürlich muss man eine derart allgemeine und daher notwendigerweise schiefe Charakteristik in ihrem Geltungsbereich einengen. Das Problem, von dem ich spreche, ist offenkundig kein Problem der Antike. Es bildet auch kein Problem in Kulturen, in denen der Vorrang der Muße vor der Arbeit, der *vita contemplativa* vor der *vita activa*, unbestritten ist. Die Melancholie der Intellektuellen wird zum europäischen Problem, als mit der Verbürgerlichung des Okzidents und mit dem Aufkommen der protestantischen Ethik die Arbeit zum Verhaltensideal und die Muße damit rechtfertigungsbedürftig wird.

Die Melancholie verrät unkontrollierbare Affekte, inneren Aufruhr und damit drohende Revolte. Sie gerät daher früh unter Verdacht – und damit wird auch der Intellektuelle verdächtig. Wenn er auf der einen Seite keinen Verrat an seinen kritischen Idealen begehen und sich der Welt anpassen und wenn er auf der anderen Seite nicht seine Existenz in der offenen Auflehnung riskieren will, muss der Intellektuelle sich eine andere, eine bessere Welt ausdenken und erträumen. So wird die Utopie geboren, jenes literarische Genre, das den Aufbruch Europas in die Moderne begleitet. Der Intellektuelle klagt über die Welt, und aus dieser Klage entsteht das utopische Denken, das eine bessere Welt entwirft und daraus die Melancholie vertreiben will. Das Melancholieverbot findet sich in allen Utopien.

Nun ist der Intellektuelle weder stets Melancholiker noch ist er notwendigerweise Utopist. Aber seine Existenz schwankt in der Regel zwischen diesen beiden Polen. Er leidet an der Welt, wie sie ist – und aus diesem Leiden heraus entwirft er eine bessere Welt, eine Welt, wie sie sein soll. Hier liegt der Ursprung dessen, was man später einmal den »Verrat der Intellektuellen« nennen wird. Denn aus dem Melancholieverbot der Utopie wird schnell der Zwang, in der Gesellschaft das Glück oder, wenn dies nicht möglich ist, zumindest den Anschein des Glücks durchzusetzen. *Organiser la fortune*, »das Glück planen«, lautet dann das Motto; die Französische Revolution erklärt das Glück zum obersten Ziel des staatlich-revolutionären Handelns. »Das Glück ist eine neue Idee in Europa«, riefen die Revolutionäre aus – es war der Versuch, mit der Vorstellung Europas als des melancholischen Kontinents Schluss zu machen. Der Versuch aber, das Glück zu erzwingen, endete in der *terreur*, der Schreckensherrschaft.

Da das *Glück* eben nicht befohlen werden kann, verkehrt sich das wirkungslose Glücks*gebot* in das durchsetzbare *Verbot* für den Einzelnen, sein *Unglück* öffentlich zu zeigen. Die Melancholie wird rigoros unterdrückt – umso unbegreiflicher kommt sie den Mächtigen vor, weil sie unfassbar erscheint. Die Melancholie ist der Kummer, der keine Worte findet. Nicht nur in der Utopie findet dieser Kummer ohne Worte keinen Raum, keinen Ort, keinen *topos*. So will – ich habe schon davon gesprochen – der Diktator Stalin die Menschen Russlands glücklich sehen – und wehe dem, dessen Gesichtszüge dem Befehl des Tyrannen nicht gehorchen –, so wollen Hitler und Goebbels die arischen Deutschen buchstäblich mit aller Gewalt glücklich machen.

Melancholie und Utopie – dazwischen liegen Glanz und Elend der europäischen Intellektuellen. Die Rede ist dabei vor allem von den Künstlern und den Schriftstellern. Eine Gruppe von Intellektuellen aber, die ebenfalls ihren sozialen Ursprung in der europäischen Neuzeit, zumal in der Renaissance, hat, entzieht sich offenkundig dieser Alternative: Es sind die Naturwissenschaftler. Man könnte die empirische Naturwissenschaft geradezu als den Bereich der intellektuellen Tätigkeit beschreiben, der jenseits der Melancholie und diesseits der Utopie liegt. Der Wissenschaftler verzweifelt in der Regel nicht an der Welt, sondern bemüht sich, sie zu verstehen und zu erklären, er denkt nicht in Utopien, sondern stellt Prognosen auf, die die Gegenwart in die Zukunft verlängern; weder Verzweiflung noch Hoffnung kennzeichnen die Normalwissenschaft und ihr Personal, sondern Sachlichkeit und ein ruhiges Gewissen. Trifft er auf ein Problem, dann brütet der Naturwissenschaftler nicht – er übt. Hier liegt die Ursache der Spannung zwischen zwei Schichten der europäischen Intelligenz, die ich als die »Klagende Klasse« und als die »Menschen guten Gewissens« voneinander unterscheiden möchte. Die Spielarten des europäischen Intellektuellen ordnen sich – wie Eisenfeilspäne in einem Magnetfeld – zwischen den Polen der Melancholie und der Utopie.

Deutlich wurde dies im europäischen Wunderjahr 1989, welches das Ende des Kommunismus in Europa mit sich brachte. In den Umwälzungen dieses Jahres haben Intellektuelle eine bedeutende Rolle gespielt – sie sind Helden und Verräter gewesen, Oppositionelle und Lakaien der Macht, einige haben die Stimme erhoben und ihr Wort ist eine Macht gewesen und andere haben geschwiegen, als sie hätten schreien und damit die Tyrannei anklagen müssen. Zwei Schlagworte vor allem sind es, mit deren Hilfe man versucht hat, sich über das Wesen der postkommunistischen Welt Klarheit zu verschaffen: *das Ende der Utopie* und *das Ende der Geschichte*. Die historische Semantik ist grausam: In nur wenigen Jahren wurde »Utopie« ein Unwort. Niemand sprach mehr von Utopien. Aber tat man recht daran?

Das Ende der sozialistischen Utopie, so redete sich der Westen ein, bezeichnete das Ende jeder Utopie und markierte zugleich den grandiosen Triumph des Kapitalismus, der Demokratie und des liberalen Rechtsstaates. Endlich hatte sich die eine, die einzige Wahrheit durchgesetzt. Die Welt sollte nun werden, was die Aufklärer schon lange erhofft hatten: eine Weltgesellschaft. Man sprach nicht mehr von Utopien, und doch drückte sich in diesem negativen Triumphdenken lediglich die Überzeugung aus, eine andere als die kommunistische Utopie, die Utopie des Marktes und der Bürgergesellschaft, habe sich nun endgültig verwirklicht. So ließ sich nach 1989 die vorherrschende Mentalität der westlichen Intellektuellen beschreiben.

Nur kurze Zeit standen sich dabei in Europa zwei Gruppen von Intellektuellen einander gegenüber. In Mittel- und Osteuropa kamen Intellektuelle wie Václav Havel nicht wegen ihres politischen Geschicks oder ihrer ökonomischen Kompetenz an die Macht, sondern aufgrund ihres moralischen Engagements, ihres Gemeinsinns und ihres mutigen Eintretens für die Menschen- und Bürgerrechte. Bei diesen Intellektuellen – sie waren eine Minorität, der die Majorität der Mitläufer und Kollaborateure gegenüberstand – handelte es sich um Moralisten, die ganz Europa das Geschenk einer neuen Streitkultur machten: Auch sie hatten einmal zur

»Klagenden Klasse« gehört, aber nun hatten sie sich in Angehörige einer seltenen Spezies verwandelt, sie waren zu aktiven Melancholikern geworden, die den Zwangscharakter des offiziellen, von der kommunistischen Diktatur verordneten Optimismus entlarvt hatten. Im Osten gab es auf einmal etwas Neues: eine Wiedergeburt der Intellektuellenmoral. Im Westen standen diesen Moralisten Intellektuelle gegenüber, die in postmoderner Blasiertheit jedes Interesse an Fragen der Moral längst verloren hatten, Menschen eines aufreizend guten Gewissens, die – ohne das Wort »Utopie« je auszusprechen – fest davon überzeugt waren, dass nach dem Fall des Kommunismus, den sie sich selbst gutschrieben, nichts mehr die Entwicklung zur Weltgesellschaft des globalen Marktes aufhalten könne.

Doch nur für kurze Zeit trafen in Europa *Moralisten* und *Experten* aufeinander. Die Moralisten des Ostens waren Melancholiker, die sich aus ihrer Handlungshemmung befreit hatten und nun auf einmal zu ihrem eigenen Erstaunen die Macht in Händen hielten und wohl oder übel handeln mussten. Für sie ging es jetzt nicht länger mehr um die Beschwörung von Utopien, sondern um Realpolitik. Und so ereilte auch die melancholischen Moralisten das Schicksal, das Max Weber als die Veralltäglichung des Charismas beschrieben hatte: Angepasst, verwandelten sie sich in Experten, wurden aus Helden zu Händlern oder verschwanden alsbald ganz von der politischen Bühne.

Aus amerikanischer Sicht wird der melancholische Gemütszustand Europas noch deutlicher erkennbar. Was die Europäer in ihrem Einigungsprozess stets aufhielt, waren »unnützes Erinnern/und vergeblicher Streit«. So klagte Goethe 1827 in seinem Gedicht *Den Vereinigten Staaten* und stellte Europa, dem gedankenbeschwerten, tatenarmen »alten Kontinent« das von Geschichte unbelastete, frische und tatkräftige Amerika gegenüber. Melancholie und Vergangenheitskult bei uns, Optimismus und freudige Zukunftserwartung am jenseitigen Ufer des Atlantiks: Wäre er nur jünger, sagte Goethe noch wenige Jahre vor seinem Tod, und dies war seine persönliche Utopie, er würde das nächste Schiff nehmen und nach Amerika auswandern. Bis heute ist zwischen den Kontinenten der von Goethe beschriebene Gegensatz der Mentalitäten lebendig geblieben.

Thomas Mann erinnerte daran in seiner Goethe-Rede im Jubiläumsjahr 1949. In dieser Rede in der Washingtoner Library of Congress fasste er das Problem der europäisch-amerikanischen Beziehungen in einer einprägsamen Formel zusammen, die zum bleibenden Bestandteil des politischen Vokabulars auf beiden Seiten des Atlantiks wurde. Der amerikanische Staatsbürger Thomas Mann, der als Deutscher geboren wurde und Europäer geblieben war, diagnostizierte, dass der alte Kontinent auch nach dem Ende des Zweiten Weltkriegs von seiner chronischen Krankheit nicht geheilt worden war: dem Kopfzerbrechen. Die Europäer grübelten zu viel über sich selbst, die Grenzen Europas und die Identität des Kontinents – und gerieten dadurch in politische Handlungshemmung. Auf der Weltbühne wirkten sie wie ein lahmer Akteur.

Wie konnte Europa die Bürde seiner überholten Traditionen abwerfen und die tiefen Wunden heilen, die sich seine Völker seit Jahrhunderten einander geschlagen hatten? Wie konnte es seine »altersmüde Kompliziertheit« überwinden? Zwischen Europa und Amerika herrschten Spannungen, in denen zwei gegensätzliche politische Temperamente zum Ausdruck kamen. Für diese gegensätzlichen Temperamente fand Thomas Mann die heute noch oft benutzte Formel: »Nicht Deutschland nur, ganz Europa ist Hamlet, und Fortinbras, das ist Amerika.«

Europa war der Kontinent Hamlets, der melancholische Kontinent. Die Zukunft aber, so versicherte Thomas Mann seinen Washingtoner Zuhörern, gehörte Fortinbras, »dem Menschen des Tages, dessen Sinn und ›praktischer Verstand‹ auf das Nächste, Nützlichste gerichtet ist; sie gehört einer von des Gedankens Blässe nicht angekränkelten Tatkraft«.

Hamlet, der Dänenprinz – er ist der von des Gedankens Blässe angekränkelte Zweifler und Grübler, der auch unter Bedingungen, die zum schnellen Handeln zwingen, sich in ein Netz von Bedenklichkeiten verwickelt, denen er sich am Ende nur durch Gewalttaten entreißen kann, die Schlimmes noch schlimmer machen. Fortinbras dagegen, der junge norwegische Königssohn, verkörpert die durch Reflexion nicht gehemmte Tatkraft – er ist der rasch und entschlossen Handelnde, überzeugt davon, wenn nicht immer das Recht, so doch das Recht des Stärkeren auf seiner Seite zu haben.

Thomas Manns Diagnose blieb bis in unsere Gegenwart aktuell. Für Jacques Delors beispielsweise lag Europas Problem darin, im Grübeln eine Tugend zu sehen, den *repli sur soi* zu genießen, das lustvolle In-sich-gekehrt-Sein, immer noch Hamlet zu spielen, als die Union längst einen Fortinbras nötig hatte. Amerika dagegen war selten in der Gefahr, den Hamlet spielen zu wollen. Viele amerikanische Politiker verglichen die Rolle Amerikas mit Shakespeares Fortinbras, dessen Eingreifen stets am Ende der europäischen und asiatischen Familienfehden nötig wurde. Die feigen Europäer dagegen – in der amerikanischen Öffentlichkeit war die Rede von den »moralischen Pygmäen« – begnügten sich damit, den Hamlet zu spielen.

Arbeit und Melancholie

Robert Burton – noch einmal erinnere ich an den Verfasser der *Anatomy of Melancholy* – schreibt, um seiner Melancholie Herr zu werden: »I writ of melancholy, by being busy to avoid melancholy. There is no greater cause of melancholy than idleness, *no better cure than business [...].*« Damit ist das entscheidende Stichwort für die Melancholie-Therapie gefallen: *Business.* Die Melancholie ist Reflexionsüberschuss und daher Handlungshemmung – das traditionelle Heilmittel dagegen ist die Handlung, das Tun, in Europa vorzugsweise eine bestimmte Form des Handelns: das Arbeiten. Die Arbeit ist das klassische Heilmittel gegen Melancholie.

Deutlich wird das etwa achtzig Jahre nach dem Erscheinen der *Anatomy of Melancholy* an einem Hauptbuch der europäischen Geistesgeschichte. Am Anfang des 18. Jahrhunderts schildert Daniel Defoe in seinem Roman *Robinson Crusoe*[5] die Wertvorstellungen der europäischen Moderne. Robinson schreibt, so heißt es im Roman, einen »melancholischen Bericht« über das Dasein auf der »Insel der Verzweiflung«, wohin er durch den Schiffbruch verschlagen worden ist. Defoe beschreibt die Strategie Robinsons, der Melancholie eines Daseins in Einsamkeit zu entfliehen. Bereits kurz nach dem Schiffbruch entschließt Robinson sich, mit Hilfe doppelter Buchführung die Vor- und Nachteile seiner Existenz gegeneinander abzuwiegen. Die Vorteile überwiegen – denn unentwegtes und planvolles Tätigsein rettet ihn vor der Verzweiflung in Einsamkeit und führt schließlich zu seiner Rettung.

Im Kapitalismus wird die *vita activa* in Form der Arbeit zum allgemein akzeptierten Verhaltensideal – die *vita contemplativa* der Antike dagegen, die Muße, gerät zunehmend unter Rechtfertigungsdruck. Nicht nur die Faulen und die Müßiggänger auch die Adligen werden zunehmend zu Randexistenzen. Arbeit ist das Heilmittel gegen die Melancholie, wie es am prägnantesten in dem lakonischen Rezept zum Ausdruck kommt, das Thomas Carlyle als Rektor der Universität Edinburgh 1866 seinen Studenten verschrieb: »Arbeiten und nicht verzweifeln«. Es wird der Wand- und Wahlspruch der Arbeitsgesellschaft.

Lassen Sie mich kurz noch einmal auf das Utopie-Thema zurückkommen und das Stichwort »Utopie« mit dem Stichwort »Arbeit« verknüpfen. Auf lange Sicht wird das Jahr 1989 vielleicht weniger in Erinnerung bleiben, weil es das Ende des Kommunismus markierte, sondern aus einem ganz anderen Grund: 1989 bezeichnet auch den Beginn einer Epoche, in der die Utopie des Westens zunehmend an Kraft und Überzeugung verlor. Das Ziel des Kapitalismus war nie die Schaffung einer harmonischen Gesellschaft in ferner Zukunft gewesen, sondern die Optimierung des Marktgeschehens hier und heute. Aber auch wenn der Kapitalismus keine utopischen Ziele verfolgte, lag der damit verbundenen Wirtschaftsgesinnung eine *Utopie der Mittel* zugrunde: der Glaube, unfehlbar werde sich mit Hilfe von Technik und Wissenschaft die vom Marktgeschehen geprägte, einheitliche Weltgesellschaft entwickeln. Dieses Selbstbewusstsein kommt uns mehr und mehr abhanden. Der Kommunismus, diese *Utopie der Ziele*, ist gescheitert, und nun steht der Kapitalismus vor unerhörten Herausforderungen. Auch die Utopie der Mittel ist längst

Wolf Lepenies

obsolet geworden. Der Arbeitsgesellschaft droht die Arbeit auszugehen; Wissenschaft und Technik, die Probleme lösen, produzieren dadurch Probleme höherer Ordnung; wie es scheint, wird die Partizipations- von der Absenzdemokratie abgelöst, und die lange Zeit modische Ablehnung jeder Transzendenz hat zum Aufleben vielfältiger Fundamentalismen geführt – nicht nur in muslimischen Ländern, sondern auch in der westlichen Welt. Die meisten dieser Probleme betreffen nicht nur die Europäer, aber sie treffen das Selbstverständnis Europas im Kern: Es handelt sich um die Krise europäischer Selbstverständlichkeiten.

Droht der Arbeitsgesellschaft die Arbeit auszugehen? Der Befund ist umstritten, über seine möglichen Folgen und eventuelle Abhilfe muss intensiver als bisher nachgedacht werden. Das Schrumpfen der Erwerbsarbeit droht nämlich, massenhaft melancholische Dispositionen freizusetzen – mit der Folge persönlicher Resignation und politischer Apathie für eine große Anzahl von Menschen. Seine melancholischen Neigungen zu kontrollieren, bedeutet jetzt für jeden Einzelnen eine unerhörte Herausforderung: Die Menschen müssen versuchen, Engagements zu finden und Spannungen aufzubauen, deren Bewältigung als Ersatz der klassischen Erwerbsarbeit dienen kann. Ihre Auszeichnung als Temperament der Elite hat die Melancholie damit endgültig verloren. Sie hat sich demokratisiert. Hier liegt nicht zuletzt der Grund dafür, dass ein Hamlet der Gegenwart von seinem Schloss wieder auf Europa als einen melancholischen Kontinent blicken würde.

»Ich weiß nicht, was soll es bedeuten, dass ich so traurig bin«, ist die Erkennungsmelodie der Melancholie. Heinrich Heines Gedicht auf die *Lorelei* wurde zum Volkslied: Grundlose Trauer hat jeder Mensch schon einmal verspürt. Trotz aller Erklärungsversuche: Es ist das Unerklärliche und Undurchdringliche an der Schwermut, die sie für den Einzelnen schmerzhaft und anziehend zugleich macht. Daran wird sich auch in Zukunft nichts ändern.

Literatur
Burton, Richard, Die Anatomie der Schwermut. Aus dem Engl. mit einem Essay von Ulrich Horstmann, Frankfurt a.M. 2003
Defoe, Daniel, Robinson Crusoe, London 1719
Naumann, Friedrich, Mitteleuropa, Berlin 1915
Valéry, Paul, La Crise de l'Esprit, in: La Nouvelle Revue Française, 1919, 71, p. 321–337

Endnoten
1 Vortrag bei den Salzburger *Festspiel-Dialogen* am 24. August 2011.
2 Burton, Richard, *Die Anatomie der Schwermut.* Aus dem Engl. mit einem Essay von Ulrich Horstmann, Frankfurt a.M. 2003.
3 Naumann, Friedrich, *Mitteleuropa,* Berlin 1915.
4 Valéry, Paul, La Crise de l'Esprit, in: *La Nouvelle Revue Française,* 1919, 71, p. 321–337.
5 Defoe, Daniel, *Robinson Crusoe,* London 1719.

Kunst oder Barbarei?[1]

Rolf Liebermann

Vor 200 Jahren dichtete Schiller einen Prolog zur Wiedereröffnung des Theaters von Weimar, um den ihn Goethe gebeten hatte. Das war im Oktober 1798:

Und jetzt an des Jahrhunderts ernstem Ende
Wo selbst die Wirklichkeit zur Dichtung wird;
Wo wir den Kampf gewaltiger Naturen
Um ein bedeutend Ziel vor Augen sehn:
Und um der Menschheit große Gegenstände,
Um Herrschaft und um Freiheit wird gerungen –
jetzt darf die Kunst auf ihrer Schattenbühne
Auch höheren Flug versuchen, ja sie muß,
Soll nicht des Lebens Bühne sie beschämen. (Prolog)

– Und jetzt ?

Nach dem Fall der Berliner Mauer hatte man geglaubt, mit der neuen Freiheit nach dem Kalten Krieg zwischen Ost und West werde der Friede weltweit eine Hegemonie der Kultur über die Barbarei bewirken. Sehr bald musste man diese Hoffnung begraben – der Krieg der Sterne hatte Stammesfehden zu weichen, und die Weltgeschichte kam ins Stottern.

Europa sucht dieses Jahrhundert auszulöschen und schwankt auf der Suche nach seinen Wurzeln in der Rivalität und den Allianzen des 19. Jahrhunderts, während Afrika, wie gewöhnlich, sich in ethnische Kämpfte verwickeln lässt. Belagerte Städte, Ruinen, Flüchtlingslager … und dann, um nicht völlig zu verzweifeln, inmitten der geschwärzten Mauern von Sarajevo ein Konzert.

Heute sind Arbeitslosigkeit und Intoleranz der Industriestaaten und das Elend und der Fanatismus der unterentwickelten Länder die großen Themen der Menschheit, und diese sind wiederum verbunden durch ein drittes revolutionäres Werkzeug in unserer Geschichte: Nach der Erfindung der Schrift in der Agrarzeit, des Buchdrucks in der Industrieperiode, befinden wir uns heute in der technologischen Ära mit der Television und ihren Derivaten. Diese elektronische Revolution eröffnet unseren Kindern eine neue Welt: ein virtuelles Universum.

Es geht nicht mehr um die Frage von Realität oder Poesie, sondern um eine präzise Welt, die uns bekannt ist, weil sie ihr virtuelles Bild ist; dank des magischen Bildschirms können die Kinder ihre Welt nach Lust und Laune manipulieren und beherrschen, ohne über die Gasse zu gehen und nur einen Finger zu beschmutzen.

Kann unter cybernetischen Bedingungen der Kommunikation die Kunst noch eine Antwort an Schillers geforderten Höhenflug finden, oder muss sie sich mit dem kommunen Tagesablauf abfinden?

Das Kunstwerk, wie es Claude Lévi-Strauss definiert, unterrichtet uns über unsere Welt weder wie eine reelle noch eine virtuelle Fotografie, sondern weil sie uns eine ursprüngliche Bedeutung des Universums entdecken lässt, die von der Wissenschaft noch nicht entschlüsselt worden ist. Zwischen dem Sinn und der Kenntnis, der Unwissenheit und dem Gedächtnis, »zeugt die künstlerische Schöpfung von einer Zeit vor dem menschlichen Denken, welches auch immer die Kultur oder die Epoche seiner Entstehung ist, von weltweiter Resonanz«.

Die Oper als Gesamtkunstwerk, wie Wagner sie wollte, ist nicht das Werk eines Einzelnen wie die *Äpfel* von Cezanne oder ein Symphonie von Beethoven, sondern eine Summe von künstlerischen Ambitionen, die von dieser wertvollen Universalität profitieren, aber es besitzt trotzdem eine individuelle Resonanz.

Nach ihrer 400-jährigen Geschichte, in deren Verlauf die Oper noch nie so viele Besucher hatte, Kriege und Revolutionen überstanden hat, ist die Frage nach ihrem Überleben ein beliebtes Spiel der Theaterleute und der Politiker: Man amüsiert sich, indem man einander gegenseitig Angst macht. Dabei hat, wie alles lebendige Theater, die Oper viel tiefer reichende Wurzeln als ihr vermutetes Alter und befindet sich weit jenseits aller Moden und elektronischen Geräte.

Seit Wagner, der auf seine Weise seine Theorien für erschöpfend hielt und seine Opernästhetik in Bayreuth genial realisierte, haben alle wichtigen Komponisten die Form infrage gestellt.

Je weiter man im 20. Jahrhundert fortschritt, je mehr sich die Autoren für die Wurzeln der Oper interessierten, und nicht mehr für die Zelebration eines religiösen oder höfischen Kultes, je mehr die Suche nach der kulinarischen Schönheit als Labsal der Seele aufgegeben wurde, desto mehr traten die Beziehungen zwischen Wort und Musik, die Handlung, die Chronologie, die Akustik des Raumes und der Platz des Zuhörers im Saal ins Zentrum des Interesses der Komponisten. Und weil die Oper, solange die lebenden Komponisten sich dieser multimedialen Chance bedienen, lebt, wird sie weiterleben – heute, morgen und übermorgen.

Freilich bedarf es eines gewissen Mutes, sich auf eine solche Unternehmung einzulassen. Da ich mit beiden Funktionen vertraut war – als Komponist und Operndirektor –, kann ich versichern, dass manche Komponisten dem Weg ihrer Vorgänger bis zu Beginn des 20. Jahrhunderts folgten, für die Schreiben für das Theater zum Beruf der Musiker gehört, auf halbem Weg zwischen Messe und Requiem, und anderen, denen der Gedanke an Oper einen inneren Widerstand erregte.

Ich denke da an meine Erfahrungen mit Olivier Messiaen. Er glaubte, nicht fähig zu sein, eine Oper zu komponieren. Ich war dagegen so fest davon überzeugt, nachdem ich die Turangalîla-Symphonie gehört hatte, dass ich ihn schließlich überzeugen konnte und er zögernd den Auftrag annahm, für die Pariser Oper einen Versuch zu wagen. Das war 1975.

Ein Jahr später besuchte er mich und entschuldigte sich, dass er mit dem Werk nicht zurechtkomme. Wir müssten das Projekt fallen lassen. »Ich wollte das Leben eines Propheten komponieren, aber das Thema übersteigt meine Kräfte, ein Prophet ist viel zu groß für mich.« Ich entgegnete: »Warum wählen Sie nicht einen Menschen?« Und aus diesem kurzen Dialog entwickelte sich das Riesenwerk *Saint François d'Assise*. Messiaen hat daran acht Jahre gearbeitet. Die Uraufführung fand 1983 statt.

Weniger Glück hatte ich mit Henri Dutilleux. Kurze Zeit nachdem ich meine Arbeit in Paris aufgenommen hatte, habe ich ihm die verschiedensten dramatischen Autoren vorgeschlagen und auch vorgestellt. Er war ernsthaft interessiert, kam aber über das Problem der gesungenen Konversation nicht hinweg, deren Konvention ihn blockierte. Ich bedaure das noch heute, obschon auch er sich in seinem Buch *Mystère et mémoire des sons*[2] fragt, weshalb er einen solchen Widerstand verspüre, für die menschliche Stimme zu komponieren. »Eine Hemmung«, schreibt er, »die ich mir selbst nicht erklären kann. Es ist, als verschüchterte mich dieses schönste Instrument.«

Ganz anders Pierre Boulez, der manchmal seine provokante Aggression los werden muss. Berühmt sind seine Deklarationen im *Spiegel* von 1967 unter dem Titel *Sprengt die Opernhäuser in die Luft!*[3] In diesem Interview machte er einen Kahlschlag, der die meisten lebenden Kollegen vernichtete. Mauricio Kagel antwortete wütend mit einem Leserbrief, den der *Spiegel* veröffentlichte, und ich schrieb Kagel, er solle mit dem indiskutablen Geschwätz keine Zeit verlieren, sondern lieber eine Oper für Hamburg schreiben. Er akzeptierte und brachte drei Jahre später die Anti-Oper *Staatstheater* auf die Bühne.

Staatstheater war und ist für mich eines der wichtigen Werke dieses Jahrhunderts. Es stellte die Institution infrage und war zugleich eine Kritik der Gesellschaft, der Musikwelt und ein konkreter humorvoller Dialog mit dem Publikum.

Und schließlich, auf die alte Polemik mit Boulez zurückkommend, definiert Mauricio Kagel seine Position folgendermaßen: »Ein Teil unseres Metiers als Komponisten ist die moralische Komponente. Sie ist genau so konstant wie die Opernhäuser. Es ist sehr naiv, ihr Verschwinden zu wünschen; wichtig ist das Continuum […] Die Epoche hat keine Bedeutung, nur die Qualität zählt. Die einzige wirkliche Avantgarde ist der Gedanke und nicht die Sprache.« Ich glaube, die junge Generation der Komponisten ist nicht nur fähig, sondern wünscht auch den Faden von Monteverdi bis Ligeti wieder aufzunehmen, der Musik, Wort und Theater verbindet.

Ich hoffe, dass ich klar genug meine Priorität gesetzt habe: Die Oper kann nur weiterleben, wenn man Komponisten durch eine konsequente Auftragspolitik eine Überlebenschance gibt, genau wie ein Museum stirbt, wenn es keine zeitgenössische Kunst ankaufen kann. Nur in dieser Kontinuität, die sich zugleich mit Werken der Vergangenheit bereichert, die Jahrhunderte überlebt haben oder grade entdeckt worden sind, wo die Tinte noch nass ist und Reste des Radiergummis an den Seiten kleben, hat die Kunst eine Chance, sich gegen die Barbarei von Alexandria bis Sarajevo zu verteidigen.

Am Ende des Zweiten Weltkriegs wuchs aus den Ruinen des deutschen Theaters das »Musiktheater«, die dramatische Konzeption und die visuelle Realisation eroberten die Bühne und der Regisseur verdrängte den Kapellmeister. Die Oper war nicht mehr ausschließlich ein Ort der Fantasie, des Wunderbaren, der musikalischen Verzauberung, sondern eben auch die Stätte der Auseinandersetzung mit den gesellschaftlichen und sozialen Problemen der Zeit.

In Bayreuth wurde vielleicht der Bruch mit der Vergangenheit am radikalsten vollzogen. Wieland Wagner, der geniale Enkel, rettete das von seiner Mutter Hitlers Protektion anvertraute Theater aus der gesellschaftlichen Isolierung und machte aus dem Tempel ein Laboratorium der Analyse des Werkes seines Großvaters. Die Wiedereröffnung 1951 machte den Weg frei für die abstrakte Inszenierung einer Oper. Wieland Wagner hatte die Szene völlig vom Flitter seiner Dekorationen gereinigt, er hat *Parsifal* geläutert.

Bei dieser ästhetischen Erneuerung spielte Deutschland eine besondere Rolle. Ich müsste eigentlich von den deutschen Ländern sprechen, da unter dem Einfluss von den aus den USA zurückgekehrten Emigranten sich viele entschlossen hatten, sich in der DDR niederzulassen.

Die politische und kulturelle Dialektik hat sich von Anfang an nach dem üblichen Modell rechts-links entwickelt, in einem Deutschland, das im Westen wie im Ostern besetzt war. Folglich gab es auch zwei soziologische Schulen, die sich nicht nur unterschieden, sondern bekämpften: Ernst Bloch und Walter Benjamin im Osten und die Schule von Frankfurt mit ihrem Papst Adorno im Westen.

In Salzburg erneuerten Oscar Fritz Schuh, Günter Rennert und vor allem Caspar Neher die Oper; in West-Berlin war es unbestreitbar Peter Stein. Musikalisch kam die Neubelegung von der Wiener Schule, von Berg, Schönberg und Webern. Im Osten gingen Felsenstein und Brecht neue Wege, musikalisch begleitet von Weill, Eisler und Dessau. Der Westen konnte sich aber nicht lange dem brechtschen Einfluss entziehen, denn viele seiner Assistenten, Monk, Palitsch, Langhoff, Strehler, Ruth Berghaus und bald darauf Heiner Müller, Harry Kupfer und viele andere führten in den West-Theatern Regie.

Dann begann jene grässliche Epoche der Bearbeitung. *Der Zwerg* von Zemlinski bekam einen neuen Text untergeschoben und wurde das Opfer des Entdeckers von Oscar Wildes Quellen. Man wagte sich sogar an Mozart, indem man Da Ponte durch Beaumarchais ersetzte.

Mein Widerstand gegen solche Manipulationen beruht auf der Überzeugung, dass Text und Musik zu einer Einheit verschmelzen und untrennbar sind. Begründet wird die Arroganz mit der Behauptung, die Komponisten verstünden nichts von Dramaturgie. Mag ja sein – aber völlig verblödet sind sie auch nicht. Die Uraufführung ihres Werkes wollen sie so gespielt sehen, wie sie sich ihre Arbeit vorgestellt haben. Mit späteren Aufführungen mag experimentiert werden, die erste aber muss partitur- und textgetreu sein.

Ich erinnere mich, wie Messiaen auf der exakten Kopie des Engels von Fra Angelico bestand. In späteren Vorstellungen mag der Regisseur seiner Fantasie freien Lauf lassen, und ich bin folglich völlig einverstanden mit der Konzeption, die Peter Sellars für Salzburg erarbeitet hat.

Eine total neue Ära eröffnete Robert Wilson, der eigentlich die Funktionen eines Filmregisseurs erfühlt, indem er Dramaturgie und Bühnenbild kreiert, zugleich aber die Musiker wie im Film mit Tonmeistern arbeiten lässt, um eine der Aufführung entsprechende Atmosphäre zu erzeugen. Die Oper von Bob Wilson: ein Wunder aus von Licht bestimmtem Raum, von Fantasie, die jedem die Möglichkeit lässt, sich seine eigene imaginäre Welt zu erschaffen.

Ganz anders, aber auch genial war der von Patrice Chereau inszenierte *Ring* 1976 in Bayreuth; und ich werde nie vergessen, wie Wolfgang Wagner angesichts der Drohungen der »Freunde der Festspiele von Bayreuth« dem Festival jede Unterstützung zu entziehen, falls dieser skandalöse *Ring* nicht aus dem Spielplan verschwinde, eisenhart blieb. Die aufregende Inszenierung hat die Welt fünf Jahre lang bewegt. Sie bekam Kultcharakter. Dieser Anlass gibt uns Gelegenheit, über eine aktuelle Sorge zu sprechen – das Geld!

Die staatlichen Organe streichen den Theatern Millionen, die Sponsoren werden spärlicher und die Mäzene sind ausgestorben. Ich glaube, dass nur der Staat und öffentliche Mittel Garantien für die Zukunft bieten. Zeitgenössische Kunst muss mit Aufträgen gefördert werden, um eine intelligente, fruchtbare Zusammenarbeit mit privaten Stiftungen durch vernünftige Kulturpolitik zu ermöglichen. Gibt man sich in die Abhängigkeit von Sponsoren, wird man in den Spielplänen bald nur noch *Bohème*, *Aida* und *Carmen* finden, und das entsprechende Publikum wird gleich mitgeliefert. Das Modell von Neu-Salzburg ist beinahe ein Wunder.

Schlussendlich betrifft der »Ausschluss« oder besser die Unmöglichkeit der Teilnahme am Kunstgenuss einen größeren Teil der Bevölkerung, und die Kinder, das

Publikum von morgen, sind vollkommen verloren. Denn neben den Schwierigkeiten in der Schule und der Unmöglichkeit, sich in die verriegelte Welt der Arbeit einzugliedern, haben sie in ihrer Hoffnungslosigkeit kein Bedürfnis nach Oper und Kunst. Das Feld ist frei für Gewalt und Barbarei.

Bei einem Kolloquium der wichtigsten Vertreter der europäischen Opernhäuser, die sich in Brüssel trafen, um über den Nachwuchs Gedanken auszutauschen, stellten wir fest, das London seit 15 Jahren, Barcelona und Brüssel desgleichen das Problem auf ähnliche Weise lösten: Sie boten den benachteiligten Kindern die höchste Qualität, um ihnen den »erwachten Traum« zu ermöglichen.

In Paris beteiligt sich das ganze Personal, von der Feuerwehr bis zu Garderobiere, den Modistinnen, der Schneiderei, dem Hauspersonal und den Werkstätten an einer Produktion, die mit 500 benachteiligten oder mit Schwierigkeiten in der Schule kämpfenden Kinder in einem Jahr eine Oper erarbeiten, das heißt einmal pro Woche in zehn Monaten. Am Ende der Spielzeit spielen sie dann das von ihnen geschriebene und konzipierte Stück vor stets ausverkauftem Haus in der Oper mit Hilfe der professionellen Techniker. Der grandiose Erfolg hilft ihnen, sich in der Gesellschaft zu integrieren und baut Aggressionen ab. Diese Vermittlung von Kunst und den Geheimnissen der Oper hat nichts mit dem bürgerlichen Ritual zu tun. Im Gegenteil: Der elitäre Aspekt und seine Einschüchterung sind ausgeschaltet.

Man muss den Kindern nur zeigen, dass die Arbeit eines Sängers, Tänzers, Musiker, Elektrikers oder Maschinisten Schwerstarbeit ist, die auch vom Zuschauer Lernfähigkeit verlangt. »Die Kunst gehört allen«, bedeutet nicht, dass es einfach wäre, sich mit ihr vertraut zu machen.

Die Opernhäuser sind nicht nur aus Stein und Geld gebaut, sondern leben vor allem vom guten Willen des Publikums, von der Leidenschaft und den Enthusiasmus derer, die auf und hinter der Bühne stehen. An einer Vorstellung teilzunehmen, genügt nicht. Man muss diejenigen, die dafür verantwortlich sind, unterstützen, denn ohne sie bliebe der Vorhang geschlossen. Die Kinder haben das verstanden, tiefer als man hoffen konnte.

Literatur

Boulez, Pierre, Sprengt die Opernhäuser in die Luft!, in: Der Spiegel, 40/1967, S. 166–174.

Dutilleux, Henri, Mystère et mémoire des sons. Entretiens avec Claude Clayman, Paris 1997

Endnoten

1   Vortragstext bei den Salzburger *Festspiel-Dialogen* am 30. Juli 1998.

2   Dutilleux, Henri, *Mystère et mémoire des sons. Entretiens avec Claude Clayman,* Paris 1997.

3   Boulez, Pierre, *Sprengt die Opernhäuser in die Luft!,* in: *Der Spiegel,* 40/1967, S. 166–174.

Wiederholungszwang, Verwertungsdruck, Zitatfetischismus.
Philosophische Aspekte der Kunst in der Zweiten Moderne[1]

Konrad Paul Liessmann

Zeitgenossen irren sich meistens, wenn sie versuchen, die Epoche zu bestimmen, in der sie leben. Erst aus der Distanz der Jahrzehnte und Jahrhunderte lassen sich die Grundzüge eines Zeitalters, seine Besonderheiten, seine Größe und seine Katastrophen erkennen und beschreiben. Über das Lebensgefühl einer Zeit und die damit verbundenen Wünsche, Sehnsüchte und Selbsttäuschungen sagen die Epochenbestimmungen und Selbstzuschreibungen allerdings sehr wohl etwas aus. Die Ausrufung von neuen Zeitaltern, die seit dem Ende des Zweiten Weltkriegs eine nicht enden wollende Konjunktur hat, läutet dann in der Regel weniger ein solches ein, als dass damit eher haltlosen Hoffnungen und mitunter ebenso haltlosen Ängsten Ausdruck verliehen wird. Nach dem Atomzeitalter, dem Weltraumzeitalter, der postindustriellen Gesellschaft, dem Computerzeitalter, dem Informationszeitalter und der Postmoderne sind wir nun also in der *zweiten Moderne* angelangt. Diese, unter anderem von den Soziologen Ulrich Beck und Anthony Giddens sowie dem Kunsttheoretiker Heinrich Klotz gebrauchte und populär gemachte Epochenbestimmung, enthält zweifellos einige Implikationen, die unser Interesse verdienen.

Zweite Moderne – das signalisiert vorerst einmal eine Bescheidenheit. Nichts Neues wird damit groß verkündet, sondern die Wiederholung von etwas Altem. Gegen die verspielte Hybris der Postmoderne, die fröhlich die Moderne, also das Zeitalter der Aufklärung, der Vernunft, des historischen Fortschritts und der ökonomischen Rationalität für beendet erklärt hat, bedeutet die zweite Moderne das Eingeständnis, dass die Moderne weder beendet ist noch ihr Ende überhaupt wünschenswert wäre. Tatsächlich gelten die Bestimmungsstücke der klassischen Moderne, also die Zeit der Entfaltung der bürgerlichen Gesellschaft seit dem 18. Jahrhundert, als die entscheidenden Momente und Triebkräfte der sogenannten Globalisierung: Säkularisierung, wissenschaftlich-technische Rationalität, Kapitalismus, Menschenrechte und Demokratie sind die Ingredienzien, die die Weltgesellschaft am Kochen halten. Nach den geschichtsphilosophischen Phantasmen, die eine Transzendierung der bürgerlichen Gesellschaft verkündeten und nach den damit verbundenen politischen Katastrophen des 20. Jahrhunderts, die den Prozess der weltweiten Modernisierung wenn schon nicht aufhalten konnten, so doch für eine halbes Jahrhundert unterbrachen, setzen wir nun seit etwas mehr als einem Jahrzehnt dieses Projekt der Moderne im Weltmaßstab wieder fort. Gleichzeitig steckt in dieser Fortsetzung ein Stachel. Denn die Moderne charakterisiert sich selbst durch einen unzähmbaren Drang nach dem Neuen, der Innovation, nach dem noch nie Dagewesenen. Nur Wiederholung, nur Fortsetzung zu sein, kommt einer Schmähung gleich. Und doch meint Zweite Moderne auch, dass wir in den entscheidenden Bestimmungen unserer Gesellschaft über die Errungenschaften und Perspektiven des 18. und 19. Jahrhunderts noch immer nicht hinausgekommen sind. Autonomie des Subjekts, Mündigkeit der Bürger, ein freier Markt und die Verankerung der Würde des Menschen in den Verfassungen – mehr hat auch unsere Zeit an Perspektiven im Grunde nicht zu bieten. Und dies macht die Paradoxie unseres Zeitalters aus. Wir wollen modern sein, und indem wir modern sind, wiederholen wir die alte Moderne. Wir leiden, so die Diagnose der Soziologin Marianne Gronemeyer, gleichermaßen unter einem Innovationsfuror wie unter einem Wiederholungszwang. Die Situation der Kunst bildet dabei keine Ausnahme, sondern stellt, wie so oft, diese grundlegenden gesellschaftlichen Widersprüche in einer ästhetisch konzentrierten, aber auch politisch entschärften, weil letztlich spielerischen Form dar.

Gerade in der modernen Kunst scheint der Gegensatz zwischen dem Anspruch auf innovativer Originalität und der Wiederkehr des Immergleichen offenkundig. Angetreten war die Avantgarde mit dem Ziel, die ästhetischen Traditionen und mit ihr die bürgerliche Behaglichkeit zu zerstören und an deren Stelle ein radikales, authentisches, asketisches, neues Kunstwerk zu setzen, das keinen gewohnten ästhetischen Schemata gehorchen sollte. Mittlerweile ist diese Moderne nicht nur selbst klassisch und zu einer Tradition geworden, sondern sie gefällt sich auch darin, nicht nur das vermeintlich Antiquierte, sondern auch sich selbst immer wieder zu wiederholen. Ist es nicht auffällig, wie oft vor den Kunstströmungen der Moderne die Vorsilbe Neo- oder Neu- auftaucht: Neoavantgarde, aber auch Neoklassizismus, Neue Sachlichkeit und Neue Wilde. Dieses Spiel mit dem Neuen signalisiert immer eine Wiederholung, wenn auch aus einer verschobenen Perspektive. Und ist es nicht auffällig, dass gerade in einer Zeit, die Innovation und Kreativität als Leitvorstellungen verehrt, das »Remake« sich als eigene Gattung etablieren konnte, die Wiederholung des schon einmal Gemachten, wenn auch mit anderen, wenn auch nicht immer besseren Mitteln? Woher die Sucht, etwas, das schon einmal war, noch einmal zu machen, woher dieser Zwang zur Wiederholung in einer Zeit, die theoretisch keine Wiederholungen dulden möchte? Ist dies Ausdruck einer grundlegenden schöpferischen Schwäche, einer geistigen Impotenz, die durch das ständige Beschwören des Neuen nur dürftig übertüncht wird? Leben wir in einem alexandrinischen Zeitalter, das letztlich nur die großen Vorbilder, bei aller verbalradikalen Distanzierung, immer wieder nur kopieren kann? Vielleicht sind es deshalb die Reproduktionstechnologien und Kopierverfahren, in denen wir es zu bisher ungeahnter Perfektion gebracht haben? Und hat dies damit zu tun, dass unter den Bedingungen des Marktes alles sofort seiner Mehrfachverwertung zugeführt werden muss, so dass gar nichts anderes möglich ist, als erfolgreiche Produkte sofort zu wiederholen und jedem erfolgreichen Film, von *Terminator* über *Speed* bis zu *Men in Black,* die als Fortsetzung getarnte Wiederholung folgen zu lassen?

Keine Frage: Nicht nur massenmediale Produkte, sondern Kunstwerke überhaupt sind heute in erster Linie Waren, die auf dem Markt reüssieren müssen. Der Sinn einer Ware liegt allerdings primär nicht darin – und hier hat der viel geschmähte Karl Marx schlicht und einfach recht gehabt –, irgendwelche und seien es ästhetische Bedürfnisse befriedigen zu können, sondern darin, profitabel getauscht werden zu können, also verwertet zu werden. Natürlich hat das eine mit dem anderen zu tun. Eine Ware, die niemandes Bedürfnisse befriedigt, wird auch nicht am Markt getauscht werden können; wenn aber alles, was nicht profitabel genug erscheint, nicht mehr produziert wird, werden bestimmte, nicht mehrheitsfähige Bedürfnisse auch nicht mehr befriedigt werden können. Man muss den Verwertungsdruck, der auf der Kunst als Ware liegt, nicht so drastisch zeichnen, wie dies der Philosoph Günther Anders, an dessen hundertsten Geburtstag vor Kurzem zu denken war, getan hatte. Es lohnt sich aber, sich daran zu erinnern, welches Entsetzen die gnadenlose Vermarktung von Kunst noch vor wenigen Jahrzehnten bei einem der scharfsinnigsten Zeitgenossen ausgelöst hatte.

Das Verhängnis der Kunst, wie Anders es 1984 diagnostizierte, ist ihre Auflösung in den allgemeinen, vom Marktprinzip beherrschten kulturellen Pluralismus. Nur weil sie nichts als Waren sind, können die unterschiedlichsten Werke beliebig nebeneinander existieren. Solcher Pluralismus war für Anders bloße »Simultaneität«, reine »Juxtaposition«, also ein zusammenhangloses Nebeneinanderstellen von Kunstwerken, Stilen, Epochen, aber auch Philosophien oder Weltanschauungen, die einander fremd, ja widersprechend sind und sich dennoch nicht aneinander zu reiben scheinen. Heftig mokierte sich Anders darüber, dass es als Tugend gilt, dieser »kulturellen Promiskuität« zu frönen, während als provinziell, intolerant und unkultiviert derjenige sich beschimpfen lassen muss, der daran Anstoß nimmt: Als Barbar oder als Banause blamiere sich derjenige, der »unfähig bleibt oder sich dagegen sträubt, Wagner *und* Palestrina, Giotti *und* Klee, Nietzsche *und* Franziskus zugleich zu goutieren«. Zu erwägen wäre aber, so Anders mit Schärfe, ob nicht Barbarei und Banausentum gerade durch dieses grundsätzliche »Zugleich« zu definieren sei: »Das nahezu sakrale Schlüsselwort des Zeitalters lautet *UND*«.[2]

Konrad Paul Liessmann

»Kultur« beschrieb Anders in diesem Zusammenhang überhaupt als das »Revier des ungültig Gewordenen oder des von vornherein Ungültigen«. Religionen, Philosophien, Künste, Hegels Gestalten des objektiven Geistes also, zum Kulturgut geronnen, haben sie jede Verbindlichkeit eingebüßt, sind zur Harmlosigkeit neutralisiert – Gestalten des Ungeists. Kultur definiere sich dadurch, dass in ihr weder nach philosophischer Wahrhaftigkeit noch nach moralischer Glaubwürdigkeit gefragt werde. Damit stand für Anders allerdings die Kunst selbst infrage. Er insistierte darauf, dass Kunst, sofern ihre Legitimität bewahrt werden soll, nicht nur in einem ästhetischen, sondern auch in einem politisch-moralischen Sinn ernst genommen werden müsste. Dass dies schon lange nicht mehr gelingen kann, dass noch das Schrecklichste und Furchtbarste als Kunstwerk problemlos konsumierbar wird, war für Anders aber »primär keine geistige, sondern eine kommerzielle Tatsache«: Kulturgüter aller Art beanspruchen das gleiche Recht auf Duldung, nicht weil sie etwas darstellten, das seinen Wert aus seiner eigentümlichen Beschaffenheit entfaltete, sondern weil sie das gleiche Recht darauf haben, »als Waren aufzutreten«. Dies nannte Anders das »fundamentale Gleichheitsrecht« unserer Epoche: »Die Grundlage der Demokratie im Kapitalismus ist nicht die Gleichberechtigung der Bürger, sondern die aller Produkte.« Auch hier zeigt sich, dass die einstens für Menschen entwickelten Ansprüche auf die Dinge übergegangen sind. Kultur als freies Fluktuieren von Unverbindlichkeiten erscheint nur mehr in der Form universaler Prostitution: »Proudhons entsetzliches Wort, dass alle Frauen gleichberechtigt seien: nämlich als Huren, gilt von allen sogenannten Kulturprodukten und -erscheinungen.«

Und dennoch: Der Zwang zur Wiederholung, die Abarbeitung an dem Immergleichen, die offenkundige Diskrepanz zwischen innovativem Anspruch und standardisierter Lösung ist nicht nur Ausdruck eines ökonomischen Verwertungsdrucks. Das Problem der Wiederholung als in sich widersprüchliches Signum der ästhetischen Moderne geht tiefer. Erlauben Sie mir an dieser Stelle einige grundsätzliche Überlegungen zum Problem der Wiederholung und zur Frage des Wiederholungszwanges. Die Wiederholung, seit Langem ein Thema nicht nur in der Kunst, sondern auch und vor allem in der Philosophie und in der Psychoanalyse, ist selbst eine höchst zweideutige Kategorie. Einerseits ist sie mit dem Odium des Repetitiven, des Langweiligen, der Gewohnheit, des Totgelaufenen behaftet, andererseits wäre ein Leben ohne Wiederholung undenkbar, denn erst die Wiederholung einer Handlung, einer Tat hebt diese aus dem Universum der kontingenten, zufälligen Ereignisse heraus und gibt ihr Dauer und damit Sinn. Feste und Festspiele zum Beispiel leben in hohem Maße davon, dass sie, oft in ritualisierter Form, wiederholt werden, auch um den Preis der Erstarrung. In der modernen Philosophie hat sich wahrscheinlich Søren Kierkegaard als Erster explizit mit diesem Problem auseinandergesetzt und dieser Frage auch unter dem Titel *Die Wiederholung* eine kleine, 1843 unter dem Pseudonym Constantin Constantius erschienene Schrift gewidmet. Kierkegaard ging es in diesem *Versuch in der experimentierenden Psychologie* vorab darum, die Wiederholung als eine lebensweltliche, existentielle, ja ethische Kategorie zu fassen. Natürlich: Das Leben besteht in hohem Maße aus Wiederholungen, jenen Handlungen des Alltags, die wir immer wiederholen und wiederholen müssen, bis hin zu den automatisiert ablaufenden Gewöhnungen und Gewohnheiten. Nicht das aber interessiert Kierkegaard, sondern die bewusste Wiederholung. Ja, er fragt sich, ob nicht Bewusstsein überhaupt auch eine Form der Wiederholung der Wirklichkeit sei, zumindest in dem Sinne, in dem wir in der Erinnerung imstande sind, etwas Geschehenes zu wiederholen:

Wiederholung ist ein entscheidender Ausdruck für das, was *Erinnerung* bei den Griechen gewesen ist. Gleich wie diese gelehrt haben, daß alles Erkennen ein sich erinnern sei, ebenso wird die neuere Philosophie lehren, daß das ganze Leben eine Wiederholung ist […] Wiederholung und Erinnerung sind die gleiche Bewegung, nur in entgegengesetzter Richtung; denn wessen man sich erinnert, das ist gewesen, wird rücklings wiederholt; wohingegen die eigentliche Wiederholung eine Sache vorlings erinnert. Daher macht die Wiederholung, falls sie möglich ist, den Menschen glücklich, indessen die Erinnerung ihn unglücklich macht, unter der Voraussetzung nämlich, daß er sich Zeit nimmt zu leben und nicht schnurstracks in seiner Geburtsstunde einen Vorwand zu finden trachtet, sich aus dem Leben wieder davon zu stehlen, z.B. weil er etwas vergessen habe.[3]

Beachtenswert ist an dieser zentralen Stelle wohl nicht nur die eigenwillige Formulierung, sondern auch die Ironie, mit der Kierkegaard den existentiellen Charakter der Wiederholung unterstreicht. Nicht um Erinnern als Bewusstseins- oder Gedächtnisleistung geht es, sondern um eine in der Zukunft gelebte Vergangenheit. Das Wesen dieser Wiederholung am Beispiel der Liebe – also der Wiederholung einer erotischen Konstellation – beschreibt dann Kierkegaard mit Worten, die in ihrer Mischung aus Poesie und Ironie zu den eindringlichsten in Kierkegaards Œuvre gehören:

Die Liebe der Wiederholung ist in Wahrheit die einzig glückliche. Sie kennt ebenso wie die der Erinnerung nicht die Unruhe der Hoffnung, nicht die beängstigende Abenteuerlichkeit der Entdeckung, aber auch nicht die Wehmut der Erinnerung, sie hat des Augenblicks selige Sicherheit. Die Hoffnung ist ein neues Kleid, steif und stramm und glänzend, man hat es jedoch niemals angehabt, und weiß darum nicht, wie es einen kleiden wird oder wie es sitzt. Die Erinnerung ist ein abgelegtes Kleid, welches, so schön es ist, nicht mehr paßt, da man aus ihm herausgewachsen ist. Die Wiederholung ist ein unverschleißbares Kleid, welches zart und fest sich anschmiegt, weder drückt noch schlottert […] Wer nichts als hoffen will, ist feige; wer nichts als sich erinnern will, ist wollüstig; wer aber die Wiederholung will, der ist ein Mann […][4]

Konrad Paul Liessmann

Durch diese Beschreibung wird die Wiederholung nicht als Mittleres zwischen der Erinnerung und der Hoffnung plaziert, sondern als die entscheidende existentielle Alternative. Abgesehen davon, dass Kierkegaard hier die böse Bemerkung von Günther Anders, dass Hoffnung nur ein anderes Wort für Feigheit sei,[5] vorwegnimmt und damit eine christliche Tugend denunziert, abgesehen davon, dass er die Erinnerung als wollüstige Form eines nicht mehr gelebten Lebens dechiffriert, wird die Wiederholung hier vorerst einmal zu einer entscheidenden *ethischen* Kategorie, denn sie ist es, die das glückliche, das wesentliche, das gute Leben ermöglicht. Dies gelingt der Wiederholung als einer ganz spezifischen Form der Strukturierung von Lebenszeit – einer Zeit also, die weder in der Kontingenz der eintretenden Ereignisse noch in der Unverrückbarkeit des je schon Gewesenen aufgeht. Nicht reine Zukunft, aber auch nicht reine Vergangenheit – eben Gegenwart, des Augenblicks selige Sicherheit:

> Ja, gäbe es keine Wiederholung, was wäre dann das Leben? Wer möchte sich denn wünschen, eine Tafel zu sein, auf welche die Zeit jeden Augenblick eine neue Schrift setzt oder eine Gedächtnisschrift zu sein auf das Vergangene? Wer möchte sich wünschen, sich von all dem Flüchtigen, dem Neuen bewegen zu lassen, das immer von neuem weichlich die Seele vergnügt? […] Die Wiederholung, sie ist die Wirklichkeit und des Daseins Ernst.[6]

Erst die Wiederholung einer Handlung, einer Geste, einer Tat, einer Entscheidung, einer Beziehung verleiht den Dingen des Lebens ihren entscheidenden Sinn. Es ist die Möglichkeit des zweiten Mals, die nicht nur darüber befindet, dass etwas fortgesetzt werden kann, wodurch es Sinn und Gewichtigkeit bekommt, sondern auch dem ersten Mal seine oft sentimentale Aura verleiht. Was wirklich nur einmalig ist, ist zufällig und letztlich kontingent gewesen – es hätte nicht sein können. Den Wert von einmaligen Ereignissen wird man auch nie bestimmen können, denn erst die Wiederholung schafft eine Differenz, die einen wertenden Vergleich zulässt. Mit Recht hat deshalb Gilles Deleuze in der Differenz den entscheidenden Korrespondenzbegriff zur Wiederholung gesehen.[7] Die vollkommene Wiederholung allerdings, die identische Reproduktion eines Ereignisses, die perfekte Kopie, der Klon ist aus eben diesem Grund von mangelnder Faszinations- und Aussagekraft. Die von seinem Vorbild nicht mehr unterscheidbare Kopie wiederholt dieses nicht in einem emphatischen Sinn, sondern stellt es nur noch einmal her. Es gehorcht den Gesetzen der Serialität, nicht den Möglichkeiten der Wiederholung. Das gilt auch und vor allem in der Kunst. Um dies an einem Beispiel zu verdeutlichen: Wer von einem Film nur noch eine weitere Kopie herstellt, wiederholt diesen nicht; wer ein Remake macht – mit anderen Schauspielern, anderer Technik, vielleicht sogar einem anderen ästhetischen Zugang – wiederholt den Film und lässt sich dadurch auf das Spiel der Differenz, das einen Vergleich und eine Wertung ermöglicht, ein. In gewissem Sinn ist unter dieser Perspektive alle Kunst Wiederholung – sogar in einem doppelten Sinn. Einmal wiederholt sie die Wirklichkeit, wie verfremdet auch immer, und zum anderen wiederholt sie sich selbst – aber in Differenz zu sich. Jeder Künstler, der ein schon vorhandenes Sujet, eine Technik, einen Stoff, ein Motiv noch einmal in Angriff nimmt, wiederholt, weiß, dass alles davon abhängen wird, in der Wiederholung eine entscheidende Differenz und in der Differenz die Wiederholung sichtbar zu machen. Gelingt Ersteres nicht, bleibt es bei der epigonalen Kopie; ist der Aspekt der Wiederholung nicht mehr zu erkennen, bleibt das übrig, was Immanuel Kant einmal »originalen Unsinn« nannte – eine Einmaligkeit, die letztlich bedeutungslos bleibt.

Nach dem Glück der Wiederholung ist aber auch von ihrem Elend zu sprechen. Die Moderne kennt auch die Rede von der Wiederholung als Fluch, von der Wiederkehr des Gleichen als einer Gefahr und vom Wiederholungszwang. Dass wir gezwungen sind, Dinge zu wiederholen, die wir gar nicht wiederholen wollen oder deren Wiederholung eine Katastrophe bedeutet, gehört zu den Grundeinsichten einer tiefenpsychologischen Ausdeutung des Menschen, die gerade in ihrer popularisierten Form bis ins Alltagsbewusstsein reicht. Von den Beziehungsmustern, die manche Menschen zu ihrem Unglück zwingt, immer wieder zu wiederholen, bis zur These, dass eine Nation, die ihre Vergangenheit nicht aufarbeitet, gezwungen ist, die Geschichte zu wiederholen, reichen die negativen Assoziationen der Wiederholung. Bei dem Entdecker des »Wiederholungszwanges«, bei Sigmund Freud selbst, kann man allerdings einige bis heute frappierende und erschreckende Deutungen dieser Phänomene finden.

In einem Aufsatz mit dem rätselhaften Titel *Jenseits des Lustprinzips* aus dem Jahre 1920 hatte Freud sich mit diesem Problemkomplex zentral auseinandergesetzt. Ausgangspunkt seiner Überlegungen bildete für Freud der beobachtbare *Wiederholungszwang* im Triebleben – die Rückkehr zu immer wieder erlebten Situationen und Handlungsmustern, auch dann, wenn das *Lustprinzip* offenkundig damit verletzt erscheint, und er fragte sich:

Auf welche Art hängt aber das Triebhafte mit dem Zwang zur Wiederholung zusammen? Hier muß sich uns die Idee aufdrängen, daß wir einem allgemeinen, bisher nicht klar erkannten – oder wenigstens nicht ausdrücklich betonten – Charakter der Triebe, vielleicht alles organischen Lebens überhaupt, auf die Spur gekommen sind. *Ein Trieb wäre also ein dem belebten Organischen innewohnender Drang zur Wiederherstellung eines früheren Zustandes,* welchen dies Belebte unter dem Einflusse äußerer Störungskräfte aufgeben mußte, eine Art von organischer Elastizität, oder wenn man will, die Äußerung der Trägheit im organischen Leben.[8]

Konrad Paul Liessmann

Triebe, so Freud, haben also prinzipiell einen beharrenden, konservativen, ja regressiven Charakter; ihr letztes Ziel, das »Endziel alles organischen Strebens«, ist nicht die Evolution zu etwas Neuem, sondern die Rückkehr zu etwas Altem, seine Wiederholung:

Auch dieses Endziel alles organischen Strebens ließe sich angeben. Der konservativen Natur der Triebe widerspräche es, wenn das Ziel des Lebens ein noch nie zuvor erreichter Zustand wäre. Es muß vielmehr ein alter, ein Ausgangszustand sein, den das Leben einmal verlassen hat und zu dem es über alle Umwege der Entwicklung zurückstrebt. Wenn wir es als ausnahmslose Erfahrung annehmen dürfen, daß alles Lebende aus *inneren* Gründen stirbt, ins Anorganische zurückkehrt, so können wir nur sagen: *Das Ziel alles Lebens ist der Tod*, und zurückgreifend: *Das Leblose war früher da als das Lebende*.[9]

Es ist der Todestrieb, der uns am Leben erhält. Und dieser dunkle Trieb, *Thanatos*, der sich in Aggression und Destruktion bemerkbar macht, steht dem Eros, dem Trieb zur Liebe, zum Hervorbringen, zur Kreativität nur scheinbar entgegen. Im Grunde sind Tod und Leben, Liebe und Hass nur Ausdruck ein und derselben Kraft.

Der konservative Charakter des Triebes zwingt uns zur Wiederholung. Das, was wir Zerstörung, Destruktivität, Aggressivität nennen, könnte unter diesen Aspekten als eine Variante der Wiederholung gedeutet werden: Wiederherstellung eines ursprünglichen Zustandes, Antizipation des Todes. Die Wiederholung des Lebens in der Kunst könnte so als Versuch gedeutet werden, dem vergänglichen Leben eine Dauer zu verleihen, deren Preis allerdings die Erstarrung, die Transformation in das Unorganische darstellt, Vorwegnahme und Überlistung des Todes. In der *Ästhetischen Theorie* von Theodor W. Adorno findet sich eine Notiz, die geeignet ist, diesen Sachverhalt zu erhellen:

Manches begünstigt die Spekulation, die Idee ästhetischer Dauer habe sich aus der Mumie entwickelt […] Eines der Modelle von Kunst wäre die Leiche in ihrer gebannten, unverweslichen Gestalt. Verdinglichung des einst Lebendigen trüge schon in Frühzeiten sich zu, ebenso Revolte gegen den Tod wie naturbefangen-magische Praktik.[10]

Die Doppeldeutigkeit der Leiche, ihr Paradox, die Irritation, die sie auslöst, wiederholt sich im Kunstwerk. Die Akzentuierung zur Mumie, die Adorno vornimmt, verdeutlicht, dass dieser Zustand des Todes als Negation von Zeit der Einzige ist, dem eine Dauer zukommen kann, die Zeit vernichtet, indem sie sie perpetuiert. Der Prozess der Verdinglichung hält das Leben fest, indem er es zu einem Ding transformiert. Es trägt all jene Züge, die den Schauer vor der Leiche auslösen: Sie ist jemand und doch ist dieser nicht mehr. Das Paradoxon der Leiche erfährt allerdings in der Mumie und, spinnt man den Gedanken weiter, im Kunstwerk eine Steigerung: Die eingefrorene Leiche – im Zeitalter fortgeschrittener Konservierungstechnologien von Organischem fast schon ein Wortspiel – ist die eigentliche Revolte gegen den Tod. Ist das gelebte Leben schon nicht zu halten, dann ist wenigstens das gestorbene in einen Zustand zu versetzen, der seiner Hülle jene Dauer verleiht, die dem Leben nicht gewährt war.

Dies korrespondiert mit einer interessanten Beobachtung von Hannah Arendt. Sie notierte in ihrem Hauptwerk *Vita activa* über das Kunstwerk:

Was hier aufleuchtet, ist die sonst in der Dingwelt, trotz ihrer relativen Dauerhaftigkeit, nie rein und klar erscheinende Beständigkeit der Welt, das Währen selbst, in dem sterbliche Menschen eine nichtsterbliche Heimat finden.[11]

Aber Arendt weiß um den Preis dieses Währens:

Der Preis ist das Leben selbst, da immer nur ein ›toter Buchstabe‹ überdauern kann, was einen flüchtigen Augenblick lang lebendigster Geist war [...] Es gibt keine Kunsterzeugnisse, die nicht in diesem Sinn unlebendig wären [...][12]

Dem Leben gegenüber verfährt Kunst so schlechthin wie der Prozess einer Mumifizierung. Sie ist, in letzter Instanz, nicht Wiederholung des Lebens, sondern um des Lebens willen die antizipierende Wiederholung des Todes.

Wiederholung wird so nicht nur zu einem Prinzip der Kunst, sondern sie ist auch selbst ein unverzichtbares ästhetisches Verfahren. Wir kennen die Wiederholung des schon einmal Gesagten, Geschriebenen, Gemalten, Komponierten vor allem unter dem Titel des Zitats. Natürlich ist in diesem Zusammenhang nicht vom Zitat als Belegstelle die Rede, als Ausweis wissenschaftlicher Seriosität, sondern als ästhetische Strategie. Das Zitat ist eine Form der Wiederholung, die auf eine sublime Referenz verweist und damit einen ganz spezifischen Traditionszusammenhang herstellt. Das Zitat war immer schon eine beliebte künstlerische Strategie, in der Postmoderne wurde es allerdings nahezu zu einem Lebensprinzip erhoben. Denn das Zitat erlaubt es, sich von dem Gesagten im Moment des Sagens auch schon zu distanzieren – und ironische Distanz war eine der Maximen der Postmoderne. Wie vertrackt es sich mit dem Zitat als ästhetischem Prinzip verhalten kann, sei an einem Beispiel illustriert. Umberto Eco (1932–2016), dessen Roman *Der Name der Rose* wohl zurecht als ein Paradebeispiel postmoderner Literatur gilt, hat in seiner *Nachschrift zum ›Namen der Rose‹* die postmoderne Haltung mit folgenden Worten charakterisiert:

Die postmoderne Antwort auf die Moderne besteht in der Einsicht und Anerkennung, daß die Vergangenheit, nachdem sie nun einmal nicht zerstört werden kann, da ihre Zerstörung zum Schweigen führt, auf neue Weise ins Auge gefaßt werden muß: mit Ironie, ohne Unschuld. Die postmoderne Haltung erscheint mir wie die eines Mannes, der eine kluge und sehr belesene Frau liebt und daher weiß, daß er ihr nicht sagen kann: ›Ich liebe dich inniglich‹, weil er weiß, daß sie weiß (und

Konrad Paul Liessmann

daß sie weiß, daß er weiß), daß genau diese Worte schon, sagen wir, von Liala geschrieben worden sind. Es gibt jedoch eine Lösung. Er kann ihr sagen: ›Wie jetzt Liala sagen würde: Ich liebe dich inniglich.‹ In diesem Moment, nachdem er die falsche Unschuld vermieden hat, nachdem er klar zum Ausdruck gebracht hat, daß man nicht mehr unschuldig reden kann, hat er gleichwohl der Frau gesagt, was er ihr sagen wollte, nämlich daß er sie liebe, aber daß er sie in einer Zeit der verlorenen Unschuld liebe. Wenn sie das Spiel mitmacht, hat sie in gleicher Weise eine Liebeserklärung entgegengenommen.[13]

Listig fügt dem Eco aber hinzu: »Das ist ja das Schöne (und die Gefahr) an der Ironie: Immer gibt es jemanden, der das ironisch Gesagte ernst nimmt.«[14]

Diese paradigmatische Reflexion über das Zitat enthält natürlich selbst ein Zitat. Der nichtssagende Satz »Ich liebe dich inniglich«, der in einem Roman, sagen wir von Liala, stehen könnte. Für den nichtitalienischen Leser ist diese Anspielung schon nicht ganz einfach zu verstehen. Eine Autorin namens Liala findet sich in keinem deutsch- oder englischsprachigen Literaturlexikon. Amalia Liana Cambiasi Negretti-Odescalchi, die von 1897–1995 lebte, die Geliebte Gabriele d' Annunzios gewesen war und unter dem Namen Liala einige sentimentale Liebesromane veröffentlicht hat, ist nur mehr einem Kreis von Kennern und Spezialisten bekannt. Wer Liala zitiert, offeriert dem Leser die Möglichkeit augenzwinkernder Kenner- und Komplizenschaft oder erzwingt dessen gläubiges Staunen. Das Spiel mit dem Zitat geht beim zitierenden Eco allerdings noch weiter. Der Verweis auf Liala ist nämlich ein Manöver, das vom eigentlichen Zitat in diesem kurzen Textausschnitt ablenkt. Denn die Haltung des postmodernen Menschen der Moderne gegenüber, die sich durch solchen Gebrauch des Zitats charakterisiert, lautet: mit Ironie, ohne Unschuld. Diese entscheidende Formel ist aber ein Zitat, zumindest eine äußerst aufschlussreiche Anspielung. In seinen *Nachgelassenen Fragmenten* hatte sich Friedrich Nietzsche einmal folgenden Satz notiert: »Große Dinge verlangen, daß man von ihnen schweigt oder groß redet: groß, das heißt cynisch und mit Unschuld.«[15] Ecos verschwiegenes Zitat demonstriert nicht nur, wie sich der abgeklärte Postmodernist der Moderne gegenüber verhält, sondern auch, dass er durch Nietzsche hindurchgegangen ist. Wohl redet er auch wieder gerne von großen Dingen – aber nicht mehr zynisch und mit Unschuld, sondern mit Ironie, aber ohne Unschuld. Damit ist allerdings ein ästhetisches Prinzip zitiert, das seit der Romantik die moderne Kunst bestimmte: die Ironie.

Was die berühmte und berüchtigte Ironie allerdings ist, lässt sich gar nicht so leicht beschreiben. Im 37. seiner *Kritischen Fragmente* hatte Friedrich Schlegel einen Gedanken festgehalten, der andeutet, worum es dabei eigentlich geht:

Um über einen Gegenstand gut schreiben zu können, muß man sich nicht mehr für ihn interessieren; der Gedanke, den man mit Besonnenheit ausdrücken soll, muß schon gänzlich vorbei sein, einen nicht mehr eigentlich beschäftigen. Solange der Künstler erfindet und begeistert ist, befindet er sich für die Mitteilung wenigstens in einem illiberalen Zustande.[16]

Ironie hat also eine bestimmte Distanz des Künstlers zu seinem Werk zur Voraussetzung, die es ihm erlaubt, souverän und besonnen zu arbeiten. Ironie ist eine Strategie, die sich auf nichts festlegen lassen, die bei allem die spielerische Option auf etwas anderes offenhalten will. Diese Offenheit ist überhaupt ein Grundzug der von Schlegel sogenannten »romantischen Universalpoesie«. So heißt es etwa im berühmt gewordenen 116. *Athenäums-Fragment* von 1798:

Die romantische Poesie ist eine progressive Universalpoesie. Ihre Bestimmung ist nicht bloß, alle getrennte Gattungen der Poesie wieder zu vereinigen, und die Poesie mit der Philosophie und Rhetorik in Berührung zu setzen. Sie will, und soll auch Poesie und Prosa, Genialität und Kritik, Kunstpoesie und Naturpoesie bald mischen, bald verschmelzen, die Poesie lebendig und gesellig, und das Leben und die Gesellschaft poetisch machen, den Witz poetisieren, und die Formen der Kunst mit gediegenem Bildungsstoff jeder Art anfüllen und sättigen, und durch die Schwingungen des Humors beseelen. Sie umfaßt alles, was nur poetisch ist, vom größten wieder mehrere Systeme in sich enthaltenden Systeme der Kunst, bis zu dem Seufzer, dem Kuß, den das dichtende Kind aushaucht in kunstlosen Gesang […] Die romantische Dichtart ist noch im Werden; ja, das ist ihr eigentliches Wesen, daß sie ewig nur werden, nie vollendet sein kann. Sie kann durch keine Theorie erschöpft werden, und nur eine divinatorische Kritik dürfte es wagen, ihr Ideal charakterisieren zu wollen. Sie allein ist unendlich, wie sie allein frei ist, und das als ihr erstes Gesetz anerkennt, daß die Willkür des Dichters kein Gesetz über sich leide.[17]

Wenn man wollte, könnte man in dieser Rede Schlegels über die romantische Poesie das Programm der modernen Kunst schlechthin sehen. Eine ganze Reihe jener Elemente, die die ästhetische Moderne kennzeichnen, sind hier formuliert: die Aufhebung der Gattungsgrenzen, die prinzipielle Unabschließbarkeit des produktiven Prozesses, die Kunstwürdigkeit auch der banalen Gegenstände des Alltags, die Ästhetisierung des Lebens, das Vertrauen in die Kreativität der Kinder und Naiven, die ironischen Verquickungen mit der abendländischen Bildungstradition, der gewollte fragmentarische, nicht abgeschlossene Charakter der Kunst, das spielerische Basteln und Hantieren – Bricolage – als ein Gestaltungsprinzip und nicht zuletzt die absolute Souveränität des Künstlers, der kein anderes Gesetz über sich dulden kann als seine Willkür. Was wir als problematische Verfahren der Kunst der Gegenwart erleben – Fragment, Zitat, Bricolage –, kann unter diesen Perspektiven als Wiederholung eines ästhetischen Programms aus dem späten 18. Jahrhundert gedeutet werden.

Mit Ironie, aber ohne Unschuld. Die Zweite Moderne, als ästhetisches und politisches Programm, hat, so könnte man sagen, diesen Satz wieder im Sinne Nietzsches gewendet. Die ganze Rede von der befreienden und humanisierenden Wirkung der Globalisierung etwa erscheint angesichts der realen Globalisierungsfolgen mitunter objektiv zynisch – und wurde doch mit einem Eifer, einem Pathos, einer

Konrad Paul Liessmann

Naivität vorgetragen, die alle Anzeichen der Unschuld demonstrieren sollte. Der Zitatfetischismus der Achtziger- und Neunzigerjahre war eine manchmal befreiende, manchmal anstrengende und ermüdende Absage an die Authentizitätsforderungen der späten 68er-Jahre gewesen. Diese Methode hat sich nicht nur in der Kunst erschöpft. Das neue Jahrtausend, so scheint es mir, schwankt zwischen der milden Souveränität einer spätaufgeklärten Ironie und der Sehnsucht nach einer neuen Ernsthaftigkeit. Wie immer sich die ästhetischen und kulturellen Entwicklungen der zweiten Moderne gestalten werden – es wird ohne Wiederholungen nicht abgehen. Damit aber ist alle Unschuld immer schon dahin.

Literatur

Adorno, Theodor W., Ästhetische Theorie, in: Gesammelte Schriften in 20 Bänden, Bd. 7, Frankfurt a.M. 2003

Anders, Günther, Mensch ohne Welt: Schriften zur Kunst und Literatur, München 1984

Arendt, Hannah, Vita activa oder Vom tätigen Leben, München ²1981

Deleuze, Gilles, Differenz und Wiederholung, München 1992

Eco, Umberto, Nachschrift zum ›Namen der Rose‹, München 1984

Freud, Sigmund, Jenseits des Lustprinzips, in: Studienausgabe III (Psychologie des Unbewußten), Frankfurt a.M. 1982

Günther Anders antwortet. Interviews und Erklärungen, hg. von Elke Schubert, Berlin 1987

Kierkegaard, Søren, Die Wiederholung, Gütersloh 1980

Nietzsche, Friedrich, Nachgelassene Fragmente 1887–1889, in: Kritische Studienausgabe in 15 Bänden, Bd. 13, 2. durchges. Aufl., hg. von Giorgio Colli und Mazzino Montinari, Berlin–New York 1988

Schlegel, Friedrich, Kritische Schriften und Fragmente 1794–1797, in: Studienausgabe in sechs Bänden, Bd. 1, hg. von Ernst Behler und Hans Eichner, Paderborn 1988

Schlegel, Friedrich, Kritische Schriften und Fragmente 1798–1801, in: Studienausgabe in sechs Bänden, Bd. 2, hg. von Ernst Behler und Hans Eichner, Paderborn 1988

Endnoten

1 Vortrag bei den Salzburger *Festspiel-Dialogen* am 19. August 2002.

2 Dieses und die folgenden Zitate: Anders, Günther, *Mensch ohne Welt*, München 1984, S. XVff.

3 Kierkegaard, Søren, *Die Wiederholung*, Gütersloh 1980, S. 3.

4 Ebd., S. 4.

5 Vgl. dazu *Günther Anders antwortet. Interviews und Erklärungen*, hg. von Elke Schubert, Berlin 1987, S. 143ff.

6 Kierkegaard, *Die Wiederholung*, S. 5.

7 Deleuze, Gilles, *Differenz und Wiederholung*, München 1992.

8 Freud, Sigmund, Jenseits des Lustprinzips, in: *Studienausgabe III (Psychologie des Unbewußten)*, Frankfurt a.M. 1982, S. 246.

9 Freud, *Jenseits des Lustprinzips*, S. 248.

10 Adorno, Theodor W., Ästhetische Theorie, in: *Gesammelte Schriften in 20 Bänden*, Bd. 7, Frankfurt a.M. 2003, S. 417.

11 Arendt, Hannah, *Vita activa oder Vom tätigen Leben*, München ²1981, S. 155.

12 Arendt, *Vita activa*, S. 157.

13 Eco, Umberto, *Nachschrift zum ›Namen der Rose‹*, München 1984, S. 78f.

14 Ebd.

15 Nietzsche, Friedrich, Nachgelassene Fragmente 1887–1889, in: *Kritische Studienausgabe in 15 Bänden*, Bd. 13, 2. durchges. Aufl., hg. von Giorgio Colli und Mazzino Montinari, Berlin–New York 1988, S. 189

16 Schlegel, Friedrich, Kritische Schriften und Fragmente 1794–1797, in: *Studienausgabe in sechs Bänden*, Bd. 1, hg. von Ernst Behler und Hans Eichner, Paderborn 1988, S. 241.

17 Schlegel, Friedrich, Kritische Schriften und Fragmente 1798–1801, in: *Studienausgabe in sechs Bänden*, Bd. 2, hg. von Ernst Behler und Hans Eichner, Paderborn 1988, S. 114f.

Jedermanns Tod. Kunst als Trauerarbeit[1]

Thomas Macho

1. »Nun ist Geselligkeit am End«

Wir wissen, dass wir sterben müssen. Aber wir wissen nicht, wie wir uns dieses Sterben vorstellen sollen. Der eigene Tod ist unvorstellbar. Dass der Tod nicht zu fürchten sei, weil er per definitionem kein lebendiges, empfindsames Wesen treffe, behauptete schon Epikur.[2] Solange ich da bin, ist der Tod noch nicht eingetreten, und sobald der Tod triumphiert hat, bin ich längst verstummt. Wo ich existiere, ist kein Tod, und wo der Tod hinkommt, lebe ich nicht mehr. Epikurs Argument führte die Todesangst auf eine Täuschung zurück. Wir fürchten nicht den Tod, sondern dessen Unvorstellbarkeit. Uns ängstigt ein Defizit der Fantasie, so wie uns alles erschreckt, was weder als planbares noch als vermeidbares Schicksal erscheint.

Der eigene Tod ist unvorstellbar. Aber diese Unvorstellbarkeit hat keine Resignation, sondern vielmehr einen gewaltigen Sturm von Bildern und Visionen ausgelöst. Keine bekannte Hochkultur hat darauf verzichtet, sich das »Leben nach dem Leben« in allen Details auszumalen. Jeder Künstler, jeder erfinderische Geist, jedes philosophische Temperament hat nach allgemeingültigen Antworten auf die Frage gesucht, wie es wohl sein werde, zu sterben und tot zu sein. Die erzwungene Bilderlosigkeit hat kein Bilderverbot, sondern geradezu eine inflationäre Bilderflut begünstigt. Die Unvorstellbarkeit des Todes ist die Conditio sine qua non seiner Ausstellbarkeit.

Dennoch zeigt der ausgestellte Tod stets den Tod der anderen Menschen. Wir wissen, dass nicht nur wir selbst sterben müssen, sondern auch unsere Feinde und Freunde, die nächsten und fernsten Menschen. Das Sterben der anderen Menschen setzt seine Zeugen ein: als Zeugen eines Ereignisses, das die Gegenwart anderer Menschen aufhebt, ohne zu offenbaren, was mit ihnen geschieht. Denn auch der Tod des anderen Menschen ist unvorstellbar. Er zeigt nur den Rücken des Abschieds. Im Augenblick der Trennung wird keine Verheißung irgendeines Himmels (oder irgendeiner Hölle) offenbar, sondern lediglich ein ausdrucksloser Blick. Was sich im Sterben der anderen Menschen zeigt, ist eine Maske, in der sich die eigene Trauer spiegelt.

»Und ob dieses Gesicht noch ein Gesicht ist? Neben einem, im Halbdunkel, sagt der, der einen kennt, mit dem man hergekommen ist, leise aber ganz deutlich auf Englisch: ›I don't feel that is still her‹. Er hat nicht das Gefühl, dass das noch sie ist. Man hört diese Worte und man versteht sie, und sie betreffen einen nicht. […]

Dieser Mensch soll also kein Mensch mehr sein. Dieses Gesicht soll also kein Gesicht mehr sein. Aber dieses Gesicht ist ein Gesicht. Dieses Gesicht ist ganz und gar ein Gesicht, das man kennt und das man kennen wird, wie man es noch nie zuvor gekannt hat. Dieses Gesicht ist und ist und ist. Es gibt nichts, was so ist wie dieses Gesicht, es gibt nichts, was so dauert wie dieses Gesicht, obwohl man nicht einmal weiß und sagen kann, ob die Augen offen oder zu sind.«[3]

Was sich zeigt, ist ein Gesicht und doch kein Gesicht. Ein vertrautes Antlitz und zugleich eine erstarrte Grimasse. Die Augen sind blicklos gebrochen und dennoch so bedrohlich, dass man sie zudrücken muss, um ihrer Wirkung zu entgehen. Jeder Tote ist ein Double. Er unterscheidet sich von seinem lebenden Zwilling, ohne ein anderer zu werden. Die Leiche bringt ein Rätsel zur Anschauung. Wir wissen nicht, was sie zeigt. Einen »ehemals lebendigen Menschen«? Aber was ist denn ein »ehemals lebendiger Mensch«? Ein Ding, dessen Aura vergangenem Leben entlehnt wird, oder ein Mensch, dessen Aura seiner seltsamen Verdinglichung entspringt? Wir wissen nicht, was wir sehen und was sich uns zeigt, aber wir versuchen, es darzustellen.

2. »Ich tret dir aus dem Gesicht«

Die Kunst aller Räume und Epochen hat sich mit der Erscheinung des Toten auseinandergesetzt: etwa durch die Herstellung von Masken. Die Maske ahmt die Statuarik des Leichengesichts nach, die unbewegte Miene des toten Antlitzes. In Melanesien wurden bemalte und übermodellierte Menschenschädel als Vorbilder für die Ausgestaltung der Masken von Totengeistern verwendet.[4] Die aztekischen Totengötter trugen aus Menschenschädeln gefertigte Masken; und lange nach dem Untergang der präkolumbischen Reiche wurden in deren Herrschaftsgebieten noch kultische Schädelmasken benutzt. Die Dynastie der Mayapan hat Ritualmasken aus den Schädeln verstorbener Familienmitglieder erzeugt.[5] Andere Kulturen haben ihren Toten Masken auf das Gesicht gelegt, um sie auf ihrem Weg ins Jenseits zu schützen; auch wurde auf diese Weise die Unveränderlichkeit des mimischen Ausdrucks der Totengesichter betont. Dionysos galt als Gott der Toten wie als Gott der Masken; und die Dionysien sind mit hoher Wahrscheinlichkeit aus den frühgriechischen Anthesterien hervorgegangen, einer Frühlingszeremonie, zu deren Anlass die Toten – in maskierter Gestalt – die Lebenden besuchen durften.[6]

Selbst die Bezeichnungen der Masken weisen unzweideutig auf einen elementaren Zusammenhang mit dem Leichengesicht hin. Die Masken der Kassonké am oberen Senegal heißen »Dou-Mama« (Vorfahren), die Masken der Yoruba-Völker »Egungun« (Knochen, Skelett); in Kamerun nennt man die Maske »Egbo« (Geist), in der Gegend vom unteren Kongo bis zum oberen Sambesi »Mukisch« oder

»Akisch« (Tote, Geister, Ahnen). Ähnliche Bezeichnungen wurden in Amerika und auf Ozeanien gebraucht.[7] Im Lateinischen bedeutete »larva« sowohl die Schauspielermaske als auch den Totengeist. »Die Römer hielten Verrücktheit für ein Werk der *larvae*, der Totengeister. Von einem Besessenen sagte man, dass er *larvarum plenus* sei, dass ihn *larvae stimulant*, oder man nannte ihn einfach rundweg *larvatus*.«[8] Der Ausdruck »Maske« hingegen kommt – nach einer nicht unumstrittenen etymologischen Ableitung – aus dem Langobardischen (»masca«) und könnte folgende Bedeutungsentwicklung durchlaufen haben: »1. Masche, Netz; Netz, in das der Leichnam eingehüllt wird; 2. wiederkehrender Toter in Netzumhüllung; böser Geist, der die Eingeweide Lebender verzehrt; 3. Mensch, besonders Weib, das eigentlich ein solcher Dämon ist, Hexe; Schimpfwort; 4. Vermummter, der mit Netzumhüllung einen solchen Geist darstellt.« »Masca« (im Italienischen) und »Masque« (im Französischen) dienten auch – bis zur Durchsetzung von »Strega« und »Sorcière« – als Bezeichnungen der Hexe.[9]

Der Karneval hat sich aus rituellen Totenprozessionen entwickelt. Die Umzüge dämonischer Masken – Dämonen sind nichts anderes als bösartige Totengeister – konnten erst allmählich durch die kirchliche Obrigkeit diszipliniert werden. Schon im 9. Jahrhundert verbot eine – im kirchlichen Normenkatalog allgemein anerkannte – Verfügung des Hincmar von Reims das Tragen von Dämonenlarven;[10] aber noch im 18. Jahrhundert wurde die Maske so stark als Verkörperung einer jenseitigen Gestalt erlebt, dass im »Erzbistum Salzburg Leuten, die in der Perchtenmaske den Tod fanden, das christliche Begräbnis verweigert wurde«[11]. Die Perchtenläufe hingen ursprünglich mit der Sage von der Wilden Jagd zusammen. Diese Sage war in der Volkskultur des mittelalterlichen Europa weit verbreitet und betraf jene »Schar der friedlosen, weil vorzeitig gestorbenen Toten, die nachts – umgeben von entsetzlichem Lärm und angeführt von einer weiblichen Gottheit (Perchta, Holda, Diana, Hekate)«[12] – dahinzog. Mitunter wurde das Totenheer auch von dem Dämon Herlechinus – dem keulenschwingenden Ahnherrn der Harlekinsgestalt – angeführt; die *Historica ecclesiastica* des Ordericus Vitalis (von 1091) nennt die Wilde Jagd daher »familia Herlechini«.[13] Die etymologische Ableitung des Ausdrucks »Harlekin« ist nicht restlos geklärt; es könnte sich um einen Diminutiv zu »Hel«, der germanischen Unterwelt, handeln (»hellekin« wie »mannekin«): also »kleine Hölle«.[14] Festzustehen scheint jedenfalls, dass die »maisnie Hellequin«, die »familia Herlechini«, »phalanges Herlethingi« oder »Hurlewaynes kinne« allesamt die Wilde Jagd repräsentieren; und auch die Geschichte der Verwandlung des Herlechinus in den neueren Harlekin lässt sich kulturhistorisch rekonstruieren und belegen.[15]

Übrigens entsprang die Sage von der Wilden Jagd keiner aufgeregten und abergläubischen Fantasie, sondern vielmehr einer kollektiven Praxis. Die Menschen des

11. Jahrhunderts »glaubten nicht nur an das Vorüberziehen einer Geisterschar in der Neujahrsnacht, sondern sie vermummten sich auch und zogen, eben dieses wilde Heer darstellend, mit Höllenlärm dahin«.[16] Die ursprünglichen Maskenumzüge waren mit einer massiven Relativierung gesellschaftlicher Normen und Standards verbunden; in den »Zeiten zwischen den Zeiten« (Neujahrsnacht, Walpurgisnacht, Quatembernächte) etablierte sich eine wilde und gefährliche Gegenwelt, eine »verkehrte Welt«.[17] Reste solcher Grenzüberschreitungen sind heute noch im brasilianischen Karneval lebendig.

3. »Und ist dafür am Kreuz verstorben«

Die Maske wurde dem Totengesicht nachgebildet und zu einer rituellen Inszenierung der Wiederkehr des Toten verwendet. Von Anfang an stand also die Kunst – gerade als Darstellung der Toten – im Dienste der Hoffnung auf deren Auferstehung. Nichts ist so schöpferisch wie die Trauer. Nichts ist so erfinderisch wie der Schmerz. Nichts ist so fantasievoll wie der Schrecken. »Kunst ist Schein dessen, woran der Tod nicht heranreicht.«[18]

Zahlreiche moderne Kritiker sind der Suggestion Nietzsches erlegen, eine Religion verächtlich zu finden, die das Bild eines hingerichteten Gottes ins Zentrum ihres Kults gerückt hat. Tatsächlich steht das Kreuz im Mittelpunkt der christlichen Religion und ihrer künstlerischen Ausdrucksformen: ein mehr oder weniger realistisch gestaltetes Abbild des toten Christus. Doch nicht zur Befriedigung sadistisch-nekrophiler Impulse, nicht zur Illustration eines kannibalischen Totenmahls, und schon gar nicht zum lebensfeindlichen Genuss einer Hinrichtung wurden die Kreuzwege gebahnt und die Kruzifixe errichtet; ganz im Gegenteil, sie ermöglichten die Feier des Triumphes über den Tod. Der abgebildete Tote ist schon der wiederkehrende Tote. Anders als Konstantin wohl meinte, ist das Kreuz ein Symbol des Sieges, nicht der Niederlage. Kein Leichnam wird zeremoniell verehrt, sondern sein dargestelltes Überleben. Denn selbst der schaurigste Naturalismus hält fest, was im Strudel des Vergessens zu entschwinden droht: Er kämpft gegen das schlechte Gedächtnis der Lebenden. Jedes Totenbild meint unverbrüchlich Auferstehung. Jede Ausstellung des Todes nährt insgeheim die Hoffnung auf seine Überwindung. In dieser zentralen Hinsicht bezeugen auch die Debatten um die Legitimität von Kunstreligionen, um Ästhetizismus und den »Unterschied zwischen einem Genie und einem Apostel« (Kierkegaard) allenfalls ein romantisches Missverständnis. Kunst und Religion lassen sich weder auseinanderdividieren, noch aufeinander reduzieren. Ihr Ernst und ihre mitreißende Leidenschaft entstammen derselben Quelle: der hochkulturellen Arbeit am Skandal des Todes. Vielleicht lässt sich

Kultur gar nicht besser charakterisieren als durch die Behauptung, sie sei der unablässig vielgestaltige Versuch, den Tod um das letzte Wort zu bringen.

In einem außerordentlich faszinierenden und inspirierten Essay hat Franz Borkenau diese kulturelle Aktivität als eine zyklisch wechselnde Stellungnahme zur »Todesantinomie« ausgelegt, als notwendig einseitige Antwort auf den unauflösbaren Widerspruch zwischen Todesgewissheit und Unvorstellbarkeit des Todes. Borkenau bemühte sich um die Differenzierung von Hochkulturen, die in ihrem Gründungsmythos entweder für Unsterblichkeitsevidenz – bei allem Risiko einer eskalierenden Mordparanoia – oder für Todesgewissheit votieren. Aus dieser Perspektive lässt sich die Genialität der altägyptischen Entscheidung für ein »Klassenprivileg der Unsterblichkeit«[19] ebenso demonstrieren, wie das Gewicht der Osirisreligion, die für eine Bindung der Unsterblichkeitshoffnungen an einen sittlichen Lebenswandel – und nicht an die Künste der Mumifizierungstechniker – eintrat. Aus dieser Perspektive lässt sich der historische Erfolg des Christentums als ein Sieg über die hebräisch-hellenischen Kulturen der »Todeshinnahme« interpretieren. »Man braucht kaum zu betonen, daß Todesüberwindung der Kern der christlichen Botschaft ist. Die Evangelien und Paulus stimmen darin überein: ›Tod, wo ist dein Stachel!‹ Man hört hier ein fernes Echo der alten Stromtal-Religionen, die vom Christentum durch das hellenische ›Zwischenspiel‹ getrennt erscheinen.«[20] Das Kreuz ist das Zeichen des ewigen Lebens und der Auferstehung, nicht das Symbol des Todes. Darin besteht die antik-christliche Umwertung aller Werte, deren Spuren sich erst in der Moderne zu verlieren beginnen.

4. »Der Tod ist wie die böse Schlang«

Im 3. Jahrhundert vor der Zeitenwende ist das Buch *Kohelet* entstanden: ein aufschlussreiches Dokument für Demut, Resignation und Anerkennung der eigenen Sterblichkeit. »Eine Generation geht, eine andere kommt«, heißt es schon in den ersten Zeilen; und später: »Ein lebender Hund ist besser als ein toter Löwe.« Denn die »Lebenden erkennen, daß sie sterben werden; die Toten aber erkennen überhaupt nichts mehr. Sie erhalten auch keine Belohnung mehr; denn die Erinnerung an sie ist in Vergessenheit gesunken.«[21] Von himmlischen Freuden ist ebensowenig die Rede wie von höllischen Qualen; der einzige Lohn unserer Taten wäre das Gedächtnis der Nachkommen, aber just diese Belohnung wird niemals ausgezahlt. »Zwar gibt es bisweilen ein Ding, von dem es heißt: Sieh dir das an, das ist etwas Neues – aber auch das gab es schon in den Zeiten, die vor uns gewesen sind. Nur gibt es keine Erinnerung an die Früheren, und auch an die Späteren, die erst kommen werden, auch an sie wird es keine Erinnerung geben bei denen, die noch später kommen werden.«[22]

Thomas Macho

Ähnliche Erkenntnisse werden im griechischen Mythos artikuliert. Zu dessen Fundus gehört die Einsicht, dass es vorzuziehen sei, ein lebender Taglöhner zu sein, statt ein toter Achilles im Reich der Schatten. Dennoch sei der Tod unvermeidbar: Ausdruck einer Schuld, die mit dem Dasein selbst übernommen wurde. Einer der ältesten Sätze griechischer Weisheit lautet: »Aus welchen [seienden Dingen] die seienden Dinge ihr Entstehen haben, dorthin findet auch ihr Vergehen statt, wie es in Ordnung ist, denn sie leisten einander Recht und Strafe für das Unrecht, gemäß der zeitlichen Ordnung.«[23] Was existiert, verdient den Untergang. Das Leben selbst verdankt sich einer strafwürdigen Hybris. Zum griechischen Todesbewusstsein gehört auch jene berühmte Antwort, die der weise Silen – dämonischer Gefährte des Dionysos – dem König Midas erteilt haben soll: »Das Allerbeste ist für dich gänzlich unerreichbar: nicht geboren zu sein, nicht zu sein, nichts zu sein. Das Zweitbeste aber ist für dich – bald zu sterben.«[24]

Allein im Bannkreis solcher dunklen Evidenzen konnte hörbar werden, was einst nicht zu Unrecht Frohe Botschaft genannt wurde: die christliche Nachricht von der Entmachtung des Todes. Sie hat sich als gültige Antwort auf die Todesantinomie erfolgreich durchgesetzt. Erst viele Jahrhunderte später, genauer gesagt im Jahre 1790, hat sich ein Enkel des griechischen Dämons erneut zu Wort gemeldet, um mit vergleichbarem Zungenschlag den lebensmüden Faust an die silenische Weisheit zu erinnern: »Ich bin der Geist, der stets verneint! Und das mit Recht; denn alles, was entsteht, ist wert, daß es zugrunde geht; drum besser wärs, daß nichts entstünde.«[25] Erst in Hegels Logik von 1812 ist der Satz des Anaximander wieder aufgetaucht, im Stil einer aufgeklärten Nüchternheit, die den traditionellen Unsterblichkeitshoffnungen keinen Platz mehr einzuräumen vermag: »Das Sein der endlichen Dinge als solches ist, den Keim des Vergehens als ihr Insichsein zu haben; die Stunde ihrer Geburt ist die Stunde ihres Todes.[26] Was dem streitbaren Ackermann aus Böhmen noch unglaubhaft schien – dieser lapidare Trost des Todes: »ieder mensche ist vns ein sterben schuldig vnd ist in angeerbet zu sterben. […] als schiere ein mensche lebendig wirt, als schiere ist es alt genug zu sterben«[27] – diese Rechtfertigung des Schnitters gerät dem Danton Georg Büchners (aus dem Jahr 1835) bestenfalls zum Anlass für eine resignierte Klage. »Freilich, wir bekommen das Leichentuch zur Windel. Was wird es helfen? Wir können im Grab so gut wimmern wie in der Wiege.[28]

Das melancholische Wissen von der Nichtigkeit aller menschlichen Taten und Werke hat sich nicht zufällig in der Sattelzeit zwischen 1780 und 1830 neuerlich zum Ausdruck verholfen. In dieser Zeit wurden die Friedhöfe aus den Zentren der Städte an die Peripherie verlegt; in dieser Zeit wurde erstmals geplant, was später in den USA verwirklicht werden sollte: der Friedhof als Park des ewigen Schlafs, als eine Art von »Schlummergarten«.[29] Der Tod als Stillleben. Die Totenkulte wurden mehr oder weniger erfolgreich entmythologisiert, von den vielfach verwendbaren »Klappsärgen« Josephs II. bis zur freigeistigen Kremationspropaganda und zum »American Way of Death«.[30] In den Obduktionssälen der modernen Kliniken wurden die Toten mit dem Skalpell demaskiert: »Was bleibt, ist ein Ding, die Leiche.«[31]

5. »Wo bist du, Tod, mein starker Bot?«

Das Deutungspotential der christlichen Religion hatte sich erschöpft; und der Abschied von traditionellen Unsterblichkeitsvorstellungen erzwang oder gestattete andere Formen des Umgangs mit den Toten. Die Erscheinung der Leiche wurde nun nicht mehr als rätselhaftes Ereignis wahrgenommen, sondern als eine biologische Tatsache, die keiner metaphysischen Diskussionen bedarf. »Der Tod verbirgt kein Geheimnis. Er öffnet keine Tür. Er ist das Ende eines Menschen.« So hat es Norbert Elias formuliert, der gleichwohl die sozialen Konsequenzen dieser Anschauung – die Vereinsamung der Sterbenden nämlich – ausdrücklich bedauerte: »Was Menschen tun können, um Menschen ein leichtes und friedliches Sterben zu ermöglichen, bleibt noch herauszufinden. Die Freundschaft der Überlebenden, das Gefühl der Sterbenden, daß sie ihnen nicht peinlich sind, gehört sicher dazu.«[32]

Als wichtigste Nachfolgerin der Unsterblichkeitsidee hat sich indes nicht die Empfehlung humaner Sterbebegleitung eingebürgert, sondern die Überzeugung, der Tod sei eine Art von Prinzip meiner Singularität, gewissermaßen ein Gütesiegel meiner eigenen, unverwechselbaren Individualität. Bereits vor Darwins Evolutionstheorie wurde der Tod zum existentialen Preis erklärt, den jedes Einzelwesen seiner Gattung schulde; mit dem Tod werde der Individuationskredit abgegolten. Das Individuum sterbe »aus sich selbst« heraus: in Affirmation seiner Einzigartigkeit.[33] Letztlich kann der Mensch bloß »darum Individuum sein, weil er sterben kann«. Ihn als »geschichtliches, freies Individuum« zu beschreiben, verlange geradezu, ihn als »sterblich« anzusehen.[34]

Die Vorstellung eines Lebens, das seine singuläre Gestalt durch die zeitlichen Limitationen der Zeugung und des Todes empfängt, hat die religiösen Ideen von einem Leben nach dem Tod revolutioniert; sie hat das säkulare Bewusstsein des 20. Jahrhunderts nachhaltig geprägt. Martin Heideggers Konstruktion eines »Seins zum Tode«, das sich seiner unverfälschten »Eigentlichkeit« nur durch ein »Vorlaufen in den Tod« vergewissern kann,[35] steht ebenso im Bannkreis dieses Bewusstseins, wie Rainer Maria Rilkes mystische Anschauung von einem innerlich wachsenden Tod.[36] Dabei hätte die freundliche Rede vom »Vorlaufen in den eigenen Tod«, die versöhnliche Hoffnung auf eine private Aneignung des drohenden Sterbeschicksals, auf einen letzten biografischen »Erntetag«, kaum gründlicher enttäuscht werden können, als just im 20. Jahrhundert. Wo hat sich denn in dieser Epoche der Massenmorde, der Kriegskatastrophen, der Konzentrationslager und Flüchtlingstragödien jemals ein persönlicher, ein privatisierbarer Tod ereignet?

Nicht einmal in der Kunst. Kein gemalter Stillleben-Totenschädel neben einer Obstschale erinnert an Rilkes Verse von der reifenden Frucht des eigenen Todes; kein düsterer Doppelgänger lässt sich mit Heideggers »Sein zum Tode« assoziieren. »Der Tod des Individuums aus sich selbst« wurde in keiner einzigen aktionistischen Session aufgeführt; und selbst den technisch geglückten Projektionen des eigenen Totengesichts fehlt jeder wissenschaftliche Glanz von Notwendigkeit. Die Kunst lässt sich nur schwerlich zu einer Affirmation des Sterbens überreden: Aus der wirklichen, konkreten Geschichte eines Menschen, eines tatsächlichen – nicht bloß hypostasierten – Individuums, erschließt sich eben niemals deren Ende. In einem Nachruf auf Siegfried Kracauer hat Bazon Brock festgehalten, was die künstlerische Stellung zum Tod – auch zum eigenen Tod – von jeder philosophischen Spekulation abgrenzt: »Wer ein Wort des Trostes spricht, ist ein Verräter an der Solidarität aller Menschen gegen den Tod. Wer sich hinreißen läßt aus noch so verständlichen Gründen, aus Anlaß des Todes Siegfried Kracauers ein rührendes Wort zu sprechen, eine Erklärung anzubieten, die Taten aufzuwiegen, die Existenz als erfüllte zu beschreiben, der entehrt ihn, läßt ihn nicht besser als die Mörder in die Kadaververwertungsanstalt abschleppen. Wer den Firlefanz, die Verschleierungen, die Riten der Feierlichkeit an Grabstätten mitmacht, ohne die Schamanen zu ohrfeigen, dürfte ohne Erinnerungen leben und sich gleich mit einpacken lassen. [...] Der Tod ist ein Skandal, eine viehische Schweinerei! [...] Laßt euch nicht darauf ein, versteht: der Tod Siegfried Kracauers ist wie jeder Tod ein ungeheuerlicher Skandal, gegen den ich protestiere.«[37]

6. »Da seh ich deine Frau Mutter kommen«

Ein Nachruf als wütender Protest, Dokument eines ohnmächtigen Widerstands. Wo die Kunst den Tod zu fassen bekommt – gleichgültig ob in allegorischer Gestalt, als Totenbild oder als dämonisches Monstrum –, bestreitet sie ihm das Recht, sich mit dem Glorienschein der Notwendigkeit zu schmücken. Kunst ist wütende oder melancholische Trauerarbeit, ein mehr oder weniger zwingend formuliertes Plädoyer gegen den Urteilsspruch der Nemesis, ein Schrei der Empörung oder der Schmerzen – aber keine Stempelmarke auf einer Sterbeurkunde, keine Grabrede, kein pathologisches Bulletin. Keine einzige Grabbeigabe aus Jahrtausenden, die nicht von der Hoffnung auf ein Weiterleben des Gestorbenen zeugen würde! Kein

Schlachtengemälde, das nicht an irgendeiner Stelle der Ahnung Raum geben würde, dass während der Siegesfeier die Ermordeten verscharrt werden. Kunst ist wesentlich Todeskritik.

Und also auch Kritik an allen Vorstellungen, die dem Sterben den Anschein des Natürlichen, Notwendigen und Sinnvollen verleihen. Kritik an der Fantasie von einer gütigen »Mutter Erde«, die das Leben gebiert, um es nach einer gewissen Frist wieder zurückzuholen in ihren Schoß; Kritik an der allegorischen *Vanitas*, die meistens als Jungfrau – als eine Art Diana – dargestellt wird; Kritik an *frou werlte*, die ihren Verehrern gelegentlich einen zerfressenen Rücken zu zeigen pflegt. Frau Welt ist bloß ein Deckname für Mutter Erde; gegen deren Machtanspruch exponiert sich jedes Kunstwerk. Doch bezweckt es keine Diskriminierung der wirklichen, lebenden Frauen und Mütter, sondern vielmehr die Denunziation einer opferträchtigen Fantasie: der psychodynamisch scheinbar plausiblen Fantasie, dass wir sterben müssen, weil wir geboren wurden, dass wir schuldig geworden sind, indem wir auf die Welt kamen, und dass wir daher diese Schuld an ein gewaltiges Mutteridol abtragen müssen, das in vielen Gestalten und unter vielen Pseudonymen unser Bewusstsein beherrscht. *La Mamma*: die Höhle, das Heiligtum, der Palast, der Wallfahrtsort, die Akademie und *Alma mater*, Dorf und Stadt, Heimat und Volk, Partei, Nation und Land. Das Leben wurde uns nicht geschenkt, sondern geliehen – und also müssen wir in ungezählten Raten zurückzahlen, was nicht gekauft werden kann. Aber wie der Wladimir in *Warten auf Godot* hören wir gelegentlich, dass die Luft voll ist »von unseren Schreien«. Denn »eines Tages wurden wir geboren, eines Tages sterben wir, am selben Tag, im selben Augenblick, genügt Ihnen das nicht? Sie gebären rittlings über dem Grabe, der Tag erglänzt einen Augenblick und dann von neuem die Nacht. [...] Rittlings über dem Grabe und eine schwere Geburt. Aus der Tiefe der Grube legt der Totengräber träumerisch die Zangen an.«[38]

Geburt als Tod – Tod als Geburt. Die schwarze Imago des Weiblichen, diese Bilder von der Großen Mutter als grausamer Todesgöttin, von den Unheilsschwangerschaften »unser aller Mutter Erde«, von einer gräberfüllenden Fruchtbarkeit, verdankt ihre Evidenz keinen evolutionstheoretischen Schlussfolgerungen, oder den – von Bachofen bis Jung – ausgesponnenen Spekulationen über das Matriarchat, sondern vielmehr einer wirklichen Erfahrung, die wir allesamt teilen, auch wenn wir sie gründlich vergessen haben. *Trauma der Geburt*. Schon in einer Anmerkung zur *Traumdeutung* hatte Freud die Geburtserfahrung als »das erste Angsterlebnis«, ja sogar als »Quelle« und »Vorbild des Angstaffektes« überhaupt gewürdigt;[39] und spätestens seit Otto Ranks bemerkenswerter Untersuchung wissen wir wieder von der Todesgrenze unserer Geburt.[40] Während Rank – ähnlich wie Freud, Sadger, Hollos, Fodor oder Alexander – diese Todesgrenze aus zahlreichen Kompensationen, Subli-

mierungen und Idealisierungen, aus neurotischen Symptomen und Patientenäuße-
rungen, aus Angstträumen, Zwängen und Fantasien zu erschließen versuchte,[41] haben seine Erben – von Arthur Janov bis Stanislav Grof[42] – alternative
Therapietechniken entwickelt, die gewissermaßen eine kontrollierte Wiederholung
des Primärschocks ermöglichen: Techniken übrigens, die nicht zufällig an alte Initia-
tionspraktiken erinnern. Aus der Perspektive dieser neueren, außerordentlich anre-
genden Forschungen lässt sich nicht nur genauer verstehen, welchen dunklen psychischen Zonen die schrecklichen Bilder von der Todesgöttin, von der verschlingenden
Mutter und von den mordlüsternen Frauen entstammen, sondern auch, weshalb es
verhängnisvoll wäre, eine neue Kultur der Todeshinnahme mit einem tendenziell
barbarischen Mutterkult zu verwechseln. Die schwarze Göttin beherrscht zwar immer noch viele Köpfe, aber sie hat niemals wirklich gelebt. An ihrer Stelle haben sich
zahlreiche Schmerzensmütter verzweifelt darum bemüht, ihre Rolle in einem grausamen Stück halbwegs überzeugend zu spielen, auch wenn sie ihre Söhne tausendmal
lieber als Deserteure versteckt und bekocht hätten, anstatt sie als Helden zu begraben.

7. »So muß ich allweg in Ängsten sein«

Die *Pietà* – die *mater dolorosa* – muss vielleicht als eine der genialsten Erfindungen
christlicher Mythopoïese gewürdigt werden.[43] Dabei tritt sie in den synoptischen
Evangelien gar nicht in Erscheinung; nicht einmal erwähnt wird, dass die Mutter
Jesu bei seinem Tode überhaupt anwesend war, was umso seltsamer anmutet, als
ausdrücklich mitgeteilt wird, welche Frauen der Kreuzigung beiwohnten: »Auch
einige Frauen sahen von weitem zu, darunter Maria aus Magdala, Maria, die Mutter von Jakobus dem Kleinen und Joses, sowie Salome; sie waren Jesus schon in
Galiläa nachgefolgt und hatten ihm gedient. Noch viele andere Frauen waren dabei, die mit ihm nach Jerusalem hinaufgezogen waren.«[44] Viele andere Frauen –
aber keine Rede von der Mutter. Die spätere Muttergottes taucht erst im Johannes-
evangelium auf, und dort unter äußerst seltsamen Umständen. Kurz vor seinem
Tod vermacht der Sterbende seiner Mutter den Lieblingsjünger – und dem Apostel
die Mutter. »Als Jesus seine Mutter sah und bei ihr den Jünger, den er liebte, sagte
er zu seiner Mutter: Frau, siehe, dein Sohn! Dann sagte er zu dem Jünger: Siehe,
deine Mutter! Und von jener Stunde an nahm sie der Jünger zu sich.[45] Auch der
Bericht des Johannes kennt also keine *Pietà*. Nach der seltsamen Begegnung zwischen dem Gekreuzigten, dem Jünger und der Mutter verschwindet Maria aus dem
Evangelium, um nicht mehr zurückzukehren. Das Begräbnis wird offenkundig
ohne ihre Mitwirkung arrangiert, und auch von einem Besuch des auferstandenen
Sohns bei seiner Mutter wird nichts erzählt.

Anders gesagt: Die christliche Botschaft der Todesüberwindung enthält einen essentiell mutterfeindlichen Kern, ein klares Votum gegen die Bindungen der Blutsverwandtschaft und gegen heidnische Mutterkulte. Nicht umsonst galt die Sympathie des Nazareners ausschließlich jenen freien Menschen – Männern und Frauen –, die sich keinem genealogischen Vertrag unterwerfen wollten; nicht umsonst verweigerte er von Anfang an seiner Mutter den Gehorsam. Bereits als Kind entgegnet er ihr – sie hat ihn gesucht –, ob sie nicht gewusst habe, »daß ich in dem sein muß, was meinem Vater gehört?«[46] Und später antwortet er einem Boten, der ihm mitteilt, seine Mutter und seine Brüder wollten ihn sprechen, beinahe lakonisch: »Wer ist meine Mutter, und wer sind meine Brüder?«[47] »Erlösung« bedeutete nicht mehr und nicht weniger, als Krieg gegen das Abstammungsprinzip. »Ich bin nicht gekommen, um Frieden zu bringen, sondern das Schwert. Denn ich bin gekommen, um den Sohn mit seinem Vater zu entzweien und die Tochter mit ihrer Mutter und die Schwiegertochter mit ihrer Schwiegermutter«.[48] Den unfruchtbaren Frauen[49] – und den Waisenkindern[50] – wird die Zukunft versprochen.

Doch just dieses Versprechen konnte nicht gehalten werden. Es musste geradezu systematisch gebrochen werden; denn die Auflehnung gegen Hierarchie und genealogische Sukzessionsregeln passte zwar zu einer weltfremden Sekte, nicht aber zu einer Staatsreligion. Mit der Apostelgeschichte begann auch die Geschichte der Kompromisse; mit wachsenden Bekehrungserfolgen mussten integrative Formeln und neue Mythen erfunden werden, überzeugende Erzählungen, die sich eigneten, einer religionspolitisch relevanten Mehrheit den Weg zum Taufbecken zu bahnen. Die Radikalität der ursprünglichen Botschaft musste den Zwängen der Mission angepasst werden, beispielsweise durch Muttergeschichten. Darin besteht die Pointe der *mater dolorosa*. Mit ingeniöser Kraft wiederholt sie das Grundschema der heidnischen Mutterkulte – die Große Mutter empfängt den geopferten Heros –, aber nicht ohne es entscheidend zu verändern. Denn plötzlich triumphiert die Mutter nicht mehr, sondern wird von jenem Schwert durchbohrt, das ihr Sohn in die Welt gebracht hatte. Auch die Auferstehung lässt sich zwar als Wiederkehr einer zerstückelten Vegetationsgottheit – in Analogie zu Osiris, Balder oder Dionysos – interpretieren, aber sie ereignet sich zugleich in erheblicher Distanz zur Mutter. Deshalb ist es Maria Magdalena – nach gnostischer Lesart die Freundin des Meisters – und nicht die Mutter, der Jesus am dritten Tag nach seiner Hinrichtung erscheint. Kurzum, die Schmerzensmutter ist keine Große Mutter mehr; keine Todesgöttin, sondern ein konkretes, berührendes Beispiel jener Trauer und Erschütterung, die allen Opferritualen notwendig fremd bleibt. Die *Pietà* vertritt die wirkliche Mutter: Sie ist keine *Kâli*, keine »Wiege und das Grab«,[51] sondern schlicht und ergreifend eine trauernde Frau.

Thomas Macho

8. »Erweist mir heut die letzte Ehr«

Zur Symbolgrammatik mutterreligiöser Weltbilder gehört auch die Position der Opfer – der Helden und Heldinnen. In gewisser Hinsicht kann man sogar behaupten, dass die fantasmatische Produktion des Mutteridols diese Position voraussetzt: opferwillige Institutionen und Individuen, die den Mutterkult tragen und forcieren. Helden oder Heldinnen werden dringend gebraucht. Bis zum heutigen Tag hofft jede politische oder soziale Bewegung, die sich ernsthaft etablieren will oder einen gesellschaftlichen Umsturz anstrebt, auf möglichst viele Märtyrer; im Krisenfall wird das Martyrium sogar provoziert. Der Held gilt als das selbstbewusste Opfer, als heiliges Wesen (»homo sacer«), das in seinen eigenen Tod einwilligt, um ein erhabenes, wichtiges, mütterlich fantasiertes Ganzes zu stärken und zu schützen. Letzten Endes ist jeder Held von vornherein ein tragischer Held: ein Mensch, der die Durchsetzung und Aufrechterhaltung seiner Ziele mit dem eigenen Tod bezahlt, ein Mensch, der sein Leben geringer achtet als seinen Lebenszweck. Ganz in diesem Sinne hat noch Ernst Bloch vom »roten Helden« geschwärmt: Die »revolutionären Materialisten hielten sich vor dem Galgen des Klassenfeinds aufrecht, als stärkste Idealisten sozusagen, obwohl ihnen persönlich nichts anderes blieb als das Grab, als die Idee, als die Gewißheit, bei der Verwirklichung dieser Idee nicht anwesend zu sein. [...] Diese Standhaften fühlten sich nicht aufgerufen, um empfangen zu werden mit hochheiligem Gruß, sie glaubten höchstens in der Erinnerung der Mit- und Nachwelt eine Berge zu finden, eingeschreint im Herzen der Arbeiterklasse, doch scharf entgegen aller Hoffnung einer himmlischen Metaphysik und eines Jüngsten Gerichts, worin die Gerechten den Lohn empfangen, der ihnen auf Erden verweigert wurde.«[52]

Die meisten Helden sterben ohne Aussicht auf Lohn. Sie sterben freiwillig, buchstäblich als *Materialisten*: dem Mutteridol zuliebe. Sie verweigern jede Handlung, die als Kompromiss mit dem zugemuteten Schicksal ausgelegt werden könnte. Sokrates unterwirft sich der Vollstreckung des Todesurteils, um dem Gesetz der *polis* die Treue zu wahren. Die Märtyrer gehen in die Zirkusarena, um ihre Glaubensüberzeugung nicht zu verraten. Auf Anweisung Neros durchtrennt Seneca seine Pulsadern; er stirbt – wie zahllose Soldaten – auf dem sogenannten Feld der Ehre. Zu den Männern treten die Frauen – keine Mütter, wie sich von selbst versteht: Antigone, die ihr Leben einem älteren Gesetz opfert, Lucretia, die sich nach ihrer Vergewaltigung durch Sextus Tarquinius tötet, die zahllosen Jungfrauen, die als »Bräute Christi« den Opfertod suchen. Ihr Heldentum verbirgt einen selbstmörderischen Kern. Eine Neigung zum Lebensüberdruss, vielleicht auch eine Sehnsucht nach dem Anderswo, nach Vergessen, Ruhe und Erlösung. Helden und Heldinnen sind frühe Vertreter jenes Prinzips einer »Freiheit zum Tode«, das gerade in der Moderne – unter den verschiedensten Titeln – propagiert worden ist.

Journalisten wie Paul Moor oder Jo Roman haben diese Freiheit genauso gepriesen wie Karl Löwith, E. M. Cioran oder Hermann Burger.[53] Sie alle hätten Jean Amérys Sätzen zugestimmt: »Lieber rede ich vom Freitod, wohl wissend, daß der Akt manchmal, häufig, durch den Zustand qualvollen Zwanges zustande kommt. Als Todesart aber ist der Freitod frei noch im Schraubstock der Zwänge; kein Karzinom frißt mich auf, kein Infarkt fällt mich, keine Urämiekrise benimmt mir den Atem. Ich bin es, der Hand an sich legt, der da stirbt, nach Einnahme der Barbiturate, ›von der Hand in den Mund‹.«[54] Das Freiheitspathos ist unüberhörbar. Ob sie indes wirklich erfahren werden kann, diese Freiheit? Eine Freiheit, die man – nach den Worten einer »Streitschrift« für das Recht auf Selbstmord – »wohl am besten die Freiheit zu verschwinden nennt«?[55] Wir wissen es nicht, und auch die zeitgenössischen Helden des Freitods bleiben jede Antwort schuldig.

9. »Mit dieser Red geschieht mir weh«

Inzwischen sind die großen thanatologischen Metaphern etwas verblaßt: vom Kreuz bis zum »roten Helden«, von der *Pietà* bis zur Totenmaske, von der Vanitas bis zum »Vorlaufen in den Tod«. Auch die Apologeten des Freitods berühren die zeitgenössischen Geister nur am diskursfähigen Rande. Was übrigbleibt, sind postmoderne Enttäuschungstiraden – und jene Erfahrungen, von denen keine metaphysische Spekulation und keine Thanatografie zu sprechen wagt. Plötzlich trifft ein Tod ins Mark: kein heroischer Tod, kein christlich verklärtes Martyrium, kein Freitod, aber auch keine Mordgeschichte, kein vorweggenommener, kein inszenierter, kein kreativer, sondern ein ganz alltäglicher Tod. Aber er zerreißt die theoretischen Spinnweben, die sich um das Bewusstsein gesponnen haben. Er konfrontiert uns mit dem ursprünglichen Ozean offener Fragen, die sich immer noch – aller Kulturgeschichte zum Trotz – jeder Antwort widersetzen. Wohin sind sie verschwunden, die Schwester, der Bruder, der Freund, die Freundin, der Vater, die Mutter, die Tochter, der Sohn? Was ist passiert, was ist geschehen?

Plötzlich sind alle Theorien gegenstandslos geworden, und der aktuelle Abschied zerreißt das Herz. Einer erfährt sich als den Bleibenden, der den Verlust gemeinsamer Gegenwart erleidet: als Überlebender, ohne es zu wollen. Mit 74 Jahren notierte Elias Canetti, dem wir eine beklemmende Analyse der Leidenschaft des Überlebens[56] verdanken: »Ich bin in das Alter des Überlebenden vorgerückt. Den Abscheu davor habe ich mir selber eingebrockt. Es ist nicht möglich, älter als andere zu sein, ohne mehr und mehr zum Überlebenden zu werden; es sei denn, man brächte es fertig älter zu werden, nur indem man andere in dieses selbe Alter mitzieht. Wunderbare Vorstellung.«[57] Wunderbar, aber nicht wahr: In Wirklichkeit sitzt der Überlebende neben einer Bahre. Ihn quält das Wissen von der Endgültigkeit des Abschieds, von der Unmöglichkeit, noch ein letztes Wort zu wechseln, einen Händedruck und einen Blick zu tauschen. Schwer erträgliche Kränkung. In seiner Totenrede auf Peter Noll hat der Dramatiker Max Frisch, inzwischen selbst verstorben, gesagt: »Unser Freundeskreis unter den Toten wird größer. [...] Einen Verstorbenen öffentlich zu loben und öffentlich zu versichern, daß man ihn vermissen werde, ist der übliche Ausdruck unsrer redlichen Trauer in Ahnungslosigkeit, was Tod ist. Kein Antlitz in einem Sarg hat mir je gezeigt, daß der Eben-Verstorbene uns vermißt. Das Gegenteil davon ist überdeutlich. Wie also kann ich sagen, immer größer werde mein Freundeskreis unter den Toten? Der Verstorbene überläßt mich der Erinnerung an meine Erlebnisse mit ihm ...«[58]

In einer Ausgabe der Werke des Grafen Friedrich von Hardenberg, besser bekannt unter seinem Dichternamen Novalis, habe ich die folgende Datensammlung entdeckt – eine schlichte Zusammenstellung einiger Namen und Zahlen, die vor knapp 200 Jahren eine Familie gebildet haben: »1772, 2. Mai: Georg Philipp Friedrich von Hardenberg wird auf dem Familiengut Oberwiederstedt geboren. Die Eltern: Heinrich Ulrich Erasmus (1738–1814) und Auguste Bernhardine, geb. von Bölzig (1749–1818). Die Geschwister: Caroline (1771–1801), Erasmus (1774–1797), Carl (1776–1813), Sidonie (1779–1801), Georg Anton (1781–1825), Auguste (1783–1804), Bernhard (1787–1800), Peter Wilhelm (1791–1811), Amalie (1793–1814), Hans Christoph (1794–1816).«[59] Novalis ist am 25. März 1801 gestorben: im 29. Lebensjahr. Von seinen zehn Geschwistern sind nur zwei Brüder älter als dreißig Jahre alt geworden – Carl und Georg Anton, die mit 37 und 44 Jahren auch nicht gerade ein biblisches Alter erreicht haben. Im Jahr 1818 – dem Todesjahr der Mutter – war nicht nur ihr Mann schon seit vier Jahren tot, sondern auch nur mehr ein einziger Sohn (von elf Kindern!) am Leben. Nebenbei vermerkt: Die Verlobte des Dichters – Sophie von Kühn (1782–1797) – starb zwei Tage nach ihrem 15. Geburtstag.

Kein Kommentar. Es fällt mir schwer, mich in ein Bewusstsein hineinzudenken, das eine solche Sequenz von Abschieden erlebt und bewältigt hat. Ich weiß nicht, ob ich an Friedrich Rückerts Stelle fähig gewesen wäre, so viele *Kindertotenlieder* zu dichten.[60] Wir rühren an eine Grenze des Respekts, vielleicht mit einer leisen Ahnung, was die Rede von der Kunst als Trauerarbeit wirklich bedeutet. »Kunst ist Schein dessen, woran der Tod nicht heranreicht«: doch eben nicht, weil sie der Begegnung mit dem Tod ausgewichen wäre. Kreativität entstammt dem Schmerz, und alle schöpferische Kraft der Erfahrung von Trennung und Verlust. »Alle Er*find*ungen, Unter*such*ungen und Ver*such*e bergen schon im Wort den Hinweis auf etwas Verlorenes.«[61]

10. »Und er nit findt die Himmelspforten«

Der Verlust zwingt zur Schöpfung; er selbst bleibt unvorstellbar. In einer später eingefügten Anmerkung zur *Traumdeutung* erzählte Freud: »Von einem hochbegabten zehnjährigen Knaben hörte ich nach dem plötzlichen Tode seines Vaters zu meinem Erstaunen folgende Äußerung: Daß der Vater gestorben ist, verstehe ich, aber warum er nicht zum Nachtmahl nach Hause kommt, kann ich mir nicht erklären.«[62] Ich finde diese Feststellung überhaupt nicht komisch, sondern geradezu unheimlich unrealistisch. Anders gesagt: Ich weiß nicht, ob wir uns überhaupt eine endgültige Trennung vorstellen können. Von Anfang an lernen wir, Trennungen zu ertragen, indem wir deren Aufhebung vorwegnehmen. Darin besteht das Geheimnis der – bei allen Kleinkindern beliebten – »Fort-Da-Spiele«: Trainiert wird eine gewisse Trennungstoleranz durch Antizipation des Wiedersehens. Dieses »Prinzip Erwartung« ist kein Luxusgefühl, sondern ermöglicht vielmehr das Überleben. Deshalb können wir auch nicht umstandslos auf seine Geltung verzichten; die archaische Logik der Hoffnung ist gewissermaßen in Fleisch und Blut eingewachsen.

Die unerträglichen Schmerzen und emotionalen Stürme, die mit gewaltsam endgültigen Trennungen einhergehen können, hat der Psychoanalytiker Igor A. Caruso in einer Studie über *Die Trennung der Liebenden* einfühlsam protokolliert. Seine Patienten berichten von einem qualvollen »Tod im Leben«, von einem Einbruch des Todes »in das Leben zweier Menschen, die im Grauen dieses Todes leben müssen, ja ihn überleben sollen«. Sie erzählen von der Tortur eines Vergessens, das – »im Dienste des Überlebens – das Bewußtsein von einem Lebenden in einem Lebenden tötet«.[63] Diese Trennung ist ein Sterben mit wachen Augen und bei vollem Bewusstsein: Wer jemals erlebt hat, wovon Carusos Patienten sprechen, fragt sich nachträglich allenfalls, wie es möglich war, diesen Schmerz zu ertragen und weiterzuleben.

Der endgültige Abschied ist unvorstellbar. Manchmal hat uns diese Unvorstellbarkeit geradezu gezwungen, ein Jenseits zu erfinden: eine zweite, andere Welt, in der sich alle wiedersehen werden, die einander diesseits verbunden waren. So einfach und zwingend diese Vorstellung auch wirken mag, so unübersehbar viele Gestalten hat sie angenommen. Im alten Ägypten, in Babylonien und in Griechenland, bei Kelten, Polynesiern oder Australiern begegnet man der Idee, die Toten würden eine ferne Insel aufsuchen: unzweifelhaft ein guter Grund, sie bei der Bestattung mit Booten oder Rudern auszurüsten. Die Hebräer wiederum hielten das Jenseits für eine von Mauern umgebene Festung; und gelegentlich wurde das Totenreich auch auf einem Berggipfel oder in einer Höhle vermutet. Manchmal galt die Heimat der Verstorbenen als die schönere Welt, manchmal als die hässlichere. Und einige Kulturen – nicht zuletzt die christlich-abendländische – haben das

Jenseits als schönere und zugleich als hässlichere Welt ausgemalt: als Himmel und als Hölle, um ganz zu schweigen vom Fegefeuer, das erst im Hochmittelalter erfunden wurde.[64] Das Purgatorium sollte einen spekulativen Bruch zwischen individueller und allgemeiner Eschatologie vermeiden.

Himmel und Hölle waren ein großartiger Vorwurf für die Kunst. Bekannt sind die barocken Kuppelgemälde mit den tanzenden Engelscharen, die sich in immer lichteren Weiten verlieren, bekannt auch die quälend realistischen Höllendarstellungen von Hieronymus Bosch. Abgebildet wurden das Paradies, das »himmlische Jerusalem«, das »Jüngste Gericht«, aber auch die Kreise des Infernos – nach Dantes Vorlage.[65] Die andere Welt war nicht selten bunter, attraktiver, eindrucksvoller und natürlich auch schrecklicher als die vertraute irdische Heimat. Aber mit der schon zitierten Wende zum 19. Jahrhundert, im Gefolge der Rationalisierung von Friedhöfen, Bestattungszeremonien und Todessymbolen, begann auch das Jenseits zu verblassen: Himmel, Hölle und Fegefeuer wurden durch Varianten eines antikisierten Elysiums ersetzt; Engel und Teufel verloren ihre zwischenweltlichen Positionen gegen irgendwelche Genien.[66] Der »Abschied von den alten Himmeln und Höllen«[67] wurde erfolgreich vollzogen; bereits im Jahr 1764 notierte Voltaire: »Was ist heute, da kein Bewohner Londons mehr an die Hölle glaubt, zu tun? Welche Schranke verbleibt uns? Die der Ehre, die der Gesetze, wohl gar noch die der Gottheit, die ohne Zweifel möchte, daß wir gerecht seien, mit oder ohne Hölle.«[68]

11. »Den haben die großen Ärzt im Brauch«

Ein wesentlicher Beitrag zur Rationalisierung des Todes wurde von den Ärzten geleistet. Denn die erfolgreiche Geschichte der modernen Medizin setzte notwendig voraus, dass der Tote – ohne Beachtung abergläubischer Vorsichtsmaßnahmen – als eine Art von Ding behandelt werden konnte. Noch im Spätmittelalter war es gar nicht einfach, sezierbare Leichen zu beschaffen, an denen die ärztliche Kunst erprobt werden konnte. Religiöse Tabus und juristische Verbote zwangen selbst die Universitäten, auf die toten Körper hingerichteter Verbrecher zurückzugreifen. Man sieht: Die jüngst erst aufgedeckte Praxis der Chinesen, die Körper exekutierter Zeitgenossen an Transplantationskliniken zu verkaufen, kann sich auf alte Traditionen berufen.

»Einen Leichnam zu öffnen, um zu entdecken, wie der menschliche Körper im Innern beschaffen war, galt (wenn man von wenigen kühnen Vorstößen im Altertum absieht) bis tief ins Mittelalter hinein als ein widerliches und sündhaftes Werk. Erst im späten 13. Jahrhundert wich an einigen medizinischen Fakultäten Norditaliens der Bann.«[69] Ab 1500 erteilten die Päpste Sondergenehmigungen für die

Leichenobduktion; und im Jahre 1594 wurde in Padua das erste »anatomische Theater« eröffnet: eine nach antiken Vorbildern errichtete Arena, in der sich Dozenten und Assistenten um einen erhöhten Sektionstisch bewegten, während die Studenten und Zuschauer – von steil in die Höhe gebauten Rängen aus, die mit hölzernen Balustraden abgesichert waren – das Geschehen verfolgten.

Der ärztliche Blick musste eingeübt werden: als ein nüchterner Blick, dem es vor dem Umgang mit Leichen nicht gruseln durfte. Bis zum heutigen Tag werden angehende Mediziner regelrecht gegen ihr Entsetzen trainiert und immunisiert. Eine Ärztin berichtet: »Anatomie- und Pathologie-Unterricht, diese Initiationsriten des Medizinstudiums, liegen für mich Jahre zurück. Irritationen, Trauer und Grauen, Ekel, Würgen und Brechreiz, all diese heftigen und den geraden Weg der Aufmerksamkeit störenden Reaktionen angesichts der Sektion eines menschlichen Leichnams sind verschwunden.«[70] Aber sie hat nicht vergessen, welche Affekte überwunden werden mussten, um die Kunstfertigkeit eines Chirurgen zu erlernen; sie hat nicht vergessen, aus welchen Gründen der Komponist Hector Berlioz sein Medizinstudium abbrechen musste: »Der Anblick der menschlichen Fleischkammer, der abgetrennten Glieder, der fratzenhaften Köpfe, der blutigen Senkgrube, in der wir herumliefen, der empörende Geruch, der von all dem ausströmte, alles das erfüllte mich mit einem solchen Abscheu, daß ich die Flucht ergriff, durch das Fenster der Anatomie sprang und davonlief, bis ich keuchend zu Hause ankam, als ob der Tod mit seinem Gefolge mir auf den Fersen wäre.«[71]

Der ärztliche Blick imitiert den Blick der Toten selbst; ungerührt, starr und nicht abschweifend widmet er sich seinem Objekt. Freilich bleibt der Blick des Mediziners künstlich, und also irritierbar. Durch einen Traum, der die Rache der Toten anzukündigen scheint;[72] durch einen plötzlichen Schrecken, der die unverhoffte Plausibilität älterer Umgangsformen mit den Toten zu erweisen scheint. In diesem Sinne erzählte ein junger Praktikant am Berliner Universitätsklinikum von seinem ersten direkten Erlebnis des Sterbens – einem technisch vermittelten Vorgang, der auf dem Monitor beobachtet werden konnte. Anschließend wurde die Leiche in ein Nebenzimmer gebracht; er half der koreanischen Krankenschwester bei den notwendigen Maßnahmen und Verrichtungen. Sie bat ihn dazubleiben, weil sie Angst habe. Und als er endlich zu fragen wagte, wovor sie denn Angst habe, antwortete die routinierte Schwester dem Neuling: »In meinem Land sind Tote nicht tot.«[73] Ein solcher Satz prägt sich ein – wie ein Dokument für die Brüchigkeit des Widerstands gegen die Unheimlichkeit ärztlicher Kunst. Der französische Pathologe und Gerichtsmediziner Fesneau hat einmal bemerkt, nur »um den Preis geistiger Umnachtung wäre es möglich, während einer solchen Tätigkeit seelisch so auf diese Toten zu reagieren, wie man es ganz selbstverständlich von jedem Menschen erwarten würde ...«[74]

12. »Nun muß ich ins Grab, das ist schwarz wie die Nacht«

So oft der Anatom in einen toten, aufgeschnittenen Körper blickt, erfährt er, was im besonderen Falle zum Ableben geführt hat: eine bestimmte Krankengeschichte. »Wir können ihn wie ein Bilderbuch auflegen«,[75] bekennt ein 63-jähriger Pathologe nicht ohne Stolz. Aber in diesem Bilderbuch findet sich kein einziger Hinweis auf das Wesen des Todes selbst. Feststellen lässt sich allenfalls, woran jemand gestorben ist, aber nicht warum. Der Obduktionsbericht verfährt wie eine Unfallreportage, die das Sterben als Resultat eines vermeidbaren Fehlers oder Missgeschicks interpretiert. Anders gesagt: Selbst wenn du einen Gestorbenen in seine Atome und Moleküle zerlegen könntest, würdest du gar nichts finden, was das Ereignis seines Todes erklärt. Das Messer kann eben nur erkennen, was sich zerschneiden lässt.

Aussichtsreicher wirkt dagegen der Versuch, die letzten Augenblicke eines verlöschenden Lebens zu beobachten, um mindestens vom äußersten Rande her zu erfahren, was in den Schlussmomenten geschieht; aber auch die Thanatopsychologen wurden frustriert. Sie konnten bloß erheben, dass jeder Sterbeprozess in mehreren Phasen verläuft, und dass sich die entscheidende letzte Phase durch einen radikalen Kommunikationsabbruch auszeichnet. »Der Tod ist nichts Schreckliches«, versicherte Norbert Elias, als ob er es bereits zu Lebzeiten gewusst hätte: »Man fällt ins Träumen, und die Welt verschwindet«.[76] Inzwischen ist Elias tot, und wir haben keine Ahnung, ob er bestätigt oder widerlegt wurde. Keine fotografische Aufnahme eines Verblichenen, keine Totenmaske, keine Kompilation letzter Worte und Gesten vermag die erwünschte Auskunft zu geben. Wir wissen nicht, was beim Sterben passiert.

In den letzten Jahrzehnten haben zahlreiche populärwissenschaftliche Sachbücher[77] behauptet, der Todesaugenblick könnte neuerdings erhellt werden, und wir würden endlich herausfinden, was in der Agonie vor sich geht. Durch intensive Befragung jener Menschen, die einen »klinischen Tod« – etwa einen Herzstillstand – überlebt hatten, sollte die Pforte zum »Life after Life« aufgestoßen werden. Doch umsonst: Was den Autoren dieser Sachbücher – nicht zu Unrecht – vorgeworfen werden musste, war die permanente, geradezu systematische Begriffsverwirrung, die sie angerichtet hatten. Der sogenannte klinische Tod ist ja mit dem Tod selbst nicht identisch: Er verdankt sich vielmehr einer pragmatischen Definition des Todesaugenblicks, die sich im Lauf der Jahrhunderte mehrmals geändert hat. Der klinische Tod schließt die Wiederbelebung nicht aus; ganz im Gegenteil, erst nach gescheiterten Reanimationsbemühungen verwandelt sich ein klinischer Tod in den tatsächlichen Tod. Anders gesagt: Ein klinischer Tod, der überlebt werden konnte, war eben gar kein Tod, sondern ein Scheintod (beispielsweise ein vorübergehender Herzstillstand, wie er inzwischen bei bestimmten Operationen bewusst herbeigeführt wird).

Auch die Kunst hat sich mit dem Sterbeprozess, mit den letzten Augenblicken eines Menschen, beschäftigt. Aber sie hat die bildnerische Empathie niemals zur Gottsuche missbraucht; sie hat die Teilnahme am Schicksal anderer Menschen nicht als Luftbrücke in ein zweifelhaftes Jenseits verwendet. Arnulf Rainers *Totengesichter* verschärfen den Kommunikationsabbruch, anstatt ihn zu mindern. Sie zeigen eine verschlossene Pforte, keine offene Tür. Sie vermessen den Abstand, ohne ihn überspringen zu wollen. Kunst, die sich dem Sterbeprozess zuwendet, rekonstruiert – gelegentlich mit erschütternder Genauigkeit – die Spuren des Abschieds; aber sie verzichtet auf den gewöhnlichen Trost. »Kunst ist Schein dessen, woran der Tod nicht heranreicht«; eben, weil sie unfähig ist, ein strahlendes Hinterland auszumalen, das uns – im Spiegel der brechenden Augen – mit dem angeschauten Tod versöhnt.

13. »Wenn eins gemahnt wär an den Tod«

Kunst ist immer Trauerkunst; sie geschieht aus der Perspektive der Hinterbliebenen. Sterbekunst hingegen – *Ars moriendi* – nannte man im Mittelalter keine künstlerische Anstrengung, sondern die Befolgung eines differenzierten Systems von Regeln und Unterweisungen, das einen »guten Tod« ermöglichen sollte. Der Sterbende wusste um das bevorstehende Ende; er bettete den Kopf nach Westen, die Füße nach Osten – in die Richtung Jerusalems – und kreuzte die Hände auf der Brust. Danach versank er in eine kurze Rückschau und erinnerte sich der geliebten Menschen und Dinge, denen er während seines Lebens begegnet war. Der Sterbende bedauerte seinen Tod, aber seine Klage durfte ein bestimmtes Maß nicht überschreiten. Denn zum »guten Tod« gehörte auch die stoische Abwendung von der Welt, *contemptus mundi*. Anschließend wurde allen anwesenden Verwandten und Gefährten gedankt, verziehen und ein Abschiedsgruß geschenkt; bis zum 19. Jahrhundert war der einsame Tod selten und unüblich. Nach dem Abschied von der Welt und den anwesenden Mitmenschen begann der Sterbende seine letzten Gebete zu verrichten: in der Regel ein ausführliches Schuldbekenntnis und eine Sequenz von Fürbitten, die unter dem Titel »commendacio animae« seit frühchristlichen Tagen bekannt war. Nach dem Abschluss der Gebete erwartete er den Eintritt des Todes.[78]

Bereits im 16. Jahrhundert wurde die *Ars moriendi* von einer deutlich veränderten Praxis überholt: von der Kunst des *Memento mori*. Der Tod sollte entschärft und gezähmt werden, indem er als ständiger Begleiter des Lebens angesehen wurde. »Nichts entscheidet sich mehr im Zimmer des Sterbenden, im Gegenteil. Alles wird auf die Gesamtspanne des Lebens und auf jeden einzelnen Tag dieses Lebens verwiesen. Welchen Lebens aber? Jedes beliebigen. Ein Leben, das vom Gedanken an den Tod beherrscht wird, und ein Tod, der nicht der physische oder moralische Schrecken der Agonie, sondern Anti-Leben ist, Vakuum des Lebens, das die Vernunft aufruft, sich nicht ans Dasein zu klammern; deshalb besteht eine enge Beziehung zwischen heilsamem Leben und heilsamem Sterben.«[79] Propagiert wurde ein Sterbetraining: eine Vorbereitung auf den Tod durch häufig geübte und wiederholte Erinnerung der Vergänglichkeit. Leben heißt, sterben lernen. Michel de Montaigne hat die Haltung des *Memento mori* mit dem Pathos einer philosophisch aufgeklärten Freiheitssehnsucht verschmolzen: »Wer sterben gelernt hat, versteht das Dienen nicht mehr.« Darum empfahl er, dem Tod »seine furchtbare Fremdartigkeit zu nehmen, mit Geschick an ihn heranzukommen, uns an ihn zu gewöhnen, nichts anderes so oft wie den Tod im Kopf zu haben, ihn uns in unserer Fantasie immer wieder in den verschiedensten Erscheinungsformen auszumalen; wenn ein Pferd stolpert, wenn ein Ziegel vom Dach fällt, wenn ich mich irgendwie steche, immer wieder sage ich mir dann: ›So, und wenn das nun der Tod selber wäre!‹ Darauf können wir mit trotziger, mit männlicher Haltung reagieren«.[80]

Von der *Ars moriendi* zur Lebenskunst des *Memento mori*: Die Trauerarbeit der Kunst überbietet beide Haltungen, auch wenn sie ihnen gelegentlich zum Ausdruck verhilft, durch Individualisierung. Der künstlerische Affekt ist eine Synthese von Trauer und Rebellion. Sein Pathos verdankt sich der Utopie. In einem Gespräch mit Ernst Bloch hat Theodor W. Adorno expliziert, »daß ohne die Vorstellung eines, ja, fessellosen, vom Tode befreiten Lebens der Gedanke an die Utopie, der Gedanke der Utopie überhaupt gar nicht gedacht werden kann«. In jeder Utopie wirke »etwas tief Widerspruchsvolles, nämlich, daß sie auf der einen Seite ohne die Abschaffung des Todes gar nicht konzipiert werden kann, daß aber auf der andern Seite diesem Gedanken selber – ich möchte sagen – die Schwere des Todes und alles, was damit zusammenhängt, innewohnt«. Daraus folge: »Jeder Versuch, die Utopie nun einfach zu beschreiben, auszumalen: so und so wird das sein, wäre ein Versuch, über diese Antinomie des Todes hinwegzugehen und so zu reden von der Abschaffung des Todes, als ob der Tod nicht wäre.«[81]

Adornos Kompositionslehrer Alban Berg schrieb ein wunderbares Violinkonzert, nachdem er vom Tode der jungen Tochter des Walter Gropius erfahren hatte; er widmete es dem *Andenken eines Engels*. Im Adagio des zweiten Satzes erklingt ein Choral von Johann Sebastian Bach: »Es ist genug! – Herr, wenn es Dir gefällt, so spanne mich doch aus. Ich fahre sicher hin mit Frieden.« Im ersten Satz finden sich dagegen die Motive eines frivolen Kärntner Volksliedes. Berg verstand es, diese beiden ganz unterschiedlichen Elemente musikalisch zusammenzuführen, und sie – besonders in der Coda – gründlich zu verflechten. Kunst als Trauerarbeit gipfelt im Versuch, die Todesantinomie, von der Borkenau und Adorno gesprochen haben, in ein singuläres Werk zu integrieren, ohne sich dabei für die Seite der Unsterblichkeitsgewissheit – die Utopie – oder für das *memento mori* – die »Schwere des Todes« – zu entscheiden. »Kunst ist Schein dessen, woran der Tod nicht heranreicht.«

14. »Ich bin der Tod, ich scheu keinen Mann«

Vielleicht geht aber auch dieser Schein zugrunde. Zu Beginn des 3. Jahrtausends wirken die Todesmetaphern seltsam verbraucht, abgenutzt, zerschlissen. Ich erspare mir die Frage nach einer postmodernen Thanatologie. Was übrigbleibt, zum Ende: die Gewissheit, dass Walter Benjamin und Philippe Ariès nicht geirrt haben, als sie eine Art von »Verwilderung des Todes« diagnostizierten.

Mit kulturkritischer Monotonie wird seit geraumer Zeit wiederholt, dass die Moderne den Tod verdrängt habe. Ich halte diese Behauptung für irreführend. Nicht den Tod – als Thema der Kunst oder Theorie – haben wir seit beinahe 200 Jahren verdrängt und verleugnet, sondern die Toten. Im »Verlauf des neunzehnten Jahrhunderts hat die bürgerliche Gesellschaft mit hygienischen und sozialen, privaten und öffentlichen Veranstaltungen einen Nebeneffekt verwirklicht, der vielleicht ihr unterbewusster Hauptzweck gewesen ist: den Leuten die Möglichkeit zu verschaffen, sich dem Anblick von Sterbenden zu entziehen. Sterben, einstmals ein öffentlicher Vorgang im Leben des Einzelnen und ein höchst exemplarischer (man denke an die Bilder des Mittelalters, auf denen das Sterbebett sich in einen Thron verwandelt hat, dem durch weitgeöffnete Türen des Sterbehauses das Volk sich entgegen drängt) – sterben wird im Verlauf der Neuzeit aus der Merkwelt der Lebenden immer weiter herausgedrängt. Ehemals kein Haus, kaum ein Zimmer, in dem nicht schon einmal jemand gestorben war. […] Heute sind die Bürger in Räumen, welche rein vom Sterben geblieben sind, Trockenwohner der Ewigkeit, und sie werden, wenn es mit ihnen zu Ende geht, von den Erben in Sanatorien oder in Krankenhäusern verstaut.«[82] Der Tod ist privatisiert worden und damit auch als Bild verschwunden. »Noch immer finden sich Grabmäler im Geschmack des beginnenden 20. Jahrhunderts, noch immer einige Skelette in Werken unter surrealistischem oder expressionistischem Einfluß […] Aber nichts, was wirklich bezeichnend für den gewaltigen Umschwung wäre, der sich durchzusetzen im Begriff ist. Das liegt daran, daß dieser Umschwung in nichts anderem als der Verdrängung des Todes aus dem Bereich des öffentlichen ›Gesichtskreises‹ und damit der Ikone besteht. Ins Geheimnis des häuslichen Privatraumes oder der Krankenhausanonymität zurückgewichen, gibt er keinerlei Wink mehr.«[83]

Was übrig bleibt, zum Ende: eine sublime Traurigkeit. Und jene Erfahrung eines spätmodernen Totentanzes, die Karl Krolow in einem Gedicht über *Diese Toten* auszudrücken versucht hat. Mit oder ohne Bilder, mit oder ohne bedeutungsvolle Winke, im Zeichen des »gezähmten« oder des »verwilderten« Todes, weiterhin sterben die Menschen. Und bevölkern unsere Alpträume oder wunschlosen Hoffnungen. Krolow hat seine Verse, die auf beinahe erschreckende Art und Weise wie ein Kinderlied klingen, unter einen Satz von Lawrence Durrells Justine gestellt: »Ich habe immer geglaubt, daß die Toten uns für die Toten halten.«[84]

Diese Toten, man muß sie
ganz tot sein lassen,
bei kurzem Gedächtnis
und schwer zu fassen.

Sie beruhn jetzt auf sich
für eine Weile.
Das braucht Zeit und hat
gar keine Eile.

Sie sind ganz und gar
weg, sind unbesehen.
Ihr Verschwinden nimmt zu.
Man nennt es »geschehen«.

Diese Toten: Da blieb
keine Spur von ihnen,
keine Stelle, von Sonne
oder Mond beschienen.

Sie sind unter sich
und sind ausgeruht,
kommen plötzlich so nah,
daß es wehe tut.[85]

Literatur

Adorno, Theodor W., Ästhetische Theorie, Frankfurt a.M. 1970

Améry, Jean, Hand an sich legen. Diskurs über den Freitod, Stuttgart 1976

Ariès, Philippe, Bilder zur Geschichte des Todes, München–Wien 1984

Ariès, Philippe, Geschichte des Todes, München–Wien 1980

Auchter, Thomas, Die Suche nach dem Vorgestern. Trauer und Kreativität, in: Psyche, 32/1, 1978, S. 52–77

Bächtold-Stäubli, Hanns (Hg.), Handwörterbuch des deutschen Aberglaubens, Bd. V, Berlin–New York 1932/33

Baum, Stella, Der verborgene Tod. Auskünfte über ein Tabu, Frankfurt a.M. 1976

Beckett, Samuel, Warten auf Godot, in: Werkausgabe, Bd. I, Frankfurt a.M. 1976, S. 7–99

Benjamin, Walter, Der Erzähler. Betrachtungen zum Werk Nikolai Lesskows, in: Gesammelte Schriften, Bd. II.2/Werkausgabe Bd. V, Frankfurt a.M. 1980

Bettex, Albert, Die Entdeckung der Natur, München–Zürich o.J.

Bihalji-Merin, Otto, Masken der Welt. Verzauberung, Verhüllung, Verwandlung, Gütersloh 1970

Bloch, Ernst, Das Prinzip Hoffnung, Bd. 3, Frankfurt a.M. 1973

Bloch, Ernst, Tendenz – Latenz – Utopie, Frankfurt a.M. 1978

Borkenau, Franz, Ende und Anfang. Von den Generationen der Hochkulturen und von der Entstehung des Abendlandes, hg. und eingef. von Richard Löwenthal, Stuttgart 1984

Brock, Bazon, Ästhetik als Vermittlung. Arbeitsbiographie eines Generalisten, Köln 1977

Büchner, Georg, Dantons Tod (IV. Akt), in: Sämtliche Werke nebst Briefen und anderen Dokumenten, Gütersloh o.J.

Burger, Hermann, Tractatus logico-suicidalis. Über die Selbsttötung, Frankfurt a.M. 1988

Canetti, Elias, Das Geheimherz der Uhr. Aufzeichnungen 1973–1985, München–Wien 1987

Canetti, Elias, Masse und Macht, Bd. 1, München 1960

Caruso, Igor A., Die Trennung der Liebenden. Eine Phänomenologie des Todes, Bern–Stuttgart 1968

Cioran, Emile M., Syllogismen der Bitterkeit, Frankfurt a.M. 1980

Duerr, Hans Peter, Traumzeit. Über die Grenze zwischen Wildnis und Zivilisation, Frankfurt a.M. 1978

Durrell, Lawrence, Justine, Reinbek b. Hamburg 1965

Elias, Norbert, Über die Einsamkeit der Sterbenden in unseren Tagen, Frankfurt a.M. 1982

Engelhardt, Viktor, Die geistige Kultur der Antike, Stuttgart 1956

Epikur, Von der Überwindung der Furcht, Zürich 1949

Freud, Sigmund, Die Traumdeutung, Studienausgabe, Bd. II., Frankfurt a.M. 1982

Fried, Erich, Kobenhavns Amts Sygehus Gentofte, in: Das Unmaß aller Dinge, Berlin 1982

Frisch, Max, Totenrede, in: Peter Noll, Diktate über Sterben und Tod, Zürich 1984, S. 279–284

Fuchs, Werner, Todesbilder in der modernen Gesellschaft, Frankfurt a.M. 1973

Ginzburg, Carlo, Die Benandanti. Feldkulte und Hexenwesen im 16. und 17. Jahrhundert, Frankfurt a.M. 1980

Ginzburg, Carlo, Spurensicherungen. Über verborgene Geschichte, Kunst und soziales Gedächtnis, Berlin 1983

Goethe, Johann Wolfgang, Faust I (Studierzimmer). Zitiert nach: Gesammelte Werke in sieben Bänden, Bd. III, hg. von Bernt von Heiseler, Gütersloh o.J.

Groddeck, Georg, Das Buch vom Es. Psychoanalytische Briefe an eine Freundin, Frankfurt a.M. 1979

Grof, Stanislav, Geburt, Tod und Transzendenz. Neue Dimensionen in der Psychologie, München 1985

Guillon, Claude / le Bonniec, Yves, Gebrauchsanleitung zum Selbstmord. Eine Streitschrift für das Recht auf einen frei bestimmten Tod, Frankfurt a.M. 1982

Hampe, Johann Christoph, Sterben ist doch ganz anders, Stuttgart 1975

Hansmann, Claus, Masken Schemen Larven. Volksmasken der Alpenländer, München 1959

Heer, Friedrich, Abschied von Höllen und Himmeln. Vom Ende des religiösen Tertiär, München–Esslingen 1970, S. 262ff.

Hegel, Georg Wilhelm Friedrich, Enzyklopädie der philosophischen Wissenschaften im Grundrisse. Zweiter Teil: Die Naturphilosophie. Theorie-Werkausgabe, Bd. IX, Frankfurt a.M. 1970

Hegel, Georg Wilhelm Friedrich, Wissenschaft der Logik I. Theorie-Werkausgabe, Bd. V, Frankfurt a.M. 1970

Heidegger, Martin, Sein und Zeit, Tübingen [6]1949

Janov, Arthur, Der Urschrei. Ein neuer Weg der Psychotherapie, Frankfurt a.M. 1974

Janus, Ludwig, Die Bedeutung des Konzepts der Geburtsangst in der Geschichte der Psychoanalyse, in: Psyche, 41/9, 1987, S. 832–845

Jean Paul, Siebenkäs, Stuttgart 1983

Johannsmeier, Rolf, Spielmann, Schalk und Scharlatan. Die Welt als Karneval: Volkskultur im späten Mittelalter, Reinbek b. Hamburg 1984

Jorge Luis Borges / Adolfo Bioy Casares (Hg.), Das Buch von Himmel und Hölle, Stuttgart 1983

Kojève, Alexandre, Hegel. Eine Vergegenwärtigung seines Denkens. Kommentar zur »Phänomenologie des Geistes«, Frankfurt a.M. 1975

Krolow, Karl, Herbstsonett mit Hegel, Frankfurt a.M. 1981

Lang, Bernhard / McDannell, Colleen, Der Himmel. Eine Kulturgeschichte des ewigen Lebens, Frankfurt a.M. 1990

Thomas Macho

Langegger, Florian, Doktor, Tod und Teufel. Vom Wahnsinn und von der Psychiatrie in einer vernünftigen Welt, Frankfurt a.M. 1983

Le Goff, Jacques, Die Geburt des Fegefeuers, Stuttgart 1984

Lessing, Gotthold Ephraim, Wie die Alten den Tod gebildet, in: Sämtliche Schriften, 23 Bde., hg. von Karl Lachmann, 3. Auf's Neue durchges. und vermehrte Aufl., besorgt durch Franz Muncker, Stuttgart 1886ff., Bd. XI, 1895, S. 1–55

Lommel, Andreas, Masken. Gesichter der Menschheit, Stuttgart 1981

Löwith, Karl, Die Freiheit zum Tode, in: Zur Kritik der christlichen Überlieferung. Vorträge und Abhandlungen, Stuttgart 1966, S. 274–289

Macho, Thomas H., So viele Menschen. Jenseits des genealogischen Prinzips, in: Peter Sloterdijk (Hg.), Vor der Jahrtausendwende. Berichte zur Lage der Zukunft, Frankfurt a.M. 1990, S. 29–64

Macho, Thomas H., Umsturz nach innen. Figuren der gnostischen Revolte, in: Peter Sloterdijk / Thomas H. Macho (Hg.), Weltrevolution der Seele. Ein Lese- und Arbeitsbuch der Gnosis von der Spätantike bis zur Gegenwart, Zürich–München 1991, S. 485–521

Mansfeld, Jaap (Hg.), Die Vorsokratiker, Stuttgart 1987

Mitford, Jessica, Der Tod als Geschäft, Olten–Freiburg i.Brsg. 1965

Montaigne, Michel de, Philosophieren heißt sterben lernen, in: Essais. Gesammelte Schriften, Bd. I., München–Leipzig 1953

Moody, Raymond, Leben nach dem Tod. Die Erforschung einer unerklärten Erfahrung, Reinbek b. Hamburg 1977

Moor, Paul, Die Freiheit zum Tode. Ein Plädoyer für das Recht auf menschenwürdiges Sterben, Reinbek b. Hamburg 1977

Neue Jerusalemer Bibel, Einheitsübersetzung mit dem Kommentar der Jerusalemer Bibel, neu bearb. und erw. Ausg., hg. von Alfons Deissler und Anton Vögtle in Verb. mit Johannes M. Nützel, Freiburg i. Brsg.–Wien [u.a.] 1985:
Buch Kohelet S. 892–905
Buch der Weisheit, S. 920–946
Evangelium nach Matthäus, S. 1377–1431
Evangelium nach Markus, S. 1432–1457
Evangelium nach Lukas, S. 1458–1503
Evangelium nach Johannes, S. 1511–1548

Nietzsche, Friedrich, Die Geburt der Tragödie aus dem Geiste der Musik, in: Sämtliche Werke. Kritische Studienausgabe, Bd. I, München–Berlin–New York 1980

Novalis, Werke, Tagebücher und Briefe Friedrich von Hardenbergs, hg. von Hans-Joachim Mähl und Richard Samuel, Bd. III: Kommentar, München–Wien 1987

Osis, Karlis, Der Tod – ein neuer Anfang? Freiburg i.Brsg. 1978

Rank, Otto, Das Trauma der Geburt und seine Bedeutung für die Psychoanalyse, Leipzig–Wien–Zürich 1924

Rilke, Rainer Maria, Die Gedichte, Frankfurt a.M. 1986

Roman, Jo, Freiwillig aus dem Leben. Ein Dokument, München 1981

Rückert, Friedrich, Kindertodtenlieder, hg. von Hans Wollschläger, Nördlingen 1988

Schade, Herbert, Dämonen und Monstren. Gestaltungen des Bösen in der Kunst des frühen Mittelalters, Regensburg 1962

Schneider, Gisela, Über den Anblick des eröffneten Leichnams, in: Rolf Winau/Hans Peter Rosemeier (Hg.), Tod und Sterben, Berlin–New York 1984, S. 188–201

Ströter-Bender, Jutta, Die Muttergottes. Das Marienbild in der christlichen Kunst. Symbolik und Spiritualität, Köln 1992

Tepl, Johannes von, Der Ackermann und der Tod, Stuttgart 1984

Thoma, Louis, Anthropologie de la mort, Paris 1980

Voltaire, Dictionnaire Philosophique, Paris 1994 [1764]

Waugh, Evelyn, Tod in Hollywood, Freiburg i.Brsg.–Basel–Wien 1966

Weingarten, Elmar, Bemerkungen zur sozialen Organisation des Sterbens im Krankenhaus, in: Rolf Winau / Hans Peter Rosemeier (Hg.), Tod und Sterben, S. 349–357

Endnoten

1 Vortrag bei den Salzburger *Festspiel-Dialogen* am 8. August 2007.

2 Epikur, *Von der Überwindung der Furcht,* Zürich 1949, S. 45.

3 Fried, Erich, Kobenhavns Amts Sygehus Gentofte, in: *Das Unmaß aller Dinge,* Berlin 1982, S. 75.

4 Lommel, Andreas, *Masken. Gesichter der Menschheit,* Stuttgart 1981, S. 67.

5 Bihalji-Merin, Otto, *Masken der Welt. Verzauberung, Verhüllung, Verwandlung,* Gütersloh 1970, S. 49.

6 Engelhardt, Viktor, *Die geistige Kultur der Antike,* Stuttgart 1956, S. 124 und 150ff.

7 Bächtold-Stäubli, Hanns (Hg.), *Handwörterbuch des deutschen Aberglaubens,* Bd. V, Berlin–New York 1932/33, Sp. 1748f.

8 Langegger, Florian, *Doktor, Tod und Teufel. Vom Wahnsinn und von der Psychiatrie in einer vernünftigen Welt,* Frankfurt a.M. 1983, S. 126.

9 Bächtold-Stäubli (Hg.), *Handwörterbuch des deutschen Aberglaubens,* Bd. V, Sp. 1760.

10 Schade, Herbert, *Dämonen und Monstren. Gestaltungen des Bösen in der Kunst des frühen Mittelalters,* Regensburg 1962, S. 58.

11 Hansmann, Claus, *Masken Schemen Larven. Volksmasken der Alpenländer,* München 1959, S. 5.

12 Ginzburg, Carlo, Spurensicherungen. *Über verborgene Geschichte, Kunst und soziales Gedächtnis,* Berlin 1983, S. 50.

13 Ders., *Die Benandanti. Feldkulte und Hexenwesen im 16. und 17. Jahrhundert,* Frankfurt a.M. 1980, S. 72f.

14 Bächtold-Stäubli (Hg.), *Handwörterbuch des deutschen Aberglaubens,* Bd. V, Sp. 1772f.

15 Vgl. Johannsmeier, Rolf, Spielmann, *Schalk und Scharlatan. Die Welt als Karneval: Volkskultur im späten Mittelalter,* Reinbek b. Hamburg 1984, S. 51ff.

16 Bächtold-Stäubli (Hg.), *Handwörterbuch des deutschen Aberglaubens,* Bd. V, Sp. 1774f.

17 Duerr, Hans Peter, *Traumzeit. Über die Grenze zwischen Wildnis und Zivilisation,* Frankfurt a.M. 1978, S. 56ff.

18 Adorno, Theodor W., *Ästhetische Theorie,* Frankfurt a.M. 1970, S. 48.

19 Borkenau, Franz, *Ende und Anfang. Von den Generationen der Hochkulturen und von der Entstehung des Abendlandes,* hg. und eingef. von Richard Löwenthal, Stuttgart 1984, S. 99.

20 Ebd., S. 109.

21 Das *Buch Kohelet* 1.4 und 9.4–5. Zitiert nach: *Neue Jerusalemer Bibel,* Freiburg i.Brsg. 1985, S. 894 und 903.

22 Das *Buch Kohelet* 1.10-11. Zitiert nach: Ebd., S. 894. Vgl. auch: Das Buch der Weisheit 5.9–13. Zitiert nach: Ebd., S. 926.

23 Satz des Anaximander. Zitiert nach: Mansfeld, Jaap (Hg.), *Die Vorsokratiker,* Stuttgart 1987, S. 73.

24 Nietzsche, Friedrich, Die Geburt der Tragödie aus dem Geiste der Musik, in: *Sämtliche Werke.* Kritische Studienausgabe, Bd. I, München–Berlin–New York 1980, S. 35.

25 Goethe, Johann Wolfgang, Faust I (Studierzimmer). Zitiert nach: *Gesammelte Werke in sieben Bänden,* Bd. III, hg. von Bernt von Heiseler, Gütersloh o.J., S. 43.

26 Hegel, Georg Wilhelm Friedrich, *Wissenschaft der Logik I.* Theorie-Werkausgabe, Bd. V, Frankfurt a.M. 1970, S. 140.

27 Tepl, Johannes von, *Der Ackermann und der Tod,* Stuttgart 1984, S. 36.

28 Büchner, Georg, Dantons Tod (IV. Akt). Zitiert nach: *Sämtliche Werke nebst Briefen und anderen Dokumenten,* Gütersloh o.J., S. 102.

29 1793 verfügte der Konventsdelegierte *Fouché* den Wegfall jeglicher Zeremonien bei Beerdigungen, die Umwandlung der Friedhöfe in »Parkanlagen«, und deren Kennzeichnung durch ein Schild, auf dem geschrieben stehen sollte: »Der Tod ist ein ewiger Schlaf«. Vgl. Fuchs, Werner, *Todesbilder in der modernen Gesellschaft.* Frankfurt a.M. 1973, S. 86f.

30 Vgl. Mitford, Jessica, *Der Tod als Geschäft,* Olten–Freiburg i.Brsg. 1965; vgl. auch: Waugh, Evelyn, *Tod in Hollywood.,* Freiburg i.Brsg.–Basel–Wien 1966.

31 Fuchs, *Todesbilder in der modernen Gesellschaft,* S. 71.

32 Elias, Norbert, *Über die Einsamkeit der Sterbenden in unseren Tagen,* Frankfurt a.M. 1982, S. 100.

33 Nicht umsonst trägt das letzte Kapitel der Naturphilosophie Hegels die Überschrift: »Der Tod des Individuums aus sich selbst«. Vgl. Hegel, Georg Wilhelm Friedrich, *Enzyklopädie der philosophischen Wissenschaften im Grundrisse. Zweiter Teil: Die Naturphilosophie.* Theorie-Werkausgabe, Bd. IX, Frankfurt a.M. 1970, S. 535ff.

34 Kojève, Alexandre, *Hegel. Eine Vergegenwärtigung seines Denkens.* Kommentar zur »Phänomenologie des Geistes«, Frankfurt a.M. 1975, S. 255 und 228.

35 Heidegger, Martin, *Sein und Zeit,* Tübingen [6]1949, S. 241ff.

36 Rilke, Rainer Maria, *Die Gedichte,* Frankfurt a.M. 1986, S. 293: »O Herr, gieb jedem seinen eignen Tod. Das Sterben, das aus jenem Leben geht, darin er Liebe hatte, Sinn und Not. Denn wir sind nur die Schale und das Blatt. Der große Tod, den jeder in sich hat, das ist die Frucht, um die sich alles dreht.«, S. 294: »Wir stehn in deinem Garten Jahr für Jahr und sind die Bäume, süßen Tod zu tragen; aber wir altern in den Erntetagen« …

37 Brock, Bazon, *Ästhetik als Vermittlung. Arbeitsbiographie eines Generalisten,* Köln 1977, S. 797.

38 Beckett, Samuel, Warten auf Godot, in: *Werkausgabe,* Bd. I, Frankfurt a.M. 1976, S. 94 und 96.

39 Freud, Sigmund, *Die Traumdeutung,* Studienausgabe, Bd. II., Frankfurt a.M. 1982, S. 391.

40 Rank, Otto, *Das Trauma der Geburt und seine Bedeutung für die Psychoanalyse,* Leipzig–Wien–Zürich 1924.

41 Vgl. Janus, Ludwig, Die Bedeutung des Konzepts der Geburtsangst in der Geschichte der Psychoanalyse, in: *Psyche,* 41/9, 1987, S. 832ff.

42 Vgl. Janov, Arthur, *Der Urschrei. Ein neuer Weg der Psychotherapie,* Frankfurt a.M. 1974; Grof, Stanislav, *Geburt, Tod und Transzendenz. Neue Dimensionen in der Psychologie,* München 1985.

43 Vgl. Ströter-Bender, Jutta, *Die Muttergottes. Das Marienbild in der christlichen Kunst. Symbolik und Spiritualität,* Köln 1992, S. 93ff.

44 *Evangelium nach Markus* 15.40–41; ähnlich im *Evangelium nach Matthäus* 27.55–56 und im *Evangelium nach Lukas* 23.49. Zitiert nach: *Neue Jerusalemer Bibel,* S. 1456, 1429 und 1501.

45 *Evangelium nach Johannes* 19.26–27. Zitiert nach: Ebd., S. 1545.

46 *Evangelium nach Lukas* 2.49. Zitiert nach: Ebd., S. 1464.

47 *Evangelium nach Matthäus* 12.48. Zitiert nach: Ebd., S. 1399.

48 *Evangelium nach Matthäus* 10.34–35. Zitiert nach: Ebd., S. 1395.

49 Vgl. *Evangelium nach Lukas* 23.29: »Denn es kommen Tage, da wird man sagen: Wohl den Frauen, die unfruchtbar sind, die nicht geboren und nicht gestillt haben.« Zitiert nach: Ebd., S. 1501.

Thomas Macho

50 Ein »toter Christus« wird vom »Weltgebäude« herabsteigen, um den gestorbenen Kindern unter »strömenden Tränen« zu versichern: »Wir sind alle Waisen, ich und ihr, wir sind ohne Vater.« Aus: Jean Paul, *Siebenkäs,* Stuttgart 1983, S. 299. Vgl. Macho, Thomas H., So viele Menschen. Jenseits des genealogischen Prinzips, in: Peter Sloterdijk (Hg.), *Vor der Jahrtausendwende. Berichte zur Lage der Zukunft,* Frankfurt a.M. 1990, S. 29-64. Vgl. auch: Macho, Thomas H., Umsturz nach innen. Figuren der gnostischen Revolte, in: Peter Sloterdijk/Thomas H. Macho (Hg.), *Weltrevolution der Seele. Ein Lese- und Arbeitsbuch der Gnosis von der Spätantike bis zur Gegenwart,* Zürich–München 1991, S. 485–521.

51 Groddeck, Georg, *Das Buch vom Es. Psychoanalytische Briefe an eine Freundin,* Frankfurt a.M. 1979, S. 79.

52 Bloch, Ernst, *Das Prinzip Hoffnung,* Bd. 3, Frankfurt a.M. 1973, S. 1379.

53 Vgl. Moor, Paul, *Die Freiheit zum Tode. Ein Plädoyer für das Recht auf menschenwürdiges Sterben,* Reinbek b. Hamburg 1977; Roman, Jo, *Freiwillig aus dem Leben. Ein Dokument,* München 1981; Löwith, Karl, Die Freiheit zum Tode, in: *Zur Kritik der christlichen Überlieferung. Vorträge und Abhandlungen,* Stuttgart 1966, S. 274–289; Cioran, Emile M., *Syllogismen der Bitterkeit,* Frankfurt a.M. 1980; Burger, Hermann, *Tractatus logico-suicidalis. Über die Selbsttötung,* Frankfurt a.M. 1988.

54 Améry, Jean, *Hand an sich legen. Diskurs über den Freitod,* Stuttgart 1976, S. 11.

55 Guillon, Claude/le Bonniec, Yves, *Gebrauchsanleitung zum Selbstmord. Eine Streitschrift für das Recht auf einen frei bestimmten Tod,* Frankfurt a.M. 1982, S. 11.

56 Canetti, Elias, *Masse und Macht,* Bd. 1, München 1960, S. 249–311.

57 Ders., *Das Geheimherz der Uhr.* Aufzeichnungen 1973–1985, München–Wien 1987, S. 89.

58 Frisch, Max, Totenrede, in: Peter Noll, *Diktate über Sterben und Tod,* Zürich 1984, S. 279 und 284.

59 Novalis, *Werke, Tagebücher und Briefe Friedrich von Hardenbergs,* hg. von Hans-Joachim Mähl und Richard Samuel, Bd. III: Kommentar, München–Wien 1987, S. 647.

60 Vgl. Rückert, Friedrich, *Kindertodtenlieder,* hg. von Hans Wollschläger, Nördlingen 1988.

61 Auchter, Thomas, Die Suche nach dem Vorgestern. Trauer und Kreativität, in: *Psyche,* 32/1, 1978, S. 65.

62 Freud, *Die Traumdeutung,* S. 259.

63 Caruso, Igor A., *Die Trennung der Liebenden. Eine Phänomenologie des Todes,* Bern–Stuttgart 1968, S. 15f. und 20.

64 Vgl. Le Goff, Jacques *Die Geburt des Fegefeuers,* Stuttgart 1984, S. 157ff.

65 Vgl. Lang, Bernhard/McDannell, Colleen, *Der Himmel. Eine Kulturgeschichte des ewigen Lebens,* Frankfurt a.M. 1990.

66 Vgl. Lessing, Gotthold Ephraim, Wie die Alten den Tod gebildet, in: *Sämtliche Schriften,* Bd. XI, Stuttgart–Leipzig 1886, S. 7ff.

67 Vgl. Heer, Friedrich, *Abschied von Höllen und Himmeln. Vom Ende des religiösen Tertiär,* München–Esslingen 1970, S. 262ff.

68 Voltaire, *Dictionnaire Philosophique.* Zitiert nach: Jorge Luis Borges/Adolfo Bioy Casares (Hg.), *Das Buch von Himmel und Hölle,* Stuttgart 1983, S. 199.

69 Bettex, Albert, *Die Entdeckung der Natur,* München–Zürich o.J., S. 275.

70 Schneider, Gisela, Über den Anblick des eröffneten Leichnams, in: Rolf Winau/Hans Peter Rosemeier (Hg.), *Tod und Sterben,* Berlin–New York 1984, S. 188.

71 Zitiert nach: Ebd., S. 189.

72 Vgl. ebd., S. 191.

73 Weingarten, Elmar, Bemerkungen zur sozialen Organisation des Sterbens im Krankenhaus, in: Winau/Rosemeier (Hg.), *Tod und Sterben,* S. 354.

74 Thoma, Louis, *Anthropologie de la mort,* Paris 1980, S. 253. Zitiert nach: Schneider, *Der Anblick des eröffneten Leichnams,* S. 190f.

75 Vgl. Baum, Stella, *Der verborgene Tod. Auskünfte über ein Tabu,* Frankfurt a.M. 1976, S. 138.

76 Elias, *Über die Einsamkeit der Sterbenden,* S. 99.

77 Vgl. Hampe, Johann Christoph, *Sterben ist doch ganz anders,* Stuttgart 1975; Moody, Raymond, *Leben nach dem Tod. Die Erforschung einer unerklärten Erfahrung,* Reinbek b. Hamburg 1977; Osis, Karlis, *Der Tod – ein neuer Anfang?* Freiburg i.Brsg. 1978.

78 Vgl. Ariès, Philippe, *Geschichte des Todes,* München–Wien 1980, S. 24ff.

79 Ebd., S. 385.

80 Montaigne, Michel de, Philosophieren heißt sterben lernen, in: *Essais. Gesammelte Schriften,* Bd. I., München–Leipzig 1953, S. 26.

81 Zitiert nach: Bloch, Ernst, *Tendenz – Latenz – Utopie,* Frankfurt a.M. 1978, S. 360.

82 Benjamin, Walter, Der Erzähler. Betrachtungen zum Werk Nikolai Lesskows, in: *Gesammelte Schriften,* Bd. II.2/Werkausgabe Bd. V, Frankfurt a.M. 1980, S. 449.

83 Ariès, Philippe, *Bilder zur Geschichte des Todes,* München–Wien 1984, S. 280.

84 Durrell, Lawrence, *Justine,* Reinbek b. Hamburg 1965, S. 160: »Und die Toten – fuhr sie nach einer Weile fort –‚ich habe immer geglaubt, daß die Toten uns für die Toten halten. Sie haben sich nach dem bedeutungslosen Ausflug in dieses Pseudo-Leben wieder mit den Lebenden vereint.«

85 Krolow, Karl, *Herbstsonett mit Hegel,* Frankfurt a.M. 1981, S. 61.

Die Sache Makropulos oder
Die Sehnsucht nach Unsterblichkeit[1]

Arnold Mettnitzer

Für die Kunst wie für die Religion ist die Frage nach dem Ewigen der Werkstoff schlechthin. Das Wissen um den Tod und die gleichzeitige Sehnsucht nach Ewigkeit sind vielleicht die wesentlichsten Katalysatoren der Kulturgeschichte der Menschheit: Seit der Antike hatte unsere Kultur im Todesbewusstsein einen Antrieb gesehen, das Leben zu »verwesentlichen«. Der Tod erscheint so als der Lehrmeister eines weisen Lebens, dessen Kunst darin besteht, die Zeit – unser kostbarstes Gut – als das einzig sichere Kapital zu nutzen, um am Ende »lebenssatt« auf ein geglücktes Leben zurückblicken zu können. Der Tod erscheint so als Katalysator, der den Menschen wachsen und reifen lässt, ihn im Erkennen seiner Möglichkeiten zu Glanzleistungen anspornt, ihn zur Selbsterkenntnis führt und damit auch zur Erkenntnis seiner Grenzen.

So musste zum Beispiel Gustav Mahler kurz vor seinem Tod ernüchtert feststellen: »Anstelle eines großen geschlossenen Ganzen, von dem ich immer geträumt hatte, hinterlasse auch ich nur Stückwerk!«

Ingmar Bergman schreibt in seiner Autobiografie: »Jetzt bin ich ein Jemand – bald werde ich ein Niemand sein.«

Und Thomas Bernhard stellt in einem seiner Psalmen die Frage: »Wo werde ich sein, wenn ich nicht mehr sein werde?«

Der Regisseur solcher Fragestellungen ist der Tod, er ist im Grunde der große Fragesteller schlechthin.

Den Griechen war solches Nachdenken und Fragen der Inbegriff der Philosophie und damit immer auch eine geistige Übung, durch die die Menschen von ihren Ängsten über Leben und Tod befreit werden sollten: *philosophia – ars moriendi*: die Philosophie – eine Kunst, das Sterben zu lernen, die eigene Sterblichkeit als wesentlichen Bestandteil des Lebens annehmen zu können. Das bedeutet dann aber auch: Wer sich mit dem Tod beschäftigt, weiß um seine Grenze, und darum, dass es gilt, die verbleibende Zeit zu nützen. Carpe diem!

Eine besondere Art dieser Konzentration auf das Hier und Jetzt findet sich bei Epikur[2]: Er meint, dass der Tod zwar »das schauerlichste Übel« wäre, aber uns nichts anginge, »denn solange wir da sind, ist der Tod nicht da, wenn aber der Tod da ist, dann sind wir nicht mehr da. Er geht also weder die Lebenden an noch die Verstorbenen; denn die einen geht er nichts an, die anderen sind nicht mehr.«[3]

Eine Steigerung dieser epikureischen Unbekümmertheit und damit eine weitere Möglichkeit, sich mit dem Tod zu beschäftigen, ist der Versuch, das Nichtkümmern in der Hoffnung auf baldiges Vergessen zu perfektionieren. Die Psychologie spricht hier von »Verdrängung« und meint damit – wie sie es definiert – »gerichtetes Vergessen«.

Unzählige mehr oder weniger interessante Varianten ließen sich hier anführen: So besingt zum Beispiel das Wienerlied den Tod als »Freunderl«, den man sich dadurch vom Leib zu halten versucht, dass man mit ihm augenzwinkernd auf »Bruderschaft« trinkt; dabei ist musikalisch irgendwie zu spüren, dass es sich wahrscheinlich nicht ausgehen wird, aber den Versuch scheint es allemal wert zu sein …

Das mag eine »Wiener Spezialität« sein. In feinen oder gröberen humoristischen Nuancen finden wir aber überall vergleichbare maskierte Bewältigungsversuche. Etwa wenn ein russisches Sprichwort meint: »Was fürchtest du den Tod, Väterchen? Es hat noch keiner erlebt, dass er gestorben ist.«

Oder wenn Mark Twain sich über die Sinnlosigkeit einer Friedhofsmauer Gedanken macht: »Die drinnen sind, können nicht hinaus, die draußen sind, wollen nicht hinein!«

Sigmund Freud bemerkt lakonisch, dass wir zwar um unsere Grenze wüssten, aber weil bisher immer nur die anderen gestorben wären, hielten sich die Lebenden im Grunde für unsterblich. Es ist noch keine hundert Jahre her, dass aus einem solchen Unsterblichkeitswahn ein »tausendjähriges Reich« proklamiert werden konnte.

Unsere Kultur scheint den Tod ausgebürgert zu haben, wie Philippe Ariès in seiner *Geschichte des Todes* (1980)[4] vermutet. Im kollektiven Bewusstsein gehört er nicht mehr zum Leben als dessen Ende; er wird als Einbrecher erlebt, den wir solange, wie möglich fernzuhalten versuchen. Diese Abwehr des Todes bewirkt, dass wir ihn durch Abschieben und Verdrängen nur noch bedrohlicher und unheimlicher machen. Natürlich sterben die Menschen auch heute. Aber sie scheiden in den Krankenhäusern aus dem Leben. So stören sie »unser Fest der Unsterblichkeit auf Zeit« (Georges T. Roos) nicht. Tod, Krankheit, Älterwerden, die einschneidenden und entscheidenden Wendungen des Lebens werden aus dem Alltag ausgeblendet und in Sonderbereiche verlegt. Unsere Sozialästhetik soll nicht durch leidende, hässliche, behinderte, sterbende Menschen irritiert werden. Aber je mehr wir das Leiden und Sterben von uns wegschieben, desto mehr müssen wir die Fiktion des leidensfreien und unsterblichen Menschen aufrechterhalten. So träumen wir möglichst faltenfrei bis in die Demenz hinein von Ewiger Jugend und Unsterblichkeit …

Das bräuchte man hier in Salzburg, noch dazu während der Festspiele, nicht besonders zu betonen, wenn es hier und heuer nicht *Die Sache Makropulos* gäbe, sozusagen einen musikalischen *Jedermann*, besser noch: eine *Jedefrau*.

Die Sache Makropulos führt uns zurück ins frühe 17. Jahrhundert an den Hof Kaiser Rudolfs II.[5], und mitten hinein in die faszinierende Welt der Alchemiker. Rudolf war ein schwacher, faktisch unfähiger Regent, aber ein großer Förderer der Wissenschaften und der Künste. Ohne seine diesbezüglichen Verdienste schmälern zu wollen, dürfen wir annehmen, dass er dadurch wohl auch auf der Flucht vor der Wirklichkeit gewesen sein mag und vom Traum getrieben, mit dem »Stein der Weisen« nicht nur aus unedlem Metall Gold, sondern auch das Wundermittel für ein biblisches Alter, wenn nicht sogar für Ewiges Leben zu gewinnen. Ein kurzer Blick auf die momentane Weltlage enthüllt in der Thematik von Leoš Janáčeks *Die Sache Makropulos* eine verblüffende Aktualität: Damals wie heute, zu den Zeiten der Hochblüte der Alchemiker wie zur Jetztzeit der Weltwirtschaftskrise, besitzt das Gold angesichts der Panik an den Börsen und durch die Flucht vieler Anleger in den sicheren Besitz des Edelmetalls eine in diesem Ausmaß bisher so noch nicht gekannte Faszination. Damals wie heute ist die Frage des »Ewigen Lebens« eine Frage der »Ewigen Jugend«. Elina muss ewig jung bleiben, ohne zu altern unter wechselnden Namen, aber immer mit den gleichen Initialen E. M. (Elina Makropulos, Ellian MacGregor, Emilia Marty) lebt sie ihr Leben.

Aktuell untersucht die Wissenschafts- und Medizinhistorikerin Anke Timmermann die Geschichte der Alchemie in und um Wien vom 14. bis zum 17. Jahrhundert und legt dabei besonderen Wert auf die bis jetzt noch nie wissenschaftlich beachteten Querbeziehungen zwischen den Medizinern und den Alchemikern. Das Herstellen beziehungsweise Ergattern von Gold und Ewigem Leben kristallisiert sich in beiden Epochen als zentrales Motiv heraus.

Heute scheint beides noch stärker im Bewusstsein der Menschen verankert zu sein – und das nicht zuletzt deshalb, weil dieser Traum im Vergleich zu alchemistischen Zeiten heute entschieden mehr Menschen mit mehr finanziellen Möglichkeiten möglich erscheint. Das erhöht natürlich den Preis dafür: Noch nie war der Goldpreis so hoch und die Vorräte so knapp! Und noch nie war so viel Leben in so kurzer Zeit möglich. »Ewiges Leben« scheint nicht mehr zu genügen, es muss auch »ewig etwas los« sein. Der Ruf nach »Entschleunigung«, nach dem »Weniger ist mehr«, nach dem »Vorrang des Seins vor dem Haben«[6] verhallt zwar nicht ungehört, spielt aber angesichts der Modetrends in der Unterhaltungs- und Freizeitindustrie ein Mauerblümchendasein.

Im Rokoko hat man sich einen fixen Ort des Glücks vorgestellt, den »locus amoenus«, zu dem ein Bächlein, eine Wiese, ein Baum, Vogelgezwitscher und die

Arnold Mettnitzer

Geliebte zählten. Die zeitgenössische Variante hat der amerikanische Soziologe Sidney Minze beschrieben, in dem er das Bild eines Mannes skizzierte, der auf dem Sofa sitzt, einen Joint raucht, Bier trinkt, Chips kaut, mit seiner Freundin knutscht und dabei fernsieht …

Hier ereignet sich ein zunächst kaum merkbarer Wandel von der Langsamkeit zur Geschwindigkeit, vermittelt durch immer schnellere Fernsehbilder. Die Langsamkeit des Genusses wird durch Beschleunigung zur Gleichzeitigkeit, aber der Genuss ist an den Augenblick gebunden, und der vergeht.

Fausts Ruf »Verweile doch, du bist so schön!« und Nietzsches »Alle Lust will Ewigkeit, will tiefe, tiefe Ewigkeit!« nehmen im Zeitalter der Beschleunigung den Charakter eines Verzweiflungsschreis an. Ein bizarres Bild dafür ist der Bungee Jumper, der innerhalb weniger Sekunden die Kulmination von Todesangst und höchster Lust erfährt. Ein schnellerer Genuss ist kaum denkbar. In ihm fallen Vorspiel und Vollzug, Erwartung und Erfüllung zusammen.

Eine große Gestalt der Alchemiker war ein gewisser Philippus Theophrastus Aureolus Bombast von Hohenheim, besser bekannt als Paracelsus (1493–1541), gestorben hier in Salzburg am 24. September 1541. Der Universalgelehrte hat einerseits die alchemischen Grundlagen neu definiert und gilt als Mitbegründer der modernen Pharmazie, die Alchemie und Medizin perfekt miteinander verband. Auch sein Ehrgeiz gilt der Lebensverlängerung, aber nicht im Sinne der Utopie, eher im Sinne einer Intensivierung und erhöhter Wesentlichkeit: So spottet er zum Beispiel über seine Zeitgenossen, die abwechselnd nach Antwerpen, Venedig, Frankfurt und Brüssel rennen würden, vielleicht würde er heute Salzburg hinzufügen, weil sie jeweils davon überzeugt wären, dass dort das Heil der Welt liege. Es ist nach Paracelsus nicht nötig, von Schwaben nach Alakuttn, wie das heutige Kalkutta damals hieß, zu rennen. Es ist nicht nötig, den Wein von Candia zu trinken. Er sagt, wir bräuchten keine Sehnsucht nach den fremden und fernen Gegenden zu haben, wie das im 16. Jahrhundert Mode geworden ist. Das Märchen von Kalkutta und der Wein von Candia schenken uns nicht mehr Freuden, als wir sie in unserem vertrauten Umkreis zu entdecken vermögen. »Wenn das Herz im Menschen erwacht, regiert in ihm die Liebe. Er erkennt dann, dass Gott auch seine Wohnung, seinen Lebensraum voller Freude erschuf«, sagt Paracelsus.[7]

Ein Kollege von Paracelsus ist der griechische Arzt Hieronymos Makropulos. Als Rudolfs Leibarzt erhält er vom Kaiser den Auftrag, ein Getränk zu erfinden, das das Leben um 300 Jahre verlängert. Makropulos soll das Mittel an seiner Tochter Elina ausprobieren, diese fällt jedoch ins Koma, und der Leibarzt kommt ins Gefängnis. Elina stirbt aber nicht, sondern wird wieder gesund, lebt seitdem, ohne zu altern unter wechselnden Namen mit den gleichbleibenden Initialen E. M. (Elina Makropulos, Ellian MacGregor, Emilia Marty).

Im 338. Lebensjahr macht sich die gefeierte Sängerin Emilia Marty auf die Suche nach der Formel ihres Vaters. Sie hatte das Dokument geerbt und es später Ferdinand Prus überlassen, dem einzigen Mann, den sie in ihrem überlangen Leben wirklich geliebt hatte. Nun sind die 330 Jahre vorbei, und nur mit Hilfe des Dokuments kann das Leben der Sängerin wieder verlängert werden.

Karel Čapek (1890–1938), der damals 35 Jahre alt und regional bereits sehr erfolgreich ist, sollte sich bald in ganz Europa einen Namen machen: Er ist, abgesehen von Jaroslav Hašek, dem Schöpfer des *Braven Soldaten Schwejk*,[8] der einzige tschechische Schriftsteller, der zwischen den Weltkriegen internationale Anerkennung erringen konnte. In *Die Sache Makropulos* beschäftigt er sich mit der Langlebigkeit und gibt dem alten Stoff eine neue Wendung.

Zum Zeitpunkt seines Erscheinens wird das Stück als Reaktion auf George Bernhard Shaws *Back to Methuselah* angesehen, das ebenfalls 1922 herauskommt und postuliert, dass ein verlängertes Leben zu größerer Weisheit und Glück führen müsse. Čapek kommt in seinem Stück zum gegenteiligen Schluss und leugnet jegliche Beziehung zu Shaw: Er habe die Idee schon einige Jahre mit sich herumgetragen, schreibt er im Vorwort, jedoch ursprünglich einen Roman daraus machen wollen.

In der letzten Szene von *Věc Makropulos*[9] diskutieren mehrere Figuren des Stücks über die Langlebigkeit: Vítek, Kanzleischreiber, Optimist und Sozialist, zählt die Nachteile einer normalen Lebenszeit auf:

Was kann ein Mann schon vollbringen während seines 60jährigen Lebens? Was für Freuden genießt er? Was kann er lernen? Der Mensch lebt nicht lange genug, um die Früchte des Baumes, den er gepflanzt hat, zu ernten; er wird nie alles aufnehmen können, was die Menschheit vor ihm entdeckt hat; er kann weder sein Lebenswerk vollenden, noch der Nachwelt sein Beispiel hinterlassen; er muss sterben, ohne je gelebt zu haben. Ein Leben von 300 Jahren würde ihm dagegen erlauben, 50 Jahre lang Kind und Schüler zu sein; 50 Jahre, um die Welt kennenzulernen und alles zu sehen, was in ihr existiert; 100 Jahre, um zum Wohle der Allgemeinheit tätig zu sein; und dann nachdem er alle menschliche Erfahrung erfasst hat, weitere 100 Jahre, um in Weisheit zu leben, zu herrschen, zu lehren und mit gutem Beispiel voranzugehen. Oh, wie wertvoll wäre das Menschenleben, wenn es 300 Jahre dauern würde… Jeder Mensch wäre vollendet, perfekt, ein wahrer Sohn Gottes und nicht Gottes Karikatur.

Víteks nüchterner Arbeitgeber, der Anwalt Dr. Kolenatý, denkt praktischer. Ein 300-jähriges Leben, erklärt er, sei

unter legalen und ökonomischen Gesichtspunkten eine absurde Idee. Unser Gesellschaftssystem stützt sich ganz und gar auf die Kürze des Lebens. Nehmen wir zum Beispiel Verträge, Rentenvereinbarungen, Versicherungen, Tarifverträge, Nachlässe und dergleichen. Und was das Heiraten angeht – Sie müssen doch einsehen, dass niemand eine Ehe eingehen wird, die 300 Jahre dauern soll.

Baron Jaroslav Prus, ein elitärer Aristokrat setzt sich dafür ein, dass das Rezept, wie man 300 Jahre alt werden kann, »den Starken, den Tüchtigsten« vorbehalten sein müsse. Er träumt von einer »Aristokratie der Langlebigkeit«:

Der gewöhnliche, schwerfällig denkende Mann von der Straße stirbt ohnehin nicht aus; der Mann von der Straße ist ewig da, auch ohne unser Zutun. Er pflanzt unablässig seine Gattung fort, wie es die Flöhe oder Mäuse tun. Es ist immer nur die wahre Größe, die ausstirbt. Es sind immer nur Stärke und Befähigung, die aussterben, weil sie nicht zu ersetzen sind. Vielleicht ergibt sich hier die Chance, sie zu erhalten. Wir könnten eine Aristokratie der Langlebigkeit begründen… Eine privilegierte Langlebigkeit, das heißt despotische Herrschaft einer ausgewählten Minderheit. Das heißt Herrschaft der Gehirne… Die Männer mit dem langen Leben würden als unumstrittene Herrscher der Menschheit regieren.

Emilia stößt zu den Versammelten und schildert 300 Jahre Leben aus ihrer Sicht, der Einzigen, die auf echter Erfahrung beruht:

Man kann nicht 300 Jahre lang lieben. Und man kann nicht 300 Jahre lang hoffen, schöpferisch sein, staunend alles betrachten. Man hält es nicht so lange aus. Alles wird langweilig. Es wird langweilig, gütig zu sein, und langweilig bösartig zu sein. Himmel und Erde werden gleichermaßen langweilig. Und dann stellt man fest, dass nichts wirklich existiert. Nichts hat Bestand. Weder die Sünde, noch der Schmerz, noch die Erde – überhaupt nichts. Die einzigen Dinge, die existieren, sind jene, die wertvoll sind. Und euch erscheint alles wertvoll… Ihr habt von den Dingen keinen Abstand. Ihr seht in allem einen Sinn. Alles erscheint euch wertvoll, weil die wenigen Jahre, die euch beschert sind, nicht ausreichen, eure Vergnügungssucht zu befriedigen… Ihr Toren, wie glücklich ihr doch seid! Es ist abscheulich, daran denken zu müssen, wie glücklich ihr seid und das nur dank des lächerlichen Zufalls, dass ihr bald sterben werdet. Ihr ähnelt in eurer Neugier den Affen. Ihr glaubt an alles, ihr glaubt an die Liebe, an euch selbst, an die Tugend, an den Fortschritt, an die Menschheit, und der Himmel weiß, woran ihr noch alles glaubt.

Čapek bezeichnete sein Stück als Komödie. Im Vorwort schreibt er von seiner Absicht,

den Leuten etwas höchst Erfreuliches, Optimistisches mitzuteilen. Ich weiß nicht, ob es optimistisch ist, zu versichern, dass ein Leben von 70 Jahren schlecht, eines von 300 Jahren aber gut ist. Ich meine lediglich, dass es nicht gerade von kriminellem Pessimismus zeigt, das (durchschnittlich) 70 Jahre während Leben für angemessen und ausreichend gut zu erklären.

Janáček sieht am 10. Dezember 1922 Čapeks *Die Sache Makropulos* in Prag, drei Wochen nach der Premiere des von Čapek selbst inszenierten Stücks. Aber seine Oper ist keine Komödie. Von Anfang an ist klar, dass sich Janáček nicht für die philosophische Spekulation über Langlebigkeit interessiert, die Čapeks Stück bestimmt: Die Szene, in der Vítek, Kolenatý und Prus ihre Ansichten über die

Unsterblichkeit äußern, ist so zusammengestrichen, dass nur ein Auszug aus dem Monolog von Emilia Marty übrigbleibt. Außerdem hat Janáček den Schluss des Stückes gestrichen, nämlich das zynische Gelächter der Marty, während sie zusieht, wie das kostbare Dokument verbrennt.

Čapeks Heldin macht, obwohl ihre 300 Jahre endgültig um sind, keinerlei Anstalten zu sterben, als der Vorhang fällt.

Janáčeks Emilia bricht offenbar sterbend zusammen.

Eine Kritik, die besonders häufig gegen Čapek erhoben wurde, betrifft seinen Mangel an Eloquenz, zum Beispiel, wenn sein Biograf William E. Harkins schreibt: »Die Intensität von Čapeks Ideen findet nie eine Entsprechung in entsprechender Intensität der Sprache.«

Für eben diese Eloquenz, für die fehlende Intensität, hat Janáček in der Schlussszene der Marty gesorgt und damit den Charakter des Stücks radikal verändert. Solange die Vorstellung von der Langlebigkeit Gegenstand allgemeiner Betrachtung bleibt, solange all ihre Konsequenzen gründlich, ja gelegentlich ironisch erforscht werden, ist Čapeks Drama zweifellos eine optimistische Komödie.

Doch sobald sich Janáček mit seiner Protagonistin zu identifizieren beginnt, sobald er nach Wegen sucht, bei seinem Publikum ihr gegenüber Mitleid zu erregen und ihre abschließenden Gedanken in leidenschaftlich eloquente Musik zu kleiden, wie sie selbst bei ihm selten vorkommt, wird daraus für uns nicht etwa eine universelle Komödie, sondern eine persönliche Tragödie.

Věc Makropulos liefert so ein Panoptikum der Spielarten des Lebendigen von der Komödie (Čapek) zur Tragödie (Janáček), von echter Liebe, wenn auch nur für einen Augenblick (mit Baron Prus), über Zweckbeziehung (zwecks Rezeptbeschaffung), Eifersucht, und Suizid bis hin zu den unvermeidlichen Erbstreitigkeiten … Keine Rolle verlockt zu einer länger anhaltenden Sympathie, jede Rolle könnte eine Einladung sein: »Erkenne dich selbst!«

WAS BLEIBT VON DER SEHNSUCHT NACH UNSTERBLICHKEIT?

In Schillers Gedicht *Resignation* (1786) wird das Streitgespräch einer verstorbenen Seele mit der Ewigkeit skizziert. Darin fordert die Tote von der Ewigkeit eine Gegenleistung für die Entbehrungen, die sie zu Lebzeiten getragen hat. Die Antwort ist ernüchternd: Wer für den Glauben auf weltlichen Genuss verzichtet habe, müsse auch in Ewigkeit bei dieser Entscheidung bleiben: »Was man von der Minute ausgeschlagen, gibt keine Ewigkeit zurück.«

»Kairos«, den Gott des »rechten Augenblicks«, hatte man sich schon in der griechischen Mythologie als Jüngling vorgestellt, der vorne eine Locke und hinten eine Glatze trägt. Greift man nach ihm von vorne, fasst man die Locke, greift man von hinten, geht der Griff ins Leere.

Arnold Mettnitzer

So verstehe ich auch Martin Walser, wenn er in einem seiner Romane vermutet, dass wir in Erwartung dessen, was wir erhoffen, aufs Leben, aufs Hier und Jetzt und Heute vergessen: »Wahrscheinlich lebt man gar nicht, sondern wartet darauf, dass man bald leben werde; nachher, wenn alles vorbei ist, möchte man erfahren, wer man, solange man gewartet hat, gewesen ist.«[10]

Die christliche Religion ist oft genug in diesem Sinn als Vertröstungsreligion missdeutet worden. Wer aber das zweite Testament aufmerksam liest, wird sein leidenschaftliches Plädoyer für die Ewigkeit im Hier und Jetzt und Heute nicht übersehen können. Dort heißt es etwa: »Jetzt ist die Zeit der Gnade. Jetzt ist die Stunde des Heils. Das Reich Gottes ist HEUTE zu euch gekommen« – und »ich bin gekommen, damit sie das Leben haben und es in Fülle haben« oder – wie Friedolin Stier übersetzt – »damit sie das Leben haben, ja es haben überreich«.

Dieser verheißene Überreichtum blitzt täglich als Möglichkeit auf in den ekstatischen Augenblicken des Lebendigen, und er ereignet sich in diesen Tagen für unzählige Menschen ziemlich oft während der Salzburger Festspiele. »Nie ist der Mensch so da wie dann, wenn er ganz weg ist«, sagt Jörg Splett.

Dieses »Ganz-weg«- und »Verrückt-Sein« vermag die Religion, die Kunst und die Liebe zu schaffen … Der Religion gelingt es, wenn sie es schafft, den Menschen wieder dorthin zu führen, wo er in kindlicher Fantasie und Kreativität schon einmal war: Dreißig- bis fünfzigmal am Tag konnten wir uns als Kinder für irgendetwas restlos begeistern und hatten dabei bis zu 400mal gelacht. Wenn Religion uns zumindest wieder in die Nähe dieses kindlichen Zustands bringen könnte, hätte sie ihren Auftrag als »religio« – als »Rückbindung« verstanden und zum großen Teil erfüllt.

Das gilt natürlich auch für die Kunst. Wo sie ans Ewige rührt, rührt sie ans Innerste des Menschen, und natürlich auch an das, was Religion können wollen sollte: Wie viel Abgrenzungsanstrengung die beiden Bereiche auch unternehmen mögen – eine schmerzliche Parallele dazu gibt es in Seelsorge und Psychotherapie –, sie werden der Frage nicht ausweichen dürfen: Was wäre der Kult ohne Kunst und was wäre unsere Kultur ohne Kult?

Es gibt für mich keinen Romaufenthalt, ohne dass ich das Grab Raffaels dort besuche: Raffael (Raffaello Sanzio da Urbino, 1483–1520) stirbt mit 37 Jahren »viel zu früh«, wie wir sagen, aber obwohl er 300 Jahre kürzer lebt als Elina Makropulos, ist sein Name mit einem Hauch von Ewigkeit verbunden, wie die Inschrift an seinem Sarkophag im Römischen Pantheon verrät:

Ille hic est Raphael
timuit quo sospite vinci rerum magna parens et moriente mori.

Hier liegt Raffael,
von dem die Natur Zeit seines Lebens fürchten musste, besiegt zu werden,
und jetzt, da er gestorben ist, glaubt die Natur selbst sterben zu müssen.

In der Liebe geht die Ewigkeit so weit, dass sie, stärker als der Tod, dem geliebten Menschen aus Liebe diesen Tod sogar wünschen kann:

BITTGEDANKE, DIR ZU FÜSSEN

Stirb früher als ich,
um ein weniges früher
Damit nicht du
den weg zum haus
allein zurückgehen mußt[11]

Ich schließe mit einem Gedicht von Stefan Andres, dessen Grab am Campo Santo Teutonico auch zu meinen römischen Pilgerstätten zählt:

AN DEN TOD

Wenn du mich triffst, sprich leise,
als wär ich dir bekannt;
Und von der langen Reise
Sag nichts, gib mir die Hand.
Ich weiß nicht, ob ich bange,
Zeigst du mir dein Gesicht;
vielleicht kenn ich's schon lange.
Vielleicht auch kenn ich's nicht.
Du bist so schwer zu nennen,
O Tod, ich nenn dich Weib;
Damit ich im Erkennen
Still zu dir sage: bleib!
Vielleicht wird Liebe wehen
Um uns, bin ich bereit,
Dann zeug ich im Vergehen
Mit dir: Unsterblichkeit.[12]

Arnold Mettnitzer

Literatur

Andres, Stefan, Der Granatapfel, München 1950

Ariès, Philippe, Geschichte des Todes, München–Wien 1980

Condrau, Gion, CERTA MORIENDI CONDICIO. Der Mensch und sein Tod, Zürich 1991

Epikur, Von der Überwindung der Furcht. Griechisch – Lateinisch – Deutsch. Eine Auswahl aus seinen Schriften, den Fragmenten und doxographischen Berichten, hg. von Gerhard Krüger, Münster 2004

Fromm, Erich, Haben oder Sein, Stuttgart 1976

Hašek, Jaroslav, Die Abenteuer des braven Soldaten Schwejk, Reinbek b. Hamburg 1979.

Kunze, Reiner, eines jeden einziges leben, Frankfurt a.M. 1986

Paracelsus Akademie Villach (Hg.), Heilen ist menschlich. Seele, High Tech und Moral, Klagenfurt–Wien 1998

Tyrrell, John, Programmheft zur CD-Einspielung der Wiener Philharmoniker und des Staatsopernchors 9–10/1978, S. 52–74, DECCA 430372-2

Walser, Martin, Ein springender Brunnen, Frankfurt a.M. 1998

Endnoten

1 Vortrag bei den Salzburger *Festspiel-Dialogen* am 17. August 2011.

2 Epikur, griechischer Philosoph, * Samos 341 v. Chr., † Athen 271 v. Chr., gründete in Athen 306 v. Chr. in einem Garten (»Kepos«), den er erworben hatte, eine eigene Schule (daher die Bezeichnung seiner Lehre als »Philosophie des Gartens«). Quelle: *Brockhaus-Enzyklopädie*, Mannheim 1988, S. 465.

3 Epikur, *Von der Überwindung der Furcht*. Griechisch – Lateinisch – Deutsch. Eine Auswahl aus seinen Schriften, den Fragmenten und doxographischen Berichten, hg. von Gerhard Krüger, Münster 2004, S. 31.

4 Ariès, Philippe, *Geschichte des Todes*, München–Wien 1980.

5 * 18. Juli 1552 in Wien; † 20. Januar 1612 in Prag, war ein schwacher Regent, in den letzten Jahren faktisch regierungsunfähig; zeitgenössisch Rudolph der Ander[e] war er von 1576 bis 1612 Kaiser des Heiligen Römischen Reichs Deutscher Nation, als Erzherzog von Österreich 1576 bis 1608 war er Rudolf V. Im Reich trug seine Untätigkeit dazu bei, die Krise der Reichsverfassung zu verstärken. Erzherzog Matthias und andere Mitglieder der Familie Habsburg wandten sich schließlich offen gegen den Kaiser und entrissen ihm nach und nach fast alle Machtpositionen.

6 Vgl. Fromm, Erich, *Haben oder Sein*, Stuttgart 1976.

7 Paracelsus Akademie Villach (Hg.), *Heilen ist menschlich. Seele, High Tech und Moral*, Klagenfurt–Wien 1998, S. 9–10.

8 Hašek, Jaroslav, *Die Abenteuer des braven Soldaten Schwejk*, Reinbek b. Hamburg 1979.

9 Bei der hier skizzierten Operninterpretation habe ich mich im Wesentlichen an John Tyrrell im Programmheft zur CD-Einspielung der Wiener Philharmoniker und des Staatsopernchors 9-10/1978, S. 52–74 orientiert: DECCA 430372-2.

10 Walser, Martin, *Ein springender Brunnen*, Frankfurt a.M. 1998.

11 Kunze, Reiner, *eines jeden einziges leben*, Frankfurt a.M. 1986, S. 64.

12 Andres, Stefan, *Der Granatapfel*, München 1950, zitiert in: Gion Condrau, *CERTA MORIENDI CONDICIO. Der Mensch und sein Tod*, Zürich 1991 (Vorwort).

Festspiele als Antwort auf den Ersten Weltkrieg: *Jedermann* für ein Friedensprojekt[1]

Helga Rabl-Stadler

»In Salzburg an dieser einzig richtigen Stätte eine Triumphpforte österreichischer Kunst zu errichten mit Mozart als Krönung«, von Salzburg aus »die zerrissenen Fäden der europäischen Kulturgemeinschaft wieder anzuknüpfen«[2] – davon träumte Max Reinhardt. Er schaffte es, diesen Traum Wirklichkeit werden zu lassen. Mithilfe anderer großer Künstler, mithilfe kunstsinniger Bürger und mithilfe eines entschlossenen Landeshauptmanns, mit Franz Rehrl.

Die Salzburger Festspiele verdanken ihre Existenz der Überzeugung, »dass die Kunst, insbesondere die Kunst des Theaters, sich in den Stürmen dieses Krieges nicht nur behauptet, sondern ihr Bestehen und ihre Pflege geradezu als unumgängliche Notwendigkeit erwiesen hat.«[3] Sie sind nicht irgendein Festival, sie sind nicht gegründet worden, weil ein findiger Tourismusmanager die Hotelbetten zwischen zwei Saisonen füllen wollte.

Neben vielen höchst bedeutungsvollen Erscheinungen, die unsere Zeit uns offenbart, ist auch die bemerkenswerte Tatsache zu verzeichnen, daß die Kunst, insbesondere die Kunst des Theaters sich in den Stürmen dieses Krieges nicht nur behauptet, sondern ihr Bestehen und ihre Pflege geradezu als unumgängliche Notwendigkeit erwiesen hat. Die Welt des Scheines, die man sich durch die furchtbare Wirklichkeit dieser Tage ursprünglich aus allen Angeln gehoben dachte, ist völlig unversehrt geblieben, sie ist eine Zuflucht geworden für die Daheimgebliebenen, aber ebenso für viele, die von draussen kommen und auch für ihre Seele Heilstätten suchten. Es hat sich gezeigt, dass sie nicht nur ein Luxusmittel für die Reichen und Saturierten, sondern ein Lebensmittel für die Bedürftigen ist.[4]

Dies schrieb Max Reinhardt 1917 in seiner *Denkschrift zur Errichtung eines Festspielhauses in Hellbrunn*. Diese Denkschrift gibt mehr programmatische Beschreibung des Gesamtziels der in Planung befindlichen Salzburger Festspiele als der poetisch, aber knapp formulierte *Erste Aufruf zum Salzburger Festspielplan* von Hugo von Hofmannsthal aus 1919.

Max Reinhardt – Schauspieler, Theatermacher und Festspielgründer – wurde 1873 in Baden bei Wien geboren und ist 1943 in New York gestorben. 1893 kam er als blutjunger Schauspieler ans eben neue eröffnete Stadttheater, heute Salzburger Landestheater genannt. Er verliebte sich in diese Stadt und hatte mit ihr Großes vor, wie viele vor und neben ihm.

So träumte Hermann Bahr bereits 1903 gemeinsam mit Max Reinhardt von Ibsen-Festspielen im Jahre 1904, »aus welchen sich 1905 die Salzburger Feste entwickeln mögen«. Aber weder das Fünf-Städte-Theater Berlin-Hamburg-München-Salzburg-Wien, noch ein Festspielhausbau des Stararchitekten Henry van de Velde kamen über das Stadium des Schwärmens hinaus.

Umso höher ist einzuschätzen, dass Salzburger Bürger unter Leitung von Dr. Friedrich Gehmacher 1910 die Grundsteinlegung für das Mozarteum-Gebäude durchsetzten.

Trotz Ausbruch des Ersten Weltkriegs wurde 1914 das Mozarteum, heute auch eine der schönsten Festspielstätten, fertiggestellt. Gehmacher war es auch, der gemeinsam mit dem Wiener Musikkritiker Heinrich Damisch konsequent die Pläne für jährliche Festspiele und ein eigenes Festspielhaus (unterhalb der Wallfahrtskirche Maria Plain gedacht) verfolgte. Gehmacher sprach schon damals vom »Weltmusikbetrieb«. – Die internationale Ausstrahlung, die künstlerische und ökonomische Verantwortung, die Erwartung, dass die Salzburger Festspiele künstlerische und finanzielle Spitzenleistungen erbringen würden, schwang von Anfang an mit.

Dann aber rückte wieder einmal die Verwirklichung der seit Jahrzehnten heftig debattierten Festspielidee in weite Ferne. Wichtige Mitglieder des Kuratoriums der Stiftung Mozarteum, allen voran die deutsche Opernsängerin Lilli Lehmann, fürchteten, dass unter dem Projekt Festspielhaus der trotz des Weltkriegs betriebene Ankauf des Mozart-Geburtshauses leiden könnte, und sie fürchtete weiter, dass »die Musikfeste in ihrem Geiste, ihren Ansehen und ihrer patriarchalisch-würdevollen Durchführung beeinträchtigt werden könnten«.

So widersprüchlich das klingt: Lilli Lehmann kann zum einen als wichtige Promotorin gepriesen werden, denn ohne Mozarteum und Mozartfeste hätten sich Festspiele in Salzburg nicht entwickelt. Sie muss aber ab 1916 auch als mächtige Gegnerin einer möglichen Konkurrenz gescholten werden.

Für mich ist es immer wieder schwer verständlich, dass mitten im Ersten Weltkrieg Künstler und andere kunstsinnige Menschen sich mit aufs erste Hinschauen so kriegsfernen Ideen wie der Gründung von Festspielen beschäftigen. Nur ein kurzer Blick auf die Gräuel von damals:

• Seit 1915 gab es in unweit der Stadt ein Kriegsgefangenlager, in dem 40 000 Gefangene, Flüchtlinge und Bewacher untergebracht waren. Das waren mehr Menschen als Salzburg damals Einwohner zählte. Aus dem Holz dieser Baracken wurde die erste *Jedermann*-Bühne gezimmert. Auch in diesem Sinne: der *Jedermann* als Friedensprojekt.

• Im September 1918 kurz vor Ende des Krieges erschütterten Hungerkrawalle und Geschäftsplünderungen Salzburg. Gleichzeitig sandte Max Reinhardt an

den Generalintendanten der k. u. k. Hoftheater, Leopold von Andrian zu Werburg, einen Brief: *Über die künstlerische, kulturpolitische, ökonomische und wirtschaftliche Bedeutung einer Gründung von Festspielen in Salzburg.*[5]
* Und nochmals zu 1917: Die USA erklärten Deutschland den Krieg und schickten 1,7 Millionen Soldaten nach Europa. »Die Urkatastrophe dieses Jahrhunderts«, wie George F. Kennan sie klarsichtig nannte, nahm ihren Lauf.

Trotzdem malte Lovis Corinth sein herrliches Stillleben *Blumenstrauß* und Georges Braque *Die Mandolinenspielerin.* Im Prinzregententheater in München konnte sich Hans Pfitzner über die Uraufführung von *Palestrina* freuen. Und Max Reinhardt versuchte wieder einmal, der Festspielidee Taten folgen zu lassen. Bayreuth war ursprünglich Vorbild, aber die Salzburger Idee ging immer mehr in eine andere Richtung. Da waren Gründerväter am Werk, die Ordnung in das Chaos des Ersten Weltkriegs und vor allem für die Nachkriegszeit schaffen wollten, die von der heilenden Kraft der Kunst überzeugt waren.

Dazu Reinhardt 1917:

Nie zuvor sah das Theater seine oft bezweifelte Würde vor eine ernstere Probe gestellt und niemals hat es irgend eine Probe so ehrenvoll bestanden. Nach dem Kriege wird seine Aufgabe zum Mindesten nicht geringwerden, ganz besonders dann nicht, wenn, wie man glauben darf, die kommende Zeit noch lange den Ernst in ihrem Antlitz bewahren wird. So sehr die Kunst ein Himmelskörper für sich ist, der unbeirrt seine Kreise zieht und sich um seine eigene Achse dreht, so empfängt er doch sein Licht von dieser Welt der Wirklichkeit und wenn die guten Geister der Kunst ihre Spiegel für den heutigen Tag auch streng verhüllen, so ist doch nicht anzunehmen, daß der ungeheure Weltenbrand für die Dauer ohne dichterischen Wiederschein bleiben wird. Ganz gewiß wird die Zukunft ihr neues Licht, neue Liebe und neues fruchtbares Leben schenken.[6]

Der Festspielidee lag zuerst einmal der Wunsch zugrunde, außergewöhnliche künstlerische Ereignisse höchsten Niveaus in engem Bezug zur kulturellen Tradition des Landes, zum Genius Loci und zur besonderen Szenerie einer barocken Stadt zu kreieren. Nach den Wirren des Ersten Weltkriegs und in der allgemeinen Orientierungslosigkeit sollte die Festspielgründung die Bildung einer neuen österreichischen Identität unterstützen. »›Festspiele‹, das Wort klingt in unseren Ohren. Es drückt vollkommen aus, was wir in Salzburg suchen und schaffen wollen: Feste und Spiele sind es, die wir mit unserem Theater geben wollen«[7] –, um der ganzen Welt Zeugnis abzulegen, was Österreich und seine Kultur bedeutet.

Abseits der Metropolen, fern der Sorgen des Alltags sollten Festspiele als Wallfahrtsort, Theater als Zufluchtsort etabliert werden.

Die Unrast unserer Zeit, die Bedrängnis durch die Ereignisse des Tages nehmen in der Großstadt so überhand, bedrücken und belasten so sehr, daß wir uns abends von den Sorgen des Tages nicht immer so befreien können, wie wir möchten. Das Spiel kann als solches weder gegeben noch empfangen werden. Wahre Feste können wir in der Großstadt nicht mit dem Herzen feiern.[8]

Am 17. Mai 1918 war es dann soweit. Aus der Vereinsanmeldung an die k. k. Polizeidirektion:

Die Bedeutung des Vereines ist in kultureller und volkswirtschaftlicher Beziehung eine ganz außerordentliche. Er strebt mit dem Baue des österreichischen Festspielhauses die Errichtung einer Welt-Kunstzentrale auf österreichischem Boden an. Das österreichische Kunstleben soll den ihm gebührenden ersten Platz im internationalen Kunstleben einnehmen. Das österreichische Festspielhaus, in dem die Meisterwerke aller Nationen auf dem Gebiete der Oper, des Schauspiels und Oratoriums in festlichen Musteraufführungen zur Darstellung gelangen und zu besonderen Zeiten die geistliche Kunst wiedererweckt und gepflegt werden wird, soll nach dem Kriege die Annäherung der Völker durch die versöhnende und bezwingende Macht der Kunst anbahnen und fördern.[9]

Welch' herrlich zukunftsfreudiger Text, eine »Weltkunstzentrale auf österreichischem Boden«, das klingt doch viel ermutigender als Karl Kraus' beißender Spott über »Österreich als Versuchsstation für den Weltuntergang«.

Und doch behielt Kraus zunächst Recht. Die Zustimmung des Kaisers vom September 1918 »zu österreichischen den Hoftheatern verbundenen Festspielen in Salzburg« war zwei Monate später Makulatur. Kaiser Karl I. trat am 11. November zurück. Die Ausrufung der Republik Deutschösterreich am 12. November hob diese Anordnung des Kaisers auf.

Aber die Festspielidee, gewachsen in Jahrzehnten, war nun doch stark genug, um die Jahrhundertkatastrophe zu überleben. Oder wie es der unvergessliche Eric J. Hobsbawm im Rahmen der *Festspiel Dialoge* hier in Salzburg formulierte:

Die Festspiele selbst gehören ihrem Ursprung nach zum Todesröcheln der Donaumonarchie, obwohl sie erst 1920 offiziell eröffnet wurden. Die Salzburger Festspiele sind so alt wie unser Jahrhundert, das heißt wie das sogenannte »Kurze 20. Jahrhundert«, das mit dem Ersten Weltkrieg, dem Zusammenbruch der Zentralmächte und der Russischen Revolution begann und 1989–91 in ein anderes Jahrhundert überging.[10]

Am 15. August hielt Hugo von Hofmannsthal im Wiener Saal des Mozarteums vor viel Presse, Politik und Kunstverständigen eine Festrede zum Thema »Die Idee der *Salzburger Festspiele*«. Er betonte darin die besondere Sendung Salzburgs als Schnittpunkt kultureller Strömungen. »Österreich hat Grillparzer und Karl Kraus, es hat Hermann Bahr und Hugo von Hofmannsthal, für alle Fälle auch die *Neue freie Presse* und den ésprit de finesse«, aber trotzdem, es gäbe »nicht eine österreichische Kultur, sondern nur ein begabtes Land, das einen Überschuß an Denkern,

Dichtern, Schauspielern, Kellnern und Frisören erzeugt«[11]. So lautete 1919 in *Buridans Österreicher* Robert Musils literarisches Attest. Musil überträgt den unter Logikern beliebten Fall von Buridans Esel auf den mentalen Zustand der Österreicher. Das arme Tier steht verzweifelt zwischen zwei Heubündeln, die genau gleich frisch und gleich groß sind. Ohne Anstoß von außen scheitert der Esel jedoch an der Qual der Wahl, verhungert elend, stirbt, weil er sich nicht entscheiden kann. Diesen Fall der tödlichen Unentschlossenheit bezieht Musil auf die seiner Meinung nach nötige Entscheidung Österreichs für eines der zwei Heubündel, die Donauföderation mit den slawischen Ländern oder Großdeutschland, und empfiehlt den Anschluss an Deutschland als die bessere Lösung, denn sonst werde Österreich als ein »europäischer Naturschutzpark für vornehmen Verfall« fortwursteln.[12]

Für uns überzeugte Österreicher von heute hat dieser Anschlussgedanke etwas geradezu Empörendes. Damals allerdings, als Österreich vom Europa umspannenden Habsburgerreich zum Rest, der übrig blieb, schrumpfte (l'Autriche, c'est ce qui reste, wie es der Französische Ministerpräsident Clemenceau kalt formulierte), sahen viele Dichter, Denker und Politiker darin die einzige Chance für eine Zukunft. Der Skeptiker Robert Musil beschrieb das Leiden des österreichischen Möglichkeitsmenschen an der Wirklichkeit. Der Schwärmer Hugo von Hofmannsthal hingegen schritt zur Tat. Er nutzte nicht weniger beeindruckend seine dichterischen Möglichkeiten, um Österreich ein neues Selbstbewusstsein zu geben. Österreich sollte zu einem Leuchtturm der Gesamtdeutschen Kultur werden. Österreich sollte aber auch stolz sein auf die Jahrhunderte lang geleistete mitteleuropäische Vermittlungsarbeit.

Der Festspielgedanke lag allerorts in den Zehnerjahren des 20. Jahrhunderts in der Luft, und so Reinhardt: »Man muss staunen, wenn man gewahr wird, wie mitten unter dem Wust und er Qual des Kriegsgeschehens der gleiche Gedanke in allen Ländern auftaucht.«[13]

Bei den Franzosen in Orange, bei den Schweizern in Zürich, bei den Italienern in Viareggio – die Sehnsucht, mithilfe der moralischen Kraft der Kunst ein neues friedliches Europa aufzubauen, war allerorts zu spüren. Für Österreich allerdings sollte die Idee, Festspiele als Leuchtturm der gesamtdeutschen Kultur zu bauen, noch eine viel weitreichendere Bedeutung haben. Denn, so William M. Johnston in seiner 2010 publizierten *Kulturgeschichte der Eigenart Österreichs*:

Der Begriff des Österreichertums ist in einem verblüffenden Ausmaß ein Ergebnis des Ersten Weltkriegs. Jedenfalls hat es vor 1914 kein Essayist unternommen, die deutschsprachigen Bewohner der Donaumonarchie von den Deutschen des Bismarckreiches zu differenzieren. Aber schon in den ersten Monaten des Kriegs begannen zwei künftige Hauptrepräsentanten des Diskurses über das Österreichtum, Hugo von Hofmannsthal und Hermann von Bahr, Essays über die Unterschiede zwischen Österreich und Deutschland bzw. Preußen zu verfassen.[14]

Hofmannsthal war überzeugt von der österreichischen Berufung zur kulturellen Synthese. Und der Wahlsalzburger Hermann Bahr sprach gar von der »Möglichkeit eines Nachkriegseuropas als ein vergrößertes Österreich«. Eine These, die Johnston in seinem Buch aufs Faszinierendste untermauert.

Als Produkt der Ausbildung der imperialen Beamtenschaft diente der Charaktertypus des ›österreichischen Menschen‹ dazu, zwischen den Klassen, den Regionen und vor allem den Nationalitäten zu vermitteln. Er ist mit dem gleichzusetzen, was Sozialwissenschaftler heute einen Fundus an Sozialkapital nennen. Dieser Hypothese folgend, hat das rasche Verschwinden eines Sozialkapitals an vermittelnden Beamten Mitteleuropa in die Konflikte zwischen 1918 und 1989 gestürzt.[15]

Johnston benützt den Ausdruck des »österreichischen Menschen« in drei Bedeutungen, von denen die zweite und dritte den Stoff des Buches bilden.

- Der erste verweist ganz banal auf die Österreicher im Allgemeinen.
- Im zweiten Sinne betrifft das Schlagwort »der österreichische Mensch« die Selbstsicht der Deutschösterreicher als Kulturmenschen.
- Im dritten bezeichnet Johnston mit »der österreichische Mensch« jenen Charaktertypus des k. u. k. Beamten beziehungsweise »Dienstaristokraten«, der laut Hugo Hessinger, Oskar Benda und Alphons Lhotsky zwischen 1700 und 1918 das Habsburgerreich am Leben erhielt. Für diesen Charaktertypus hat Johnston in Anlehnung an Hugo von Hofmannsthal und Friedrich Heer den Ausdruck »der theresianische Mensch« geprägt.[16] In dieser dritten Bedeutung haben der Kulturgeograf Hassinger (1925) und der Historiker Alphons Lhotsky (1962) neben den Deutschösterreichern auch die Magyaren und Slawen miteinbezogen. Johnston hätte dem österreichischen Menschen viel zugetraut.

Wenn man sich einen Leser für Hofmannsthals Kriegszeitessays wünschen dürfte, so müsste es der amerikanische Präsident Woodrow Wilson sein. Hätte der Verfasser der Vierzehn Punkte vom Jänner 1918 Hofmannsthals Plädoyer für die zivilisatorische Funktion der theresianischen Menschen wahrgenommen, so hätte er das Prinzip der autonomen Entwicklung (Selbstdeterminierung) in Ostmitteleuropa vielleicht etwas abgeschwächt oder zumindest Restösterreich bei den Verhandlungen zum Vertrag von St. Germain mit mehr Respekt behandelt. [...] Das Ausbleiben einer Werbekampagne für die Eigenart Österreichs hat fatale Konsequenzen für alle Europäer gehabt. 1916 sprach Bahr optimistisch von der Möglichkeit eines Nachkriegseuropas als eines »vergrößerten Österreichs«. Nicht nur hat der Untergang des Habsburgerreichs diese Vision vereitelt, sondern er hat die Relevanz der Tugenden des österreichischen Menschen als Sozialkapital für Europa als eine Liga der Nationen verhüllt. Aber schon um 1925 hatte Hassinger befürchtet, dass es zu spät sei, eine Versöhnung zwischen den Tschechen und den Sudetendeutschen sowie zwischen der Tschechoslowakei und der Ersten Republik Österreich zu bewerkstelligen. Wenige Jahre nach dem Ersten Weltkrieg hatte sich das Sozialkapital an Vermittlungsarbeitern in Mitteleuropa unheilvoll verringert und noch einmal flatterte die Devise Zu spät! über eine Hinterlassenschaft der Donaumonarchie.[17]

Zu spät war und ist es im zögerlichen Österreich für so vieles. Umso dankbarer sollten wir den Gründern der Festspiele für ihre Tatkraft in kraftlosen Zeiten sein. Und umso wichtiger müssen wir den Gründungsgedanken, Friedensprojekt, Projekt gegen die Sinnkrise ganzer Staaten aber auch des einzelnen Individuums zu sein, nehmen.

Es ist angenehm, dass die Festspiele wirtschaftlicher Motor einer ganzen Region sind. Aber gerade heute gilt es, die Kunst als moralische Kraft zu nützen.

Zum Schluss noch ein Zitat von Max Reinhardt:

Es bewegt mich. Es bewegt mich mehr, als ich sagen kann. Es ist ein Traum, aber ein so unwahrscheinlicher Traum, wie ihn nur die Wirklichkeit hervorbringt, mit all den rätselhaften Wundern, die uns alltäglich umgeben. Da unten sitzen wirklich Tausende von Menschen, die aus aller Welt, weit über Land und Meer hergekommen sind und Jahr für Jahr herkommen, um dieses alte Spiel (Jedermann) zu sehen. Und wenn nicht der berühmte Salzburger Regen uns wie just heute unter das schützende Dach des Festspielhauses treibt, dann drängen sich noch Tausende von Menschen ringsherum in den Gassen, stehen in den Fenstern und auf den Dächern, um dieses alte Spiel zu sehen, dass ein deutscher Dichter, der große Österreicher, Hugo von Hofmannsthal, erneuert hat. […] Aber mit dem »Jedermann« ist jedenfalls der alte und heute schon an vielen Orten in die Tat umgesetzte Gedanke der Festspiele siegreich geblieben. Er hat hier ein tausendfaches, von Jahr zu Jahr wachsendes Echo gefunden, und der »Jedermann«, der als Auftakt geplant war, ist zum Mittelpunkt und Symbol der Festspiele geworden.[18]

Literatur

Hobsbawm, Eric, Kunst und Kultur am Ende des 20. Jahrhunderts, in diesem Band, S. 269–277.

Johnston, William M., Der österreichische Mensch. Kulturgeschichte der Eigenart Österreichs, Wien 2009 (= Studien zu Politik und Verwaltung, Bd. 94)

Musil, Robert, Buridans Österreicher, in: Ders., Der deutsche Mensch als Symptom. Reden und Aufsätze zur Politik, hg von Martin Bertleff, Wien 2014, S. 28–30

Reinhardt, Max, Brief Max Reinhardts an Leopold Freiherrn von Andrian zu Werburg. Berlin, 5. September 1918. Über die künstlerische, kulturpolitische, touristische und wirtschaftliche Bedeutung einer Gründung von Festspielen in Salzburg, in: Ders., Die Träume des Magiers, hg. v. Edda Fuhrich und Gisela Prossnitz, Salzburg–Wien 1993, S. 108–111

Reinhardt, Max, Festspiele in Salzburg. Denkschrift zur Errichtung eines Festspielhauses in Hellbrunn (1917), in: Ders., Ausgewählte Briefe, Reden, Schriften und Szenen aus Regiebüchern, hg. v. Franz Hadamowsky, Wien 1963, S. 73–78

Reinhardt, Max, Festliche Spiele. Ein Gespräch mit Max Reinhardt, in: Kerber, Erwin (Hg.), Ewiges Theater. Salzburg und seine Festspiele, München 1935, S. 51–54

Reinhardt, Max, Konzept für eine Rede in Salzburg. 1930, Gedenkworte für Hugo von Hofmannsthal, über die weltweite Wirkung der alljährlichen »Jedermann«-Aufführungen auf dem Domplatz, in: Ders., Die Träume des Magiers, hg. v. Edda Fuhrich und Gisela Prossnitz, Salzburg–Wien 1993, S. 111–113

Endnoten

1 Vortrag bei den Salzburger *Festspiel-Dialogen* am 28. August 2008.

2 Reinhardt, Max, Brief Max Reinhardts an Leopold Freiherrn von Andrian zu Werburg. Berlin, 5. September 1918. Über die künstlerische, kulturpolitische, touristische und wirtschaftliche Bedeutung einer Gründung von Festspielen in Salzburg, in: Ders., *Die Träume des Magiers*, hg. v. Edda Fuhrich und Gisela Prossnitz, Salzburg–Wien 1993, S. 108–111, hier S. 109f.

3 Reinhardt, Max, Festspiele in Salzburg. Denkschrift zur Errichtung eines Festspielhauses in Hellbrunn (1917), in: Ders., *Ausgewählte Briefe, Reden, Schriften und Szenen aus Regiebüchern*, hg. v. Franz Hadamowsky, Wien 1963, S. 73–78, hier S. 73.

4 Ebd.

5 *Brief Max Reinhardts an Leopold Freiherrn von Andrian zu Werburg*, siehe Endnote 2.

6 Ebd., S. 73f.

7 Reinhardt, Max, Festliche Spiele. Ein Gespräch mit Max Reinhardt, in: Kerber, Erwin (Hg.), *Ewiges Theater. Salzburg und seine Festspiele*, München 1935, S. 51–54, hier S. 51.

8 Ebd.

9 Siehe Archiv der *Salzburger Festspiele*.

10 Hobsbawm, Eric, *Kunst und Kultur am Ende des 20. Jahrhunderts*, in diesem Band, S. 269–277.

11 Musil, Robert, Buridans Österreicher, in: Ders., *Der deutsche Mensch als Symptom. Reden und Aufsätze zur Politik*, hg von Martin Bertleff, Wien 2014, S. 28–30, hier S. 28.

12 Vgl. Johnston, William M., *Der österreichische Mensch. Kulturgeschichte der Eigenart Österreichs*, Wien 2009 (= Studien zu Politik und Verwaltung, Bd. 94), S. 153f.

13 *Brief Max Reinhardts an Leopold Freiherrn von Andrian zu Werburg*, a.a.O., S. 109.

14 Johnston, William M., *Der österreichische Mensch*, S. 53.

15 Ebd. S. 20.

16 Vgl. ebd., 20f.

17 Ebd., S. 92f.

18 Reinhardt, Max, Konzept für eine Rede in Salzburg. 1930, Gedenkworte für Hugo von Hofmannsthal, über die weltweite Wirkung der alljährlichen »Jedermann«-Aufführungen auf dem Domplatz, in: Ders., *Die Träume des Magiers*, hg. v. Edda Fuhrich und Gisela Prossnitz, Salzburg–Wien 1993, S. 111–113.

Adornos Mozart[1]

Birgit Recki

Widmung

Auf die Idee zu dem hier dokumentierten Vortrag bin ich nicht von selbst gekommen – sie stammt von Michael Fischer. Im Herbst 2013 rief mich der Begründer und Leiter der Vortragsreihe *Festspiel-Dialoge*, in der ich 2007 schon einmal als Referentin zu Gast sein durfte, an und lud mich ein, im kommenden Jahr doch wieder einmal mit einem Vortrag nach Salzburg zu kommen. Und er wusste auch schon, dass es ein Vortrag über *Adornos Mozart* sein sollte. Ich war ebenso erstaunt über die (bei Vortragseinladungen nicht übliche) Vorgabe wie erfreut über die Einladung und machte auch aus dem ersteren keinen Hehl: *Lieber Herr Fischer, das wäre eine Auftragsarbeit.* Und da zeigte sich eben das unbeirrbare Ingenium, das den großen Anreger im Kulturbetrieb – im Falle Michael Fischers darf man sagen: den bewegten Beweger, auszeichnet: Mein Gesprächspartner am anderen Ende der Leitung ließ meine gelinde Ironie über die ungewöhnliche Rekrutierungsmethode unbeeindruckt an sich abperlen, blieb ganz in *medias res* und machte mir in wenigen Strichen klar, wie wünschenswert und naheliegend ein Beitrag unter genau diesem Titel wäre und wie problemlos ich ihn beisteuern könnte – und wenn ich über Adornos Verhältnis *zu Mozart* bisher noch nicht nachgedacht hätte, na da gäbe es doch selbst für gut mit Arbeit ausgelastete Kollegen die Weihnachtsferien, in denen man sich mal damit vertraut machen könne. Ich musste schon längst amüsiert und beifällig grinsen, nicht bloß über diese Retourkutsche der Ironie, sondern besonders über die Souveränität, mit der Michael Fischer seines Amtes als Organisator eines erfolgreichen Veranstaltungsprogrammes waltete, sich dabei *natürlich* verantwortlich fühlte für das Spektrum der Themen, sich ebenso *natürlich* als *spiritus rector* seiner eingeladenen Referenten verstand und ihnen – *natürlich* – im Interesse an der Repräsentanz von wünschenswerten Themen die Staatsraison vorgab. Und – ich hatte mich in diesem kurzen Wortwechsel schon mit seiner Vorgabe angefreundet und sah, dass der Vorschlag Sinn ergab: *Adornos Mozart in Salzburg*. Ich hätte den hochgeschätzten Kollegen gerne noch wissen lassen, wie gut ich seine Idee zu diesem Vortrag im Zuge der Vorbereitung inzwischen finde, ich hätte ihm gern gedankt, nicht allein für die Einladung, sondern ganz besonders für diese Anregung – denn ich habe dadurch bei dem Autor, über den ich vor dreißig

Jahren promoviert und damit meine akademische Laufbahn begonnen habe,[2] eine Seite kennengelernt, die mir bis dahin nicht aufgefallen ist und die ihn mir noch einmal näher gebracht hat, als ich das nach den drei Jahrzehnten noch für möglich gehalten hätte. So, in solchen fruchtbaren Effekten, stelle ich mir die Förderung durch wohlwollende und umsichtige Kollegialität vor. Dafür hätte ich Michael Fischer gern gedankt, und ich hätte gern seine Diskussionsbemerkungen, die sich immer durch soviel Kenntnis, Gedankenreichtum und Scharfsinn auszeichneten, dazu noch gehört. Ich bin sehr traurig, dass Michael Fischer nicht mehr unter uns weilt, und ich würde mir wünschen, dass der Beitrag seinen Beifall gefunden hätte. Frau Magister Ingeborg Schrems, der langjährigen rechten Hand von Michael Fischer, danke ich sehr herzlich für ihr Interesse und ihre Teilnahme an der Veranstaltung.

1. Die Barbarei des Kulturbetriebs:
Adornos Kritik am Umgang mit Mozart

Adornos Mozart, soviel müssen wir mehr als bloß einer seiner musikalischen Schriften entnehmen, war zu seiner Zeit nicht der Mozart Salzburgs. Nach den tragenden Intuitionen seiner kritischen Theorie der Musik gilt es, Mozart vor der Vereinnahmung durch die *Barbarei des Kulturbetriebes* zu schützen, und diese Barbarei sieht Adorno in dem Salzburg am Werk, das er erleben konnte.[3] Die Formel von der *Barbarei des Kulturbetriebes*, die nach meiner Vermutung wohl den Assoziationshintergrund des Titels der diesjährigen *Festspiel-Dialoge* bildet, stammt von Adorno. Er hat sie Anfang der Vierzigerjahre in der mit Max Horkheimer gemeinsam geschriebenen *Dialektik der Aufklärung*, und zwar in dem von ihm beigesteuerten Kapitel über die *Kulturindustrie*, geprägt und er hat sie auch nach der Zeit des Weltkrieges und des Völkermordes konstant weiterhin für aussagekräftig gehalten. Die *Barbarei des Kulturbetriebes* zeigt sich für den kritischen Theoretiker der Musik bereits in einem hartnäckigen Abziehbild: dass Mozart »im bürgerlichen Haushalt die Rolle des begnadet tänzelnden Götterkindes spielt«,[4] und sie setzt sich fort in einem ganzen Spektrum von vereinfachenden und grobschlächtigen Aneignungen, durch die Mozart zum Klischee gemacht wird. Das wirklich Schlimme, das aus der Praxis des Musikbetriebes in die öffentliche Präsenz und Repräsentanz hineinwirkt und die Formen der Rezeption, die Gewohnheiten des Hörens und damit wiederum die Erwartungen an Aufführungen und Inszenierungen aller Art beeinflusst, besteht gewiss in einer *musikalischen Adaptation*, durch die Mozarts *Musik* vereinfacht, verharmlost, zum Klischee einer Heiterkeit gemacht wird, der, so beanstandet Adorno, ihr Widerpart und damit ihr Sinn entzogen ist.

Anlass für erbitterte Polemik gibt ihm in einer seiner *Musikalischen Warenanalysen* aus den Dreißigerjahren die Verarbeitung in Schlagerkompositionen, die es »den zeitgemäßen Barbaren« erlaube, »über die Vergangenheit zu lachen, nach der sie sich sehnen, und sich zu attestieren, wie weit sie es über Mozart hinausgebracht haben. Fortschrittsschwachsinn hat die Sonatine erfaßt.« (GS 16, 291) Jener Raymond Scott,[5] den Adorno hier namentlich nennt und dem man bis heute eine ganze Legion weiterer Mozartadepten in der populären Musik an die Seite stellen kann, steht exemplarisch für die Tendenzen der Musikindustrie, der Adorno nicht allein die »Versimpelung des Hörens« vorwirft, sondern dabei zugleich sinnleere Veränderungen an den historischen Vorlagen: Nichts dürfe so bleiben, wie es ist, selbst wenn eine Veränderung überhaupt *keine Funktion erfüllt*. Diese Formulierung, die Veränderung an einer musikalischen Vorlage *erfülle keine Funktion*, führt schon nah ans Zentrum von Adornos ästhetischen Ansprüchen; man muss sie streng auf diejenigen möglichen Funktionen beziehen, die eine kompositorische Entscheidung, also ein musikalisches Element innerhalb des Sinngefüges, hat, den ein Werk stets darstellt; dann kann auch auffallen, dass diese unscheinbare Formulierung direkt auf Adornos Definition von Kitsch zielt: Kitsch ist in seinen Begriffen wesentlich die »Verkennung des ästhetischen Sinnzusammenhanges« in seiner funktionalen Immanenz, oder drastisch und eingängig formuliert: »das Ornament als verwesendes«. Adorno operiert hier ganz selbstverständlich mit der Vorstellung von einem organischen Ganzen, dem für seine sinnerfüllte Lebendigkeit nichts funktional Wichtiges weggenommen und nicht beliebige Funktionen hinzugefügt werden dürfen. Dass die damit gemeinten für das Leben der Gestalt, für die organische Einheit des Kunstwerks *funktionslosen Schnörkel* allerdings für die Psyche der Rezipienten, der Hörer, eine Funktion haben, sich die Sache leichter fasslich zu machen, sich in Stimmung zu bringen, sich durch verselbständigte Versatzstücke Wiedererkennungserlebnisse oder durch Repetition gefälliger Formen sentimentalen Genuss zu verschaffen, das alles ist in Adornos Kritik im Begriff des Kitsches als der »Verkennung des ästhetischen Sinnzusammenhanges« impliziert.

Das ist es, was Adorno der Kulturindustrie vorwirft: Sie produziere (in ebendiesem Sinne) Kitsch. Was er im Begriff der Barbarei meint, dürfte damit und durch seine exemplarische Analyse, der mit Leichtigkeit viele weitere Fälle hinzuzufügen wären, hinreichend deutlich werden. Dem gegenüber, so könnte man meinen, sind *die* Formen eines *kunstgewerblichen Kulturanspruchs*, durch welchen Mozart etwa zum »Rokokobild von Pralinéschachteln« (1969, GS 19, 500) gemacht wird, geradezu eine Harmlosigkeit. Doch für den kritischen Theoretiker der Gesellschaft und der Musik gibt es nichts Harmloses. Adorno denkt gemäß dem Marxschen Modell von Basis und Überbau: Durch die ökonomische Dominanz der Strukturen des

Birgit Recki

Marktes vermittelt sich das Prinzip der Herrschaft, das der warenproduzierenden Gesellschaft zugrunde liegt, gleichmäßig in alle ihre Bereiche bis in die Formen der zwischenmenschlichen Kommunikation, von wo dann wiederum durch die Einübung in korrumpierte Muster der Wahrnehmung, des Denkens, des Fühlens und der Mitteilung eine Verstärkung, eine Bekräftigung des schlechten Herrschaftsprinzips ausgeht: Einen *universalen Verblendungszusammenhang* hat Adorno dementsprechend unter Verwendung einer optischen Metapher die kapitalistische Gesellschaft genannt. (*Negative Dialektik*, GS 6) Die beklagten Praktiken und Phänomene des Kulturbetriebs, von der musikalischen Kitschproduktion in Schlagern und Operetten bis zu den Mozartkugeln tragen, jede an ihrer Stelle und auf ihre Weise, zu diesem universalen Verblendungszusammenhang bei, indem sie das Bewusstsein der Menschen mit ideologischen Mustern besetzen und den möglichen Ausblick auf Alternativen verstellen.

Einzig und allein die Kunst – die *große Kunst*, muss man hier zur Vermeidung von Verwechslungen mit der Kunst im Unterhaltungsbetrieb sagen – birgt ein Potential des Widerstandes gegen das *schlechte Bestehende*, ein Potential der Veränderung zu einer besseren Welt, ein utopisches Potential, und zwar dadurch, dass in ihr ein anderes, der gesellschaftlichen Herrschaft entzogenes und entgegenstehendes Prinzip wirksam ist, das Prinzip der autonomen Gestaltung, durch das sich das große Kunstwerk dem auswendigen Gesetz der Warenökonomie entzieht. Dieses Potential der großen Kunst ist ein fragiles Gut, die Gefahr der Vereinnahmung lauert überall, und deshalb wirft der kritische Theoretiker einen besonders bösen Blick auf die genannten Formen der Vereinnahmung durch einen fremdbestimmten, geistlosen Betrieb, der jeden künstlerischen Einfall gleich durch Nivellierung vermarktet und damit unschädlich macht.

Für den Kontext seines Denkens ist es denn auch bedeutsam, dass er etliche seiner kritischen Analysen als *Musikalische Warenanalysen* übertitelt hat. Im Rahmen dieser Analysen, die zwischen 1934 und 1940 geschrieben und 1955 (zwei Jahrzehnte später ohne programmatische Distanzierung!) publiziert wurden,[6] legt er Wert darauf, dass Mozarts Musik eigentlich kein Potential für die Durchsetzung marktwirtschaftlicher Interessen habe; sie stelle *keine* marktgängigen Emotionen zur Verfügung und verpflichte den Konsumenten auch *nicht* durch »Pomp, Macht und rhythmische Befehlsgewalt« (GS 16, 291) zu dem in der warenproduzierenden Gesellschaft von ihm erwarteten Gehorsam. Dennoch komme Mozart *in Salzburg* ein Touristenwert zu, zu dem die bereits zitierten Pralinenschachteln als auffälligstes Phänomen gehören, und den Adorno in der Adaptation und Verfälschung seiner Musik begründet sieht. Nicht allein wird sein Bild manipuliert, insofern er als Erfinder des Menuetts dargestellt wird; er wird überhaupt ins Rokoko zurückdatiert,

»das er gerade sprengt« (GS 16, 291). Adorno bezeichnet dies – eine Formulierung, an deren wuchtiger Strenge man schon erkennen kann, wie sehr ihm Mozart am Herzen liegt, als eine »Transvestition des Humanisten ins Stilkleid« (GS 16, 291), und sieht genau darin abermals die Barbarei.

Nachdem damit, wie ich hoffe, der kritische Gedanke Adornos über Salzburgs Mozart deutlich genug geworden ist, sei – wenigstens kurz – die eine und andere Rückfrage gestellt. Lässt sich denn die Präsenz und die Geltung Mozarts bei den *Salzburger Festspielen* an dem festmachen, was Adorno den *kunstgewerblichen Kulturanspruch* nennt, sei es am Markterfolg der Mozartkugeln, sei es an Phänomenen der epigonalen Schlagerkultur? Trifft das, was der Kritiker an Vereinnahmung künstlerischen Prestiges in oberflächliche Muster und an Nivellierung künstlerischer Gehalte aufspießt, die Praxis der Mozartrezeption in Salzburg, die Adorno bis Anfang der Dreißigerjahre und dann nach dem Exil in England und den USA wieder von 1950 bis 1969 erlebt haben kann? Gewiss kann man sich eine gewisse Relativierung der Polemik davon versprechen, dass man sie historisch versteht. Ebenso gewiss muss in der Auseinandersetzung mit seiner Position die Konzentration auf den historischen Abstand zwischen der Entstehungszeit (oder dem Publikationsdatum) von Adornos bitterbösen Zwischenrufen *und* der inzwischen erreichten musikalischen und theatralischen Kultur der Aufführung aber unbefriedigend bleiben. Denn zum einen darf man es schon nicht einfach als eine ausgemachte Sache ansehen, dass Adornos Kritik wenigstens die *Salzburger Festspiele* der frühen Jahre wirklich angemessen trifft; zum anderen haben wir Anlass zu der exakten Mutmaßung, dass Adorno auf gewisse spätere Tendenzen der postmodernen Inszenierungs- und Dekonstruktionspraxis im ernsthaftem Musikbetrieb ebenso heftig wie auf den Betrieb zu seiner Zeit, wenn nicht heftiger reagiert haben würde – hätte er sie noch erlebt. Am postmodernen Regietheater hätte Adorno wahrscheinlich zum einen die *Unkraft des Gedankens* kritisiert, sich auf die historische Rekonstruktion des Stoffes einzulassen, zum anderen hätte er manches Gestaltungselement auch hier als Kitsch verworfen.

Wir dürfen uns also nicht voreilig darauf festlegen, dass die Polemik gegen die Barbarei der sinnwidrigen Aneignung durch den Kulturbetrieb zu ihrer Zeit womöglich berechtigt gewesen sei, und ebensowenig davon ausgehen, dass sie durch dessen Entwicklung hin zu mehr Differenziertheit und gesellschaftlichem wie historisch-kritischem Problembewusstsein heute gegenstandslos geworden wäre. Wohl aber dürfen wir das Ethos der Differenzierung, das Adorno in seiner Ästhetik vertritt, dem Blick auf das heutige Salzburg zugutekommen lassen und fragen, ob Adorno in der musikalischen und theatralischen Aufführungspraxis etwa (um nur die jüngst zurückliegenden Saisonen zu berücksichtigen) der Mozart-Trilogie von

Birgit Recki

Claus Guth sowie den Inszenierungen von *Così fan tutte* und *Don Giovanni* von Sven Eric Bechtolf nicht mehr als bloß das immer gleiche Exerzitium barbarischer Gleichmacherei hätte wahrnehmen können.[7] Dass Bechtolfs *Don Giovanni* auch noch nach seinem Höllensturz ungebrochen und in alter Frische den Frauen nachstellt und dass damit nebenbei dem indianischen ›Eingehen in die ewigen Jagdgründe‹ auch alteuropäisch ein ganz neuer Sinn abgewonnen ist – das hätte dem an der Freudschen Theorie des menschlichen Trieblebens geschulten Adorno bestimmt gefallen. (Ich komme darauf zurück.) Aber auch, dass der Vorgänger-*Don Giovanni* bei Claus Guth eine lädierte Naturgewalt war, dem dunklen Wald entsprungen, und dass als sein mythisches Gegenbild ein schwarzer Wolfshund frei über die baumbestandene Bühne schnürte, hätte dem Philosophen einleuchten müssen: Schließlich ist er einer der ganz wenigen Denker des 20. Jahrhunderts, die in der Ästhetik die Rolle der Natur (in ihrer metaphysischen Selbständigkeit als *unverwaltete Natur*) im Blick behalten haben. Ich glaube überdies, es hätte ihm auch gefallen, dass in Bechtolfs *Così* Don Alfonso, der sogenannte Philosoph, der doch wenig mehr ist als ein desillusionierter Zyniker und bis zur Unredlichkeit manipulativer Quälgeist, am Ende in einer bezeichnenden Unaufmerksamkeit, an der augenscheinlich eine ganz unphilosophische Gier ihren Anteil hat, einen nicht für ihn bestimmten Kelch voller Gift leert – und damit einem ganz ähnlichen Schicksal verfällt wie bei den Brüdern Grimm die böse Stiefmutter, die auf der Hochzeit von Schneewittchen in glühenden Pantoffeln tanzen muss, bis sie tot umfällt.

So könnte man noch eine Weile fortfahren und die zeitgenössischen wie auch die historischen Inszenierungen durchgehen, immer am Leitfaden der Frage, ob sich nicht auch in ihnen hier und dort eine kritische Idee artikuliert, die man als kommensurabel und kongenial mit Adornos gesellschaftskritischer Position ansehen darf. Man wäre in einem solchen Vorgehen nahe bei Adorno, denn zu seinen gültigen Ansprüchen in der Ästhetik gehört die durch Kant maßgeblich geprägte Einsicht, dass ästhetische Urteile niemals generalisieren dürfen, sondern als einzelne Urteile immer individualisierend auf das Individuelle der Gestalt gerichtet sein müssen.[8] Doch deshalb wäre eine solche Untersuchung der Salzburger Mozart-Aufführungen auch niemals bloß eine Aufgabe für die Philosophie, sondern immer zugleich eine Sache der interdisziplinären, dabei auch musikwissenschaftlichen und theaterwissenschaftlichen Forschung, und genau deshalb will ich jetzt auch nicht so tun, als könnte ich – zudem in *einem einzigen* Vortrag hier zu wesentlichen, fundierten Ergebnissen kommen. Ich will vielmehr nach der Andeutung der möglichen Richtung weiterer Untersuchung stattdessen noch etwas mehr, und schließlich: das Zentrum von *Adornos Mozart* vorführen.

Was also ist *Adornos Mozart*, den er gegen den frevelnden Zugriff der *Barbarei des Kulturbetriebes* in Sicherheit bringen oder in Sicherheit halten will? Auf den ersten Blick könnte man die Sorge haben, dass sich das gar nicht herausfinden lässt, denn Adorno hat Mozart keine Monografie gewidmet; er hat ihm noch nicht einmal einen selbstständigen Aufsatz gewidmet. Was Adorno über Mozart denkt, lässt sich aber trotzdem in aller nur wünschenswerten Deutlichkeit sagen. Mozart begleitet nämlich Adornos musiktheoretische und ästhetische Überlegungen wie ein sehr prägnantes Leitmotiv. Was er ihm bedeutet, erschließt sich dem Leser aus einer Vielzahl von Bemerkungen, die zum einen über die der Musik gewidmeten kleineren Schriften verstreut sind, deren Charakter von der musiksoziologischen Analyse bis zur Kritik einzelner musikalischer Aufführungen reicht; die zum anderen in der *Ästhetischen Theorie*, dem postum herausgegebenen großen Werk zur Philosophie der Kunst, ebenfalls verstreut sind. Durch den systematischen Kontext dieser Ästhetik als einer gesellschaftskritischen Theorie der Kunst findet sich die Reflexion auf Mozart, seine epochale Leistung und einzelne seiner Werke, eingebettet in den größeren Zusammenhang erkenntnistheoretischer, gesellschaftskritischer, ideologiekritischer und kunstphilosophischer Auseinandersetzung. Davon, von dieser Einschätzung und ihrer Einbettung, soll nun ein etwas genauerer Eindruck vermittelt werden.

2. Adornos Mozart

Was ist es, das Adorno an Mozart lobt? Die Prädikate dieses Lobes sind zahlreich: Bei Mozart lässt sich nicht nur Reichtum der melodischen Erfindung, sondern auch Reichtum an Wendungen der Form feststellen. Ebenso wie er schon in seinen frühen Kompositionen »souverän im ganzen, substanziell im Detail« (GS 19, 325) sei, müsse man den »seraphischen Ton« mancher seiner reifen Werke (GS 18, 704) loben. Adorno lobt Mozart insgesamt für die »unbeschreibliche Meisterschaft« (GS 19, 219), die er selbst in Auftragsarbeiten beweise, wie für seine außergewöhnliche Leichtigkeit. So heißt es einmal, ein Thema klinge so, »als hätte Musik aller Kontrollen, der Schmach aller Bindungen sich entäußert und entschwebte der Erde mit der Seligkeit von Amoretten« (GS 18, 705).

Ein durchgehendes Motiv in Adornos Würdigung ist Mozarts Fähigkeit, die disparaten Geltungsansprüche unterschiedlicher Sphären und Elemente zu einer Einheit zu verbinden, zum Beispiel »jenes zugleich weltliche und sakrale Wesen, dessen nur Mozart, auf dem Indifferenzpunkt von Mystik und Aufklärung, mächtig war« (GS 18, 706) und das sich exemplarisch in einem kurzen Ensembleabschnitt im Finale des *Figaro* findet. Hieran hebt Adorno insbesondere drei reine Instrumentaltakte hervor, die der Überleitung in den fröhlichen Beschluss dienen und in denen sich ein Motiv bildet, »das leise an den kirchenmusikalischen Stil mahnend, das Erhabene und das ganz Unscheinbare in eins setzt, wie es keiner Musik nach Mozart wieder glückte« (GS 18, 706).

»Ihre Gewalt gewinnt die Form bei ihm als bestimmte Negation« (ÄTh, 264), sagt Adorno von Mozart in Anwendung eines klassischen Terminus der Hegelschen Dialektik: *Bestimmte Negation*, das ist die Negation, bei der man in bewusster und absichtsvoller Ablehnung eines Vorgegebenen zugleich eine konkrete Alternative – eine Gegen*position* – anzubieten hat. Durch dieses Urteil würdigt er Mozart im höchsten Maße als einen, der weiß, was er tut; der weiß, wovon er sich absetzt, und was er dagegensetzt. So ist denn auch an der eingangs schon zitierten Stelle der vollständige Wortlaut: »Selbst Mozart, der im bürgerlichen Haushalt die Rolle des begnadet tänzelnden Götterkindes spielt, war, wie seine Korrespondenz mit dem Vater auf jeder Seite bezeugt, *unvergleichlich viel reflektierter* als sein Abziehbild: *allerdings reflektiert in seinem* Material, nicht freischwebend abstrakt darüber« (ÄTh, GS 7, 501; Hervorhebungen von mir, B. R.).

Aber auch diese Anerkennung ist noch nicht das Höchste der Gefühle. Adorno konnte in seiner Hommage an Mozart keine stärkeren Begriffe finden als die der *Authentizität* und der *Tiefe*, wo er von dessen Fähigkeit spricht, »Unvereinbares zu vereinbaren, indem dem Rechnung getragen wird, was die divergenten musikalischen Charaktere zu ihrer Voraussetzung herbeiziehen, ohne in ein anbefohlenes Kontinuum sich zu verflüssigen. Unter diesem Aspekt ist Mozart unter den Komponisten des Wiener Klassizismus der, welcher vom etablierten Klassizitätsideal am weitesten sich entfernt, freilich dadurch eines höherer Ordnung – es mag *Authentizität* heißen – erreicht. Dies Moment ist es, wodurch selbst in der Musik, trotz ihrer Ungegenständlichkeit, die Unterscheidung des Formalismus als eines leeren Spiels und dessen anwendbar ist, wofür kein besserer Terminus zur Verfügung steht als der anrüchige von der *Tiefe*« (ÄTh, 455).

Zu berücksichtigen ist angesichts solcher Auszeichnung, dass nach einer Erkenntnis, die Adorno sehr stark betont und die eingangs bereits thematisch war im Hinweis auf seine Theorie der durchgängigen Vermittlung gesellschaftlicher Herrschaft in die Verkehrsformen aller Lebensbereiche, die Musik wie alle Kunst als »abgeblendetes Nachbild« der Gesellschaft zu begreifen ist (GS 14, 387), sodass sich die Dynamik gesellschaftlicher Herrschaftsverhältnisse im historischen Wandel immer auch in der Musik abbildet. Dann hat man bereits einen Ansatz zur Erklärung, *wie* das, wofür Mozart von Adorno so geschätzt wird, *möglich* und wie es zu verstehen ist: Mozart bewegt sich mit seiner Musik auf der Höhe gleichsam einer Epoche, eines großen Augenblicks, in dem die Menschen erfüllt waren von dem Anspruch, der Hoffnung und der unmittelbaren Erwartung, dass es möglich sei, die gesellschaftliche Herrschaft, die des *Ancien régime*, zu brechen – und sie nicht nur durch eine reformierte, gelinderte Herrschaftsstruktur zu ersetzen, sondern sie in einen herrschaftsfreien Zustand, eine klassenlose Gesellschaft zu überführen. In einem seiner von Adorno so genannten *Moments musicaux* heißt es 1929[9] von Mozarts *Zauberflöte* aufschlussreich: »Damals nur wölbte die gleiche Opernkuppel sich über Sarastro und Papageno, als im revolutionären Augenblick das Bürgertum mit den ergriffenen Menschenrechten Freude selbst erreicht meinte; da jedoch die bürgerliche Gesellschaft so wenig der Freude teilhaftig wurde wie Menschenrechte realisierte, haben die Klassen der Musik wie die der Gesellschaft sich geschieden« (GS 17, 53).

Das Prinzip der Menschenrechte ist die Gleichheit zwischen den Individuen; dieses egalitäre, demokratische Ethos teilt sich als Formprinzip, so Adorno, nicht allein auf der narrativen Ebene des Librettos Mozarts Gestalten, es teilt sich auch seinen musikalischen Entscheidungen mit. Man mag hier assoziieren, dass Mozart der Dienerin Susanna im *Figaro* im zweiten Akt das Motiv eines Menuetts zuordnet, das bis dahin dem höfischen Zeremoniell der Aristokratie vorbehalten war. In einem anderen kleinen Stück gibt Adorno ein aufs Ganze gehendes Beispiel der egalitären Pluralität, in der ein ästhetisches Äquivalent der demokratischen Gesellschaft gesehen werden kann: dass nämlich »in der Zauberflöte die Singspielerbschaft ein Welttheater stiftet, auf dem oben und unten, Opera seria, Couplet, Lied, Ziergesang und aufgeklärte Mystik gleichwie zum letztenmal im runden Kosmos sich zusammenfinden, ohne Riß zwischen dem Bereich Sarastros und dem Papagenos« (GS 17, 38). Adornos Hinweis auf die harmonische Integration von musikalischen Elementen aus disparaten Kultursphären ist eines der exemplarischen Beispiele für das, was er meint, wenn er in seiner Ästhetischen Theorie generell die *ästhetische Form* als *sedimentierten Inhalt* geltend macht.

Und die geschichtsphilosophische Einschätzung lautet: »Die ›Zauberflöte‹, in der die Utopie der Emanzipation und das Vergnügen am Singspielcouplet genau koinzidieren, ist ein Augenblick selber. Nach der ›Zauberflöte‹ haben ernste und leichte Musik sich nicht mehr zusammenzwingen lassen« (GS 14, 17). – »Das letzte Mal, daß sie sich wie auf schmalem Grat, in äußerster Stilisierung versöhnten, war Mozarts Zauberflöte; sehnsüchtig trauern diesem Augenblick noch Gebilde wie die Ariadne von Strauss und Hofmannsthal nach« (GS 14, 200).

Erkennbar wird so, dass Adorno in Mozart einen Meister des allerhöchsten Niveaus würdigt. Er preist mit Blick auf seine innovative Kraft insbesondere seine Freiheit im Umgang mit den traditionellen Formen und Konventionen,[10] nachgerühmt wird, virtuos mit dem Begriff der Form selbst. Er vertraut so sehr und

Birgit Recki

– in der Rede von der »Transvestition des Humanisten ins Stilkleid« fanden wir es schon angekündigt: Er stellt an dieser außerordentlichen musikalischen Souveränität heraus, dass sich hier der Anspruch des Aufklärungszeitalters wie in einer kristallinen Gestalt zusammenzieht. Adorno behauptet im Blick auf Mozart einen weltgeschichtlichen *Kairos: Mozarts Opern profitieren vom verheißungsvollen Augenblick der Weltgeschichte und bewahren dessen Versprechen.* In seiner Musik ist die Utopie einer herrschaftsfreien Gesellschaft artikuliert, die überdies die Versöhnung mit der Natur umfasse.

Auch dies letztere Moment lässt sich wiederum an einer kleinen Studie exemplifizieren: So gut wie jeder, der schon einmal ein Programmheft einer *Don Giovanni*-Inszenierung in der Hand hatte, kennt Adornos »Huldigung an Zerlina« (eines der *Moments musicaux* aus dem Jahr 1952), die noch einmal anders in den Kontext dieses Gedankens führt. Diese Miniatur vereinigt auf engstem Raum, auf knapp zwei Seiten, in der Würdigung der Zerlina-Gestalt zwei zentrale Gedanken seiner Ästhetik: den utopischen Charakter dessen, was als *Glücksversprechen* an großen Kunstwerken aufscheint, konkret geltend gemacht an der silbernen Süße von Zerlinas Stimme, die wie aus dem Niemandsland der historisch um die Macht kämpfenden Parteien (Bürgertum und Adel) tönt; und das Motiv der *Versöhnung* von Natur und Zivilisation, Stadt und Land.

Das alles ist mehr, als man erwartet hätte. Ihren Kulminationspunkt erreicht die Hymne des gesellschaftskritischen Philosophen auf den großen Komponisten aber mit einem Motiv, von dem man auch geltend machen kann, dass darin Mozart im vollen Sinne zu *Adornos Mozart* wird: Bei Mozart gelinge im »Ausgleich zwischen dem Schema und dem je Einmaligen der durchkomponierten Musik« (GS 18, 436) die Wechselwirkung von Allgemeinem und Besonderem. Es ist das Gelingen dieser Integration, in dem sich eine besondere Freiheit realisiert, »die […] es ihm gestattet, Neues oft an Neues zu reihen und doch Einheit zu stiften« (GS 18, 520).[11] Mit diesem Ausgleich zwischen Allgemeinem und Besonderen ist ein Ideal auf den Punkt gebracht, das Adorno als das Ideal der Herrschaftsfreiheit propagiert. Denn umgekehrt ist die Unterordnung des Besonderen unter das Allgemeine im Akt der Erkenntnis: die Subsumtion der Phänomene unter den Begriff, nach Adornos methodischer Engführung von Gesellschaftskritik und Erkenntniskritik das Stigma der Herrschaft. Und die große Kunst wie die kritische Philosophie verkörpern ihm dagegen gleichermaßen das Vorbild einer herrschaftsfreien Erkenntnis: »[G]roße Musik [ist] integral derart, daß sie weder auf dem Partikularen beharrt, noch es der Totale unterwirft, sondern diese aus dem Impuls der Partikularität entstehen läßt«, so beschreibt Adorno dieses Ideal generell, das er »der sich erhebenden musikalischen Sprache Mozarts« zuerkennt (GS 14, 357). – Nichts anderes als der Effekt des

Gelingens solcher Versöhnung von Allgemeinem und Besonderem, von der Adornos Kritik an der gesellschaftlichen Herrschaft träumt, ist denn der gepriesene »seraphische Ausdruck der Mozartschen Humanität« (GS 14, 357).

Adorno ist unter dem Titel einer kritischen Theorie der Gesellschaft berühmt geworden durch seine Analyse der gesellschaftlichen Herrschaft, wie sie sich bis in die Mikrologie selbst noch der scheinbar harmlosesten zwischenmenschlichen Verkehrsformen und kulturellen Produkte auswirkt. Die Kunst, deren Doppelcharakter zwischen autonomer Gestaltung und *fait social* Adorno analysiert, transformiert zwar die gesellschaftliche Erfahrung in das ästhetische Medium, sie kann dabei vermittels des ihr eigenen, dem Realitätsprinzip entgegengesetzten Prinzip autonomer Gestaltung aber immer auch selbst eine Instanz der Kritik an gesellschaftlicher Herrschaft sein – ein Gedanke, den Adorno mit Blick auf die große Kunst der Moderne seit dem 18. Jahrhundert in seiner postum veröffentlichten *Ästhetischen Theorie* durchgeführt hat. Es ist bei Weitem nicht genug zu sagen, dass Mozart für Adorno zweifelsfrei in das Spektrum dieser großen Kunst gehört. Es ist viel mehr: Adornos Mozart ist eine Schlüsselfigur, ja, er ist die Gallionsfigur der kritischen Ästhetik gerade in ihren utopischen Ansprüchen. Wieviel Adorno von Mozart hält, das ist ultimativ an einer *direkten* Verbindung dokumentiert, die viele vielleicht gar nicht für möglich halten würden: Während in der trivialen, barbarischen Vulgärrezeption (fälschlich) die Operetten auf Mozart zu verweisen scheinen, ist es für den an Schönberg geschulten Adorno – Schönbergs Kompositionsweise, die ihn an Mozart denken lässt (siehe GS 18, 332).

3. Kierkegaard. Konstruktion des Ästhetischen (1933)

Es lohnt sich, nach diesen auch ins Grundsätzliche der philosophischen Einsichten und Überzeugungen gehenden Darstellungen abschließend noch einmal auf eine individuelle Gestalt zurückzukommen, die wir bereits gestreift haben: Mozarts *Don Giovanni*. Erhaben ist der große und erhabene Mozart Adornos auch über die bisweilen von unorientierten Spontanlesern so hoch geschätzte Deutung Søren Kierkegaards. Was Adorno von Kierkegaards *Don-Giovanni*-Deutung hält, das ist seiner Habilitationsschrift *Kierkegaard. Konstruktion des Ästhetischen* von 1933 unschwer zu entnehmen. Man darf sich in der Beurteilung Kierkegaards nicht mit dem definitorischen Programm zufriedengeben. Dass die Figur des *Don Giovanni* in Mozarts Oper für Kierkegaard eine Gestalt des Musikalisch-Erotischen verkörpert, die Idee der »sinnlichen Genialität«, darf man nicht zum stationären Nennwert und dann als einen Ausdruck der Bewunderung nehmen. Man muss dabei vielmehr sehen, dass es nicht Kierkegaard ist, der dies in erster Person als Autor sagt, sondern der Ästhetiker A, den Kierkegaard inszeniert. Kierkegaard macht somit in der Gestalt des Don Giovanni eine Kulmination der ästhetischen Einstellung, der ästhetischen Lebensform geltend, eine Kulmination des Ästhetischen, das er entschieden ablehnt. Für ihn kann das Ästhetische anders als für Kant und Hegel *und Adorno* keine selbstgenügsame Legitimität, keine Autonomie und Autorität für sich beanspruchen; es wird vielmehr aus der überlegenen Perspektive der ethischen und der religiösen Einstellung konstruiert – und verworfen. Meines Erachtens macht sich diese Verwerfung übrigens schon daran bemerkbar, dass er in seiner Rollenprosa dem Ästhetiker, der von Mozarts Oper und deren Zentralfigur Don Giovanni schwärmt, ein Urteil in den Mund legt, dass sich angesichts der Handlung nur allzu leicht als naiv entlarvt: Worin soll denn die *sinnliche Genialität* eines Don Juan liegen, dem – in der Handlung, die in der Oper inszeniert ist – keine seiner Aktionen gelingt? Mozarts (und da Pontes) Reflektiertheit und Witz zeigen sich auch darin, dass in seiner Oper der Mythos des Registers mit den 1003 allein in Spanien verführten Frauen zum Gerücht wird.[12]

Der Titel, den Adorno seiner Kierkegaard-Untersuchung gibt, hat denn auch den Doppelsinn, dass er hier aus dem Gesamtwerk seines Referenzautors alle Theorieelemente zusammenträgt, um den Begriff des Ästhetischen zu konstruieren, man würde dazu heute eher sagen: zu rekonstruieren – und dass das Ästhetische bei Kierkegaard eine ziemlich konstruierte Sache ist. Im Medium der Rollenprosa, die er in seinem Buch *Entweder/Oder* 1843 inszeniert, reduziert Kierkegaard den Begriff des Ästhetischen in allen seinen Formen auf den Genuss der Unmittelbarkeit. Diese Auffassung, die er unter anderem am Extrem der Figur des *Don Giovanni* als des höchsten Stadiums des Musikalisch-Erotischen entwickelt, läuft von daher nicht auf die Anerkennung der ästhetischen Phänomene als solche, geschweige denn der Phänomene des Musikalisch-Erotischen hinaus, sondern auf deren Beurteilung und auch Verurteilung im Namen höherer Einsichten. Der Mensch in der ästhetischen Lebensform ist im Grunde ein verworfenes, ja: Kierkegaard traut sich zu, in objektivistischem Zugriff zu sagen: ein verzweifeltes Subjekt, das sich dem Ethischen und dem Religiösen verweigert, und am *Don Giovanni* als der Verkörperung der sinnlichen Genialität in ihrem Aufbegehren gegen die christliche Haltung lässt sich dies trefflich exerzieren.

Gegen diese Konstruktion, der gemäß alles Ästhetische und selbst noch die raffinierteste künstlerische Reflektiertheit und die größte erotische Raffinesse im Kern nichts anderes ist als ein Hedonismus, der den Sprung in die ethische Verantwortlichkeit verhindert, gegen diese Verkennung des Ästhetischen richtet sich Adornos Denken aus zwei Motiven. In den *Minima Moralia*, gleichsam Adornos Äquivalent zu Schopenhauers *Aphorismen zur Lebensweisheit*, und einer wesentlich stärker rezipierten Schrift, als es sein *Kierkegaard* war, hat der große Melancholiker unter den gesellschaftskritischen Denkern des 20. Jahrhunderts preisgegeben, dass für ihn das Modell allen menschlichen Glücks die sexuelle Erfüllung ist: »Glück ist überholt: unökonomisch«, heißt da der Befund der kritischen Gesellschaftsanalyse, und weiter: »Denn seine Idee, die geschlechtliche Vereinigung, ist das Gegenteil des Gelösten, selige Anspannung« (*Minima Moralia* (MM), Aphorismus 139, 291).[13] Schon darin kann *auch* eine indirekte Verteidigung der *Don Giovanni*-Figur gegen den protestantischen Provinzialismus gesehen werden, der uns in Kierkegaards Konstruktion des Ästhetischen entgegentritt. Auch die *Huldigung an Zerlina* greift dieses Motiv auf, indem der Aristokrat Don Giovanni hier nicht allein als der »Angstlose« gewürdigt wird, dem die Bürger »ihr Ideal der Freiheit abgelernt« hätten. Adorno charakterisiert ihn zugleich als einen »Sendboten der Lust«; weil er frei war »von der Lüge, es wäre seine Willkür die Freiheit der anderen«, meint Adorno: »Zerlina hatte recht, daß sie ihn mochte« (GS 17, 35).

Darüber mag man streiten wollen. Doch das andere, philosophisch ungleich stärkere Motiv der Kritik an Kierkegaard bezieht sich auf die Abstraktheit der Kunstfigur in einem ästhetischen Gebilde, deren Ableitung aus einem abstrakten Prinzip, die Adorno mit seinem ganz anderen und ungleich differenzierteren Begriff des Ästhetischen schlechterdings nicht akzeptieren kann. Sein konzises Urteil in *Kierkegaard* lautet: »Gleichgültig mit welchem Recht sinnliche Genialität die abstrakteste Idee heißt: die Bestimmung der Musik als des abstraktesten Materials führt zu absurden Konsequenzen. Aus ihr wird ›Don Juan‹ als das einzige und ausschließliche Meisterwerk der Musik deduziert, nicht anders als bei Hegel der preußische Staat als Realisierung der Weltvernunft« (GS 2, 35). Das darf nicht als Lob missverstanden werden. Es ist das schärfste Verdikt, das dem herrschaftskritischen Ästhetiker zu Gebote steht. Denn Deduktion ist eine begriffliche Herrschaftstechnik. Kierkegaard verkennt mit seiner begrifflichen Deduktion, dass das Künstlerische, das Ästhetische an einem Kunstwerk gerade all das ist, was nicht auf den Begriff gebracht werden kann. »Weiter läßt sich der ästhetische Idealismus nicht treiben; vor der Einheit der ›Idee‹, des inhaltsleeren Allgemeinbegriffs von ›sinnlicher Genialität‹ schrumpfen alle qualitativen Differenzen zusammen, in denen Kunst ihren Bestand hat, und traurig einsam bleibt ein Meisterwerk als geschlossene und abschließende Totalität kanonisch übrig. Willkürlich wird Musik abstrakter Dämonie vorbehalten« (GS 2, 35).

Man muss sich hier auch noch einmal daran erinnern, dass Adornos Ideal der Herrschaftsfreiheit die Vermittlung, die Versöhnung von Allgemeinem und Besonderem ist, und dass er insbesondere den ästhetischen Gebilden und der kritischen Philosophie diese Leistung zutraut. Das vernichtende Urteil über Kierkegaard

Birgit Recki

kommt somit geradewegs aus dem systematischen Zentrum von Adornos ästhetischem Denken: Und in ebendiesem Zentrum, dort wo der Anspruch wirkt, dass in den Kunstwerken das Individuelle, das Besondere, Adorno sagt: das Nicht-identische an den Dingen und Verhältnissen seinen Ort hat – dass also die Figuren eines Kunstwerks etwa nicht schlichtweg auf den Begriff gebracht, aus einem Prinzip deduziert und damit auf das Prinzip reduziert werden dürfen – im Zentrum des ästhetischen Denkens behauptet sich Mozart mit seiner Freiheit im Umgang mit den Formen und mit einer *Authentizität* und *Tiefe*, die als solche bereits ein Ethos tragen, sodass auch seine Kunst nicht erst durch den externen Bezug auf Ethik und Religion ihre Legitimation erfahren muss: das Ethos der Anerkennung von Individualität in ihren unabsehbaren Formen. Mit Adorno darf hierin Mozarts *Don Giovanni* – gegen Kierkegaard – als exemplarisch gelten.

Literatur

Adorno, Theodor W., Gesammelte Schriften [in 20 Bänden] (GS):
– Bd. 4: Minima Moralia. Reflexionen aus dem beschädigten Leben (MM), hg. von Rolf Tiedemann unter Mitw. von Gretel Adorno, Frankfurt a.M. 1980
– Bd. 6: Negative Dialektik. Jargon der Eigentlichkeit, hg. von Rolf Tiedemann unter Mitw. von Gretel Adorno, Frankfurt a.M. ³1984
– Bd. 7: Ästhetische Theorie (ÄTh), hg. von Gretel Adorno und Rolf Tiedemann, Frankfurt a.M. ⁴1984 [1970]
– Bd. 14: Dissonanzen. Einleitung in die Musiksoziologie, hg. von Rolf Tiedemann unter Mitw. von Gretel Adorno, Frankfurt a.M. ²1980
– Bd. 16: Musikalische Schriften I/III. Klangfiguren (I), Quasi una fantasia (II), Musikalische Schriften (III), hg. von Rolf Tiedemann unter Mitw. von Gretel Adorno, Frankfurt a.M. 1978
– Bd. 17: Musikalische Schriften IV. Moments musicaux, Impromptus, hg. von Rolf Tiedemann unter Mitw. von Gretel Adorno, Frankfurt a.M. 1982
– Bd. 18: Musikalische Schriften V, hg. von Rolf Tiedemann und Klaus Schultz, Frankfurt a.M. 1984
– Bd. 19: Musikalische Schriften VI, hg. von Rolf Tiedemann und Klaus Schultz, Frankfurt a.M. 1984
Die Neue Rundschau, Jg. 66, 1, 1955
Recki, Birgit, Aura und Autonomie. Zur Subjektivität der Kunst bei Walter Benjamin und Theodor W. Adorno, Würzburg 1988
Recki, Birgit, Die Metaphysik der Kritik. Zum Verhältnis von Metaphysik und Erfahrung bei Max Horkheimer und Theodor W. Adorno, in: Metaphysik und Erfahrung. Neue Hefte für Philosophie 30/31, Göttingen 1991, S. 139–171

Endnoten

1 Vortrag bei den Salzburger *Festspiel-Dialogen* am 12. August 2014.

2 Recki, Birgit, *Aura und Autonomie. Zur Subjektivität der Kunst bei Walter Benjamin und Theodor W. Adorno,* Würzburg 1988; siehe auch dies., Die Metaphysik der Kritik. Zum Verhältnis von Metaphysik und Erfahrung bei Max Horkheimer und Theodor W. Adorno, in: »Metaphysik und Erfahrung«, *Neue Hefte für Philosophie* 30/31, Göttingen 1991, S. 139–171.

3 In welcher Zeit konnte Adorno die Salzburger Festspiele erleben? Im Prinzip von Anfang an ab 1920. – Theodor W. Adorno (1903–1969) war im Exil (1934–1937 in Oxford; 1938–1949 USA); Rückkehr nach Deutschland 1949; er kann die Salzburger Festspiele bis Anfang der Dreißigerjahre und dann wieder seit den Fünfzigerjahren erlebt haben (seit 1951 mitverantwortlich für das Frankfurter Institut für Sozialforschung; 1958 dessen Leiter).

4 Adorno, Theodor W., Ästhetische Theorie (ÄTh), in: *Gesammelte Schriften* (GS), Bd. 7, Frankfurt a.M. 2003, S. 501.

5 Adorno bezieht sich auf Raymond Scotts Schlager *In an Eighteenth-Century Drawing Room,* der eine Adaption der *Sonate facile,* Mozarts Klaviersonate Nr. 16 in C-Dur (KV 545), darstellt.

6 *Neue Rundschau,* 1, 1955. [GS. 16]

7 Mit dem Engel des Eros im *Figaro* hatte Claus Guth 2006 dem Libretto eine stumme Figur hinzuerfunden, die in choreografischer Performance die affektiven Energien zwischen den handelnden Personen und die Muster in deren (immer auch musikalischen) Beziehungen sichtbar macht. Sofern diese Absicht erfüllt wird, dürfte diese Funktion selbst als Hinzugefügte kaum Adornos Kitschverdikt verfallen.

8 Kant, Immanuel, *Kritik der Urtheilskraft* (KU 1790), Analytik des Schönen, § 8, S. 215; siehe auch: »Schön ist das, was ohne Begriff allgemein gefällt.« (KU § 9, S. 219; Hervorhebung von mir, B.R.)

9 Nachtmusik«, in: *Aufbruch,* XI, Heft I, 1929. Gekürzt.

10 »Bei Mozart erprobte die Einheit spielend sich zuweilen in der Lockerung von Einheit. Durch Juxtaposition relativ unverbundener oder kontrastierender Elemente jongliert der Komponist, dem vor allen anderen Formsicherheit ihrer Kraft, daß er gleichsam die Zügel fahren läßt und den zentrifugalen Tendenzen aus der Sicherheit der Konstruktion heraus Einlaß verschafft.« (ÄTh, 212) Auch das ist gemeint, wenn Adorno vom »beispiellosen Formniveau Mozarts« spricht (ÄTh, 327).

11 Im Allgemeinen ordnet Adorno den Anteil der Oper am bürgerlichen Humanismus und Idealismus als bloß mittelbar ein und sieht ihn nur »in den größten Werken der Gattung, bei Mozart, im *Fidelio,* im *Freischütz* fraglos« (GS 18, 762).

12 Der Versuch, Donna Anna zu verführen (und selbst, wenn man etlichen Interpreten folgt: deren gelungene Verführung), endet mit einer schrecklichen Bluttat, die dem Verführer schließlich zum Verhängnis wird; und der verlassenen Ehefrau Elvira gelingt es, die Aufmerksamkeit des sozialen Umfeldes auf den Unhold so zu mobilisieren, dass er nicht einmal mehr die Verführung der Magd Zerlina zustande bringt.

13 »Der Satz *omne animal post coitum triste* ist von der bürgerlichen Menschenverachtung ersonnen worden: nirgends mehr als an dieser Stelle unterscheidet sich das Humane sich von der kreatürlichen Trauer. [...] Die Vergänglichkeit von Lust, die Askese sich beruft, steht dafür ein, daß außer in den *minutes heureuses,* in denen das vergessene Leben des Liebenden in den Knien der Geliebten widerstrahlt, Lust überhaupt noch nicht sei.« (MM, Aphorismus 113, 232) [GS 4].

»Ist doch eine höchst liebenswürdige Musik«. Gedanken zu Richard Strauss und dem *Rosenkavalier*[1]

Peter Ruzicka

»Die Zeit, die ist ein sonderbar Ding.« Dem *Rosenkavalier* aber scheint sie nichts anzuhaben. Seit bald hundert Jahren drehen sich die Szenen im Kreise des Walzertakts. Das Lever der Marschallin, die Blamage des Herrn von Faninal, die Intrige im »gemeinen Beisl« – diese ganze altbekannte Handlung hat sich ungezählte Male vor unseren Augen und Ohren abgespielt, jede Wendung, jede Pointe, jeder Einfall ist uns wohl vertraut. So mancher Satz kursiert unter den Opernfreunden geradezu als geflügeltes Wort und beliebtes Sprachspiel, oft reicht ein halbes Zitat, und alle wissen, was gemeint ist: »Selbstverständlich empfängt mich Ihro Gnaden« zum Beispiel oder »Mir ist die Ehre widerfahren …« und natürlich »Leupold, wir gängen!« Und mit dem Zitat steigt unweigerlich die Erinnerung an die Musik auf, an die Musik von Richard Strauss. »Hab’ mir’s gelobt, ihn lieb zu haben in der richtigen Weis’«: Schon dieser Satz wirkt wie das Eichendorffsche Zauberwort – sogleich stellt sich in unserer Fantasie eine der berückendsten Kantilenen der Operngeschichte ein, eine Melodie von einprägsamer Schönheit, die selbst dem Skeptiker wie Sirenengesang in den Ohren tönen muss. Ja, es genügt bereits, sich nur einzelne Momente auszumalen, aus dem zweiten Akt etwa, kurz bevor der Octavian als Rosenkavalier auf die Bühne stürmt, die Rofrano-Rufe, die ihn ankündigen, die unglaubliche Spannung, die seiner ersten Begegnung mit Faninals Tochter vorausgeht. Wir müssen diesen Auftritt gar nicht sehen oder hören, allein schon der Gedanke an die Musik ruft angenehmste Erwartungen hervor. Wie mit einem Schwertstreich lässt Strauss diesen wahrlich dramatischen Augenblick jäh abbrechen, um mit einer zarten Melodie in der Oboe und den Klangkristallen der silbernen Rose die innere und äußere Szene zu verwandeln. Und wenn uns tausendmal gesagt wird, wie dies alles »gemacht« ist, wie die Akkorde aus Flöten, Solovioline, Celesta und Harfen gemischt sind – der Zauber verfehlt seine Wirkung nie. Es mag Zeiten geben, in denen uns der *Rosenkavalier* aus den Augen, aus dem Sinn kommt und beinah gleichgültig wird, in denen er aus dem engeren Erlebniskreis zu schwinden droht. Aber dann wieder braucht es kaum mehr als ein paar Takte im Radio, zufällig empfangen, schon zieht uns diese Musik in ihren Bann, und ein Leben ohne den *Rosenkavalier* scheint kaum denkbar.

»Nichts ist schwieriger, als sich das Existierende als nicht existierend vorzustellen«, bekannte Hugo von Hofmannsthal im Jahr 1927. »Diese Figuren haben sich längst von ihrem Dichter abgelöst; die Marschallin, Ochs, Octavian, der reiche Faninal und seine Tochter, das ganze Gewebe des Lebens zwischen ihnen, es ist, als wäre dies alles längst so dagewesen, es gehört heute nicht mehr mir, nicht mehr auch dem Komponisten, es gehört jener schwebenden, sonderbar erleuchteten Welt: dem Theater, in der es nun schon eine Weile, und vielleicht noch für eine Weile, sich lebend erhält«, wie Hofmannsthal wusste. Doch ließe sich der Gedanke auch umkehren, denn nichts ist gemeinhin schwieriger, als sich das Nicht-Existierende als existierend vorzustellen. Nichts ist schwieriger, nichts aber zugleich verlockender. Hofmannsthal erfand sich seine eigene Wirklichkeit, eine idealisierte Epoche, die es so niemals gab, noch geben wird: das theresianische Wien seiner Fantasie, die Stadt seiner Träume. Wir stehen vor einem Rätsel, einem anziehend paradoxen Kunsträtsel, dass gerade diese durch und durch künstliche Stadt- und Ständewelt, diese zutiefst artifizielle Sphäre einer verklärten Vergangenheit, diese literarische Spätlese eines europäischen Bildungsbürgers – dass ausgerechnet dieses Bühnengedicht lebendiger, glaubwürdiger und – zu unserem Erstaunen – sogar realistischer erscheint als die meisten für den Tag und die Gegenwart geschriebenen Werke. Nichts altert schneller als die mit heißer Nadel gestrickte und der Aktualität nachjagende »Gegenwartskunst«. Wer wird sich in hundert Jahren oder auch nur in zehn Jahren noch ein Theaterstück über den Bankier Josef Ackermann anschauen wollen? Der *Rosenkavalier* dagegen wirkt gegenwärtig und lebendig wie am ersten Tag. Wäre diese Dichtung tatsächlich nur die larmoyante Rückschau eines erzkonservativen Schöngeistes, nichts als die nostalgische Selbstbespiegelung des habsburgischen Mythos, wir könnten getrost auf dieses Werk verzichten. Anders als seine Marschallin erlag Hofmannsthal durchaus nicht der Versuchung, die Uhren anhalten zu wollen. »Verwandlung ist Leben des Lebens, ist das eigentliche Mysterium der schöpfenden Natur«, erklärte Hofmannsthal; »Beharren ist Erstarren und Tod. Wer leben will, der muß über sich selber hinwegkommen, muß sich verwandeln: er muß vergessen. Und dennoch ist ans Beharren, ans Nichtvergessen, an die Treue alle menschliche Würde geknüpft. Dies ist einer von den abgrundtiefen Widersprüchen, über denen das Dasein aufgebaut ist.«

Wer leben will, muss sich verwandeln. Dem Komponisten des *Rosenkavalier* ist diese unumstößliche Wahrheit nicht selten als ein Vorwurf ausgelegt worden. Richard Strauss habe sich mit dieser Partitur vom »Leben des Lebens« verabschiedet, er sei vom Umstürzler zum Anpassler mutiert, vom Bürgerschreck zum Opportunisten, ja er habe geradezu Hochverrat an der Sache des Fortschritts begangen. Auf den ersten Blick scheint dieser Vorbehalt nicht einmal unbegründet: Immerhin entstand

Peter Ruzicka

der *Rosenkavalier* in zeitlicher Nachbarschaft zu Gustav Mahlers letzten Symphonien, zu den Orchesterstücken von Schönberg und Webern, zu Debussys *Jeux* und Strawinskys *Sacre du printemps*. Eine Musikzeitschrift widmete Richard Strauss damals sogar den Spottvers: »›Der Zarathustra wirkt nur wenig‹ / Denkt Strauß, ›drum werd’ ich Walzerkönig.‹« Aber der erste Blick täuscht wie so oft auch hier. Anfang der Sechzigerjahre richtete der Strauss-Bewunderer Glenn Gould ein flammendes Plädoyer an die Adresse der Strauss-Kritiker, an die Gebildeten unter seinen Verächtern: »Die Generation oder vielmehr die Generationen«, schrieb Gould,

die seit den frühen Jahren dieses Jahrhunderts herangewachsen sind, haben als schlimmsten Fehler von Strauss seine Unfähigkeit angesehen, sich aktiv an den technischen Vorstößen seiner Zeit zu beteiligen. Sie glauben, daß er, nachdem er einmal ein höchst unverwechselbares Ausdrucksmittel entwickelt und sich darin zunächst mit allen Freuden eines großen Abenteuers ausgedrückt hatte, technisch gesehen auf der Stelle zu treten schien – indem er einfach wieder und wieder das sagte, was er in den energischen Tagen seiner Jugend mit so viel größerer Kraft und Klarheit gesagt hatte. Für diese Kritiker ist es unbegreiflich, daß ein Mann von solchen Gaben nicht an der Erweiterung der musikalischen Sprache teilzunehmen wünschte, daß ein Mann, dem das Schicksal es vergönnte, in den Tagen von Brahms und Bruckner Meisterwerke zu schreiben, und der das Glück hatte, über Webern hinaus noch im Zeitalter von Boulez und Stockhausen zu leben, nicht das Bedürfnis haben sollte, seinen eigenen Platz im großen Abenteuer der musikalischen Entwicklung einzunehmen. Was muß man tun, um solche Leute davon zu überzeugen, daß Kunst nicht Technologie ist, daß der Unterschied zwischen einem Richard Strauss und einem Karlheinz Stockhausen nicht zu vergleichen ist mit dem Unterschied zwischen einer bescheidenen Bürorechenmaschine und einem IBM-Computer?

Glenn Gould wehrte sich gegen eine Dogmatik des Fortschritts, hinter der sich in Wahrheit ein zutiefst darwinistisches Geschichtsbild verbarg, als habe Strauss die letzten vierzig Jahre seiner Künstlerexistenz wie ein lebendes Fossil zugebracht. Oder schlimmer noch: wie ein geschäftstüchtiger Nachlassverwalter seiner früh verglühten Begabung. Um aber zu begreifen, dass die Partitur des *Rosenkavalier* keinen Stillstand bezeugt, weder die Abkehr noch den Verrat der eigenen Ideale, müssen wir uns die Geschichte, die Vorgeschichte dieser Oper in Erinnerung rufen und uns vergegenwärtigen, welchen Weg Richard Strauss binnen weniger Jahre zurückgelegt hatte. Nach der Wiener Erstaufführung der Tondichtung *Tod und Verklärung* im Januar 1895 hatte der Kritiker Eduard Hanslick geurteilt:

Es fehlt dieser realistischen Anschaulichkeit nur der letzte entscheidende Schritt: die matt erleuchtete Krankenstube mit dem Verscheidenden auf wirklicher Bühne; sein Todeskampf, seine Visionen, sein Sterben – alles pantomimisch – und dazu die Straussische Musik im Orchester. Das wäre nur konsequent und dürfte auch mit der Zeit ernstlich versucht werden. Die Art seines Talents weist den Komponisten eigentlich auf den Weg des Musikdramas.

Diesen Weg allerdings hatte Strauss längst betreten, denn schon im Vorjahr war in Weimar sein *Guntram* uraufgeführt worden. Mit dieser Oper, seiner ersten – der in einem romantisch gefärbten Mittelalter angesiedelten Geschichte von Schuld und Sühne des Minnesängers Guntram – war der junge Komponist unaufhaltsam in den Sog Richard Wagners geraten. »Aber ich kann nun einmal nicht anders«, beteuerte Strauss, »und daran ist bloß der herrlich unselige Wagner schuld, der uns den Tristan in die Knochen gefeuert hat, daß wir ihn nun nie und nimmermehr los werden.« Dem *Guntram* war kein Erfolg beschieden, was sicher nicht nur an den widrigen Umständen der ersten Einstudierungen lag. Im Alter hat Strauss mit Milde auf sein musikdramatisches Debüt zurückgeblickt:

Gewiß ist der (auch sprachlich nicht einwandfreie) Text kein Meisterstück, gab aber doch dem Gesellenstück des sich zur Selbständigkeit durchhäutenden, frisch gebackenen Wagnerianers den Anlaß zu sehr viel frischer, melodiöser, saftig klingender Musik, die schon damals doch Alles überragt hat, was neben und nachher an Opernmusik mit oder ohne teutsche ›Gesinnung‹ verzapft wurde.

Im Garten seiner Garmischer Villa aber ließ Strauss ein »Marterl« errichten, einen Bildstock von der Art, wie sie in früheren Jahrhunderten als Sühnemal oder zum Gedenken an tödlich Verunglückte aufgestellt wurden. Die Inschrift lautet: »Hier ruht der ehr- u. tugendsame Jüngling Guntram Minnesänger, der vom Symphonischen Orchester seines eigenen Vaters grausam erschlagen wurde. Er ruhe in Frieden!«

Nicht der *Guntram*, so lässt sich feststellen, nicht das »Gesellenstück« des enthusiastischen Wagnerianers, sondern die Tondichtungen waren es, die Richard Strauss den Weg zu seinen großen Musikdramen ebneten. In den symphonisch-programmatischen Werken gelang es dem Komponisten, sich von dem »prunkvollen 4-Hörner-Orgelklang des Wagnerschen Orchesters« zu lösen und das gewaltige spätromantische Instrumentarium vielfältig aufzuschlüsseln, Transparenz und Beweglichkeit zu erzielen und zu einer stärkeren Individualisierung der Stimmen zu finden. Der begnadete Musikdramatiker Strauss schuf sich in jenen Jahren, die der *Salome*, der *Elektra* und dem *Rosenkavalier* wegbereitend vorangingen, eine eigene, unverwechselbare Orchestersprache, die ihn auch ohne Worte und Gesang zu musikalischer Psychologie und aussagekräftigen Klangbildern befähigte, zu präziser Charakterzeichnung und realistischer Situationsbeschreibung. Ein logischer, schöpferisch konsequenter Entwicklungszug verbindet folglich die Kompositionen der Strausschen Programmmusik mit seinen späteren Opern. Von Stillstand oder gar Umkehr kann keine Rede sein. Man muss sich durchaus nicht mit Gabriel Fauré einverstanden erklären, der die *Salome* als eine »symphonische Dichtung mit Gesangsstimmen« bezeichnete – ein Urteil, das der meisterhaften Behandlung der

Peter Ruzicka

menschlichen Stimme in Deklamation und Kantabilität überhaupt nicht gerecht wird –, um dennoch zu erkennen, dass es der orchestrale Kosmos ist, der mit seinen Leitmotiven, Klangfarben und Zwischentönen, mit seinen geheimnisvollen Lauten, bizarren Effekten und poetischen Schönheiten das Strausche Musikdrama von Grund auf beherrscht und den handelnden Figuren Statur und Tiefe verleiht. Der Wiener Kulturhistoriker Egon Friedell bezeichnete Strauss als einen »der größten Maler und Denker«, der seine Philosophie »aus dem versenkten Orchester des eigenen Innern« entfaltet habe: »als die Geburt der Philosophie aus dem Geiste der Musik«. Wenn wir den *Rosenkavalier* genau und unbeirrt anhören, wenn wir uns auf den ungeheuren Reichtum dieser Partitur einlassen, werden wir erkennen, dass Strauss nicht bloß eine »Komödie für Musik« geschrieben hatte, wie der Titel des Werkes aussagt, sondern tatsächlich eine tönende Philosophie: eine musikalische Betrachtung der Lebensalter, eine Studie der Melancholie, eine Selbstreflexion der Musik als Zeitkunst, als Inbegriff der Vergänglichkeit. Im *Rosenkavalier* entwarf Richard Strauss ein musikalisches Sittengemälde, ein reich instrumentiertes Panorama des Menschlichen und Allzumenschlichen, und diese außerordentliche Herausforderung verlangte ihm alles ab: Fantastik und Realismus, viel Empfindung, aber nicht weniger Malerei, und Portraits, die ebenso scharf gezeichnet wie humoristisch und gemütvoll ausfallen mussten.

Welche Komponisten aber wären ihm in dieser Kunst auch nur ebenbürtig oder gar überlegen? Übermäßig viele Namen fallen mir da nicht ein. Auf seinem ureigensten Gebiet war der musikalische Maler und Denker Richard Strauss unanfechtbar. Als Tondichter und Musikdramatiker – das eine wäre ohne das andere nicht denkbar – bewies er eine Vorstellungskraft, eine Wandlungsfähigkeit und, sagen wir es ruhig, einen Fortschrittsgeist, wie er in der Geschichte der Oper wahrlich nicht alle Tage vorkommt. Und dass sich Strauss nach dem *Rosenkavalier* fortan nur noch wiederholt hätte, kann man beim besten Willen nicht erkennen. Oder wären die *Ariadne*, die *Frau ohne Schatten*, die *Daphne*, das *Capriccio* allesamt nur dünne Aufgüsse des *Rosenkavalier*?

Unter den Besuchern der *Salzburger Festspiele* dürfte die Zahl der Strauss-Skeptiker eher gering ausfallen. Aber vielleicht mag es auch denen, die den *Rosenkavalier* allenfalls noch aus sicherer Distanz betrachten wollen, eines Tages ergehen wie dem späten Thomas Mann. Der hatte im Jahr 1937 notiert: »Sendung des ›Rosenkavaliers‹ aus Salzburg. Genußmittel-Charakter. Große und feine Süßigkeit hier.« Zwölf Jahre später vermerkte er in seinem Tagebuch: »Hörten abends eine Oper von Britten, zart und parodistisch. ›Rosenkavalier‹ wirkte danach äußerst robust.« Im Juni 1949 hielt er den Eindruck eines Theaterbesuches in Zürich fest: »In der Oper. ›Rosenkavalier‹. Unzufrieden. Knappertsbusch schleppte. Das Ganze entsetzlich langwierig und substanzarm.« Doch schließlich, am Ende desselben Jahres 1949, vertraute Thomas Mann seinem Tagebuch an: »Im Abendkonzert Suite aus dem ›Rosenkavalier‹. Ist doch eine höchst liebenswürdige Musik.« Diese freundliche und beiläufige Bemerkung wollen wir als Schlusswort akzeptieren: als ein heimliches Bekenntnis zum hundertjährigen, zeit- und alterslosen *Rosenkavalier*. »Ist doch eine höchst liebenswürdige Musik« – im wahrsten Sinne des Wortes.

Endnote
1 Vortrag bei den Salzburger *Festspiel-Dialogen* am
   11. August 2004.

Peter Ruzicka

Die Kunst in der Erlebnisgesellschaft[1]

Gerhard Schulze

Mark Twain in der Mannheimer Oper

Vor 120 Jahren schrieb Mark Twain in seinem Reisetagebuch *Bummel durch Europa*: »Wir fuhren nach Mannheim und hörten uns eine Katzenmusik, will sagen: eine Oper an, und zwar jene, die ›Lohengrin‹ heißt. Das Knallen und Krachen und Dröhnen und Schmettern war unglaublich. Die mitleidlose Quälerei hat ihren Platz in meiner Erinnerung gleich neben der Erinnerung an die Zeit, da ich mir meine Zähne in Ordnung bringen ließ.«

Nachdenken über Kunst. Eine Betrachtungsweise

Diese Episode ist vielleicht amüsant, aber ziemlich nebensächlich. Trotzdem offenbart sie uns etwas Wichtiges. Was mir dabei bemerkenswert und vorbildlich erscheint, ist die Betrachtungsweise, die Mark Twain der Kunst gegenüber einnimmt. Zwar ist man mit der Kunst am glücklichsten, wenn es einem gelingt, sich ihr einfach mit Haut und Haar hinzugeben, ohne über sie nachzudenken, aber dies sind eher seltene Momente. Anlässe zum Nachdenken über Kunst gibt es genug für diejenigen, die sich überhaupt noch etwas von der Kunst versprechen und nach ihr suchen. Nichts ärgert einen mehr, als wenn man das Gefühl hat, seine Bereitschaft zur Hingabe sei missbraucht worden. Man fühlt sich ratlos, intellektuell beleidigt, angeekelt und eines kostbaren Teils seiner Lebenszeit beraubt. Und man fragt sich: Was soll das und warum soll ich mir das antun?

Keine kunsttheoretische Abhandlung, kein Studium der Kunstgeschichte und schon gar kein Feuilleton hilft einem dann besser weiter als die Betrachtungsweise Mark Twains in der Mannheimer Oper. In aller Beiläufigkeit zeigen sich hier drei, wie ich finde, nachahmenswerte Prinzipien der Kunstreflexion: ethnologische Neugier, Diesseitigkeit und die Suche nach Glück. Was ist damit gemeint?

Ethnologische Neugier

Kehren wir noch einmal zu Mark Twains Tagebuch zurück. »Ich möchte aber nicht zu verstehen geben, dass es all den anderen Leuten genauso wie mir ergangen sei […] So oft der Vorhang fiel, erhoben sie sich als eine einzige, mächtige, einmütige

Menge, und die Luft war dicht verschneit von winkenden Taschentüchern, und Wirbelstürme des Beifalls tosten durch den Raum [...] Das bewies, dass die Darbietung den Leuten gefiel.« Kunst, so lautet die Botschaft, ist das, was Menschen gemeinsam unter dem Etikett »Kunst« veranstalten. Das Etikett bleibt gleich, aber die damit gemeinten Bedeutungen ändern sich ständig. Worin bestehen sie eigentlich gerade? Was war beispielsweise am vergangenen Donnerstag los? Ich ging etwa um 20:30 Uhr über den Max-Joseph-Platz in München, auf dem sich mehrere tausend Menschen versammelt hatten. Eine Oper wurde auf einem Großbildschirm ins Freie übertragen. Wer sich unterhalten oder mit dem Handy telefonieren wollte – und das wollten ziemlich viele –, musste gegen das Geräusch ankämpfen, das nun einmal untrennbar zur Oper dazugehört. Ich sah alles Mögliche, aber ich sah niemanden, der sich wunderte, von mir abgesehen. Was machen wir hier eigentlich? Welche gemeinsam in Szene gesetzten Ereignisse sehen wir als Kunst an? In der Kunstreflexion verweigert man sich der Tautologie des Satzes: »Na ja, es ist halt Kunst.« Man gibt die Haltung selbstverständlicher Hinnahme auf und begibt sich vorübergehend in die Distanz eines Kulturfremden, um die Gewohnheiten der Einheimischen, zu denen man unter Umständen selbst zählt, mit der Verwunderung eines Außenstehenden zu sehen.

Diesseitigkeit

In dieser Haltung ist eine Metaphysikverweigerung eingeschlossen, die ich gerne als eigenes Prinzip hervorheben möchte, weil sich in der Kunstreflexion so viel metaphysischer Nebel breitgemacht hat. Jüngstes Beispiel für diese Vernebelung ist Terry Eagletons neues Buch *Was ist Kultur?* Solche Was-ist-Fragen sind immer in besonderem Maß metaphysikverdächtig. »Was ist Kunst eigentlich?« Alle denkbaren Antworten gehören zum Bereich derjenigen Äußerungen, die George Bernard Shaw meinte, als er sagte: »Niemand auf der Welt bekommt mehr Unsinn zu hören als die Bilder in einem Museum.« Wir können nicht sinnvoll fragen: »Was *ist* Kunst?« Selbst wenn es eine ewige Idee der Kunst im platonischen Sinn gäbe, hätte niemand Zugang dazu, am wenigsten diejenigen, die sich diesen Anschein geben. Die einzig sinnvolle Frage lautet: »Was *meint* jemand mit Kunst?« Der amerikanische Philosoph John R. Searle dampft alle denkbaren Antworten auf diese Frage zu der Universalformel ein: »X gilt als Y in Z.« Der Anfang einer Anwendung wäre etwa: Die Bildschirmübertragung einer Oper ins Freie gilt als Kunst in München.

Gerhard Schulze

Die Suche nach Glück

Die gerade ausgearbeiteten Prinzipien des Nachdenkens über Kunst – ethnologische Neugier und Diesseitigkeit – haben freilich nur Sinn, wenn als drittes Prinzip die Suche nach Glück hinzukommt. Warum sollte man eine Anstrengung mit so zweifelhaften Erfolgsaussichten wie das Nachdenken über Kunst auf sich nehmen, wenn niemand etwas davon hat? Bei Mark Twain taucht der Gedanke an das Glück nur in der Form einer Erinnerung an das Unglück auf. Er hört Wagner und denkt an die Zeit, in der er sich die Zähne in Ordnung bringen ließ. Gefragt, was er zum Glück brauche, nannte Fontane: eine Schlafstelle, gute Freunde, etwas zum Lesen und keine Zahnschmerzen. Fontane schließt damit an eine alte und für immer aktuelle Zweiteilung des Glücksbegriffs an: Glück als Vermeidung von Leid und Glück als gelungene Gestaltung der Zeit ohne Leid. Mark Twain ermuntert uns dazu, beides von der Kunst zu fordern. Wenn ich mich dieser Forderung anschließe, so weiß ich wohl, dass dies postwendend den Vorwurf provoziert, ich würde mit der Kunst anfangen und mit Hollywood aufhören. Aber abgesehen davon, dass manche Hollywoodfilme den Rang von Kunstwerken beanspruchen können, meine ich mit dem Begriff des Glücks mehr, als auf einem rosa Sofa zu liegen und Pralinen zu essen. Ich meine damit, wie viele andere auch, vor allem intensive Begegnungen: mit anderen Menschen, mit der Wirklichkeit, mit sich selbst. Mehr als auf den Glücksbegriff kommt es mir zunächst jedoch auf etwas anderes an: diesen Begriff, in welcher Variante auch immer, überhaupt wieder in das Nachdenken über Kunst einzubringen und die Kunst daraufhin zu befragen, was sie uns gibt.

Die gerade erläuterten Prinzipien – ethnologische Neugier, Diesseitigkeit, Suche nach Glück – sind wie ein Beobachtungsinstrument. Sie machen Aspekte der Wirklichkeit sichtbar, die einem gerade dann leicht verborgen bleiben, wenn man Teil dieser Wirklichkeit ist, etwa als langsam ermüdender Museumsbesucher, als Zuhörer beim Erklatschen der dritten Zugabe, als Prosecco schlürfender Flaneur auf dem Max-Joseph-Platz in München. Ich werde den Mark Twainschen Blick im Folgenden einsetzen, um Grundhaltungen und soziale Muster zu beschreiben, die mir auffallen. Ich orientiere mich dabei an der Formel von Searle: *X gilt als Y in Z*. Was gilt als Kunst bei uns? Darauf gibt es, auch dies ist bezeichnend, nicht nur eine Antwort. Bei den Phänomenen, die ich im Folgenden darstelle, handelt es sich um eine Auswahl. Ich will Häufiges und Typisches beschreiben.

Lassen Sie mich mit einer Erscheinung beginnen, deren große Zeit im 19. Jahrhundert begonnen hat und die bis heute andauert: das Kennertum.

Kennertum

In der Haltung des *Kennertums* schlummern letzte bildungsbürgerliche Reminiszenzen. Zumindest dem Anspruch nach setzt das Kennertum Wissen voraus. Man vergleicht, kategorisiert, ordnet ein. Die Erlebniseinstellung ist die eines Sammlers – kontemplativ und perfektionssüchtig. Die Welt der Kunst wird zum Spielmaterial einer Ästhetik des Bescheidwissens, Unterscheidens und Zusammenfassens. Unter diesen Umständen richtet sich die Aufmerksamkeit beispielsweise eher darauf, ob die Einsätze von Orchester und Sängern punktgenau kommen, als auf die Musik oder das Libretto selbst; man redet eher über den Unterschied von zwei Inszenierungen desselben Stücks als über den Inhalt; man will verstehen, stellt sich aber nicht die Anschlussfrage, ob man dem Verstandenen auch zustimme. Im Kennertum dominiert eine Kulinarik der Dekodierung ohne den Stress des Betroffenseins. Die Botschaft, nach der man fahndet, kommt meist nicht über den Status des gelösten Rätsels hinaus; der Umgang mit ihr ist spielerisch. Eine Verbindung zwischen Botschaft und persönlicher Existenz ist nicht vorgesehen; man freut sich über gelungene Zuordnungen wie über Trophäen, und man ärgert sich über Unverständlichkeit wie ein Kind über ein Überraschungsei, in dem nichts drin ist.

Das Kennertum unterliegt keiner sozialen Kontrolle; vielmehr bleibt es ganz dem Einzelnen überlassen, ob er dieses Schema überhaupt praktiziert und wie weit er es treiben möchte. Die schwächste, aber keineswegs seltene Form des Kennertums besteht darin, nichts zu tun, als ins Theater, in die Oper, ins Konzert, ins Museum zu gehen und lediglich ein *Gefühl* des Kennertums zu erleben.

Im Lauf der Zeit wird die Andacht der Begegnung mit einem Element des Bildungskanons zum konditionierten Reflex auf eine Serie ritueller Handlungen: das Bestellen der Karten, das Anlegen der besonderen Garderobe, das rechtzeitige Sicheinfinden auf dem reservierten Platz, das Aushalten auf diesem Platz, der Beifall und der anschließende Besuch eines Restaurants. Durch Akte der selbstinszenierten Hervorhebung wird Kunst symbolisch bedeutsam gemacht. Man tritt ein in die Aura des Bildungsguts, und man fühlt diese Aura auch dann, wenn man sonst über keine Kenntnisse verfügt, ja, man fühlt sie möglicherweise dann besonders stark.

Mitnehmertum

Doch das Muster das Kennertums verblasst im selben Maß, wie sich die Vorstellung eines sakrosanten Kanons der Hochkultur auflöst. Zeitgemäßer ist die Haltung des Mitnehmertums, die der Haltung des Kennertums entgegengesetzt ist. Während das Kennertum von der Vorstellung einer zumindest im Prinzip

Gerhard Schulze

archivierbaren Sammlung geprägt ist, geht es beim Mitnehmen um das Erhaschen des Flüchtigen. Auch der Mitnehmer sammelt, seine Endvision ist jedoch nicht wie beim Kenner die der systematisierten und perfektionierten Kollektion, sondern die des möglichst großen Haufens. Der Schlachtruf lautet: »Das muss man unbedingt einmal erlebt haben!«

Ob es sich dabei um die drei Tenöre handelt, um Vanessa-Mae oder um eine skandalumwitterte Inszenierung, über die ein Rezensent geschrieben hat, man bekäme Bilder vor Augen geführt, die man so schnell nicht mehr vergessen werde – es ist immer derselbe Mechanismus, der eine Aufführung ins Fadenkreuz rückt. Worauf es ankommt, ist die Sichtbarkeit der Aufmerksamkeit vieler anderer. Dass man unbedingt etwas erlebt haben müsse, empfindet man um so stärker, je mehr man das Gefühl hat, dass andere sich dieses Erlebnis nicht entgehen lassen. Die Zuwendung öffentlicher Aufmerksamkeit wirkt als selbstverstärkender Mechanismus, bei dem das ursprüngliche Objekt der Aufmerksamkeit schließlich fast ersetzt wird durch die bloße Faszination des Dabeiseins. An die Stelle der suggestiven Wirkung der Aufführung tritt die suggestive Wirkung der vielen, die das Werk betrachten. Die Entstehung ständig neuer Aufmerksamkeitswirbel wird zuverlässig garantiert durch zahlreiche Einrichtungen kollektiver Selbstbeobachtung, die neue Kristallisationspunkte der Aufmerksamkeit öffentlich machen und in den Rang dessen heben, was man unbedingt erlebt haben muss. Kulturmagazine, Trendreportagen und – definitionsmächtig wie eh und je – das gute alte Feuilleton geben vor, was erlebensnotwendig ist.

Konstruierte Sinnvermutung

Das Mitnehmertum setzt logisch voraus, dass etwas vorhanden sei, was sich mitnehmen ließe. Aber worin besteht es? Was ist seine Substanz? Wie keine andere Klasse von Ereignissen geben Kunstereignisse Anlass zu Sinndeutungen, öffentlichen Sinndiskursen, wütenden Sinnforderungen und ebenso wütenden Verweigerungen. Doch daraus entstehen in unserer Zeit viel seltener Klarheit und Konsens, als wir dies aus anderen Epochen der Kunstgeschichte kennen. Warum hat die Kunst Bestand, wenn doch der Versuch, einen gemeinsamen Bedeutungsraum aufzubauen, so häufig scheitert? Meine These ist: Weil gerade das Scheitern die kollektive Konstruktion einer inhaltsleeren Sinn*vermutung* ermöglicht.

Man sucht nur dort nach etwas, wo man es vermutet; und man sucht nur nach Gegenständen, deren Existenz man mit einiger Wahrscheinlichkeit annehmen kann. Im nachmetaphysischen Zeitalter ist Sinn eine schwindende Ressource; entweder entzieht er sich als radikal subjektbezogene Konstruktion dem Diskurs oder er ist so banal wie die Börse. Immerhin aber lässt sich entsubjektivierter und entbanalisierter Sinn *suchen*. Paradoxerweise ist es nun gerade die Vergeblichkeit dieser Suche, die den Glauben an die Möglichkeit von Sinn am Leben hält. Man deutet, postuliert und kritisiert, man verherrlicht und verachtet, man einigt sich, um gleich wieder zu streiten. Dabei entsteht zwar oft kein Sinn, aber eine Bestätigung der kollektiven Sinnvermutung durch den Akt der Suche. An die Stelle gefundenen Sinns tritt die Sinnillusion: das Sinngefühl ohne Inhalt.

Wie sonst nichts ist die Kunst prädestiniert als Ort wechselseitiger Versicherung großer Bedeutung. Beglaubigt wird das Sinnerlebnis trotz des Mangels einer Sinngestalt durch die respektheischende Geschichte der Kunst; durch die Suggestion der großen Zahl der Kunstinteressierten; durch öffentliche Rituale des Ernstnehmens bei kulturpolitischen Debatten und feuilletonistischen Reflexionen.

Inszenierte Individualität

Die Inszenierung von *Sinn* setzt sich fort in der Inszenierung von *Individualität*, dem Sinngefühl entspricht das Gefühl der Einzigartigkeit, verbunden mit der Verachtung des Normalen. Wie das Kennertum hat auch inszenierte Individualität Tradition. Dass die Kulturgeschichte dieser Haltung weit zurückreicht, bezeugt sich etwa in den Konnotationen, die sich mit Ausdrücken wie »Masse« oder »Menge« lange Zeit verbanden. Wenn es bei Hölderlin heißt »Ach, der Menge gefällt, was auf dem Marktplatz taugt«, so ist dies nur eine von vielen Spuren einer dauerhaften semantischen Symbiose von Kritik der Massen einerseits und Apotheose der Individualität andererseits.

Der Motivkomplex der Vergötterung des einzigartigen Subjekts und der Verachtung dumpfer Durchschnittsmenschen begegnet uns seit der Renaissance in einer Reihe von Variationen: als Sehnsuchtsfigur der Aufklärung bei Diderot; als Leitbild des Geniekults im Sturm und Drang; als Oberthema der Romantik; als Grundmuster der Arroganz im langen Zeitalter bürgerlicher Distinktion; als Inthronisation des Übermenschen und Verabscheuung der »Sklaven« bei Nietzsche; als Dämonisierung der Masse in der ersten Hälfte des 20. Jahrhunderts bei Le Bon, Ortega y Gasset und Canetti; in der Pose fürsorglicher Entmündigung und Zurechtweisung der von der Kulturindustrie Verführten durch die Zuchtmeister der kritischen Theorie; schließlich im Gedanken der »Selbstverwirklichung«, den spätestens der in den Siebzigerjahren einsetzende Psychoboom populär und marktgängig gemacht hat.

In all diesen Wunschfiguren wurde das Individuelle immer nur angedacht, aber schon im Ansatz bereits wieder schematisiert und zerstört, wenn auch oft auf eine erhabene, mitreißende Art, wie sie sich bei guten Inszenierungen eben einstellt. Was sind schon die leisen Freuden der »Verborgenheit« des Individuellen, die etwa bei Mörike immer wieder anklingen, gegen die Schauer gemeinschaftlichen Ergriffenseins durch die Suggestion heroisch-einsamer Genialität in der Aufführungskultur bestimmter Stücke von Beethoven im 19. und 20. Jahrhundert, kodiert als Zeichen tragischer Außergewöhnlichkeit? Die »eingebürgerten« Titel mancher Kompositionen Beethovens (in diesem Zusammenhang ein explizit soziologisch zu verstehendes Wort), die erst im Lauf der Rezeptionsgeschichte erfunden wurden, sagen alles: *Mondscheinsonate, Pathétique, Eroica, Schicksalssymphonie*. Die semantische Prägung Beethovens als Orginalgenie setzte sich allmählich weltweit durch. Allmählich wurde die Suggestion von Individualität – und das Genießen dieser Suggestion – zu einer öffentlichen Routine, die etwa noch Bach völlig fremd gewesen wäre.

Als das Muster erst einmal ausgearbeitet war, übertrug es sich schnell auf andere Komponisten des 19. Jahrhunderts: Liszt und Wagner beispielsweise, vor allem aber Paganini unterstützten durch ihr öffentliches Auftreten in persona die Wahrnehmung »als einzigartig« und übten mit dem lernwilligen Publikum in kurzer Zeit das doppelte Spiel inszenierter Individualität ein. Seit Paganini gehören der Gesichtsausdruck zwischen Verzückung und Wahnsinn, die über das Gesicht fallenden Haarsträhnen, die wilde Gestik, die exzentrische Kleidung und das Ausreizen der Grenzen des Instruments fast bis zu seiner Zerstörung zum wohlvertrauten Standardrepertoire interpretatorischer Grundmuster, die bei heutigen Popstars immer noch funktionieren – als Symbole einer Aura der Individualität, die Popstar und Publikum vereint und die in Wahrheit das Gegenteil dessen ist, was sie zu sein vorgibt. Symbolische Individualität wird in deindividualisierenden Massenereignissen zelebriert.

Die Illusionsgeschichte der Individualisierung ist über die Jahrhunderte hinweg im Wesentlichen die Geschichte eines Grundmusters der Distinktion: Der *besondere* Mensch unterscheidet sich von der Masse der *normalen* Menschen. Wann immer eine neue Variation dieser der Absicht nach individualisierenden Unterscheidung erfunden und unter die Leute gebracht worden war, wurde sie von vielen, die individuell sein wollten, buchstäblich gelernt und damit zum integralen Bestandteil jener Normalität, von der sie sich abzusetzen versuchten. Man denkt an die Posse von *Hase und Igel*. Wenn das Streben nach Individualität der atemlos rennende Hase ist, so ist Normalität der Igel, der immer schon da ist, so schnell der Hase auch laufen mag.

Denn die Beanspruchung von Individualität im klassischen Muster der massenkritischen Attitüde beruht auf einer Täuschung. Das Einzigartige kann nicht sein, was es zu sein beansprucht, wenn es sich so maßgeblich durch Abgrenzung und Nachahmung bestimmt. Die großbürgerliche Distinktion macht den, der sich als etwas Besonderes vorkommt, zum heimlichen Sklaven der Gewöhnlichkeit, auf die man herabblickt. Zwar setzt man sich von der Masse ab, aber man tut dies durch Negation – und bleibt auf diese Weise eben doch indirekt durch das Bild bestimmt, das man vom Gewöhnlichen hat. Sobald es hieß, Operetten seien etwas für »Spießer«, durfte man um Gottes Willen nicht mehr beim Besuch einer Operette gesehen werden.

Das Feindbild des Spießers

Diese Verachtung des Spießers ist ein Phänomen, das besondere Beachtung verdient. Der Spießer ist das Gegenbild zum einzigartigen Individuum. Er ist normal, massenhaft, leicht zu durchschauen, konventionsfixiert. Der Spießer ist wesensmäßig ein Zugehöriger. Nur ganz allmählich bildete sich an dieser Stelle das größte Tabu der gegenwärtigen Kunstszene heraus. Bei Carl Spitzweg, Ludwig Richter oder Wilhelm Leibl gilt dieses Tabu noch nicht; hier wird Zugehörigkeit in Bildnissen idyllisiert, die zum Teil tief in das kollektive Bewusstsein eingegangen sind. Wir finden die Sehnsucht nach Zugehörigkeit auch in der der Südseeromantik und der Verklärung des »edlen Wilden«, der im 19. Jahrhundert populär wurde und im 20. Jahrhundert ständig wiederkehrte, wobei die Variationen vom gefälschten Text des *Papalagi* bis zur Ehrfurcht vor der Weisheit der Indianer und Schamanen reichten. Wir finden sie in Bildmotiven von Paul Gauguin, aber auch in den narrativen Schemata des Heimatromans.

Die Sehnsucht lebt fort, aber man darf sie nicht mehr haben. Ein umfassender Antispießigkeitskonsens prägte die Kunstszene nachhaltig. Intolerant, voreingenommen und auf seine Weise durchaus konformistisch ist das Feindbild des Spießers selbst ein Spiegelbild dessen, was es verteufelt. Der Spießer ist der Schatten, den die Apotheose des inszenierten Individuums wirft. Seine Geschichte reicht zurück bis in die Zeit, als sich Beethoven als Ikone rebellierender Individualität teils als Bild, teils als Büste ausgerechnet in den Wohnzimmern und auf den Klavieren der gesellschaftlichen Mitte etablierte. Später fand dies seine Entsprechung in den Che Guevara-Posters der WG-Küchen. Beethoven im bürgerlichen Wohnzimmer, Che Guevara auf T-Shirts im Sonderangebot: diese Konstellationen beschreiben das Doppelbödige der Inszenierung von Individualität. Das Erträumen des Außergewöhnlichen ist eingebettet in ein Ambiente gemütlicher Normalität. Konventionsbruch ist eine Konstruktion der Fantasie. Der Bürger erfindet sich als Antibürger, aber nur unter der Bedingung, Bürger bleiben zu dürfen. Zu registrieren ist das Gegenteil der bekundeten Absichten: eine Orthodoxie des Traditionsbruchs, eine Konventionalisierung der Überschreitung, ein zur Folklore gewordener Avantgardismus.

Gerhard Schulze

Pseudoausbruch

Eine Facette dieser Art von Kunst ist der Pseudoausbruch. Immer wieder demonstriert die Kunst den genauen Gegensatz zur bedingungslosen Publikumszuwendung, die uns im Alltagsleben von überall her entgegenweht wie ein laues Lüftchen. Vom Fernsehen bis zum Badeschaum, vom Reiseveranstalter bis zum e-commerce, alle sind aus ökonomischen Gründen zu einer Form der Publikumsliebe verurteilt, für die sich der Ausdruck *Kundenorientierung* eingebürgert hat. Produktinnovation, Marktforschung, Werbung und Unternehmensberatung sorgen dafür, dass das laue Lüftchen uns ständig umfächelt. Mit zunehmender Gleichgültigkeit zappen wir uns durch die unendlichen Verästelungen des Angenehmen.

Wenn nun das Lauwarme ab und zu durch eine eiskalte Dusche gut inszenierter Hässlichkeit unterbrochen wird, wirkt dies erfrischend wie eine Saunapause. Eine andere Metapher wäre der Magenbitter: die Kunst als herbe Verdauungshilfe während fortgesetzter Schlemmerei. In der Spartenwelt hat sich die Kunst eine Marktnische als Enklave des Unerfreulichen erobert und ist in dieser Spezialisierung dem touristischen Produkt des Abenteuerurlaubs unter der strapaziösen Bedingung zeitlich begrenzter Abstinenz vergleichbar. Eingebettet in ein Ambiente permanenter Umschmeichelung, genießt das Publikum seine Beschimpfung als belebendes kleines Schockerlebnis zwischendurch.

Also Subversion der Erlebnisgesellschaft durch die Kunst? Im Gegenteil: Wie der Hofnarr zum königlichen Luxus, so gehört die gekonnte Destruktion zur Erlebnisgesellschaft. Sie ist integrierter Bestandteil eines Universums der Wählbarkeit, in dem alles, aber auch alles, zu haben ist – selbst raffinierte Gestaltungen des *Nicht*wünschenswerten, kleine, begrenzte Fluchten aus dem lauwarmen Wasser des Bedientwerdens. Man genießt Visionen besonders exquisiter Zerstörungen, Zerrüttungen, Zersetzungen. Vor Kurzem las ich in einer Rezension: »Traurig sitzt das junge Paar vor der ästhetisch befriedigenden Katastrophe.«

Verachtung des Publikums

Was dabei auffällt, ist das Publikumsbild vieler Kunstschaffender, vor allem in der Theaterszene. Umberto Eco unterstreicht in seinem Buch *Lector in Fabula* die Bedeutung des »Modell-Lesers« für die Entstehung von Texten. Gleiches lässt sich auch von Theatermachern sagen. Produktionen werden entscheidend vom »Modell-Publikum« geprägt, das sich Theatermacher vorstellen. Das vorgestellte Publikum neigt gewissen Unarten zu; es will sich beispielsweise amüsieren und an schönen Illusionen ergötzen. Dem zu widerstehen, wurde zu einem Kernprinzip der

Bühnenmoral. Die Angst, »Erwartungshaltungen zu bedienen«, wie es oft heißt, ist oft stärker ausgeprägt als der Wunsch, verstanden zu werden oder gar unterhaltsam zu sein. In der Verweigerung der »Anbiederung«, um eine weitere Floskel zu zitieren, drückt sich eine überaus herbe Liebe zum Publikum aus. Man will »keine Unterhaltungsansprüche befriedigen«, man will »provozieren«. Man will »Mauern in den Köpfen einreißen«. Man will »Sehgewohnheiten durchbrechen«, »verunsichern«, »verstören«.

Bei diesem Muster drehen Theatermacher jenen Spieß um, den normalerweise das Publikum auf sie richtet. Sie widersetzen sich ihrer durch die Logik der Situation definierten kommunikativen Bringschuld und bürden stattdessen dem Publikum die Beweislast dafür auf, dass es nicht aus lauter Eseln bestehe. Hans Neuenfels demonstrierte diese Haltung in einem *Spiegel*-Interview über die Proteste gegen seine *Nabucco*-Inszenierung in der Deutschen Oper Berlin: »Das Publikum pflegt seit Jahren eine Art Scheinliberalismus. Die Leute meinen, alles schlucken zu müssen. Bei exponierten Aufführungen glauben die Leute dann plötzlich, ihren Dampf auch mal ablassen zu dürfen.«

Maßgeblich ist die Konzeption des Zuschauers als Zögling, der fürsorglich, aber auch mit unnachgiebiger Strenge aus seiner Unmündigkeit heraus zu führen ist. In einem Fernsehinterview hörte ich eine Regisseurin sagen, das Leben der meisten Menschen sei entsetzlich; deshalb suchten sie überall nach schönen Illusionen. Sie sehe aber ihre Aufgabe darin, ihnen dieses Suchtmittel zu verweigern und sie mit ihrer wahren Situation zu konfrontieren. Solche Aufklärungsabsichten enden meist mit dem Griff in die Schublade der Kritik-Schemata. Dort finden wir unter anderem: den Spießer, den Konsumidioten, den alltäglichen Faschismus, den Terror der Funktionalität, die Macht der Nadelstreifen und Aktenkoffer, die Hässlichkeit der wahren Verhältnisse hinter dem schönen Schein, Einsamkeit, Beziehungslosigkeit, Resignation und Gier.

Man könnte auf die Idee kommen, es handle sich um Aufklärung. Søren Kierkegaard bemerkt allerdings über pädagogische Beziehungen, ein Lehrer müsse vor allem auch Schüler sein. Was wissen die Aufklärer über die Aufzuklärenden? Viele sind vor allem mit sich selbst beschäftigt. Statt Wirklichkeit einzufangen, drapieren sie die nicht zur Kenntnis genommene Wirklichkeit mit Schemata, die diagnostisch auftrumpfen und Erkenntnis suggerieren.

Schon die Schlichtheit und der langjährige Wiederholungscharakter dieser Schemata weisen auf ihr Wirklichkeitsdefizit hin. Beschränktheit wird als zeitkritische Intelligenz verkauft, Einfallslosigkeit als Fantasie, und die Kritik an alldem gilt als Geschwätz von Vollidioten. Der Spiegel, der die wahren Verhältnisse reflektieren soll, wird falsch herum gehalten. Er ist zum Publikum hin blind und zeigt auf seiner reflektierenden Seite Theatermacher in der narzisstischen Betrachtung abgegriffener Masken einer hochkulturellen Folklore. Die Schemata sind anspruchsvoll gemeint – psychodiagnostisch, mentalitätsbeschreibend oder soziomorphologisch. Aber sie sind zu schlicht und stereotyp, um die Wirklichkeit zu erreichen. Der Anspruch, damit den Menschen die Augen zu öffnen, ist bloß eine Peinlichkeit. Das Feindbild, gegen das Theater dieser Art zu Felde zieht, entpuppt sich als selbst gebaute Pappfigur, als Theater und nichts als Theater.

Das Raffinierte daran ist, dass die Verärgerung von Teilen des Publikums die deprimierenden Diagnosen zu bestätigen scheint. Besser, man äußert sein Unbehagen nicht zu laut, sonst outet man sich als Teil des angeblich widergespiegelten Sachverhalts. Der Mechanismus ist derselbe wie bei der versehentlichen Einlieferung eines psychisch gesunden Menschen in die Irrenanstalt. Lautstarken Protest werten die Ärzte als endgültigen Beweis für die Richtigkeit ihrer Fehldiagnose.

Kritik der Kritik

Nach so viel Kritik mag es auf den ersten Blick wie ein Selbstwiderspruch erscheinen, wenn ich nun sogar noch einen Schritt weitergehe und eine bestimmte Form der Kulturkritik ebenfalls der Kritik unterwerfe. Ich meine jene Kritik, die die Masse verachtet, die einfachen Freuden diskreditiert und den Wunsch nach Verständlichkeit belächelt.

Mit der traditionellen Kulturkritik verhält es sich wie mit einem gewohnheitsmäßigen Nörgler; ihr Lebensprinzip ist nun einmal die Beschwerdeführung, und die Verweigerung des Mitklagens interpretiert sie erst recht als Bestätigung der Angemessenheit ihres Pessimismus. Doch spätestens in den Neunzigerjahren ist der intellektuelle Führungsanspruch der Kulturkritik verloren gegangen. Die Öffentlichkeit emanzipiert sich von denjenigen, die ihr angeblich zur Emanzipation verhelfen wollten.

Die Verabschiedung der Kulturkritik hat ihre Ursache in der Transformation der gesellschaftlichen Bedingungen, in denen sie gedeihen konnte. In ihrer Hauptmasse war die Kulturkritik nur eine besonders elaborierte Form der sozialen Distinktion zwischen der Masse und den eigentlichen Menschen. Sie machte sich dadurch unangreifbar, dass sie jeden Angreifer sofort als »getroffenen Hund« diffamierte: Er regt sich nur deshalb auf, weil er dem kritisierten Phänomen zuzurechnen ist.

Inzwischen wirkt diese Kritikform wie der Hungerkünstler in der Erzählung von Kafka – erst bewundert, jetzt außer Mode gekommen, bekommt er sein Gnadenbrot in einem abgelegenen Käfig der Tierschau eines Wanderzirkus. Das Alte geht, das Neue kommt, auch im Wechsel der Kritikformen. Der Weg ist frei für jenes

Kritikmuster, das in der zitierten Passage von Mark Twain aufscheint, gekennzeichnet durch ethnologische Neugier und durch eine diesseitige Suche nach Glück.

Es gehört freilich zu dieser Kritikform dazu, nicht nur kritisch zu sein, sondern darüber hinaus eine halbwegs klare Vorstellung davon mitzuteilen, was man eigentlich gut findet. Auf die Frage »Wo bleibt das Positive?« antwortete Erich Kästner: »Ja, wo bleibt es?« Diese Antwort stand Kästner zur Zeit des Nationalsozialismus zu. Heute dagegen und an Orten wie Salzburg würde es wie eine Verhöhnung derer wirken, die im Unglück leben, wenn uns auf die Frage nach dem Glück nichts anderes einfällt als jene Zeilen in dem Gedicht *An die Nachgeborenen* von Brecht, das ebenfalls zur Zeit der Hitlerdiktatur entstand:

Das arglose Wort ist töricht. Eine glatte Stirn
Deutet auf Unempfindlichkeit hin. Der Lachende
Hat die furchtbare Nachricht
Nur noch nicht empfangen.

Brechts Klage ist der Aufschrei dessen, dem nichts anderes übrigbleibt, als gegen das Unglück zu kämpfen, und der an nichts so sehr leidet wie daran, dass ihm die zweite, so ganz andere Form der Suche nach Glück, nämlich die Gestaltung des Lebens, versagt bleibt.

Mein Essen aß ich zwischen den Schlachten.
Schlafen legte ich mich unter die Mörder.
Der Liebe pflegte ich achtlos
Und die Natur sah ich ohne Geduld.
So verging meine Zeit,
Die auf Erden mir gegeben war.

Die Adressaten dieser Zeilen sind wir, die Nachgeborenen. Wie vergeht die Zeit, die *uns* auf Erden gegeben ist? Und was könnte *uns* die Kunst bedeuten?

Botschaft und Spiel

Ich will mit meiner Antwort so konkret wie möglich beginnen und dann eine Abstraktion versuchen. Vor Jahren besuchte ich ein Figurentheaterfestival, bei dem eine Gruppe mit dem Namen *Triangel* eine Sequenz von unzusammenhängenden Szenen aufführte. Zwei davon möchte ich kurz schildern. Szene A: Man sieht ein von einer gemauerten Einfassung umgebenes Brunnen- oder Erdloch. Nach einiger Zeit erscheint eine Hand auf der Einfassung, dann noch eine, dann Unterarme, dann ein Kopf. Allmählich kriecht ein halb nackter älterer Mann aus dem Loch, bleibt eine Zeit lang ermattet auf der Einfassung sitzen, um dann ganz langsam in das Loch zurückzukriechen. Am Schluss ist er verschwunden, und es herrscht Stille. Szene B: Man sieht mehrere bunte geometrische Formen – Dreiecke, Vierecke, Kreise. Schnell nehmen die Figuren Kontakt miteinander auf, schubsen einander, balgen sich, bekämpfen einander, vertragen sich miteinander, erfinden Spiele und tun eine Menge anderer Dinge, die man sofort als menschlich begreift. Mehr geschieht nicht.

An beiden Szenen beeindruckte mich die Perfektion der Darstellung. Wäre jedoch die Ästhetik der Inszenierung das Einzige gewesen, was mir auffiel, hätte ich beide Szenen wohl wieder vergessen. Gemerkt habe ich sie mir, weil sie mich ansprachen. Die erste Szene erinnerte mich an das Bibelwort »Wir bringen unsere Jahre zu wie ein Geschwätz«. Herauskriechen aus einem Loch, auf der Einfassung sitzen, wieder hineinkriechen: Dies ist ein mögliches Drehbuch für ein ganzes Leben. Sich angesprochen fühlen, kann bedeuten, dass man das Bühnengeschehen als Gleichnis empfindet und auf sich selbst bezieht. Mit der zweiten Szene, dem Spiel der geometrischen Formen, ging es mir ganz anders. Ich deutete das Geschehen nicht metaphorisch, sondern war verblüfft, fasziniert, amüsiert. Statt nachzudenken, vergaß ich mich selbst und ließ mich gefangen nehmen.

Die beiden Szenen illustrieren, worin Ansprache bestehen kann. Sie kann die Form einer *Botschaft* annehmen oder die Form eines *Spiels*. Botschaft und Spiel beschreiben den möglichen Bedeutungsraum von Kommunikation in denkbar allgemeiner Weise. Es handelt sich um verschiedene Pole möglicher Bedeutung, zwischen denen sich die Kunst unruhig hin- und herbewegt. Botschaft zielt auf Erkenntnis, Spiel auf Erlebnisse. Botschaft ist auf längere Dauer angelegt, Spiel auf das Hier und Jetzt. Botschaft lädt zu Diskursen ein, Spiel zu Gefühlen. Im Begriffspaar von Botschaft und Spiel schlägt sich die anthropologische Grundspannung zwischen Ich und Welt nieder. Es geht auf der einen Seite darum, sich in der Welt zurechtzufinden, sie zu durchschauen, sich auf sie einzustellen, sein Leben zu organisieren. Aber all dies hätte keinen Sinn, wenn man vergäße, die Welt zu fühlen. Dies ist die andere Seite: unser Innenleben. Gelingende Kommunikation pendelt zwischen Betrachtung und Empfindung.

Kommunikation ist unvermeidlich

Mit dem Wunsch nach gelingender Kommunikation macht man sich allerdings verdächtig. Die allgegenwärtige Kommerzialisierung von Botschaft und Spiel dient als Begründung für die Ablehnung von Kommunikation überhaupt. Das Kind wird mit dem Bade ausgeschüttet. Wer verstehen will, wer berührt werden will, läuft Gefahr, als blökendes Schaf der Erlebnisgesellschaft unter dem Deckmantel der Kulturbeflissenheit »enttarnt« zu werden. Ausgerufen wird stattdessen eine paradoxe Gleichung: Gelingen gilt als Misslingen; Kommunikation als Illusion und deshalb als eine Form von Kommunikations*störung*. Aber man kann nicht *nicht* kommunizieren; die Kunst macht keine Ausnahme.

Die Kunst mit ihrem Spannungsfeld von Künstlern und Publikum erzeugt durch die pure Logik der Situation einen Imperativ zum Aufbau eines gemeinsamen Bedeutungsraums. In der Beziehung von Künstlern und Publikum ist ein kommunikatives Grundverhältnis festgelegt. Welchen besonderen Sinn die Beteiligten in die Kunst auch sonst noch hineinlegen mögen, sie können die Logik der Situation nicht aufheben, sondern nur ignorieren, werden aber immer wieder davon eingeholt.

Die Verantwortung des Publikums

Auch bei einer asymmetrischen Kommunikation wie der zwischen Künstlern und ihrem Publikum ist das Gelingen von *beiden* Beteiligten abhängig. Ich möchte mich im Folgenden nur auf *eine* Seite der Kommunikation konzentrieren, und zwar auf das Publikum, genauer auf den Einzelnen im Publikum. Warum diese Akzentsetzung? Bisher galt immer der Künstler als derjenige, der die Hauptverantwortung für das Gelingen von Kommunikation trug. Deshalb kreisen so viele kunsttheoretische Überlegungen um die Person des Künstlers und um sein Werk. Es ist jedoch gerade in der Gegenwart höchste Zeit, sich ausführlich mit dem Gegenüber des Künstlers zu beschäftigen, mit dem Betrachter, Leser, Zuschauer, Zuhörer. Das Kunstwerk ist auf Empfänglichkeit angewiesen. Besteht diese Empfänglichkeit nicht, so ist es unter dem Gesichtspunkt der Kommunikation so, als wäre das Kunstwerk nie geschaffen worden. Es existiert nicht für die, an die es sich wendet.

Kunst in der Erlebnisgesellschaft

Es liegt eine besondere Ironie darin, dass gerade in der Erlebnisgesellschaft, die sich der Suche nach Glück so explizit verschrieben hat wie keine zuvor, das Gelingen dieses Vorhabens besonders zweifelhaft erscheint. Dass sich die Menschen auf dem Max-Joseph-Platz in München von einem Rausch des Ergriffenseins durch Kunst befunden hätten, war für mich nicht zu erkennen. Ich muss gestehen, es hätte mich gewundert; vielleicht hätten Umstehende den Notarzt gerufen. Das Ergriffen*werden* ist fast schon pathologisch in einer Umwelt, in der es permanent auf das Ergreifen ankommt.

Die prägende Grunderfahrung in der Erlebnisgesellschaft ist das Leben in einer Menüwelt. Von Kindheit an erfahren wir das Wählendürfen und Wählenmüssen als vorherrschende Existenzbedingung. Kein Monat vergeht, in dem sich der ohnehin schon unendliche Möglichkeitshorizont nicht noch weiter entgrenzen würde. Die jeden Morgen aus der Zeitung rutschenden Werbeprospekte, die Entwicklung des Internet, die Visionen der Gentechnologie, die niemals endenden Diversifikationen touristischer Angebote, der Boom der Schönheitschirurgie, das Anschwellen der Programmzeitschriften und das Wuchern der Supermärkte und Einkaufszonen – alles folgt derselben Logik der Menüvervielfältigung.

Kern der Handlungslogik des Menüs ist der vorwegnehmende Möglichkeitsvergleich unter der absoluten Herrschaft der Frage, ob einem das, was man gewählt hat, auch gefallen werde. Soll ich in dieses Theater gehen oder in jenes? Soll ich überhaupt ins Theater gehen, soll ich am Fernsehgerät herumzappen oder soll ich die Sauna aufsuchen? Was immer man tut, es steht unter dem heimlichen Vorbehalt der entgangenen besseren Alternative; und das Gewählte trägt die Beweislast dafür, dass es den anderen Möglichkeiten überlegen sei. Das Glück, das sich unter diesen Umständen einstellt, ist oft ein Glück der herabgezogenen Mundwinkel.

Was sind Erlebnisse?

Unter diesen Umständen ist es schwierig, Kunst überhaupt noch bei sich ankommen zu lassen. Nach Kunsterlebnissen zu suchen, ist etwas ganz anderes, als sie tatsächlich auch zu haben. Was sind Erlebnisse? Die meisten verstehen darunter ihre Gefühlsreaktionen auf äußere Ereignisse. Es ist jedoch zweckmäßig, mit einem etwas anderen Begriff von Erlebnissen zu operieren, auch wenn dies zunächst kompliziert scheint. Worauf es ankommt, ist die Verbindung von Gefühlen (psychophysische Reaktionen wie Heiterkeit, Spannung, Erschrecken, Gelöstheit, Rührung) mit Selbstbeschreibungen. Diese haben oft ein sehr einfaches Aussehen, wie es etwa bei dem Satz »Das war super« der Fall ist, oder sie ergeben sich auch nur implizit aus der Reaktion, die man an sich selbst wahrnimmt. Nach dem Erzählen eines Witzes beispielsweise nimmt der Lachende nicht einfach bloß sein Lachen als solches wahr, sondern er ordnet es als »Lachen nach dem Erzählen dieses Witzes durch diese Person« ein, wodurch es von anderen, teilweise auch unangenehmen Formen des Lachens als Erlebnis unterschieden wird (Lachen beim Gekitzeltwerden, Lachen aus Schüchternheit, verächtliches Lachen). Gelungene Erlebnisse sind nicht einfach gegebene Eindrücke, die man zuerst hat, um sie dann mehr oder weniger kompetent zu beschreiben; vielmehr sind Erlebnisse Konstruktionen, deren Eigenart unweigerlich durch die Art der Beschreibung mitgeprägt wird. Gefühle sind psychophysisches Rohmaterial, aus dem sich ganz unterschiedliche Gestalten bilden lassen. Was schließlich als Erlebnis herauskommt, hängt maßgeblich von der reflexiven Aneignung der eigenen Gefühle ab.

Die Schwierigkeit, Kunst zu erleben

Gerade bei Kunstwerken ist diese reflexive Aneignung ebenso lohnend wie schwierig. Wie Umberto Eco in seinem Buch *Das offene Kunstwerk* herausarbeitet, besteht der ästhetische Reiz des Kunstwerks maßgeblich darin, dass es nicht restlos eindeutig ist, sondern einen dazu auffordert, eine eigene Lesart zu entwickeln. Dadurch wird das Kunstwerk im einzigartigen Sinnkosmos jedes Betrachters noch einmal erschaffen, als subjektive Rekonstruktion, die von Mensch zu Mensch unterschiedlich ausfällt. Personenübergreifende, gemeinsame Bedeutungen liegen im Schnittbereich der vielen subjektiven Deutungen, die zusätzlich auch noch einen eigenen, unvergleichlichen Gehalt aufweisen. Erst diese Unschärfe und Deutungsoffenheit macht es möglich, dass sich Menschen Gegenstände der Betrachtung subjektiv als Kunstwerk *aneignen*. Dies erklärt den Unterschied zwischen einem Kunstwerk und etwa einem Telefonbuch oder einer Preisliste. Telefonbuch und Preisliste lassen keinerlei Deutungsspielraum zu; sie üben deshalb keinen ästhetischen Reiz aus, und eine geistige Aneignung könnte sich höchstens über das schematische Auswendiglernen vollziehen. Kunstwerke dagegen präsentieren sich zunächst als Rätsel. Jeder ist dazu aufgefordert, es auf seine Weise zu lösen.

Was man dazu vor allem benötigt, ist die Fähigkeit zur wirklichen Individualität jenseits des inszenierten Individualitätstheaters. Doch das Gelingen von Individualität bringt nicht nur angenehme Erfahrungen mit sich. Man muss die Einsamkeit aushalten können, in der man sich ohnehin befindet, die man aber leicht verdrängen kann. Man muss mit der Unsicherheit umgehen lernen, die aus der Selbstbezüglichkeit des Subjektiven resultiert – unendlich vieles ist möglich. Und man braucht kreative Energie, um die Leerstelle, vor der man sich angesichts des offenen Kunstwerks befindet, mit einer Gestalt zu füllen.

Chancen der Kunst

Die Bedingungen dafür sind gleichzeitig schlechter und besser geworden. Schlechter insofern, als die Opportunitätsfallen der Erlebnisgesellschaft immer perfekter wurden. Besser insofern, als die kollektive Lerngeschichte der Moderne voranschreitet, und mit ihr das Nachdenken über sich selbst, das allmähliche Offenbarwerden moderner Lebenslügen und das Begreifen dessen, was man eigentlich will.

Gerhard Schulze

Die Chance der Kunst sehe ich in einem kollektiven Reifungsprozess. An die erste, infantile Phase der Erlebnisgesellschaft schließt sich eine zweite des Erwachsenwerdens an. Kulturgeschichte verläuft häufig dialektisch; Menschen distanzieren sich von Routinen und begeben sich auf die Suche nach etwas anderem. Eines von vielen Indizien dafür, dass es gegenwärtig eine solche dialektische Dynamik gibt, ist die weite Verbreitung einer unverkennbar kritischen Haltung gegenüber der »Spaßgesellschaft«.

Eine wesentliche Ursache für diesen Wandel ist die Auflösung der ursprünglichen sozialen Homogenität des Massenhaften. In der bürgerlichen Gesellschaft war nichts so auffällig wie der Gegensatz von oben und unten. Es handelte sich dabei nicht nur um einen Gegensatz zwischen den wenigen und den vielen, zwischen Exklusivität und Gewöhnlichkeit, sondern vor allem auch um einen kulturellen Gegensatz, von dem kaum ein Aspekt des täglichen Lebens ausgespart blieb.

Im Lauf der Zeit verlor der Gegensatz der wenigen und der vielen seine Konturen. Das Massenhafte ereignet sich nun ständig und überall in wechselnden Personenkonstellationen, die nur für kurze Zeit Bestand haben und ihre Zusammensetzung ständig ändern. Zu diesen soziologisch amorphen, flüchtigen Massen kann jeder gehören oder auch nicht. Sie aktualisieren sich in vielfach übereinander geschichteten Konsumtrends, im Autobahnstau, in Einschaltquoten, Besucherströmen oder Großveranstaltungen wie Bundesligaspielen, Love-Parades und Konzertevents.

In der Einsamkeit, die sich damit verbindet und auf die schon David Riesman in den Fünfzigerjahren hingewiesen hat, kann man ein Risiko sehen oder eine Chance. Vielleicht sind wir allmählich so weit, Einsamkeit als Chance zu begreifen, als Befreiung von Vorschriften, schrägen Seitenblicken und hochgezogenen Augenbrauen, als Aufbrechen von schematisierter Erlebnisfolklore, als Bedingung für Eigensinn und eigenes Erleben.

Das eigene Erleben besteht in der schwierig zu erlangenden Fähigkeit, die Welt schöpferisch zu sehen – eine Fähigkeit, die in ihrer höchsten Form dem Kunstwerk ebenbürtig ist. Was kunstvolles Sehen der Welt bedeutet, zeigt sich am klarsten, wenn gar kein Kunstwerk vorhanden ist. Ein Beispiel dafür enthält der Film *American Beauty*. In einer Szene dieses Films wird Schönheit durch ein Videotape vorgeführt, auf dem der Flug einer Plastiktüte im Wind festgehalten ist. Ein anderes Beispiel finden wir in dem Film *Smoke* mit Harvey Keitel. Jeden Morgen fotografiert der Inhaber eines Tabakladens den Platz vor seinem Geschäft zur selben Zeit. Im Lauf der Jahre füllen sich viele Alben. Ein Freund durchblättert sie, zunächst ratlos, bis ihm plötzlich ein Licht aufgeht. Was diese Bilder darstellen, ist gerade *nicht* immer dasselbe, sondern die Einzigartigkeit des Augenblicks, denn wenn man genau hinsieht, hat jedes Foto seine Besonderheiten: Wetter, Lichtverhältnisses, Passanten, Konstellationen parkender Autos. Die Vollendung des Kunstwerks im Auge des Betrachters beginnt mit der Kunst des Sehens.

Literatur

Brecht, Bertolt, »An die Nachgeborenen«, in: Die neue Weltbühne, 35 (24), 1939, S. 733–76

Eagleton, Terry, Was ist Kunst?, München 2001

Eco, Umberto, Das offene Kunstwerk, Frankfurt a.M. 1973

Eco, Umberto, Lector in fabula. Die Mitarbeit der Interpretation in erzählenden Texten, München 1987

Neuenfels, Hans, »Sinnfreier Brei«, in: DER SPIEGEL, 10/2000, S. 227

Schulze, Gerhard, Erlebnis-Gesellschaft. Kultursoziologie der Gegenwart, Studienausgabe, Frankfurt a.M.–New York [8]2000

Scheurmann, Erich, Der Papalagi, Baden [3]1922

Filme

»American Beauty«, Regie: Sam Mendes, Drehbuch: Alan Ball, Los Angeles 1999

»Smoke«, Regie: Wayne Wang, Paul Auster, Drehbuch: Paul Auster, USA 1995

Endnote

1 Vortrag bei den Salzburger *Festspiel-Dialogen* am 31. Juli 2002.

Freiheit und neuronaler Determinismus[1]

Wolf Singer

Ein epistemisches Caveat

Die Aufklärung der neuronalen Grundlagen höherer kognitiver Leistungen ist mit epistemischen Problemen behaftet. Eines folgt aus der Zirkularität des Unterfangens, da Explanandum und Explanans eins sind. Das Erklärende, unser Gehirn, setzt seine eigenen kognitiven Werkzeuge ein, um sich selbst zu begreifen, und wir wissen nicht, ob dieser Versuch gelingen kann. Ein weiteres Problem rührt daher, dass sich das Gehirn evolutionären Prozessen verdankt, die nicht notwendigerweise zur Ausbildung eines kognitiven Systems führten, das unfehlbar ist und die wahre Natur der Welt zu erkennen mag. Wir können nur erkennen, was wir beobachten, denkend ordnen und uns vorstellen können. Die Grenzen des Wissbaren werden demnach durch die Beschränkungen der kognitiven Fähigkeiten unseres Gehirns gezogen. Zu fragen ist also, wie es mit der Verlässlichkeit und den Begrenzungen dieses kognitiven Apparates bestellt ist. Unsere kognitiven Funktionen beruhen auf neuronalen Mechanismen, und diese sind ein Produkt der Evolution. Nun deutet wenig darauf hin, dass die evolutionären Prozesse daraufhin ausgelegt sind, kognitive Systeme hervorzubringen, welche die Wirklichkeit so vollständig und objektiv wie nur irgend möglich zu erfassen vermögen. Im Wettbewerb um Überleben und Reproduktion kam es vorwiegend darauf an, aus der Fülle der im Prinzip verfügbaren Informationen nur jene aufzunehmen und zu verarbeiten, die für die Bedürfnisse des jeweiligen Organismus bedeutsam sind. Wie die hohe Selektivität und Spezialisierung unserer Sinnessysteme ausweist, betrifft dies nur einen winzigen Ausschnitt der uns inzwischen bekannt gewordenen Welt.

Zusätzlich zu dieser Fokussierung der Signalaufnahme kam es darauf an, die verfügbare Information möglichst schnell in zweckmäßige Verhaltensreaktionen umzusetzen. Eine Fülle von Beispielen belegt, dass sich unsere kognitiven Systeme die Welt in der Tat auf sehr pragmatische und idiosynkratische Weise zurechtlegen. Unsere Sinnessysteme sind zwar hervorragend angepasst, um aus wenigen Daten sehr schnell die verhaltensrelevanten Bedingungen zu erfassen, aber sie legen dabei keinen Wert auf Vollständigkeit und Objektivität. Sie bilden nicht getreu ab, sondern rekonstruieren und bedienen sich dabei des im Gehirn gespeicherten Vorwissens. Dieses speist sich aus zwei Quellen: Zum einen ist es das im Laufe der Evolution erworbene Wissen über die Welt, das vom Genom verwaltet wird und sich in

Architektur und Arbeitsweise von Gehirnen ausdrückt, zum anderen ist es das zu Lebzeiten durch Erfahrung erworbene Wissen. Gehirne nutzen dieses Vorwissen, um Sinnessignale zu interpretieren und in größere Zusammenhänge einzuordnen. Unsere als objektiv empfundenen Wahrnehmungen sind das Ergebnis solcher konstruktiven Vorgänge. Diese wissensbasierten Rekonstruktionen können dazu beitragen, die Unvollkommenheit der Sinnessysteme teilweise zu kompensieren. Vorwissen kann genutzt werden, um Lücken aufzufüllen, und logisches Schließen kann helfen, Ungereimtheiten aufzudecken. Zudem lassen sich durch technische Sensoren Informationsquellen erschließen, die unseren natürlichen Sinnen nicht zugänglich sind. Interessant ist jedoch, dass diese Erkenntnisstrategie oft zu Erklärungen führt, die unanschaulich und gelegentlich sogar für die Intuition unplausibel sind. Wir lassen uns jedoch überzeugen, dass auch kontraintuitive Interpretationen zutreffen, wenn sich aus ihnen gültige Voraussagen ableiten oder auf ihrer Grundlage funktionierende Apparate bauen lassen. Aber auch bei diesen rationalen Erklärungen handelt es sich natürlich um Konstrukte unseres Gehirns, denn auch Denkprozesse beruhen auf neuronalen Vorgängen. Sie gehen auf Leistungen der Großhirnrinde zurück, genauso wie die Wahrnehmung. Deshalb bleibt die Sorge, Denken könne auch nicht verlässlicher oder objektiver sein als Wahrnehmen. Je mehr uns die Neurobiologie über die materielle Bedingtheit unserer kognitiven Leistungen aufklärt, umso deutlicher wird, dass wir uns vermutlich vieles nicht vorstellen können und dass wir die Grenzen nicht kennen, jenseits derer unsere Kognition versagt.

Diese Vorbehalte stellen alle abschließenden Behauptungen infrage, denn dem Argument ist schwer zu begegnen, dass jedwede Erkenntnis vorläufigen Charakter hat und sich durch Einbettung in neue Bezüge wesentlich verändern kann. Dennoch können wir nicht umhin zu versuchen, das jeweils Wissbare so zu ordnen, dass es sich in Modelle fügt, die uns kohärent und widerspruchsfrei erscheinen. Offen bleibt dabei, nach welchen Kriterien unser Gehirn seine internen Zustände, in denen sich alle kognitiven Prozesse letztlich manifestieren, als stimmig beurteilt.

Selbsterfahrung und neurobiologische Fremdbeschreibung: Zwei sich widersprechende Erkenntnisquellen

Es mutet eigentümlich an, dass unsere Intuition Annahmen über die Organisation unseres Gehirnes macht – also jenes Organs, das diese Intuition hervorbringt –, die den Erkenntnissen, welche die Naturwissenschaften zu Tage fördern, widersprechen. Uns ist, als ob es in unserem Gehirn ein Zentrum gäbe, in dem alle Informationen über die Geschehen in unserem Körper und die Bedingungen der Umwelt zusammengefasst werden. Wir vermuten, dass dies der Ort sein müsste, an dem die Sinnessignale zu Wahrnehmungen werden, an dem Entscheidungen fallen und Vorsätze gefasst werden, an dem Handlungsentwürfe entstehen, und schließlich wäre dies der Ort, an dem das intentionale Ich sich konstituiert und seiner selbst bewusst wird. Wir empfinden uns als fähig, jederzeit, losgelöst von äußeren und inneren Bedingtheiten, Bestimmtes zu wollen und uns frei für oder gegen etwas zu entscheiden. Die moderne Hirnforschung entwirft ein gänzlich anderes Bild. Ihr stellt sich das Gehirn als ein System dar, das in extremer Weise distributiv organisiert ist und sich selbst organisiert. Es findet sich kein singuläres Zentrum, das die vielen, an unterschiedlichen Orten gleichzeitig erfolgenden Verarbeitungsschritte koordinieren und deren Ergebnisse zusammenfassen könnte.

Dies wirft die Frage auf, warum ein erkennendes Organ zu unterschiedlichen Schlussfolgerungen kommen kann, je nachdem, ob es sich bei seiner Erforschung auf die Selbsterfahrung oder auf die Fremdbeschreibung durch naturwissenschaftliche Vorgehensweise verlässt. Der wissenschaftliche Ansatz betrachtet das Gehirn als ein Organ wie jedes andere. Die Grundannahme ist, dass sich seine Funktionen in naturwissenschaftlichen Beschreibungssystemen darstellen lassen müssen, da neuronale Prozesse den bekannten Naturgesetzen unterworfen sind. Diese Annahme basiert auf unterschiedlichen, jedoch konvergierenden Argumentationslinien. Zum einen scheint gesichert, dass sich Gehirne, ebenso wie der sie beherbergende Organismus, einem kontinuierlichen evolutionären Prozess verdanken, der zwar zu immer komplexeren Strukturen führte, aber keine ontologischen Brüche aufweist. Ähnlich kontinuierlich vollzieht sich die Individualentwicklung von der Befruchtung bis hin zur Ausdifferenzierung des reifen Organismus, wobei die Differenzierungsprozesse vollständig im Rahmen naturwissenschaftlicher Beschreibungssysteme erfasst werden können. Bemerkenswert ist dabei, dass sich in beiden Fällen sehr enge Korrelationen herstellen lassen zwischen der Entwicklung bestimmter Hirnstrukturen und dem sukzessiven Auftreten immer höherer kognitiver Leistungen. Diese Evidenzen legen die Schlussfolgerung nahe, dass alle Verhaltensleistungen, also auch die höchsten kognitiven Funktionen mit ihren psychischen und mentalen Konnotationen, auf den neuronalen Prozessen im Gehirn beruhen müssen. Bislang sind alle Befunde, die diese Schlussfolgerung nahelegen, widerspruchsfrei geblieben. Noch ist es jedes Mal gelungen, für eine definierte kognitive Funktion das entsprechende neuronale Korrelat zu identifizieren. Dies aber impliziert, dass mentale Prozesse wie das Bewerten von Situationen, das Treffen von Entscheidungen und das Planen des je nächsten Handlungsschrittes auf neuronalen Wechselwirkungen beruhen, die den Naturgesetzen und damit dem Kausalprinzip gehorchen. Auch wenn es sich bei Gehirnzuständen um Zustände eines nichtlinearen dynamischen Systems handelt, gilt nach wie vor, dass der jeweils nächste Zustand die notwendige Folge des jeweils unmittelbar vorausgegangenen ist. Sollte sich das Gesamtsystem in einem Zustand befinden, für den es mehrere Folgezustände gibt, die eine gleich hohe Übergangswahrscheinlichkeit aufweisen, so können minimale Schwankungen der Systemdynamik den einen oder anderen favorisieren. Es kann dann wegen der unübersehbaren Zahl der determinierenden Variablen nicht vorausgesagt werden, für welche Entwicklungstrajektorie sich das System »entscheiden« wird. Das System ist aufgrund seiner Komplexität und nichtlinearen Dynamik hinsichtlich seiner zukünftigen Entwicklung offen. Es kann völlig neue, bislang noch nie aufgesuchte Orte in einem hoch dimensionalen Zustandsraum besetzen – was dann als kreativer Akt in Erscheinung tritt. Hierzu mögen zufällige, systemimmanente Fluktuationen durchaus beitragen, die sich thermischem Rauschen oder gar probabilistischen, quantenmechanischen Prozessen verdanken. All dies ändert aber nichts daran, dass jeder der kleinen Schritte, die aneinandergefügt die Entwicklungstrajektorien des Gesamtsystems ausmachen, auf neuronalen Wechselwirkungen beruhen, die den Naturgesetzen folgen.

Diese Sicht steht im Widerspruch zu unserer Intuition, zu jedem Zeitpunkt frei darüber befinden zu können, was wir als je Nächstes tun oder lassen wollen. Da unser Selbstbild auf der Existenz dieser Freiheit gründet, werden die Grundthesen der modernen Hirnforschung mit großer Besorgnis rezipiert. Mein Anliegen ist es, einen kleinen Beitrag dazu zu leisten, diese Sorgen zu zerstreuen.

Das Gehirn aus naturwissenschaftlicher Perspektive

Untersuchungen der strukturellen und funktionellen Organisation unseres Gehirns belegen, dass es sich hierbei um ein Organ handelt, das in hohem Maße dezentral organisiert ist, dass in ihm eine Vielzahl von unterschiedlichen Prozessen parallel in sensorischen und motorischen Subsystemen ablaufen und dass es kein singuläres Zentrum gibt, welches diese verteilten Prozesse verwaltet. An der funktionellen Organisation der Großhirnrinde lässt sich dies besonders gut veranschaulichen. Die Hirnrinde ist die letzte große Erfindung in der Evolution von Gehirnen, denn seit ihrem ersten Auftreten bei niederen Wirbeltieren gab es keine wesentlichen strukturellen Neuerungen. Im Laufe der Evolution nimmt das Volumen der Hirnrinde kontinuierlich zu, wodurch sich die Komplexität der Vernetzungsmöglichkeiten dramatisch erhöht. Aber die interne Verschaltung der neuen Areale bleibt unverändert. Da die Verarbeitungsprozesse in Nervennetzen anders als in Computern nicht von getrennten Programmen gesteuert, sondern ausschließlich durch die Verschaltung der Nervenzellen determiniert werden, folgt, dass alle Hirnrindenareale nach den gleichen Prinzipien arbeiten, unabhängig davon, ob sie sich mit der Verarbeitung von visuellen, akustischen oder taktilen Signalen befassen oder der Analyse von Sprache oder der Programmierung von Bewegungen. Der Evolution ist hier offensichtlich die Realisierung eines informationsverarbeitenden Prinzips gelungen, das sich zur Bewältigung unterschiedlichster Aufgaben gleichermaßen eignet.

Dies stellt uns vor zwei noch nicht befriedigend beantwortbare Fragen: Erstens, welches mächtige und universelle Prinzip ist hier verwirklicht? Und zweitens, wie kann es sein, dass durch die Vermehrung solcher universeller Module all die neuen Phänomene in die Welt kamen, die wir mit mentalen Prozessen verbinden und die uns so nachhaltig von anderen Primaten unterscheiden? Qualitäten, die es uns Menschen erlaubten, der biologischen Evolution die kulturelle hinzuzufügen? Wie ist vorstellbar, dass allein die Vermehrung von Großhirnrinde und der dazugehörigen Servicestrukturen zur Emergenz von Leistungen führte, die es uns erlaubten, der materiellen Welt eine geistige Dimension hinzuzufügen, uns unserer Wahrnehmungen und Gefühle gewahr zu werden, eine Innensicht unserer psychischen Verfasstheit zu gewinnen und diese Fähigkeit auch unserem Gegenüber zuzuschreiben? Wir erfahren diese mentalen Phänomene als ebenso real wie die greifbaren Phänomene der dinglichen Welt, wir können sie sprachlich fassen und uns in diesen Konstrukten als autonome Wesen, die über eine geistige Dimension verfügen, der materiellen Welt gegenüberstellen. In dieser Dimension existieren benennbare Phänomene, die in der materiellen Welt keine Entsprechung haben und die traditionell Forschungsgegenstand der Geisteswissenschaften sind: Empfindungen, Wertungen, Moral, Intentionalität, Schuld, ästhetische Kategorien, kurzum all das, was erst durch den Menschen in die Welt kam und nach John Searle den Status von sozialen Realitäten hat. Was also ist geschehen?

Die Evolution hat die Module der Hirnrinde hervorgebracht und einen genialen Weg entdeckt, diese so miteinander zu verschalten, dass durch deren Vermehrung immer differenziertere kognitive Leistungen realisiert werden konnten. In Gehirnen mit vergleichsweise niedriger Komplexität finden sich diese Module zu einigen wenigen sensorischen und motorischen Rindenarealen zusammengefasst. Diesen Arealen obliegt es, die Signale aus den verschiedenen Sinnesorganen zu verarbeiten, sie mit der in ihnen gespeicherten Information zu vergleichen und so aufzubereiten, dass die motorischen Areale daraus angepasste Verhaltensreaktionen ableiten können. Dabei kommunizieren die verschiedenen Sinnessysteme mit den exekutiven Strukturen über kurze Wege und vermitteln ihre Botschaften parallel und weitestgehend unabhängig voneinander. Dies ist der Grund, weshalb niedere Tiere nicht gut generalisieren, nicht gut von einem aufs andere schließen können. In komplexeren Gehirnen kommen immer mehr Areale hinzu, die sich nicht mehr direkt mit der Verarbeitung sensorischer Signale befassen, sondern vorwiegend mit der Weiterverarbeitung und Rekombination der Ergebnisse, die in den vorgelagerten, evolutionär älteren Arealen erarbeitet wurden.

Parallel zur Vermehrung dieser höheren sensorischen Areale, die sich in allen Sinnesmodalitäten vollzieht, treten Areale hinzu, die sich mit der Vermittlung zwischen den Modalitäten befassen, die Assoziationsareale. Ihnen obliegt es, Gleiches im Verschiedenen herauszuarbeiten und modalitätsunabhängige, abstraktere Repräsentationen von Wahrnehmungsobjekten zu erstellen. In den Spracharealen des Menschen erreicht diese symbolhafte, abstrakte Repräsentation des Wahrgenommenen seine höchste Ausprägung. Hinzu kommen Areale im Frontalhirn, die sich mit der Abspeicherung und Bearbeitung vorverarbeiteter, hoch abstrahierter Inhalte befassen wie soziale Wertesysteme und Verhaltenskodizes. Benachbarten Arealen obliegt es, die Ergebnisse der vielen gleichzeitig ablaufenden Prozesse gegeneinander abzuwägen, ausgewählte mit Aufmerksamkeit zu belegen und solange in Kurzzeitspeichern abzulegen, bis sie entweder nicht mehr gebraucht oder in die Langzeitspeicher verschoben werden. Und schließlich hat sich in den Stirn- und Schläfenlappen ein Netzwerk von Arealen herausgebildet, das uns befähigt, uns als mit uns identisch zu begreifen. Dieses Netzwerk reift auch in der Individualentwicklung spät aus, weshalb kleine Kinder noch keine Vorstellung von ihrer Identität entfalten können.

Die gegenwärtig plausibelste Annahme ist, dass sich die hohen, spezifisch menschlichen kognitiven Leistungen dem Auftreten von Hirnrindenarealen verdanken, deren Aufgabe es ist, die Verarbeitungsergebnisse aus bereits vorhandenen Arealen in vielfältigen Rekombinationen erneut zu bearbeiten – und zwar nach den gleichen Algorithmen, die von sensorischen Arealen bei der Bearbeitung von Sinnessignalen angewendet werden. Diese Iteration von kognitiven Operationen immer gleichen Grundmusters befähigt uns offenbar, über hirninterne Vorgänge Protokoll zu führen, uns unserer eigenen sensorischen Prozesse gewahr zu werden, sie zu benennen und uns der Entscheidungen und Handlungsentwürfe, die sich im System konstituieren, zumindest zum Teil bewusst zu werden.

Faszinierend ist dabei die Geschlossenheit der hoch entwickelten Gehirne. Nervenzellen in evolutionsgeschichtlich jungen Arealen kommunizieren ausschließlich mit ihresgleichen. Hoch entwickelte Gehirne beschäftigen sich also vorwiegend mit sich selbst und verhandeln die ungeheure Menge von Informationen über die Welt, die in ihrer Architektur gespeichert ist. So kommt es, dass sich die Aktivitätsmuster, die auftreten, wenn sich Menschen etwas vorstellen oder das Vorgestellte tatsächlich vor Augen haben, kaum unterscheiden. Im Traum und bei Halluzinationen verschwinden diese Unterschiede gänzlich, weshalb dann Imagination und Realität eins werden.

Die Struktur von Repräsentationen

Wenn es im Gehirn keine zentrale, allen Subprozessen übergeordnete Instanz gibt, wie wird dann die Zusammenarbeit der Milliarden von Zellen in den mit verschiedenen Aufgaben betrauten Arealen der Großhirnrinde koordiniert, wie kann das Gehirn als Ganzes stabile Aktivitätsmuster ausbilden, wie können sich die verteilten Verarbeitungsprozesse zur Grundlage kohärenter Wahrnehmungen formieren, wie findet ein so distributiv organisiertes System zu Entscheidungen, woher weiß es, wann die verteilten Verarbeitungsprozesse ein Ergebnis erzielt haben, wie beurteilt es die Verlässlichkeit des jeweiligen Ergebnisses, und wie vermag es fein aufeinander abgestimmte Bewegungen zu steuern? Offensichtlich hat die Evolution das Gehirn mit Mechanismen zur Selbstorganisation ausgestattet, die in der Lage sind, auch ohne eine zentrale koordinierende Instanz Subprozesse zu binden und globale Ordnungszustände herzustellen.

Wir sind vermutlich noch weit davon entfernt, die Prinzipien zu verstehen, nach denen sich die verteilten Prozesse im Gehirn zu kohärenten Zuständen verbinden, die dann als Substrat von Wahrnehmungen, Vorstellungen, Entscheidungen und Handlungssequenzen dienen könnten. Wir verfügen jedoch über eine experimentell überprüfbare Hypothese, die sich am Beispiel von Bindungsproblemen verdeutlichen lässt, die bei der Verarbeitung sensorischer Signale auftreten. Aufgrund ihrer spezifischen Verschaltung reagieren die Nervenzellen in der Sehrinde selektiv auf elementare Merkmale visueller Objekte: auf Konturen, Texturen, Farbkontraste und Bewegungen. Da sich auf höheren Verarbeitungsstufen Neuronen finden, die auf relativ komplexe Kombination solcher elementaren Merkmale ansprechen, wurde vermutet, dass die Bindung elementarer Merkmale zu Repräsentationen ganzer Objekte dadurch erfolgen könnte, dass die Antworten der elementaren Merkmalsdetektoren in Zellen höherer Ordnung so integriert werden, dass diese Zellen selektiv auf die Merkmalskonstellation einzelner Objekte reagieren. Es müsste dann für jedes wahrgenommene Objekt eine spezialisierte Nervenzelle geben, deren Antwort das Vorhandensein eben dieses Objektes signalisiert. Diese Kodierungsstrategie wird in den künstlichen neuronalen Netzwerken angewandt, die als »deep learning networks« Schlagzeilen machten, seit es ihnen gelang, den weltbesten Go-Spieler zu schlagen. Die Natur hat ähnliche Strategien entwickelt, aber zusätzliche Verarbeitungsprinzipien realisiert. Und es gibt gute Gründe, weshalb die Natur diese Option zur Bindung verteilter neuronaler Signale nur für die Repräsentation sehr häufig vorkommender oder sehr bedeutsamer Objekte gewählt hat. Es würde diese Strategie eine astronomisch große Zahl hochspezialisierter Zellen erfordern, um alle wahrnehmbaren Objekte in all ihren unterschiedlichen Erscheinungsformen zu repräsentieren. Zudem wäre es unmöglich, neue, noch nie gesehene Objekte zu repräsentieren und wahrzunehmen, da schwer vorstellbar ist, dass sich im Laufe der Evolution für alle möglichen Objekte entsprechend spezialisierte Zellen ausgebildet haben. In der Großhirnrinde kommt deshalb eine komplementäre, wesentlich flexiblere Strategie zur Anwendung. Objekte der Wahrnehmung, gleich ob es sich um visuell, akustisch oder taktil erfasste handelt, werden durch eine Vielzahl von gleichzeitig aktiven Neuronen repräsentiert, wobei jedes Einzelne nur einen Teilaspekt des gesamten Objektes kodiert.

Die nicht weiter reduzierbare neuronale Entsprechung eines kognitiven Objektes wäre demnach ein raumzeitlich strukturiertes Erregungsmuster in der Großhirnrinde, an dessen Erzeugung sich jeweils eine große Zahl von Zellen beteiligt. Ähnlich wie mit einer begrenzten Zahl von Buchstaben durch Rekombination nahezu unendlich viele Worte und Sätze gebildet werden können, lassen sich durch Rekombination von Neuronen, die lediglich elementare Merkmale kodieren, nahezu unendlich viele Objekte der Wahrnehmung repräsentieren, selbst solche, die noch nie zuvor gesehen wurden. An der Repräsentation eines freudig bellenden, mit dem Schwanz wedelnden, gerade getätschelten Hundes müssen sich Neuronen aus weit entfernten Hirnrindenarealen zu einem kohärenten Ensemble zusammenschließen: Zellen des Sehsystems, die visuelle Attribute des Hundes kodieren, müssen mit Zellen des auditorischen Systems kooperieren, welche sich an der Kodierung des Gebells beteiligen, Zellen des taktilen Systems müssen Informationen über die Beschaffenheit des Fells beisteuern, und Zellen des limbischen Systems werden benötigt, um emotionale Bewertungen hinzuzufügen, um anzugeben, ob das Gebell freudig oder bedrohlich ist. All diese verteilten Informationen müssen zu einer kohärenten Repräsentation zusammengebunden werden, ohne sich an einem bestimmten Ort zu vereinen. Ferner muss dafür gesorgt werden, dass nur die Signale miteinander gebunden werden, die vom gleichen Objekt herrühren, dass die Signale vom Hund getrennt bleiben von Signalen, die von anderen, gleichzeitig wahrgenommenen Objekten herrühren. Bei dieser Kodierungsstrategie müssen die Erregungsmuster der Neuronen demnach zwei Botschaften gleichzeitig vermitteln. Zusätzlich zu der Botschaft, dass das Merkmal, für welches sie kodieren, vorhanden ist, müssen sie angeben, mit welchen anderen Neuronen sie gerade gemeinsame Sache machen. Einigkeit besteht, dass die Amplitude der Erregung eines Neurons Auskunft darüber gibt, mit welcher Wahrscheinlichkeit ein bestimmtes Merkmal vorhanden ist. Heftig diskutiert wird jedoch die Frage, worin die Signatur bestehen könnte, die angibt, welche Neuronen jeweils gerade miteinander verbunden sind und ein kohärentes Ensemble bilden.

Wir haben vor mehr als zwei Dekaden beobachtet, dass Neuronen in der Sehrinde ihre Aktivitäten mit einer Präzision von einigen Tausendstelsekunden synchronisieren können, wobei sie meist eine rhythmisch oszillierende Aktivität in einem Frequenzbereich um vierzig Hertz annehmen. Wichtig war dabei die Beobachtung, dass Zellen vor allem dann ihre Aktivität synchronisieren, wenn sie sich an der Kodierung des gleichen Objektes beteiligen. Wir leiteten daraus die Hypothese ab, dass die präzise Synchronisierung von neuronalen Aktivitäten die Signatur dafür sein könnte, welche Zellen sich temporär zu funktionell kohärenten Ensembles gebunden haben. Wie so oft erweist es sich, dass die ursprüngliche Beobachtung nur die Spitze des Eisbergs war und dass die funktionellen Bedeutungen der beobachteten Synchronisationsphänomene weit über die zunächst vermuteten hinausgehen. Die vielleicht spannendsten Implikationen könnten die jüngsten Untersuchungen an schizophrenen Patienten haben. Sie verweisen darauf, dass in den Gehirnen dieser Patienten die Synchronisation neuronaler Aktivitäten gestört und unpräzise ist. Wenn zutrifft, dass Synchronisation der Koordination von parallel erfolgenden, räumlich verteilten neuronalen Operationen dient, könnte dies manche der dissoziativen Phänomene erklären, welche diese geheimnisvolle Krankheit charakterisieren. Die Befunde könnten dann tatsächlich Hinweise für eine gezielte Suche nach den pathophysiologischen Mechanismen liefern, die zu dieser Erkrankung führen.

Vieles spricht also dafür, dass wir uns als neuronales Korrelat von Wahrnehmungen, Entscheidungen, Plänen und motorischen Programmen komplexe, raumzeitliche Erregungsmuster vorstellen müssen, an denen sich jeweils eine große Zahl von Nervenzellen in verschiedenen Hirnrindenarealen in wechselnden Konstellationen beteiligen.

Freiheit und neuronaler Determinismus

Aus dem bisher Gesagten geht hervor, dass alle kognitiven Leistungen, auch unsere als frei empfundenen Entscheidungen, auf sich selbst organisierenden neuronalen Prozessen beruhen müssen, die den Naturgesetzen gehorchen. Dies widerspricht unserer Intuition von Freiheit und bedarf deshalb der Diskussion.

Dabei bedarf es zunächst der Klärung, wovon wir uns frei wähnen. Vielleicht meinen wir nur, dass wir uns frei entschieden hätten, wenn wir frei von äußeren und inneren Zwängen entschieden haben, wobei nicht weiter hinterfragt werden muss, welchem Mechanismus sich der Entscheidungsprozess selbst verdankt. Wir sagen gemeinhin, eine Person hätte sich frei entschieden, wenn sie die Entscheidung durch bewusstes Abwägen von Argumenten herbeigeführt hat und kein Hinweis auf das Vorliegen besonderer äußerer oder innerer Zwänge besteht, wenn der Ausgang der Entscheidung nicht durch Bedrohung oder soziale Abhängigkeiten, durch neurotische Zwänge oder pathologische Triebstrukturen beeinflusst wurde. Wir gehen also offenbar davon aus, dass Entscheidungen dann frei sind, wenn sie über die bewusste Deliberation von Argumenten herbeigeführt werden und ohne den Einfluss von Faktoren erfolgen konnten, die diesen bewussten Akt von Vornherein in seinem normalen Ablauf hätten behindern können. Aus eben diesem Grund gelten nicht nur äußere und innere Zwänge, sondern auch Zustände eingeschränkten Bewusstseins als mildernde Umstände.

In der alltäglichen Praxis stellen wir demnach eine enge Verbindung her zwischen frei sein und bewusst sein. Wir attribuieren das Prädikat »frei« jenen Entscheidungsprozessen, die bewusst erfolgen und sich somit auf jene Variablen stützen, die bewusstseinsfähig sind. Dies können jedoch nur die Variablen sein, die im Kurzzeitspeicher des Gehirns und/oder im sogenannten deklarativen Gedächtnis abgelegt wurden. Beides ist nur für Inhalte möglich, die zum Zeitpunkt der Abspeicherung mit Aufmerksamkeit belegt wurden. Nur die Variablen, die während ihrer Erfassung mit Aufmerksamkeit belegt und ins Bewusstsein gehoben wurden, gelangen in das deklarative Gedächtnis und können später wieder ins Bewusstsein gehoben werden. Ausgeschlossen bleiben dabei all die Variablen, welche Entscheidungen mit beeinflussen, doch im Augenblick der Entscheidungsfindung nicht den Weg ins Bewusstsein gefunden haben. Dies gilt für all das Wissen über die Welt, das während der Evolution erworben wurde und sich in der funktionellen Architektur unserer Gehirne manifestiert. Dieses Wissen ist implizit. Uns ist nicht bewusst, dass wir es besitzen, weil wir nicht zugegen waren, als es erworben wurde. Das Gleiche gilt für die Lebenserfahrungen, die vor dem dritten bis vierten Lebensjahr gewonnen wurden, da deren Einspeicherung wegen des noch nicht ausgebildeten deklarativen Gedächtnisses nicht bewusst erinnert werden kann. Und schließlich gibt es Variablen, die nie ins Bewusstsein dringen, aber Entscheidungsprozesse beeinflussen. Dazu zählen unbewusste Bedürfnisse und Handlungsdispositionen, die den Charakter einer Person ausmachen und den Entscheidungsprozess mit beeinflussen. Sie haben nachhaltigen Einfluss auf unser Verhalten, wir sind uns ihrer aber nur in den seltensten Fällen bewusst. Dann sind es all die im Prinzip bewusstseinsfähigen Variablen, die jedoch im Augenblick der Entscheidungssuche nicht ins Bewusstsein gelangten. Was von den im Prinzip bewusstseinsfähigen Variablen tatsächlich ins Bewusstsein gelangt, hängt wiederum ab von einer Fülle unbewusster Motive, von Verdrängungsmechanismen, von der Art der assoziativen Einbettung der abgespeicherten Inhalte und schließlich vom Ablauf des gerade anstehenden Entscheidungsprozesses, der die selektive Aufmerksamkeit je nach Bedarf auf ganz bestimmte Inhalte richtet. Nicht zuletzt wird die Zahl der jeweils gleichzeitig verhandelbaren Argumente durch die Kapazität des Arbeitsgedächtnisses begrenzt.

Diese wiederum weist starke interindividuelle Variabilität auf und ändert sich zudem in Abhängigkeit von schwankender Konzentrationsfähigkeit und Wachheit. Daraus folgt, dass die bewussten, als frei bewerteten Entscheidungen in aller Regel auf einer begrenzten Zahl von Variablen beruhen, deren Verfügbarkeit von einer Fülle unbewusster Prozesse gesteuert wird.

Ferner gilt, dass natürlich auch die bewussten Deliberationen selbst, wie alle anderen kognitiven Leistungen, auf neuronalen Prozessen beruhen – in diesem Fall auf solchen, die vorwiegend in der Großhirnrinde ablaufen. Zu welchem Ergebnis der jeweilige Abwägungsprozess konvergiert, hängt damit von der spezifischen Auslegung und dem jeweiligen Zustand neuronaler Netzwerke ab. Zum einen bestimmen den Ausgang der Deliberation die Regeln, nach denen der Abwägungsprozess selbst erfolgt. Diese werden durch die funktionelle Architektur der Nervennetze, also durch die Verschaltungsweise der Nervenzellen, vorgegeben. Determinanten dieser Verschaltung wiederum sind zum einen genetische Faktoren, über welche das während der Evolution erworbene Wissen über die Bedingungen der Welt in Hirnarchitekturen übersetzt wird. Hinzu kommen die erfahrungsabhängigen frühkindlichen Prägungen, die nachhaltige Modifikationen der genetisch vorgegebenen Verschaltung bewirken, und schließlich die vorangegangenen Lernprozesse, die über Veränderungen der Effizienz der Verbindungen die neuronalen Netzwerke und damit die von ihnen getragenen Funktionen bleibend verändern. Zudem hängt der Ablauf und damit der Ausgang des jeweiligen Abwägungsprozesses natürlich von der Aktivitätskonstellation ab, die sich im Netzwerk entwickelt hat, und diese Konstellation resultiert aus den unmittelbar vorangehenden Ereignissen. Die Trajektorien des sich auf eine »Entscheidung« zubewegenden Systems hängen dabei nicht nur von der jeweiligen Vorgeschichte ab, sondern werden fortwährend von der Summe aller sensorischen Einwirkungen beeinflusst. Auch ein eben gehörtes Argument zählt zu diesen Einflüssen. Nach seiner Verarbeitung in den Sprachzentren bestimmt dieses als neuronales Erregungsmuster die Entwicklungstrajektorie des Systems in gleicher Weise wie etwa eine frühere Erfahrung, die in der Architektur des Netzwerkes gespeichert wurde. Ersteres wird als bewusst wahrgenommenes Argument erfahren, die Wirkung früher Prägung entzieht sich unserer Wahrnehmung und entfaltet sich als unbewusster Prozess.

Unsere Entscheidungen folgen also Regeln, die durch die funktionelle Architektur der beteiligten Hirnregionen festgelegt sind. Wäre dem nicht so, würden diese Prozesse also nicht determiniert, sondern lediglich die Folge aleatorischer Zustandsänderungen sein, dann könnte ein Gehirn keine an die Bedingungen angepassten Entscheidungen fällen, könnte sich nicht auf Vorwissen verlassen und der aktuellen Situation Rechnung tragen. Ein Organismus, der auf diese Weise frei und ungebunden Entscheidungen träfe, würde am Leben scheitern. Bleibt also die Schlussfolgerung, dass auch die bewussten Entscheidungen, die sich vorwiegend auf deklaratives Wissen stützen, also auf meist sprachlich vermitteltes Kulturwissen, nach wie vor auf Prozessen beruhen, die von einer kaum überschaubaren Vielfalt von Bedingungen abhängen, inneren und von außen herangetragenen. Dort, wo die Entscheidung vorbereitet und gefällt wird, in den entsprechenden Nervennetzen, verwandeln sich all diese Einflüsse in raumzeitlich strukturierte neuronale Erregungsmuster. Diese sind kompetitiven Selbstorganisationsprozessen unterworfen, deren Dynamik von der Systemarchitektur vorgegeben ist. Diese Prozesse bewirken, dass sich von vielen möglichen das jeweils stabilste, man könnte auch sagen, das jeweils konsistenteste beziehungsweise widerspruchsfreieste Erregungsmuster durchsetzt.

Bewusste und unbewusste Entscheidungsprozesse

Wie also kann es sein, dass wir dennoch von freien und weniger freien Entscheidungen sprechen, und Letzteren, wenn sie als Fehlentscheidungen gewertet werden, mildernde Umstände zuschreiben. Ich vermute, dass der Grund hierfür darin liegt, dass wir Freiheit mit Spielraum verwechseln oder gleichsetzen. Unsere Intuition legt nahe, dass an unseren Entscheidungen noch mehr Variablen teilhaben als solche, die uns jeweils bewusst werden. Diese im Unbewussten wirkenden Variablen stehen miteinander ebenso in Wettbewerb wie die bewussten, nach rationalen Regeln abwägbaren Argumente. Weil sie nicht im Bewusstsein aufscheinen, vermögen wir deren Wirken nicht zu benennen, sie beeinflussen Entscheidungen jedoch in hohem Maße. Einmal bestimmen sie mit, welche der »frei« verhandelbaren Argumente jeweils ins Bewusstsein gelangen, weil sie die Aufmerksamkeitsmechanismen steuern. Ferner nehmen wir die Wirkung unbewusster Abwägungsprozesse als Intuition wahr, als gutes oder schlechtes Gefühl, als angenehme oder unangenehme vegetative Begleiterscheinung des unbewussten Wettstreits. Diese unbewussten Abwägungsprozesse laufen vermutlich nach anderen, einfacheren Regeln ab als die bewussten, die sich auf kulturell vereinbarte, in der Sprachlogik fixierte Regeln stützen. Dafür können aber im Unterbewusstsein mehr Variablen gleichzeitig miteinander verrechnet werden, als dies im Bewusstsein möglich wäre, weil die Kapazität des Bewusstseins in hohem Maße beschränkt ist.

Wir verfügen also über zwei parallel agierende Entscheidungsmechanismen, die einander gegenseitig beeinflussen, die aber nicht notwendig zu dem gleichen Ergebnis führen müssen. Im Fall von Widersprüchen sagen wir, wenn die unbewussten, sich in Intuitionen ausdrückenden Entscheidungsmechanismen über die expliziten, bewussten siegen, wir hätten uns wider besseres Wissen entschieden. Im umgekehrten Fall sagen wir, wir hätten gegen unser Gespür entschieden. In beiden Fällen haben wir das Gefühl, nicht ganz frei entschieden zu haben und sind mit der Entscheidung nicht zufrieden. Dies verweist darauf, dass wir von einer wirklich freien Entscheidung noch mehr verlangen als nur, dass sie auf der Verhandlung bewusstseinsfähiger Argumente beruht. Wir wollen die Entscheidung auch frei wissen von Widersprüchen, die aus der Dissonanz zwischen unbewussten und bewussten Motiven entstehen und nicht selten als Zwang erlebt werden. So betrachtet, gibt es dann quantitative Abstufungen hinsichtlich der Erfahrung von Freiheit. Gänzlich frei und im Sinne der Zurechenbarkeit von allen mildernden Umständen ausgenommen, würden demnach Entscheidungen empfunden, die unter Heranziehung aller bewusstseinsfähigen Argumente frei von äußeren und inneren Zwängen getroffen werden. Unter äußeren Zwängen wären dabei alle Bedrohungen zu verstehen, die als Konsequenz einer bestimmten Entscheidung antizipiert werden. Zu den inneren Zwängen wären all die Faktoren zu rechnen, welche die Rekrutierung von bewusstseinsfähigen Argumenten einschränken, aber auch die unbewussten Motive und Zwänge, welche bewusste Entscheidungen in bestimmte Richtungen lenken. Ferner wäre Voraussetzung für so definierte »freie« Entscheidungen, dass zum Zeitpunkt der Entscheidung keine, das Bewusstsein und dessen Kapazität einschränkenden Bedingungen herrschen dürfen.

Ich denke, dass bei dieser Betrachtungsweise deutlich wird, wie fragwürdig der Versuch ist, jeweils im Nachhinein festzustellen, wie groß der Optionenraum war, wie frei eine bestimmte Entscheidung war, wobei mit »frei« nur gemeint ist, wie unbehindert von äußeren und inneren Zwängen der bewusste Deliberationsprozess ablaufen konnte, auch wenn dieser selbst sich natürlich seinerseits neuronalen Prozessen in der Großhirnrinde verdankt. Es scheint also weniger darum zu gehen, ob der Prozess der Entscheidung nach festen Regeln ablief – und auch rationales Folgern ist ein fest programmierter Vorgang – sondern wie stark dieser Prozess noch von anderen Faktoren beeinflusst wurde. Offenbar wird mit der Qualität »frei« lediglich bezeichnet, wie ungehindert die rationale Abwägung erfolgte und wie groß der jeweilige Optionenraum war. Es geht also nicht darum, ob Wollen determiniert ist oder frei, sondern es geht um Spielräume.

Freiheit und Schuld

Gemeinhin wird angeführt, Freiheit sei Voraussetzung für Schuldfähigkeit, und diese wiederum diene der Strafbemessung. Entsprechend bemühen Richter den forensischen Psychiater, um zu beurteilen, wie »frei« der Angeklagte zum Zeitpunkt der Tat war. Hierzu wird ein Katalog etablierter Kriterien zur Abgrenzung von normalen und pathologischen psychischen Konstellationen herangezogen. Der Arzt kann dem Richter Auskunft darüber geben, ob die Hirnfunktionen des Täters hinsichtlich bestimmter Eigenschaften der Norm entsprechen. Dabei wird offensichtlich vor allem geprüft, ob der Delinquent in der Lage war, in vollem Besitz seines Bewusstseins zu entscheiden. Was aber ist damit gewonnen, wenn auch der bewusste Deliberationsprozess auf neuronalen Vorgängen beruht, die ihrerseits durch genetische Dispositionen, frühe Prägungen und erlernte Routinen in idiosynkratischer Weise, in einer für das Individuum spezifischen Weise ablaufen. Es lässt sich dann lediglich die Feststellung machen, dass der bewusste Deliberationsprozess, der zu der fatalen, strafwürdigen Entscheidung führte, zwar frei von sichtlichen äußeren und inneren Zwängen ablaufen konnte, dass er also unbehindert war und der Optionenraum weit, dass die Entscheidung aber den bekannten Ausgang nahm, weil die, den neuronalen Abwägungsprozess determinierenden Bedingungen so ausgelegt waren, dass eben diese und keine andere Entscheidung fallen konnte.

Folgendes Beispiel macht die Problematik des Versuchs deutlich, das Maß der jeweils verfügbaren »Freiheit« und damit die Größe der subjektiven »Schuld« zu objektivieren. Findet sich bei einem Delinquenten, der ganz offensichtlich bei vollem Bewusstsein und ohne Zeitdruck eine fatale Aktion ausgeführt hat, durch Zufall im Nachhinein eine Läsion im Präfrontalhirn, welche die Bahnen unterbrochen hat, die den Ort, wo ethische Normen gespeichert sind, mit den Zentren verbinden, deren Aktivierung erforderlich ist, um Handlungen zu unterdrücken, so würden dem Delinquenten im Nachhinein mildernde Umstände zugesprochen. Den gleichen Effekt wie makroskopisch feststellbare Läsionen können jedoch unsichtbare Fehlverschaltungen haben, die ihrerseits auf vielfältigste Ursachen zurückgehen können. Hierzu zählen genetische Dispositionen, fehlerhaft verlaufende Entwicklungs- und Prägungsprozesse und die ungenügende oder falsche Einschreibung von Lerninhalten. Ferner muss mit ebenfalls unsichtbaren und im Nachhinein nicht mehr nachvollziehbaren Veränderungen im Gleichgewicht neurochemischer Prozesse gerechnet werden oder mit akzidentellen Entgleisungen der Systemdynamik. Es muss also davon ausgegangen werden, dass jemand tat, was er tat, weil just in dem Augenblick sein Gehirn zu keiner anderen Entscheidung kommen konnte, gleichgültig, wieviel bewusste oder unbewusste Faktoren tatsächlich beigetragen haben. Beurteilt wird also, wie sich ein Täter unter gewissen Bedingungen entschieden hat und somit, wie ein bestimmtes Gehirn sich unter gegebenen Ausgangsbedingungen verhält. Es geht nicht darum, ob der Wille oder die Entscheidungen frei oder determiniert sind, sondern wie ein bestimmter Mensch sich verhält. Und da Verhalten auf neuronalen Prozessen beruht, die durch die funktionelle Architektur des Gehirns determiniert sind, beurteilen wir im Grunde die Normabweichung von Hirnfunktionen. Wenn einer unter Zwängen tut, was die meisten unter gleichen äußeren oder inneren Zwängen auch getan hätten, ist die Normabweichung gering. Es geht also nicht um die Beurteilung von Freiheit und aus ihr abgeleiteter Schuld, sondern um die Feststellung der Normabweichung und – wie die Strafbemessung nahelegt – um die Schwere der Tatfolge, die mit der subjektiven Freiheit beziehungsweise Schuld nur sehr bedingt korreliert. Übersieht jemand ein Rotlicht, verursacht aber keinen Schaden, wird diese Lässlichkeit mit Bußgeld und Punkten im Register geahndet. Führt jedoch die gleiche Lässlichkeit, ein Moment abgelenkter Aufmerksamkeit, zu einem Unfall mit Todesfolge und lebenslanger Behinderung, so wird das Strafmaß wesentlich höher ausfallen.

Daraus folgt selbstverständlich nicht, dass abweichendes Verhalten nicht sanktioniert werden darf und muss. Denn dann dürften wir auch unsere Kinder, für das, was sie tun, weder bestrafen noch belobigen. Denn wir sprechen ihnen Schuldfähigkeit ab, weil sie nur über einen begrenzten Optionenraum verfügen, stark eingeschränkte deklarative Kompetenzen haben und weniger als Erwachsene zur bewussten Verarbeitung von Argumenten fähig sind. Wir ziehen die Kinder zur Rechenschaft für das, was sie tun, selbst wenn wir ihnen nur begrenzte Schuldfähigkeit zuschreiben, denn wir machen sie verantwortlich für das, was sie tun. Wir bestrafen und belohnen das Kind in der Absicht, seine Hirnarchitektur so zu prägen, dass es später Entscheidungen treffen wird, die mit den sozialen Normen der Gesellschaft, in welche es integriert werden soll, konform sind.

Und so stellt sich die Frage, ob es nicht zur Klarheit beitrüge, wenn man andere Terminologien verwendete. Selbstverständlich bleibt die Notwendigkeit zur Zuschreibung von Verantwortung unberührt, denn wer sonst als das handelnde Individuum könnte die Tat verantworten. Nachdem sich das, was mit »Freiheit« gemeint ist, offensichtlich nur auf einen kleinen Teil der kognitiven Leistungen von Gehirnen bezieht, nämlich auf die Fähigkeit zur bewussten Abwägung von Argumenten, also Inhalten des deklarativen Gedächtnisses, wäre es vielleicht tunlicher, von Mündigkeit zu sprechen. Je mündiger eine Person ist, umso mehr ist sie in der Lage, sich Argumente bewusst zu machen und diese nach sprachlogischen Regeln, welche die jeweilige Gesellschaft vorgibt, abzuwägen und dabei jenes Wissen heranzuziehen, das im deklarativen Gedächtnis gespeichert ist. Dabei handelt es sich ganz vorwiegend um explizites, sprachlich fassbares Wissen. Mündigkeit also, verstanden im Sinne von Sagbarkeit. Was also geschähe, wenn wir den diffusen und mit unterschiedlichsten Konnotationen befrachteten Begriff der Freiheit aufgäben und stattdessen sprächen von der Kohärenz oder Inkohärenz bewusster und unbewusster Prozesse, von der interindividuell stark schwankenden Fähigkeit zur rationalen Verhandlung bewusstseinsfähiger Inhalte (diese Fähigkeit könnte man als Mündigkeit bezeichnen) und von Strafe als Sanktion für abweichendes Verhalten, die sich nicht an der Schwere der subjektiven Schuld orientiert, sondern lediglich an der Normabweichung der Handlung und der Schwere der Tatfolgen. Zumindest im akademischen Bereich könnte diese Begriffsklärung hilfreich sein. Gleichwohl kann es sich als zweckmäßig erweisen, im Rechtsalltag und im Selbstverständnis der Gesellschaft an den Begriffen »Freiheit«, »Schuld« und »Strafe für Schuld« festzuhalten, weil jeder, der in unserem Kulturkreis erzogen wurde, damit zwar vage, aber zumindest konsensfähige Inhalte seiner Selbsterfahrung benannt findet.

Gesellschaftspolitische Konsequenzen unserer begrenzten Intuition

Die offensichtliche Diskrepanz zwischen unserer Intuition über die Verfasstheit unseres Gehirns und der neurobiologischen Sicht bringt uns zurück zu der Frage, warum unser Vorstellungsvermögen so wenig geeignet ist, über die Vorgänge im Gehirn Auskunft zu geben, die diesem Vermögen zugrunde liegen.

Ich vermute, dass es an der evolutionären Anpassung unserer kognitiven Leistungen an eine Welt liegt, in der es keinen Vorteil brachte, sich mit nichtlinearen, hochdimensionalen dynamischen Prozessen zu befassen. Eine der wichtigsten Funktionen von Nervensystemen ist, lebensnotwendige Information aus der Umwelt aufzunehmen, Gesetzmäßigkeiten ausfindig zu machen, daraus zutreffende Modelle abzuleiten und aufgrund dieses Wissens optimal angepasste Verhaltensstrategien zu entwerfen. All dies dient der Sicherung des Überlebens in einer gefährlichen, sich stetig wandelnden Welt. Die Größe von Tieren, die Nervensysteme entwickelt haben, variiert im Bereich von Millimetern bis wenigen Metern. Folglich haben sich die kognitiven und exekutiven Funktionen der Nervensysteme an Prozesse angepasst, die für Interaktionen von Objekten dieser Größenordnung charakteristisch sind. Es ist das die Welt, in der die Gesetze der klassischen Physik gelten – weshalb wir diese und nicht jene der Quantenmechanik zuerst entdeckten. Es ist die Welt der soliden Gegenstände, der kausalen Wechselwirkungen, der nicht relativierbaren Koordinaten von Raum und Zeit, und es ist die Welt, in der vorwiegend lineare Modelle hinreichen, um den Großteil der für unser Überleben wichtigen Prozesse zu verstehen. Der Grund, warum wir Schwierigkeiten haben, uns die Gesetzmäßigkeiten vorzustellen, die komplexen, nicht-linearen Prozessen zugrunde liegen, ist vermutlich, dass uns die Ausbildung dieses Vorstellungsvermögens nicht viel weitergebracht hätte. Modelle von Vorgängen und deren Gesetzmäßigkeiten zu erstellen, ist für Organismen nur dann von Vorteil, wenn sich aus diesen zutreffende Voraussagen ableiten lassen. Für die Entwicklungsdynamik nichtlinearer Systeme ist diese Bedingung nicht erfüllt. Es bringt also kaum Vorteile, sich mit der Analyse der Interaktionsdynamik nicht-linearer Systeme zu befassen, wenn es darum geht, Voraussagen zu machen. Es gab also vermutlich keinen Selektionsdruck für die Ausbildung kognitiver Funktionen zur Erfassung nicht-linearer dynamischer Prozesse – und dies könnte der Grund dafür sein, warum es uns so schwerfällt, uns solche Prozesse vorzustellen.

Diese Beschränkung unserer kognitiven Fähigkeiten könnte eine Erklärung dafür sein, warum unsere Intuition Vorstellungen über die Organisation unseres Gehirns entwickelt hat, die mit der naturwissenschaftlichen Beschreibung dieses Organs nicht übereinstimmen. Das menschliche Gehirn ist ein komplexes nicht-lineares System. Es kann nahezu unendlich viele Zustände in hoch dimensionalen Räumen einnehmen und dabei neue, prinzipiell unvorhersehbare Muster ausbilden. Auf Grund dieser Eigenschaften ist es in der Lage, sich selbst zu organisieren und ohne den koordinierenden Einfluss einer übergeordneten Instanz neue Zustände einzunehmen, kreativ zu sein.

Da wir aber kein Sensorium für die in unserem Gehirn ablaufenden Vorgänge haben, stellen wir uns offenbar vor, es müssten in ihm die gleichen linearen Vorgänge ablaufen, die wir den beobachtbaren Phänomenen in der Welt draußen unterstellen. Lineare Systeme können sich nicht selbst organisieren, sie sind nicht kreativ. Ihre Dynamik bewegt sich in unveränderlichen Zirkeln, und wenn in ihnen Neues entstehen soll, dann müssen strukturierende Einflüsse von außen auf sie einwirken. Anders als selbstorganisierende Systeme bedürfen sie eines Bewegers. Weil wir Linearität annehmen, uns und unser Gegenüber aber als kreativ und intentional erleben, kommt unsere Intuition zu dem falschen Schluss, in unserem Gehirn müsse es eine übergeordnete, lenkende Instanz geben, welche die vielfältigen verteilten Prozesse koordiniert, Impulse für Neues gibt und den neuronalen Prozessen vorgängig über deren zukünftige Ausrichtung entscheidet. Und da wir diese virtuelle Instanz nicht zu fassen vermögen, schreiben wir ihr all die immateriellen Attribute zu, die wir mit dem Begriff des »Selbst« verbinden: die Fähigkeit, initiativ zu sein, zu wollen, zu entscheiden und Neues zu erfinden.

Ein weiteres Caveat

Die Einsicht in diese Begrenzung unserer Intuition mag uns auch Warnung sein, die aus unserer Intuition abgeleiteten Vorstellungen von uns und der uns umgebenden Welt nicht zur alleinigen Grundlage zu machen für unser Urteilen und Handeln. Dies gilt vor allem dann, wenn wir absichtlich oder gezwungenermaßen in die Dynamik komplexer Systeme der Außenwelt eingreifen. Hierzu zählen sämtliche

Systeme unserer Lebenswelt, die aus einer Vielzahl miteinander wechselwirkender aktiver Komponenten bestehen, also soziale und politische Systeme ebenso wie Wirtschaftssysteme und Biotope. All diese Systeme weisen eine nichtlineare Dynamik auf: Sie organisieren sich selbst, erzeugen fortwährend neue Muster, sind hinsichtlich ihrer zukünftigen Entwicklung nicht festgelegt und warten deshalb mit Überraschungen auf, die nicht prognostizierbar sind.

Als Handelnde sind wir aktive Komponenten solcher Systeme und befördern durch unser Tun deren Dynamik und zukünftige Entwicklung. Und das konfrontiert uns mit einem doppelten Problem.

Auch unserem Handeln in komplexen lebensweltlichen Systemen scheinen wir vorwiegend lineare Modelle zugrunde zu legen, weil uns die Intuition für deren nichtlineares Verhalten fehlt. Wir neigen deshalb dazu, das Selbstorganisationsvermögen dieser Systeme zu unter- und deren Lenkbarkeit zu überschätzen. Wir gehen auch hier davon aus, dass die effektivste Strategie zur Stabilisierung und Steuerung dieser Systeme darin besteht, zentrale Instanzen zu etablieren, welche die vielen verteilten Prozesse regulieren und die Entwicklung des Gesamtsystems in die gewünschte Richtung lenken. Ein Blick auf die hierarchischen Strukturen in unseren Gesellschafts- und Wirtschaftssystemen genügt, um zu erkennen, dass wir diese Intuition auch umsetzen. Dabei stellt sich die Frage, ob unser Vertrauen in die Fähigkeiten dieser Instanzen immer gerechtfertigt ist und ob wir sie nicht gelegentlich überfordern, weil wir von ihnen mehr erwarten als sie selbst unter optimalen Bedingungen leisten können. Aus prinzipiellen Gründen sind die Entwicklungstrajektorien komplexer Systeme offen und schwer prognostizierbar und das selbst dann, wenn die Ausgangsbedingungen vollständig bekannt sind – was natürlich in unseren lebensweltlichen Systemen nie der Fall sein wird.

Aus den gleichen Gründen ist nur schwer vorhersehbar, wie sich steuernde Eingriffe auf das Verhalten solcher komplexer Systeme auswirken werden. Meist wird sich erst im Nachhinein und nach längerer Zeit erweisen, welche Konsequenzen eine dirigistische Maßnahme tatsächlich hatte. Und es wäre verfehlt, den Vorwurf des Irrtums zu erheben, wenn es anders kommt als intendiert, weil die Prämisse der Voraussagbarkeit von Konsequenzen nur sehr eingeschränkt gilt. Irrtum ist konstitutiv, wo Prognostizierbarkeit im Prinzip nicht gegeben ist. Darauf sollten die Lenker bei Versprechungen verweisen. Vor diesem Hintergrund erscheint es sinnvoll, jeweils genau zu prüfen, inwieweit die institutionalisierten Steuerungsmechanismen der Dynamik des zu steuernden Systems entsprechen. Handelt es sich um wenig komplexe Systeme mit vorwiegend linearer Dynamik, dann sind hierarchisch strukturierte, dirigistische Lenkungsstrukturen eine gute Option. Handelt es sich jedoch um hochkomplexe Systeme mit stark nichtlinearem Verhalten, dann ist es vermutlich opportuner, auf die Selbstorganisationskräfte und die Kreativität solcher Systeme zu vertrauen als der Illusion zu erliegen, man könne diese lenken. Eingriffe müssten sich dann darauf beschränken, die Interaktionsgeflechte und Informationsflüsse so zu gestalten, dass sich die selbstorganisierenden Mechanismen optimal entfalten können. Da wir, wie ausgeführt, geneigt sind, die Vorgänge in der Welt intuitiv in linearen Modellen abzubilden, darf vermutet werden, dass wir mehr zu dirigistischen Maßnahmen tendieren, als es erforderlich und zweckdienlich ist. Dieser Überforderung ließe sich mit etwas mehr Vertrauen und Demut begegnen.

Dass sich unsere lebensweltlichen Systeme überhaupt soweit entwickeln konnten und dabei leidlich stabil blieben, sollte, für sich genommen, schon als gute Nachricht gewertet werden und uns ermutigen, der Robustheit dieser durch Selbstorganisation entstandenen Strukturen mehr Vertrauen entgegenzubringen. Kein noch so umsichtiger Planer wäre je fähig gewesen, komplexe Systeme wie unser Gehirn oder unsere sozialen und wirtschaftlichen Gefüge ab initio zu entwerfen und so zu konzipieren, dass sie funktionieren und über längere Zeiträume stabil bleiben.

Endnote

1   Vortrag bei den Salzburger *Festspiel-Dialogen* am
     23. August 2007.

Über den Kreislauf von Personen und Gegenständen in *Le nozze di Figaro*[1]

Jean Starobinski

Sehr früh morgens, spät in der Nacht

Die Oper von Da Ponte und Mozart war für damalige Verhältnisse ungewöhnlich lang. Es fanden sich Zuhörer in Wien, dies zu beklagen. In seinem Vorwort rechtfertigte sich Da Ponte: Der Librettist hatte den Text von Beaumarchais zwar soweit gestrafft, dass man mit Fug und Recht von »einem Auszug« sprechen konnte; dennoch würde die Oper »nicht eine der kürzesten sein, die auf unserem Theater aufgeführt wurden«. Die Länge, so versicherte er, war in einem Schauspiel dieser »Größe« und »Vielfältigkeit« unumgänglich. So wie es sich als Ergebnis der Zusammenarbeit von Dichter und Musiker darstelle, biete das Werk »dem gnädigsten, verehrungswürdigen Publiko« »eine fast neue Art des Schauspiels«.[2]

Trotz ihres außergewöhnlichen Umfangs beschränken sich *Die Hochzeit des Figaro* und *Le Nozze* der klassischen Vorstellung entsprechend auf einen einmaligen Umlauf der Sonne: Die Vorschrift der Einheit der Zeit wird tadellos eingehalten, ein einziger, randvoller Tag.

Beaumarchais nannte sein Stück *La folle Journée* (*Der tolle Tag*). Die Tollheit ist in allen Köpfen. Sie ist vor allem im Rausch des Unvorhersehbaren, das dem Unvorhersehbaren das Lager bereitet, der Gefühlsausbrüche, die stets unterbrochen und in ihr Gegenteil verwandelt werden. Man erhebt sich früh im Schloss von Aguas Frescas. Und man begibt sich sehr spät zur Ruhe an einem Hochzeitsabend. Tagsüber wird man von Überraschung zu Überraschung geeilt sein. Ein adeliger Herr, der sein Feudalrecht missbrauchen wollte, wird dem Objekt seiner Liebesbegierde vergeblich nachgelaufen sein.

Die Intrige hält so viele Wendungen bereit, ihr Ablauf bringt so viele Personen, so viele erlittene Schicksale, so viele Irrtümer, ein so vielfältiges Hin und Her von Täuschung und Erkennen ins Spiel, dass man daraus eine Lehre ziehen muss. Die gesellschaftlichen Schranken sind allgegenwärtig, aber sie werden nur aufgerichtet, um uns das Vergnügen zu bereiten, sie fallen zu sehen. Denn die Energie des Lebens kontert den Widerständen, die sich ihr entgegenstellen, bloß mit einem umso fröhlicheren Triumph ebnet sie sich den Weg, indem sie schräge Bahnen einschlägt, die besser zum Ziel führen, als es die geraden tun würden. Die Vorführung des Werkes braucht etwas mehr Zeit, weil sich die kleinen Ereignisse schnell vermehren. Die Geschwindigkeit der Veränderungen verlängert die scheinbare Dauer des Tages. Der Zufall ist verschwenderisch, und der Kelch geht über. Jeden Moment geschieht etwas, das man erwartet hatte, nicht, weil etwas anderes – eine Katastrophe oder ein flüchtiger Erfolg – an seine Stelle tritt. So überstürzen sich die Provokationen, die Auswege, Pläne verdrängen andere Pläne, die Verkleidungen führen zu neuerlichen Verkleidungen, die Hochzeiten zu weiteren Hochzeiten oder Versöhnungen.

Figaro war ein geraubtes Kind. Er findet seine Eltern wieder in dem illegitimen Paar – dem »dottor« Bartolo und Marcellina –, das seine Hochzeit vereiteln wollte. Unterwegs wird eine Reihe weiterer Personen und Gegenstände verloren gehen, ausgetauscht und wiedergefunden werden. Jene, die man wiederfindet, sind nicht die, die man gesucht hat. Das launenhafte Schicksal gefällt sich darin, eins anstelle des anderen geschehen zu lassen. »*Non la trovo*«, singt Barbarina zu Beginn des vierten. Aktes, als ihr die Nadel aus den Händen gefallen ist. »*Non la trovo, e girai tutto il bosco*« (»Ich finde sie nicht, und ich durchsuchte das ganze Gebüsch« [3]), singt später der Graf. Nimmt es Wunder, dass der Zuschauer, der nicht gleich weiß, wer oder was gesucht wird, des Öfteren den Faden verliert?

Abweichung und Rückkehr

In den ersten beiden Akten geht die Initiative von Figaro aus: Kaum hat er begriffen, dass der Graf ein Auge auf Susanna geworfen hat, beginnt Figaro ihn zu täuschen, ihm den Sinn zu »spalten«, ihn auf die Gräfin eifersüchtig zu machen, während er ihn gleichzeitig auf die Fährte einer falschen Susanna hetzt, auf Cherubino in Susannas Kleidern. »Così potrem più presto imbarazzarlo, confonderlo, imbrogliarlo, rovesciargli i progetti« (»So können wir ihn schneller verwirren, durcheinanderbringen, hereinlegen, seine Pläne durchkreuzen«) … Aber wer anderer Pläne durchkreuzen wollte, sieht seine eigenen durchkreuzt: Figaros Plan scheitert im zweiten Akt. Von diesem Augenblick an *verliert* der schlaue Kammerdiener die Herrschaft über das Spiel. Der zweite Akt, so voll der Aufregungen, ist ein Riesenaufwand für nichts.

In der Folge wird Figaro fast ebenso getäuscht werden wie der Graf, aber zu seinem größten Nutzen. Er glaubt sich von Susanna verraten: Er ist es nicht. Der Graf hingegen glaubt an sein Glück in der Liebe: Er wird bloß geködert. Ein zweites Komplott wird von den Frauen ausgeheckt, die die Führung der Intrige übernehmen. Diese neue List wird erfolgreich sein, sie wird Schwung in die beiden letzten Akte bringen und zum glücklichen Ausgang führen. Rufen wir uns Mittel und Wege in Erinnerung: Cherubino muss sich verstecken, er ist fortan zu verdächtig; an seiner Stelle wird die Gräfin zu dem nächtlichen Fest Susannas Kleid tragen, und somit wird die Ehefrau die schweifende, ungetreue Begierde auf sich lenken. Diese zweite Substitution wird dazu führen, dass die liederliche *Abweichung* den Grafen zu einer *Rückkehr* bringt, die er keineswegs gewünscht hatte. Knapp vor dem Ziel seiner Liebe, während er glaubt, eine neue Beute zu erhaschen, wird er gegen seinen Willen treu gewesen sein.

Die Rückkehr, das Erkennen: Wir finden ein altes Gesetz der Dramaturgie wieder, das aber auch für eine andere zeitgenössische Kunst gilt, für die Musik. Diderot zufolge (*Lecon de clavecin*) muss die musikalische Komposition von einem Wechselspiel von Abweichung (écart) und Rückkehr (retour) bestimmt sein: So hält es Mozart mit den Tonarten der verschiedenen Akte und der gesamten Oper. Der Trug einer neuen Liebe wirft den Grafen seiner rechtmäßigen Ehefrau zu Füßen. Der Vogelfänger (uccellatore) geht in die Falle seiner Untreue und wird selbst in den Käfig gesteckt, und der Höhepunkt des Durcheinanders bringt schließlich die Ordnung zurück. Der Graf wurde weder von seinem Kammerdiener noch von seinem schönen Pagen getäuscht, sondern von den Objekten seiner Begierde. D-Dur ist das verlassene Ufer und das wiedergewonnene Land.

So eilen die Stunden leichten Schrittes dahin, reißen nicht enden wollende Katastrophen eine Fülle von Liebeleien und Verwechslungen mit sich. In der knappen Aufeinanderfolge der Augenblicke, die die Augenblicke auslöschen, im Zustürzen auf eine nicht greifbare Zukunft, in der die wiedergefundene Ordnung selbst nur ein Zufall ist, bleibt auch Platz genug für offene Fragen. Die wundervollen Arien der Gräfin sind bei Beaumarchais nicht angelegt, sie wurden von Mozart und Da Ponte neu geschaffen und verleihen der Oper eine Tiefe, die der französische Text nicht hat, der bloß aus überflüssigen Umwegen besteht. Diese lyrischen Momente fügen in die Handlung eine Dimension der Sehnsucht, einen Rückblick in die Vergangenheit ein. Die »méditativen Pausen« (der Ausdruck stammt von Jean Rousset) der Ehefrau sind jedoch in einer Tonlage gehalten und von einer Konsequenz, die die Abfolge der Ereignisse keineswegs unterbrechen. Wir wissen besser, welches Herz letztlich um Vergebung gebeten wird und von wem sie gewährt werden soll. Das Tempo verlangsamt sich nur zu Beginn des vierten Aktes, durch die Arien von Marcellina und Basilio; es sind dies bloß Selbstporträts oder Kommentare, die zweitrangigen Personen anvertraut werden, aber sie erklingen spät genug, um die allgemeine Dynamik des Werkes nicht zu beeinträchtigen.

Der Vorrang der Musik

Es war wohl der Bewegungsreichtum in Beaumarchais' Stück, der Mozart in seiner Wahl bestimmt hat. Es genügte nicht, dass die Komödie des französischen

Schriftstellers skandalumwittert war und dass sie die Vorrechte des Adels infrage stellte. Mozart fand hier alles Nötige, um den musikalischen Ausdruck anzuregen. Endlich eine Geschichte, bei der man nicht Gefahr lief einzuschlafen! Mozart ging das zwanghafte Reimebilden und das verbale Auf-der-Stelle-Treten der meisten Librettisten auf die Nerven. Er wünschte sich eine lebhafte Handlung mit einem ebenso raschen Wechsel der Szenen wie der Gefühle der Personen, der es ihm erlaubte, alle Möglichkeiten seiner Musik zu entfalten.

Beaumarchais' Werk hatte diesen Schwung und diese Kraft: Es reichte aus, es etwas weniger geschwätzig zu machen, in den Rezitativen die überflüßigen »Bonmots«, das Gesprudel kurzer, trockener Wortwechsel zu beseitigen, es mit wahrer Lyrik zu tränken. In Mozarts Vorstellung musste die Musik nur mit der Handlung mitlaufen. Bei Beaumarchais fand sie gewiss die notwendigen Voraussetzungen für situationsbedingte Arien, »Abgangsarien«. Aber mit Da Pontes Hilfe fand sie darüber hinaus alles, was den üblichen Libretti fehlte: die Gelegenheit, Ensembles zu schaffen, durch die sich die Situationen wandeln und die Intrige sich verzweigt.

Man weiß, dass Da Ponte für Mozart viel mehr Ensemblestücke geschrieben hat als für irgendeinen anderen Musiker (Salieri oder Martin y Soler). Womit Da Ponte einer Forderung Mozarts nachkam. »Bei einer Opera«, schreibt Letzterer in einem berühmten Brief, »muß schlechterdings die Poesie der Musik gehorsame Tochter sein«. In seinen Erzählungen von der Zusammenarbeit mit Mozart für *Le nozze* schreibt Da Ponte: »Während ich nach und nach den Text schrieb, machte er daraus die Musik.« Wie man sich denken kann, ist dies nur ein Teil der Geschichte. Denn bevor Da Ponte seinen Text schrieb, hat ihm Mozart wohl seine Wünsche im Hinblick auf die Musik kundgetan, ihn wissen lassen, was zu den Rezitativen gehöre, was zu den Soli (was die Sänger verlangten) und was zu den Ensembles, wo er seinem Feuereifer freien Lauf lassen konnte. Es ist sehr wahrscheinlich, dass der Beitrag von Da Pontes Genie zu *Le Nozze* nicht bloß in schnellen und akkuraten Einfällen, sondern auch in der Gefügigkeit gegenüber Mozarts Intentionen bestand. So wird man kaum annehmen, dass Da Ponte die Schnitte und den Wechsel von Gesprochenem und Gesang aus eigenem Antrieb durchgeführt und selbst verantwortet hätte – etwa die Idee des Terzetto im ersten Akt, des großartigen Finales im zweiten Akt, des wunderbaren Erkennungs-Sestetto im dritten Akt etc. Und man kann sich gut vorstellen, dass Mozart, als er nach und nach den Text von seinem »Dichter« erhielt, ihn über die Verfügungen, die er für die weitere Arbeit getroffen hatte, aufklärte: Er sagte ihm, welche Couplets er benötigte, um einen Sänger brillieren zu lassen und wie viele Gegenreden, wie viele Takte er brauchte, damit eine Ensembleszene alle nötigen *affetti* entfalten könne, ohne Längen und ohne Hast. Da Ponte war so geschickt, dem Komponisten ein sehr feinfühliges Libretto zu liefern, das genug sagte, um die Handlung verständlich zu machen, das sich aber im Hintergrund hielt und nicht das ganze Interesse auf sich zog. Somit ließ der Text all den Spielraum (marge), den die Musik erforderte. Diese konnte ungehindert über die Worte hinausgehen und die Gefühle an ihre äußersten Grenzen führen, das heißt, zum Genie und zum tollen Rausch, die Zuhörer wie Stendhal zutiefst beglücken sollten.

Der Spielraum, von dem ich spreche, kann auch »il resto« heißen. Das Motto für das Über-das-Libretto-Hinausgehen der Musik wird von den Worten Figaros in seiner großen Arie im vierten Akt geliefert: »Il resto nol dico.« Diesen so dunklen, so lustvollen und oft so schmerzlichen Rest kann die gesprochene Rede nicht ausdrücken. Gewiss, in der ersten Szene steht Susanna Figaros Wunsch »udir bramo il resto« (Ich will den Rest hören) Rede und Antwort. Aber wenn auch der Text den schändlichen Rest preisgibt, die Worte des Dichters können und wollen nicht alles sagen. Denn der irreduzible Rest gehört der Musik, die ihn zu seiner ungreifbaren Vollendung führt. Die Botschaft wird erneut in dem entzückenden Brief-Duettino im dritten Akt kundgetan, wo das so dezent vorgebrachte Versprechen und die Zärtlichkeit auch eine Lehre für den Zuhörer sind: »El già il rest capirà« (Den Rest wird er schon verstehen).

Das Rollenverzeichnis

Obwohl sie die sechzehn Personen des französischen Schauspiels auf elf reduzierten, verfügten Da Ponte und Mozart über ausreichende Mittel, die verschiedensten Gesellschaftsschichten und ein breites Spektrum unterschiedlicher Leidenschaften in Bewegung zu setzen.

Sie behielten den Rahmen bei, in dem Beaumarchais sein kleines Völkchen an Personen agieren ließ. Vom Gärtner bis zum Grafen, über den Arzt (Bartolo) und den Rechtsgelehrten (Curzio), über Figaro und den Musikmeister Basilio, bekleidet mit einem »schwarzen, herunter geschlagenen Hut, soutanenartigem Gewand und langem Mantel« (Beaumarchais hatte ihn zu einem etwas klerikal angehauchten Organisten gemacht), sind die diversen Stufen der sozialen Leiter vorbildlich vertreten. Der Graf ist der einzige Adelige einem Volk (dem Chor) gegenüber, das seine Stimme vom Bass bis zum Sopran deutlich hörbar erhebt. Der dritte Stand, Klerus, Adel: Die Schauspieler der Generalstände von 1789 probten in fröhlicher Ahnungslosigkeit jene Rollen, die sie nach dem Aufgehen des Vorhangs der Revolution ernsthaft und mit ganz anderem Einsatz wieder aufnehmen sollten.

Und keiner bleibt dort, wo er hingehört. Man läuft die Treppen des Schlosses auf und ab, zum Vergnügen oder aus Gier. Der Graf und Cherubino schleichen als

Jean Starobinski

Rivalen um die Tochter des Gärtners; sie treffen einander wieder bei Susanna, der Nichte des Gärtners. Der dringt mit seinen zertretenen Nelken in die Beletage des Schlosses ein. Basilio, der die Botschaften des Grafen überbringt, hat ein Auge auf alles. Durch sein reges Interesse am Lauf der Welt glaubt er sich erfahren genug, wie später Don Alfonso, der »Philosoph«, sagen zu können: »Cosi fan tutte le belle.« Was Cherubino anbelangt, die kleine »Schlange«, der »verteufelte Page«, der »demonietto«, er schmeichelt sich mit der Komplizenschaft des Zufalls überall ein. Er wurde lang vor der ersten Szene verjagt, aber er bleibt im Geheimen gegenwärtig, taucht nach und nach in verschiedensten Verkleidungen auf, bringt das Geschehen durcheinander und jedermann in Verlegenheit und erzeugt auf seinem Weg eine seltsame Irritation. Als Repräsentant eines ungebundenen Eros, der sich in Ermangelung eines bestimmten Objekts auf die ganze Welt stürzt, ist er der, von dem die Störung ausgeht, auch der, dessen Küsse sich in der nächtlichen Verwirrung verlieren. Mit imaginärem Helm und Turban ist er auch ein heranwachsender Soldat, dessen kriegerische Tugenden nicht viel vertrauenserweckender sind als die religiösen Tugenden Basilios. Die Respektlosigkeit ist im Übrigen allgegenwärtig. Er gibt keine verbotene Schwelle in diesem Schloss. Und es gibt keine Person, die nicht nötigenfalls von einer Rolle in die andere schlüpfen – in Cherubinos Fall: von einem Geschlecht zum anderen übergehen – konnte; Marcellina bringt es fertig, ihre Rolle als Freierin gegen die der Mutter zu tauschen.

Liebesalter

Die verschiedenen Lebens- und Liebesalter sind nicht weniger gut vertreten, man sieht Liebende jeden Alters kommen und gehen. Die frühe, noch narzisstisch bestimmte Jugend von Barbarina und Cherubino, die kaum aus den Kinderschuhen gestiegen und von der Liebe nur das verwirrende Erwachen kennen. Figaro und Susanna dagegen haben eine klare Gewissheit ihrer Liebe. Ihr Wille, einander bedingungslos zu gehören, setzt sie allerdings heftigen Anwandlungen von Enttäuschung aus. Der Graf und die Gräfin, unwesentlich älter, sind bereits bei den Ermüdungserscheinungen und beim Kummer angelangt, die mit Zerreißproben und inneren Widersprüchen einhergehen. Der Graf ist zwar untreu, aber eifersüchtig, als liebte er noch. Die Gräfin ist zwar treu, aber nicht unempfänglich für Cherubinos Verehrung. Marcellinas reifes Alter wird Opfer einer seltsamen Gefühlsverwirrung. Sie ist eine lächerliche Jokaste, und es fällt Figaro nicht schwer, dem Schicksal des Ödipus zu entgehen. Jeder brennt auf seine Weise, und jede Liebesart erhält ihre eigene Musik. Es sind nicht bloß die polymorphen Intonationen der Liebe; vielmehr findet das gesamte Prisma der Leidenschaften hier freies Feld. Neben der Liebe in all ihren Ausdrucksformen bleibt Raum für die Fröhlichkeit, die Melancholie, die Geldgier, die Angst, die Schläue, die Eitelkeit, die Reue, die Vergebung etc.

Wir sehen, wir hören einen Mikrokosmos der Leidenschaften sich drehen, der auf wundersame Weise seinen Rhythmus, seine Timbres, seine Klangfarben findet Der *edle* Zorn des Grafen ist in einem ganz anderen affektiven Register angesiedelt als die *aufständischen* Wutausbrüche Figaros, die von Ressentiment und Bitterkeit geprägt sind. Mozart hat nur auf diese Gelegenheit gewartet, um all jene Ausdrucksmöglichkeiten, mit denen er sich bedacht wusste, ins Spiel zu bringen. Da Ponte lobt den Komponisten und nebenher auch sich selbst, wenn er, unter dem Vorwand, sich für die Länge des Werkes zu entschuldigen, von der »Verschiedenheit der Fäden« spricht, »welche die Handlung dieses Schauspiels durchweben und von der Vielfältigkeit und Verschiedenheit der musikalischen Stücke (so i.O.), die man hineinbringen mußte [...], um verschiedene Leidenschaften, die da vorkommen, mit verschiedenen Farben auszudrücken«.

Die Leidenschaften selbst tragen die wechselnden Farben der Tageszeiten. Es ist Morgen im fröhlichen Duettino, wenn der Vorhang zum ersten Mal aufgeht; man hört, dass die Nacht eingebrochen ist, in Barbarinas Kavatina zu Beginn des letzten Aktes. Aber angesichts der Ungeduld der Begierde vergeht die Zeit zu langsam. Vom ersten Akt an (sechste Szene), am Morgen, lässt der Graf Susanna wissen, dass er sie am gleichen Abend erwarten wird, und zwar »in giardin, sull' imbrunir del giorno« (in der Dämmerung des Abends im Garten). Und wir wissen von Basilio (siebente Szene), dass Cherubino schon frühmorgens herumschlich: »sul far del giorno, passegiava qui intorno« (der heute bei Tagesanbruch hier herumlungerte). Die zeitlichen Anhaltspunkte sind klar gekennzeichnet. Die Personen, die sich morgens in dem »völlig unmöblierten Zimmer« des Brautpaares getroffen haben oder von denen dort die Rede war, treffen einander alle bei Einbruch der Nacht »unter den Pinien« des großen Parks wieder. In der Zwischenzeit, gegen Tagesmitte, hat der Graf genügend Zeit gehabt, auf die Jagd zu gehen, ein Billet zu erhalten und mit verhängten Zügeln zurückzukehren, um seine Frau auf frischer Tat zu ertappen.

Vivace

Die Bewegung kommt nie zum Stillstand, das erfinderische Genie kommt nie zu kurz. Das diesbezügliche Versprechen wird in den sieben ersten Takten der Ouvertüre gegeben, in der zarten Strichführung der Achtel in der Violine, die geheimnisvoll und fröhlich die Abfolge Tonika-Dominante-Tonika wiedergeben. Sieben Takte, und nicht acht, als gelte es, die Ungeduld der Lust darzustellen. Bei den ersten fünf Noten wird die angehängte Septime sofort in den Lauf der Melodie eingebunden. Man kann die aufstrebenden Motive der Ouvertüre in den letzten Takten der Oper wiedererkennen, wenn sich die Wiedersehensfreude im Ausruf »Corriam tutti« artikuliert.

Dieses Schlussallegro in den Tönen des D-Dur-Dreiklangs der Ouvertüre preist die wiedergewonnene Ordnung der Gefühle und schickt uns zugleich wieder auf die Jagd nach dem Glück, als wäre die Suche mit dem letzten Takt nicht zu Ende. Doch schon beim Öffnen des Vorhangs hatte sich der Schwung der Ouvertüre in den ersten von Figaro gesungenen Tönen mitgeteilt: »cinque […] dieci […] venti […] trenta […] trentasei […] quarantatré«… Man vernimmt bei Mozart und Da Ponte, die sich von einem bewundernswerten Rhythmus mitreißen ließen, das lebendige Immer-mehr-Werden und die Euphorie der steigenden Zahlen. Die aufwärts gehenden Töne sagen es unmissverständlich: Dies ist eine erigierende Arithmetik, das ist eine von Zahlen symbolisierte Erektion. Alles beginnt mit Berechnungen, die sich weniger auf eine messbare Wirklichkeit als auf die Vorwegnahme der Liebeslust durch die begehrende Ausdehnung beziehen. Und welches Übermaß an Dynamik bei Mozart, welch ein Gegensatz auch zu den trockenen Eröffnungsworten des Figaro von Beaumarchais »neunzehnmal sechsundzwanzig Fuß«. Das war es. Da gärte nichts. Der Figaro des Beaumarchais stellte nur ein Verhältnis zwischen zwei Zahlen her, während Mozart und Da Ponte über ihr Vorbild, gleichwohl sie ihm treu blieben, an Schwung und Symbolträchtigkeit weit hinausgingen. Eine Kraft der Eroberung ist hier am Werk. Sie enthält, den Vorgaben Beaumarchais' gewiss folgend, einen Willen zu Vergrößerung und Bereicherung auf allen Ebenen. Es ist eine Energie ohne Vorfahren, die in diesem Augenblick zum Leben erwacht. Sie ist in der Lage, das angeborene Vorrecht eines adeligen Herrn in den Schatten zu stellen.

Denn in der Ordnung des Begehrens sind alle Wesen gleich. Die Arie »So vuoi ballare, signor contino« bringt den eifersüchtigen Groll zum Ausdruck, der sich zu intellektueller Überlegenheit aufschwingt und diese auch einsetzt. Dieses neuerliche Größerwerden Figaros schmälert im selben Zug den Grafen, der bloß noch ein »contino«, ein Gräflein ist, der den Tanzschritten gehorchen muss, zu denen ihn die Gitarre seines Kammerdieners nötigt. Dem Grafen fehlt es weder an Würde noch an Eitelkeit, aber er hat sich nur die »Mühe gegeben, auf die Welt zu kommen«. Die Formulierung Beaumarchais' konnte nicht in die Oper eingefügt werden. Die Arie des Figaro, die Da Ponte an ihre Stelle setzte, zeigt deutlich genug, dass der Kammerdiener Wege und Mittel kennt, das Verhältnis von hoher und niederer Geburt auf fröhlich-bittere Weise umzuwerfen, wenn nicht gar auf den Kopf zu stellen. Der Musiker, der Tanzlehrer, hat die Kraft, die Schritte zu führen und das Schicksal des Usurpators zu bestimmen, der bloß unterhalten zu werden gedachte.

Susanna im Mittelpunkt

Morgen, Abend, Nachmittag, Nacht: Jeder der vier Akte erfüllt eine dieser »Tageszeiten«, die die Maler und Dichter der Klassik so gerne allegorisch darstellten. In jedem dieser Akte nimmt Susanna, deutlicher noch als in Beaumarchais' Intrige, eine zentrale Position ein. Mozart hatte Sorge getragen, ihre Rolle Nancy Storace anzuvertrauen, in die er verliebt war: Um sie kreisen Figaro, der Graf, Cherubino und selbst Basilio, der Drahtzieher des Grafen. Es gibt in der Oper kein Duett, in dem sie nicht eine tragende Partie wäre: Sie ist es, auf die am Beginn des zweiten Aktes die verlassene Gräfin wartet; sie ist es, der die letzte große *aria* der Oper gehört (»Deh vieni, non tardar«). Und als Ergebnis einer unwiderstehlichen Anziehungskraft fliegen ihr die Börsen, die Ringe und vieles mehr zu.

Wenn schließlich zum Zwecke der Intrige Susanna das Gewand der Gräfin trägt, ist dies mehr als eine Verkleidung: Man errät dahinter eine Vergrößerung, die der Figaros gleicht. Es findet hier, wenn auch fiktiv, ein verdienter Aufstieg statt, eine Erhöhung des sozialen Status. Weise, schelmisch, scharfsichtig und bereit, schnell zu handeln, ist sie die begehrte Beute, aber sie hat die Funktion der Befreierin. Sie hilft jenen aus der Verlegenheit, die vom Zorn oder von der Eifersucht des Grafen bedroht waren: der Gräfin, Cherubino und selbst Figaro. Indem sie die anderen rettet, rettet sie sich selbst vor allen Fallen. Sie spielt mit dem Feuer, denn sie gibt vor, dem Unterfangen des Libertins nachzugeben – und durch sie kommen alle kompromittierenden Situationen wieder ins Lot. Ja, sie ist nur eine Kammerzofe (ebenso wie Despina), sie kommt gelaufen, wenn die Glocke der Gräfin erklingt, sie kümmert sich um die Geschmeide und die Toilette ihrer Gebieterin, aber ihre Stellung ist fälschlich subaltern, genau wie die Figaros. Die Beharrlichkeit der Verlobten, ihr Mut und ihre Fröhlichkeit machen sie zu Herrschaften an Kraft. Was die Aufgeregtheit, die Sorge, das wirre Herumlaufen der anderen Personen umso deutlicher hervortreten lässt.

Am Schluss des Schauspiels von Beaumarchais hat Figaro, der schon in seinen ersten Worten ein kühler Rechner war, seine Interessen nicht vergessen, und er zählt noch fein säuberlich den substantiellen Tagesgewinn zusammen (»dreifache Mitgift, großartige Frau«). Da Ponte und Mozart ersparen uns diese finanzielle Rekapitulation, denn am Ende so vieler Streiche (»quante buffonerie!«), die sich zu musikalischer Erhabenheit aufschwingen, hat niemand einen kühlen Kopf bewahrt. Der Lauf durchs Liebeslabyrinth und das schlussendliche Vergebungssakrament haben alle Seelen verwirrt und mitgerissen ... Es ist nicht mehr der Augenblick, zu rechnen und die Zunahme des Kapitals abzuschätzen. Die Ausgabe tut not: »Corriam tutti a festegglar.«

Jean Starobinski

Der Kreislauf der Gegenstände

Die Gegenstände sind in regem Umlauf[4] in Beaumarchais' Spiel und in der Oper von Da Ponte und Mozart. (Die Regisseure und Requisiteure müssen darauf achten!) Alles spielt sich ab, als bräuchten die Regungen der Leidenschaften materielle Vertreter – Leitkörper.

Wie in einem Traum wird eine ganze Menge von Dingen, die zur weiblichen Toilette gehören (der *mundus muliebris*, wie Baudelaire sagte), im allgemeinen Getümmel verschoben. Der »kleine Strauß Orangenblüten« (Beaumarchais) oder der Hut, das weiße Hütchen (Mozart und Da Ponte), das Susanna für ihren Hochzeitstag gefertigt hat und das sie im ersten Duettino bewundern lässt, wird vom Grafen während der Nachmittagszeremonie (dritter Akt) auf ihren Kopf gesetzt; im nächtlichen Halbdunkel wird er die Gräfin kleiden. Cherubino wird sich davon täuschen lassen und auch der Graf, wie Schmetterlinge, die von einer Blüte angezogen werden (vierter Akt, neunte Szene). Er ist der helle Mittelpunkt des Schauspiels.

Ein anderer weiblicher Fetisch: das Band, das der Gräfin gehört und das Cherubino Susanna aus den Händen reißt. Der Page wird es um seinen Arm tragen, vom Blut eines Kratzers befleckt. Eine kostbare Berührung, die die Gräfin wohl versteht und die sie erwidert haben möchte. Warum sonst würde sie sich im zweiten Akt bemühen, dieses Band zurückzubekommen, indem sie es gegen ein anderes tauscht? Cherubino hatte die indirekte Berührung mit dem Körper der Gräfin gewünscht, und die Gräfin möchte den von ihrem Paten vergossenen Blutstropfen an sich tragen. Das Zeichen spricht für sich, und das erotische Ritual der Übertragungsmagie ist stillschweigend vollzogen worden. In der Oper beschränkt man sich schamvoll darauf. Die Gräfin wird es nicht auf sich tragen. Denn in dem Libretto von Da Ponte taucht das Band, entgegen den Regieanweisungen Beaumarchais', nicht mehr auf. Man wird es nicht vom Busen der Gräfin fallen sehen, als diese die Nadel sucht, die den Brief versiegeln soll, den sie Susanna diktiert.

Ich lade die Regisseure ein, im Libretto einige andere Zeichen festzuhalten: Das Taschentuch, mit dem die Gräfin am Beginn des zweiten Aktes Cherubinos Tränen getrocknet hatte, ist dasselbe, das sie sich an den Mund hält, als sie versucht, »ihre Verwirrung zu verbergen«. Diese Geste findet im Augenblick größter Aufregung statt, als die Gräfin Susanna an des Pagen statt in der Tür des Kabinetts auftauchen sieht, die der Graf aufgebrochen hat. Das leicht befeuchtete Taschentuch ist ein weiterer Übertragungsstoff, sinnlicher noch als das Band.

Was schließlich das Motiv der Nadel anbelangt: Sie hat eine greifbare und eine symbolische Funktion und heftet, wie unter dem Diktat Beaumarchais', die ganze Oper zusammen. Das Schwert, mit dem der Graf Cherubino bedroht, der in dem

Ankleidekabinett eingeschlossen ist, findet seinen weiblichen Gegenpart in der Nadel. Spitze (pointe) gegen Spitze. Der Stich einer Nadel, das weiß man, ist ein »süßer Schmerz«, sehr präzis lokalisierbar. Es verhält sich nicht viel anders wie das Brennen nach einer Ohrfeige, seinerseits eine Empfindung der Haut, etwas diffuser, die Susanna des Öfteren, *a tempo*, auszuteilen versteht, mit lockerer Hand und im rechten Augenblick (à la pointe de l'instant).

Im ersten Akt, vom Rezitativ der fünften Szene an, beneidet Cherubino Susanna um das Privileg, über Kleidung und Haartracht der Gräfin herrschen zu dürfen: »Felice te [...] che la vesti in mattino, che la sera la spogli, che le metti gli spilloni, i merletti« (Du Glückliche [...], die du sie morgens ankleidest, die du sie abends auskleidest, die du ihr die Broschen, die Spitzen anlegst ...). Beaumarchais hatte sich vorgestellt, dass Susanna Cherubino im zweiten Akt als Frau einkleidet und »mit den Nadeln im Mund« singt. Dieser Regieeinfall konnte in der Oper nicht realisiert werden, man musste darauf verzichten; aber man verlor dabei nicht viel, da die entscheidende Geste nach dem Brief-Duettino kommt, wenn die Nadel der Gräfin an das Billet geheftet wird, das sie Susanna diktiert hat. Die Nadel wird den ungetreuen Ehemann am Höhepunkt des Hochzeitsfestes stechen. Zur Erinnerung: Der Graf rückt den Jungfernhut auf dem Kopf der Braut zurecht und streift bei der Gelegenheit Susannas Hand, die ihm das Billet zur Verabredung zusteckt. Er sticht sich dabei in den Finger und begreift sogleich, dass er erwartet wird: »Le donne ficcan gli aghi in ogni loco ... Ah! ah! capisco il gioco« (Die Frauen stecken überall ihre Nadeln hin ... Ha! ha! Ich durchschaue das Spiel). Im nächsten Akt wird – Gipfel der Ironie – eben diese Nadel, die Susanna über Barbarina rückerstattet worden ist, verloren gehen und durch eine andere ersetzt werden, die Figaro aus der Haube seiner Mutter gezogen hat. Jede x-beliebige Nadel tut es. Als ob alle Frauen austauschbar wären. Figaros Nadelspiel nimmt den Missmut vorweg, den seine große Arie gegen das ganze Geschlecht bekunden wird: »Guardate queste femmine, guardate cosa son.« Alle weiblichen Wesen des Libretto werden also nacheinander die Nadel – oder jene, die sie ersetzt –, berühren: Der Graf und Figaro haben an diesem seltsamen Reigen teil.

Die Nadel ist der perfide Stachel, der einen unaufrichtigen Liebesbrief begleitet. Sie ist ein Siegel, das für nichts garantiert. Diverse andere Papiere und juridische Schriftstücke sind im Umlauf, deren Wert auch nicht viel gesicherter ist. Figaros Schuld gegenüber Marcellina und sein Eheversprechen sind von vornherein null und nichtig. Es fehlt das Siegel (»il sigillo«) auf dem Offizierspatent. Das Patent wurde Cherubino gegeben, beim Sprung aus dem Fenster verloren und vom Gärtner Antonio wiedergefunden: Es ist ein Liebesjagdschein (»delle belle turbante il riposo«). Das einzig Echte ist die Narbe aus frühester Kindheit, der Spachtel auf

Jean Starobinski

Figaros rechtem Arm, der einer Geburtsurkunde gleichkommt. Die Gegenstände, die Zeichen, die von Hand zu Hand gehen, sind Träger von Enttäuschungen: Es ist eine Währung, die durch nichts anderes gesichert ist als durch die Geistesgegenwart derer, die sie in Umlauf bringen. Ihr einziger Wert besteht darin, dass jeder bei allen diesen Tauschgeschäften mit Illusionen entlohnt wird und sich mit einer flüchtigen Berührung zufrieden gibt.

Die Musikerpersonen

Der hinterhältige Basilio ist Susannas Gesangslehrer. Er nutzt dies aus, um die Angebote des Grafen zu übermitteln: Man erfährt es in einem der ersten Rezitative. Auch bei Beaumarchais ist Bazile, ebenso wie im *Barbier von Sevilla*, derjenige, der »Madame das Cembalo weist«, und er ist überdies auch der, der »den Pagen die Mandoline« lehrt. Er konnte Cherubino also in die Kunst des Liebesliedes einführen. Dieses Lehrer-Schüler-Verhältnis verschwindet bei Da Ponte und Mozart. Die beiden haben wohl gespürt, dass in ihrer Dramaturgie ein Basilio als Quelle und Verbeiter von Musik eine Dissonanz dargestellt hätte.

Die Rolle wurde neu verteilt. In der Oper fällt der Auftritt von Musikern mehreren Personen zu: Figaro, der sich in seiner Fantasie mit der Gitarre begleitet, während er seine Kavatina voll der Drohungen singt; der Gräfin, die Melodien (airs[5]) kennt, zu denen sie einen neuen Text erfindet, um einen falschen Liebesbrief zu schreiben (»canzonetta sull' aria«…); Susanna, die zwanglos zur Gitarre ihrer Herrin greift, als sich die Gelegenheit zu einer Begleitung ergibt …

Die beiden Arien des Cherubino

Aber der Komponist und Sänger par excellence in *Le Nozze* ist Cherubino. Er tritt auf und trägt ein Liedchen, das er geschrieben hat, in seiner Tasche. Die Kanzonetta gehört aber dem System der zirkulierenden Gegenstände an und lässt deren ganze Komplexität erkennen. Das Band zirkuliert nicht allein. Es bildet von Anfang an ein Paar mit dem Blatt, auf dem das Lied geschrieben steht.

Frühmorgens, bei seinem Eindringen ins Zimmer der zukünftigen Eheleute, bietet Cherubino, nachdem er das Band an sich genommen hat, als Ersatz das *Blatt Musik* an, das er aus seiner Tasche zieht. Es ist seine Tauschwährung. Er versucht, damit das Band zu kaufen, welches den unmittelbaren Kontakt mit dem Körper der verwirrenden Patin darstellt.

Indem er sich im ersten Akt erdreistet zu verlangen, dass sein Lied der Gräfin, Susanna, allen Frauen des Schlosses vorgetragen werde, sieht sich Cherubino auf dem Höhepunkt der Verwirrung. Der Gedanke an diese akustische Verführung lässt sein Herz höherschlagen. Die Hoffnung auf den zukünftigen Gesang ist ein Zuviel an Liebe und bahnt dem *agitato*: »Non so più cosa son, cosa faccio« den Weg … Als wäre sie improvisiert, lässt die Arie den wundersamen Überschuss vernehmen, in dem sich jene Energie verliert und wieder in Schwung kommt, die bei den Körpern und den Dingen keinen Halt finden kann. Die Liebesbegierde, die sich bis in die weiteste Ferne aufschwingt, fällt schließlich auf sich selbst zurück, so sehr treibt es sie, ein Ziel jenseits all dessen zu erreichen, was sich entzieht. Mozart und Da Ponte, die sich sehr nahe an Beaumarchais' Text gehalten haben, fügen genialerweise die zögerliche, triumphierende Bemerkung über das gesprochene Wort hinzu, das zu seiner eigenen Quelle zurückkehrt: »E, so non ho chi m'oda, parlo d'amor con me« (Und wenn ich keinen habe, der mich hört, spreche ich von Liebe mit mir selbst).

Zu Beginn des zweiten Aktes im Schlafzimmer wird das Liebeslied von Susanna in die Hände der Gräfin gelegt, die Zärtlichkeit wird durch einen zwischengeschalteten Gegenstand übermittelt. Cherubino, der das Blatt vorangehen ließ, kann sich nun selbst seiner schönen Patin nähern. Cherubino hat also eine Melodie ersonnen (»Voi che sapete«). Er errötet. Ja, gewiss, er ist der Autor; er wünscht nichts sehnlicher, als sie zu singen. Hier befinden wir uns sehr weit entfernt von Beaumarchais, der Cherubino nur eine Schmeichelei an seine Patin auf die abgedroschene Melodie des Volksliedes *Malbourg s'en va-t-en guerre* zudachte. Bei Mozart wird das Liebeslied des Cherubino, wenn er (oder sie, da es sich ja um eine Hosenrolle handelt) es im zweiten Akt singt, von Susanna begleitet und von der Gräfin angehört: Es ist die Hand der Kammerzofe, die auf der Bühne den harmonischen Bass, die Arpeggios, die Pizzicati vertritt, und die Melodie, die der schöne Pate singt, ist ihr ebenso zugeeignet wie der Gräfin. Die beiden Frauen sind die gemeinsamen Adressatinnen des Ausrufes »Ricero un bene fiori die me«: »Ich suche ein Glück, das außerhalb meiner selbst ist. Ich weiß nicht, wer es hat, ich weiß nicht, was es ist.« Welch dunkles Streben! Hinzu kommt aus dem Orchestergraben das nicht minder dunkle Spiel der Bläser. Man vernimmt aus dem Eingeständnis der Ahnungslosigkeit in Liebesdingen die allerinnigste Stimme der Liebe. Das Liebeslied des Cherubino beweist, dass er bereits die Hauptsache dessen kennt, wonach er fragt, genau diese Unruhe nämlich.

Das Liebeslied und die Papierrolle, die die Zeichen der Musik trägt, erwidern somit eine Zärtlichkeit, zunächst über die Vermittlung des Papiers und dann über die eindringliche Melodie. Eine seltsame Ähnlichkeit der Form – das Bild des Aufrollens beziehungsweise Abwickelns – verbindet das Band und die Linien, auf denen die Musik geschrieben steht. Und doch sind sie ganz und gar unterschiedlich, insofern als das eine nur eine sichtbare Requisite des Schauspiels ist, während

Jean Starobinski

die anderen virtuell alles in sich tragen, was sich durch Gesang und Orchester ausdrückt. Das Notenblatt das Cherubino ist die Oper selbst in Verkleinerung, die
unendliche Reduktion (mise en abîme)[6] des Werkes, das wir sehen und hören. Tatsächlich richtet sich seine Botschaft zu Beginn des zweiten Aktes nicht bloß an die
zwei anwesenden Adressatinnen, sie wird allen bekannten und unbekannten Frauen
dargetan, – einem unbegrenzten Auditorium. Das Liebeslied richtet sich an ein »Ihr
»Mehrzahl unbestimmt«: »Voi che sapete«: Ihr, die ihr wisst, was Liebe ist« ... Das
Liebeslied wird gesungen, um bis ans Ende der Welt zu gehen.

Die Luftstöße

Der Gesang der Gräfin, von Susanna, von Cherubino schwingt sich unter dem
Drängen der Liebesbegierde empor, und seine Bewegung wird von der Zirkulation
der vielfältigen Stimmen des Orchesters fortgesetzt, von all dem Vibrieren der Sai-
ten und dem dazwischen ertönenden Stößen der Bläser. Das Gefühl, das uns bei
dieser Zirkulation erfasst, wird auf fast allen Seiten des Librettos durch den mehrfachen Sinn des Wortes *aria* verstärkt, das alle Bedeutungen durchläuft, die es haben kann. Es bezeichnet den Körper und seine Verführung (»quell' aria brillante«),
es erweitert sich auf die Atmosphäre, auf die »Aura«, die einen Garten umhüllt
(»finché l'aria è encor bruna«), und es lenkt unsere Aufmerksamkeit auf die wunderbare Melodie des Duettino (»canzonetta sull' aria«...). Aber der Text zu dieser Melodie lässt auf die abendlichen Winde und Brisen hoffen (»che soave zefiretto questa
sera spirerà«).

Die Mehrdeutigkeit des Wortes *air* ist scheinbar banal, sie taucht in mehr als
einer Sprache auf: im Italienischen, im Französischen, im Englischen ... Es bedurfte eines genialen Musikers, um sie umzusetzen, sie auszubauen und sie in einer
unendlich viel wirksameren Sprache spürbar zu machen. Wenn die Nacht herein-
bricht, ist es aus mit dem Umlauf der Dinge, man kann sie nicht mehr unterscheiden: Die Nadel ist verloren gegangen und auf Teufel komm heraus ersetzt worden.
Man erkennt niemanden mehr. Alles ist in Schatten getaucht. Ein paar Schurken
bewegen sich fort und bewegen damit die Schattenbereiche fort. Nur der Garten
und die Musik atmen. Die letzten symbolischen Gegenstände sind, wenn man sich
erinnert, die Refugien, in denen die Personen verschwinden: Es sind die Pavillons,
wo sich, einer nach dem anderen, alle Frauen und Cherubino *verstecken*, um der
Gefahr zu entgehen (während sie das Gebäck und die Früchte teilen, die Barbarina
gebracht hat). Die Pavillons, die man sich am Rand der Bühne vorstellen kann wie
kleine Lustschlösschen, entsprechen dem Nebenzimmer, in dem Cherubino und
Susanna im zweiten Akt eingeschlossen waren, und dem Sessel im ersten Akt, wo

sich Cherubino hingekauert hat wie in eine Grotte, versteckt von einem Kleid, das Susanna glücklicherweise dort liegengelassen hat. Es sind Auffangbehälter von Leben, Chrysaliden.

Im vierten Akt räumen die Gegenstände mit ihrem Verschwinden das Feld für die Stimmen, die köstliche Illusion kommt durch die verstellten Stimmen von Susanna und der Gräfin zustande – die getauscht werden wie die Kleider. Beaumarchais hatte sich diese vokale Entsprechung der Verkleidung ausgedacht, diese einen Augenblick während Täuschung mit nachfolgendem Erkennen. Bei seinem Übergang vom Theater zur Mozartschen Oper steht dieser Einfall nicht mehr im Dienst einer Nachahmungskomik, sondern in dem einer Schärfung des Gehörs. Figaro erkennt Susanna an der Stimme: »lo conabbi la vore che adoro«… Die Stimme, die vom vertrautesten Geschöpf kommt, ist die endlich offenbarte Wahrheit am Ende eines tollen Tages, der auch ein Tag des Lernens, eine Feuerprobe, war. Er verlangt das allerfeinste Gehör. Susanna, Figaro, die Gräfin, der Graf, alle bitten darum, gehört zu werden, auf dass die Irrtümer und die Schwächen der Liebe ein Ende fänden.

Die letzte Lehre, die von mehreren Stimmen getragen wird, ist gewiss diese: Hör zu! – Hör auf die, an der du gezweifelt hast und die du wiederfindest – Hör auf die, die dich liebt, und die nicht aufgehört hat, dich zu lieben. – Hör auf den, der dich vergessen hat und der dich um Vergebung bittet, nun, da er dich erkannt hat.

Endnoten

1 Vortrag bei den Salzburger *Festspiel-Dialogen* am 26. Juli 1995. Aus dem Französischen übersetzt von Astrid Graf-Wintersberger. Erstabdruck im Band: Fischer, Michael / Reinalter Helmut (Hg.), *Kunst und Aufklärung,* Innsbruck 2003 (= Interdisziplinäre Forschungen, Bd. 14), S. 119–131.

2 Zitiert nach dem originalen Vorwort im deutschen Textbuch der Uraufführung des *Hochzeit des Figaro.* [Anmerkung der Übersetzerin]

3 Zitiert nach der deutschen Übersetzung von Karl Dietrich Gräwe.

4 Jean Starobinski gebraucht hier wie auch im Haupt- und Untertitel den Begriff »circulation« beziehungsweise »circuler«. Im Deutschen war eine einheitliche Übersetzung nicht möglich, es mussten alternativ die Begriffe »Umlauf«, »Bewegung«, »Zirkulation« gebraucht werden. [Anmerkung der Übersetzerin]

5 »Air« ist mehrdeutig und meint hier sowohl »Melodie« als auch »Luft« (»Kanzonetta über die Luft«). Die Gräfin erfindet einen Text zur Melodie, aber auch einen Text über die Luft.

6 »Mise en abîme« ist ein (unübersetzbarer) Terminus der neueren französischen Philosophie. Er steht für einen potentiell endlosen Vorgang der Verkleinerung und das damit verbundene ewige Sich-Entziehen, nicht Greifbarwerden. Dazu ein Bild: auf einem Buch ist eine Person abgebildet, die eben dieses Buch in Händen hält, auf dem wieder eine Person abgebildet ist, die ihrerseits … Wenn also Cherubinos Notenblatt für die Oper steht, so kommt darin wiederum Cherubinos Notenblatt vor, das wieder für die Oper steht usf. Der Gedanke lässt sich endlos fortsetzen.

Prometheus – ein »utopischer«, ein »melancholischer« Künstler?[1]

Jürg Stenzl

Die dummste Sache im Leben ist, wenn man hören will immer dasselbe. Die dummste Sache im Leben ist, wenn man will nur mit denen zusammen sein, die dasselbe denken oder sagen. Das Schwierigste ist zuhören anders, im Leben wie in der Musik. Aber Zu-hören, Wahr-nehmen.

Luigi Nono

Die *Salzburger Festspiele* standen im Jahre 2011 unter dem Motto »Das Ohr aufwecken, die Augen, das menschliche Denken«. Es stammt von Luigi Nono, dem 1924 geborenen Komponisten, der, nach der während des italienischen Faschismus verbrachten Jugendzeit, 1952, am Beginn seiner Karriere als einer der bedeutendsten Avantgarde-Komponisten in der zweiten Hälfte des 20. Jahrhunderts, Mitglied der kommunistischen Partei Italiens wurde und seit 1975 deren »comitato centrale« angehörte. Von Luigi Nono wird in Salzburg erneut, wie bereits 1993, der monumentale *Prometeo* von 1985 aufgeführt.

Nono und sein *Prometeo* ausgerechnet in Salzburg, einer Stadt, in der zeitgenössische Kunstwerke im öffentlichen Raum – vorhersehbar – zu reaktionären Leserbriefprotesten gegen moderne, als »entartete« verstandene Kunst führen? Es ist dies, Sie werden es hören, nicht die einzige Frage, die ich *nicht* beantworten kann.

Die diesjährigen *Festspiel-Dialoge*, die ich zu eröffnen heute die Ehre habe, stellen mit ihrem Thema *Utopie und Melancholie* (in fünf Vorträgen und einem Gespräch mit dem Festspielintendanten Markus Hinterhäuser) eine weitere Frage: *Utopie und Melancholie* bei Nono und Richard Strauss, in *Faust* und *Don Giovanni*, bei Mozart und Janáček?

Thema *Utopie*: 2005 und 2006 veranstaltete die Schweizerische Akademie der Geistes- und Sozialwissenschaften zwei Tagungen zum Thema *Utopie heute*. Die Antworten füllen zwei umfangreiche, 2007 erschienene Bände, 938 Seiten von 42 Autoren … Überraschend waren bei dieser Tagung die Ausführungen von Ulrich Mosch: Im Musikdenken des 1934 geborenen Komponisten Helmut Lachenmann (einem Kompositionsschüler von Luigi Nono) erkannte Mosch die »Utopie einer Gesellschaft nichtentfremdeter Menschen, die ihrer Möglichkeiten und Fähigkeiten bewusst sind, und in der Lage, diese Freiheit voll zu nutzen.«[2] Am Ende seines Textes meint der Autor allerdings, dass Lachenmanns Musik den Hörern, die sich auf sie einlassen, bereits in unserer Gegenwart – also lange vor jedem Utopia – *musikalische*

Erfahrungen ermöglicht, die genau das *realisieren*, was der Komponist als sein »konkret utopisches« Ziel beschrieben hat.[3] Lachenmanns Zielsetzung war und ist keine nur *musikalische*, sondern eine umfassende: eine »Gesellschaft nichtentfremdeter Menschen, die ihrer Möglichkeiten und Fähigkeiten bewusst sind und in der Lage, diese Freiheit voll zu nutzen.« Er komponiert eine Musik, die einem Hören, einem *Musik*hören »nichtentfremdeter Menschen« entspricht. Das schließt eine Diagnose des gegenwärtigen Musikhörens ein, das – normalerweise – nicht auf einem Bewusstsein der sinnlichen wie intellektuellen Fähigkeiten des Menschen beruht, sondern ein *bestätigendes* Hören von Vertrautem ist, vornehmlich zwei bis drei Jahrhunderte alt oder mit Mitteln in jüngerer und jüngster Zeit komponiert, die aus diesen Vorzeiten stammen.

Wie Helmut Lachenmann komponierte der späte Lugi Nono in den 1980er-Jahren gezielt im Hinblick auf Hörende, die durch das Hören das ihnen Vertraute *erweitern*, es gar sprengen wollen und derartige Erweiterungen durch wenig oder ganz Unbekanntes als eine genuin menschliche, sinnliche wie intellektuelle Erfahrung suchen, als etwas für sie Unverzichtbares erfahren.

Aus dieser verzwickten Lage mit der Utopie und der Utopie in der Musik, in die mich Michael Fischer, der Leiter dieser *Festspiel-Dialoge*, gebracht hat, versuche ich einen Ausweg zu finden, indem ich:

- 1. umreißen will, was wir unter »Utopie« verstehen, und frage, wie Utopie in Musik *selbst* – und nicht nur im Reden *über* die Musik und ihre Wirkungen – zum Ausdruck kommen könnte.
- 2. werfe ich – von der Utopie-Frage absehend – kurze Blicke auf die Nonos *Prometeo* vorausgegangenen Werke von Beethoven, Liszt und Scrjabin mit Prometheus-Thematik.
- 3. werde ich Luigi Nonos Prometheus-Verständnis erläutern, um abschließend zur Eingangsfrage nach dem Utopischen zurückzukehren, aber mich auch nach der *Melancholie* in *Prometeo* zu erkundigen haben: Ist Nonos *Prometeo* ein *utopisches* Werk und inwieweit enthält er wenigstens einen »Hauch von Melancholie: ersehntes und nicht gelebtes Leben«?, wie Michael Fischer schreibt, einen Hauch, der »nachvollziehbar nur in den ›Wahrheiten‹ der Kunst« stecke.[4]

1. Utopie – und »utopische Musik«?

Von den griechischen Wurzeln des Wortes her ist »Utopie« ein Nicht-Ort, etwas, was es (noch) nicht gibt, ein Zukunftsentwurf. Er kann, bezogen auf die Gegenwart, sowohl *positiv*, eine *Eutopie*, oder *negativ* – eine *Dystopie* – sein. Den eigentlichen Begriff »Utopie« hat erst 1516 Thomas Morus erfunden, als Ortsnamen für den

»Noch-nicht-Ort« einer Insel: *De optimo rei publicae statu | deque nova insula Utopia* (*Vom besten Zustand des Staates oder Von der neuen Insel Utopia*).

Jeder utopische Entwurf wurzelt in der Gegenwart, in der er entstanden ist, und er ist stets Gegenwarts*kritik*. Eine solche Kritik stellt sich dieser Gegenwart entgegen mit dem Entwurf einer andern, einer idealen Anti-Gegenwart; oder sie zeichnet die katastrophalen Folgen dieser Gegenwart, falls keine, für den Autor unvermeidliche Kehrtwende eintritt: »Tschernobyl, Fukushima und die Folgen« wäre 2011 beispielsweise ein Ausgangspunkt einer derartigen Dystopie. George Orwells Dystopie *1984* von 1946–48 beruht auf dem Zweiten Weltkrieg und seinen unmittelbaren weltweiten Folgen.

Utopien und Dystopien sind umfassende, revolutionäre Entwürfe der Veränderungen eines *Ganzen*, sei es als ein gegensätzliches *Ideal* oder eine dystopische *Horrorvision*. (Nur en passant der Hinweis, dass *Science fiction*-Geschichten weitgehend Ableger von Dystopien und nur selten von positiv besetzten Utopien sind.

2. Prometheus in der Musikgeschichte

Wenn wir uns nun dem Prometheus-Stoff zuwenden, verbleiben wir zunächst in der Antike, auch wenn in deren mythologischer Prometheus-Geschichte der Nicht-Ort *Utopia* nicht vorkommt:

Der Titan Prometheus, Sohn der Gaia, erscheint in diesem Mythos als Kulturstifter der Menschheit. Er schuf die Menschen nicht nur, er verlieh ihnen auch Eigenschaften, Verstand. Die Götter aber verlangen von den Menschen Opfer. Dagegen stellte sich Prometheus und Zeus strafte die Sterblichen, indem er ihnen das Feuer versagte, das ihnen Prometheus aber zurückbrachte. Als Strafe ließ ihn Zeus in einer Einöde im Kaukasus über einem Abgrund an einen Felsen fesseln und ein Adler fraß täglich von seiner Leber, die sich qualvoll immer wieder erneuerte.

Die wichtigste Quelle des Mythos für die Neuzeit ist Aischylos' *Prometheus*-Trilogie, von der allerdings nur der erste Teil, *Der gefesselte Prometheus,* überliefert ist.

Während der letzten zwei Jahrhunderte galt der Prometheus-Mythos als Paradigma einer Revolte des Prometheus im Dienste der Menschheit gegen eine autoritäre, göttliche Macht, so bei Goethe (1772/74), Schlegel, 1816 Byrons Gedicht und 1820 Shellys Drama *Prometheus Unbound*; auch für den jungen Karl Marx war Prometheus »der vornehmste Heilige und Märtyrer im philosophischen Kalender«. Auf dem Titelblatt von Nietzsches *Die Geburt der Tragödie aus dem Geiste der Musik* von 1872 ist als Vignette der gefesselte Prometheus abgebildet.

Ein Mythos ist kein feststehendes Bild. Der Prometheus-Mythos hat sich bereits während der Antike und erst recht in der Neuzeit laufend verändert. Die Figur Prometheus bot der Neuzeit viele Sujets, die sie aufgreifen, adaptieren und für ganz unterschiedliche Zielsetzungen einsetzen, auch manipulieren konnte. Prometheus diente nicht nur einer technologischen wie künstlerischen Moderne als Vorbild eines zeitgenössischen Künstlers. Derselbe Mythos wurde auch von den Reaktionären aufgegriffen: Prometheus, Inbegriff des starken Manns, des Helden, der sich als der sowohl mächtige wie wahre Humanist darstellt. Derartige Selbstapotheosen dienten (und dienen auch weiterhin) als Waffe im Kampf *gegen* eine Moderne, der fehlende Humanität, »Zerebralität« und die Destruktion der »klassischen Werte« durch eine deshalb »ent-artete Kunst« vorgehalten wurde.

Alle drei musikalischen Werke mit Prometheus-Thematik, an die ich hier erinnern möchte, galten in *ihrer* Zeit als eine Kunst, die herkömmliche »klassische« Normen sprengte. Sie sind auch nicht Teil dessen geworden, was man als »Kanon klassischer Musik« versteht und regelmäßig aufgetischt bekommt.

Ich beginne mit Ludwig van Beethovens Ballettmusik *Die Geschöpfe des Prometheus*, dem 1801 in Wien aufgeführten »heroischen, allegorischen Ballett« in zwei Aufzügen des legendären Choreografen Salvatore Viganò, einer zentralen Persönlichkeit in der Geschichte des Handlungsballetts. Der ursprüngliche Titel lautete *Die [zwei] Geschöpfe des Prometheus oder die Macht der Musik und des Tanzes.* Dieser Prometheus ist nicht der Rebell des deutschen »Sturm und Drang« wie in Goethes berühmtem Gedicht, das unter anderem Franz Schubert 1819 vertont hat. Viganòs und Beethovens Prometheus führt die beiden von ihm geschaffenen Geschöpfe auf den Parnass, »um sie von Apoll, dem Gott der schönen Künste, unterrichten zu lassen«: Tonkunst, Dichtkunst, Trauer- und Lustspiel auf der einen – der Schäfer- und der heroische Tanz auf der anderen Seite.

Dieses Werk ist gleichzeitig ein Herrscherlob für Kaiser Franz II. und seine Gattin Maria Theresia, der Beethoven seine Partitur gewidmet hat. »Prometheus – so eine Kritik der Uraufführung – »entreißt die Menschen seiner Zeit der Unwissenheit, verfeinert sie durch Wissenschaft und Kunst und erhebt sie zur Sittlichkeit«: punktgenau das Programm der Aufklärung. Als aufgeklärter Förderer von Wissenschaft und Kunst wird hier der Kaiser gefeiert. Doch Beethovens Musik sei, zweifelsfrei – so die Kritik – »für ein Ballet zu gelehrt und mit zu wenig Rücksicht auf den Tanz« komponiert; ihre »ganz vorzügliche Originalität« hätte »seinen Zuschauern den Reiz sanfter gefälliger Harmonien« entzogen. – Zu ergänzen ist jedoch auch, dass um 1800 Napoleon Bonaparte, als republikanisches Symbol für Freiheit und Sieg, mit Prometheus identifiziert wurde. Dass Beethoven später für seine 3. Sinfonie, die *Eroica*, auf seine *Prometheus*-Partitur zurückgriff, ist keineswegs zufällig.

Franz Liszts sinfonische Dichtung *Prométhée* für Orchester entstand zunächst als eine Ouvertüre zu der Vertonung von Herders Gedicht *Der entfesselte Prometheus* für Chor, komponiert zur Einweihung des Herder-Denkmals 1850 in Weimar. Diese

Ouvertüre hat Liszt fünf Jahre später vollständig zu der selbständigen sinfonischen Dichtung *Prometheus* umgearbeitet. Sein Verständnis der Prometheus-Figur hat er, *nachdem* die Musik bereits komponiert war, im Vorwort zu diesem Werk formuliert:

> Es reicht für die Musik, sich die Gefühle anzueignen, die in allen nachfolgenden Gestaltungen des [*Prometheus*]-Mythos ihren Grund und ihre Seele bestimmten: Kühnheit, Leiden, Durchhalten und Erlösung. Eine gewagte Bemühung um die höchsten Bestimmungen, die der menschliche Geistes erstreben kann. *Schöpferische Tätigkeit, das Bedürfnis nach Erweiterung* […] Sühneschmerzen, die unablässig unsere vitalen Organe benagen ohne uns vernichten zu können. Verdammt zu harter Ankettung an den dürrsten Stränden unserer Natur. Angstschreie und blutige Tränen – doch das unstillbare Bewusstsein angeborener Größe, einer zukünftigen Befreiung. Stillschweigender Glaube an einen Befreier, der den lange gefangen gehaltenen Gemarterten in die *jenseitigen Regionen* aufsteigen lassen wird, deren funkelndes Licht er geraubt hat. Und schließlich die Vollendung des Erbarmungswerks wenn der Große Tag kommt![5]

Liszts Prometheus ist gleichzeitig ein auserwählter Künstler, ein Prometheus-Christus oder ein Sankt Prometheus. Im späteren theosophischen Denken wird diese Vereinigung von Prometheus und Christus eine wesentliche Rolle spielen. Das führt uns unmittelbar zum dritten, zum russischen Komponisten und Pianisten Aleksandr Skrjabin.

Sein *Prométhée, le Poème du feu* (*Prometheus, das Gedicht des Feuers*) für Orchester, Chor und Lichtklavier entstand 1909. Die Bedeutung der Quarten und des Tritonus in Liszts sinfonischer Dichtung, für ihn Ausdruck des kühnen Musikers, wurden in Skrjabins Schaffen zum umfassenden konstruktiven Prinzip seines »Feuergedichts« *Prometheus*. Es beruht – mit Ausnahme des Schlusses in Fis-Dur – sowohl in der Melodik wie der Harmonik auf einem sechstönigen »Prometheus-Akkord«, seinen Transpositionen und Umkehrungen: C – Fis – B – E – A – D, also übermäßige Quarte = Tritonus, verminderte Quarte, erneut Tritonus und zwei Quarten. Dieser Sechstonakkord sprengt die herkömmliche Dur/Moll-Tonalität in vergleichbarer Weise wie die nicht weniger berühmte Hornfanfare aus vier Quarten, mit der Arnold Schönbergs 1. Kammersymphonie, op. 9 von 1906 beginnt.

Für Skrjabin ist Prometheus »ein Symbol, das in allen alten Lehren begegnet. Da ist die aktive Energie des *Universums*, das *schöpferische Prinzip*, es ist Feuer, Licht, Leben, Kampf, Kräftigung, Gedanke.« Mit seinem *Prométhée* überschritt Skrjabin die im engeren Sinne musikalischen Mittel: Sein *Prometheus* ist durch die kompositorische Verwendung der Farben ein synästhetisches Werk, in das er zudem auch noch den Tanz integrieren wollte. Der Komponist selbst sprach häufig von der Verbindung der Musik mit den Philosophen seiner Zeit. Aufschlussreich sind dabei Oskar von Riesemanns Bemerkungen in seiner Edition von Skrjabins Tagebuchaufzeichnungen: »Sein [Skrjabins] Verhalten Büchern gegenüber war ein durchaus eigentümliches, für ihn sehr charakteristisches. Er las mehr zwischen den Zeilen als diese selbst, und überall glaubte er seine eigenen Gedanken wiederzufinden. So war die Lektüre eines Buches, das ihn fesselte, für ihn nie ein Prozess passiven Aufnehmens, sondern wurde stets zu einem aktiven schöpferischen Vorgang im Kleinen.«[6]

Genau so war auch Luigi Nonos Umgang mit Büchern in den Jahren, als sein *Prometeo* entstand. Die Parallelen seines *Prometeo* zu Beethovens, Liszts und Skrjabins Prometheus-Kompositionen sind so offensichtlich wie die tiefgreifenden Unterschiede.

3. Luigi Nonos *Prometeo*

Als Nono und sein Freund, der Philosoph Massimo Cacciari, begannen, sich mit dem Prometheus-Stoff zu beschäftigen, plante der Komponist im Auftrag der Frankfurter Oper eine »azione scenica« wie 1961 seine *Intolleranza* und die 1975 in Mailand uraufgeführte *Al gran sole carico d'amore*. Unter einer derartigen *azione scenica*, einer »szenischen Handlung« oder »szenischen Tat« verstand Nono ein Musiktheater, das inhaltliche Elemente unterschiedlicher Art und Epochen auf der Bühne des Musiktheaters vereinte, demnach ein Werk, das nicht primär eine lineare Handlung zur Darstellung bringt.

Die Wahl des Prometheus-Stoffs überrascht keineswegs, galt doch Nono in den 1960er- und 1970er-Jahren durchaus als das Modell einer Revolte gegen die bestehende, insbesondere die politische Ordnung. Sein Schaffen stand bei den Institutionen, der Presse und beim Publikum der Neuen Musik für das Thema »Musik und Politik«. Er selbst bezeichnete sich als »militanten Komponisten«. So beschrieb er 1971 in einem Leserbrief an die Zeitung *Le Monde*[7] seine Aufgabe als die eines

kämpfenden Musikers, nicht über, sondern im Klassenkampf [...]: Intellektuelle sind Teil der Arbeiterklasse in der Sicht von Antonio Gramsci. [...] Es ist klar, dass dieser Standpunkt weit entfernt, gar die Gegenposition zu jenem Musiker ist, der, gestern wie heute, behauptet, ›über dem Handgemenge‹ zu stehen oder, schlimmer, ›Mittler zwischen dem Universum und der Menge‹ zu sein. [...] Gerade in der Erfahrung des Klassenkampfes, in der sich unsere Fähigkeit zu zerstören und aufzubauen, eine sozialistische Gesellschaft herbeizuführen, in der die Kultur – und die Musik – eine andere Funktion hat. (LN, 174).

Auf diese Weise artikulierte Nono in den heißen Jahren nach 1968 unmissverständlich seine Positionen: Marx, Antonio Gramsci (die zentrale Figur der italienischen Kommunisten), die Arbeiterklasse, der Sozialismus bestätigen nicht nur den »Militanten«, sondern auch den Komponisten, für den – nach eigener Aussage – kein Unterschied bestand zwischen dem Organisieren einer Demonstration oder dem Komponieren einer Partitur.

Diese ideologischen Sicherheiten gerieten für Nono – aus vielerlei Gründen – in der zweiten Hälfte der 1970er-Jahre in eine Krise, in einer Zeit, in der er zwischen *Al gran sole* und dem legendären Streichquartett von 1979/80 kaum komponierte. Luigi Nono stellte sich selbst mit der ihm eigenen Radikalität infrage:

Nach *Al gran sole* empfand ich die Notwendigkeit, meine ganze Arbeit, meine ganze Art, heute Musiker, ein Intellektueller in dieser Gesellschaft zu sein, zu überdenken um neue Wege der Kenntnisse, der Erfindung zu eröffnen. Einige Schemas sind überholt; heute ist es eine Notwendigkeit, »die größtmögliche Erfindungskraft zum Ausdruck zu bringen,

äußerte er 1981 in einem Gespräch mit der Parteizeitung *L'Unità*.[8]

Folge dieser radikalen Selbstbefragung war der Zusammenbruch aller Sicherheiten, wie sie beispielsweise im zitierten Leserbrief von 1971 erscheinen. Das betraf nicht nur den politischen Bereich, sondern auch seine Musik; sie wies allerdings nie die holzschnittartige Eindeutigkeit seiner verbalen politischen Äußerungen auf. Als Komponist war Nono stets höchst differenziert. Sein ehemaliger Schüler Helmut Lachenmann hat über seinen Lehrer geschrieben – und er meinte damit dessen ganzes Schaffen, dass »kaum jemand so schutzlos herumgelaufen sei« wie Nono. Ich würde präzisieren: *als Komponist* so schutzlos. Um es zugespitzt auszudrücken: Die markigen verbalen Äußerungen waren nicht nur politische Bekenntnisse, sie waren zudem ein Schutzschild seiner hohen Verletzlichkeit. Diese Schutzmauern einzureißen, hatte der gut fünfzigjährige Komponist den Mut. Man darf das als »tollkühn« bezeichnen, schloss es doch die Möglichkeit ein, als Komponist im Bereich des für ihn ganz Zentralen, der Musik, schutzlos zu scheitern. Das kann man ruhig mit dem damals 45-jährigen Beethoven vergleichen, der 1815 mit der *Hammerklavier-Sonate* sein Erstes der späten Werke für Klavier und für Streichquartett komponierte, Werke, die noch heute keineswegs »populär« geworden sind.

Doch warum wählte Nono den antiken, mythologischen *Prometheus* – und keinen gegenwärtigen historischen Stoff wie zuvor für die *Intolleranza* und *Al gran sole*? Sicher, in diesem Mythos finden sich eine ganze Reihe derjenigen Themen, die in seinem Schaffen von Anfang an wesentlich gewesen und geblieben sind; es sind Themen, die auch die genannten älteren *Prometheus*-Kompositionen aufweisen etwa:

– Nonos Prometheus ist ein *Künstler*, Musiker wie der Prometheus von Beethoven, Liszt und Skrjabin.

– »Wagemut, Leiden, Ausdauer«, Liszts Charakterisierungen des Prometheus bestimmen auch Nonos *Prometeo*-Abenteuer; allerdings fehlen bei ihm Liszts Ideen von Transzendenz und Erlösung. – Als »eine Reise durch die Zufälle des Vielfachen, durch die Unendlichkeiten der Welt, schließlich eine Reise der Leiden und Qualen, das Maß seiner Verzweiflung«, so hat Laurent Feneyrou Nonos *Prometo* in seinem Aufsatz *La Nef des fous (Das Narrenschiff)* beschrieben.[9]

– Wie Scrjabin den Konzertsaal, sprengt Nono den Rahmen einer Oper, komponierte aber auch kein Oratorium, sondern ein Werk, das Merkmale unterschiedlicher Gattungen aufweist und doch keiner angehört, selbst wenn der *Prometeo* ursprünglich für ein Opernhaus gedacht war.

Das Thema »Prometheus« ist bei Nono ebenso eine Metapher wie der »Wanderer« von Antonio Machado, der »Winterreisende« von Schubert, der »Manfred« von Lord Byron und Schumann: Die Vergangenheit liegt hinter ihnen. Gleichsam von den Ketten des Prometheus befreit, als Losgelassene wurden sie in eine unhäusliche Gegenwart getrieben. Eine unbestimmte Zukunft ist offen, ohne feste Ziele, ohne gepfadete Wege, ohne vertrauenswürdige Autoritäten: Nur der Wanderer, der weiß, dass die Wege bloß eine verschwindende Gichtspur im Wasser hinter dem Schiff, nur die Spuren sind, die er im Wüstensand hinterlässt und die der Wind ebenso unsichtbar machen wird.

Nonos Prometheus ist kein Held, kein Modell. Er steht dem Nichts gegenüber, gewiss mutig, gar heroisch, weil er sich selbst seine Ungewissheit, sein Nichtwissen eingesteht; an dieses Nichtwissen ist er gekettet, dadurch jedoch gleichzeitig ein Befreiter, oder wie Nietzsche dichtete, einer, der entsprang.

Nicht wenigen war verständlicherweise dieser »späte Nono« seit dem Streichquartett als ein Mensch erschienen, der mit der eigenen Vergangenheit gebrochen hatte. Doch wir entdeckten mehr und mehr Kontinuitäten mit dem Schaffen seit den Fünfzigerjahren, gleichzeitig aber nicht weniger deutlich, wie sich auf dieser Basis Nonos Denken und Komponieren verwandelt, durchaus kompromisslos radikalisiert hatte.

Was und wie ist also nun dieser *Prometeo*, fragen Sie mich zu Recht? Und ich frage mich selbst, seit Wochen schon, wie ich Sie, die dieses Werk noch nicht kennen, sei es von Aufführungen oder von einer der beiden CD-Produktionen, zu diesem *Prometeo* »hinführen«, diesen Ihnen »zugänglich« machen könnte.

Meine Antwort ist so schroff wie eindeutig: Das kann ich *nicht*, und ich behaupte zudem: Das kann niemand.

Ich habe zwar nach der Uraufführung 1984 für die erste Aufführung der endgültigen Fassung ein Jahr später in Mailand einen *Guida all'ascolto*, einen »Hör-Führer« für den *Prometeo* geschrieben; Nono hat in meinem Text eigenhändig vieles umformuliert, fügte aber bei: Das seien alles nur *Vorschläge* und *ich* solle entscheiden, was »richtig« sei. – Natürlich habe ich alle seine sogenannten »Vorschläge« übernommen, auch in den nachfolgenden deutschen und französischen Übersetzungen. – Dafür sagten mir dann Konzertveranstalter, auch in Salzburg, dieser *Guida all'ascolto di*

Jürg Stenzl

Prometeo entspreche nicht Nonos Überzeugungen … – Doch heute würde Nono, so denke ich mir, beipflichten wenn ich meine, dass man das jetzt ganz anders machen müsse: Man darf sich nicht immer wiederholen, sondern muss stets alles infrage und neue Fragen stellen. Luigi Nonos Schaffen beschäftigt mich seit gut vierzig Jahren. Wahrscheinlich fällt es den jüngeren Autoren, die den Komponisten nicht persönlich kannten, leichter, über ihn zu reden, wohl auch, Zuhörer zu seinen Werken hinzuführen. Doch auch sie müssten, wenn es um *Prometeo* geht, zu diesem so vielschichtigen Werk immer wieder neue Wege suchen, es immer wieder neu hören.

Ich meine, das ist das Entscheidendste: Wir, die Hörer, die mit Nonos Schaffen Vertrauten wie die, die diesem erstmals begegnen, müssen sich *selbst* hörend, lauschend auf den Weg machen. Das aber gilt nicht nur für *Prometeo*, für Luigi Nono – das gilt gegenüber *einem jeden bedeutenden Kunstwerk*. Auf unser Hören kommt es an. Der Konzertsaal, das Opernhaus sind keine Selbstbedienungsgeschäfte. Musikhören ist Arbeit – die *sinnlichste* und gleichzeitig die *gedankenreichste*, über die wir dank unserer Sinnes- und Denkorgane verfügen. Durch sie lassen wir uns *fesseln* und sind gleichzeitig *ganz frei*, befreit, unbound. So, wie sich Luigi Nono den Prometheus vorgestellt hat, in einer Wüste, einer Schneelandschaft, auf dem Meer. Wie hat Lachenmann seine »Utopie« beschrieben: »Nicht entfremdete Menschen, die sich ihrer Möglichkeiten und Fähigkeiten bewusst sind und in der Lage, diese Freiheit voll zu nutzen.«[10] Alle Hörerinnen und Hörer des *Prometeo* können diese »Utopie, *die keine ist*« zu ihrer *eigenen* Erfahrung werden lassen: Durch ein – wie ich es nennen möchte – suchendes, erkundendes, auch irrendes, sie verwirrendes *Hören*. Das kann Ihnen keine »Einführung« abnehmen – genauer: Sie dürfen es selbst tun und erfahren.

Etwas allerdings kann Ihnen der »Einführer« wohl doch sagen, nämlich, was der *Prometeo nicht* ist:

1. *Prometeo* ist *keine Oper*, keine normale, aber auch keine abnormale Oper. »Tragedia dell'ascolto« hat sie Nono genannt. Das heißt nicht Tragödie (im Sinne einer Katastrophe) des Hörens, sondern eine sich ausschließlich im Klang vollziehende »azione« im Sinne von einem *Ereignis des zu Hörenden*.

2. *Prometeo* erzählt *keine Geschichte*, hat keine »Handlung« in der Art einer dramatischen Erzählung. Es gibt keine Bühne, die vom Auditorium getrennt ist, sondern einen Raum, der Ausführende und Hörer vereint. Durch die Live-Elektronik kommt die Musik, ob gesungen oder gespielt, nicht von dort, wo sie gesungen (Soli, Chor) oder gespielt (Solisten, Orchestergruppen) wird, sondern sie wird im Raum verteilt und bewegt sich im Raum.

3. Die italienischen, griechischen, deutschen *Texte* sind nicht so komponiert, dass man sie *verstehen* kann. Der Text des *Prometeo* ist eine Montage aus ganz

unterschiedlichen Quellen, vom antiken Aischylos bis zum späten Walter Benjamin im 20. Jahrhundert. Man kann sie *zuvor* lesen, auch in der deutschen Übersetzung, aber man kann sie während der Aufführung nicht mitlesen. Die Texte sind ebenso Klänge geworden wie die Töne und die Geräusche, sie wurden im Klingenden buchstäblich aufgelöst – nicht unähnlich der Programme in Liszts »sinfonischer Dichtung« *Prometheus*.

4. Die herkömmlichen *Hierarchien der musikalischen Gestaltungsmittel* sind weitgehend umgekehrt: Dominierten bisher Tonhöhe und Tondauer über die Dynamik, die Klangfarbe und den Raums, so hat im *Prometeo* die – durch die Live-Elektronik ermöglichte – Bewegung des Klanges im Raum ebenso zentrale Bedeutung wie die elektronische *Transformation* der live gesungenen und gespielten Klänge. Mit der Live-Elektronik dringt Nono sozusagen in den einzelnen Ton hinein und bricht ihn auf. Was er suchte, war nicht die große dramatisch-expressive Geste, wie wir sie bei Beethoven, Liszt und Scrjabin hören, sondern die Nuance, die kaum wahrnehmbaren Veränderungen, die »kleinsten Übergänge« und deren expressive Kraft.

5. Der *Prometeo* ist *lang*, zweieinhalb Stunden ohne Pause, und er verwendet fast ausschließlich *langsame, sehr langsame Tempi* und doch ist die Musik in ständiger und vielfältiger Bewegung. Und der *Prometeo* ist fast durchgehend *leise, sehr leise*. Der kleinste Huster ist das Schlimmste, was man dieser Musik und ihren Interpreten antun kann, einfach barbarisch.

Fast hätte ich es vergessen: 6. *Prometeo* ist *keine Utopie* …

Ich sagte, dass es im *Prometeo* keine Handlung, keine Erzählung gäbe, wie man sie in einem Opernführer finden kann. Ganz stimmt das jedoch nicht. Es gibt eine »azione musicale«, ein »*musikalisches* Handeln« – das eben deshalb, weil es ganz *Musik* ist, kaum in Sprache übersetzbar ist:

Prometeo beginnt mit einem *Prolog*, einer Art Genese, und führt zum zentralen *Interludio primo*, dem vierten Teil, den der Komponist selbst als die Achse des Werkes, als ein Nadelöhr hin zu einem »neuen Prometheus« beschrieben hat. Am Ende steht als neunter Teil *Stasimo secondo*, eine vielleicht als »realisierte Utopie« zu verstehende Fusion der Gegensätze von Alt und Neu, von Kontinuität und Fragmentarisierung, von Vokalem und Instrumentalem.

Die erwähnte Schlüsselstelle des zentralen vierten Teils, das vergleichsweise kurzen *Interludio primo*, möchte ich Ihnen teilweise vorspielen, selbst, wenn eine Stereoaufnahme den »Klangraum« dieses Werkes nicht adäquat wiedergeben kann. Dieser äußerst zerbrechliche Satz, an der Grenze der Hörbarkeit, über weite Teile eine einzige, unbegleitete instrumental-vokale Linie, bildet die radikale Zäsur innerhalb des

Gesamtwerkes. Drei solistische Instrumente, Flöte, Klarinette, Tuba und eine Alt-stimme. Das Besondere liegt darin, dass diese vier klanglich so verschiedenartigen Instrumente Töne produzieren, die sich ihnen zumeist kaum zuordnen lassen. Sie bilden ein klangliches Kontinuum trotz der extremen Fragmentarisierung und Aus-dünnung des Satzes.

Sie hören den Mitschnitt der Aufführung von 1993 in der Salzburger Kollegien-kirche mit Susanne Otto, Alt, Dietmar Wieser, Flöte, Wolfgang Stryi, Klarinette, Benny Sluchin, Tuba und André Richard mit der Live-Elektronik des Freiburger Experimentalstudios, Gesamtleitung Ingo Metzmacher.

Und jetzt, kurz vor Schluss, die allerletzte Frage: Wo ist denn die angesagte *Me-lancholie* geblieben?

Musik galt seit alters her als ein besonders wirkungsvolles Heilmittel gegen diese Charaktereigenschaft: David spielte bereits dem schwermütigen Saul auf seiner Har-fe vor. Kunstfreunde denken an Dürers rätselhaften Holzschnitt von 1514 (und viel-leicht an Giorgio de Chirico), und jeder Musiker denkt gleich an *La Malinconia*, den letzten Satz von Beethovens Streichquartett op. 18, Nr. 6. Die Melancholie wurde zu einem wesentlichen *Thema* der Musik im späteren 18. Jahrhundert mit instrumen-taler, also textloser Musik.

Als *Prometeo* in Salzburg 1993 in einer Kirche gespielt wurde, geriet Nono – wie Morton Feldmann und Giacinto Scelsi – in Verdacht, nicht gerade ein »Melancho-liker« geworden zu sein, aber beim Ausdruck dieses Missbehagens fehlte eigentlich nur genau diese Bezeichnung. Man erwartete von Nono einen anderen Prometheus, Goethes Rebellen des »Bedecke deinen Himmel, Zeus!«, nicht aber einen *Prometeo*, der im Verdacht zu stehen schien, das Werk eines Depressiven zu sein, der das Wel-tenelend mit »sakralen Sehnsüchten« (Peter Niklas Wilson, 1992)[11] beklagt oder zu vertreiben sucht.

Utopie und Melancholie, Gegenwartsflucht in eine andere Zukunft, weil nur De-pressionen dem gegenwärtigen Weltzustand zu entsprechen vermögen? Alle fünf Se-kunden verhungert ein Kind unter zehn Jahren« auf dieser Welt, aber zur Eröffnung der *Salzburger Festspiele* darf daran nicht erinnert werden. (Dies als solidarischen Gruß an Jean Ziegler!)

Kann man sich heute einen Prometheus nur mehr als lärmenden Rabautzen vor-stellen, der kräftig auf alle Pauken haut?

Luigi Nonos Sprengkraft und sein Einspruch gegen seine Gegenwart hat meines Erachtens Max Nyffeler anlässlich des achtzigsten Geburtstags des Komponisten 2004 angesichts der nicht abreißenden posthumen Nono-Diskussionen ganz anders, und, wie ich meine, zutreffend beschrieben: »Nonos Musik wirkt wie ein Stimulans für aktives Hören, wie ein Antidot zur um sich greifenden Begleitradio- und Easy-Listening-Kultur. Wenn man […] sich in die ausgetüftelten Raumklangkompositionen aus Nonos letztem Lebensjahrzehnt vertieft, so wirkt das […] auf das Ohr wie ein reinigendes Gewitter, das wieder den Blick in die Ferne ermöglicht. *Das atmende Klarsein*, das luzide Werk für kleinen Chor, Baßflöte und Live-Elektronik über Texte von Rilke, ist da gleichsam Programm.«[12] Bleibt beizufügen, dass Nono ursprünglich den *Prometeo* mit genau diesem Werk, *Das atmende Klarsein* beschließen wollte.

Literatur

Erinnerungen an Luigi Nono, Radiosendung von Max Nyffeler zum 80. Geburtstag von Luigi Nono, gesendet am 29. Jänner 2004 in WDR 3

Feneyrou, Laurent, La Nef des fous, in: De Munt/La Monnaie 26 (1997), févr./mars, S. 9–19

Fischer, Michael, Programmkarte Festspiel-Dialoge 2011, Salzburg 2011

Mosch, Ulrich, Utopische Dimensionen im Musikdenken der Gegenwart, am Beispiel von Helmut Lachenmanns Komponieren, in: Utopie heute II. Zur aktuellen Bedeutung, Funktion und Kritik des utopischen Denkens und Vorstellens, hg. von Beat Sitter-Liver und Thomas Hiltbrunner, Stuttgart 2007, S. 325–344

Nono, Luigi, Ecrits, éd. Laurent Feneyrou, Paris 1993

Nono, Luigi, Un flauto strano per scatenare tutta la fantasia. Alla vigilia di un debutta, Luigi Nono polemizza, in: L'Unità 58 (1981), no 125, 29 mai, S. 12.

Riesemann, Oskar von, Zur Einführung, in: Skrjabin, Alexander, Prometheische Phantasien, übers. und eingeleitet von Oskar von Riesemann, Stuttgart 1924, S. 2–12.

Wilson, Peter Niklas, Sakrale Sehnsüchte. Der Scelsi-Feldman-Nono-Kult, in: Musik-Texte 44, 1992, S. 2–4

Endnoten

1 Vortrag bei den Salzburger *Festspiel-Dialogen* am 29. Juli 2011.

2 Mosch, Ulrich, Utopische Dimensionen im Musikdenken der Gegenwart, am Beispiel von Helmut Lachenmanns Komponieren, in: *Utopie heute II. Zur aktuellen Bedeutung, Funktion und Kritik des utopischen Denkens und Vorstellens,* hg. von Beat Sitter-Liver und Thomas Hiltbrunner, Stuttgart 2007, S. 325.

3 Vgl. ebd., S. 342

4 Fischer, Michael, *Programmkarte Festspiel-Dialoge 2011,* Salzburg 2011, S. 2.

5 Vorwort Prometheus, in: *Franz Liszt, Musikalische Werke.*

6 Riesemann, Oskar von, Zur Einführung, in: Skrjabin, Alexander, *Prometheische Phantasien,* übers. und eingeleitet von Oskar von Riesemann, Stuttgart 1924, S. 2.

7 Nono, Luigi, *Ecrits,* éd. Laurent Feneyrou, Paris 1993, S. 404.

8 Nono, Luigi, «Un flauto strano per scatenare tutta la fantasia. Alla vigilia di un debutta, Luigi Nono polemizza», in: *L'Unità 58 (1981),* no 125, 29 mai, S. 12.

9 Feneyrou, Laurent, »La Nef des fous«, in: *De Munt/La Monnaie 26 (1997),* févr./mars, S. 9–19.

10 Mosch, Utopische Dimensionen im Musikdenken der Gegenwart, S. 325.

11 Vgl, Wilson, Peter Niklas, »Sakrale Sehnsüchte. Der Scelsi-Feldman-Nono-Kult«, in: *Musik-Texte 44,* 1992, S. 2–4.

12 Luigi Nono im Gespräch mit Max Nyffeler mit unbekanntem Datum, in: *Erinnerungen an Luigi Nono,* Radiosendung von Max Nyffeler zum 80. Geburtstag von Luigi Nono, gesendet am 29. Jänner 2004 in WDR 3.

Krieg und Kunst.
Das Ornament und das Verbrechen[1]

Cora Stephan

Ich freue mich, die diesjährigen *Festspiel-Dialoge* zu eröffnen, auch wenn mir nicht ganz wohl ist mit meinem selbstgewählten Thema, das dem schönen Wetter und dem Ereignis, Ihren Erwartungen auf Festliches und Ihrem Anspruch auf Tröstliches und Erbauendes so stark zu widersprechen scheint. Meine Überlegungen werden Sie, sofern Sie mir folgen möchten, in eher ungemütliche Zeiten entführen. Es geht um Krieg, es geht um Tod, es geht um ungeheure Verluste an Menschenleben, es geht um Zerstörung unwiederbringlicher Güter, seien es Bauwerke, seien es Glaubensüberzeugungen, nennen wir es Kultur oder Zivilisation.

Ich habe mir mit meinem Thema eben nicht die Höhenflüge, sondern die Untergänge vorgenommen, nicht den Anfang, sondern die Endzeit, nicht den Fortschritt, sondern die Katastrophe – doch ich werde vielleicht, wenn mir der Bogen gelingt, am Ende bei etwas Tröstlichem landen. Nennen wir es vorerst einmal: bei der Tradition. Das mag Ihnen völlig zurecht als konservativ vorkommen – und ist doch lediglich eine Option aus einer Vielzahl der Möglichkeiten. Wenn es wahr ist, was Michael Fischer in seinen Anmerkungen zu den diesjährigen Dialogen vorgegeben hat, dass die Kunst eine Bühne ist, auf der die Gegensätze explodieren zu einer Vielfalt schillernder Möglichkeiten, woraufhin sie sich wieder zusammenfügen, dann ist auch Tradition – selbst wenn das widersprüchlich klingt – eine dieser Herausforderungen an die Fantasie.

Warum ich das hervorhebe? Weil es ein paar verdammt schlechte Gründe dafür gibt, die Definition des 20. Jahrhunderts zurückzuweisen, Kunst habe vor allem, ja ausschließlich, infrage zu stellen, mit dem Überkommenen zu brechen, das Vorgefundene beständig zu zerstören, alle Verhältnisse zu verflüssigen, umzuwälzen, auf den Kopf zu stellen (und was der Phrasen mehr sind), kurz: zu revolutionieren in einer großen Geste der Umwertung aller Werte, alles andere sei die bloße Affirmation des Schlechten. Über all dem Zerstören und dem Zerbrechen der Formen, dem kritischen Hinterfragen, dem Dekonstruieren und Fragmentieren, der Explosion der Gegensätze und den schillernden Möglichkeiten hat man nicht selten in der Architektur wie in der bildenden Kunst, in der Literatur, im Theater, in der Musik das Zusammenfügen vergessen.

Dabei gibt es natürlich vielerlei Gründe, am Hergebrachten festzuhalten, ohne in der Umklammerung zu verharren, es gibt gute Gründe, Tradition zuzulassen und zugleich den Blick zu erheben in Richtung auf die Zukunft und auf bisher noch nicht Erdachtes. Und es gibt nicht wenige Gründe, die schlicht in der menschlichen Natur liegen, der Zerstörung den Wiederaufbau folgen zu lassen – dies an die deutschen Architekten gerichtet, die, durchaus im Unterschied zu ihren britischen oder französischen Kollegen, im Vergangenen das zu Vergessene sehen und im Ornament, frei nach Alfred Loos, das Verbrechen – oder, entzaubert-materialistisch, lediglich Vergeudung – von Arbeitskraft, Material und Kapital. Unsere Innenstädte in Deutschland sehen entsprechend aus. Die Salzburger sind gesegnet demgegenüber.

Es sind indes noch weit ungemütlichere Räume und Zeitzonen als die Fußgängerzonen von Hannover oder Osnabrück, in die ich Sie entführen möchte. Es wird kalt werden da unten, und nass und schlammig und rattenverseucht. Aber ich verspreche Ihnen, dass wir wieder ans Licht kommen – nur vielleicht nicht in die Scheinwerfer einer gnadenlos ausgeleuchteten Moderne, sondern in den matten Lichtkegel einer weit bescheideneren Wirklichkeit.

Reden wir also, mit Bertolt Brecht, über Bäume: Wald bedeckt die Hänge links und rechts der Maas nördlich der lothringischen Stadt Verdun, dichter Wald aus Schwarzkiefern, Rottannen und Buchen. Ein junger Wald, erst nach 1929 angepflanzt. Seine Bäume wurzeln in einem Boden, der 1916 seines Humus verlustig ging. Sie stehen auf einem Boden, der mancherorts bis in zehn Meter Tiefe um- und umgewühlt wurde. Sie stehen auf der Höhe des Mort Homme, des Toten Mannes, die vor 1916 um 16 Meter höher in die Landschaft ragte. Sie stehen auf der Côte 304, die aus ähnlichen Gründen heute Höhe 297 heißen müsste. Sie stehen auf den fein zermahlenen Trümmern des Dorfes Fleury. Sie stehen über dem eingestürzten Bunkernetz unter dem ehemaligen Dorf Douaumont. Sie stehen auf den Überresten der Tunnelsysteme Gallwitz und Kronprinz. Sie stehen über einem Betonbunker im zerstörten Dorf Haumont, der bei seinem Einsturz achtzig französische Soldaten und zwei Maschinengewehre unter sich begrub.

Wie zerstört man einen Humus? Nun, das kann folgendermaßen geschehen: Nehmen wir zum Beispiel den Wald von Caures. Nehmen wir hinzu auf einer Länge von einem Kilometer und in einer Tiefe von vielleicht 500 Metern die Überreste zweier französischer Bataillone – etwa 800 Mann. Konfrontieren wir diese 800 Mann in ihren von vorhergegangenen Angriffen fast plattgewalzten Schützengräben mit etwa 5 000 deutschen Soldaten und mit deren Waffen. Denken wir uns unter diesen Waffen etwa vierzig schwere Batterien, sieben Feldartilleriebatterien und fünfzig Minenwerfer.

Lassen wir auf diesen Wald, auf dieses schmale Kampfgebiet, 80 000 schwere Geschosse niedergehen – das sind vielleicht 10 000 Tonnen Eisen, Blei, Kupfer, die von flüchtigem Nitrotoluol zersetzt und in die Luft, in den Boden, in die Leiber getrieben werden. Lassen wir pro Minute zwanzig Stück dieser Geschosse explodieren, den Boden aufreißen, die so geschaffenen Trichter mit dem nächsten Einschlag wieder zuschütten, bis der Boden jene charakteristische Dünung angenommen hat, aus der hier und da ein verkohlter Baumstumpf wie ein überdimensionierter Spargel ragt.

Übertragen wir solches auf ein Gebiet von schätzungsweise 26 000 Hektar. Versuchen wir uns vorzustellen, wie auf dieses Gebiet weit über zwanzig Millionen Granaten und Minen niedergehen: 240 000 Abschüsse und Einschläge pro Tag oder 10 000 Explosionen in der Stunde. In zehn Monaten – vom Februar bis zum Dezember 1916 – entstand bei Verdun eine 260 Quadratkilometer große Wüste, ein Trichterfeld, ein Massengrab, ein riesiger, stinkender Schutthaufen, eine Mondlandschaft, eine Stätte toter Seelen, ein Memento mori.

Sprechen wir über Bäume. Reden wir über den Segen der Zerstörung: Der Wald um Verdun, wie wir ihn heute kennen, verdankt sich größtmöglicher Zerstörung. Denn Wald bedarf eines von menschlichen Ansiedlungen freien Geländes. Diese Voraussetzung wurde in den Jahren 1914 bis 1918 geschaffen. An der Westfront des Ersten Weltkriegs, der ersten großen Zivilisationskatastrophe des 20. Jahrhunderts, die 1918 einen Boden hinterließ, der tot war, tot wie die Überreste von Soldaten und Pferden, die in ihm verwesten. Nackter Boden, dessen fruchtbare Schicht das Trommelfeuer des Großen Krieges in alle Winde geblasen hatte. Ein durch Metalle, Öl, Giftgas, Chlorkalk vergiftetes Terrain, ungeeignet für menschliche Besiedelung, ungeeignet für Leben und Wachstum – außer für die Schwarztannen, aus deren Nadeln langsam wieder Humus entstand, Jahr über Jahr.

Der Wald bedeckt die Wunden. Aber einige Narben sieht man noch. Zum Beispiel dort, wo man in den Jahren 1929 bis 1933 nicht wiederaufgeforstet hat, wo sich die Vegetation ungeplant ausgebreitet hat und mit wilden Rosen und Weißdornhecken ein undurchdringliches Gestrüpp bildet. Doch an manchen Lichtungen sieht man unter dem Krüppelbewuchs noch eine pockennarbige Landschaft aus Kratern und Erdwällen, eine Dünung, die im Laufe der Jahrzehnte an Schärfe verloren, sanftere Konturen angenommen hat, aber immer noch auf ihren Ursprung zurückgeführt werden kann: Auf den letzten dieser unzählig vielen Tage, an denen der Sturm weitreichender Artillerie über das Gelände gefahren ist, an denen auf jeden Granateinschlag eine aufspritzende Schlamm- oder Staubfontäne folgte, an denen ein letztes Mal das Muster dieser gewaltsam in den Boden gehämmerten Dünung umgepflügt worden ist, um auf neue Weise wiederzuerstehen.

Hier, glaubt der Betrachter, ist die Zeit stillgestellt. Hier, in diesem Streifen Land, auf das man nach 1918 noch nicht einmal mehr die Kriegsgefangenen zum Aufräumen hingeschickt hat – weil der Boden so viele noch scharfe Geschosse enthielt, dass man ihnen mit diesem Befehl zugleich ihr Todesurteil übergeben hätte. Hier, fantasiert der Betrachter, ist alles noch so, wie es damals war, in den letzten Kriegsmonaten. Die wilde Vegetation windet ihre Kränze über einem dichtgepackten Massengrab aus Schlamm und Faschinen, aus Holzbohlen und Geschützlafetten, aus Essgeschirr und Schanzspaten, aus Handgranaten und Blindgängern, aus Chlorkalk und Leichenteilen, aus Stacheldraht und Gasmasken. Es ist richtig, denkt der Betrachter und wendet sich ab, dass niemals mehr eines Menschen Fuß durch dieses Gestrüpp dringt.

Ich habe das Schlachtfeld von Verdun vor 25 Jahren das erste Mal besucht, danach noch viele Male. Mindestens ebenso oft war ich in Flandern, in der Pikardie, am Schauplatz der Somme-Schlacht. Der Schrecken ist noch immer lebendig, man liest davon ab und an in der Zeitung, dass spielende Kinder oder Schlachtfeldbesucher, die von den sicheren Wegen abgewichen sind, von explodierenden Blindgängern getroffen oder getötet wurden. Noch immer speit der Boden in der »Zone interdit« aus, was er sich damals einverleibt hat: Grünkreuzgranaten, Helme, Essgeschirr. Noch immer ist die Dünung des Bodens zu sehen und beschäftigt die Fantasie der Nachgeborenen: »Jede Welle ist ein Schuss.« Solche Fantasien grenzen zwar an die Mystifikationen und Legenden, von denen die Geschichte des Ersten Weltkriegs reich ist. Doch noch heute vermitteln die Schlachtfelder der Westfront den Besuchern ein Gefühl von der Ungeheuerlichkeit dessen, was hier geschehen sein musste. Ein Gefühl vom Ende der Geschichte – oder doch wenigstens der Zivilisation.

Und: Das Gefühl, hier am Ausgangspunkt dessen zu stehen, was gerade mal gut zwanzig Jahre später zu noch größerem Schrecken geführt hat. Nach 1918 verkündeten die Schauplätze des Ersten Weltkriegs die Botschaft »Nie wieder!« – aber es war nicht vorbei, der Erste Weltkrieg war nicht »der Krieg, alle Kriege zu beenden«, wie der britische Schriftsteller H. G. Wells gehofft und gefordert hatte, ganz im Einklang mit der Vorstellung vieler. Der Erste war das Präludium zum Zweiten, dem bislang umfassendsten aller Kriege der Menschheit. Ist die Botschaft dieser Gräberfelder also nur: Es wird immer wieder geschehen?

Noch heute pilgern vor allem englische und amerikanische Familien an den einschlägigen Daten zu den ehemaligen Schlachtfeldern und vor allem zu den Soldatenfriedhöfen. Insbesondere die englischen Friedhöfe wirken wie heitere Gärten, die Gefallenen sollten hier im Sinne eines Verses von Rupert Brooke ein Stück Heimat finden: »Some corner of a foreign field / That is for ever England«. Es herrscht bei diesen Zusammenkünften zumeist versöhnliche Stimmung, man gedenkt der gefallenen Familienangehörigen, trägt Mohnblumen im Knopfloch, stellt Schlachtbilder nach. Nur die Deutschen sind unterrepräsentiert bei diesen Gedenkfeiern –

Cora Stephan

aus falschem Schuldgefühl vielleicht. Vor allem aber, weil ihre Erinnerung überlagert ist durch die Erinnerung an eine andere, eine noch größere Katastrophe.

Schlachtfelder sind Orte, an denen Menschen noch Jahrtausende später das Waffengeklirr und das Schnauben der Pferde und die Schreie der Verwundeten zu hören glauben. Sie lassen auch die Abgebrühtesten zurückschrecken oder im Wunsch, den ganzen Schrecken zu objektivieren, in Zahlen flüchten: von Tausenden, Zehntausenden, Hunderttausenden, Abertausenden Toten. Seit es Schlachtfelder gibt, pilgern Menschen dorthin – Schlachtfeldtourismus begann im Ersten Weltkrieg schon 1916. Sie alle wollten sehen, was wir heute auf den vielen erhaltenen Fotografien erblicken – und auf den Gemälden von Otto Dix, Paul und John Nash, Christopher Nevinson, die die Schrecken des Krieges eingefangen haben wie kein Schlachtenmaler zuvor. Es hatte ja auch niemals ein Krieg so ausgesehen wie dieser.

Die Wüste aus Pfützen und Morast, aus denen ein paar zerschossene Baumstämme ragen. Die zerstörte Kirche von Reims, das zerschmetterte Fort Douaumont, die Trümmer der Tuchhalle von Ypern. Der riesige Trichter, den eine Minenexplosion unter den deutschen Linien am 1. Juli 1916 bei Beaumont-Hamel an der Somme hinterlassen hat. Die Halden von leeren Geschoßhülsen bei Verdun. Und wieder Schlammwüsten, halb eingesunken ein englischer Panzer. Das zerschossene Péronne, am Rathaus ein Schild, auf das deutsche Soldaten geschrieben haben: »Nicht ärgern, nur wundern!« Einen der rattenverseuchten, nassen und immer vom Kollaps bedrohten Schützengräben, die es theoretisch möglich machten, die ganze Front unter der Erde abzuwandern – von Mulhouse bis zum Ärmelkanal. Und wieder und wieder die trostlose Wüstenei umkämpften Terrains; Niemandsland, Totenland.

Aber es sind nicht seine Schrecken allein, die den Ersten Weltkrieg so fest im Bewusstsein der Zeitgenossen und Nachgeborenen verankerten. Er war – und ich muss an dieser Stelle wahrscheinlich gar nicht mehr groß betonen, wie sehr wir noch beim Thema sind, das da heißt: »Krieg und Kunst« –, er war der erste in einem fundamentalen Sinn literarische Krieg, ja er war, wenn wir Fotografie und Malerei hinzunehmen, der erste Medienkrieg. Dieser Krieg wurde nicht mehr von Soldaten als Stellvertreter der Gesellschaft geführt, er brachte mit den vielen gut ausgebildeten jungen Männern (fast) die ganze Gesellschaft aufs Schlachtfeld. Und es waren nicht nur die Schriftsteller, die ihn erst verherrlichten und dann über seine Schrecken berichteten, es waren auch die »einfachen« Soldaten, die in Tagebüchern und Briefen festhielten, was sie erlebten.

Denn natürlich herrschte nicht an allen Frontabschnitten so etwas wie die »Hölle von Verdun«, anderorts gab es genug, ja viel zu viel Zeit für Langeweile und fürs Gedichteschreiben. Und sogar dafür, aus den kupfernen Geschoßführungsbändern Schmuck zu basteln. Nicht gerade Kunst, aber eine Paradoxie des Augenblicks.

1918 glaubte man, die Spuren des Krieges würden nie vergehen. 1918 hoffte man, die Spuren blieben immer gegenwärtig, zur Belehrung der Menschen: die zerstörte Tuchhalle im zerstörten Ypern. Die zerschossene Kathedrale von Amiens. Und die Basilika von Albert, so, wie sie bis kurz vor Kriegsende aussah, für beide Seiten von tiefer Symbolik. Die goldene Madonna mit Kind, oben auf dem kitschigen Neubau, stand nach Beschuss nicht mehr aufrecht und strahlend, sondern hing abgeknickt herunter, so, als würfe sie sich selbst oder den Sohn Gottes angesichts der schauderhaften Geschehnisse jeden Moment in den Abgrund.

Nicht wenige Besucher der Schlachtfelder an der Westfront wollten die Zeichen der Zerstörung als Memento mori konservieren. Rudolf G. Binding war während des Krieges überzeugt, wenn man dieses Schlachtfeld allen Herrschern oder Staatsmännern vorführe, »dann gäbe es keine Kriege mehr«. Winston Churchill empfahl 1919, die Ruinen Yperns der Nachwelt »als heiligen Ort für die britische Rasse« zu erhalten. Es ist wohl lebensnäher, dass sich der Wunsch der jeweiligen Bevölkerung durchsetzte: Ypern ist wiederaufgebaut, auch Péronne sieht wieder fast so aus wie vor dem Krieg. Und sogar die Wälder von Verdun werden allmählich aus dem Besitz der Toten wieder in die Nutzung der Lebenden überführt.

Ist das konservativ oder sentimental, die Zerstörung durch Wiederaufbau rückgängig machen zu wollen? Hätte man den Bewohnern von, sagen wir: Péronne, empfehlen sollen, die Zerstörung als Chance zu begreifen, als nötige Umwälzung, als Befreiung vom überkommenen Plunder, ja als prächtige Gelegenheit, schon 1918 mit der Planung der autogerechten Stadt zu beginnen?

Ich frage ja nur. In der bundesdeutschen Debatte etwa um den Wiederaufbau des Stadtschlosses in Berlin oder der Altstadt von Frankfurt am Main spielt der Vorwurf noch immer eine Rolle, Rekonstruktion wäre Nostalgie und sentimentale Verklärung der Vergangenheit. Dabei ist es vielleicht nur das, was dem menschlichen Maß entspricht.

Doch zurück zum Krieg, zum ersten Medienkrieg, und zu den vielen unerwarteten Weisen der Fruchtbarmachung von Zerstörung. Die Pilgerzüge zu den Stätten, an denen der Sohn, der Mann, der Vater elendiglich umgekommen waren, konnten sich schon seit 1917 eines Michelin-Führers zu den Schlachtfeldern bedienen, Pickfords organisierte Bustouren auf die Schlachtfelder, und bald gab es auch preisgünstige, extra für diesen Zweck geschaffene Hotels – für Besuche auf einem gigantischen Friedhof. Der englische Journalist Stephan Graham fand bei einem solchen Besuch 1921 einen menschlichen Schädel – das war nicht ungewöhnlich. Erst 1922 waren die meisten Toten auf den tausenden von Kriegsgräberfeldern untergebracht. Mit Ausnahmen: die Amerikaner hatten ihre Gefallenen abtransportiert, die französische Regierung erlaubte es 1920 nach langen Auseinanderset-

zungen den Familien, ihre Angehörigen nach Hause, auf den Dorffriedhof zu überführen. Die Briten und die Deutschen, die Österreicher und Italiener, die auf den
Schlachtfeldern an der Westfront gefallen sind, sind dort auch begraben. Es sind
viele, es sind genug Tote anwesend, um den Besucher mit Entsetzen und Faszination zugleich zu locken.

Stephen Graham berichtet von Beobachtungen der Leichenbestatter, die zu den
vielen Legenden gehören, von denen es insbesondere vor Verdun nur so wimmelt:
Die britischen Leichen hielten sich länger als die der Deutschen. Das erinnert an die
ebenso gruselige Behauptung eines anderen Reisenden aus den Zwanzigerjahren,
vor Verdun würden frühlings die Primeln besonders »saftig in die Höhe« schießen:
»Diese Schlüsselblumen sind viel voller und größer denn anderswo. Sie haben guten
Boden.« Das ist gewisslich zu bestreiten – aber ob die umgekehrte Behauptung
wahrheitsgemäßer ist? Der zufolge führten, noch Jahre später, Infektionen, die man
sich an diesem Ort zuzog, mit größerer Wahrscheinlichkeit zum Tod als anderswo.

Sicher ist, dass auch in einem Landstrich etliche Kilometer weiter, dessen Name
ebenfalls mit einer der quälendsten Offensiven des Ersten Weltkriegs verbunden ist,
die Somme, Bauern beim Pflügen immer wieder auf alte Blindgänger trafen, auf
Stacheldraht und Gebeine, auf Bajonette und Geschoßhülsen und andere Teile der
großen Maschinerie, die hier wütete. Die Kupferdächer sämtlicher deutscher Palä-
ste und Behörden – aber auch die Kerzenleuchter, Töpfe und Türklopfer aus den
Bürgerhäusern – liegen hier begraben. Sie wurden für die kupfernen Führungsbän-
der der Geschosse benötigt. Und für die Zünderkappen brauchte man Aluminium.
Ein Besucher will noch weit nach dem Zweiten Weltkrieg hier, in der melancholischen Landschaft der Pikardie, den Geruch von rostigem Eisen in der Nase gehabt
haben – und gegen Abend lasse die tiefstehende Sonne über den Rübenäckern die
Umrisse der Schützengräben erkennen.

Im Boden von Verdun oder der Somme liegen das 19. Jahrhundert begraben, die
Unschuld, große Worte, die Demokratie, der Gentleman, Konventionen und Moral, die Verlobten von Frauen, für die später das Wort »alte Jungfern« erfunden
wurde, glaubwürdige Öffentlichkeit, fast alle Neuseeländer, Vernunft, Kirchenglo-
cken, Autorität, deutsche Töpfe und Pfannen.

Mythos. Legende. Ein langanhaltendes Echo aus dem Reich von Untoten. »Der
›wirkliche Krieg‹ war im November 1918 zu Ende gewesen. Danach wurde er, mit
Haut und Haaren, von der als Erinnerung verkleideten Imagination verschluckt.«

Im »kollektiven Gedächtnis« der am Ersten Weltkrieg beteiligten Nationen sehen der Krieg, seine Ursachen und seine Folgen sehr unterschiedlich aus. Wir erinnern uns anders – und dieses Auseinanderlaufen der nationalen Erinnerungsli-
nien begann schon im Krieg. Insbesondere bei den Deutschen der damaligen Zeit

glaubt der kanadische Historiker Modris Eksteins einen eigenartigen Vitalismus wahrzunehmen: den Glauben daran, dass keine Zerstörung groß genug sein könne, als dass aus ihr nicht Neues erwachse; aller Tod und alle Zerstörung seien letztendlich Dünger für das Neue, für die Moderne. Deutschland war mit seiner Emphase der »jungen Nation« und des »Aufbruchs« bereit, das Alte zu zerstören, um das Neue zu gewinnen – während Großbritannien eine verklärte Vergangenheit zu beklagen hatte. Nicht nur die friedliche Welt des »Edwardianischen Nachmittags« war zu Ende gegangen, auch das Empire löste sich auf. Auf den Schlachtfeldern in Frankreich liegt, wie man an den Denkmälern für die Neufundländer oder die Südafrikaner oder die Kanadier und Gambier erkennen kann, das British Empire begraben. Für die Briten sind die jährlichen Pilgerzüge zu den Schlachtfeldern des Großen Krieges, insbesondere an die Somme, eine Reise in die glorreiche Vergangenheit.

Und für die anderen? In Deutschland hat, so scheint es, der Erste Weltkrieg (angesichts des Zweiten) eine abstrakte Qualität angenommen. Er ist Teil des allgemeinen Schreckens geworden – und nur der totale Schrecken, glauben wir, könne das »Nie wieder!« begründen, von dem wir heute hoffen, dass es einmal nützt.

Während wir hierzulande zwar vom Krieg keine Befreiung mehr erwarten, obwohl auch das nicht ausgeschlossen ist, denken wir einmal an das ehemalige Jugoslawien oder an den Irak, glauben wir noch immer, wie damals, an die Kraft der Zerstörung, der Revolutionen, der Umwertung aller Werte, des Neuen. Zumindest in der Kunst.

Sie und ich dürfen jetzt die Augen erheben vom Schauplatz des Schreckens, vom aufgewühlten Boden, von den Schützengräben und Tunnelsystemen. Nicht, dass wir nun gleich in die Sonne blinzeln müssten. Es reicht, wenn wir an einem Donnerstag vor 92 Jahren, genauer: am 29. Mai 1913 in Paris eintreffen und uns dort abends, genauer: um 20 Uhr 45 ins Theatre des Champs-Elysees begeben, wo wir auf Romola Nijinsky, Misia Sert, Jean Cocteau und Igor Strawinsky treffen. Die Meldungen über das dann folgende Ereignis sind widersprüchlich, aber in einem sind sich alle einig: Es hatte die Wirkung eines Erdbebens.

Am 29. Mai 1913 wurde in Paris Igor Strawinskys *Le Sacre du Printemps* uraufgeführt. Die Vorstellung war ein Skandal. Ein Kritiker nannte die Komposition »verfeinerte Hottentottenmusik«, ein anderer »die dissonanteste Komposition, die je geschrieben wurde«. Für den kanadischen Historiker Modris Eksteins hingegen ist das »Frühlingsopfer« Sinnbild der »modernen Revolte«: Es enthält und veranschaulicht »die offenkundige Feindseligkeit gegenüber der überkommen Form; das Fasziniertsein vom Primitiven, ja genaugenommen von allem, was der Vorstellung von Zivilisation nur irgendwie entgegensteht; die Betonung des Vitalismus in seinem scharfen Gegensatz zum Rationalismus; die Auffassung von Existenz als kontinuierlichem Fluss, als einer Serie wechselseitiger Beziehungen und nicht als festes Gefüge von Konstanten und Absoluta; und nicht zuletzt die psychologische Introspektion, die mit der Rebellion gegen gesellschaftliche Konventionen einhergeht.« (Tanz über Gräben) Strawinskys Musik und die Choreografie Nijinskys gelten dem Historiker als Auftakt der Moderne, einer Moderne, der der Erste Weltkrieg mit seiner breiten Spur der Zerstörung endgültig Bahn bricht.

Wir sind beim Thema. Wir sind bei den *Salzburger Festspielen*. Wir sind bei Franz Schrekers Oper *Die Gezeichneten*, über die man damals etwas ganz Ähnliches gesagt hat. Auch diese Oper war vor ihrer Uraufführung 1918 bereits vollendet, der Text entstand 1911, das Werk selbst wurde 1915 fertiggestellt.

Auf den ersten Blick hat das Sujet der Oper nichts, aber auch gar nichts mit dem Weltkrieg zu tun: Die Geschichte spielt in der italienischen Renaissance, ihre Protagonisten sind ein verkrüppelter Adliger, eine herzkranke Malerin und ein skrupelloser Verführer. Doch dem Komponisten selbst erschien die Geschichte von der Sehnsucht nach Schönheit, die an der Wirklichkeit scheitert, wie ein Menetekel, das »den Zusammenbruch Deutschlands, ja den Untergang unserer Kultur« vorwegnehme.

Ist es da nicht einigermaßen unfair, Franz Schreker, ähnlich wie Strawinsky, auf ganz andere Weise mit dem Krieg in Zusammenhang zu bringen? 1919 meinte ein Kritiker, der Krieg habe doch wenigstens eines zustande gebracht, nämlich einen großen geistigen und moralischen Hausputz in Deutschland, endlich mache sich die Stimme einer neuen Generation in Politik und Philosophie geltend, und das sei Schrekers Generation.

Ob das auf Franz Schreker überhaupt zutrifft, ob es ihn nicht völlig unzulässigerweise vereinnahmt, will ich hier nicht diskutieren. Aber die These, ganz im Geist der damaligen Zeit, ist die uns nun schon bekannte: Es ist die Vorstellung, dass es die Zerstörung sei, die dem Neuen Bahn bricht.

Etwa darauf wollte ich hinaus bei meinem Gang über die Schlachtfelder an der Westfront, auf der die europäische Kultur, die nationalen Traditionen und Konventionen, Werte, Gewissheiten und vielerlei Hausrat begraben liegen. Zu einer Grundüberzeugung der Moderne, dass für Bewegung und Flexibilität aufgeräumte Räume vonnöten seien, befreite Gebiete, vom alten Plunder bereinigt, emanzipiert vom Korsett der Formen, Konventionen und Regeln.

Uns heute ist der Gedanke, dass Zerstörung frei mache, gottlob gründlich vergangen. 1914 erfasste sie eine Zeit lang Künstler und Schriftsteller aller am großen Schlachtfest beteiligter Nationen. Man erhoffte sich von dem großen Zusammenprall Aufbruch aus der je unterschiedlichen Beschränktheit und Biederkeit des

Krieg und Kunst. Das Ornament und das Verbrechen

475

Lebens. Carl Zuckmayer stellte sich »Befreiung von bürgerlicher Enge und Klein-lichkeit« vor, sogar Emil Ludwig, später schärfster Ankläger des Krieges und seiner Kriegsherren, schrieb im August 1918 von einem »moralischen Gewinn«. Hermann Hesse schätzte ebenfalls »die moralischen Werte des Krieges sehr hoch ein« und fand es gut, »aus dem blöden Kapitalistenfrieden herausgerissen zu werden«. Ludwig Tho-ma hegte die Hoffnung, »dass es nach den Schmerzen dieses Krieges ein freies, schö-nes, glückliches Deutschland geben wird«. Für deutsche Professoren und Intellek-tuelle ging es 1914 um nichts Geringeres als um einen Befreiungskrieg, um den vernichtenden Schlag gegen die Heuchelei bürgerlicher Formen und Bequemlich-keiten, als dessen wichtigster Vertreter Großbritannien galt, dieser Hort des Krämer-geistes, wie schon Richard Wagner wetterte, dem man deutsche Ideale und deutsches Wesen entgegensetzte. Thomas Mann sprach in seinen *Gedanken im Kriege* den »moralischen« Deutschen die »Kultur« zu, den anderen bloß die weniger hoch zu bewertende »Zivilisation«. Doch in diesem Kulturkampf verloren alle. Letztlich zer-bröselte beides auf den Schlachtfeldern.

Dass der Große Krieg nun gar nichts bewegt hätte, wäre indes auch nicht wahr. Zwar hat er die großen machtpolitischen Fragen der Zeit nicht geklärt, was zu einer zweiten Eruption führte. Aber seine paradoxen Wirkungen waren vielfältiger Art: In den Schützengräben verschwand ein Gutteil des britischen Snobismus und der Klassenarroganz, weil man erkannte, dass der Proletarier, der neben dem adligen Offizier im Schlamm steckte, genauso tapfer und heldenhaft war, obwohl er einen Unterklasseakzent sprach. In Deutschland bescherte der Krieg den Frauen das all-gemeine Wahlrecht, die an der sogenannten Heimatfront ebenfalls Leidensfähig-keit und Ausdauer beweisen mussten. Und nicht zuletzt war der Erste Weltkrieg der erste »literarische« Krieg in dem Sinne, dass noch nie zuvor so viele gut ausgebildete Männer in den Materialschlachten dieses ersten Massenkrieges verschlissen wur-den. Der Krieg war nicht mehr delegiert an Stellvertreter, sondern er brach ins Ge-webe der Gesellschaft ein und durchtränkte die Erfahrung aller. Revolutionär wirk-te er in der Tat auch in der unmittelbaren Folge der russischen Revolution.

Der Preis für die »Befreiung« wäre, wenn es sie denn gegeben hätte, unvorstellbar hoch gewesen. Vor allem aber hätte sie den Auftakt für weit größere Übel geboten. Wir wissen heute mehr. Zum Beispiel, dass die Vorstellung von der befreienden Wirkung der Zerstörung ihren schrecklichen Höhepunkt im deutschen National-sozialismus erfuhr, explizit bei Hitler und Goebbels, der es als Vorteil ansah, dass der Zweite Weltkrieg all den alten Plunder wegfegte, auf dessen Trümmern ein neues, strahlendes Deutschland entstehen sollte. Und so geschah es dann ja auch.

Ich hoffe, dass Sie mir bis hierhin folgen mochten in meinen Überlegungen zu Krieg, Kunst und Zerstörung. Was wäre die Nutzanwendung für heute? Kaum ein

Vertreter der westlichen Kultur würde heute noch einen Krieg begrüßen, weil er das Alte abräumt. Wir rechnen diese Vorstellung religiösem Fundamentalismus zu, der größtmögliche Zerstörung für eine Voraussetzung des Gottesstaates hält. Aber in der Kunst gibt es sie noch immer, diese vitalistische Vorstellung, erst müsse Tabula rasa geschaffen sein, bevor etwas Neues entstehen könne.

Unter dieser Prämisse hat man die deutschen Theater mittlerweile fast leer gespielt – Schuld daran, so heißt es gern, sei der bequeme und biedere Bürger, der unterhalten werden möchte, statt sich auszusetzen. Ich halte es da lieber mit der Frankfurter Schauspielintendantin Elisabeth Schweeger, die auch die Sehnsucht nach einem Theater der Tröstung respektiert und nicht nur jene Lust am Aufrütteln des Bürgers, die hilflos Tabus beseitigt, die längst gebrochen sind.

Das alles gilt nicht nur für das Theater, die Musik, die bildende Kunst: Geringschätzung von Tradition und Hergebrachtem prägt bis heute die deutschen Innenstädte. Mit Gusto gaben die Westdeutschen ihren zerstörten Städten nach 1945 den Rest, anstatt zu retten, was noch an altem Kulturgut zu retten war – eine Befreiungsorgie, die in den Sechzigerjahren mit der idiotischen Vorstellung von einer »autogerechten Stadt« ihren Höhepunkt erreichte. Eine in die Selbstverwirklichung verliebte Architektengeneration tat ihr Übriges, die Unwirtlichkeit der Städte zur stehenden Redewendung zu machen.

Der sozialistische und kommunistische Umgang mit Traditionen und Manifestationen der Überlieferung kannte im Übrigen ähnliche Rigorosität. Was galt das Alte, wenn es darauf ankam, dem Neuen Platz zu machen? Weg mit den bürgerlichen Klamotten, her mit dem Arbeiterparadies und der Plattenbausiedlung auf der grünen Wiese. Dass im östlichen Teil Deutschlands dennoch so viel noch zu finden ist vom Alten, verdanken wir keiner Absicht, sondern Geldmangel.

Nehmen Sie mein Plädoyer fürs Konservative in der Kunst mit einer Prise Ironie. Wir wollen ja stets beides: das Neue und die Tröstung des Vertrauten.

Franz Schrekers *Die Gezeichneten* wartet nicht mit der Botschaft der Moderne auf, dass die Primeln auf einem Schlachtfeld besonders üppig blühen. Es handelt von der Vernichtung des Schönen durch den Stärkeren, der es sich nimmt, weil er es kriegen kann. Es ist ein Plädoyer gegen den Machbarkeitswahn. Und vielleicht erinnert uns das, was schon verloren ist, auch daran, dass man festhalten sollte, was zur europäischen Tradition gehört – gegen jene Fanatiker, die alles für ihre Zerstörung geben würden, auch ihr eigenes Leben.

Endnote
1 Vortrag bei den Salzburger *Festspiel-Dialogen* am 27. Juli 2005.

Die Suggestionen des Herzens (Mozart)[1]

André Tubeuf

Zuerst war da Cherubino. Die Klarinetten haben seit der Ouvertüre geschwiegen, die Klarinetten, die Mozart einer Stimme gleichgestellt hat, der eigensten Stimme des Herzens. Sie haben geschwiegen, weil Figaros Handlungen bis dahin nichts als Intrigen gewesen sind – ein mechanischer Ablauf. Aber da kommt nun dieser Page, dem Beaumarchais so einen hübschen Engelsnamen verliehen hat. Mozart macht es noch besser, er gibt ihm ein Herz, und sogar, welch genialer Einfall, das Herz eines Mann-Kindes. Bei Rilke, in den *Duineser Elegien*, sind die Engel jene Wesenheiten, die hin und her wandeln zwischen dieser und jener Welt: Die Ambiguität, die Mozarts Herzen im Geheimen innewohnt, hat für Cherubino (dem Beaumarchais nur ein Liedchen gibt) diese neue Stimme des Jugendlichen erfunden, diese gemischte Stimme, die wie Rilkes Engel schwankt zwischen zwei Arten: auf der Welt zu sein und sein Herz sprechen zu lassen. Ein Mann schon, der Leiden verursachen wird; und hier der Junge, dessen Herz vibriert und bei der kleinsten Berührung erklingt.

Cherubinos Auftritt, der Einsatz der Klarinetten, das ist auch der Auftritt des Herzens und auch jener der modernen Oper, denn, obwohl er Italienisch – das zu Mozarts Zeiten die Sprache des Kunstgriffs in der Oper war, sei sie nun *buffa* oder *seria* – singt, tut der Gesang nichts anderes mehr, als die Wahrheit des Herzens zu verkünden. Cherubino wird sich später zu benehmen wissen, er kennt die guten Sitten. Es ist ein Loblied auf die Regeln des Anstands, das er später seiner Patin singen wird, diese Romanze, die er vielleicht irgendwo abgeschaut oder in einem Geschäft erstanden hat, dieses *Voi che sapete*, das er gern allen vortragen würde. Er trägt ihr Mozart vor. Es ist schön. Aber bei seinem Auftritt, in seinem *Non so più*, singt er, Cherubino. Er improvisiert und er bringt sich selbst zum Ausdruck. In der Hitze des Gefühls ist das Herz so voll, das Herz so weit, es wird selbst zum Komponisten. Keiner braucht ihm etwas diktieren. Kein Souffleur. Und keine vollendete Form wie in *Voi che sapete*, das einem bewährten Vorbild folgt und das er singt, wie jedermann singt. *Non so più* zeigt dagegen diese Wildheit, dieses Unbändige, das dem Jugendlichen eigen ist (und für das die Dichtung der Erwachsenen, siehe Rimbaud, ihre Seele verkaufen würde, um es wiederzufinden). Welche Unbändigkeit? Ach, im zweiten Akt der *Meistersinger* wird Hans Sachs die gleiche Regellosigkeit erkennen und begrüßen, wenn er unter dem Holunder das Lied von Walter von Stolzing in sich erklingen lässt. *Keine Regel*, und doch auch *kein Fehler*. Die eigentümliche Spontaneität dessen, der nicht gelernt hat, aber lernt; der nicht weiß, aber wissen wird, und die Formen, die dies zum Ausdruck bringen, sind offen, wie das Herz offen ist. Cherubino weiß nicht, wer er ist, was er tut, *cosa son, cosa faccio*. Er schüttet sein Herz aus, es geht ihm über, er zerbirst; der Name der Frau allein, *donna*, entlockt seiner Stimmlage die höchsten Töne. Das Herz, das schlägt, ist ein guter Musiker, es hält den Rhythmus, auch wenn es drängt, aber ohne aus der Tonart zu geraten, gewiss es ist kein wohltemperiertes Herz. Nur der Name der Liebe und ihrer Köstlichkeiten genügt Cherubino, um in seinen Gesang ein natürliches A, ein natürliches H, ein Gis zum Orchester, die Tonleiter zu einem Minenfeld machen, und dann ein Cis: soviel Romantik, lange vor *Tristan* und Proust, um die schmachtende Verzweiflung des Liebesgefühls und die Unregelmäßigkeiten des Herzens auszudrücken. Dies ist die Ambiguität des Jugendlichen, der zwischen den beiden Seiten der Grenze der Tonlagen hin und her wandelt. *Mi s'altera il petto*, mein Herz ist in Aufruhr und meine Stimme auch, denn ein Begehren treibt Cherubino, ein *desio*, das ihn zwingt, von der Liebe zu reden. Man muss schon eine große Sängerin sein, um etwas wie das Legato der Atemlosigkeit in dieses hechelnde Geständnis zu legen, der Mozarts spontanster, unverfälschtester und vielleicht schönster, aber natürlich auch *ungezogenster* Gesang ist.

Das war etwas Neues in Wien an diesem 1. Mai 1786: Mozart mit Cherubinos Zügen, der uns hören lässt, wie das Herz singt, wenn es keinen Gesangsunterricht nimmt, wenn es sich an kein Vorbild hält, vergisst, dass es eine zusammengerollte Canzonetta in der Hand hält, die es allen vortragen wollte, etwas *Unerhörtes*: So etwas hatte man noch nie vernommen, das war neu, unglaublich. Aber es ist etwas ganz anderes, das uns nun passieren wird, nicht das niemals Gesehene, sondern das *Unhörbare* selbst, das wie das Unsichtbare des Tones ist, ein Gesagtes, das nicht in Töne übersetzbar ist: diese Tiefe unseres Herzens, für die ein jedes Ohr taub ist (und selbst unseres, solange, bis eine Gefühlsregung oder eine Prüfung es uns gewaltsam öffnet) und ohne die unser Herz stumm wäre. Mit Cherubinos Auftritt setzten die Klarinetten ein. Mit der Gräfin oder vor ihr, um sie einzuführen, herrscht eine feierliche Stille, die uns aufhorchen lässt: die Langsamkeit des Larghetto, bis dahin unbekannt, da die *Nozze* bis dahin ein Handlungsablauf waren. Mit *Porgi amor* gibt es keine andere Handlung mehr als die Liebe, kein anderes Theater mehr als den Gesang. Zum ersten Mal wird diese herrschaftliche Gegenwärtigkeit in Szene gesetzt, und wir verdanken sie Mozart. Welche Gegenwärtigkeit? Die Einsamkeit. Eine fantastische Umkehr aller Werte und Vorgaben des Theaters: die Einsamkeit als vollste Gegenwärtigkeit; der Gesang als volle Stimme des Schweigens, das in uns ist.

Vor der Gräfin waren andere Personen allein auf der Bühne gewesen, und ihr Herz hat in einem Monolog gesprochen. Den Krallen des Meeres kaum entrissen, ist Idomeneo allein. Aber er wendet sich an die Götter, um die Bedrohungen, denen er ausgesetzt war, zusammenzufassen und seinen Dank auszusprechen. Oktavian wird morgen, wenn Anna ihn gerade erst verlassen hat, von ihr als von jener sprechen, die nicht aufhört, seine Gedanken zu erfüllen. Ab- und Anwesenheit, Einsamkeit und Zweisamkeit sind an diesem künstlichen Ort, der Bühne, nur Schein. Allein der Gesang sagt uns, verrät den Grad an Einsamkeit, der die Figur erfasst hat. Konstanze befindet sich in der *Entführung* im ersten Grad des Alleinseins und der Verlassenheit, eine Gefangene, die weit weg von dem Geliebten festgehalten wird, sie erfährt durch und durch der *Trennung Leiden*, wie es später Tamino und Pamina beim Abschied sagen werden. Man hat Konstanze ihrer Liebe entrissen, sie sagt es: Weil ich dir entrissen bin. Aber nichts kann die Liebe aus ihrem Herzen reißen, sie spricht zu ihm wie zu einem Gegenwärtigen, und das besagt auch ihr schöner, tugendhafter Name, Konstanze, sie, die allen Zynikern und Skeptikern zum Trotz behauptet, dass wir die Menschen lieben, und nicht bloß die Eigenschaften – und dass wir sie weit über die Zufälligkeiten ihrer Gegenwart in Zeit und Raum hinaus lieben. Konstanze hat geliebt, sie ist glücklich gewesen. Sie kannte die Qualen der Liebe nicht, ihre erste Arie, *Ach ich liebte*, sagt es ausdrücklich. Die Prüfung der Trennung kam, nun sind es die Schmerzen der Liebe, die sie empfindet, aber auch der Liebesschmerz ist immer noch Liebe.

So hat Konstanze die Anwesenheit, aber nicht die Liebe verloren; sie ist Herrin ihrer selbst, ihres Innenlebens (wenn auch gefangen), sie ist sie selbst genug, um ihren eigenen Gesang in *Traurigkeit* zusammenzufassen, wobei ihr Mozart in der zweiten Strophe diese wunderbare Vereinfachung schenkt, sie jenen Satz nun ohne Ausschmückung nochmals sagen zu lassen, den sie vorhin umschnörkelt und wie mit Variationen versehen hatte, *gleich der wurmzernagten Rose, gleich dem Gras im Wintermoose welkt mein banges Leben hin*, als wollte sie ihn durch die Wiederholung vertiefen, hervorheben und wagte es nun, ihn ganz anzunehmen.

Zehn Jahre später wird uns Pamina auch in g-Moll vom Liebesleid singen. Sie ist scheinbar nicht allein auf der Bühne, Tamino ist da, und sogar Papageno. Aber heißt es denn anwesend sein, wenn man nicht antwortet, wenn man sich in ein Schweigen hüllt? Wenn das Herz taub ist, dann ist es verschlossen, und es gibt keine andere größere Form der Abwesenheit als diese Verschlossenheit. Pamina verliert ja auch alles, da sie unter dem Anschein der Gegenwart die Abwesenheit der Liebe empfindet, ohne eine wie auch immer geartete Linderung. Es ist nicht ihr Geliebter, es ist ihre Liebe selbst, die ihr hier, vor unseren Augen, aus dem Herzen gerissen wird, und daher singt sie für uns in demselben g-Moll wie Konstanze, aber sie singt ihrerseits nichts Förmliches oder Konstruiertes, nur eine Klage, die auf bloßen, wie leeren Akkorden ruht, die sich entfaltet und zurückfällt, als wäre Pamina, ihrer selbst entleert, schon eingeschlossen in ihrem eigenen Tod.

Es war Sacha Guitry, der, man würde es hier wohl nicht erwarten, am feinfühligsten formuliert hat, was wir Mozart verdanken: dass die Stille, die auf seine Musik folgt, auch noch von ihm ist. Welch wunderbarer Dramaturg. Es stimmt, wir nehmen Mozart mit, nachher, als *Nachklang*. Aber sein wahres Geheimnis ist noch viel tiefer. Mozart schafft die Stille, um uns in sie eintreten zu lassen. Er schafft es (wunderbarer Dramaturg), dass vor dem Einsetzen seiner Musik, die Stille, die ihr vorangeht, schon von ihm ist. In seinen Klavierkonzerten scheinen die langsamen Sätze, die schärfsten und reinsten, aus dem Nichts zu kommen und der Stille zu antworten, indem sie nichts anderes tun, als deren vibrierendes Antlitz hervortreten zu lassen, von wo aus ein Gesang uns hören lassen wird, was uns unser Herz verschwieg. So das Larghetto des K.491 in C-Dur, das Adagio der K.481 in A-Dur, wo es scheint, als zwinge das Schweigen der Instrumente das Klavier in seiner Einsamkeit sich einen so seltenen und schnörkelfreien Gesang zu finden wie das *Ach ich fühl's* der Pamina.

Wem antwortet man also, wenn man sich an niemanden richtet? Wer ist er, dieser Gesprächspartner, unsichtbar, aber gewiss nicht stumm, denn er ist gerührt und bewegt, er wurde gehört: und der Beweis dafür ist, dass man ihm antwortet. Er ist es, der es der Stimme der menschlichen Verzweiflung ermöglicht, sich zu vergegenwärtigen und sich auf diese Weise zu befreien. Wilde sagte nach seiner Haft in Reading, ein Tag im Gefängnis, an dem man nicht geweint habe, sei nicht ein Tag, an dem das Herz glücklich war, sondern einer, an dem es trocken war. Mozarts Monolog meint, dass, wenn das Herz auch schweigt, es dennoch nicht trocken ist und schon bereit zu klingen. Die Gräfin hatte dieses Larghetto-Ritornell vorgetragen, und es war, als stünde eine Persönlichkeit auf der Bühne, die ihr Gesicht und ihre Lebenslage nur dazu mitgebracht hat, um sich zurückzunehmen, sich zu entfernen – und dann auf einmal ist sie das Sprachrohr, das Stimmrohr der universellen Leidenschaft. Jemand spricht durch jemand anderen hindurch. Der eine sagt ein, der andere singt. So beginnt das heilige Geheimnis des griechischen Theaters, wo – um uns zu bewegen und zu bekehren – das Allgemeine durch die Maske den Anschein des Individuellen erhält, sodass auch wir, die Zuseher, an Elektras oder Ödipus' Schicksal anteilnehmen können und im selben Zug begreifen, dass wir die gleiche Fatalität in uns tragen, die gleiche Fähigkeit, Opfer und Zeugen zu sein wie sie und als Exempel zu leiden. Die Maske ist nicht dazu da, eine Identität zu verbergen, sondern um eine Stimme zu tragen. Das ist es genau, was das lateinische *persona* meint: ein Resonator. Jemand singt auf der Bühne, das heißt, an der Oberfläche, weil ihn in den Kulissen, also in der Tiefe, jemand inspiriert und sich in ihn einhaucht, ihm einsagt. Den Souffleur im Theater nennt man *suggeritore*. Es ist das Herz in einem, das einsagt und vorschlägt, und es ist die Gräfin, die singt und uns bewegt. Das Herz ist der Vorschlag und der Gesang ist die Bedeutung, weil wir uns durch ihn hindurch selbst tiefer und aufrichtiger begreifen und hören lernen.

Darin liegt das wahre Wunder des Mozartschen Gesangs. Es liegt nicht in der vollendeten Melodie, so unvergleichlich rein sie auch sein mag. Es liegt in der Richtung, das heißt, wenn man so sagen kann, im Blick. Der Gesang ist ein Blick, das ist es, was wir mit Mozart entdecken, und der einzige Blick, mit dem die Seele zugleich ihre Wahrheit erfährt und fähig wird, sie auszudrücken. Und mit einem Schlag hört sie auf, taub zu sein und stumm. Bei Mozart scheint es so, als würde jemand beim Singen zuhören. Und doch ist er allein. Wem hört man zu, wenn man alleine ist? Er muss – und das ist es, was wir daraus lernen können, der Schleier, der sich lüftet, wenn sich der Vorhang hebt – den Anschein der Gegenwärtigkeit überwinden. Er hört nicht zu, dennoch spitzt er die Ohren. Denn er hört nicht mehr nach außen, sondern horcht nach innen. Und da sagt ihm sein Herz ein.

Es gibt bei Mozart vermutlich keine vielsagendere Figur als Donna Elvira. Ihr Auftritt ist das ganze Gegenteil von dem der Gräfin: Er wird angekündigt wie ein Schritt oder besser: eine Flucht nach vorn; und ein Knall. Sie hat gänzlich die Herrschaft über ihr Innenleben verloren; und weil sie sich nicht mehr versteht, schreit sie – und führt uns damit das Opernpendant des unartikulierten Schreis vor, diese Lautausstöße, diese Sprünge, diese Wut und Verwirrungskoloraturen, die bewirken, dass man sie von Weitem hört. Sie beklagt sich wie die Gräfin, und vermutlich hat ihre Liebe sie mehr noch als Letztere gekränkt und verhöhnt und gedemütigt, mit *un misto inaudite d'infedeleta* und von *sdegni*; man weiß, wie sie voll der Illusionen bleibt und wie leicht sie erneut verfallen wird, vom kleinsten Zeichen gerufen und getäuscht, wie sie mit Haut und Haaren darauf eingeht, bereit sich hier, unter ihrem Balkon, dem dürftig verkleideten Leporello hinzugeben. Die Gräfin klagt *leise* und Elvira klagt *laut*, und der Übergang von dem *Leise* zum *Laut* ist kein Gradunterschied, es ist nicht ein und dieselbe Klage, die mehr oder weniger vernehmlich ausgesprochen wird, sie ist anderer Art: Es ist eine andere Stimme, die spricht – oder genauer: was ohne Stimme war, *lautlos*, wird Gesang. Wo hingegen sich bei Elvira wirre Sätze, Turbulenzen eines verwirrten Herzens in einen Schrei verwandeln, als die Klage zur Verzweiflung wird; und genauso wie Cherubino seinen Gesang an die Brisen richtet und, wenn es sein muss, auch für sich selbst singt, schreit Elvira für sich selbst, aber sie wird ihren Schrei den Brisen entgegenschmettern und sogar den öffentlichen Plätzen: *Ah chi mi dice mai?* ... Wer wird ihr bloß Antwort geben?

Sie wird lange brauchen, um es uns zu sagen, weil sie den ganzen ersten Akt damit verbringt, zu vermitteln und sich wie eine Verrückte einzuschalten, und ihre Vernunft zerbirst dabei in einer wirren Stimmübung, wie in dem Quartett *Non tu fidar*, wenn sie auch in der prüden Stimmübung ihrer Arie in D, die einem

Händelschen Oratorium entlehnt scheint, versucht, die Kontenance zu wahren. Man könnte meinen, diese Frau sei unfähig zu schweigen, dass viel zu viel drängendes Gefühl in jedem ihrer Worte und jeder Geste sei, sodass sie zahllose Rufe und Zeichen aussendet, um ihre innere Stimme zu ersticken. Wenn sie dem Ungetreuen sein Herz ausstechen, *cavar*, will, dann um nicht zu hören, was ihr eigenes Herz ihr sagt. Sogar beim Trio der Masken, wenn Anna und Ottavio ihre Stimmen bescheiden anschließen und Mozart singen, bleibt sie stets im Abseits, hört nur auf ihre Verwirrung und singt für uns, mit Unterbrechungen: Elvira.

Der zweite Akt jedoch zeigt sie auf ihrem Balkon, und nun lässt sie uns, allein mit den Brisen der Nacht, ihren Teil des Schweigens hören. Bei ihrem ersten Auftritt verlangte sie, schrie sie, dass man zu ihr spreche. Bei diesem zweiten Auftritt fordert sie ihr Herz auf zu schweigen: *Ah taci, ingiusto cuor ...* Und sie lässt wie einen kostbaren Duft, die melodische Begabung, die sie *verdrängt* hatte, aus sich herausströmen mit einem Satz, der fast keinem anderen an Schönheit gleicht in einer Oper, der es an schönen Sätzen gewiss nicht mangelt. Don Giovanni unterm Fenster eignet ihn sich sogleich an, er transponiert und macht ihn wärmer, von A- in E-Dur (denn er wendet sich ja an jemanden), bevor er ihn wieder aufnimmt, ihn für sich neu interpretiert, austrocknet und seiner ganzen gefühlsmäßigen Spontaneität beraubt, um daraus eine bloße Stimmübung zu machen, einen Gemeinplatz des Liebesgeredes – seine Serenade. Elvira hatte ihr eigenes Herz diesen wunderbaren Satz eingesagt; und sie suggeriert ihn Don Giovanni, der eine Kopie davon machen wird, die man drucken kann, um sie an Pagen zu verkaufen, die sie ihren Patinnen vortragen. So lässt uns Mozart in fünf Minuten von der Wahrheit des Gefühls zu deren durchtriebenem Gekünstel übergehen; vom ganzen 18. Jahrhundert, in dem nichts als der Triumph der Empfindsamkeit galt, zu dem anderen, das die Natur des Herzens kopiert mit dem, was genau und seiner Etymologie nach deren Parodie ist, eine Reprise des gleichen Liedes, aber um ganz etwas anderes auszudrücken, seine freigeistige Verhöhnung.

Die Gräfin hat uns von Anfang an alles von sich aus gesagt. Wenn Elvira das komplexeste und kompletteste Frauenbild ist, das man bei Mozart findet, so liegt dies daran, dass sie – wie Fiordiligi – Zeit braucht, um uns ihre Wahrheit zu offenbaren, und zunächst, um sie für sich selbst zu finden. Es ist kein Zufall, dass Mozart ihr gegenüber gezögert hat. Er hat für Wien nur diese wunderbare Szene geschrieben, die sie als Bühnen- und Musikfigur vervollständigt, mit dieser Arie *Mi tradi*, wo sie sich nicht zurückhalten konnte, wieder in Koloraturen auszubrechen, als fliehe sie vor sich selbst. Aber das Unglück hat sie ereilt, als einziger vollmächtiger Verkünder der Wahrheit: und am Boden zerstört, bleich, sieht sie den *baratro mortal*, der den Unwürdigen verschlingen wird: aber es ist ihr eigenes Herz, das sie, endlich bekehrt, in ihrem Monolog darin entdeckt, mit gegensätzlichen *affetti*, einen Teil des Schweigens im Abgrund, Herzensunregelmäßigkeiten, wie sie die Musik nie zuvor beschrieben hatte, und auch später nicht.

Fiordiligi ist auch eine Bekehrte, auch sie verrät (und kennt vermutlich) ihre Wahrheit erst spät und nur unter dem Druck der Prüfung. Im ganzen ersten Akt von *Cosi fan tutte* haben sie und ihre Schwester nichts anderes zu tun, als sich an Moden zu halten, entlehnen ihre Namen der griechischen Mythologie und ihre Sitten der Opera seria, mit einem Wort, sie verdanken sich bloß dem Repertoire. Dorabella hat ihre Verzweiflungarie bekommen, in der sie behauptet, eine zweite Dido zu sein, und Fiordiligi ihre Provokationsarie, *come scoglio*, wo sie sich den Angeliques der Ritterromane angleicht. Nie eine ohne die andere, jede hält der anderen den Spiegel vor und antwortet ihrem eigenen Abbild. Man könnte nicht künstlicher geboren werden. Der ganze erste Akt von *Cosi* zeigt uns das und nur das: bis zu welchem Grad Konventionen, Verhaltensmuster, Eitelkeiten die Seinsform bestimmen, so weit, dass sie das Reifen von Charakteren verhindern und die Wahrheit des Herzens lahmlegen, auslöschen.

Es wäre jedenfalls sehr oberflächlich, vielleicht sogar eine große Dummheit, Fiordiligis Bekehrung im zweiten Akt dem Umstand zuzuprechen, dass sie endlich die zu ihr passende Liebe in Form des verkleideten Ferrando gefunden hat; es kann doch nicht seine Verkleidung als Albaner mit *mustacchi* und *turbante* sein, was ihn ihr liebenswert erscheinen lässt! Und er, sie kennt ihn lang genug, er ist unzertrennlich (auch er) mit Guglielmo: Es sind wohl nicht die drei Belanglosigkeiten, die er ihr beim Spaziergang, unter den *vezzosi arbocelli* gesagt hat, die Fiordiligi ihr eigenes Herz eröffnen könnten. Nein. Aber es sind in der Tat zwei Paare aufgebrochen, unter deren Schutz jeder von Liebe reden konnte, als hätte er kein Herz für sich, kein eigenes Herz, und es sind die Zwillingspaare, die der ganze erste Akt uns gezeigt hat, eine Fiordiligi, die nie mehr als einen halben Schritt von ihrer Schwester entfernt ist, und wie in dem Abschiedsquintett kann man, ohne merklichen Bruch, in die Worte, in den Klang der Stimme der anderen übergehen. Jede erwartete von der anderen das *incipit* dessen, was sie sagen wollte. *Sorella, cosa dici?*

Nun ja, es ist eben dieser Bezugspunkt, der Fiordiligi im zweiten Akt fehlt; der Kampf, den sie führen muss, ist nicht recht groß, aber zum ersten Mal steht sie allein im Kampf, sie hat nicht ihre Zwillingsschwester dabei, die ihr die Anwort einsagen könnte. Sie wird wohl oder übel ihr eigenes Herz befragen und es sprechen lassen müssen. Es genügt, dass Fiordiligi allein ist. So hahnebüchen die Prüfung auch sein mag, sie gibt ihr Aufschluss über sich selbst. Ihr Herz spricht zu ihr, und sie findet ihre Stimme. Wenn sie sich im ersten Akt ein bisschen zugeknöpfter gäbe, könnte Dorabella *Come scoglio* singen und zuvor ihre Anrede an die *Temerari* und die Tugendbeteuerungen des Rezitativs. Aber selbst die Fiordiligi des ersten Aktes hätte nicht *Per pietà* singen können, und schon gar nicht das überstürzte und unterbrochene Rezitativ, das voranging, wo die Unregelmäßigkeiten des Herzens verraten werden, *pentimento, perfidia, tradimento* … Elvira, Fiordiligi, sind echte Mozartfiguren, weil sie eine Entwicklung durchmachen und in ihrer ganzen Wahrheit erst sehr spät in ihrer Geschichte in Erscheinung treten, und dann anlässlich einer Prüfung, die immer aus Zufall und Begegnung besteht. Dass sich das Wesentliche des Herzens im Nebensächlichsten und Zufälligsten offenbart – die Begegnung ist das schmerzlichste, aber süßeste Geheimnis des menschlichen Herzens, es ist das Geheimnis von Fiordiligi und der Marquisen von Marivaux, die ganz erstaunt sind, über dieses Herz, das sich in ihnen eröffnet hat und die Stimme erhebt, sie, die immer nur die guten Sitten kannten. Aber auch Mozart, selbst Mozart, hat nicht auch er auf den zweiten Akt seines kurzen Lebens warten müssen, um mit *Idomeneo* – oder vielleicht sogar auf das Ende des dritten Aktes, um mit diesem einzigen *Cosi*, das uns auf dem Wege der bewussten Zweideutigkeit endlich alles offenbart, zu seiner eigensten Mozartstimme zu finden?

Endnote

1 Vortrag bei den Salzburger *Festspiel-Dialogen* am
   18. August 1997. Aus dem Französischen übersetzt
   von Astrid Graf-Wintersberger.

Lulu und das Lolita-Syndrom[1]

Nike Wagner

Im Jahr 1955 erschien zuerst in Paris, dann in Amerika und später in aller Welt ein Skandalroman des russischen Exilautoren Vladimir Nabokov: *Lolita*.

»Lolita, Licht meines Lebens, Feuer meiner Lenden. Meine Sünde, meine Seele. Lo-li-ta: die Zungenspitze macht drei Sprünge den Gaumen hinab und tippt bei Drei gegen die Zähne. ›Lo.Li.Ta‹.« Mit diesen berühmten Worten beginnt dieser Roman, der die verhängnisvolle Liebesverfallenheit eines circa vierzigjährigen Literaten europäischer Herkunft zu Dolores Haze, einer Zwölfjährigen, schildert. Schauplatz sind die USA der Vierzigerjahre. Der Roman fährt fort: »Sie war Lo, kurz Lo, am Morgen. Ein Meter fünfzig groß in einem Söckchen. Sie war Lola in Hosen. Sie war Dolly in der Schule. Sie war Dolores von Amts wegen. Aber in meinen Armen war sie immer Lolita.« Da er ihre »wahre Natur« nicht als »menschlich«, sondern als »dämonisch« erfährt, schlägt er vor, »auserlesene Geschöpfe« wie diese als »Nymphchen« zu bezeichnen. Darin klingt an: Nymphen sind Wasserwesen, machen die Männer verrückt, sind unter Umständen todbringend. Außerdem, so Nabokov: »Sie sind sich ihrer fantastischen Macht selbst nicht bewusst.« Lolita wird als eine »Mischung aus zarter, träumerischer Kindlichkeit und einer Art koboldhafter Vulgarität« geschildert.

Die äußere Handlung, die dann abrollt, ist für uns hier nicht mehr so wichtig, obwohl sie Kolportageelemente enthält, die uns bereits an Wedekinds *Lulu*-Tragödie erinnern, die Alban Berg vertont hat. Der »Held« – er trägt den leicht karikierenden Namen Humbert Humbert – heiratet zunächst, um in die Nähe Lolitas zu kommen, deren Mutter. Als ein Autounfall diese hinwegrafft, ist der Weg zum Töchterchen frei. Lolita verführt den Stiefvater, ohne seine Liebe zu erwidern, ihre Gunst und Verschwiegenheit muss er sich erpressen und erkaufen. Das ungleiche Paar geht auf Reisen, wo sie als Vater und Tochter auftreten, sie werden von einem Unbekannten verfolgt, Lolita verlässt Humbert mit diesem, heiratet einen anderen, Humbert erschießt den ersten Rivalen, kommt ins Gefängnis, stirbt an einem Herzanfall, bevor der Prozess stattfinden kann. Von Lolita erfährt man, dass, bald nach einem Wiedersehen mit Humbert, den sie um Geld angeht, ihre Kindheit gestorben ist.

Das ist krude, kriminell, pervers, gewissermaßen aber auch »altmodisch«. Man muss sich schon noch einmal vergewissern: War das Erscheinungsdatum des *Lolita*-Romans, dieses modernen Klassikers der Weltliteratur, wirklich 1955? Auch wenn wir das Zeit- und Moralklima in den prüden USA hinzuaddieren – Nabokov war ab 1940 dort sesshaft – und auch wenn wir die Fabulierlust eines Autors bedenken, der 1899 geboren worden ist und noch die »Welt von Gestern« erlebt hat, nimmt uns wunder, dass hier Themen und Motive verarbeitet erscheinen, die eigentlich in die Jahrhundertwendemoderne, ob in Paris, Berlin, München oder Wien gehören. War die Thematik »Rätsel Weib«, »Dämon Weib«, »Sphinx«, »Eva«, »Schlange«, »Kindweib«, »Salome«, »Undine«, »Melusine« nicht ausgestanden? Und hatte nicht auch der ihrer lasziv-unbewussten Sexualität verfallene kulturelle Mann ausgedient? Mitsamt der »sexuellen Frage«, der muffigen Geschlechterproblematik jener Zeit? Hatten Strindberg, Ibsen, Wilde, Sacher-Masoch, Wedekind, Heinrich Mann, Richard Dehmel umsonst gelebt und die wissenschaftlichen »Weib«-Deuter vom Schlage Krafft-Ebings, Weiningers oder Freuds und seines Kreises – hatten sie umsonst Licht ins Dunkel der erotischen Verirrungen gebracht? Oder gibt es ein gleichsam »zeitloses«, anthropologisch bedingtes Lolita-Syndrom, das sich immer wiederholt, trifft ein älterer Herr aus besten Kreisen auf ein verführerisches kleines Luder? In Kunst und Literatur erscheint das Thema ja nicht eben selten variiert von Heinrich Manns *Professor Unrat* über George Bernard Shaws *Pygmalion* bis hin zu Max Frischs *Montauk*.

Schauen wir uns das »Lolita-Syndrom« näher an. Es ähnelt ja in der Tat dem älteren »Lulu-Syndrom« so ziemlich aufs Haar. Wir können das »Lolita-Syndrom« eigentlich gleich »Lulu-Syndrom« nennen. Lulu hat offensichtlich die gleichen Konnotationen wie Lolita – bis hin zu der Möglichkeit genüsslichen Antippens des zweimaligen Buchstabens L durch die Männerzunge im Männergaumen. Ein Kindername. Auf ihrer Kindlichkeit beruht auch Lulus besondere Unwiderstehlichkeit, sie widerspricht nur scheinbar der sexuellen Attraktion, sie ist in Wirklichkeit ihr unentbehrliches Attribut, ja die Voraussetzung ihrer Attraktion. Von Lulus »großen dunklen Kinderaugen« ist immer wieder die Rede, von »des Lasters Kindereinfalt« spricht der Tierbändiger des Prologs. Auch Lulu hat – wie Lolita – viele Namen: Mal heißt sie Mignon, mal Nelly, mal Eva. Auch Lulu hat etwas Rätselhaftes, Unberührbares, etwas Fließendes, Kaltes, ihre Herkunft ist unbekannt. »Ich komme aus dem Wasser«, sagt sie einmal zweideutig. Sie scheint ein Stück unbewusste Natur zu verkörpern, wird als »unbeseelte Kreatur« apostrophiert, als das »wilde schöne Tier«; und offenbar hat sie auch wirklich die unschuldige Amoral der Tiere. Sie kann ja nichts dafür, dass die Männer ihr »ganzes Innere einstürzen« spüren und ihre »Selbstachtung« verlieren, wenn sie auftaucht. »Ich habe nie in der Welt etwas anderes scheinen wollen als wofür man mich genommen hat«, sagt Lulu bei Wedekind, singt sie bei Berg. Sie tut eigentlich nichts, ihre Wirkung aber ist »dämonisch«: Während sie unbeteiligt scheint, verlieben sich die Männer in sie, verfallen ihr, und allen, die ihr verfallen sind, bringt sie den Tod. Auch sie selbst wird schließlich Opfer, anders unglücklich als Lolita: nicht durch das Kindbett, sondern durch das Messer Jack the Rippers.

In jedem Fall haben beide, Lolita wie Lulu, in der Hauptsache ihren älteren Herrn, der sie irgendwie beherrscht, obwohl er selbst von ihnen beherrscht wird. Verzweifelt in ihrer Passion fürs »Girlie« sind eben nicht nur der Literat Humbert Humbert, sondern auch der einflussreiche Chefredakteur Dr. Ludwig Schön. Schön hat Lulu als zwölfjährige Blumenverkäuferin auf der Straße aufgegriffen, hat sie erzogen und ausgebildet – wie Mr. Higgins seine Eliza –, hat sie zu seiner Maitresse gemacht. Aus gesellschaftlichen Rücksichten aber vermittelt er sie zunächst an andere, verheiratet sie mit dem alten Medizinalrat Dr. Goll, dann mit dem jüngeren Maler Walter Schwarz. Nachdem beide ums Leben gekommen sind – Goll durch einen Schlaganfall, als er Lulu in flagranti erwischt, Schwarz durch Selbstmord, als er begreift, dass er von Dr. Schön dafür bezahlt worden ist, ihm Lulu vom Halse zu schaffen –, gelingt es Lulu, den Chefredakteur selbst zur Heirat zu erpressen – eine Heirat, die seine soziale »Hinrichtung« bedeutet – und auch die sexuelle. Schon warten die Rivalen, von denen er, Dr. Schön, sich verfolgt fühlt, sie lauern ihm im eigenen Haus auf, darunter sein eigener Sohn. Wie Humbert Humbert seine Konkurrenz zunächst in den Mitschülern von Lolita sieht und später von einem Unbekannten verfolgt wird, der ihm Lolita wegnehmen wird. Auch die Motive des Reisens, des Gehetztwerdens, des Verbrechens haben Korrespondenzen. Lolita und ihr Liebhaber können nur auf Reisen existieren, auf der Flucht, sie sind ausgeschlossen aus der bürgerlichen Wohlanständigkeit. Auch Lulu muss fliehen, nachdem sie in Notwehr Ludwig Schön erschossen hat und aus dem Gefängnis entflohen ist: Ihre Wege führen sie über Paris nach London. Lulus Versuche mit bürgerlicher Wohlanständigkeit sind immer schiefgegangen; auch Lolita schafft den Absprung in die »correctness« nicht, im Gegenteil, sie geht an ihr zugrunde. Während Lulu ein Opfer der Männergesellschaft wird und über Prostitution und Lustmord die ökonomische Seite der Liebe brutal ins Bild kommt, wird Lolita die bürgerliche Ehe- und Fortpflanzungsdoktrin zum Verhängnis. Geheimes gemeinsames Zentrum: der weibliche Körper beziehungsweise genauer: der Bauch als Inbegriff der Weiblichkeit. Lulu fällt Jack the Ripper, dem Bauchaufschlitzer, anheim, Lolita stirbt an ihrer Leibesfrucht, an der Fehlgeburt. Beide »Nymphen« haben keine Chance. Ihr zerstörerisches Potential für den Mann hat sein Äquivalent in ihrer beider Zutreiben auf die Selbstzerstörung, die ebenfalls unausweichlich scheint.

Die amerikanischen Fünfzigerjahre hier, das europäische Fin de Siècle dort. Sowohl die *Lolita* wie die Theaterstücke um *Lulu* waren zuerst Untergrunderfolge, dann gewannen sie Weltrenommee. Waren an diesem Erfolg zunächst sicherlich die sexuellen Tabubrüche beteiligt, so erklären sie allein jedoch das anhaltende Interesse an dem »Syndrom« kaum. Sind Tabus nämlich erst einmal gebrochen, geht das Leben weiter, das »Skandalöse« des Stoffes, des Themas verliert sich. In unserer liberalisierten Gesellschaft können sich ältere Herren ihre Nymphchen im Internet »anklicken«. Der dauerhafte Welterfolg von Wedekinds Doppeltragödie wie von Nabokovs Roman sind nicht, wie man zunächst annehmen könnte, im Stofflichen angesiedelt, im »pornografischen« Hautgout des Lulu/Lolita-Komplexes. Gegen das »pornografische« Verständnis seines Romans verwahrt sich Nabokov insofern, als Pornografie der sexuellen Stimulierung des Lesers nur dienen kann, wenn sie die »strikte Einhaltung eines erzählerischen Klischees« bedeutet und nicht, wie bei ihm, Momente der Komik oder der deftigen Satire einschließt. Ästhetischer Genuss störe primitivere Bedürfnisse. Wedekinds Text, der seine editorischen Kämpfe mit der damaligen Zensur auszufechten hatte, wird von dem brillantesten Satiriker seiner Epoche, von Karl Kraus gegen den Vorwurf der Pornografie (ironisch) in Schutz genommen: Schließlich käme in diesem Werke auch der Sittenrichter auf seine Rechnung, der »die Schrecknisse der Zuchtlosigkeit mit exemplarischer Deutlichkeit geschildert sieht und im blutdampfenden Messer Jacks mehr die befreiende Tat erkennt als in Lulu das Opfer«.

Dennoch enthalten sowohl die »Lolita«- wie die »Lulu«-Dramen Momente der Kritik an der bürgerlichen Gesellschaft, die die ungewöhnlichen, exotischen Formen der Liebe nicht zu integrieren bereit ist. Weder den ganz und obsessionell der Liebe anheimfallenden Mann, der damit nicht mehr gesellschaftlich funktionstüchtig ist, noch die Frau, wenn sie, wie der Wedekind-Verehrer Karl Kraus sagte, »dem Gattungswillen entrückt« und kein »Püppchen domestiker Gemütsart« mehr ist. Ein Humbert Humbert, der zu literarischer Arbeit nicht mehr fähig ist, weil er eine Schülerin in seine Netze zu ziehen versucht und ein Dr. Schön, der aufgerieben wird zwischen seiner Passion für Lulu und dem Wunsch, seine bürgerliche Ehrbarkeit nicht zu verlieren, müssen kriminelle Energien entwickeln, um ihre Passionen innerhalb der Gesellschaft leben zu können. Deshalb überall Mord und Totschlag auf den Szenerien – Ventilaktionen. Dennoch ergeht es der in beiden Texten enthaltenen gesellschaftskritischen Thematik ähnlich wie der pornografischen: Sie ist Beigabe und Gewürz, nicht Hauptanliegen des jeweiligen Schriftstellers. Die amerikanische Provinz in all ihrer Spießigkeit bei Nabokov und die Welt der wilhelminischen Bourgeoisie bei Wedekind geben zwar den Rahmen, die Farbe und die nötigen äußeren Hemmnisse, die innere Handlung aber ist in beiden Fällen stärker. Vielleicht finden wir im Innern dieser Handlungen den wahren, den tiefer greifenden Tabubruch. Es müsste sich um einen Tabubruch handeln, der nicht nur etwas Negatives, den Bruch mit zivilisatorischen Einrichtungen impliziert, sondern auch etwas Positives, eine Wunscherfüllung.

Skandalträchtig in der *Lolita* war im Wesentlichen der Altersunterschied zwischen Humbert Humbert und der minderjährigen Lolita, und auch in der *Lulu* reproduziert das Hauptliebespaar diesen Altersunterschied. Lulu betont immer wieder ihr Kindsein Schön gegenüber: »Sie haben mich bei der Hand genommen, mir zu essen gegeben, mich kleiden lassen, als ich Ihnen die Uhr stehlen wollte«, oder später: »Wenn du mir deinen Lebensabend zum Opfer bringst, so hast du meine ganze Jugend dafür gehabt«. Nabokovs Held spricht die tiefenpsychologische Schicht in der Konstellation der Paare einmal ganz deutlich aus: »Ich hatte mich daran gewöhnt, Lolita mit inzestuösem Wonneschauer als mein Kind zu betrachten.« Skandalträchtig also in beiden Fällen der Inzest, der sich hier ins Tageslicht wagt: Vater liebt Tochter und erfüllt sich seine Wünsche nach der verbotenen sexuellen Vereinigung mit ihr.

Humbert Humbert erschleicht sich zunächst die Position des Stiefvaters, um sich Lolita zu nähern, Lulu scheint bis zuletzt von der Vater-Imago Ludwig Schöns nicht loszukommen. Schließlich hatte er sie auch so behandelt, wie Väter das zu tun pflegen, von der Aufzucht bis zur Verheiratung an gute Partien – nur eben auch verführt. Das begründet sein Verhängnis. Lolita wie Lulu konnten in dieser Lesart Symbolfiguren der Aufhebung der Verdrängung des archaischen Inzestwunsches sein. Lolita und Lulu sind Figuren einer lustvollen Wunscherfüllung, die in der Wirklichkeit verboten ist. Konsequent treffen ja auch die Bestrafungen für den Bruch dieses ältesten Menschheitstabus ein: Alle, die das Tabu überschritten haben, gehen zugrunde.

Doch auch diese Interpretation lässt uns unbefriedigt zurück. Die Darstellung der aufgehobenen Inzestschranke scheint uns ebenfalls eher Beigabe, untergründig wirksame Instrumentierung, aber nicht Hauptthema. Es sind schließlich auch nicht alle Romane und Stücke, die das anrüchige Inzestthema variieren, eindrucksvolle Welterfolge. Suchen wir weiter. Nabokov gibt im Nachwort seines Romans einen wichtigen Hinweis. Das Wort »Realität«, bemerkt er schnoddrig, sei eines der wenigen Worte, die ohne Anführungszeichen nichts bedeuten. Wie steht es also mit dem Realitätscharakter unserer Texte? Ein Werk der »Metaphysik und des Humors« habe er mit der *Lolita* geschrieben, meinte Nabokov und stellte bedauernd fest, dass die Leute das am wenigsten verstanden hätten. In der Tat hat die *Lolita* mit einem realistischen oder einem Tatsachenroman nichts gemein. Wir sind immer im Kopf des schreibenden Humbert, nehmen Amerika und seine lüsternen Vorstellungen ausschließlich aus der Perspektive seiner Wünsche und Begierden wahr – vor allem der Mord an seinem Rivalen ist ein fiebriges Kino, ein fulminantes, bizarres unwirkliches Leinwandkunststück. Dass Nabokov ununterbrochen Perspektivenwechsel vornimmt zwischen dem schreibenden Ich – das vor den Herren Geschworenen mit seinem Bericht Beichte ablegt – und dem Autor, der sich amüsiert bis höhnisch über seinen Helden äußert, verstärkt den hohen Prozentsatz artistischer Irrealität des Ganzen. Es gibt auch kein »Klischee«, an dem der Leser sich erkennend, identifizierend festhalten könnte, es gibt nur das starke Erleben und die Subjektivität, die sich an Realitätspartikeln reibt.

An Wedekind lobte unser Gewährsmann Karl Kraus, dass mit seinem Theater endlich wieder ein Theater erstanden sei, das alle »Natürlichkeitsschrullen« weggeblasen habe – er polemisiert hier gegen den Naturalismus –, dass endlich wieder eine »Welt der Perspektiven, der Stimmungen, der Erschütterungen« da sei, eine Welt der Poesie, die aus innerer Wahrheit heraus einen »Wechsel grotesker und tragischer Eindrucke«, eine »Anhäufung schrecklicher Gesichte« darstelle. Mit realistischen Erwartungen dürfe man weder an die »Fiebervision« in der Londoner Dachkammer herangehen, noch an die unwahrscheinlichen Befreiungsgeschichten um Lulu, noch an die Beseitigung Rodrigos, ganz zu schweigen von dem bizarren Reigen von Lulus Liebeskunden. Und was die Figuren der Mädchen in beiden Texten betrifft: Sie sind ständig durchwoben und umspielt von einer mythologisierenden Schicht von Bildern und Worten: »Eine Seele, die sich im Jenseits den Schlaf aus den Augen reibt«, wird Lulu im Stück genannt. Weder Lolita noch Lulu sind ganz real und »echt«, sie haben das Nymphenhafte und Zirkusmäßige, könnten, selber träumerisch veranlagt, auch für die Männer, die sie kommentieren, Traumerscheinungen sein. »Lulu klingt mir ganz vorsintflutlich«, sinniert Lulu selber einmal. Nicht umsonst ist das Porträt Lulus, das der Maler Schwarz von ihr malt, und vor dem noch Alwa in der Dachkammer knien wird, fast wirklicher und wirkungsmächtiger als die Person Lulu selbst. Und was kümmert die amerikanische Lolita der ältere Herr? Sie hat mit seiner Passion nichts zu schaffen. Und haben die Videos, mit denen die Lulus und Lolitas sich heute in die Wohnzimmer projizieren lassen, nicht auch ihren Televisionscharakter? Seit wann kümmerte sich das Bild um den Betrachter, die Projektion um den Knopfdrücker?

Geht es vielleicht überhaupt nur um Träume und Wunschvorstellungen im »Lolita/Lulu-Syndrom«? Jedenfalls sind sich alle bisherigen Deuter der Lulu darin einig. Die Figur der Lulu ist ein Projektionsphänomen, eine Männerfantasie. Auch Peter Zadek, der zu Ende der Achtzigerjahre die vielleicht beste Interpretation des Wedekind-Stückes gezeigt hat, ist dieser Meinung. »Lulu ist ein Stück über Projektion.« Nicht anders in der Salzburger Inszenierung von Peter Mussbach, in der das projizierte Kinobild Lulus sein überlebensgroßes Dasein im Hintergrund der Bühne hat. Auch die Lolita übrigens hat mehrfach zur Verfilmung herausgefordert. Wenn es um Traumbilder von Frauen geht, fließt wiederum sofort auch Mythisches, Mythologisches ein. Der Zirkusdirektor des Prologs faselt etwas von der »Urgestalt des Weibes«, als er Lulu hereinträgt. Humbert Humbert denkt sich seine Dolores als

»Urelfe« zurecht. Auf diese Wedekindsche »Urgestalt« oder die Nabokovsche »Urelfe« lassen sich alle Frauen der Welt projizieren, die eine ist alle, alle sind eine, Helena in jedem Weibe: Der Mann kennt nur sein Begehren und seine Bilder von der Frau. »La femme n'existe pas« ist ein berühmter und provozierender Ausspruch des Psychoanalytikers und Strukturalisten Jacques Lacan. Die Frau erscheint erst im Auge des Mannes, hat keine eigene Wirklichkeit. Als Lulu ihren Mann Ludwig Schön am Ende des zweiten Aktes erschossen hat und die Polizei an die Tür klopft, als Verhaftung droht und die soziale Wirklichkeit ins Traum- und Albtraumspiel der Liebe einbricht, versucht Lulu verzweifelt, diesen Käfig der Männerprojektionen zu durchschlagen. »Sieh mich an, Alwa! – Mensch, sieh mich an! Sieh mich doch an!«, fleht sie seinen Sohn an. Alwa sieht sie nicht an, sieht nicht »den Menschen Lulu«, sondern geht die Tür öffnen. Noch bis zuletzt, am Boden des Elends angekommen in der Londoner Dachkammer, hält Alwa an seinem Bild von Lulu fest. Sie muss sich mit ihren Freiern herumschlagen, er deliriert vor dem Stückchen Leinwand, das Lulu in besseren Tagen zeigt und das die Gräfin Geschwitz mitgebracht hat: »Diesem Porträt gegenüber gewinne ich meine Selbstachtung wieder, es macht mir mein Verhängnis begreifbar.« Alban Berg hat, sehr zu Recht, Lulu keine »eigene« Musik gegeben, sondern ihre Töne aus den Akkorden gewonnen, die ihr Porträt charakterisieren. Lulu existiert auch musikalisch nur als »Bild«.

An dieser Stelle möchte ich einen »Fahrbahnwechsel« vorschlagen. Über das »Lolita/Lulu-Syndrom« könnten wir uns noch stundenlang unterhalten – wie in einer Diashow wechseln ihre Bilder und Farben. Wichtiger und interessanter scheint es mir, die Urheber der Projektionen von der Frau zu betrachten, diejenigen, die die Realität der Frau auflösen und ein Blendwerk der Sinne mit ihr veranstalten. Die Urheber der Männerfantasien von Lolita und Lulu sind in beiden Fällen Autoren – hier Nabokov, dort Frank Wedekind und Alban Berg.

In anderen Worten: Wir müssen uns an die Autoren halten, um ihre Entwürfe zu verstehen. Es muss eine strukturelle Verwandtschaft zwischen Autoren geben, die von den gleichen »Syndromen« gefesselt werden und diese literarisch – oder musikalisch – gestalten. Vielleicht stoßen wir hier auf die wahrhaft zeitlos-anthropologische Dimension der ganzen Angelegenheit, vielleicht ist der Mann und Schriftsteller in seinen Fantasien das viel universellere Wesen als alle Lolitas, Lulus, Evas und Helenen dieser Erde. In unserem Spurenwechsel von der Frau zum Manne werden wir eine kleine Überraschung erleben. In das ungleiche Dreieck der beiden *Lulu*-Autoren Wedekind/Berg hier und des *Lolita*-Autors Nabokov dort werden wir einen Interpreten Wedekinds hinzuschalten müssen, den wir schon erwähnt haben, es ist Karl Kraus. Es wird sich nämlich herausstellen, dass die strukturelle Verwandtschaft gar nicht zwischen den eigentlichen Erfindern und Dichtern des

Nike Wagner

Weibphantoms, zwischen Wedekind und Nabokov läuft, sondern zwischen Berg und Nabokov. Um das zu verstehen, brauchen wir Karl Kraus.

Karl Kraus, seit 1899 Herausgeber des Journals *Die Fackel*, war der brillanteste Satiriker und vielleicht bedingungsloseste »Sprachmensch« der untergehenden Donaumonarchie. Durch Karl Kraus erhielt die junge Intelligenz jener Zeit Richtung, Wege und den Geschmack des Denkens, Kraus war eine »Instanz«. In der *Fackel* hatten die oppositionellen Geister ein Forum, hier wurde auch die zeitgenössische »Frauenfrage« und der »Geschlechterkampf« in all seinen Facetten diskutiert, hier schrieben die neueren Dichter, und neben Strindberg und Weininger verehrte Kraus vor allem Wedekind. Kraus ist antibürgerlich wie Wedekind, hasst die patriarchale Unterdrückung der Frau, bekämpft die doppelte Männermoral in Gesellschaft und Justiz, propagiert die sinnliche Befreiung der Frau genau wie dieser. Er liebt und lobt Wedekind als einen »neuen Shakespeare«, der den vollen Griff ins »tiefste Menscheninnere« tut, und er setzte sich sowohl publizistisch wie praktisch für ihn ein. Nach verschiedenen, von der Zensur und dem Verleger behinderten Versionen, musste Wedekind seine Langfassung der »Monstertragödie« in zwei Teile teilen, in den *Erdgeist* und die *Büchse der Pandora*, von denen Letztere 1902 erschien. Kraus war so begeistert von der »Doppeltragödie«, dass er eine Privataufführung dieses Stückes für den 29. Mai 1905 in Wien organisierte. Es ist eine Art Liebhaberaufführung, in der Kraus und Wedekind selber mitspielen, neben Tilly Newes als Lulu, einer Schauspielerin, die Wedekind später heiraten wird. Nur Gleichgesinnte, Freunde und Künstler sind hier im Trianon Theater zugelassen. Kein Zufall, dass der zwanzigjährige Alban Berg, Schüler Arnold Schönbergs, darunter ist. Er dürfte daran gewöhnt sein, dass die Privatheit einer kulturellen Darbietung zugleich ein Gütesiegel für ihre Avanciertheit und Qualität ist – bei Schönbergs »Verein für musikalische Privataufführungen« war das nicht anders, nicht anders auch bei der »Mittwochsgesellschaft« um Sigmund Freud. Die Repräsentanten der heimlichen, verfemten, aber eigentlichen Kultur Wiens sind unter sich. Alban Berg ist sowieso bedingungsloser *Fackel*-Leser und Krausianer.

Zu dieser Privataufführung der *Büchse der Pandora* nun las Kraus einen Einleitungstext, der am 8. Juni dann in der *Fackel* erschien. Es ist wohl der schönste Text, den es über die »Nachtwandlerin der Liebe«, über Lulu, gibt. Dieser Text ist es, der den jungen Alban Berg über Jahrzehnte hinweg, bis zur Komposition der *Lulu*, geprägt hat. Die *Lulu*, die er komponieren wird, ist zwar äußerlich, dem Text nach, eine genial gekürzte Fassung der beiden *Lulu*-Stücke des Dichters Frank Wedekind, dem Geist nach aber ist es die Interpretation von Karl Kraus, die er komponieren wird. Genauer gesagt, ist es die Figur des Alwa, des Sohnes von Dr. Schön, der er eine andere Dimension gibt als ihr Schöpfer Wedekind. Mit diesem Krausschen

Alwa konnte Alban Berg sich identifizieren, diesem Alwa hat er ein Selbstzitat aus dem *Wozzeck* beigegeben, und in seine Musik die eigene Schicksalszahl 23 hineinkomponiert. Diesem Alwa widmen wir unsere Aufmerksamkeit im Folgenden auch deshalb, weil sich von dieser Figur Parallelen ziehen lassen zu dem Nabokovschen Helden, zum Sklaven der Liebe Humbert Humbert. Der Alwa in der Lesart von Kraus und Alban Berg wird sich als Vorläufer Humbert Humberts erweisen – seinen Liebesbedingungen wie seinem Berufe nach, als psychischer Männertyp wie als Schriftsteller. Nur die Alwas und die Humberts können sich nämlich eine Lulu und Lolita überhaupt ersinnen. Der Einwand, Herr Alwa sei ja gleichaltrig mit Lulu und Humbert jener Lüstling, dessen erotische Obsessionen sich gerade aus dem Altersunterschied zum Nymphchen ergeben, zählt in dieser Perspektive einer Betrachtung des »psychischen« Männertypus nicht. Alwa ist zwar der Sohn des alten Dr. Schön, aber er ist kein rebellierender Sohn, kein tapferer Ödipus, er ist kein »anderer«, eigener, sondern deutlich ein jüngeres Ebenbild seines Vaters, dessen Verlängerung ins Idealistische. Auch der Vater distanziert sich nicht vom Sohn, als dieser im Begriff ist, erotisch in seine Fußstapfen zu treten. Als Schön von seiner Galerie aus beobachten muss, dass sein Sohn seiner Frau Lulu den Hof macht, ihn sozusagen schon betrügt, wirft er ihn nicht, wie man annehmen würde, eifersüchtig tobend hinaus, sondern geleitet ihn schützend, von einer ausgefalteten Zeitung bedeckt, aus dem Salon. Die Zeitung aber ist sein Attribut, das Zeichen des Chefredakteurs.

Wer also ist der Alwa der Wedekindschen Lulu-Tragödie? Von Berufs wegen ist er Schriftsteller, Literat, Dichter. Als solcher ist er ausdrücklich als ein Alter Ego Wedekinds definiert. Wedekind hat ihm nämlich eine raffinierte Aufgabe übertragen, die ihn über das gesamte bizarre Personal des Stückes hinaushebt, ihm auktoriale Macht gibt. Wie die echten und fiktiven Autoren Nabokov und Humbert Humbert spielerisch miteinander im Dialog stehen, so lässt auch der echte Autor Wedekind den fiktiven Autoren Alwa über ein Stück sinnieren, das Lulu zur Hauptfigur hat, und über die Figuren, die gerade im vorigen Akt aufgetreten sind. Alwa ist es, der den Sinn des Dramas fortlaufend enthüllt und kommentiert. »Über die ließe sich freilich ein interessantes Stück schreiben«, meint er, als Lulu ihre Garderobe zum Zwecke ihres Tanzauftritts verlassen hat. »Bühnenanweisung. *Setzt sich links, nimmt sein Notizbuch und notiert. Aufblickend.* Erster Akt: Dr. Goll. Schon faul. [...]. Zweiter Akt: Walter Schwarz. Noch unmöglicher! Wie die Seelen die letzte Hülle abstreifen im Licht solcher Blitzschläge! – Dritter Akt? – Sollte es wirklich so fortgehen?« Das sagt Alwa an einem Scheitelpunkt des Dramas, kurz darauf wird es »so fortgehen«. »Du wirst der Nächste sein«, röchelt sein Vater ihm zu, als er am Ende des nächsten Aktes stirbt. Alwa aber liebt Lulu, geht mit ihr ins Exil, auf die Flucht, erleidet für sie Erniedrigung und Tod. Alwa scheint der Einzige der

Männer Lulus zu sein, der sie um ihrer selbst willen liebt und nicht aus Besitzer-egoismus prostituiert, der ihr »Wesen« erkannt hat. In Alwa kommen also die Qualitäten des Dichters und des Liebenden zusammen.

Doch wie sieht dieser Dichter und Liebende in der Optik seines Schöpfers Wedekind aus? Was ist das für einer, der, vor Lulu auf den Knien liegend, stammelt: »Du stehst so himmelhoch über mir wie – wie die Sonne über dem Abgrund … Richte mich zugrunde! Ich bitte dich, mach ein Ende mit mir, mach ein Ende mit mir!« Spricht so ein normal empfindender, maskuliner Mann? Und wie ist das, genauer besehen, mit seinem Künstlertum? Seitdem Lulu seine Geliebte ist, schreibt Alwa nicht mehr, seine Feder stockt, das Leben mit Lulu an seiner Seite richtet ihn unaufhaltsam zugrunde. Ist Alwa nicht nur ein etwas perverser, masochistischer Liebender, sondern auch künstlerisch eine gescheiterte Existenz? Gleichsam triumphierend nimmt ihm ja Wedekind die Feder aus der Hand und schreibt das Schicksal und das Verhängnis Alwas weiter, als »dieser nur noch liebt und sich erniedrigen lässt«. Er selber dagegen, der Autor, lebt, ist maskulin und stark und ihn richtet keine Frau zugrunde, kein Nymphchen und kein »wahres schönes Tier«.

Und war es nicht ein bisschen peinlich, dass der Sohn der Nachfolger des Vaters bei der jungen Frau wird, ist das nicht sehr unselbständig? Zeichnet Wedekind seinen Alwa nicht ziemlich negativ? Durch den groben Realisten im Stück, Rodrigo, den Athleten, spricht er eine Wahrheit über Alwa aus, die die seine sein könnte: »Und wissen Sie, was aus Ihnen geworden wäre, wenn Sie das Käseblatt, das Ihr Vater redigierte, nicht um zwei Millionen veräußert hätten? Sie hätten sich mit dem ausgemergeltsten Ballettmädchen zusammengetan und wären heute Stallknecht im Zirkus Humpelmeier. Was arbeiten Sie denn? – Sie haben ein Schauerdrama geschrieben, in dem die Waden meiner Braut die beiden Hauptfiguren sind, und das kein Hoftheater zur Aufführung bringt. Sie Nachtjacke, Sie!« In der Tat brachte kein Hoftheater Wedekinds Schauerdrama zu seinen Lebzeiten, die *Lulu* war auf Privataufführungen angewiesen. Und vielleicht war ja was dran an Rodrigos Verdikt: Die *Lulu*-Tragödie, die Alwa geschrieben hatte, wäre ziemliche Schundliteratur geworden, urteilt man nach den blumigen Worten, in denen dieser sich ausdrückt. Alwa ist als ein Literatentypus dargestellt, den Wedekind als »dekadent« und nicht lebenskräftig verabscheut hätte, als Schreckfigur eines Halbkünstlers. Alwa möchte aus seinem Lulu-Erlebnis beispielsweise sofort Literatur machen, ein poetisches Boulevardverfahren, das von der äußerlichen Sensation ausgeht und nicht von einer Formgestaltung, vom Formzwang. So hört sich Alwas Liebeserklärung an Lulu an: »Durch dieses Kleid empfinde ich deinen Wuchs wie eine Symphonie. Diese schmalen Knöchel, dieses Cantabile; dieses entzückende Anschwellen; und diese Knie, dieses Capriccio, und das gewaltige Andante der Wollust.«

Das ist irgendwo zwischen Kitsch und Poesie, aber immer noch »wedekindnahe« genug, um darin die Gefährdung zu spüren, die in Wedekind steckte, gleichsam der Boulevard in ihm, den er abwehren muss, den er sich abwehrend darstellen muss. Wedekind will Dichter sein, kein seichter Literat. Deshalb muss er sich künstlerisch von Alwa distanzieren, Alwa negativ darstellen. Als Künstler huldigte Wedekind einem virilen Ideal, einem vagantisch-expressionistisch-draufhauenden, nicht einer verschmusten Caféhauslyrik wie Alwa.

Zur Abwertung des Künstlers Alwa bei Wedekind tritt mit zwingender Logik die Abwertung des Liebenden Alwa. In der besagten Privataufführung in Wien hat Wedekind die Rolle Jack the Rippers übernommen und nicht diejenige Alwas. Dorthin liefen die Wedekindschen Identifikationen: zum männlichen Mann, zum Beherrscher, zum Sieger. Das war kein Zufall. Karl Kraus meinte einmal vorwurfsvoll über Wedekind, er begeistere sich für die »Sexualität der Stiere« – trotz seines feurigen Eintretens für die Befreiung der Sexualität aus den Fesseln der viktorianischen Moral, wie sie in seinen Theaterstücken, Gedichten und Liedern propagierte. Es steckte ein bürgerlicher Rest in Wedekind, der ihn die befreite weibliche Sexualität, die er andrerseits als ein Ideal predigte, fürchten ließ. Aus dem elementaren *Erdgeist* musste die *Büchse der Pandora* werden. Geöffnet, bringt sie Verderben. Denn ist der Wildstrom der Weiblichkeit erst einmal ins Strömen gebracht – wo bleibt dann der Mann, wie sollte er, der nur »intermittierend sexuell« ist – wie das damals hieß –, wie sollte er damit fertigwerden, würde er nicht seine Selbstachtung einbüßen? Eine Lulu durfte nicht frei herumlaufen, durfte nicht leben, sonst geriete nicht nur die Welt der Bürger, sondern auch die Welt der Bohème, der der Dichter angehörte, aus den Fugen. Wedekind bekämpfte zwar die bürgerliche Welt, doch er gehörte ihr noch an. Er war kein Anarchist, auch kein sexueller Anarchist – im Unterschied etwa zu Erich Mühsam. Auch die Revolte gegen die Vaterwelt hat er nur halbherzig vollzogen. Nach kleinen Ablösungsritualen vom Vater – Frank wollte nicht mehr Jura studieren – versöhnte er sich mit ihm, heiratete auch ganz brav, heiratete seine Lulu-Darstellerin. Der unverheiratet gebliebene Frauentheroetiker Kraus definierte verheiratete Frauen als »in die Ehe gefallene Huren«. Wedekind beging symbolischen Verrat am Wesen der Lulu, er war eben kein Alwa.

In Karl Kraus' Umdeutung der Figur des Alwa heißt es respektvoll, Alwa sei »ein Dichter und ein Liebender«. Kraus gesellt ihn der »seelenstarken und opferfreudigen« Gräfin Geschwitz zu, beide sind von ihm auch als um Lulu Leidende, als große Liebende charakterisiert. Alwa bekommt also ganz andere und viel schönere Konturen. Da wir behauptet haben, dieser Alwa sei ein Vorläufer Humbert Humberts, machen wir gleich die Probe aufs Exempel und ziehen eine Definition Nabokovs heran, um den Typus des liebenden Alwa besser zu verstehen. Auch Humbert

Humbert wurde nämlich von Nabokov in die Kategorie des »Dichters und Lieben-den« emporstilisiert. Als Humbert Humbert überlegt, wie man den Typus des »Nymphchens« denn herausfinden könne aus der Masse anderer kleiner Mädchen, konstatiert er, man müsse ein »Künstler sein und ein Wahnsinniger obendrein«, um sofort, »durch untrügliche Anzeichen […] den tödlichen kleinen Dämon unter den gewöhnlichen Kindern herauszuerkennen«. Nur Künstler oder Wahnsinnige haben also überhaupt ein Erkenntnisorgan für die Lolitas und Lulus. Das heißt, der Bür-ger wird an ihr vorbeigehen. Das heißt auch, er wird sie zwar prostituieren oder auch heiraten können, er wird aber nie ihr »Wesen« erfassen. Ein Wesen, das wir mit Wedekind als »Urgestalt des Weibes«, mit Nabokov als »Urelfe« definiert haben.

Für die Figur Lulus trifft Nabokovs Vermutung zu. Lulu war zweimal verheira-tet, aber weder der alte Medizinalrat noch der Maler haben dieses »Wesen« erfasst. Letzterer hatte nur »rohe Gier« für Lulu. Mit Dr. Schön ist das schon schwieriger. Er ist ihrer »Wesens«-Wahrheit nahe – sie sind einander zumindest gewachsen –, doch da er sich in seiner bürgerlichen Stellung sicher fühlen will, kommt es zur Zer-reißprobe: Entweder erschießt er sie, oder sie erschießt ihn. Er ist nicht nur zu sehr Bürger, sondern auch nicht Künstler genug. »Er glaubt an keine Kunst«, sagt Lulu von ihm, »er glaubt nur an Zeitungen«. Das ist ziemlich vernichtend. Der Rest der Männer wird versuchen, Lulu zu prostituieren; damit entpuppen sie sich, trotz ihres exotischen Äußeren als Bürger, wenn nicht Spießbürger: Rodrigo, Casti Piani, die Freier der Londoner Dachkammer. Sie mögen alle bohèmisierte Züge haben, aber die Bohème allein macht noch keine Künstler, höchstens Zirkuskünstler. Lulu ist aber nicht prostituierbar. »Die kann von der Liebe nicht leben, weil ihr Leben die Liebe ist«, sagt Schigolch, ihr geheimnisvoller väterlicher Verwandter, wie sie aus einer anderen Welt. Auch vom letzten und verhängnisvollen Mann, von Jack the Ripper, lässt sie sich nicht prostituieren – statt von Jack Geld zu nehmen, bietet Lulu ihm Geld an. Damit erfüllt sie ihr unverkäufliches »Wesen« noch bis zum Schluss. Nur gehört dieser letzte Mann nicht mehr in die Kategorie des Künstlers, sondern in jene andere Kategorie, von der Nabokov gesprochen hat: die des Wahn-sinnigen. Ein Lustmörder ist ein Wahnsinniger. In der Galerie der Männer bleibt in der Tat nur ein Mann, der Lulus Wesen erkennen kann – so untrüglich wie Hum-bert Humbert seine Dolores-Lolita herausfand: Alwa eben. Er wird von einem ihrer Londoner Freier mit dem zynischen Abschiedsgruß »Schöne Träume!« zusammen-geknüppelt – Dichter sind bekanntlich Träumer – und von Schigolch in Lulus Dachkammerverschlag gezerrt. Wenig später wird Lulu neben seiner Leiche zu lie-gen kommen, Jack the Ripper trägt sein Opfer in diesen Verschlag, bevor er die letzte sexuelle und tödliche Handlung an ihr vollzieht. Im Tode kommen der Dich-ter und die Dirne zusammen. Ein Liebestod?

In der Figur des Alwa ist ein vielgestaltiges Männersyndrom versteckt, ein sexuelles, soziales, psychisches – aber auch und vor allem ein künstlerisches. Die Utopie vom Liebestod – auch in der schwärzesten Verkehrung, auch in der äußersten Perversion – hat immer romantisch-fantastische Züge. Nur Künstler jagen solchen Utopien der Erfüllung und ihrer Gestaltung nach. Wir hegen nun aber den dringenden Verdacht, dass sich bei unseren Künstlern hinter solchen Liebesträumen mehr verbirgt. Für die Selbstdefinition und die »Selbstachtung« des abendländischen Mannes als Künstler gibt es zentralere, tiefere Wünsche als die Liebe. Sein Ich und seine Seele hängen am Material, in dem er schafft – sich erschafft –, am Kunstmaterial. Von seinem ästhetischen Sein, seinen ästhetischen Lüsten und Träumen kann er wiederum nur in Metaphern und Chiffren sprechen. Wir müssen noch einmal zu dem *Lulu*-Text von Karl Kraus zurück.

In Wedekinds Drama hatte Karl Kraus die dichterische Ausgestaltung für seine eigene Kunst- und Weltanschauung gefunden. Diese Kunst- und Weltanschauung stand in engstem Zusammenhang mit seiner Vorstellung von der Liebe und der Beziehung der Geschlechter. Sein Hohn darüber, dass die bisherige Literatur ihre »dramatischen Knoten« immer nur »aus dem Jungfernhäutchen« geschürzt habe, dass die Dichter ihre Tragödien immer nur über das, »worüber kein Mann hinweg kann« geschrieben haben, entspricht seiner Erleichterung über die dichterisch gelungene Umwertung dieser Wertung durch Wedekind, der von der grundsätzlich sexuellen »Natur« der Frau ausgeht, aus der alles andere folgt, die soziale Ungerechtigkeit wie das ästhetisch-mythische Eigengewicht dieser »Natur«, ihre Freiheit. Wedekinds *Lulu* ist für Kraus »ein Spießrutenlaufen der Frau, die vom Schöpferwillen, dem Egoismus des Besitzers zu dienen, nicht bestimmt ist, die nur in Freiheit zu ihren höheren Werten aufsteigen kann. Dass die flüchtige Schönheit des Tropenvogels mehr beseligt als der sichere Besitz, bei dem die Enge eines Baues die Pracht des Gefieders lädiert, hat noch kein Vogelsteller gesagt. Die Hetäre als ein Traum des Mannes. Aber die Wirklichkeit soll sie ihm zur Hörigen – Hausfrau oder Mätresse – machen, weil das soziale Ehrbedürfnis ihm selbst über einen schönen Traum geht. So will jeder die polyandrische Frau für sich. Diesen Wunsch, nichts weiter, hat man als den Urquell aller Tragödien der Liebe zu betrachten.«

Die Bemerkung von der »flüchtigen Schönheit«, die sich dem Besitzerwillen nicht unterordnen lässt, es sei denn um den Preis des Verlustes der Schönheit, deutet unmissverständlich auf seine Auffassung von Ästhetik hin. Kraus wünscht sich, dass das Unerhörte, das sich hier begebe, jene Leute abstoßen möge, die von der Kunst nichts weiter verlangen als eine Erholung oder dass sie die Grenzen der eigenen Leidensmöglichkeiten wenigstens nicht überschreite. Kunst sei nicht zur Unterhaltung da, sondern beruhe auf der tiefen Verbindlichkeit von Stoff und Form und

auf der Intransigenz gegenüber einer Welt und Kultur, die sie zur bloßen Verschö-
nerung des Daseins haben möchte, statt durch Kunst von den Abgründen des Daseins und in der eigenen Brust erfahren zu wollen. Dieselbe Kunstauffassung wie
Die Fackel pflegte nicht zuletzt der Kreis um Schönberg mit Alban Berg und Anton
Webern. Schönbergs Diktum, Kunst komme nicht von Können, sondern von Müssen, hat sein Pendant in Kraus' »Kunst kann nur von der Absage kommen. Nur vom
Aufschrei, nicht von der Beruhigung. Die Kunst, zum Troste gerufen, verlässt mit
einem Fluch das Sterbezimmer der Menschheit.« (1913)

Nein, zum Trost gerufen hat die *Lulu*-Tragödie sicherlich nicht. Sie endet in der
Tat mit einem Fluch. Die Gräfin Geschwitz stößt ihn aus, ausgerechnet die noble
Geschwitz desavouiert damit alle Liebesmühen und alle humanen Vorstellungen:
»Lulu mein Engel – lass dich noch einmal sehen! Ich bin dir nah! Bleibe nah! – in
Ewigkeit«, stöhnt sie im letzten Akt, von Jack schwer verwundet. Aber dann, den
metaphysischen Aufschwung brechend: »O verflucht!« So trostlos endet Wedekinds
Stück. Ende der Romantik, Kunst ist nicht Religion. Aber das heißt nicht, dass sie
nicht dennoch utopischen Charakter bewahrt hätte. Kraus fügt seiner Betrachtung
vom Absage- und Aufschreicharakter wahrer Kunst einen Nachsatz bei: »Sie geht
durch Hoffnungslosestes zur Erfüllung.« Das Wort »Erfüllung« in diesem Kontext
hat tröstlichen Charakter, deutet auf irgendeine Kompensation für Leiden hin, verspricht etwas, irgendeine säkulare Form von Erlösung. Ohne bis an die Grenzen der
eigenen Leidensmöglichkeiten zu gehen, ist diese »Erfüllung« oder Erlösung aber
nicht zu haben, deutet Kraus in seinem *Lulu*-Text auch an.

Wer vertraut ist mit Kraus' Denken, wird seinen Äußerungen über Kunst immer
seine Auffassungen über die Liebe und die Frau abhören können. Wie eine Kunst,
die wirklich »echte« Kunst ist und keine Unterhaltung, kein »Schmücke dein Heim«,
wie eine solche Kunst an die Grenzen der eigenen Leidenserfahrung führen soll –, so
ist es auch mit der Frau, die wirklich »echte« Frau ist und kein Haustier. Diese Frau
wird den Mann an die Grenzen seiner Leidensfähigkeit führen, weil sie die »polyandrische Frau« ist, die keinem gehört, auch dem Liebenden nicht. Kunst und Liebe
bedeuten tödliche Risiken. Der wirkliche Liebende ist daher mit dem Leidenden
identisch. Das erniedrigt ihn nun aber nicht, wie das landläufige Männerego meint,
sondern erhöht ihn moralisch und geistig, macht ihn größer. Hat man nämlich die
weibliche Natur einmal als die archaisch-mythisch-sexuelle definiert und anerkannt,
so ist die männliche Unterlegenheit keine Schande mehr. Gegen die Überwältigung
durch die »Urgestalt« ist kein Kraut gewachsen, der Mann kann nur Bittender, Emp-
fangender, Diener, Sklave sein und darin seinen Wert sehen. Sonst müsste seine
»Selbstachtung« leiden, sonst müsste er wieder »zur Peitsche greifen« und wäre flugs
wieder dort, wo der bürgerliche Durchschnittsmann steht, der patriarchalische

Frauenbändiger, der Frauenunterdrücker, der Spießer, Ehemann und Moraltrompeter. Das will der Avantgardekünstler, der Opponent zur Gesellschaft und Befreier der Frau nun aber gewiss nicht. Was bleibt ihm also, wenn er sich und seiner Welt- und Kunstanschauung gegenüber wahrhaft und konsequent verhalten will? Muss er nicht reden wie Alwa gegenüber Lulu? »Du stehst so himmelhoch über mir wie – wie die Sonne über dem Abgrund … Richte mich zugrunde! Ich bitte dich, mach ein Ende mit mir!« Kraus Kommentar zu diesen Worten: Man könne Alwas Betragen »mit einem albernen Medizinerwort – Masochismus nennen. Aber er ist nun einmal der Boden künstlerischer Empfindung«.

Der Masochismus, die Lust an der Qual, als Boden künstlerischer Empfindung? Das ist ungewöhnlich und sehr subjektiv. Den Schaffensdrang eines Goethe zum Beispiel stellt man sich ganz anders vor. Kraus spricht über seine Charakterisierung des Alwa unüberhörbar von sich, er redet Wedekinds Alwa in die Höhen eines eigenen Ich-Ideals, eines eigenen Ideals vom Künstler und Liebenden hinauf. Mit Wedekinds Weichling hat dieser Alwa nicht mehr viel zu tun. Ein paar Jahre später zieht Kraus die Linien seiner Abweichung von Wedekind genau nach. »Der Dichter hat Lulu erkannt, aber er beneidet ihren Rodrigo«, jenen »Realpolitiker der Liebe«, der Lulu zur »Luftgymnastikerin« ausbilden – oder vielmehr dressieren – möchte. Kraus dagegen identifiziert sich mit dem Liebessklaven und Schriftsteller, dem, wie er sagt, »Dichter und Liebenden« Alwa. Um den exemplarischen Liebesmasochisten Humbert Humbert zu charakterisieren, benutzte Nabokov – wir erinnern uns – genau denselben Terminus: Dichter und Liebender. Nur hat er seinen Helden gleich so entworfen und muss ihn nicht interpretierend zu sich herüberbiegen wie Karl Kraus die Figur Wedekinds. Alban Berg jedenfalls konnte sich genauso wie Kraus in einem Männertypus erkennen, der fern vom bürgerlichen Herrenmenschen immer bereit war, sich vom »Wahnsinn« – hier nehme ich bewusst das Nabokovsche Wort auf –, vom Wahnsinn der Liebe infizieren zu lassen. Nicht nur Kraus' unendliche Leidensfähigkeit in der Liebe ist bekannt geworden – sondern auch die Alban Bergs. Bergs individuelle Liebes- und Unterwerfungsfähigkeit, verbunden mit den hochgespanntesten Fantasien, ist vor allem durch seine aberwitzige Geschichte mit der heimlich geliebten Schwester Franz Werfels, Hanna Fuchs-Robetin, aber auch als bedingungslose Unterwerfungsliebe seiner eigenen Frau Helene gegenüber, notorisch geworden. Kraus und Berg oder Nabokov – über ihre literarischen Wunschgestalten Alwa/Humbert-Humbert – geben sie sich zu erkennen. Über das ungewöhnliche Männersyndrom, in dem der Masochismus – die Wahl der Qual in der Liebe, die freiwillige Unterwerfung und äußerste Erniedrigung – zum »Boden des künstlerischen Empfindens« stilisiert wird, sind sie miteinander verwandt. Im Unterschied zu dem wedekindschen Künstler- und Liebestypus, einem robusten und betont maskulinen, sind es weiche, sensitive, träumerisch-fantastisch-fantasmatisch veranlagte, hochkultivierte Männertypen, die sich als Autoren aus den Bildern einer Lulu oder Lolita ihre tiefste Lust holen.

Doch das bleibt ungewöhnlich, ist vielleicht eine spezielle Neurose und als solche wenig von Belang. Der masochistisch Liebende ist schließlich vom »Wahnsinnigen«, wie Nabokov sagte, nicht so weit entfernt. »Wahnsinnig« scheint es wirklich, sich mit untrüglichem Instinkt jenen Frauentypus herauszusuchen, der garantiert dazu verhilft, dass man leidet. Sie verheißen geradezu ein Leiden ohne Ende, diese Lolitas und Lulus, weil sie typologisch genommen Anti-Ehefrauen sind, keine Frauen, die trautes Glück versprechen, sondern solche, die ihre Sexualität vom Seelischen, vom Attachment an den Mann getrennt haben. Das macht sie immun gegen ihn, sie können »jedes Erlebnis in der Wanne des Vergessens abspülen«, so Kraus. Das ihnen von den Autoren zugedachte Attribut der »Kindlichkeit« entpuppt sich als eine fabelhafte und unentbehrliche Konstruktion, die es nicht zulässt, dass es zu einem gleichwertigen, konstruktiven Liebesverhältnis kommen kann. Dass es ungleich, unruhig, passionell, destruktiv bleiben muss. Solche Liebesbedingungen sind seltsam, haben aber ihre eigene Aufgabe zu erfüllen. Auch ein Künstler strebt nicht die Lust an der Qual an sich an, sondern kennt den Gewinn, den seine sorgfältige Konstruktion des permanenten Unglücks in einem anderen Bereich abwerfen wird. Die Lolitas und Lulus haben eine bestimmte Funktion im psychischen Haushalt des Künstlers.

Sehr bald im *Lolita*-Roman fällt eine Selbsterkenntnis, die tief in die Ästhetik und die Existenz unseres Künstlertypus führt. Humbert Humbert – beziehungsweise Nabokov – schreibt: »Und das Allerseltsamste ist, dass sie, diese Lolita, meine Lolita, die erste alte Lust des Schreibenden personifiziert, so dass es über alles und jedes hinaus nur sie gibt – Lolita.« Lolita ist eine Personifikation der »ersten alten Lust des Schreibenden«. Lolita ist der kreative Urimpuls, die Schöpfungslust, die Kunstlust. Lolita ist nur ein Name für das Unnennbare: den Schreibdrang, den Schreibquell, die eigentliche Selbstdefinition des Mannes als Künstler und Autor. Deshalb gibt es nur Lolita, ohne sie kann er buchstäblich nicht leben. Seine Liebeskrankheit zum Schreiben würde aufhören, würde er »gesund« und »normal« – (das Entsetzlichste für Humbert Humbert ist die gesunde, normale Frau) –, unterwürfe er sich nicht dieser schönsten aller Qualen, dem Ringen um das Wort, dem Geist, der literarischen Erfindung. Weder Lolita noch Lulu lassen sich je besitzen, geschweige denn heiraten, weder kommandieren noch beherrschen, und den »Bürger« sperren sie sowieso aus.

Nabokov hat die *Lolita* in den Pausen geschrieben, die ihm sein geliebtes Schmetterlingsfangen ließ. Nicht nur Lolita ist ein anderer Schmetterling, den Humbert einzufangen versucht. Auch die Sprache ist eine Art Schmetterling. Karl Kraus hat sie als eine Chimäre bezeichnet, »deren Trugkraft ohne Ende ist«. Nur wer ihr verliebt nachjagt, ihren »Rätseln und Gefahren« geduldig auflauert – wie der Liebende dem »Rätsel Weib« –, dem schenkt sie ihre Schönheit, nur dem, der ihr ehrfurchtsvoll »dient«, dem schenkt sie mitunter das richtige, das treffende, das poetische Wort. Die Sprache »gehört« dem Dichter aber genauso wenig wie dem Liebenden die polyandrische Frau. »Je näher man ein Wort ansieht, desto fern sieht es zurück«, heißt es bei Kraus. Das ist in der Sprachmetapher aber wiederum nur ein Ausdruck für die Liebesnot des Liebenden, der immer die Ferne in der Nähe seiner Lolitas oder Lulus spürt, ihren nicht möglichen »Besitz«, ihre Vieldeutigkeit auch. Das Wesen der Sprache und das Wesen der »unmöglichen« Frau als Minderjähriger oder Erdgeist verurteilen den Mann als Liebenden zu hoffnungslosem Masochismus, derselbe Masochismus auf ästhetischem Gebiet aber bedeutet möglichen Gewinn, ist promesse de bonheur, Voraussetzung des literarischen Gelingens. Nur die Qual der Wortfindung garantiert einigermaßen, dass Dichtung entsteht, Literatur – und nicht besserer Journalismus oder banale Pornografie oder langweilige Sozialkritik; dass Werke der »Metaphysik und des Humors« entstehen können wie die *Lolita*, oder Werke wie *Fieberträume*, das *Lulu*-Drama, das Kraus den »Traum des an Lulu erkrankten Dichters« nennt. Aber man muss diese Schaffensqual eben lieben.

Lulu und Lolita sind exquisite Chiffren der ästhetischen Lust, die darin auch ihre tiefe Verwurzelung in der sexuellen Lust bekanntgibt. Diese ästhetische Lust oder »der Geist«, wie ein Aphorismus von Karl Kraus sagt, »hat tiefere Wollust, als der Körper sie beziehen kann«. An der physischen Wollust aber hat die ästhetische Lust – oder die dichterische Fantasie – sich gebildet und, so Kraus weiter, »konnte von da an, durch immer neue Erlebniskreise zu immer neuen Potenzen dringend, nie versagen, wenn ungeistige Begierde längst versagt hätte«. Im Lulu- und Lolita-Syndrom manifestieren sich ästhetische Potenzträume, Autorenwunschträume. Im Unterschied zur begrenzten, hindernisreichen und von Versagungsängsten bedrohten »Realität«, die Nabokov deshalb nur in Anführungszeichen gelten ließ, lassen sich die lustvollen Fantasien der masochistischen Sprachliebhaber in einem so unendlichen Maße erfüllen wie es Buchstaben und Wörter gibt.

Literatur

Berg, Alban, Lulu [Fragment]. Libretto Alban Berg nach Frank Wedekind, Uraufführung Zürich 1937

Die Fackel, hg. von Karl Kraus, Wien 1899–1936

Kraus, Karl, Schriften. Erste Abteilung. 12 Bände, hg. und kommentiert von Christian Wagenknecht, Frankfurt a.M. 1986ff.:
– Band 3: Literatur und Lüge
– Band 8: Aporismen. Sprüche und Widersprüche. Pro domo et mundo. Nachts

Nabokov, Vladimir, Lolita. Aus dem Amerikanischen von Helen Hessel mit Maria Calsson, Gregor von Rezzori, Kurt Kusenberg und H.M. Ledig-Rowohlt, Reinbeck b. Hamburg 1959 [Paris 1955]

Wedekind, Frank, Lulu. Tragödie in fünf Akten mit einem Prolog, München 1913 [Erdgeist, Paris–Leipzig 1895; Die Büchse der Pandora, Berlin 1902]

Endnote

1 Vortrag bei den Salzburger *Festspiel-Dialogen* am 18. August 1999.

Ritual und Gemeinschaft
in Harrison Birtwistles Oper *Gawain*[1]

Friederike Wißmann

I. Zuschreibung und Tradition

Als Harrison Birtwistle 1995 den Ernst von Siemens Musikpreis erhielt, wurde er in der Laudatio als englischer Komponist bezeichnet. Birtwistle antwortete darauf mit einer gewissen Skepsis: «Now the one thing that I rejected in my life was English music. I did it really from arrogance as a young man but it was a conscious thing. So I've never really thought of myself as an English composer.»[2] Die 1991 am Royal Opera House Covent Garden uraufgeführte Oper *Gawain* von ihm wird in der Rezeption häufig als typisch englische Oper beschrieben. Das ist naheliegend, schon deshalb, weil die Oper eine der zentralen Sagen altenglischer, genauer walisischer Provenienz aufgreift. Auch die Herkunft Birtwistles aus der englischen Grafschaft Lancashire ist für die Oper *Gawain* insofern interessant, als das mittelalterliche Epos im mittelenglischen Dialekt der benachbarten Nordwest-Midlands geschrieben ist. Die Frage des spezifisch Englischen in Birtwistles Stücken ist auch angesichts der in der Oper *Gawain* gewählten Thematik der Identitätsfindung und der Frage nach Zugehörigkeit zu einer Gemeinschaft nicht abwegig. Bei der Betrachtung des Werkes können, daran anknüpfend, zwei verschiedene Fragestellungen aufgeworfen werden, nämlich zunächst die Frage nach der Werktradition, in der Birtwistles Oper steht, und auf inhaltlicher Ebene diejenige nach dem Gemeinschaftskonzept der Ritter der Tafelrunde um König Artus. So verschieden diese Fragestellungen sind, so verbindet beide der Aspekt der Selbstbeschreibung über Zugehörigkeit.

Die Legende vom Ritter Gawain[3], das Auftauchen des geheimnisumwobenen Grünen Ritters, der Pakt mit diesem, Gawains Prüfung und die Verführungsszenen scheinen für eine theatrale Umsetzung ein nachgerade idealer Handlungsrahmen. In Birtwistles Oper ist der Plot des Mythos in Grundzügen übernommen, allerdings erscheint die Tafelrunde in der Version von Harrison Birtwistle und seinem Librettisten David Harsent als Kontrastbild des Ursprungstexts: In der Oper *Gawain* ist die ehemals ehrwürdige Runde der Tafelritter zu einem so blassen, wie selbstgefälligen Verein verkommen, aus dem Gawain durch die ihm aufgetragene Prüfung herauswächst. Auch in der Oper gerät die Konfrontation mit dem Grünen Ritter zur lebensbedrohlichen Erfahrung, darüber hinaus gleicht seine Abenteuerreise einer Art Häutung, die für ihn in letzter Konsequenz den Austritt aus der Gemeinschaft der Tafelrunde bedeutet.

Im Sinne von Lacan, der den Prozess der existentiellen Selbsterkenntnis als Zustand »zwischen zwei Toden« bezeichnet, ist Gawains Konfrontation mit dem Tod eine, die »das Leben [in sich] trägt«.[4] Slavoj Žižek greift in seiner Lacan-Lektüre eben dieses Spannungsfeld zwischen symbolischem und biologischem Tod auf, wobei er, passend zu den Mythen und Märchenerzählungen, innerhalb dieses Spannungsfeldes die Schönen und die Biester in Stellung bringt: «Lacan conceives the difference between the two deaths as the difference being real (biological) death and its symbolization, the settling of accounts the accomplishment of symbolic destiny (deathbed confession in Catholicism, for example). This gap can be filled in various ways; it can contain either sublime beauty or fearsome monsters.«[5] In *Gawain* ist das Bedrohliche personifiziert einerseits durch die in der Tat monströse Figur des Grünen Ritters, andererseits durch die Bedrohung über das Verführerische, personifiziert in der Figur der schönen Gemahlin – zwei Elemente einer Prüfung. Jacques-Alain Miller liest Lacans Todesidee so, dass das Subjekt, aus dem symbolischen Tod transformiert, wiedergeboren werden kann. Und eben diese existentielle Veränderung ist es, die auch Birtwistle und Harsent als Dreh- und Angelpunkt der mythologischen Erzählung inszenieren.

Voraussetzungen und Bedingungen für die Konstitution von Gemeinschaft sind in Birtwistles *Gawain* auf der Ebene des Librettos virulent, aber sie betreffen auch die musikalische Gestalt. Als Komponist knüpft Birtwistle mit der Wahl des Stoffes nicht nur an den Mythos um König Artus, sondern auch an eine musikalische Tradition an, die mit Henry Purcells fünfaktiger Oper *King Arthur* von 1691 ihren Ausgang nimmt. Betrachtet man die Geschichte der Vertonungen der Legende um König Artus, so ist auffallend, dass die musikalische Interpretation dieses Mythos kein Kontinuum darstellt. Auf die Diskontinuität in der Artus-Rezeption weist auch der von Richard Barber herausgegebene Sammelband mit dem Titel *King Arthur in Music*[6] hin. Der Herausgeber stellt fest, dass Birtwistle und Purcell dadurch sogar in gewisser Hinsicht als Korrespondenzwerke aufzufassen sind: «The most important Arthurian work by an English composer since Purcell's *King Arthur* is Harrison Birtwistle's *Sir Gawain and the Green Knight* […].«[7] Die Vertonung der Legende von König Arthus – und implizit die Fortschreibung von Henry Purcells *King Arthur* – ist lückenhaft und von Umwegen gezeichnet. Einer dieser Umwege markiert die britische Wagner-Rezeption, genauer das Aufgreifen der Wagnerschen Mythen in englischen Adaptionen.[8] Für die Oper *Gawain* interessant und in der Sekundärliteratur verschiedentlich aufgegriffen, ist beispielsweise der Rekurs auf das mythische Konstrukt von Zugehörigkeit und Selbstvergewisserung in Wagners *Parsifal*.[9]

Gawain ist Birtwistles erstes Musiktheater, das er als Oper bezeichnet. Es ist augenscheinlich, dass Birtwistle seine vorangehenden Kompositionen bewusst »tragische Komödie oder komische Tragödie« (*Punch and Judy*, 1968), eine »dramatische Pastorale« (*Yan Tan Tethera*, 1986) oder wie sein raumgreifendes Werk *The Mask of Orpheus*, uraufgeführt 1986, eine »Lyrische Tragödie« nannte. Es provoziert die Frage, ob dieses Werk, anders und stärker als die vorausgegangenen Kompositionen, auf die Oper als Gattung rekurriert. Birtwistle, der insgesamt sechs Opern schrieb, steht seinerseits – willentlich oder nicht – in der Tradition des englischen Komponisten Benjamin Britten.[10] So wie bei Britten sind auch in der Musik von Birtwistle mythische Handlungsstränge und Topoi präsent und, wieder wie bei Britten, ist die Oper in seinem Werk insgesamt prominent vertreten. Es kann durchaus als Verdienst Brittens und der English Opera Group herausgestellt werden, dass die Gattung für englische Komponisten attraktiv blieb. Entgegen der Tendenz in der zweiten Hälfte des 20. Jahrhunderts, die Oper als überalterte Gattung abzuschaffen,[11] hat Britten sechzehn Opernwerke geschrieben. Der Komponist begründet seine Begeisterung über die Faszination an der menschlichen Stimme:

I have become more and more interested in human beings, in their foibles and characteristics, and in the drama which can result from their interplay. I have also strong points of view to which I find opera can give expression. I have always been interested in the setting of words (some of my earliest efforts in composition were songs) and Purcell has shown me how wonderfully dramatic the sung English language can be. My interest in the human voice has grown, especially in the relation of sound to sense and colour; for me, this interest applies to the English voice in particular, singing our subtle and beautifully inflected language. Also, I believe passionately in the intelligibility of the words – opera being a fusion of music, acting, painting and poetry, of which the last-named demands to be understood […].[12]

Neben den Besonderheiten in der Musik spielen auch bei der Frage nach Traditionslinien die spezifischen Aufführungskontexte eine wichtige Rolle. Nach dem Ende des Zweiten Weltkriegs konnten auch in England große Opern aufgrund von Besetzungsproblemen kaum aufgeführt werden.[13] Die Komponisten behalfen sich damit, dass sie Kammeropern komponierten, weshalb auch Brittens Oper *The Rape of Lucretia* von 1946 entstand. Dies ist deshalb für die Birtwistle-Rezeption interessant, weil die Musiker der Uraufführung sich bald darauf (1947) zu einem festen Ensemble formierten, der *English Opera Group* (EOG). Einen inhaltlichen Schwerpunkt der EOG bilden Werke ihres Initiators Benjamin Britten, aber auch die anderer englischer Komponisten. Harrison Birtwistle brachte mit dem Ensemble beispielsweise die Oper *Punch and Judy* (1968) zur Aufführung. So wie Britten die *English Opera Group* ins Leben rief und damit als Komponist auf die institutionellen Strukturen des Musiklebens Einfluss nahm, so setzte sich auch Birtwistle durch

Friederike Wißmann

die Gründung der *New Music Manchester* für die moderne Musik in England ein.[14] Ob sich mit Blick auf die EOG oder die Manchester School eine spezifische nationale Klangfarbe ausmachen lässt, kann kaum überprüfbar beantwortet werden. Herausgehoben werden kann in diesem Zusammenhang Birtwistles Engagement als Initiator des Ensembles wie auch als Orchestermusiker,[15] weil dieses auch in seinen Partituren von Relevanz ist: Die Plastizität der Musik in Birtwistles *Gawain* korrespondiert mit der bildreichen Sprache des Librettos, die mit einfachen Symbolen existentielle Themen aufgreift. Entscheidende Topoi in der Oper *Gawain* sind die Korrelationen zwischen Identitätssuche und Reise und diejenige zwischen Natur und Gewalt.[16] Birtwistle inszeniert dies anhand extremer Register, die fast alle Instrumente betreffen. Besonders sind die inhärenten narrativen Qualitäten, die, will man ästhetischen Kriterien und stilistischen Charakteristika eine nationale Konnotation unterstellen, nicht nur, aber auch im musiktheatralen Kontext nicht selten als »british« apostrophiert wurden.[17] Jene Charakterisierung wird möglicherweise durch die gestische Präsenz der musikalischen Faktur nachvollziehbar. Nach Arne Stollberg lässt sich auch Birtwistles *Punch and Judy*

in einen Zusammenhang einordnen, der als spezifisch englische Traditionslinie beschrieben werden kann, und zwar hinsichtlich des Versuchs, dem Musiktheater durch konsequente Formalisierung und Stilisierung ritualhafte Züge zu verleihen, dabei auch die Überlagerung zyklischer und linearer Organisationsprinzipien zur Ausprägung mythischer (oder mythisierter) Grundstrukturen zu nutzen, die wiederum mit der bewusst herausgestellten Ritualität und Zeremonialität im Bereich der Darstellung korrespondieren.[18]

Die Nähe von Text und Musik geschieht nicht nur über inhaltliche Verbindungspunkte, sondern ist auch über gestische Bezugnahmen auszumachen. Hinzu kommt eine gewisse Faszination am ›Storytelling‹, die englischen Komponisten des 20. Jahrhunderts wohl nicht ganz zu Unrecht zugeschrieben wird. Es verwundert dann auch nicht, dass die Gattung Oper sich in England besonderes nachhaltig etabliert hat. Während sich etwa im deutschsprachigen Raum als Referenz- und Kristallisationspunkt moderner Musik die als ›absolut‹ bezeichnete Musik ausmachen lässt (dies gilt womöglich besonders für die Sichtweise in der Rezeption), so kann man, will man entlang nationaler Traditionslinien argumentieren, in England eine deutlich andere Schwerpunktsetzung ausmachen. Im englischsprachigen Raum sind die ästhetischen Trennlinien zwischen Vokal- und Instrumentalmusik und auch zwischen programmatischer und absoluter Musik durchlässiger gedacht worden, und sie gerieten nicht in diesem Ausmaß zur Grundsatzfrage.

Ein anderes Charakteristikum der theatralen Musik Birtwistles ist die Verquickung von Mythos und Musik. Die bereits erwähnten Anleihen bei Wagners musiktheatralen Narrativen zählen zu den offensichtlichen Referenzen. Während sich in Kompositionen aus dem 20. Jahrhundert ein Wagner-Bezug wenn, dann eher durch eine dezidierte Auseinandersetzung, denn über Fortschreibungen ausmachen ließ, so scheinen die Referenzpunkte hier klar auf. Die wechselseitige Durchdringung von mythologischen Sujets und musikalischer Narration artikuliert sich in Birtwistles Bühnenkompositionen in verschiedensten künstlerischen Dimensionen, was Robert Adlington auf das gemeinsame Interesse am antiken Theater mit der Idee des Gesamtkunstwerks und seiner «expressive power»[19] zurückführt. Der kompositorischen Gestalt eignet, unterstrichen durch rituelle Handlungsmuster, auch in Bezug auf die motivische Entwicklung etwas Narratives. Es scheint deshalb auch naheliegend, dass der Name Richard Wagner in den Rezensionen zur Uraufführung im Jahr 1991 fast lückenlos auftaucht. Formal ist die Emphatisierung dieser Traditionslinie auch dadurch zu begründen, dass Birtwistle seine musikalische Textur durchkomponiert und manches musikalische Motiv quasi leitmotivische Funktion übernimmt.[20] Ein Charakteristikum der Oper von Birtwistle ist, dass sich Handlung, Text und Klangerzählung wechselseitig durchdringen, wobei die Eingebundenheit des Orchesters in die mythologische Handlung Wagners Musikdrama korrespondiert.

Das von Birtwistle eingesetzte Orchester ist umfangreich und erinnert in der Stimmführung und auch in der Inszenierung von Klangflächen an die Tradition spätromantischer Orchester. Jene Eigenschaft gilt nicht nur hinsichtlich der Besetzung, sondern auch in Bezug auf die dynamische Kontrastbreite, die die *Gawain*-Oper ausstrahlt. Über die Salzburger Neuinszenierung des *Gawain* durch Alvis Hermanis (Regie) und Ingo Metzmacher (musikalische Leitung) hat der Musikkritiker Frederik Hansen geschrieben, die Hauptpartie habe kein Sänger, sondern das Orchester inne.[21] Während Birtwistle zuvor in seiner komplexen *Orpheus*-Komposition die Möglichkeiten einer mehrdimensionalen Mythenerzählung ausgelotet hat, legt der Komponist hier einen Fokus auf das Klangerleben im Raum. Auch die Inszenierung der affektiven Wirkungsmacht lässt sich bei Birtwistle nicht ohne die Amalgamierungen zwischen instrumentalen und vokalen Partien denken.[22]

Die wechselseitigen Einflüsse von Raum und Zeit sind inhaltlich und auch formal Teil der Erzählung. Eine aus den Überwältigungsstrategien des 19. Jahrhunderts zu erwachsen scheinende physische Präsenz der Musik greift Birtwistle auch in der räumlichen Konzeptionierung auf, was auch der versetzte Einsatz der Chöre deutlich macht: Ein kleinerer Chor ist auf der Bühne präsent, während ein anderer Chor off-stage positioniert ist. Dadurch, dass die vom Chor intonierten lateinischen Verse nicht nur von einer Klangquelle herrühren, wohnt ihnen ein nachgerade überirdisches Moment inne.

Friederike Wißmann

Entscheidend indes ist nicht nur die Besetzung des Orchesters, sondern auch die Spielintensität, mit der der Komponist Schlagwerk und Bläser zum Einsatz bringt. Zwei Instrumentengruppen sind in dieser Oper besonders gefordert, es ist zuerst das tief besetzte Blech mit vier Hörnern, drei Trompeten, drei Posaunen und drei Tuben. Außerdem das Schlagwerk, das äußerst komplex und vielzählig eingesetzt ist:

Glockenspiel, crotales, triangle, bell tree, claves, 6 temple blocks (2x), high wood block, 3 wood blocks, bass drum, medium-sized drum/tom-tom/chinese drum, small drum (chinese), small drum (without snares), small gong, large tam-tam, 3 suspended cymbals, clashed cymbals, hi-hat, tambourine, affuché, guiro, 2 castanets, 2 metal tubes.[23]

In kaum einer Oper sind die Tubenstimmen derart anspruchsvoll angelegt, und es ist ein besonderes Erlebnis zu hören, wie die großen Blechblasinstrumente hier virtuos zum Einsatz kommen. Gleich im ersten Takt der Oper setzen sie im Fortissimo ein.

II. Der Gawain-Mythos als Narration von Identität, Ritual und Zeit

Die etwa dreistündige Oper *Gawain* von Harrison Birtwistle gibt es nicht in einer, sondern in drei Fassungen (1990–91/1994/1999), die zum Teil stark voneinander abweichen. In gewisser Hinsicht korrespondieren die verschiedenen Opernfassungen der Variabilität der textlichen Quellen des walisischen Heldenepos *Sir Gawain and the Green Knight*, der wie jede mythische Erzählung das Moment der Fortschreibung, Weitererzählung und Modifikation in sich trägt. Der Gawain-Mythos wurde ab dem 9. Jahrhundert mündlich überliefert und bald darauf auch in schriftlicher Form verbreitet. Die Fassung des altenglischen Epos, das Harsent zur Grundlage wählt, entstand um 1400.[24] Sie umfasst 101 Strophen mit insgesamt 2530 Versen. Vorgetragen wurde sie in *fyttes*, also durch Gesänge, was veranschaulicht, dass die Musik von Anfang an zur Überlieferung des Gawain-Mythos zählt.

Robert Adlington vertritt die These, dass Birtwistles Affinität zum Mittelalter soweit reicht, dass er in seiner Oper *Gawain* nicht nur den Librettotext von David Harsent vertone, sondern sich zugleich und «over the head» des Librettotextes auf das originale Epos berufe.[25] Nachvollziehbar ist jene Argumentation insofern, als die Eigenschaften des mittelalterlichen Textes mit seinen eindrücklichen Beschreibungen der Naturgewalt («massive strength», «harshness» and «violance»[26]) nicht nur die Erzählung des Gawain-Mythos ausmachen, sondern auch auf Birtwistles klanggewaltige Partitur zutreffen. Auch an dieser Stelle wird erkennbar, dass Birtwistle in seinen Lektüren nicht nur die Erzählung, sondern auch die klanglichen

Narrative aufgreift, was an einer Gegenüberstellung des Ausgangstextes und der Neufassung deutlich gemacht werden kann.[27]

Sir Gawain and the Green Knight	Übersetzung/Neufassung von J. A. Burrow
»Newe nakry noyse with the noble pipes, | Wylde werbles and wight«	»The fresh noise of the drums together with the noble pipes, wild and vigorous trillings«

Nicht nur der Charakter der Musik, auch die prosodische Struktur des Librettos von David Harsent lässt eine Analogie zur mittelalterlichen Textquelle aufscheinen. «David Harsent's libretto generelly follows the narrative sequence of the poem closely, but it neither borrows directly from the original nor attempts to emulate its distinctive alliterative and metrical style.»[28] Der Klang der «Old English poetry»[29] bestimmt die Personenkonstellationen, er setzt sich fort in den orchestralen Partien und reicht bis zur Versmetrik, auf die Birtwistle bewusst auch in den instrumentalen Teilen zugreift. David Beard ist diesem Phänomen anhand von Skizzenforschungen nachgegangen. Er kommt zu dem Schluss, «that there is both a secret drama in the orchestra, and instruments that function like unheard voices.»[30] Jene formale

Sir Gawain and the Green Knight. Handschrift Cotton Nero A.x. (Universität Calgary, gawain.ucalgaray.ca)

Friederike Wißmann

Konzeption ist keine kompositorische Klanghülse, sondern Bestandteil von Birtwistles Konzept, über eine komplexe Textur von Klang und Rhythmus die Textebenen mit dem mythischen Gehalte zu verbinden. Birtwistles Interesse an der Gawain-Vorlage reduziert sich folglich nicht auf die epischen Zeugen, sondern er bezieht auch die Musik des 14. Jahrhunderts mit ein. Der wohl berühmteste Komponist des 14. Jahrhunderts, Guillaume de Machaut, ist bei Birtwistle in verschiedenen Kompositionen präsent,[31] und er bietet auch in *Gawain* einen wichtigen Bezug.

Die Vielschichtigkeit der Erzählung wird bereits an der komplexen Quellensituation deutlich: Die Handschrift des Gawain-Mythos selbst ist jünger als die Sprache des mittelenglischen Textes, was darauf schließen lässt, dass es sich bei der Quelle um eine Abschrift handelt. Bemerkenswert ist dies insofern, als der walisische Mythos durch den ihm zu eigenen Kulturtransfer verschiedene Varianten ausprägte: Nach seiner Verschriftlichung wurde er auch auf dem Festland rezipiert, wonach er sich in verschiedensten Fassungen weiterverbreitete und in Variantfassungen zurück zu den Inseln gelangte. Einen Ausgangstext im Sinne eines Urtextes gibt es also nicht, sondern eine sich wandelnde Erzählung von Gawain. Der Mythenforscher Karl Kerényi hat mit Blick auf die Literarisierung der Mythen in eben diesem Sinne unterstrichen:

Die glatte Fläche der einschichtigen Erzählung ist in der großen Literatur seit langem aufgehoben worden. Eine Form, die die antiken Erzähler – sogar mehrere neben- und nacheinander – und den erwägenden Nacherzähler zugleich zu Wort kommen läßt, mußte auch in der wissenschaftlichen Literatur entdeckt werden, ohne die Wirkung eines ursprünglichen Erzählungswerkes auch nur erstreben zu wollen, nur der Selbstbehauptung eines uralten Erzählungsstoffes vertrauend.[32]

Die Vielschichtigkeit der Erzählung wird bereits an der komplexen Quellensituation deutlich Die Idee der offenen Narration des Mythos trifft auf die *Gawain*-Oper von Birtwistle und Harsent auch deshalb zu, weil der Plot modifiziert und verändert ist, und überdies, weil die Autoren die Erzählung von *Gawain* nicht als eine abgeschlossene verstehen, sondern die Grunderzählung des Mythos aufgreifen, um diese auf zeitgenössische Kontexte und Fragestellungen zu übertragen.

In der Oper Birtwistles sind prägnante Handlungselemente der mittelalterlichen Gawain-Erzählung übernommen, doch finden sich auch Abweichungen und Neuinterpretationen.

In der Oper erscheint der Grüne Ritter, der den König zum Kampf fordert, am Heiligen Abend. Ein Hofnarr unterhält die Gesellschaft am hohen christlichen Festtag mit Personenratespielen, die eine Art roten Faden durch die Oper bilden. Die erste Ratespielfrage stellt König Arthur, der fragt: »Who's brave?« Die Frage wird im Verlauf der Oper wiederholt, doch durch die Verschiebung des Kontextes verändert sich ihre Bedeutung drastisch. Deshalb scheint es nur konsequent, dass sie bis zum Schluss der Oper unbeantwortet bleibt. Anstatt dass die Ritter am Heiligen Abend Gottes Sohn huldigen, verschwenden sie Zeit mit Ratespielen. Dies ist umso zynischer, als die gestellten Fragen durchaus auch als Selbstparodie lesbar sind. Tatsächlich zielen zumindest die Fragen des Narren auf ein Kernproblem der Tafelrunde, doch dies wird schlicht ignoriert, was als Handlungsmuster für diese Gemeinschaft, die sich ja in erster Linie durch Untätigkeit auszeichnet, durchaus charakteristisch ist. Noch markanter als die Frage nach der Tapferkeit ist die Frage des Narren, der im Sprechgesang fragt: »Who is it?« Während auch das Personenraten eine Leichtigkeit suggerieren soll, die es nicht gibt, so wird die volle Dimension der Frage im Kontext von Gawains Identitätssuche augenscheinlich.

König Arthur wird in der Oper nicht nur durch Passivität charakterisiert, sondern auch dadurch, dass er nichts sieht, nicht hinsehen will. Während sein Hofstaat bei Ankunft des Grünen Ritters im Angesicht des Grauens erstarrt, konstatiert dieser: »It's nothing ... nothing ... nothing.« Der Grüne Ritter indes lässt sich durchs Wegsehen nicht leugnen, und es ist kein Zufall, dass der Beweis seiner Präsenz in der Oper auditiv, nämlich durch Klopfgeräusche erbracht wird. Im Unterschied etwa zu Richard Strauss, der das Türklopfen ebenfalls als diegetisches Element in seiner Opernkomposition eingebunden hat, ist es hier innermusikalisch als Spot und Fokus inszeniert. Die Handlung wird nicht vom Orchester illustriert, sondern es scheint so, als würde das Orchester zur Handlung selbst.

Der Grüne Ritter wird im Mythos als riesenhaft und wild beschrieben, und seine Ankunft wird als Eindringen überliefert, was heißt, dass in diesem Punkt die altenglische Fassung und der Operntext übereinstimmen. Das Eindringen ist hier auf musikalischer Ebene in der Form inszeniert, dass der aufbrausende Orchesterapparat heruntergefahren wird und das perkussive Klopfen, das so unüberhörbar wie beängstigend den Bühnenraum einnimmt.

Analog zu den rituellen Denkfiguren scheint die Gesamtanlage der Oper fast architektonisch angelegt. Der Komponist hat eine Art Mittelachse eingezogen, an die sich beide Akte anlehnen. Das Zentrum bildet Gawains Reise, die der Komponist am Anfang des zweiten Akts als Instrumentalzwischenspiel einfügt. Zudem ist die Inszenierung von Abläufen und wiederkehrenden Ereignissen in Birtwistles Oper als erzählerische Dimension eingebunden. Wie in der mythischen Erzählung bietet der Grüne Ritter seinen Kopf dem Mann, der sich ihm nach einem Jahr und einem Tag unerschrocken stellt. Gawain ist es, der die Herausforderung annimmt und den Unbekannten mit einem Axtschlag enthauptet.[33] Auf unerklärliche Weise greift der Grüne Ritter nach seinem abgeschlagenen Kopf und reitet vom Hof – nicht ohne Gawain an sein Versprechen zu erinnern, sich nach Jahresfrist bei ihm einzufinden.

Friederike Wißmann

Harrison Birtwistle, Gawain. Abbildung aus der Partitur. Foto: Friederike Wißmann

Die Oper adressiert den Hörer hier, indem auditive Details wie etwa das Pferdegeklapper die erzählte Szene in die Gegenwart transferieren. Aber nicht nur auf der Ebene des Geräuschhaften bezieht die Oper den Rezipienten ein. Durch die Einbindung von auditiven Elementen in einer so klanggewaltigen wie komplexen Partitur weist die Oper in manchen Teilen nachgerade Hörspieleigenschaften auf. Affektive Radien werden durch klangliche Extreme ausgelotet wie etwa das Aufbrausen in den Streichern oder, in einer Schlüsselszene der Oper, die Bläserfanfare, die nicht triumphal, sondern atonal gebrochen die Ankunft des Grünen Ritters unterstreicht. Schon in dieser Ankunftsszene wird deutlich, dass Birtwistle in seiner Oper verschiedene Kommentarebenen miteinander verbindet, denn der Klang des Orchesters lässt den Hörer die Bedrohung ahnen, die von dem fremden Gast ausgeht, noch bevor die Mythenerzählung jene Gefahr inhaltlich ausfüllt.

Der Schauplatz der zweiten Begegnung ist die sagenumwobene Grüne Kapelle, die in Wahrheit ein Hügelgrab ist, was über den Ort eine mythische Dimension aufruft. Nicht nur die Schauplätze, auch die Personenkonstellation bergen mythologische Topoi wie etwa die Konfrontation eines christlichen mit einem heidnischen Ritter. Die Idee des Kontrastiven und die Gegenüberstellung von Figuren verschiedener Provenienz, Religion und Moral gehören zu den wichtigen Parametern der Erzählung, ebenso wie die Verquickung von Handlungselementen und zeitlichen Strukturen. Um eine Handlung ausführen zu können, muss eine bestimmte Zeit vergehen (ein Jahr), oder es vergehen jahreszeitliche Passagen, bevor der Protagonist zu einer bestimmten Handlung oder Erkenntnis gelangt. Das explizit benannte und nicht selten als Bedingung involvierte Motiv der Wiederholung unterstreicht eben diese Verbindung von mythisch konnotierten Handlungselementen oder Symbolen und zeitlichen Verläufen. Der Prozess des Verstreichens von Zeit, mehr noch die Sichtbarmachung und Inszenierung des zeitlichen Verlaufs, ist nicht nur ein Narrativ innerhalb der mythologischen Erzählung, es gerät in der Musik selbst zur erzählerischen Dimension.

Dass die Musik als Zeit oder noch eher als Zeit-Raum-Kunst jenes Narrativ plastisch auszugestalten vermag, ist in der Oper Birtwistles auf verschiedenen Ebenen nachvollziehbar. Korrespondierend zu den strukturellen symbolischen Wiederholungen finden sich innerhalb des Mythos repetitive Handlungselemente wie beispielsweise die dreifache Versuchung, der sich Gawain enthalten muss. Eine für die Idee der Inszenierung von Zeit besonders plastische Passage ist das «Turning of the seasons«. Zeit und Raum stehen auch hier in Korrelationen und sind prozessual insofern gedacht, als der Wechsel der Jahreszeiten mit der Idee der inneren Wandlung Gawains im Sinne der von Lacan impliziten Transformation in Zusammenhang gebracht ist. In Birtwistles erster Fassung der Oper umfasste diese Passage fast

Friederike Wißmann

vierzig Minuten. In der revidierten Version kürzte er sie drastisch, doch auch in den späteren Opernfassungen wird deutlich, wie zentral der Aspekt der Zeit, das Werden und Vergehen, für den Komponisten ist.

Sowohl die Jahreszeiten wie auch die kontrastreichen Tag- und Nachtszenen sind in der Musik existentiell. Für den Hörer nachvollziehbar sind sie deshalb, weil Birtwistle sie kontrastiv durch einen Frauen- und einen Männerchor besetzt. Die Durchdringung von Symbol, Ritual und Klangraum wird schon am Partiturbild nachvollziehbar, in das der Komponist Sonne und Mond als grafische Symbole eingezeichnet hat.[34]

Vergleicht man *Gawain* und *The Mask of Orpheus*, so entspricht, zumindest was die Erzählrichtung der Oper *Gawain* anbelangt, Letztere eher einem Libretto im klassischen Sinn. Im Aufbau gibt es ein logisches Kontinuum, doch zeigt sich gerade in Hinblick auf die zyklischen Passagen, dass die lineare Erzählrichtung nur eine von mehreren Ebenen repräsentiert. Die Verwendung von Symmetrien und Formen wie das Ritornell lassen die Idee der Wiederkehr als ein für die Komposition konstitutives Element erkennen. Jene Charakteristik der Oper von Birtwistle, der in seiner rituellen Zeitlichkeit ein zeitloses Moment innewohnt, bringt der Komponist auf den Punkt, wenn er konstatiert: «At the root of my music is ostinato, varied ostinato.»[35]

III. Prüfung, Zugehörigkeit und Gemeinschaft in Birtwistles *Gawain*

Am Beginn der Oper ist Weihnachten am Hofe von König Artus in Camelot, doch dem Feiertag zum Trotz geht es ganz und gar nicht festlich zu. Es herrschen Langeweile und Überdruss, und König Artus verlangt nach Zerstreuung. Gawain ist zunächst Teil dieser müden Truppe, um sich im Verlauf der Oper zu distanzieren und schließlich als Fremder zurückzukehren.[36] Die Gemeinschaft der Ritter der Tafelrunde zeichnet sich durch ihren elitären Charakter aus. Allein die Zugehörigkeit zu ihr wird als Auszeichnung aufgefasst. Deshalb ist das Irritationsmoment, wenn der Hofstaat von Artus als dekadente und müde Zusammenkunft in Szene gesetzt wird, gleich am Beginn so einschlägig. Attribute wie Edelmut, Tapferkeit und moralische Integrität werden mit der Tafelrunde assoziiert, weshalb die schonungslosen Beschreibungen des Verfalls jener ehemals ehrwürdigen Runde eine große Fallhöhe implizieren. Die dezidierte Geschlossenheit der Runde, ein «self-enclosed male circle»[37], wird hier nicht als Ort der Auserwählten gezeichnet, sondern als erstickend selbstbezogene Runde. Auffallend harsch wird bei Birtwistle und Harsent das blasse Heldentum gezeichnet. Auch die expliziten Formulierungen der saft- und kraftlosen Männerrunde lassen aufmerken. Die Ritter sind «callow boys», die weder für eine gute Sache noch für sich selbst einstehen, «beardless boys», die saufen und die Tage sinnlos verstreichen lassen – wie der vollbärtige Birtwistle die verkommenen Ritter in einem Interview charakterisiert.

Die Prüfungen in der mythischen Erzählung beinhalten nicht selten die Frage nach der Kondition im doppelten Wortsinn von Bedingung und Durchhalten: Die Probe des Helden ist kein einmaliges Erlebnis, sie wird als mehrstufiger Prozess inszeniert, der der rituellen und mentalen Vor- und Nachbereitung bedarf, die unter anderem mit dem Anlegen der Kleidung verbunden ist:

The ritual dressing as he prepares to leave on his journey at the end of Act I and the ritual courting of Gawain and Lady de Hautdesert in Act II are not just incidental events but comprise important scenes in their own right. In a number of ways, then, Gawain takes on a ritualistic cast.[38]

Eine markante Wendung des *Gawain* ist, dass nicht die kriegerische Auseinandersetzung die eigentliche Probe darstellt, sondern die schöne Gemahlin des Schlossherren, die Gawain – und hier rekurriert die Oper erneut auf den *Parsifal* – nicht begehren darf. Sie ist vom Grünen Ritter beauftragt, Gawain zu verführen, damit dieser seine menschliche Schwäche bloßstellt. Ihre Schönheit ist seit der mittelalterlichen Überlieferung Teil des Plots:

Und von ihrem Kirchenstuhl kam sie mit vielen ansehnlichen Mägden. An Leib und Gesicht, Haut und Gestalt, Farbe und Bewegung war sie schöner als alle andern, liebreizender noch als Guinevere, so schien es Gawain. Er ging durch den Chorraum, ihrer Anmut zu huldigen.[39]

So wie der Grüne Ritter bietet auch der Schlossherr Gawain einen Handel an: Gawain soll eintauschen, was er im Laufe des Tages erobert habe. Als Gegengabe erhält er die Jagdbeute, die der Gastgeber täglich nach Hause bringt.

Gawains Prüfung des ersten Tages ist es, der Verführung der schönen Frau des Schlossherren zu widerstehen. Auch die Rückkehr des Schlossherrn ist fast illustrativ durch Hörnerklang zu vernehmen. Mehr braucht es nicht, um zu verstehen, dass dieser naht. In der Begegnung zwischen Gawain und der Gattin blieb es bei einem Kuss, von dem Gawain wahrheitsgemäß berichtet. Für seinen Kuss erhält Gawain, symbolisch stark männlich konnotiert, vom Hausherrn einen Hirsch. Auch am Abend des zweiten Tages gibt Gawain dem Herrn, was er selbst empfangen hat. Es sind diesmal zwei Küsse, und wieder erhält Gawain die Jagdbeute, nun einen das Heldentum repräsentierenden Eber. Am dritten Tag wird die Prüfung etwas schwieriger, da die Schlossherrin Gawain nicht nur sich selbst, sondern auch einen Gürtel (sash) anbietet, der den Menschen vor dem Tod bewahren soll. Sie reicht ihn Gawain mit den Worten: «But take this – while you wear it, nothing can hurt you.»

Friederike Wißmann

Weil Gawain den Kampf mit dem Grünen Ritter fürchtet, nimmt er den Gürtel an. Beim Tauschhandel mit dem Schlossherrn erhält Gawain, als er von den drei Küssen der Herrin, nicht aber von dem Gürtel berichtet, einen Fuchs. Auch hier ist das Tier Symbol für die Handlung, denn Gawain unterschlägt den Gürtel, um diesen beim Duell mit dem Grünen Ritter einsetzen zu können. Der entscheidende Dialog zwischen Bertilak und Gawain ist so prägnant wie knapp:

Bertilak: That was all – three kisses?
Gawain: All.
Bertilak: I hope you got them cheaply. Three kisses …
Gawain: That was all. Now my time is over.[40]

Gawain hält sich an die Vereinbarung und bereitet sich vor, den Axtschlag entgegenzunehmen. Die Musik klingt hier nach einem Alptraum: abgerissen, bruchstückhaft durch eingeworfene Bläserakkorde und akzentuierte Läufe in den Streichern in höchsten Höhen.

Der Grüne Ritter ruft aus der Tiefe der Bühne dreimal Gawains Namen. Die Szene wirkt umso bedrohlicher, als das Orchester äußerst zurückgenommen (in den Streichern im vierfachen Pianissimo und in den Bläsern mit Dämpfer) die dramatische Szene begleitet.

Morgan le Fay, die Halbschwester des Königs und Tante von Gawain, ist präsent und kommentiert das Geschehen, indem sie bald zurückblickt, bald in die Zukunft oder die Situation reflektiert. In der Struktur und dem Gestus des Kommentierens erinnert jene Passage an einen griechischen Chor, der das Ausmaß der Tragödie antizipiert oder noch naheliegender an die Nornen in Wagners *Götterdämmerung*, die in die Vergangenheit, die Gegenwart und die Zukunft schauen.

Dreimal setzt der Grüne Ritter an, doch die ersten beiden Male schlägt er nicht zu, nur den dritten Axthieb führt er aus. Der dritte Schlag verletzt Gawain, doch er tötet ihn nicht. Der Grüne Ritter klärt ihn auf:

The first blow was a feint; the second too. Twice you were honest – the kisses you got each day you traded fairly; but when you were given the sash you lied to keep it. I cut you for that untruth, but I didn't kill you; it wasn't greed or love that made you lie, but fear of death – not sin enough to die for.

Die Schläge sind ein symbolischer Spiegel der drei Tage am Hofe, von denen Gawain zwei fast unschuldig, den dritten ebenfalls beinahe treu, aber mit einer Lüge verbracht hat. Es ist kaum überraschend, dass Bertilak, alias Herr von Hautdesert, selbst der Grüne Ritter ist. Während dieser großmütig Gawain dessen menschliche Schwäche verzeiht, klagt Gawain sich selbst der Feigheit und der Selbstsucht an. Der Grüne Ritter empfiehlt Gawain, zurückzukehren und den grünen Gürtel »enger als seinen Schatten« zu tragen. Gawain wird ihn von nun an als Zeichen seines Fehlens tragen. Das unablösbare Symbol[41] macht die Andersartigkeit des Protagonisten stets sichtbar, wodurch sein Status als Außenseiter manifest ist – unabhängig davon, ob er sich physisch innerhalb oder außerhalb der Gemeinschaft befindet.

IV. Erzählperspektiven und (weibliche) Außenansichten

Nicht ein Erzähler führt am Anfang in die Oper ein, sondern es ist Morgan le Fay, die die Narration des Mythos prägt. Sie kann sich unsichtbar machen und sieht mehr als alle anderen Protagonisten. Schon bei dem ersten Gesangseinsatz wird in der Oper festgeschrieben, dass die Rolle von Morgan für den Handlungsverlauf wesentlich ist. Ein interessanter Aspekt ist, dass diese weibliche Rolle ganz jenseits von erotischer Konnotation und Verführbarkeit des Helden aufgebaut ist. Während auch bei Birtwistle die agierenden Figuren überwiegend männlich sind, haben die Frauen zentrale, kommentierende oder handlungsauslösende Funktionen inne. Als positive Gegenpole setzen sich die weiblichen Figuren, Lady de Hautdesert und Morgan, deutlich von der Herrenrunde ab.

Während Morgan im Mythos eher eine randständige Rolle repräsentiert, wird sie in der Oper zu einer der zentralen Figuren. Jenes Interesse kann im Zusammenhang mit einem Trend der letzten Jahrzehnte gesehen werden, der in verschiedenen Künsten auszumachen ist. Berühmtheit erlangte die Figur in einem Reload des 20. Jahrhunderts auch durch den Fantasy-Roman von Marion Zimmer Bradley *Die Nebel von Avalon* (1982), in der die Artus-Sage ebenfalls aus Morgaines Sicht erzählt ist.

In der Oper benennt Morgan die gar nicht ruhmreiche, sondern vielmehr desolate Situation an Artus' Hof, und sie ist es auch, die in der Oper buchstäblich das letzte Wort hat.

Übersicht über die in der Oper agierenden Figuren

Morgan Le Fay:	Arthur's half-sister; Gawain's Aunt	soprano
Lady de Hautdesert:	Wife of Bertilak	mezzo-soprano
King Arthur:	King of Logres	tenor
Guinevere:	Arthur's Wife	mezzo-soprano
A Fool:		baritone
Agravain:	A Knight, Gawain's brother; Arthur's nephew	baritone
Ywain:	A Knight, Arthur's nephew by his half-sister Brimesent	tenor

Bishop Baldwin:	Arthur's confessor	
	and spiritual guide	counter-tenor
The Green Knight/Bertilak de Hautdesert:		bass

Morgan versichert dem König ahnungsvoll, dass er schon bald mit umfassenden Herausforderungen konfrontiert werden würde, während dieser sich nicht vorstellen kann, dass seine Position oder Rolle überhaupt infrage gestellt werden könnte. Auch Gawains Rückkehr kündigt Morgan fast seherisch an: «Soon you'll see its face, soon you'll hear its voice.» Es sind genau die Worte, die sie beim Eintreffen des Grünen Ritters gesprochen hat.

In einem Interview beschreibt der Librettist David Harsent die Rolle der Frauenfiguren wie folgt: «The women in the piece – Morgan, Bertilak's wife, Guinevere – interested me much more than the self-regarding, callow boys of the Arthurian court.«[42]

König Artus reagiert auf Gawains Heimkehr mit dezidierter Ablehnung der offensichtlich sich zugetragenen Veränderung (»All as it was, nothing changed«), womit er dramaturgisch Gawain diametral entgegensteht. Es wird überdeutlich, dass der König sich nicht mit der Gegenwart auseinandersetzt, sondern an der Illusion einer starren Scheinwelt festhält. Gawain hingegen sieht die Tafelrunde nach seiner Rückkehr mit anderen Augen. Er charakterisiert den Hofstaat anhand der Begriffe »deceit, blindness and self-love«. Die Ritter ihrerseits können mit der Veränderung, die Gawain durchgemacht hat, nicht umgehen. Sie ignorieren, dass Gawain nicht ohne Last heimkehrt. Im Schlussmonolog fragt er: «How will I live in this tyranny of virtue?« Diese Frage Gawains ist nicht Teil der Sagenhandlung, sondern eine Wendung, die der Oper zu eigen ist. Gawain artikuliert unmissverständlich – und wieder in zahlreichen Wiederholungen «I'm not that hero«, doch die Ritter wünschen Geschichten von Abenteuer und «Glory«. Entscheidend ist in der Opernfassung von Birtwistle und Harsent, dass die Reise kein oberflächliches Abenteuer bedeutet, sondern einen Akt der Selbstfindung darstellt. Denn im Zentrum des *Gawain* von Birtwistle und Harsent steht die Reise als Sinnbild für Veränderung.

Die saturierten »callow boys« am Hof repräsentieren dekadente Macht- und Herrschaftsverhältnisse, während die Frauenfiguren die Frage nach moralischen Werten aufwerfen.

Die Idee des ›inneren Feindes‹, der die Gemeinschaft durch sein Anderssein bedroht, stellt die Hauptfigur der Oper in gewisse Nähe zu den weiblichen Protagonistinnen. Es wäre zu weit gegriffen, Gawains Reise als Coming-out oder als Transformationsprozess im Sinne einer Cross-Gender-Figur zu interpretieren, doch in gewisser Hinsicht ist es ein moralisches Coming-out, das den Helden am Ende aus der saturierten Gemeinschaft hervorhebt. Dass jene Distanzierungsbewegungen durchaus mit Gender-Konnotationen assoziiert werden können, zeigt Slavoj Žižek in seiner Publikation *The everlasting irony oft he community*, indem er das folgende Hegel-Zitat aufgreift:

> Indem das Gemeinwesen sich nur durch die Störung der Familienglückseligkeit und die Auflösung des Selbstbewußtseins in das allgemeine sein Bestehen gibt, erzeugt es sich an dem, was es unterdrückt und was ihm zugleich wesentlich ist, an der Weiblichkeit überhaupt seinen innern Feind.[43]

Entscheidend ist nicht Gawains Mut im Angesicht der Gefahr, sondern sein Mut zur Veränderung. Birtwistle und David Harsent machen dies anhand einer wichtigen Regieanweisung deutlich: In der Partitur ist Gawain nach der Reise ganz explizit als »other Gawain« ausgewiesen. Zwei Welten prallen hier aufeinander, nämlich einerseits die enge Welt des Hofes, die selbstbezüglich und satt ist, und die andere Welt, die es Gawain ermöglicht, eine Außenperspektive einzunehmen – und mit ihr das Vermögen, sein Verhalten kritisch zu reflektieren.

Im Operntext heißt es: «The two areas (world inside/world outside) should be in part distinguished by the presence of two doors, standing flat to the auditorium.«

Das Ende der Oper markiert eine symbolische Handlung: Es ist die geöffnete Tür, durch die nun auch Morgan schreitet.

Now, at the year's dead end
The same promise
Of terrible freedoms, freely given.

Look out of your window,
You might see
A shadow flowing over the stones in the courtyard.

Look in your mirror;
You might see
The image of someone retreating
Before your face.

Think only of dreams and promises.
Then with a single step your
Journey starts.«
Morgan is before the door. – The doors open. –
Morgan goes through into blizzard. – The doors close.

In den Schlussversen von Morgan ist das Operngeschehen konzentriert auf zwei Blickrichtungen, nämlich zunächst den Blick zum Fenster hinaus, und dann den in den Spiegel. Entscheidend ist nicht das jeweilige Abbild, sondern das, was der Betrachter wahrnimmt. Birtwistle komponiert die Schlussverse der Oper mit einer crescendierenden Geste. Es ist ein letztes Aufbäumen, das in Vokalisen und in einen liegenden Akkord mündet, über den sich in rhythmischer Durchbrechung und großen Intervallsprüngen die Piccoloflöte erhebt.

Das im Text des Epos präsente Spannungspotential überträgt Birtwistle auf die zwischen Extremen changierende Partitur. Die Oper *Gawain* ist keine Vertonung des Mythos, sie ist eine anspruchsvolle Übersetzung im Sinne der »konnotierten Rede«, wie sie Helga de la Motte in ihrem Beitrag zur Intermedialität auf musikalische Werke überträgt.[44]

Am Ende der Oper scheint Gawains Reise nicht abgeschlossen; anders als im Epos, in dem die Rückkehr des Helden den Schlusspunkt markiert, wird Gawains Häutung, seine Veränderung als Prozess beschrieben. So wie in Lacans Interpretation des *Hamlet* sich ein Spannungsfeld auftut zwischen dem Tod des Vaters und der Verleumdung des Todes (ihm wird ein angemessenes Begräbnis versagt, das dem Tod symbolisch Rechnung getragen hätte), so wird hier in einer quasi inversen Figur ignoriert, dass Gawain zwar nicht gestorben ist, dass aber seine alte Identität von ihm abgekoppelt ist. Die von Lacan beschriebene Ambivalenz zwischen ›zwei Toden‹ ist in der Oper *Gawain* als Kluft inszeniert, die sich zwischen zwei Welten aufspannt. Während Gawain sich für die Zukunft bereithält, verharren die Artus-Ritter in ihrer starren Scheinwelt.

Literatur

Adlington, Robert, ›Good Lodging‹: Birtwistles Sir Gawain, in: Richard Barber (ed.), King Arthur in Music, Cambridge 2002

Adlington, Robert, The Music of Harrison Birtwistle, Cambridge 2000

Barber, Richard (Ed.), King Arthur in Music, Cambridge 2002

Beard, David, »The Shadow of Opera: Dramatic Narrative and Musical Discourse in ›Gawain‹«, in: Twentieth-Century Music, Vol. 2, Sept. 2005, S. 159–195

Birtwistle, Sir Harrison, Machaut à ma manière für Orchester. Partitur (1988), Universal Edition (UE 19152)

Boulez, Pierre, »Sprengt die Opernhäuser in die Luft!«, in: Der Spiegel, 40/1967, S. 166–174

Brewer, Elisabeth, Sir Gawain and the Green Knight: Sources and Analogues, Cambridge 1992

Cross, Jonathan, »Manchester School«, Grove Music Online, retrieved 07.08.2019, from: https://www.oxfordmusiconline.com/grovemusic/view/10.1093/gmo/9781561592630.001.0001/omo-978156 1592630-e-0000049722

de la Motte, Helga, »Musikalische Übersetzungen«, in: Musik als Text, hg. von Hermann Danuser und Tobias Plebuch, (= Bericht über den Internationalen Kongress der Gesellschaft für Musikforschung Freiburg i. Brsg. 1993), Kassel 1998

Dokumente der Musik des 20. Jahrhunderts, Teil II, hg. von Julia Schröder, Lydia Rilling und Helga de la Motte Haber, Laaber 2011

Gawain. An Opera in two Acts, Partitur. Third version (1990–1991, 1994, 1999), Universal Edition (UE 21010)

Hall, Michael, Harrison Birtwistle in Recent Years, London 1998

Hall, Michael, Harrison Birtwistle, London 1984

Hansen, Frederik, Rezension zu ›Gawain‹, in: Tagesspiegel, 27. Juli 2013

Hawthorne, Nathaniel, The Scarlet Letter, Columbus OH 1962 [1850]

Hegel, Georg Wilhelm Friedrich, Phänomenologie des Geistes, Stuttgart 1996 [1807], Kapitel 53

Kerényi, Karl, Die Mythologie der Griechen, Bd. 2: Die Heroen-Geschichten, München [21]2004

Lacan, Jacques, Les Séminairs, hg. von Norbert Haas u. a., Seminar VII [Die Ethik der Psychoanalyse] 1996

Scholz, Dieter David, »Ökomenisches Bühnenweihfestspiel des 21. Jahrhunderts«, in: Neue Musikzeitung, 5, 2000, Jg. 49

Schütz, Hans J. (Übers.), Sir Gawain und der Grüne Ritter, 39.951–8, (Anhang J. R. R. Tolkien, Sir Gawain und der Grüne Ritter), Stuttgart 2004

Sir Gawain and the Green Knight, Übersetzung von J. A. Burrow, Harmondsworth, Middlesex 1972

Sir Gawain und der Grüne Ritter. Mit einem Essay von J. R. R. Tolkien. Aus dem Englischen von Hans J. Schütz und Wolfgang Krege, Stuttgart 2004

Stollberg, Arne, Strukturen des Rituals. ›Übergänge‹ zwischen Musiktheater und Instrumentalmusik bei englischen Komponisten von Britten bis Birtwistle, in: Übergänge: Neues Musiktheater – Stimmkunst – Inszenierte Musik, hg. von Andreas Meyer und Christina Richter-Ibnáne (= Stuttgarter Musikwissenschaftliche Schriften 4), Mainz u. a. 2016, S. 116–132

The Last Supper [Programmheft], Staatsoper Unter den Linden, Berlin 2000

Zimmer Bradley, Marion, Die Nebel von Avalon, New York 1982

Žižek, Slavoj, The Everlasting Irony of the Community, in: Ders. und Mladen Dolar, Opera's second death, New York–London 2002, S. 151–180

Žižek, Slavoj, You only die twice, in: Ders., The Sublime object of Ideology, London et. al. 1989, S. 131–150

Endnoten

1 Vortrag bei den Salzburger *Festspiel-Dialogen* am 30. Juli 2013.

2 Zitiert im Programmheft zu *The Last Supper,* Staatsoper Unter den Linden, Berlin 2000, S. 39.

3 Auf die vielen Möglichkeiten, Gawain als Namen aus nachantiken Mythen herzuleiten, sei hier nur hingewiesen. Er tritt zunächst unter dem Namen *Gwalchmei* in Erscheinung.

4 Lacan, Jacques, *Les Séminairs,* hg. von Norbert Haas u a., *Seminar VII* [Die Ethik der Psychoanalyse] 1996, S. 326.

5 Žižek, Slavoj, You only die twice, in: Ders., *The Sublime object of Ideology,* London et al. 1989, S. 135.

6 Barber, Richard (ed.), *King Arthur in Music,* Cambridge 2002.

7 Ebd., S. 7.

8 Vgl. dazu Brewer, Elisabeth, *Sir Gawain and the Green Knight: Sources and Analogues,* Cambridge 1992.

9 Siehe hierzu Hall, Michael, *Harrison Birtwistle,* London 1984.

10 Zum festen Inventar der Operngeschichte zählt die Anekdote, dass bei der Aufführung von Birtwistles erster Oper Benjamin Britten zugegen war, aber nicht bis zum Ende der Vorstellung blieb.

11 Der Komponist und Dirigent Pierre Boulez hatte in einem Interview mit dem Magazin *Der Spiegel* im Jahr 1967 die provokante These ausgesprochen, dass die Opernhäuser ihren Mief der Vergangenheit nicht loswürden und deshalb abgerissen werden müssten. Der vielzitierte Titel des Interviews heißt *Sprengt die Opernhäuser in die Luft!*

12 In: *Dokumente der Musik des 20. Jahrhunderts,* Teil II, hg. von Julia Schröder, Lydia Rilling und Helga de la Motte Haber, Laaber 2011, S. 27. Die Übersetzung findet sich im Anhang desselben Bandes S. 315: »[…] Besonderheiten, und für das Drama, das aus ihrem Zusammenspiel resultieren kann. Ich habe auch starke Ansichten, die, wie ich finde, von der Oper ausgedrückt werden können. Ich habe mich immer für Vertonungen interessiert (einige meiner ersten kompositorischen Versuche waren Lieder) und Purcell hat mir gezeigt, wie wundervoll dramatisch die gesungene englische Sprache sein kann. Mein Interesse für die menschliche Stimme ist gewachsen, vor allem in Hinblick auf das Verhältnis vom Klang zu Bedeutung und Farbe. Dieses Interesse richtet sich besonders auf die englische Stimme, die unsere subtile und schön gebeugte Sprache singt. Ich glaube auch fest an die Verständlichkeit der Wörter – Oper als eine Verschmelzung von Musik, Schauspiel, Malerei und Dichtung, wobei die letztere fordert, verstanden zu werden. […]«

13 Vgl. hierzu das Oratorium *The Last Supper,* das in der *Neuen Musikzeitung* von Dieter David Scholz »Karfreitagsoper« des 21. Jahrhunderts betitelt ist: »Wenn es sich denn überhaupt um eine Oper handelt. Die statuarische, undramatische Handlung, die Einheit des Ortes, die eigentliche Konfliktlosigkeit sprechen gewiss gegen die Gattung Oper. Musikalisch ist das neue Œuvre Birtwistles indes von einer Komplexität des Schlichten. Seine stilisierte Reihentechnik metrischer Pulsationen, seine Allusionen an Modelle des Mittelalters und der Renaissance, seine Rückgriffe auf Ideen des griechischen Theaters, seine ausgepichte Farbenfülle und schillernde Kantabilität, all das geht trotz kammermusikalischer Besetzung in seiner Klangfülle und musikalischen Struktur über Oratorisches weit hinaus.« (Ausgabe 5, 2000, Jg. 49).

14 Vgl. dazu Jonathan Cross, »*Manchester School*« *Grove Music Online* (Subscription access).

15 Birtwistle ist Klarinettist, zudem hat er als Dirigent das *Royal National Theatre* in London geleitet. Jene Verbindungen und Netzwerke innerhalb des Musiklebens prägte die Klangvorstellung des Komponisten.

16 Vergleichbar zu Birtwistles Oper *Gawain* komponierte schon Britten seine Orchesterzwischenspiele als Landschaftsbilder. Ausdrucksstark und expressiv gibt ein eines und melancholisches Bild des englischen Meeres wieder.

17 Siehe hierzu Adlington, Robert, *The Music of Harrison Birtwistle,* Cambridge 2000 oder Hall, *Harrison Birtwistle.*

18 Stollberg, Arne, Strukturen des Rituals. ›Übergänge‹ zwischen Musiktheater und Instrumentalmusik bei englischen Komponisten von Britten bis Birtwistle, in: *Übergänge: Neues Musiktheater – Stimmkunst – Inszenierte Musik,* hg. von Andreas Meyer und Christina Richter-Ibnáne (= Stuttgarter Musikwissenschaftliche Schriften 4), Mainz u.a. 2016, S. 116.

19 Adlington, *Harrison Birtwistle,* S. 22.

20 Vgl. hierzu Michael Hall, der eine dramaturgische Synchronität herausstellt, *Harrison Birtwistle in Recent Years,* S. 147.

21 Vgl. die Rezension von Frederik Hansen, in: *Tagesspiegel* vom 27. Juli 2013.

22 Siehe hierzu auch: Stollberg, *Strukturen des Rituals,* S. 116.

23 In der Partitur *Gawain. An Opera in two Acts.* Third version (1990–1991, 1994, 1999) Universal Edition (UE 21010).

24 Der Urtext, also die erste schriftliche Fassung des Gawain-Mythos, ist keine Quelle im strengen Sinne, denn er selbst ist bereits eine Filiation verschiedenster Erzählungen.

25 Robert Adlington fokussiert formale und stilistische Charakteristika im Gawain-Epos: «Two aspects of this organisation are particulary important: alliteration and metre.« Adlington, Robert

›Good Lodging‹: Birtwistles Sir Gawain, in: Barber (ed.), *King Arthur in Music,* S. 134.

26 Ebd., S. 130.

27 *Sir Gawain and the Green Knight,* Übersetzung von J. A. Burrow, Harmondsworth, Middlesex 1972, S. 91.

28 Adlington, ›Good Lodging‹: Birtwistles Sir Gawain, a.a.O. S. 128.

29 Ebd., S. 134.

30 Beard, David, «The Shadow of Opera: Dramatic Narrative and Musical Discourse in *Gawain*«, in: *Twentieth-Century Music,* Vol. 2, Sept. 2005, S. 159.

31 Die Machaut-Bearbeitung *Machaut à ma manière* (1988) zeigt Birtwistles Zugang, das Mittelalter mit seiner Perspektive des 20. Jahrhunderts zusammenzubringen.

32 Kerényi, Karl, Vorwort, in: *Die Mythologie der Griechen,* Bd. 2: Die Heroen-Geschichten, München ²¹2004, S. 8.

33 Artus hält den Grünen Ritter zunächst für ein Trugbild, doch muss er schließlich auf die Provokation reagieren. Im Mythos will Artus zunächst den Axtschlag ausführen, bevor Gawain anstelle des Königs den Ritter enthauptet.

34 Zu den verschiedenen Partiturfassungen vergl. Adlington, *Harrison Birtwistle,* S. 28f.

35 Hall, *Harrison Birtwistle in Recent Years*, S. 149

36 Bereits in den frühen Überlieferungen des Mythos ist Gawain als treuer Gefährte charakterisiert, der sich auf der Suche nach dem Heiligen Gral durch herausragende Tapferkeit auszeichnet. Im Kontext der Ritterrunde ist er zudem als Gegenfigur zu Mordred apostrophiert, dem ehebrecherischen und ehrlosen anderen Neffen von König Artus. Ein wichtiger Zeuge in Bezug auf die Bedeutung Gawains ist der in Winchester Castle ausgestellte *Round Table of legendary King Arthur,* an dem Gawains Sitz der Vierte rechts neben Artus ist, während Mordred (*mordrede*) als Erster auf der anderen Seite seinen Platz einnimmt. Siehe hierzu die Ogham-Inschriften, wo die Erbfolge ebenfalls über das weibliche Geschlecht geregelt ist.

37 Žižek, Slavoj, The Everlasting Irony of the Community, in: Ders. und Mladen Dolar, *Opera's second death,* New York–London 2002, S. 173.

38 Adlington, *Harrison Birtwistle,* S. 28.

39 Schütz, Hans J. (Übers.), *Sir Gawain und der Grüne Ritter,* 39.951–8, (Anhang *J. R. R. Tolkien, Sir Gawain und der Grüne Ritter*), Stuttgart 2004.

40 Diese und alle weiteren Textstellen sind der Partitur entnommen [*Gawain* UE 21010].

41 Jene symbolische Stigmatisierung ist in verschiedenen Werken aufgegriffen, besonders plastisch in dem Roman *The Scarlet Letter* von Nathaniel Hawthorne.

42 Harsent zitiert in: Beard, *The Shadow of Opera,* a.a.O. S. 164.

43 Georg Wilhelm Friedrich Hegel, *Phänomenologie des Geistes,* Stuttgart 1996 [1807], Kapitel 53.

44 de la Motte, Helga, »Musikalische Übersetzungen«, in: *Musik als Text,* hg. von Hermann Danuser und Tobias Plebuch, (= Bericht über den Internationalen Kongress der Gesellschaft für Musikforschung Freiburg i. Brsg. 1993), Kassel 1998, S. 57

Tanz auf dem Vulvanus.[1]
Sade – Bataille – Artaud
oder: Weshalb uns die Skandalindustrie
der Gegenwartskunst nur noch langweilt

Stefan Zweifel

Ach, weshalb immer so viel Schreckliches zeigen, weshalb immer so viel Hässliches und Grässliches, wo es doch schon in der realen Welt davon nur so wimmelt – sagen die einen. Weil die Kunst – so sagen die andern – der Welt einen Spiegel vorhalten muss, damit sich die Menschen bessern …

Die einen wollen also unter dem ewig-heiteren Himmel des klassischen Griechenlands leben, Ferien für immer von der Wirklichkeit auf utopischen Inseln und den ganzen Tag in die Sonne des Guten, Schönen und Wahren blinzeln und dazu wie die letzten Menschen bei Nietzsche sagen: »Wir haben das Glück erfunden.«

Die andern rechtfertigen die Darstellung von Gewalt mit Gewitterwolken, die sich vor die Sonne schieben, mit all den armen Opfern, die bei Schiffbrüchen ums Leben kommen und unser Herz rühren. Kunst muss uns das Leid der anderen vor Augen führen. Uns aufklären.

Aber es gibt auch eine dritte Position: Jenseits von Anklage oder aufklärerischer Rechtfertigung setzen sich die Vertreter dieser dritten Position ganz der Gewalt aus. Sade, Bataille, Artaud führen uns die Gewalt nicht vor, sie stellen sie nicht aus, sie basteln daraus kein Skandälchen, sondern sie lassen sich von ihr zerschlagen und wecken in uns die erschreckende Sehnsucht, unser Ich endlich auch einmal von solcher Gewalt zerschlagen zu lassen.

Sade, Bataille, Artaud schauen so lange in die Sonne, bis das Licht zur Folter wird. Sie müssen die Augen schließen, und dann – dann tanzt ihnen die Sonne als schwarzer Fleck vor den Augen. Hinter der sonnenhaften Idee des Guten und Schönen grimassiert das Böse und Eklige. Die Sonne wird zum Schlagschatten der Aufklärung. Ihr schwarzer Umriss zeigt genau an, was aus dem Leben verdrängt und ausgeschieden wird. Man kann mit ihnen solange in die Sonne schauen, bis das Licht das Gehirn zeräst und vor den geblendeten Augen die schwarze Sonne tanzt, und man ahnt, was Bataille mit dem Titel *Anus solaire*, *Sonnenanus* gemeint haben mochte.

Diese Sicht ist übrigens so neu nicht: Dass die Wahrheit der Aufklärung tödlich ist und die Ideale von Familie und Vaterschaft, von Herrschaft und Wissen den schreiendsten Skandal überdecken, dass jede Familie vom Inzest durchherrscht und jede Herrschaft von Mord durchtobt wird, musste schon Ödipus erfahren. Das Rätsel der Sphinx wurde gelöst: Der Mensch – war seine Antwort. Doch was der Mensch wirklich ist, das wusste er erst, als er sich die Nadeln in die Augen gebohrt und sich selbst des Lichts der Sonne beraubt hatte. Die sonnenrunden Augen werden so zu blindgeblendeten Hoden – hier ist ein fürchterliches metonymisches Gleiten am Werk, bei dem man den Kopf und die Vernunft verliert, wie dann in Batailles *Geschichte des Auges*.

Dass die Wahrheit tödlich ist und der schöne Schein der klassischen Kunst uns, genau besehen, nicht entgegenstrahlt, sondern entgegendunkelt, das hatte schon Nietzsche in das Märchen vom Dionysischen und Apollinischen gekleidet. In jeder Tragödie berichtet ein Bote aus dem von der Bühne verdrängten Schattenreich, von Antigones Tod, den hechelnden Hunden, die den Helden zerreißen.

Oder Odysseus: Odysseus, mit dem das listige und aufgeklärte Subjekt nach einer langen Irrfahrt endlich zu sich selbst findet, er lässt all seine Gefährten tot zurück – und er bezahlt auch selbst einen hohen Preis: Der Gesang der Sirenen wird für ihn nicht mehr zur existenziellen und tödlichen Grenzerfahrung, sondern bleibt für den an den Mast Gefesselten reiner Kunstgenuss. Odysseus – als Stammvater von Salzburg?

»Tragödie« heißt ja »Bocksgesang«. Sie ist aus den dionysischen Mysterien entstanden, wo laut Nietzsche die Allmutter Natur mit dem Menschen ihre tödlichen Feste feiert, ihn zerfetzt wie Pentheus – das principium individuationis, das uns in Form von erfundenen Gestalten wie Odysseus oder realen Gestalten wie Sokrates entgegenstrahlt, zerbricht und verschmilzt im Urschoß der Urmutter, die weder gut noch böse kennt, sondern nur das wilde Wuchern und Wachstum, das vulkanische Brodeln.

Vom langen Blick in die Sonne geblendet, tanzt diese als schwarzer Schatten vor den Augen, rot glüht am Rand die Korona. Sie brennt sich als Krater in die Stirn. Im Inneren dieses Vulkankraters, so erhofften sich viele, würden nicht nur die Elemente neu gemischt wie im Inneren des Vesuvs, im Inneren dieses Vulkankraters würde man im Sturz dem ganz anderen begegnen, dem Wahn – wie Hölderlin als stürzender Empedokles –, im Inneren dieses Vulkans würden sich die Atome und Elemente zu neuen Molekülen und neuen Lebensformen verbinden, vor allem aber auch zu neuen Kunstformen.

Anthony Julius hat 2003 ein Buch über Transgression und Tabubruch publiziert und behauptet, diese Epoche habe 1860 begonnen und sei heute an ihr Ende gelangt. Dass die Epoche an ihr Ende gekommen ist und in letzten paroxystischen Zuckungen liegt – gewiss. Doch begonnen hat die Epoche viel früher: Nietzsche

Stefan Zweifel

hatte Sokrates und Euripides vorgeworfen, mit ihrer griechischen Aufklärung im 5. Jahrhundert v. Chr. den dunklen dionysischen Hintergrund aller großen tragischen Kunst verdeckt und apollinisch verzuckert zu haben. Während der nächsten Aufklärung im 18. Jahrhundert ging es genau umgekehrt: Der radikale Glaube an die Vernunft endet bei Sade in der Einsicht, dass sich mit der Vernunft jeder Schrecken und Terror rechtfertigen lässt und zurückführt in die Abgründe des Trieb-Chaosmos. Sade eröffnet eine dionysische Kunst, die den apollinischen Schein als Trugschein und Heiligenschein entlarvt.

»Sade«, schreibt der französische Philosoph Michel Foucault, »gelangt 1797 ans Ende des Diskurses und des Denkens der Klassik. Er herrscht genau an ihrer Grenze. Von ihm an breiten Gewalt, Leben und Tod, Begierde und Sexualität unterhalb der Repräsentation eine gewaltige schattige Schicht aus, und heute versuchen wir, so gut wir können, dieses Verschattete wieder in unseren Diskurs und in unser Denken aufzunehmen.«

De Sade – der Choc als Stilprinzip

Die Sonne scheint bekanntlich am schönsten in Italien. Und so verschlug es auch einen lustsüchtigen Lebemann nach Neapel und Rom: Auf der Flucht vor der Polizei, die ihn wegen einer kleinen Orgie in Marseille suchte, entdeckte der Marquis de Sade 1772 Italien. Das Land, wo nicht nur Zitronen blühen, sondern auch kleine Mädchen und hübsche kleine Knaben voll Wunderhörner ... Gewiss, Sade hatte bereits alles Zeugs zum Zyniker. Auf seinen spitzen und spöttischen Lippen führte er die Kampfparolen der radikalen Aufklärer, die sogenannten pornosophischen Schriften kannte er auswendig. (Pornosophie ist jene seltsame Zwittergattung die von 1680 bis 1800 vor allem in Frankreich philosophische Aufklärung mit sexueller Aufklärung verkuppelte. Die Entgrenzung des Geistes soll einhergehen mit der Entgrenzung des Körpers. Der intellektuelle Skandal mit dem erotischen Skandal.)

Und nun entdeckte Sade in Italien bei seinen ausgedehnten Recherchen für einen philosophischen Studienführer in der Engelsburg zu Rom sein Lebensthema:

»In der Engelsburg zu Rom sah ich einen ziemlich kleinen Pfeilbogen. Er hatte einem Spanier gehört, dessen einziges Vergnügen darin bestand, mit diesem Pfeilbogen grundlos und nur zum Zwecke, Menschen zu vernichten, in die Menge zu schießen, sei es auf der Straße, auf öffentlichen Plätzen oder nach dem Kirchgang. Dieser wunderwürdige Wahn, das Böse allein um des Vergnügens willen zu üben, stellt eine der am wenigsten analysierten menschlichen Leidenschaften dar.«

Mit dieser Idee, endlich einmal die Lust am Bösen zu erklären, ist Sade mitten in der Hochaufklärung angetreten. Damals hieß die Parole: Die Vernunft sollte sich endlich ohne Schranken durch Kirche und Zensur entfalten und auf alle Gebiete ausdehnen können. Eine Enzyklopädie des menschlichen Wissens und Lebens entwerfen. Endlich würde alles gesagt werden.

Doch Sade entdeckte, dass in Diderots Enzyklopädie vieles verschwiegen wurde: Man fand zwar an versteckten Stellen wie unter dem Stichwort »Ruine« Hinweise wie: »Ruine: Dekadenz Fall Zerstörung. Ruinen sind schön zu malen. Ohne Verbrechen gäbe es keine Tragödien«, aber eigentlich nirgends: Die Lust am Bösen, die Faszination an der Gewalt.

Die Aufklärer haben vor der »Dialektik der Aufklärung« haltgemacht: Horkheimer und Adorno haben aufgezeigt, dass die Argumentation von Sade zur Rechtfertigung des Mordes weniger widersprüchlich ist als die Argumentation von Thomas von Aquin, der den Mord verdammt. Denn Sade hat alle Argumente aus den Schriften der Aufklärung übernommen und gegen sie selbst gewendet: Die Vernunft kennt keine Maxime, die automatisch zum Guten führt, sondern im Namen der Vernunft, des Fortschritts und des Wohlstandes kann alles gerechtfertigt werden. Die Vernunft ist eine Hure, die sich zu allen Gründen und Abgründen verführen lässt. Die »lumières«, wie die strahlende Epoche sich in Frankreich nannte, versinkt im eigenen Schatten.

Ein paar Jahre und Skandale später beginnt Sade im Kerker der Bastille am 22. Oktober 1785 nämlich mit der Niederschrift der *120 Tage von Sodom*. Gleich zu Beginn heißt es, dass es kein vergleichbares Werk in der Antike oder Moderne gebe. Hier soll nun endlich das menschliche Herz bis in die finstersten Winkel erforscht und endlich alles, aber auch wirklich alles gesagt werden.

Vier Libertins ziehen sich mit ihren Opfern auf ein Schloss im Schwarzwald zurück, das von der Außenwelt abgeriegelt ist und, von einer dicken Schneedecke isoliert, ganz ins Schweigen des Weltalls verhüllt ist. Und aus diesem Schweigen des Weltalls steigt der Schrecken über die Unendlichkeit hervor, Schreie hallen wider. Das Unendliche wird nun entdeckt in der unendlichen Übertretung. Der endliche Mensch ist zur unendlichen Übertretung fähig. Und so werden die Transgression, der Skandal und Tabubruch fein justiert auf den Gipfel getrieben. 600 Perversionen werden aufgelistet, von harmlosen Spielereien bis zu satanischen Morden.

Eine Enzyklopädie des Grauens, genau geregelt nach den Maßgaben einer streng geometrischen Vernunft: viermal vier Opfer, vier Henker, vier Erzählerinnen, die viermal 150 Perversionen erzählen. Zum Schluss eine trockene Abrechnung darüber, wer gestorben ist und wer überlebt hat. Nie wurde die Gewalt so unbarmherzig und logisch korrekt geschildert. Und kaum je langweiliger.

Doch zehn Jahre später erfindet Sade *Juliette*, einen dreitausendseitigen Text, der all das sagt, was von der Kultur verdrängt wurde und zum Unbehagen in der

Kultur verdrängt wurde und zum Unbehagen in der Kultur führte. Von diesem Unbehagen befreien die Fantasie und die Imagination – die freie Kunst. Die Fantasie ist, so liest man in der *Juliette*, wie die Vulkanebene von Pietramala: Wenn man ins Erdreich sticht, sticht eine Flamme hervor, züngelt die Sprache mit neuen Worten:

CHIVARUSMARBARMAVOCSACROMICRAUPAUTI lautet ein solches Wort bei Sade. Sprache und Fantasie entzünden sich Schritt für Schritt, je näher man dem Krater kommt, aus dem das Leben in immer neuen Formen hervorstürzt: Lavaflüsse, die zwar Verwüstung säen und Dörfer in Schutt und Asche legen, aber später erblühen auf der erkalteten Lava Orangenhaine. Der Vulkan bringt als Anus den schwarzen Tod. Doch er bringt auch als nie versiegende Vulva neues Leben. Ein Held Sades, Naturwissenschaftler und Chemiker, will die Natur rational erforschen und mit künstlichen Vulkanausbrüchen übertreffen. Er scheitert. In seiner Wut onaniert er über einem Lavastrom und versucht, ihn mit seinem Sperma zu löschen. Doch sein männlicher Phallo-Logozentrismus unterliegt der mütterlichen Allgewalt der Natur, dem Strömen der Fantasie als Vulvanus.

Die Fantasie des Künstlers ist im Gegensatz zur Vernunft an keine Regeln gebunden. In ihr wirkt die Gewalt als enthemmende Kraft. Sie übertritt Regeln und erfindet dabei neue Kunstformen, eine neue Sprache der Erotik.

Sades Heldin Juliette entdeckt also in Italien das Opium und den totalen Rausch. Plötzlich treten steifgeschwänzte Sylphen, menschenfressende Riesen auf – und der Papst hält während einer schwarzen Messe eine endlose Abhandlung zur Rechtfertigung des Mordes. Der Mensch sei nur eine Schaumkrone auf den Wogen des Meeres, und der Mensch werde verschwinden – er dürfe mit seinem Egoismus ruhig die Welt zugrunde richten, denn es würden neue Lebensformen entstehen. Und eben neue Kunstformen.

Sade entdeckt den Choc als Stilprinzip: Wenn ein Stück Fleisch eine Scheibe Brot in ein leeres Loch schiebt, so kümmert das keinen Menschen. Wenn aber der amtierende Papst mit seinem Schwanz eine Hostie in das hintere und also eigentlich falsche Loch von Juliette führt, dann ist der Skandal perfekt.

Damit wird das Schreiben, wie Sade sagt, zum größten Verbrechen. Und fortan wird in der Tat die Kunst zum Ort dieses Verbrechens: Jedes Kunstwerk, so Horkheimer und Adorno, ist ein nicht verübtes Verbrechen.

Der Skandal des Schreibens kennt keine Grenzen und kein Tabu. Und in der dauernden Selbstentregelung und Selbstüberschreitung entdeckt der Mensch, dass sich im Blitzaugenblick, wo eine Grenze übertreten wird, das Unendliche aufscheint. Neue Möglichkeitsformen, die dem Vulvanus entsteigen.

Sades ewige Erben und das Erbe der Avantgarde

Mit Sade endet 1797 laut Michel Foucault das Zeitalter der Klassik – und zwar gerade indem er die klassische Sprache und das klassische Denken auf die Spitze und an ihre eigenen Grenzen treibt. In Sades Werk wetterleuchtet die Moderne. Sades Technik der dauernden Überschreitung wird nun breit angewandt.

Baudelaire sorgt mit seinen *Blumen des Bösen* für den ersten großen Skandal mit Prozess in der Kunstgeschichte und meint, man müsse immer auf Sade zurückgehen, um das Böse und den Menschen erklären zu können.

Bei Flaubert ist Sade der drittmeist erwähnte Schriftsteller. Seinen Gästen legt er die *Justine* aufs Nachttischchen.

Rimbaud, der ewigen Revolte auf der Spur, versucht in London in der Bibliothek Sade auszuleihen, doch die Bitte wird ihm verweigert, er sei noch zu jung für Sade.

Apollinaire erfindet dann den Begriff Kubismus und Surrealismus und publiziert zum ersten Mal Auszüge aus Sades Werk.

Die Surrealisten produzieren Hunderte von Texten und Bildern zu Sade (wie sie in der Ausstellung *SADE/SURREAL* 2001/2002 in Zürich zu sehen waren, wobei einige der Werke jetzt wieder in der Grazer Ausstellung zu Sacher-Masoch auftauchten), hängen bei Vorstellungen Transparente mit der Aufschrift »Vive Sade« über den Balkon – und die letzte anerkannte Avantgardebewegung, der hierzulande eher unbekannte »Situationismus«, beginnt mit der Projektion von Guy Debords Film *Geheul für Sade*. Diese Erfolgsgeschichte von Skandalen, Gewalt und Terror ist nun ausgereizt.

Es entstand langsam eine eigentliche Industrie des Skandals. Dabei hat sich die Kunst als Marktphänomen von ihren radikalen Wurzeln losgekoppelt – sie simuliert nur noch die Überschreitung, sehr zur Freude der »Gesellschaft des Spektakels«. In unglaublich fein geregelter Weise werden heute die Tabus zeitlich verzögert in der Literatur, dann auf der Off- und auf der Staatstheaterbühne gebrochen. Und wenn die wilden Regisseure von anno Tubak alt geworden sind, repetieren sie ihre verschnörkelten Schöcklein fürs Opernpublikum. Ganz am Ende der Reihe dann in Bayreuth – insofern ist Schlingensief am schnellsten gealtert.

Freilich sind diese Handlanger des Skandals heute schon längst nicht mehr große Aufdecker, sondern Zudecker, Verdecker: Sie verdecken unsere Unfähigkeit, uns wirklich mit etwas auseinanderzusetzen, und lenken damit vom letzten wahren Skandal ab, der heute auf der Bühne noch zu inszenieren wäre: Werktreue, Suche nach Authentizität, Rekonstruktion. Denn die Dekonstruktion ist nun doch schon ziemlich vergähnt, etwas für denkbequeme Volksbühnler vielleicht, die Frank Castorf wie Frank Zappa feiern und sich gern jeden Abend in ihrer Ideologie bestätigen

Stefan Zweifel

lassen, so wie sich früher das Bildungsbürgertum im Theater als moralischer Anstalt seiner Ideologie vergewisserte.

Ach, arme Avantgarde. Sie hat nie gemerkt, dass ihr Name schon Verrat ist: »Vorposten« der bürgerlichen Armee. Und so war sie letztlich stets nur Speerspitze des Spießbürgertums, von der sich jeder gern kitzeln ließ. Die Avantgarde gab mit ihren Skandalen dem Bürger Anlass, sich kurz aus seinem Sessel aufstören zu lassen, um schon kurz darauf den neu eroberten Kunstraum zu kapitalisieren.

Das große Missverständnis heute ist, dass man die Transgressionen von Sade bis Bataille wiederholt, ohne zu merken, dass wir deren Werke nicht lesen, weil sie Tabus brachen, sondern weil sie an die gebrochenen Regeln noch so sehr glaubten, dass sie beim Übertreten in einen Zustand des Taumels gerieten, der ihr Werk bis heute vibrieren lässt.

Und so lebt die pubertäre Erotik der Revolte, während der Georges Batailles Helden mit dem nackten Arsch Eier zerbrechen und sich eiförmige Stierhoden in die Vagina stecken, nicht etwa bei *La Fura dels Baus* weiter, sondern im kindlichen Übermut von Björks Songs, die Batailles *Geschichte des Auges* als ihr Lieblingsbuch angibt. Man muss heute den Taumel, der früher aus Tabubrüchen herrührt, in ganz andere Sphären übertragen. In kindliche Fantasie-Weltgeburten etwa oder in intellektuelle Konzentration bis zum Hirnriss.

Was uns der Kunstmarkt liefert und was auf dem Intendantenkarussell mitfährt, ist aber nur äußerliche Pose und Posse, die uns nicht mehr berührt. Denn was Gewalt und Choc auslösen sollten, ist ja gerade eine innere Erfahrung. Sie soll innere Räume öffnen, in denen wir uns selbst begegnen als das ewig unlösbare Rätsel.

Bataille – die innere Erfahrung

Georges Bataille wollte eigentlich Priester werden. Da las er Nietzsche. Und schon war es um ihn geschehen. Als Priesteraspirant aber bewahrte er sich ein inniges Verhältnis zum Tabubruch. Das Tabu brechen, war für ihn nicht eine schicke Pose, sondern eine existenzielle Grenzerfahrung. Er setzte sich dabei selbst aufs Spiel.

1929 zerstritt sich Bataille mit André Breton. Und zwar weil die Surrealisten den Marquis de Sade auf ihre Transparente schreiben würden wie ein tolles Firmenlogo. Wo Sade winkt, winkt der Skandal, und wo der Skandal winkt, winkt der Ruhm. Sade lesen aber, war für Bataille eine Herausforderung. Nicht äußerlicher Skandal, sondern innere Grenzerfahrung. Einmal beim Wiederlesen der *120 Tage* wurde er von Fieberanfällen geschüttelt, grün im Gesicht, er kotzte.

Bataille wollte, dass man beim Lesen sein Leben aufs Spiel setzt. Der Flirt mit dem äußerlichen Skandal weicht bei ihm der inneren Erfahrung. Die muss jeder selbst machen. Und jeder kann versuchen, in eigenen Worten davon zu erzählen:

… Immer wieder, wenn nächtliche Stille sich zu einer Mauer schließt und man, vom Fassungslosen des eigenen Daseins überwältigt, auf einem Bett liegt und im äußersten Kurzschluss sich selber begegnet – auf dem Kreuzpunkt des Nichts, aus dem man kommt, und jenem anderen Nichs … –, immer dann, wenn man in der Fremde in einem Hotelzimmer dem Rauschen des kreisenden Blutes lauscht und vor der lauernden Panik Zuflucht sucht bei jenem jugendlichen Gefühl, im nirgendwo, im »Nietzschewo« von niemandem verstanden zu werden, und sich im solitären Ichrausch einigelt, bricht schließlich doch jählings das Draußen, das ganz andere übermächtig über den eigenen Leib ein. Dann zerbricht, von Tränen der Trauer aber auch des sehnenden Begehrens nach einer ganz anderen Welt – einer Möglichkeitswelt – unterspült, der Kerker des eigenen Körpers zusammen und öffnet sich Strömen, die man kaum benennen kann. Man findet sich im Unsagbaren und auch Unsäglichen wieder. Nicht Furcht kommt dann auf, die man an einer punktuellen Bedrohung festmachen könnte, sondern Angst, haltlose. Statt sich vor jemandem zu fürchten, der von draußen droht, wird man selbst ins Draußen geworfen. Man liegt da und spürt, wie man sich selber entgleitet, die Arme sind nicht mehr zu spüren, die Beine haben sich an die Decke davongemacht, nur die Sehnen des Halses spannen sich vor Beklemmung. Ein Ausweg aus der beengenden Angst ist die Flucht nach vorn, wenn man sich vorbehaltlos dem Gleiten hingibt und außer sich gerät. Dann fühlt man sich von einer ziellosen Lust fort- und über sich hinausgerissen, die nichts mit Fun und Sex zu tun hat, sondern mit dem grenzenlosen Begehren, dem Delirium des »désir«. Ek-stasis als ein Heraus-Treten ins Unbekannte.

Schauder des Schreckens können den Körper als Kältewellen oder Schweißausbrüche in einen anderen Aggregatszustand versetzen. All jene Fäden, die einen als Marionette durch den Raum des Gesellschaftlichen tanzen lassen, reißen, und das Ich taumelt durch die Kälte des kahlen, grenzenlosen Raums, hoffend von einer Sonne verbrannt, in ihrer Korona von einem Orgasmus gekrönt zu werden. Dann lodert wie auf den Bildern von Masson oder Artaud jenes vergessene dritte Auge auf der Stirn auf, das die Schauspieler »Sonnenauge« nennen. In solchen Extremzuständen erlebt man die entgrenzende Erfahrung von Eros und Thanatos. Zwei antagonistische Kräfte, deren Vektoren sich im Unendlichen und im entleibten und enteigneten Ich treffen. Dazwischen krümmt sich der Raum des Menschenmöglichen …

(Soweit »meine« innere Erfahrung, SZ)

Gewalt ist für Bataille kein Trick, um zu schockieren. Sondern ein Mittel, sich selber zu erfahren. Bataille fühlt sich wie jeder als Sub-jekt. Der Mensch tritt dank der Vernunft aus dem unmittelbaren Natur-Sein oder Tier-Sein heraus. Die Arbeit erhebt ihn über das Tier. Er nimmt Tier und Stein als Ob-jekte in die Hand. Er ist stolz darauf, Sub-jekt zu sein. Doch muss er dafür auf Triebe verzichten. Sub-jekt heißt auch: Unter-worfen. Der Mensch unterwirft sich freiwillig der Arbeit. Dem Pro-jekt. Er schiebt die unmittelbare Lust, den Genuss des Jetzt auf, um danach, immer danach in den Genuss zu kommen. Der Mensch meint, sich in der Gewalt haben, sei souverän. Doch wirklich souverän ist, wer über den Ausnahmezustand bestimmt –, und zwar über jenen Ausnahmezustand, wo er sich selber verliert.

Stefan Zweifel

Diese Selbstbeherrschung bricht in ganz bestimmten Momenten ein. Etwa in der Erotik. Erotik hat für Bataille nichts mit Sexualität und Fortpflanzung zu tun. Pflanzt man sich fort, unterwirft man sich ja auch der Zukunft – dem Aufziehen des eigenen Kindes. Und man akzeptiert damit den Tod. Füllt die Lücke. Die Erotik aber lässt einen in die Lücke fallen. Man schließt sie nicht mit einem Sinn wie mit dem Kind. Erotik ist ganz sinnlos. Ein Taumel im Jetzt. Reiner »-jekt«.

Bataille spricht von einem sonnenhaften Augenblick. Erotik ist ein Blitz, der in den eigenen Körper einschlägt und ihn verletzt. Diese Verletzung öffnet mich. Der harte Ich-Panzer zerbricht. Ich lasse das Subjekt hinter mir und werde ganz jekt. Das heißt Strom. Jekt Wurf. Trieb. Der Körper wird ganz Welle an der Oberfläche des grenzenlosen Ozeans der Lust. Und keine Sonne reicht, um dieses Meer auszutrinken. So verliert sich das Subjekt im Wurf der Wogen und Wellen.

In Salzburg, wenn ich mich denn recht erinnere, machte Bataille während einer »Orgie« auf dem Friedhof die Erfahrung »in den Himmel hinaufzustürzen« … Und Michel Foucault entlehnte dann seine berühmt gewordene Rede vom Verschwinden des Subjekts solchen Schilderungen aus Batailles *Blau des Himmels*. Der Mensch, so sagt Foucault, ist nur eine flüchtige Erfindung – er wird bald wieder verschwinden wie ein in den Sand am Strand gestricheltes Gesicht. Weggeleckt vom wilden Wogen.

In der Erotik also macht der Mensch eine Grenzerfahrung. Möglich ist sie durch die Gewalt, die im Liebesakt entfesselt wird. Doch es gibt auch andere Formen und Orte, wo diese Gewalt durchbricht. Etwa in der Religion: Fast alle Religionen kennen Zeiten und Tage, wo alle Regeln außer Kraft treten. Alles ist erlaubt. Es gibt kein Tabu mehr. Taumel erfasst die Gemeinschaft. Die Ordnung bricht zusammen. Nur in der Kirche, so sagt Bataille, und dabei hört man den enttäuschten Priesteraspiranten heraus, nur im Christentum gibt es diesen unreinen Bereich des Heiligen nicht mehr. Und deshalb hätte die Kunst die Aufgabe übernommen, dem Menschen einen Ort zu bieten, wo er beim Übertreten der Tabus eine innere Erfahrung machen kann.

Die Kunst ist letztlich ein Potlatch. Beim Potlatch beschenken sich zwei Stammeshäuptlinge gegenseitig mit immer größeren Geschenken. Sie erdrücken den andern gleichsam durch Geschenke. Und sie verausgaben völlig sinnlos die Ressourcen ihres Stammes. Völlig sinnlos? Nein. Denn sonst müssten die Ressourcen, so Bataille, im Krieg verausgabt werden.

Bataille geht von einem eigenwilligen Weltbild aus: Die Sonne beschießt die Erde mit Energie. Wie Pflanzen auf einem Teich kommt es zu einem Wuchern, dann wieder zu einem Absterben. Der Mensch versucht, Formen zu finden, um dieses Wuchern zu unterbinden. Die übermäßig geschenkte Sonnenenergie abzuführen. Sinnlos zu vergeuden, im Fest, in der Erotik – in der Religion und heute in der Kunst.

Bataille spricht in der Welt, die von vor Sonne mit Energie gleichsam aufgeladen und überladen wird. Die Vulkane schleudern diese Energien aus dem Inneren wieder heraus. Die gewaltsamen Ausbrüche der Vulkane sind kathartisch wie eine antike Tragödie. Sie reinigen die Welt – gerade mit Tod und Trümmern. Sie schaffen Platz. Der Vesuv heißt bei ihm JESUV. Der Vesuv ist ein blasphemischer heidnischer Jesus. Die Erde ist von Vulkanen übersät wie von Kratern, die ihn, Bataille, an den Arsch eines Gibbons erinnern, den er einmal im Zoo von London gesehen hat. Ein Gibbon, der seinen rosigen Kratervulkan der Sonne entgegenstreckt. Das Reinste und Unreinste, das Höchste und Niedrigste kopulieren vor seinen Augen. Der totale Schock und Skandal, das größte Tabu: JESUV.

Die Kunst beerbt mit solchen Formen der Blasphemie die Kraft der Religion. Die Kunst muss die Aufgabe übernehmen, sinnlos Geld zu verschleudern und Energien. Sie muss den Betrachter erschöpfen, auslaugen, zerbrechen. Und dann plötzlich macht jeder wieder eine innere Erfahrung: Indem sein Ich unter dem Schock der Kunst zerbricht, gelangt er wirklich zu sich, denn das Ich ist nur bei sich, wenn es außer sich ist.

Artaud und das Theater der Grausamkeit

Wer über Artaud redet, macht sich immer lächerlich. Die Intensität dieses Lebens verschlägt einem die Sprache. Außer man ist eine feuilletonistische Pointenmaschine, die Witz für Witz ausspuckt und sich von Wortspiel zu Wortspiel hangelt – wie der große Gerhard Stadelmaier: Er schrieb kürzlich über Artauds *Theater der Grausamkeit*:

Aus Artauds Erregungsgeschwafel, dem sauren Kitsch und preziösen Wahnquark, getüpfelt auf staubtrockenes Löschpapier machte der Regisseur (Gotscheff) ein Theater der Schlausamkeit. Er reduzierte den rasenden auf den schleichenden Artaud, macht ihn zur Gespensterschnecke. So bringt er ihn zur wahren Erscheinung. Und das war fällig. Denn von den drei großen Theaterklischeeschulen des 20. Jahrhunderts, der psychologischen Einfühlung Stanislawskis, dem kritischen Neben-der-Rolle-stehen Brechts und dem rasenden Körperblabla Artauds, hat letzteres die verheerendsten Folgen gehabt …

Ach, armer Stadelmaier, da hat er sich doch im eigenen Musikantenstadel verfiedelt. Denn Artaud hat natürlich nichts mit dem zu tun, was allgemein in den Theatern grassiert.

Artauds Grausamkeit ist eine Antwort auf die Gewalt, unter der er leidet: die Gewalt der Tradition im Theater der Zwanzigerjahre, die Gewalt der Grammatik, die nur bestimmte Sätze zulässt, die Gewalt der Sexualität, die einen als Mann oder Frau definiert und damit mitten im Herz entzweischneidet.

Artaud ist angetreten, um surrealistische Gedichte zu schreiben. Die Gedichte gefallen, werden gedruckt. Doch er leidet unter ihnen. Jedes Wort entgleitet ihm. Das heißt: Er will etwas sagen und schon hat sich ein Wort eingeschlichen, ihm den Gedanken geraubt. Deshalb muss das Wort zerschlagen werden. Artaud will sich aus dem Grab der Grammatik befreien, unter der das Denken begraben liegt. Er beginnt »Schrei-Schreiben« zu entwickeln, auf den ersten Blick sinnloses Gestotter. Aber er will auch den Text auf dem Theater zerschlagen. Eine neue Grammatik erfinden. Eine Grammatik der Gesten wie bei den Balinesen, die er in der Weltausstellung sah, eine Grammatik der Schreie und des Atmens wie bei den Tarahumaraindianern, die er auf der Hochebene von Mexiko besuchte. Er will ihre Tänze auf die Bühne zeichnen.

Das traditionelle Theater war für Artaud vom dualistischen, analytischen »Organgeist« zerstückelt, gevierteilt: Die Vierteilung in Autor, Regisseur, Schauspieler und Publikum versuchte er auf allen Ebenen zu unterwandern. Der Text verliert jede Autorität, der Regisseur leitet die Schauspieler in Übungen dazu an, alle Technik zu verlieren und die gepflegte Diktion zum Stammeln zu bringen – und der Zuschauer, von Lichtblitzen und Donnergrollen umtobt, sollte in der Mitte der Aufführung sitzen und zum Schreien gebracht werden. Mitten in einem Flugzeughangar soll der Zuschauer körperlich erschüttert werden von Lichtwellen und einer tosenden Geräuschkulisse, von Wortschreien, die an allen Schranken der Logik vorbei das Unbewusste des Zuschauers treffen, bis er vom eigenen Tiger, auf dessen Rücken er gemütlich »in Träumen hing«, zerrissen und aufgefressen wird, bis er jeglichen Halt verliert und »physisch und psychisch transformiert« in den dionysischen Taumel eintaucht, in jenen ekstatischen Taumel, in dem das Subjekt aus sich heraustritt.

»Der Raum ist bis oben mit strudelnden Gebärden, grässlichen Gesichtern, röchelnden Augen übersät.« Der Zuschauer soll körperlich erschüttert werden von den Darstellern, die als »dreidimensionale Hieroglyphen« über den Bühnenraum verteilt und wie bei einer Akupunktur an die neuralgischen Punkte gestellt werden.

Das Theater der Grausamkeit tut dem Zuschauer Gewalt an, verunsichert ihn in seiner erstarrten Subjektivität. Ein Versuch, die Anatomie zum Tanzen zu bringen, der Traum von einem organlosen Körper, freischwebend im Opiumrausch.

Doch sein Theater scheiterte genauso wie seine Gedichtproduktion. Im Irrenhaus wird Artaud der Mund gestopft, Dutzende Elektroschocks machen aus ihm einen Toten, der im Leben spazieren geht. Doch dieser Tote will nicht tot sein und beginnt zu malen und zu zeichnen – er wird sich einmal noch neu erfinden. Als Maler und mit einem letzten Text über van Gogh, der einen hohen Literaturpreis gewinnt. Die Bilder van Goghs waren für ihn genauso wie das wahre Theater ein

»Schmelztiegel aus Feuer und wahrem Fleisch, in dem auf anatomische Weise / durch das Zerstampfen von Knochen, Gliedern und Silben / sich die Leiber neu bilden«.

Auf der Suche nach einer neuen Bildsprache entwickelte er »cris-écrits«, »Schrei-Schreiben«, wo die Vokale wie glühende Lava durch die erstarrten Brocken der Konsonanten fließen, gellend gelb und rauschhaft rauchend. Interjektionen wälzen sich bildquerein. Von links: »pipi kharna rena rarina rena rarina arita«, von rechts: »trutru rarfa rautra rarfa rautra aruta«; oben: »poupou rabu«; unten: »reba tiera reva tiera arera«.

Wortwürfe, Bildentwürfe. Zwischen Geschossen und Geröll ziehen sich seismografische Linien, Kraftfelder über das Papier. Nicht Kunst, denn »all die, die an Kunst glauben, sind Schweine«, sondern Ausdruck einer Selbstgeburt, »gezeichnet vom Bewusstsein eines Kindes«. Das Papier wird zur Matrix der Selbstgeburt, begleitet von Schreien und Interjektionen des Schmerzes. Schmerzens- und Lustschrei zugleich. Die Porträts sind umflammt von Wortblitzen – »écrire le foudre«, »écrire le foutre« (den Blitz schreiben, den Fick schreiben): Es ist eine Selbstbegattung, nachdem die »Maladresse sexuelle de Dieu« zu einem verpfuschten Ich geführt hatte: Das Papier als mütterliche Matrix wird zur Vulva, zum Vulvanus – ein Vulkan, aus dem die Werke als Exkremente herausgeschleudert werden wie vom mexikanischen Vulkan Popocatepetl, mit dessen Ausbruch der Text über van Gogh schließt.

Bataille hatte über die Sonnenblumen bei van Gogh geschrieben, die auf dem Stuhl verwesen. Die Blume, Symbol der reinen Liebe, schwingt sich kurz zum Himmel auf, erblüht, doch wie Ikarus stürzt sie ab, in sich zusammen. Die Sonnenblume wird zum stinkenden Aas, zum Exkrement – wie die schwarzen Krähen laut Artaud auf van Goghs Bildern das exkrementale Sein repräsentieren. Der Abfall, das »Ab-jekte« kommt im Zug des Pinselstrichs ins Bewusstsein – so entgrenzend wie ein Ausbruch des Popocatepetl: »popo«, »caca«, »péter«.

Das Subjekt sucht zurück zu jenem Zustand vor der Zweiteilung in Mann und Frau, vor jenen Organgeist, der die Sprache in Laut und Begriff geteilt sowie den Menschen geviertelt hat – geviertelt auf dem Kreuz der Sprache, jener zentralen vertebralen Kolonne, um die sich die meisten Zeichnungen drehen.

Das vergewaltigte Subjekt schreit, im Schrei wird die Sprache ganz Fluss, »jekt«: den Anus mit dem Mund verbindend, der der Gesellschaft all das ins Gesicht kotzt, was als obszön von der Bühne des Lebens, von der »Szenerie« der Gesellschaft als »Ob-Scène« verdrängt wird. Die Aschensäule, die aus dem Popocatepetl aufsteigt, verdickt sich zum Lavabrocken, der auf Paris niederstürzt – Artaud träumt nicht von einer Phallussäule auf dem Marktplatz der Salzburger Eitelkeiten, sondern von einem gigantischen Mozartschen Strunzen, der alles unter sich begräbt.

Stefan Zweifel

Die Avantgarde gegen sich selbst gewendet
– Für ein neues Theater

In Sades spermatischen Sprach- und Spermaströmen kündet sich die Befreiung der Fantasie von der Umklammerung durch die Vernunft an. Das gefolterte Individuum beschreibt die Folter. Aber es beschreibt auch die Lust an der Folter. Die Lust, sich selbst zu einem neuen Ich zu zerstückeln.

Bei Bataille wird der Tabubruch nach innen verlagert, zur inneren Erfahrung, bis Bataille selbst zum JESUV wird, zum irrheidnischen Gottessohn, der sich selber ausspuckt wie heißglühende Lava. Bataille sucht die Gewalt, um sich von ihr zerreißen zu lassen. Dafür gründet er Geheimgesellschaften mit Freunden, denn was er gewiss nicht sucht, ist die Öffentlichkeit des Skandals, der Triumph im Feuilleton, das Erbe der Avantgarde.

Und auch Artaud will sich durch sein Theater der Grausamkeit nicht fürs Intendantenkarussell empfehlen, das sich mit der gleich irrwitzigen Kopflosigkeit dreht wie die Managerposten. Die Bühne für sein Theater der Grausamkeit ist letztlich sein eigener Körper.

Bei Sade, Bataille, Artaud kann man die innere Erfahrung machen, was Gewalt wirklich auslösen kann. Wenn die von ihnen entwickelten Techniken nun im Kunstmarkt eingesetzt, repetiert und vermarktet werden, so lenkt das gerade von dem ab, worum es ihnen ging. Darum, sich zerbrechen zu lassen. Und dafür täten heute andere Methoden not.

Ich will das, da wir hier in Salzburg sitzen, nur knapp beim Theater andeuten: Artaud hatte den Autor, der damals der Gott im Theater war, abgeschafft und ein Regietheater eingeführt, wie es heute alltäglich geworden ist, wenn an jedem Regiepult Gott als DJ sitzt. Heute würde er wohl umgekehrt den Text wie eine Bibel behandeln. Denn er meinte mit Grausamkeit nie Blut und Sadismus, sondern eine grausame Radikalität: Alles, jeder Schrei, jede Geste, sollte aus einer inneren Notwendigkeit heraus entstehen. Grausamkeit des Regisseurs gegen sich selbst, gegen seine eigene Denkfaulheit. Die Gewalt als Abtreibung der eigenen Maschen und Mäschchen, mit denen man sich seine alten Gedanken in Geschenk- und Gedenkpapier einwickelt, seiner selbst gedenkt, sich anhimmelt als Gottesgabe.

Sich selbst neu gebären – vielleicht eben gerade aus der Matrix des Textes heraus! Artaud müsste heute wohl seinen Ansatz umkehren und nicht auf Schreie, Musik und Flugzeughangar setzen, sondern mit grausamer Strenge den wahren Skandal aus dem Text heraus entwickeln. Schreien wird heute wohl nur, wer intellektuell überfordert wird, oder sich schreiend langweilt, weil er für die zerdehnte Zeit von Marthalers Theater – als Marthaler noch Marthaler war –, weil er also für die echte

Langeweile voller Abgründe kein Sensorium hat, die Leere nicht mit eigenen Empfindungen füllen kann.

Artauds revolutionäres Schreitheater ist ja in seiner falsch verstandenen Nachäffung, und da hat Stadelmaier Recht, heute nur noch Konvention: Texte brechen, Banales schreien, Emotionales beiläufig sprechen, als ob man gerade noch ein Bier bestellen würde … Das lernt man schon im ersten Jahr an der Theaterschule und es ist spätestens seit den Neunzigerjahren zum neuen Spießertum wie einst das »Wohlklingen und Klangsprechen« geworden, unversehens rutschte man vom roten Plüsch des bürgerlichen Wohnzimmers in den »Roten Salon« der Volksbühne. Und die Schüler des »Hamburger Dramaturgiewunders« der Neunzigerjahre beten brav nach, was sie in der Regieschule lernten.

Ob-szön aber ist nicht das Pop-Theater, sondern was von der Szene verbannt wird. Also gerade nicht das Reden über Schweißfüße oder Intimpiercing, sondern das Stottern, wenn man die Poesie des Alltäglichen beschreiben möchte. Nicht das Aufzählen oder Vorführen von »vollgeilen« Stellungen, sondern die Stille. Singendes Schweigen. Nicht Shakespeare in Kanaken-Mösenjargon an den Münchner Kammerspielen, sondern einfach dastehen und versuchen, die alte Übersetzung von Schlegel/Tieck beim Wort zu nehmen. Denn alles andere kann man sich an einem Samstagabend zwischen *Eurovision Song Contest* und *Jackass* selber zusammenzappen. Das Theater hat seine eigenen Stärken preisgegeben und rennt einer Coolness hinterher, für die es einfach der falsche Ort ist.

Obszön wäre heute, den Versuch der authentischen Identifikation zu wagen, sich nicht gleich vom Text zu distanzieren, als wäre Theater ein Karaoke-Abend … Ein Stück nicht gleich infrage zu stellen, sondern sich selbst in der eigenen Unfähigkeit in Frage zu stellen, diesem Stück heute wieder Intensität zu verleihen. Stücke ohne »Regieeinfälle«, vielleicht wieder einmal ein klassisches Stück so aufzuführen, dass die Luft zu flimmern beginnt. Flimmernde Langweile? Das würde vielleicht dem Taumel früherer Tabubrüche entsprechen.

Nicht hingepoppte Posen auf der Bühne zwischen Koks und Kot, sondern vielleicht die totale Überforderung des Zuschauers oder Zuhörers. Nicht 45 Minuten Vortrag, sondern 45 Stunden, bis einem die Zähne klappern.

Stefan Zweifel

Literatur

Apollinaire, Guillaume (ed.), L'oeuvre du Marquis de Sade, Paris 1909

Artaud, Antonin, Das Theater und sein Double. Übers. von Gerd Henninger, Frankfurt a.M. 1976

Artaud, Antonin, Van Gogh, der Selbstmörder durch die Gesellschaft und andere Texte und Briefe über Baudelaire, Coleridge, Lautréamont und Gérard de Nerval. Ausgew. u. übers. von Franz Loechler, Nachw. von Elena Kapralik, München 1977

Bataille, Georges, Das Blau des Himmels, München 1967

Baudelaire, Charles, Fleures du mal, Paris ¹1857, ²1861, ³1866

Diderot, Denis, Encyclopedie. Philosophische und politische Texte aus der »Encyclopédie sowie Prospekt und Ankündigung der letzten Bände, hg. u. aus d. Französischen übers. von Theodor Lücke, München 1969

Foucault, Michel, Die Ordnung der Dinge. Eine Archäologie der Humanwissenschaften. Übers. von Ulrich Köppen, Frankfurt a.M. 1971

Horkheimer, Max / Adorno, Theodor W., Dialektik der Aufklärung. Philosophische Fragmente, Frankfurt a.M. 1973

Julius, Anthony, Transgressions. The Offences of Art, Chicago 2003

Sade, Donatien Alphonse François de, Justine und Juliette. Deutsche Gesamtausgabe in 10 Bänden, hg. von Stefan Zweifel und Michael Pfister, Berlin 1990–2002

Endnote

1 Vortrag bei den Salzburger *Festspiel-Dialogen* am 28. Juli 2003.

Festspiel-Dialoge 1994–2014

1994
**WARUM BRAUCHEN
WIR UTOPIEN, DIE SCHEITERN?**
Elisabeth Bronfen (Zürich)
Willi Claes (Brüssel)
Helmut Holzhey (Zürich)
Jörg Immendorff (Düsseldorf)
Reinhold Knoll (Wien)
Hans Mayer (Tübingen)
Heiner Müller (Berlin)
Peter Sellars (Los Angeles)

1995
WENDEZEITEN
Ivan Nagel (Berlin)
Marcel Reich-Ranicki (Frankfurt am Main)
Jean Starobinski (Genf)
George Steiner (Genf/Oxford)
Christoph Vitali (München)
Robert Wilson (Watermill, USA)

1996
ZEIT-GESCHICHTE(N)
Michael Fischer (Salzburg)
Eric Hobsbawm (London)
Gerard Mortier (Salzburg)
Frans de Ruiter (Den Haag)
George Steiner (Genf/Oxford)

1997
SINN/SUGGESTION
Norbert Bolz (Berlin)
Luc Bondy (Paris)
Eric Hobsbawm (London)
Peter Stephan Jungk (Paris)
Gidon Kremer (Gstaad/Lockenhaus)
Gerard Mortier (Salzburg)
André Tubeuf (Paris)

1998
ENDZEITEN – AUFBRÜCHE
Michael Bilic (Salzburg)
Marcel Croës (Brüssel)
Peter Glotz (Erfurt)
Rolf Hochhuth (Berlin)
Alfred Koska (Wien)
Rolf Liebermann (Paris)
Gerard Mortier (Salzburg)
Helmut Reinalter (Innsbruck)
John Rockwell (New York)
Thomas Daniel Schlee (Linz)
André Tubeuf (Paris)

1999
CODE DER GEFÜHLE
Elisabeth Bronfen (Zürich)
Paul Griffiths (New York)
Rolf Hochhuth (Berlin)
Caroline Neubaur (Berlin)
Rüdiger Safranski (Berlin)
Jürg Stenzl (Salzburg)
André Tubeuf (Paris)
Richard von Weizsäcker (Berlin)
Nike Wagner (Wien)

2000
TROJA UND DIE LIEBE
Alexandre Adler (Paris)
Georges Banu (Paris)
Eric Hobsbawm (London)
Pia Janke (Wien)
Amin Maalouf (Paris)
Gerard Mortier (Salzburg)
Joachim Riedl (Wien)
Peter Sellars (Los Angeles)
Richard Sennett (New York/London)
Tom Sutcliffe (London)
Jürg Stenzl (Salzburg)
André Tubeuf (Paris)
Nike Wagner (Wien)

2001
FESTE, SPIELE, FESTSPIELE
Alexandre Adler (Paris)
Pia Janke (Wien)
Gerard Mortier (Salzburg)
André Tubeuf (Paris)
Nike Wagner (Wien)

2002
FRAGMENT, ZITAT, BRICOLAGE. KUNSTWEGE DER „ZWEITEN MODERNE"
Erhard Busek (Wien/Brüssel)
Bernd Guggenberger (Berlin/Bern)
Manfred Jochum (Wien)
Reinhold Knoll (Wien)
Konrad Paul Liessmann (Wien)
Peter Ruzicka (Salzburg)
Gerhard Schulze (Bamberg)
Brita Steinwendtner (Salzburg)
Klaus von Beyme (Heidelberg)
Nike Wagner (Wien)

2003
SPIEL UND TERROR
Emil Brix (Wien)
Massimo Cacciari (Venedig/Mailand)
André Glucksmann (Paris)
Peter Ruzicka (Salzburg)
Gerhard Schulze (Bamberg)
Walther Ch. Zimmerli (Wolfsburg/Stellenbosch)
Stefan Zweifel (Zürich)

2004
AMOR ET PASSIO
Daniel Binswanger (Paris)
Emil Brix (Wien)
Luca di Blasi (Siegen)
Martin Kusej (Hamburg)
Hans-Thies Lehmann (Frankfurt am Main)
Peter Ruzicka (Salzburg)
Stefan Zweifel (Zürich)

2005
HÖHENFLÜGE – UNTERGÄNGE. DIE ANDERE ZEIT DER KUNST
Daniel Binswanger (Paris/Zürich)
Emil Brix (Wien)
Peter Ruzicka (Salzburg)
Clemens Sedmak (Salzburg)
Manfred Schneider (Bochum)
Cora Stephan (Frankfurt am Main)
Hannes Swoboda (Brüssel/Wien)
André Tubeuf (Paris)
Thomas Wördehoff (Bochum)

2006
FESTSPIELE: TRADITIONSHÜTER ODER TRENDSETTER?
Ronald Barazon (Salzburg)
Michael Fleischhacker (Wien)
Georg Franck (Wien)
Thomas Macho (Berlin)
Elisabeth Nöstlinger (Wien)
Horst Opaschowski (Hamburg)
Peter Ruzicka (Salzburg)
André Tubeuf (Paris)
Franz Zoglauer (Wien)

2007
NACHTSEITE DER VERNUNFT
Markus Hinterhäuser (Salzburg)
Thomas Oberender (Salzburg)
Markus Hengstschläger (Wien)
Thomas Macho (Berlin)
Jan Assmann (Heidelberg/Konstanz)
Birgit Recki (Hamburg)
Jürgen Flimm (Salzburg)
Helmut Schüller (Wien)
Wolf Singer (Frankfurt am Main)

2008
EROS – THANATOS
Aleida Assmann (Konstanz)
Dieter Borchmeyer (Heidelberg/ München)
Thea Dorn (Berlin)
Jürgen Flimm (Salzburg)
Michael Hagner (Zürich)
Markus Hinterhäuser (Salzburg)
Volker Gerhardt (Berlin)
Christina von Braun (Berlin)

2009
DAS SPIEL DER MÄCHTIGEN
Jan Assmann (Heidelberg/Konstanz)
Karl Heinz Bohrer (London/Paris/Berlin)
Helga Finter (Gießen)
Michel Friedman (Frankfurt am Main)
Volker Gerhardt (Berlin)
Ortrud Gutjahr (Hamburg)
Wolfgang Prinz (Leipzig)

2010
DAS FRAUENBILD IM SPIEGEL DER SALZBURGER FESTSPIELE
Sabine Coelsch-Foisner (Salzburg)
Carl Djerassi (San Francisco/London/Wien)
Antonia Eder (Genf)
Jürgen Flimm (Salzburg)
Barbara Frischmuth (Altaussee)
Ortrud Gutjahr (Hamburg)

2011
UTOPIE – MELANCHOLIE
Dieter Borchmeyer (München/Heidelberg)
Antonia Eder (Genf)
Markus Hinterhäuser (Salzburg)
Ortrud Gutjahr (Hamburg)
Wolf Lepenies (Berlin)
Arnold Mettnitzer (Wien)
Jürg Stenzl (Salzburg)

2012
VERZAUBERUNG UND RISIKO
Jan Assmann (Heidelberg/Konstanz)
Bazon Brock (Berlin/Wuppertal)
Volker Gerhardt (Berlin)
Ortrud Gutjahr (Hamburg)
Clemens Hellsberg (Wien)
Markus Hengstschläger (Wien)
Ingrid Hentschel (Bielefeld)

2013
KUNST FÜR JEDERMANN?
Hans Richard Brittnacher (Berlin)
Friederike Wißmann (Frankfurt am Main)
Martin Geck (Dortmund)
Daniel Werner (Dortmund)
Georg Springer (Wien)
Volker Gerhardt (Berlin)
Miriam Drewes (München)
Helga Rabl-Stadler (Salzburg)

2014
ÄSTHETIZISMUS UND BARBAREI. 1914–2014
Hans Richard Brittnacher (Berlin)
Bazon Brock (Berlin/Wuppertal)
Antonia Eder (Karlsruhe)
Ulrich Leisinger (Salzburg)
Birgit Recki (Hamburg)
Stefan Schmidl (Wien)
Philipp Ther (Wien)

Website Festspiel-Dialoge:
https://w-k.sbg.ac.at/de/archiv/arts-festival-culture/festspiel-dialoge.html

Autorinnen und Autoren

Aleida ASSMANN (Konstanz)
Anglistin, Kulturwissenschafterin

Jan ASSMANN (Konstanz)
Ägyptologe, Kulturwissenschafter

Daniel BINSWANGER (Paris)
Journalist

Karl Heinz BOHRER (London)
Literaturwissenschafter

Dieter BORCHMEYER (München)
Literatur- und Theaterwissenschafter

Hans Richard BRITTNACHER (Berlin)
Germanist

Emil BRIX (Wien)
Diplomat, Historiker

Elisabeth BRONFEN (Zürich)
Anglistin, Kulturwissenschafterin

Massimo CACCIARI (Venedig)
Philosoph

Thea DORN (Berlin)
Schriftstellerin, Literaturkritikerin

Antonia EDER (Karlsruhe)
Germanistin

Michael FISCHER (1945–2014)
Rechts- und Sozialphilosoph,
Kulturwissenschafter

Ilse FISCHER (Salzburg)
Journalistin, Marketingexpertin

Barbara FRISCHMUTH (Altaussee)
Schriftstellerin

Volker GERHARDT (Berlin)
Rechts- und Sozialphilosoph

Peter GLOTZ (1939–2005)
Politiker, Publizist

Ortrud GUTJAHR (Hamburg)
Literatur- und Kulturwissenschafterin

Michael HAGNER (Zürich)
Wissenschaftshistoriker

Clemens HELLSBERG (Wien)
Violinist, Historiker

Ingrid HENTSCHEL (Bielefeld)
Theater- und Kulturwissenschafterin

Eric HOBSBAWM (1917–2012)
Historiker

Helmuth HOLZHEY (Zürich)
Philosoph

Wolf LEPENIES (Berlin)
Soziologe, Wissenschaftspolitiker

Rolf LIEBERMANN (1910–1999)
Komponist, Intendant

Konrad Paul LIESSMANN (Wien)
Philosoph

Thomas MACHO (Wien)
Kulturwissenschafter, Philosoph

Arnold METTNITZER (Wien)
Psychotherapeuth

Helga RABL-STADLER (Salzburg)
Präsidentin der Salzburger Festspiele

Birgit RECKI (Hamburg)
Philosophin

Peter RUZICKA (Hamburg)
Komponist, Dirigent, Intendant

Gerhard SCHULZE (Bamberg)
Soziologe

Wolf SINGER (Frankfurt am Main)
Neurophysiologe, Hirnforscher

Jean STAROBINSKI (1920–2019)
Literaturwissenschafter, Medizinhistoriker

Jürg STENZL (Salzburg)
Musikwissenschafter

Cora STEPHAN (Frankfurt am Main)
Schriftstellerin

André TUBEUF (Paris)
Philosoph, Musikkritiker

Nike WAGNER (Wien)
Publizistin, Intendantin

Friederike WISSMANN (Rostock)
Musikwissenschafterin

Stefan ZWEIFEL (Zürich)
Übersetzer, Journalist